Die deutschen Todesopfer des Eisernen Vorhangs 1948–1989

Studien des Forschungsverbundes SED-Staat an der Freien Universität Berlin

Herausgegeben von Klaus Schroeder und Jochen Staadt

Band 31

Zur Qualitätssicherung und Peer Review der vorliegenden Publikation

Die Qualität der in dieser Reihe erscheinenden Arbeiten wird vor der Publikation durch beide Herausgeber der Reihe geprüft.

Notes on the quality assurance and peer review of this publication

Prior to publication, the quality of the work published in this series is reviewed by both editors of the series.

Jochen Staadt (Hg.)
unter Mitarbeit von Jan Kostka und Hannes Puchta

Die deutschen Todesopfer des Eisernen Vorhangs 1948–1989

Ein biografisches Handbuch

Mit Beiträgen von:
Stefan Appelius, Carina Baganz, Alexander Heinert, Jan Kostka, Martin Pulec, Enrico Seewald, Jochen Staadt, Mikuláš Zvánovec

An den Recherchen waren beteiligt:
Dieter Bacher, Ladislav Beneš, Bertalam Bordás, Georgios Christidis, Bogusław Thomasz Czerwiński, Petar Dragišić, Joanna Hytrek-Hryciuk, Marenglen Kasmi, Miroslav Lehký, Rumyana Marinova-Cristidi, Sooahn Meier, Peter Mikle, Andreas Neumann, István Orgoványi, Tilman Peters, Hannes Puchta, Mandy Palme, Peter Rendek, Uta Schulz, Krisztina Slachta, Petar Stoilov, Imre Tóth, Eugenie Trützschler, Erik Zurth

mitteldeutscher verlag

Umschlagabbildung: Tatortfoto der Grenzanlage bei Horní Hraničná (Bildquelle: Sbírka Správa vyšetřování StB – vyšetřovací spisy, ABS Kanice, V/PL, V-8077 PL)

Bibliografische Information der Deutschen Nationalbibliothek
Die Deutsche Nationalbibliothek verzeichnet diese Publikation in der Deutschen Nationalbibliografie; detaillierte bibliografische Daten sind im Internet über https://dnb.dnb.de abrufbar.

1. Auflage

www.mitteldeutscherverlag.de

Gesamtherstellung: Mitteldeutscher Verlag, Halle (Saale)

ISBN 978-3-96311-855-5

Printed in the EU

Inhalt

Einleitung

Mehr als vier Millionen Menschen verließen zwischen 1949 und 1989 die DDR, weil sie mit den politischen Verhältnissen und den Lebensbedingungen in diesem Staat nicht einverstanden waren. Das SED-Regime war zu keinem Zeitpunkt durch die Zustimmung einer Mehrheit der ihm unterworfenen Bevölkerung legitimiert. Für die meisten DDR-Bürger blieb vielmehr die Bundesrepublik in politischer, kultureller und vor allem wirtschaftlicher Hinsicht die positiv besetzte Alternative gegenüber den Verhältnissen im SED-Staat. Nachdem Fluchten über die innerdeutsche Grenze durch den Ausbau der Sperranlagen, Schusswaffengebrauch und Verminung weiter Teile des Grenzstreifens zum tödlichen Risiko geworden waren und durch den Mauerbau am 13. August 1961 auch die Grenzüberquerung von Ost- nach West-Berlin ein lebensgefährliches Wagnis wurde, suchten DDR-Bürger nach Fluchtmöglichleiten über die Grenzen der DDR-Bündnisstaaten am Eisernen Vorhang oder über die Ostsee.

Der Eiserne Vorhang verlief von der Grenze zwischen der Sowjetunion und Norwegen durch Zentraleuropa über die Grenze Ungarns zu Jugoslawien weiter bis zur bulgarisch-türkischen Grenze und zum Schwarzen Meer, umschloss aber auch Albanien mit seinen Grenzen zu Jugoslawien und zu Griechenland. Die nach dem Mauerbau bei Fluchtversuchen über die Grenzen der sozialistischen Bündnispartner getöteten DDR-Flüchtlinge waren vorwiegend Frauen und Männer, die glaubten, dass die Grenzen der Tschechoslowakei, Bulgariens, Rumäniens und Ungarns zu Jugoslawien, zur Bundesrepublik Deutschland und Österreich weniger stark abgeriegelt, bewacht und technisch nicht so gesichert seien wie die Berliner und die DDR-Westgrenze. Diese Auffassung war jedoch unzutreffend, 32 DDR-Bürger starben bei Fluchtversuchen durch Schusswaffen, Grenzhunde und Grenzsperranlagen, 23 weitere ertranken, erstickten oder erfroren bei ihren Fluchtversuchen durch den Eisernen Vorhang.

Dieses biografische Handbuch schildert die Schicksale von Männern, Frauen und Kindern, die bei oder nach Fluchtversuchen in den mit der DDR verbündeten Ostblockstaaten gestorben sind sowie von Personen, die ohne Fluchtabsicht am Eisernen Vorhang getötet wurden. Dabei handelt es sich um:

- DDR-Flüchtlinge, die auf ihrem Fluchtweg die Grenzen der sozialistischen Staaten zu überwinden versuchten;

- Todesfälle von DDR-Bürgern auf ihrem Fluchtweg über die 454 km lange Grenze zwischen der DDR und der Tschechoslowakei bzw. die 431 km lange Grenze zwischen der DDR und Polen;
- Suizide von DDR-Flüchtlingen vor einer drohenden Festnahme oder nach erfolgter Inhaftierung;
- Personen aus Westdeutschland, die an der Grenze Bayerns zur ČSR bzw. ČSSR ums Leben kamen.

Ein eigenes Kapitel dieses Handbuchs behandelt:

- Todesfälle ohne Fluchthintergrund an den DDR-Grenzen zu Polen und der Tschechoslowakei;
- Todesfälle mit einem möglichen Fluchthintergrund;
- Fluchtfälle mit wahrscheinlicher Todesfolge;
- DDR-Bürger, deren angeblicher Tod mit Fluchthintergrund falsifiziert werden konnte.

Fallgruppen in diesem Handbuch

A) Todesopfer 1948–1989

1. *bei Fluchtversuchen starben am Eisernen Vorhang 27 DDR-Bürger durch Starkstrom, Schusswaffenanwendung und Hunde:* Bruno Heinrich (1963), Werner Gambke (1965), Karl-Heinz Engelmann (1966), Siegfried Gammisch (1966), Richard Schlenz (1967), Gunter Pschera (1967), Rudolf Babendererde (1972), Wera Sandner (1972), Roland Kremer (1973), Rudolf Buss (1974), Reinhard Poser (1974), Eberhard Melichar (1974), Peter Nötzel (1975), Kaus Prautzsch (1975), Brigitte von Kistowski (1975), Gerhard Schmidt (1977), Kurt Hoffmeister (1977), Rudi Nettbohl (1977), Bernd Schaffner (1977), Frank Prziborowski (1978), Detlef Heiner (1980), Andreas Stützer (1980), Kerstin Helmholdt (1982), Hartmut Tautz (1986), Frank Schachtschneider (1988), Michael Weber (1989), Kurt-Werner Schulz (1989).

2. *bei Fluchtversuchen mit Fahrzeugen kamen vier DDR-Bürger an Sperrschranken ums Leben:* Michael Kühnel (1978), Konrad Dieze (1988), Ralph-Peter Saurien (1989), Kevin Strecker (1989).

3. *bei Fluchtversuchen sind 23 DDR-Bürger ertrunken, erstickt, erfroren oder verunglückt:* Klaus-Jürgen Rogge (1967), Anton Frank (1970), Dirk Wilhelm (1971), Günter Lange (1973), Friedhelm Hohmann (1980), Steffen Anders (1983), Carola Jordanow (1986), Heike Bischof (1988), Frank Labuschin (1988), Frank Bethmann (1989), Jürgen Bernhardt (1989), Jörn Dziwok (1989), Gerd Kiefer (1989), Kerstin Kühn (1989), Frank Müller (1989), Uwe Petras (1989), Dietmar Pommer (1989), Christian Schubert (1989), Marion Slowik (1989), Volker Swade (1989), Jürgen Schwarz (1989), Birgit Wenda (1989), Jens Wenda (1989).

4. *Todesfall eines NVA-Fahnenflüchtigen:* Dieter Sudars (1963).

5. *an der tschechoslowakisch-bayerischen Grenze verloren 16 Westdeutsche ihr Leben:* Max Müller (1948), Ludwig Brandl (1948), Josef Vogl (1948), Franz Fuchs (1948), Franz Stauber (1949), Franz Linzmaier (1950), Andreas Püchner (1950), Georg Nirschl (1951), Max Felbinger (1953), Alois Huber (1953), Adolf Leder (1959), Alois Sulzer (1960), Albert Jerke (1961), Georg Nusser (1963), Anton Kreim (1972), Johann Dick (1986).

6. *ein Bundesbürger wurde als Fluchthelfer erschossen:* Rolf Kühnle (1972).

7. *seit ihrem Fluchtantritt werden zwei DDR-Bürger vermisst:* Wolf Diego Schönherr (1974), Claus Hoffmann (1986).

B) Todesfälle außerhalb des Grenzgebietes am Eisernen Vorhang

8. *nach Fluchtversuchen über sozialistische Staaten begingen acht DDR-Bürger vor einer drohenden Festnahme oder danach Suizid:* Gudrun Lehmann (1967), Reimar Krell (1970), Jochen Kilian (1973), Peter Schulze (1976), Werner Greifendorf (1978), Nadine Klinkerfuß (1979), Heinz Polifka (1980), Jan Straßburg (1989).

9. *im Grenzgebiet zwischen der DDR und ihren sozialistischen Nachbarstaaten wurden ein SBZ- und vier DDR-Bürger erschossen:* Werner Gerecke (1948), Arno Martin (1950), Ernst Tippmann (1950), Reinhold Pansengagen (1956), Heinz Stumpf (1963).

10. *weitere neun Todesfälle, die wegen eines möglichen oder falsifizierten Fluchtzusammenhangs gesondert erläutert werden:* Wolfgang Michal (1948), Wilhelm Specht (1948), Heinz Erich Bauer (1950), Friedrich Lorenz (1955), Heinz-Uwe Mauersberger (1961), Heiko Nostitz (1979), Roland Fuchs (1981), Anette Rühl (1983), Gerhard Koslowski (1989).

Mit Todesfällen von DDR-Bürgern im Ausland befasste DDR-Institutionen

1. Das Ministerium für Auswärtige Angelegenheiten (MfAA)

Sämtliche Todesfälle von DDR-Bürgern im Ausland mussten von den dortigen DDR-Vertretungen an das DDR-Außenministerium gemeldet und die von ausländischen Dienststellen angefertigten Dokumente über die Verstorbenen nach Ost-Berlin übermittelt werden. Die Hauptabteilung Konsularische Angelegenheiten des MfAA (HA Kons.) erledigte dann die weiteren bürokratischen Formalitäten zur Benachrichtigung der Angehörigen, zur Leichenüberführung und zur Eintragung des Sterbefalls bei dem für Todesfälle im Ausland zuständigen Ost-Berliner Standesamt I.

2. Das Ministerium für Staatssicherheit (MfS)

Bei unnatürlichen Todesfällen im Ausland, die sich in Folge von Gesetzesverletzungen durch DDR-Bürger ereignet hatten, unterrichtete die HA Kons. des MfAA ihre Verbindungsoffiziere im MfS und übergab ihnen die dazu eingegangenen Berichte und Dokumente. Das MfS erhielt außerdem Mitteilungen und Untersuchungsergebnisse der verbündeten Geheimdienste über Todesfälle von DDR-Flüchtlingen.

In den verbündeten Ostblockstaaten stationierte das MfS seit 1962 Operativgruppen der Hauptabteilung XX/5, die DDR-Touristen überwachen sowie ‚Agentenzentralen' und ‚Schleusergruppen' in den verbündeten Staaten aufspüren sollten, um gemeinsam mit den dortigen Sicherheitskräften, Republikfluchten' von DDR-Bürgern zu verhindern. Neben den Operativgruppen der HA XX/5 kamen im Zusammenhang mit dem zunehmenden DDR-Tourismus in diese Länder weitere MfS-Dienststellen zum Einsatz. Die Untersuchungsabteilung des DDR-Staatsicherheitsdienstes (HA IX) richtete Mitte der 1960er Jahre eine eigene Ermittlungsabteilung (IX/10) gegen westliche

Fluchthilfeaktivitäten in den sozialistischen Nachbarstaaten ein.[1] Zum Verantwortungsbereich dieser Abteilung IX/10 gehörte auch die Untersuchung von Todesfällen bei Fluchtversuchen in Abstimmung mit den Geheimpolizeien der verbündeten Staaten. Auch in die Modalitäten der Leichenüberführung sowie in den Umgang mit Angehörigen der Toten schaltete sich diese MfS-Abteilung häufig ein. Als dritte MfS-Untergliederung war die 1970 auf Anweisung des DDR-Staatssicherheitsministers Erich Mielke eingerichtete Hauptabteilung VI – zuständig für Passkontrollen, Transitverkehr und Tourismus – ebenfalls mit ihrer Abteilung 3, Sicherung des Reise- und Tourismusverkehrs (SRT), in die Bearbeitung von Auslandstodesfällen einbezogen.[2] Die MfS-Abteilungen IX/10 und VI/3 (SRT) arbeiteten eng mit der Konsularabteilung des DDR-Außenministeriums zusammen und stimmten mit den dort verantwortlichen Mitarbeitern das Benachrichtigungsverfahren der Angehörigen bei Todesfällen von DDR-Flüchtlingen ab. Die örtlichen MfS-Dienststellen kamen zur Ermittlung etwaiger Mitwisser des gescheiterten Fluchtversuchs unter den Familienangehörigen sowie zur Überwachung der Beisetzungen zum Einsatz. Sie hatten auch dafür zu sorgen, dass weder in Todesanzeigen noch in Predigten am Grab die Todesursache Erwähnung fand.

3. Die Generalstaatsanwaltschaft der DDR und örtliche Staatsanwaltschaften

Zwischenstaatliche vertragliche Vereinbarungen regelten den Rechtshilfeverkehr der DDR-Generalstaatsanwaltschaft (GStA) mit ihren Partnern in den sozialistischen Staaten.[3] Die Zuständigkeit für den Informationsaustausch lag bei der Abteilung Internationale Verbindungen der DDR-Generalstaatsanwaltschaft. Das DDR-Außenministerium informierte die DDR-General-

---

1 Siehe hierzu Wiedmann, Roland: Die Diensteinheiten des MfS 1950–1989. Eine organisatorische Übersicht. Berlin 2012, S. 301.

2 MfS-Hauptabteilung VI, Linie SRT: Instruktion Nr. 3/70 über die Durchführung von Aufgaben zur Lösung der operativen Fahndung im Reiseverkehr, hier Abschnitt 2.8. Maßnahmen zur erfolgreichen Lösung operativer Fahndungsaktionen in Ausnutzung der offiziellen und inoffiziellen Möglichkeiten der Touristik in die sozialistischen Länder. BStU, MfS, SdM, Nr. 301. Die HA VI verfügte 1980 über 2.176 hauptamtlich Beschäftigte. Siehe Wiedmann, Roland, a. a. O., S. 276–285.

3 Vgl. zusammenfassend Streit, Josef (DDR-Generalstaatsanwalt): Anweisung 1/76 über den Rechts- und Schriftverkehr der Staatsanwaltschaft der Deutschen Demokratischen Republik mit dem Ausland. BArch, DP 3/1525.

staatsanwaltschaft über Todesfälle von DDR-Flüchtlingen im sozialistischen Ausland, was in der Regel eigene Ermittlungsvorgänge der GStA in Gang setzte. Die Staatsanwaltschaften in den DDR-Bezirken erhielten von der Generalstaatsanwaltschaft Anweisungen, wie mit Auskunftsersuchen von Angehörigen zu verfahren sei.

4. Das Standesamt I in Ost-Berlin

Das Standesamt I war für die Registrierung der Auslandstodesfälle und für die Anfertigung der Sterbeurkunden zuständig. Die Konsularabteilung des DDR-Außenministeriums wies die dort zuständige Mitarbeiterin stets an, keine Todesursache in die Urkunden einzutragen.

5. Die Abteilungen Inneres der Stadt- und Kreisräte

Die Konsularabteilung des MfAA informierte die Abteilungen Inneres der Stadt- und Kreisverwaltungen über Todesfälle von DDR-Flüchtlingen, forderte sie zu Überprüfung der Personalien auf und erteilte ihnen Anweisungen über die Sprachregelungen bei der Unterrichtung von Angehörigen.

6. Dienststellen der Volkspolizei

Die Volkspolizei war für die Entgegennahme von Vermisstenanzeigen zuständig und hatte bei „Verdacht eines ungesetzlichen Grenzübertritts“ Fahndungsmaßnahmen einzuleiten. Diese richteten sich auch bei Todesfällen gegen überlebende Mitflüchtlinge. Über getötete Flüchtlinge oder Suizide hatten die Volkspolizeidienststellen „sofort die Zentralstelle für kriminalistische Registrierung“ zu unterrichten.[4] Die für politische Delikte zuständige Ermittlungsabteilung K1 der Volkspolizei wurde häufig in die Untersuchung über Mitwisser oder Unterstützer der getöteten Flüchtlinge eingeschaltet.

4 DDR-Innenministerium-Hauptverwaltung Deutsche Volkspolizei-Hauptabteilung Kriminalpolizei, Leiter der Kriminalpolizei Oberst Nedwig: Instruktion Nr. 52/72 des Leiters der Hauptabteilung Kriminalpolizei über die Bearbeitung von Anzeigen über vermißte Personen und unnatürliche Todesfälle. BArch, DO 1/63469.

Forschungsstand

Zu den Todesfällen am Eisernen Vorhang außerhalb der Grenzen zwischen den beiden deutschen Teilstaaten lagen bislang nur länderspezifische Einzelstudien vor. Besonders um die Aufarbeitung der Folgen ihres Grenzregimes bemüht sind Wissenschaftlerinnen und Wissenschaftler der Tschechischen Republik. So veröffentlichte das Amt zur Dokumentation und Ermittlung der Verbrechen des Kommunismus bei der Polizei in Prag in seiner Schriftenreihe ein umfassendes Verzeichnis der Todesfälle an den Staatsgrenzen der ČSSR, das der Historiker Martin Pulec erarbeitet hat.[5] Im Rahmen eines Forschungsaufsatzes spezifizierte Pulec seine Ergebnisse für die deutschen Todesopfer im Zeitraum von 1948 bis 1989 und benannte die Namen und Todesumstände von 38 Personen.[6] Das Institut für das Studium totalitärer Regime in Prag erarbeitete in den Jahren 2009 bis 2015 eine online zugängliche Dokumentation, die eine Reihe von Porträts der Getöteten an den tschechoslowakischen Staatsgrenzen von 1948 bis 1989 enthält, verfasst unter anderem von Ľubomír Morbacher, Tereza Mašková und Martin Pulec.[7] In Fortsetzung dieser Untersuchung erarbeiteten Tereza Mašková und Vojtěch Ripka eine interaktive Karte, die ebenfalls online zugänglich ist und auf der die Orte gekennzeichnet sind, an denen Fluchtversuche oder Überschreitungen der tschechoslowakischen Grenze scheiterten. Die visualisierten Daten lassen sich etwa nach zeitlichen Perioden, Nationalität der Getöteten und Todesursache filtern. Die Präsentation bietet für den Zeitraum von 1948 bis 1989 Angaben zu 254 Todesfällen, darunter 18 deutsche Staatsbürger.[8]

Mit den in Bulgarien getöteten DDR-Flüchtlingen befassen sich mehrere Publikationen. Stefan Appelius hat seit 2006 nach langjährigen Recherchen in Deutschland und Bulgarien durch etliche Veröffentlichungen zur Fluchtbewegung über Bulgarien, den geheimdienstlichen Strategien der

---

5 Pulec, Martin: Organizace a činnost ozbrojených pohraničních složek. Seznamy osob usmrcených na státních hranicích 1945–1989 (= SEŠITY, Úřadu dokumentace a vyšetřování zločinů komunismu, Nr. 13). Praha 2006.

6 Pulec, Martin: Die Bewachung der tschechoslowakischen Westgrenze zwischen 1945 und 1989. In: Žáček, Pavel/Faulenbach, Bernd/Mählert, Ulrich (Hg.): Die Tschechoslowakei 1945/48 bis 1989. Studien zu kommunistischer Herrschaft und Repression. Leipzig 2008, S. 131–152.

7 Vgl. https://www.ustrcr.cz/uvod/dokumentace-usmrcenych-statni-hranice/usmrceni-statni-hranice-portrety/ (9.3.2023).

8 Vgl. https://mapa.zelezna-opona.cz/de/index.html (9.3.2023).

Fluchtverhinderung und den Opfern des bulgarischen Grenzregimes diesen Ereignisraum in die öffentliche Aufmerksamkeit gerückt. Sein Buch *Fluchtweg Bulgarien* (2019) enthält, gestützt auf Zeitzeugengespräche, Recherchen in der Stasiunterlagenbehörde und im Bundesarchiv, die Biografien von 20 Todesopfern bei Fluchtversuchen in Bulgarien.[9] Biografische Darstellungen erarbeitet ebenfalls Christopher Nehring in *Tödliche Fluchten über Bulgarien* (2017), wobei er auch Quellen aus bulgarischen Archiven auswertet.[10] Eine Edition hauptsächlich von MfS-Dokumenten zu den einzelnen Todesfällen bieten Stoyan Raichevsky und Fanna Kolarova mit *Flucht aus der DDR über den „Eisernen Vorhang" Bulgariens* (2016 und 2020).[11]

Alle drei Publikationen verfolgen eine möglichst vollständige Erfassung der an den bulgarischen Staatsgrenzen im Rahmen von Fluchtversuchen getöteten DDR-Bürger und ihrer bundesdeutschen Helfer. Christopher Nehring schildert 18 Fälle, Stefan Appelius 20,[12] Raichevsky und Kolariva benennen 21 Fälle, da sie noch einen Verdachtsfall hinzuzählen.[13]

Für Rumänien hat Georg Herbstritt mit *Entzweite Freunde. Rumänien, die Securitate und die DDR-Staatssicherheit 1950 bis 1989* (2016) eine umfassende Studie über das wechselhafte und von Misstrauen geprägte Verhältnis der Geheimdienste beider Länder vorgelegt, in deren Rahmen er auch auf Fluchtfälle von DDR-Bürgern und drei tödlich gescheiterte Fluchtversuche

---

9 Appelius, Stefan: Fluchtweg Bulgarien. Die verlängerte Mauer an den Grenzen zur Türkei, Jugoslawien und Griechenland (= Studien des Forschungsverbundes SED-Staat an der Freien Universität Berlin, Bd. 26). Berlin, Bern u. a. 2019.

10 Nehring, Christopher: Tödliche Fluchten über Bulgarien. Die Zusammenarbeit von bulgarischer und DDR-Staatssicherheit zur Verhinderung von Fluchtversuchen (= BF informiert 39). Berlin 2017.

11 Raichevsky, Stoyan/Kolorova, Fanna: Flucht aus der DDR über den „Eisernen Vorhang" Bulgariens. Wege, Methoden, Opfer. Berlin ²2020.

12 Einen dieser Fälle – Wolf Binias – hat Stefan Appelius nach weiteren Recherchen falsifiziert. Binias plante nach Aussagen seines an dem Fluchtvorhaben beteiligten Freundes tatsächlich eine Flucht aus der DDR über die Ostsee in Polen oder über Bulgarien, kam aber an der Schwarzmeerküste bei einem Tauchunfall ums Leben.

13 Gemeint ist der am 6. Oktober 1965 nach einem Autounfall ums Leben gekommene 21-jährige Bundesbürger Bernd Carnehl, der sich laut MfS-Unterlagen in Bulgarien aufhielt, weil er seine ostdeutsche Verlobte über die bulgarisch-türkische Grenze schleusen wollte. Der Autounfall ereignete sich im Landesinneren und stand in keinem Zusammenhang mit der geplanten Ausschleusung. Siehe: Raichevsky, Stoyan/Kolorova, Fanna, a. a. O., S. 370 f. Siehe auch Appelius, Stefan, a. a. O., S. 14 und 71.

eingeht.[14] Zuvor hatte Stefan Appelius in seinem Aufsatz *Fluchtweg Rumänien* (2010) seine Recherchen zu Fluchtvorhaben dokumentiert, wobei er beispielhaft zwei Fälle schildert, die tödlich endeten.[15]

Während also für die Tschechoslowakei, Bulgarien und Rumänien erste, quellenbasierte Forschungen vorlagen, teilte Krisztina Slachta mit, dass in Ungarn die genaue Zahl der an den Grenzen getöteten Flüchtlinge weiterhin unbekannt ist, wobei einzelne Fälle, besonders wenn sie die Aufmerksamkeit des Nachbarlandes Österreich erregten, durch Presseberichte bekannt wurden.[16]

Insgesamt liegt bislang keine wissenschaftlich belegte Gesamtzahl der Todesfälle von deutschen Staatsbürgern an den Grenzen des Eisernen Vorhangs außerhalb der DDR vor.

Vorgeschichte und Verlauf der Untersuchung

Von September 2012 bis Januar 2017 untersuchte ein Wissenschaftlerteam des Forschungsverbundes SED-Staat die Todesfälle an der ehemaligen innerdeutschen Grenze im Zeitraum von 1949 bis 1989 und rekonstruierte die Biografien von Personen aus beiden deutschen Staaten, die dem DDR-Grenzregime seit Gründung des SED-Staates bis zum Mauerfall zum Opfer gefallen sind. Die Untersuchungsergebnisse dieses Forschungsprojektes, das vom Beauftragten der Bundesregierung für Kultur und Medien sowie den Bundesländern Hessen, Niedersachsen und Sachsen-Anhalt finanziert worden ist, sind 2017 in den Studien des Forschungsverbundes SED-Staat an der Freien Universität und in der Schriftenreihe der Bundeszentrale für politische Bildung erschienen.[17]

---

14 Herbstritt, Georg: Entzweite Freunde. Rumänien, die Securitate und die DDR-Staatssicherheit 1950 bis 1989 (= Analysen und Dokumente, Bd. 47). Göttingen 2016, S. 377–380. Der bei Herbstritt aufgearbeitete Fall Anton Frank wird von Nehring und Raichevsky/Kolorova zu den Bulgarien-Fällen gerechnet.

15 Appelius, Stefan: Fluchtweg Rumänien. In: Deutschland Archiv. Zeitschrift für das vereinigte Deutschland, Nr. 6, 43. Jg., 2010, S. 992–1002.

16 Schlachta, Krisztina u. a.: Vom Ausbau zum Abbau. Die Geschichte des Eisernen Vorhangs in Ungarn. In: Zeitschrift des Forschungsverbundes SED-Staat, Nr. 45, 2020, S. 56–67.

17 Schroeder, Klaus/Staadt, Jochen (Hg.): Die Todesopfer des DDR-Grenzregimes an der innerdeutschen Grenze 1949–1989. Ein biografisches Handbuch. Frankfurt am Main 2017, ^{2}2018 (= Studien des Forschungsverbundes SED-Staat, Bd. 24). Sowie als Lizenzausgabe für die Bundeszentrale für politische Bildung (= Schriftenreihe der Bundeszentrale für politische Bildung, Band 10119), Bonn 2017.

Da die innerdeutsche Grenze nur ein Teil des Eisernen Vorhangs durch Europa war, stellte die Freie Universität Berlin 2015 gemeinsam mit Partnerinstitutionen aus den ehemaligen, entlang des Eisernen Vorhangs gelegenen sozialistischen Staaten im Rahmen des von der Europäischen Union aufgelegten Förderprogramms HORIZON 2020 WORK PROGRAMME 2014–2015 einen Förderantrag für ein umfassendes Forschungsprojekt zur Geschichte des Eisernen Vorhangs und den innereuropäischen Fluchtbewegungen in der zweiten Hälfte des 20. Jahrhunderts. Die Antragstellung erfolgte gemeinsam mit der Österreichischen Akademie der Wissenschaften, Institut für Neuzeit- und Zeitgeschichtsforschung, Wien, Dr. des. Maximilian Graf; der Albanian Armed Forces Academy, Tirana, Major Dr. Marenglen Kasmi M. A., Head of the Military History Section; der Faculty of History, Sofia University „St. Kliment Ohridski", PD Dr. Rumyana Marinova-Christidi, Associate Professor; der University of Macedonia, Dr. Georgios Christidis; dem Institut für das Studium totalitärer Regime, Prag, Ondřej Matějka, First Deputy Director sowie dem Institut für neuere Geschichte Serbiens, Belgrad, Dr. Petar Dragišić.

Der Forschungsantrag wurde zwar als innovativ gewürdigt, aber im Rahmen des EU-Förderprogramms nicht bewilligt. Der zur Vorbereitung des Antrags erforderliche internationale Austausch blieb jedoch produktiv und mündete schließlich in einem Antrag an das Bundesministerium für Bildung und Forschung (BMBF), um das Geschehen an den Grenzen des Eisernen Vorhangs zwischen 1948 und 1989, bezogen auf die dort ums Leben gekommenen deutschen Staatsbürger, wissenschaftlich zu erforschen. Der Forschungsantrag wurde nach Bekanntmachung des BMBF zur Förderung von Forschungsvorhaben auf dem Gebiet der DDR-Forschung im Rahmenprogramm Geistes-, Kultur- und Sozialwissenschaften (Bundesanzeiger vom 31.5.2017) im August 2017 bei dem Projektträger Deutsches Zentrum für Luft- und Raumfahrt e. V. (DLR) als Verbundprojekt gemeinsam mit den Universitäten Greifswald und Potsdam eingereicht. Der Antrag des Konsortiums „Eiserner Vorhang. Tödliche Fluchten und Rechtsbeugung gegen Ausreisewillige und Flüchtlinge" wurde in einem wettbewerblichen Verfahren begutachtet und am Ende des fast einjährigen Auswahlverfahrens positiv bewertet. Insgesamt entschieden sich die von dem Projektträger DLR ausgewählten Gutachter für die Aufnahme von 14 Forschungskonsortien in die Förderlinie des BMBF, darunter das Verbundprojekt der Freien Universität Berlin mit den Universitäten Greifswald und Potsdam. Die beiden Teilprojekte der Freien Universität Berlin und der Universität Greifswald hatten sich zum Ziel gesetzt, die Biografien von DDR-Bürgern, die bei Fluchtversuchen über die Grenzen der anderen Ostblockstaaten sowie über die Ostsee ums Leben kamen, wissenschaftlich zu recherchieren und in zwei biografischen Handbüchern sowie auf einem Internetportal zugänglich zu machen. Das Vorhaben des Teilprojekts der Universität Potsdam zielte auf ein häufiges Fluchtmotiv, der Verweigerung von Ausreiseanträgen und damit verbundenen Repressionsmaßnahmen gegen DDR-Bürger, die das Menschenrecht auf Reisefreiheit oder Verlassen ihres Staatsgebietes in Anspruch nahmen. Für die Entwicklung des Internetportals wurde das Center für Digitale Systeme (CeDiS) der Freien Universität Berlin in den Verbund einbezogen. Unter Verantwortung des CeDiS sollte außerdem ein wissenschaftliches Interview-Archiv für die politische Bildung aufgebaut werden, das die Erinnerungen von Angehörigen der Todesopfer und anderen in die Ereignisse involvierten Personen enthält. Nach der erfolgreichen Evaluation des Forschungskonsortiums, konnte das Teilprojekt „Todesfälle von DDR-Bürgern bei Fluchtversuchen über Ostblockstaaten", ausgeführt durch den Forschungsverbund SED-Staat und das Center für Digitale Systeme der FU, zum 1. November 2018 seine Arbeit mit einer Förderzusage für vier Jahre aufnehmen.

Insgesamt bot der Forschungsstand zu Projektbeginn eine wissenschaftlich-biografische Aufarbeitung von 35 Todesfällen von DDR-Flüchtlingen und fünf Westdeutschen bzw. Bundesbürgern am Eisernen Vorhang. Diese im Umfang sehr unterschiedlichen Darstellungen, die oft auf der Quellenauswertung nur eines Landes beruhten, mussten anhand von Archivrecherchen und Zeitzeugengesprächen überprüft und vertieft werden. 25 weitere Fälle von DDR- und Bundesbürgern waren dem von Martin Pulec erstellten Verzeichnis des Amtes zur Dokumentation und Ermittlung der Verbrechen des Kommunismus zu entnehmen. Bei diesen nur mit rudimentären Lebens- und Geschehensdaten versehenen Namen waren durch Recherchen in tschechischen, slowakischen und deutschen Archiven der Geschehensablauf zu rekonstruieren und biografische Informationen zu gewinnen. Einige Todesfälle schieden nach den Recherchen aus, da sie weder einen Fluchthintergrund aufwiesen noch auf das Handeln der Grenzwachen zurückzuführen waren. Den weitaus größten Rechercheaufwand bereiteten 845 Verdachtsfälle, die das Projektteam aus der Sterbefallkartei des Ministeriums für Auswärtige Angelegenheiten der DDR und den Sterbeurkunden des für Todesfälle im Ausland zuständigen Standesamtes I zu Berlin herausfilterte. Weiterhin wurde die Opferliste der AG 13. August herangezogen sowie die Überlieferungen des Ministeriums für Staatssicherheit, der DDR-Grenztruppen, der DDR-Generalstaatsanwaltschaft und des Ministeriums des Innern der DDR. Ergänzend wurden die Meldungen der Bayerischen Grenzpolizei aus dem Archivgut des Präsidiums der Grenzpolizei und des Bayerischen Staatsministeriums des Innern genutzt. Häufig fanden sich in diesen Überlieferungen nur Indizien, wie der Sterbeort oder das Alter, die auf einen möglichen Fluchthintergrund hindeuteten. In Einzelfällen konnte auch die Überlieferung des Auswärtigen Amtes einbezogen werden, das sich bei Bekanntwerden von Grenzzwischenfällen mit Todesfolgen für Bundesbürger auf diplomatischem Weg in das weitere Geschehen einschaltete oder in Fällen von DDR-Opfern nach Benachrichtigungen durch westdeutsche Verwandte Anfragen an die Regierungen von Ostblockstaaten richtete.

Die Überprüfung der namentlich bekannten Todes- und Verdachtsfälle erfolgte durch die Auswertung von personenbezogenen Sachakten des Ministeriums für Auswärtige Angelegenheiten der DDR, von MfS-Unterlagen sowie den Überlieferungen des Bundesministeriums für innerdeutsche Beziehungen, den Unterlagen von Zoll, Bundesgrenzschutz, Bayerischer Grenzpolizei und der Medienberichterstattung aus Deutschland und Österreich. Als Verdachtsfälle wurden Todes- und Vermissteneintragungen in den verschiedenen Archiven oder persönliche Mitteilungen über vermisste oder verstorbene Familienangehörige erfasst, um deren Relevanz für das Forschungsprojekt zu prüfen. Das Forschungsteam richtete weiterhin Anfragen an Standes- und Bürgermeisterämter, Einwohnermeldeämter, Friedhofsverwaltungen, Stadt- und Kreisarchive sowie an die ausländischen Kooperationspartner in den ehemaligen Ostblockstaaten, in Jugoslawien und Österreich. Wichtige Angaben zu Todesfällen an der tschechoslowakisch-deutschen Grenze ergaben sich aus dem Informationsaustausch mit der Staatsanwaltschaft Weiden, die im Dezember 2017 vom Bundesgerichtshof im Falle von vier am Eisernen Vorhang getöteten DDR-Flüchtlingen mit den Ermittlungen gegen Grenzsoldaten und politische Verantwortungsträger der ČSSR beauftragt worden war. Die Staatsanwaltschaft Weiden hatte zuvor bereits wegen der tödlichen Schüsse auf Johann Dick an der bayerisch-tschechoslowakischen Grenze ermittelt. Regionalhistoriker, die oft zugleich Zeitzeugen sind, wie Gerhard Schätzlein, Reinhard Balk und Uwe Bräuning, halfen dem Forschungsteam durch Hinweise auf Recherchemöglichkeiten oder auf historische Tatorte.

Zusammenarbeit mit europäischen Partnern

Die wissenschaftlichen Recherchen zu Todesfällen am Eisernen Vorhang wären ohne Kooperationspartner in den ehemaligen Ostblockstaaten, Jugoslawien und Österreich nicht möglich gewesen. Zu zahlreichen Biografien von Todesopfern fanden die Kolleginnen und Kollegen Unterlagen in den Archiven des Geheimdienstes, des Militärs und des Außenministeriums der jeweiligen Länder, die sie für den Forschungsverbund SED-Staat auswerteten und bei Relevanz auch übersetzten. Hierdurch war es möglich, zu Einzelfällen Aussagen anhand von Parallelüberlieferungen kritisch zu überprüfen sowie Geschehensabläufe und wechselseitige Bezugnahmen zu rekonstruieren. Zudem erlaubten die gelieferten Informationen zu den Verdachtsfällen dem Projektteam, diese zu falsifizieren oder weiteren Rechercheansätzen nachzugehen. Die Zusammenarbeit mit den internationalen Kooperationspartnern eröffnete im Januar 2019 eine Konferenz in Berlin, auf der die möglichen Recherchen in den jeweiligen Ländern erörtert und Absprachen für die Zusammenarbeit mit dem Team des Forschungsverbundes SED-Staat getroffen wurden.

Die Kooperationspartner des Projekts waren: Dr. Marenglen Kasmi (Albanien); Ass. Prof. Dr. Rumyana Marinova-Cristidi und Petar Stoilov (Bulgarien); Prof. Dr. Georgios Christidis (Griechenland); Mag. Dieter Bacher (Österreich); Bogusław Thomasz Czerwiński und Dr. Joanna Hytrek-Hryciuk (Polen); Ionuț Mircea Marcu (Rumänien); Dr. Petar Dragišić (Serbien); Mgr. Ladislav Beneš, Miroslav Lehký, Peter Rendek und Dr. Mikuláš Zvánovec (Tschechien); Mgr. Peter Mikle (Slowakei); PD Dr. Krisztina Slachta, Prof. Dr. Imre Tóth, Mag. István Orgoványi und MA Bertalam Bordás (Ungarn). Für Ihre Recherchen nutzten die Kooperationspartner folgende Archive:

Albanien: Autoriteti për Informimin mbi Dokumentet e Ish-Sigurimit të Shtetit, AIDSSH (Behörde für Informationen über ehemalige Staatssicherheitsdokumente).

Bulgarien: Arhiv na Komisiyata za razkrivane na dokumentite i za obyavyavane na prinadlezhnost na balgarski grazhdani kam Darzhavna sigurnost i razuznavatelnite sluzhbi na Balgarskata narodna armia, AKRDOPBGDSRSBNA (Archiv der Kommission für die Offenlegung von Dokumenten und zur Anzeige der Zugehörigkeit bulgarischer Staatsbürger zur Staatssicherheit und zu den Nachrichtendiensten der bulgarischen Volksarmee); Diplomaticheski arhiv na Ministerstvoto na vanshnite raboti (Diplomatisches Archiv des Außenministeriums); Tsentralen darzhaven arhiv, TsDA (Zentrales Staatsarchiv); Darzhaven voennoistoricheski arhiv, DVIA (Staatliches Militärhistorisches Archiv).

Österreich: Österreichisches Staatsarchiv/Archiv der Republik; Landesarchiv Oberösterreich; Landesarchiv Niederösterreich; Landesarchiv Burgenland; Staatsanwaltschaft Eisenstadt.

Polen: Archiwum Straży Granicznej (Archiv des Grenzschutzes); Archiv der polnischen Bergwacht; Bezirksstaatsanwaltschaft Stettin; Instytut Pamięci Narodowej, IPN (Institut für Nationales Gedenken); Archiwum Ministerstwa Spraw Zagranicznych, MSZ (Archiv des Ministeriums für Auswärtige Angelegenheiten).

Rumänien: Arhiva Consiliului Naţional pentru Studierea Arhivelor Securităţii, ACNSAS (Archiv des Landesrats für das Studium der Securitate-Archive).

Serbien: Arhiv Jugoslavije (Archiv Jugoslawiens); Diplomatski arhiv Ministarstva spoljnih poslova Srbije, DAMSP (Diplomatisches Archiv des Außenministeriums Serbiens); Vojni arhiv (Militärarchiv); Savezni sekretarijat za narodnu odbranu, SSNO (Verteidigungsministerium Jugoslawiens).

Slowakei: Ústav pamäti národa Bratislava, UPN (Institut für das Gedächtnis der Nation, Bratislava).

Tschechische Republik: Archiv bezpečnostních složek, ABS Kanice/ABS Praha (Archiv der Sicherheitskräfte); Archiv ministerstva zahraničních věcí Praha, AMZV (Archiv des Außenministeriums Prag); Vojenský ústřední archiv Praha (Militärisches Zentralarchiv Prag).

Ungarn: Állambiztonsági Szolgálatok Történeti Levéltára, ÁBTL (Historisches Archiv der Staatssicherheitsdienste); Magyar Nemzeti Levéltár, Országos Levéltár, MNL OL (Bestand des Nationalarchivs im Ungarischen Staatsarchiv); Magyar Nemzeti Levéltár Győr-Moson-Sopron Vármegye Soproni Levéltára, MNL GyMSMSL (Komitatsarchiv Győr-Moson-Sopron des Ungarischen Nationalarchivs in Sopron); Magyar Nemzeti Levéltár Baranya Vármegye Levéltára, MNL BAML (Komitatsarchiv Baranya des Ungarischen Nationalarchivs).

Ab März 2020 stellten die im Rahmen der Eindämmung der COVID-19-Pandemie getroffenen Maßnahmen die Forschungen der FU-Teams, der Verbundprojekte sowie der Kooperationspartner in den mittel- und osteuropäischen Ländern vor massive Probleme. Archivschließungen, Kontaktbeschränkungen, Ausgangssperren und das Verbot von Dienstreisen ließen keinen normalen Forschungsbetrieb zu. Auch bereits vereinbarte Zeitzeugenbefragungen mussten verschoben werden oder fernmündlich erfolgen. Die nachfolgende Wiederöffnung der Archive unterlag besonderen Infektionsschutzbestimmungen, die Nutzerzahlen wurden drastisch eingeschränkt,

Öffnungszeiten reduziert. Die hieraus resultierenden langen Wartezeiten auf eine Besuchsmöglichkeit betrugen beispielsweise im Bundesarchiv Berlin bis zu einem Jahr. Das führte zu Verzögerungen im Zeitplan der Projekte, die durch eine einjährig verlängerte Finanzierung hätten ausgeglichen werden können. Die Möglichkeit einer solchen Projektverlängerung wurde jedoch nach einer im Dezember 2021 erfolgten mündlichen Zusage seitens des BMBF im Juli 2022 mit der Begründung zurückgenommen, das Zahlungsaufkommen für den Ukrainekrieg lasse nur eine viermonatige Verlängerung der 14 Verbundprojekte zu. Infolgedessen musste auf die Verwirklichung einzelner Projektziele verzichtet werden. So konnte ein pädagogisches Vermittlungsangebot nicht erarbeitet und das CeDiS-Team statt der geplanten 25 Zeitzeugeninterviews nur Gespräche mit 16 Zeitzeuginnen und Zeitzeugen aufzeichnen und aufbereiten.[18] Auch etliche noch ausstehende Personenrecherchen mussten unterbleiben.

Ergebnisse im Einzelnen

Da die Reisen von DDR-Urlaubern in die sozialistischen Nachbarstaaten im Laufe der 1960er Jahre stark zunahmen, waren die Operativgruppen des MfS und ihre Helfer aus der Tourismusbranche nicht in der Lage, die DDR-Touristen unter Kontrolle zu halten. So strömten Ende der 60er Jahre DDR-Touristen in solchen Massen an die ‚rote Riviera' Bulgariens, dass die Zahl der dort im Jahr 1969 „operativ notwendigen Reiseleiter" auf über 5.000 anstieg. Im DDR-Tourismusbereich rechnete man damals damit, dass an der Schwarzmeerküste bis 1975 über 15.000 Reiseleiter benötigt würden.[19] In den 1980er Jahren buchten etwa 700.000 bis 800.000 DDR-Bürger jährlich einen Auslands-Urlaub über die staatlichen Unternehmen Reisebüro und Jugendtourist. Hinzu kamen 1,7 Millionen Individualtouristen, die auf eigene Faust vor allem in die Tschechoslowakei und nach Ungarn, aber auch nach Rumänien und Bulgarien fuhren. Geschäfts- und Ausbildungsreisen ins Ausland

18 Siehe https://archiv.eiserner-vorhang.de/de?checked_ohd_session=true (20.5.2023).

19 HA VI/Linie SRT: Einschätzung vom 04.12.1970. BStU, MfS, Abt. X 1477, Bl. 0004. Vgl. zur Entwicklung des Tourismus und Fluchtgeschehens in Bulgarien: Appelius, Stefan: Opfer an der verlängerten Mauer. Der Fluchtweg über Bulgarien von 1961 bis 1970. In: Zeitschrift des Forschungsverbundes SED-Staat Nr. 29, 2011, S. 110–130.

beliefen sich in etwa auf eine Million.[20] Eine Bilanz des SED-Politbüros über die „Entwicklung des Reiseverkehrs von Bürgern der DDR" enthält für 1987 die statistische Zahlenangabe von 8.676.731 DDR-Reisenden in sozialistische Staaten. Von 1972 bis 1988 erfolgten laut dieser Statistik 132,5 Millionen Reisen von DDR-Touristen in sozialistische Staaten.[21]

Die MfS-Operativgruppen vor Ort und die zuständigen zentralen MfS-Diensteinheiten in Ost-Berlin konnten die Überwachung zehntausender Touristen nicht bewältigen. Die Fluchtverhinderung am Eisernen Vorhang erfolgte durch die Sicherheitskräfte der befreundeten sozialistischen Staaten. Zwischen 1971 und 1989 wurden etwa 25.000 DDR-Bürger bei Fluchtversuchen über andere Ostblockstaaten festgenommen. Für mehr als die Hälfte von ihnen übernahm das MfS die Rückführung in die DDR.[22] In der ČSSR und Polen festgenommene DDR-Flüchtlinge wurden dem MfS überwiegend an Grenzübergangsstellen übergeben. Aus den anderen sozialistischen Staaten erfolgte die Rückführung mit Flugzeugen des MfS, die zur Tarnung die Erkennungsmerkmale der staatlichen Fluggesellschaft Interflug trugen. Genutzt wurden aber auch Sondermaschinen der Interflug selbst sowie der Luftstreitkräfte der DDR.[23] Dem lagen Vereinbarungen mit den Sicherheitsdiensten der jeweiligen Länder zugrunde. So unterzeichneten die DDR- und ČSSR-Dienste im November 1977 ein „Protokoll über das Zusammenwirken zwischen den Untersuchungsorganen beider Ministerien" und ein „Protokoll über die Organisierung der Übergabe/Übernahme straffällig gewordener Bürger beider Seiten in Zuständigkeit der Organe der Staatssicherheit". Die Vereinbarungen wurden beiderseits durch die zuständigen Minister bestätigt. Aus einem in der gleichen Überlieferung enthaltenen „Bericht über die Zusammenarbeit der Linie IX des MfS mit der Linie Untersuchung des MdI

20 Spode, Hasso: Urlaub macht Geschichte. Reisen und Tourismus in der DDR. Berlin 2022, S. 142.

21 Minister für Staatssicherheit, Minister des Inneren und Chef der Deutschen Volkspolizei, Abteilung für Sicherheitsfragen: Vorlage für das Politbüro des ZK der SED vom 19. Februar 1988 über die Entwicklung des Reiseverkehrs von Bürgern der DDR. BStU, MfS, SdM, Nr. 700.

22 Vgl. Tantzscher, Monika: Die verlängerte Mauer. Die Zusammenarbeit der Sicherheitsdienste der Warschauer-Pakt-Staaten bei der Verhinderung von „Republikflucht" (=Reihe B: Analysen und Berichte, Nr. 1). Berlin 1998, S. 69. Die Differenz zwischen Festnahmen und Rückführung beruht auf bereits in der DDR bzw. an den Grenzübergängen erfolgte Festnahmen.

23 Vgl. Tornow, Frank: Gefangenenflüge. Chronik der Häftlingsrückführungen. In: Zeitschrift des Forschungsverbundes SED-Staat, Nr. 49, 2022, S. 90–99.

der ČSSR im Jahr 1977" geht hervor, dass die „Angriffe" von DDR-Bürgern gegen die Staatsgrenze der ČSSR „den Schwerpunkt gegenüber anderen sozialistischen Staaten" bildeten.[24]

Während der millionenfachen Auslandsbesuche von DDR-Touristen kam es zu Todesfällen, deren Ursachen zumeist körperliche Gebrechen oder Krankheiten, Fahrzeug- und Sportunfälle sowie Suizide oder Gewaltverbrechen waren. Diese Todesfälle meldeten die jeweiligen DDR-Vertretungen dem DDR-Außenministerium, das sie in seiner Sterbekartei erfasste. Die entsprechende Vorschrift des DDR-Konsulargesetzes von 1957 legte dazu fest: „Stirbt ein Bürger der Deutschen Demokratischen Republik im Konsularbezirk, so sorgt der zuständige Konsul, sofern keine Angehörigen dort wohnen, für die Bestattung oder Überführung der Leiche in die Deutsche Demokratische Republik. Außerdem achtet er darauf, daß die Interessen der Erben gewahrt werden."[25] Die Obduktionsprotokolle waren zu beschaffen und bei nichtnatürlichen Sterbefällen dem Generalstaatsanwalt der DDR, Abteilung IV, über den Sektor III der Hauptabteilung Konsularische Angelegenheiten des MfAA zuzuleiten. Auf diesem Wege waren auch die von den zuständigen Organen des Partnerstaates anzufordernden Ermittlungsberichte bzw. polizeiliche Abschlussberichte weiterzuleiten.[26]

Verbindliche diplomatische Vereinbarungen über das Verfahren nach solchen Todesfällen existierten zwischen den Ostblockstaaten nicht, obwohl das DDR-Außenministerium seit den frühen 1970er Jahren eine interne Regelung mit den ‚Bruderstaaten' anstrebte und dazu auch den Entwurf einer Vereinbarung in Umlauf brachte. Dessen Titel lautete: „Konvention über die Regelung spezieller Fragen, die im Zusammenhang mit dem zeitweiligen Aufenthalt von Bürgern der Teilnehmerstaaten auf dem Territorium eines anderen Teilnehmerstaates auftreten". Danach sollten für „Sterbefälle von Bürgern eines Teilnehmerstaates auf dem Territorium eines anderen Teilnehmerstaates" Grundsätze „für die Überführung von Leichen, Resten der Feuerbestattung und Gebeinen von verstorbenen Staatsbürgern der Teilnehmerstaaten von dem Territorium eines der Teilnehmerstaaten in den

---

24 MfS, HA IX/9, AG Ausland: Bericht über die Zusammenarbeit der Linie IX des MfS mit der Linie Untersuchung des MdI der CSSR im Jahr 1977. BStU, MfS, ZAIG, Nr. 36452.

25 Gesetzblatt der DDR Teil I, Jg. 1957, S. 313–316. Das zweite Konsulargesetz von 1979 enthielt ebenfalls diesen Hinweis auf die Verpflichtung der DDR-Konsuln. Siehe: Gesetzblatt der DDR Teil I, Jg. 1979, S. 464–469.

26 Richtlinien und Weisungen des Ministeriums für Auswärtige Angelegenheiten zur konsularischen Arbeit. PAAA, MfAA, M 53, ZR 5883/93.

Heimatstaat" geregelt werden. Die Artikel 9 und 10 hätten die gerichtsmedizinische Obduktion der Leiche außer bei natürlichen Todesfällen bestimmt. Ein Exemplar des Obduktionsprotokolls sollte der diplomatischen oder konsularischen Vertretung des verstorbenen Staatsbürgers innerhalb von zehn Tagen übersandt werden, ebenso ein Bericht über die zum Todesfall geführten Ermittlungen.[27]

Die erste multilaterale Konferenz sozialistischer Staaten zu dieser Problematik fand 1978 in Varna statt, eine folgende im Juni 1987 in Sofia. Dort waren außer Bulgarien, der DDR, Polen, Rumänien, der Sowjetunion, der Tschechoslowakei, Ungarn, Kuba und der Mongolei auch Nordkorea, Laos und Vietnam mit Beobachterstatus vertreten. „Alle Delegationen sprachen sich übereinstimmend dafür aus, die multilaterale Zusammenarbeit der Konsularbereiche als eine höhere Stufe der Abstimmung und Koordinierung konsularischer Aktivitäten zu entwickeln." Der von der Delegation der DDR überbrachte Vorschlag zur Leichenkonvention fand „das Interesse bzw. die Unterstützung mehrerer Delegationen".[28] Auf der nächsten Konferenz im März 1988 in Budapest wurde im Plenum nur über die sowjetische Initiative zur Verbesserung des Reiseverkehrs der Bürger sozialistischer Staaten diskutiert und nicht über den Leichentransport.[29] Bei der letzten Beratung im April 1989 in Berlin kam die von der DDR angestrebte Paraphierung der Vereinbarung nicht zustande, weil innere Abstimmungsverfahren der Partnerstaaten noch nicht abgeschlossen und die Delegationsleiter nicht zur Unterzeichnung bevollmächtigt waren. Als nächster Termin für den Abschluss der Vereinbarung zum Leichentransport war der 24. November 1989 vorgesehen.[30] Er kam wegen der revolutionären Turbulenzen in mehreren Teilnehmerstaaten nicht mehr zustande.

Die DDR-Seite regelte wegen des Fehlens allgemein gültiger rechtlicher Vereinbarungen in bilateralen Verhandlungen auf diplomatischer und geheimpolizeilicher Ebene mit ihren Verbündeten, wie bei Todesfällen ihrer Bürger im Ausland zu verfahren war. An der Erarbeitung entsprechender

27 Der Entwurf befindet sich in einer Mappe über Konsultationen mit der Konsularabteilung des rumänischen Außenministeriums vom März 1986 in Bukarest: PAAA, M 52, ZR 5510/93.

28 Bericht vom 18. Juni 1987 über die multilaterale Beratung, ebd.

29 Bericht vom 7. März 1988 über die multilaterale Beratung, ebd.

30 Bericht vom 2. Mai 1989 über die multilaterale Beratung und Vermerk der Konsularabteilung der Botschaft der DDR in Sofia über eine Information der Konsularabteilung des bulgarischen Außenministeriums vom 8. November 1989, ebd.

Verordnungen und Anweisungen für die Überführung der Leichen aus dem Ausland waren eine Vielzahl von Instanzen beteiligt, vor allem das Ministerium des Inneren, das Ministerium für Gesundheitswesen, das MfAA, das MfS, der Generalstaatsanwalt der DDR sowie die Zollverwaltung und das Verkehrsministerium.[31] Ein Muster für die Benachrichtigungswege bietet die „Gemeinsame Direktive über die Durchführung von Maßnahmen bei Todesfällen von Bürgern der Deutschen Demokratischen Republik [...] während des Aufenthaltes in anderen Staaten" aus dem Jahr 1969. Demnach sollte das MfAA aus anderen Staaten eingehende Nachrichten über den Tod eines DDR-Bürgers, der sich auf einer Urlaubs- bzw. Besuchsreise befand, an die für den Heimatwohnort zuständige Bezirksbehörde der Volkspolizei weiterleiten. Diese sollte dann über das lokale Volkspolizeikreisamt die Abteilung Inneres des Rates des Kreises bzw. des Rates der Stadt unverzüglich informieren. Von dort aus erfolgte dann in der Regel die Verständigung der Angehörigen. Ihnen sollten der Todestag und die Todesursache sowie der Ort, an dem sich die Leiche befand, mitgeteilt werden. Nach Rücksprache mit den Angehörigen war die Konsularabteilung des MfAA zu unterrichten, ob die Angehörigen eine Überführung der Leiche oder eine Einäscherung außerhalb der DDR wünschten. Für beide Varianten sollten die Angehörigen die Kostenübernahme bestätigen.[32] Politische Erwägungen konnten jedoch gegen eine Beisetzung in der DDR zur Geltung gelangen. Das belegt eine „Gemeinsame vertrauliche Anweisung über die Überführung von Leichen", die am 1. Januar 1972 in Kraft trat. Darin werden die Leiter der Abteilung Innere Angelegenheiten der Stadt- und Kreisräte angewiesen, eine Leichenüberführung nur dann zu bestätigen, „wenn die Überführung des Verstorbenen sowie dessen Bestattung in der Deutschen Demokratischen Republik nicht den staatlichen und gesellschaftlichen Interessen der Deutschen Demokratischen Republik entgegenstehen". Ob solche Gründe vorlagen, war mit dem MfS sowie der Volkspolizei abzuklären. Innerhalb von 12 Stunden nach dem Eintreffen an der Staatsgrenze sollte der für die Grenzübergangs-

31 Vgl. die Dokumentensammlungen aus dem Bestand der Zollverwaltung der DDR in BArch, DL 203/1530 und BArch, DL 203/1621.

32 Ministerium für Auswärtige Angelegenheiten/Minister für die Anleitung und Kontrolle der Bezirks- und Kreisräte: Gemeinsame Direktive über die Durchführung von Maßnahmen bei Todesfällen von Bürgern der Deutschen Demokratischen Republik sowie von Ausländern und staatenlosen mit ständigem Wohnsitz in der Deutschen Demokratischen Republik während des Aufenthaltes in anderen Staaten. Entwurf, 8.5.1969. BArch, DO 1/104399.

stelle zuständige Kreisarzt eine Leichenschau vornehmen, um Todesart und -ursache festzustellen. Nur mit einer schriftlichen Bestätigung des Arztes, der die Leichenschau vorgenommen hatte, war eine Bestattung in der DDR zulässig. Nach der Einäscherung von Verstorbenen im Ausland waren ihre Urnen direkt zu dem Friedhof des vorgesehenen Bestattungsortes zu überführen.[33]

Todesfälle im Zusammenhang mit Fluchtversuchen im sozialistischen Ausland unterlagen besonderen Geheimhaltungsregeln. Die Hauptabteilung (HA) Konsularische Angelegenheiten des MfAA übernahm die Organisation der Nachlassrückführung, die Beurkundung des Sterbefalls sowie ggf. die Formalitäten der Überführung. Die von der DDR-Botschaft im Ausland meist per Telegramm informierte HA Konsularische Angelegenheiten wandte sich direkt an den Leiter der Abteilung Innere Angelegenheiten des Rates der Stadt bzw. des Kreises, der für die Benachrichtigung der Angehörigen zuständig war. Eine Wahlmöglichkeit hinsichtlich der Überführung der Leiche im Sarg, die oft in der Absicht gewählt wurde, von dem Toten Abschied nehmen zu können, oder der Urnenüberführung, war bei gescheiterten Fluchtversuchen mit Todesfolge häufig nicht möglich. Besonders in Bulgarien wurden die Leichen der Opfer schon unmittelbar nach dem Zwischenfall im Grenzgebiet vergraben. In diesen Fällen war ein Besuch der Gräber durch die Angehörigen ausgeschlossen, oft auch eine Exhumierung. Das führte in der DDR zu anhaltenden Konflikten mit den Angehörigen. Mehrfach kam es deswegen zu Regelungsbemühungen durch die diplomatischen Vertretungen der DDR, die wenig erfolgreich verliefen. So erklärte der bulgarische Militärstaatsanwalt General Dimitar Kapitanov am 12. November 1974 in einer Unterredung gegenüber DDR-Konsul Nieter, „daß es unzumutbar ist, unmittelbar neben friedlichen Bürgern Verbrecher zu beerdigen“. Eine „generelle Regelung“ des Umgangs mit an den Grenzen getöteten DDR-Bürgern erörterten DDR-Botschafter Werner Wenning und Konsul Kurt Spörl am 24. Februar 1975 mit dem bulgarischen Generalstaatsanwalt Watschkov und Militärstaatsanwalt Kapitanov. Demnach sollte die DDR-Botschaft fortan unverzüglich über Todesfälle bei Fluchtversuchen informiert und in das Untersuchungsverfahren einbezogen werden. Wenning bat um eine Über-

33 Ministerium des Innern/Ministerium für Gesundheitswesen/Ministerium für Außenwirtschaft/Ministerium für Verkehrswesen/Der Generalstaatsanwalt der Deutschen Demokratischen Republik: Gemeinsame Vertrauliche Anweisung über die Überführung von Leichen. Berlin, 20.10.1971. BArch, DM 1/10865.

führung der Leichname aus dem Grenzgebiet auf einen öffentlichen Friedhof, „da wir an einem Besuch des Grabes im Grenzgebiet nicht interessiert sind".[34] Nach Abschluss der Ermittlungen sollte die Leiche dann je nach Wunsch der Vertretung entweder überführt oder auf einem bulgarischen Friedhof beigesetzt werden.

Die DDR-Diplomaten vertraten bei den Verhandlungen mit ihren Ansprechpartnern in den Außen- und Innenministerien der verbündeten Ostblockstaaten nicht die Interessen der Angehörigen von getöteten DDR-Bürgern. Ihnen ging es vorwiegend um eine möglichst reibungslose bürokratische Abwicklung der mit den Todesfällen verbundenen Regularien. Beispielsweise drang im Fall des 1972 in Rumänien erschossenen Pädagogen Rudolf Babendererde der II. Sekretär der DDR-Botschaft Anton Richter im rumänischen Innenministerium auf eine unverzügliche Beerdigung des Todesopfers, da der Mann „seinen Staat verraten hat und daß deshalb unsererseits kein Interesse an der Leichenüberführung in die DDR besteht".[35]

Ob die Zusage des bulgarischen Innenministeriums gegenüber der DDR-Botschaft vom 24. Februar 1975 tatsächlich eingehalten worden ist bleibt fraglich. Nach den Artikeln 28 und 36 des Konsularvertrages vom 12. Oktober 1972 hatten die zuständigen bulgarischen Organe die konsularischen Amtspersonen der DDR über von ihnen vorgenommene Beurkundungen bei Eheschließungen, Geburten und Todesfällen von DDR-Bürgern sowie über deren vorläufige Festnahme oder Verhaftung zu informieren. Bei Konsultationen, die im Oktober 1983 in Sofia stattfanden, bemängelte die DDR-Seite unter Bezugnahme auf den Artikel 36 des Konsularvertrags vorsichtig, dass die Botschaft der DDR nicht immer umgehend über strafrechtlich relevante Zwischenfälle mit DDR-Bürgern informiert würde. Hansjochen Vogl, Leiter der HA Konsularische Angelegenheiten im MfAA, betonte dabei ausdrücklich, seine Bemerkungen seien keinesfalls als Kritik an der bulgarischen Rechtsordnung gemeint. „Die DDR empfinde große Hochachtung für die bulgarischen Grenzer, die nicht nur die Grenzen schützen, sondern auch Probleme für die DDR lösen helfen. Die DDR sei dankbar für jede durch bulgarische Genossen verhinderte Republikflucht. An der seit Jahren außer-

---

34 Spörl, Kurt: Vermerk über ein Gespräch im MfAA der VRB mit dem Stellvertreter des Leiters der Konsularabteilung Genossen Kowatschew am 9.12.1975, 11.00 Uhr. PAAA, ZR 495/88.

35 Richter, Anton: Vermerk über ein Gespräch in der Paßdirektion des MdI der SRR am 18. August 1972. PAAA, MfAA, ZR 495/88.

ordentlich bewährten Zusammenarbeit der zuständigen Organe beider Staaten soll nichts geändert werden und sie soll in keiner Weise gestört werden." Die DDR wünsche nur, dass ihre Vertretung über schwere Rechtsverstöße von DDR-Bürgern informiert werde. So könnte sie gemeinsam mit den bulgarischen Genossen Beschwerden von DDR-Bürgern prüfen und zusammen mit den zuständigen bulgarischen Organen Antworten finden. Der bulgarische Delegationsleiter Stojan Radoslavov, Leiter der Konsularabteilung im bulgarischen Außenministerium, dankte für die Offenheit und sagte korrekte Informationen zu. Bulgarien sei auch bereit, sich multilateralen Vereinbarungen zu Leichenüberführungen sowie zur Informationspflicht über Schwerverletzte und Schwerkranke anzuschließen.[36]

Die Verfahrenspraxis bei Todesfällen von DDR-Flüchtlingen zog z.T. langwierige Auseinandersetzungen mit Familienangehörigen nach sich, die in Eingaben und persönlichen Vorsprachen auf die Exhumierung und Überführung der sterblichen Überreste ihrer Angehörigen drangen. Einiges spricht dafür, dass es von der Energie und dem Durchsetzungsvermögen der Angehörigen abhing, ob ein solches Vorhaben gelang. Nicht nur, wenn eine Überführungsmöglichkeit bestand, benötigten die Familien Sterbeurkunden ihrer getöteten Angehörigen für die Beerdigung. Sie waren ebenfalls eine Voraussetzung, um Witwen- oder Waisenrente zu beantragen. Auch erhofften Familienmitglieder in diesen Dokumenten einen Hinweis auf die Todesursache zu finden, wenn ihnen diese bei Gesprächen im Rat der Stadt oder im MfAA vorenthalten wurde. Die Ausstellung der Sterbeurkunden durch die ausländischen Behörden erfolgte jedoch schleppend und mit längeren Wartezeiten, zuweilen erst nach mehreren Ermahnungen durch die DDR-Botschaft. Anschließend durchliefen die Dokumente mehrere DDR-Behörden. Die in den Begleitpapieren enthaltenen Angaben zu Todesursachen fanden keinen Eingang in die Sterbeurkunden des Standesamtes I zu Berlin. Doch Vermerke über die Todesursache waren bei den im Auslandsstandesamt der DDR ausgestellten Urkunden in keinem Fall vorgesehen, also auch nicht bei natürlichen Todesfällen.

Die im Zuge der Recherchen ermittelten Todesfälle sind in diesem Handbuch thematisch fünf Kapiteln zugeordnet. Die ersten beiden Kapitel rekonstruieren die Biografien der DDR-Flüchtlinge, die beim Versuch, die Grenzen des Eisernen Vorhangs zu überwinden, in Ostblockstaaten ihr Leben verloren. Das erste Kapitel enthält die Biografien von Todesopfern im Grenz-

36 Bericht vom 24. Oktober 1983 mit Anlage. PAAA, MfAA, M 52, ZR 5510/93.

gebiet, das zweite Biografien von DDR-Flüchtlingen, die auf ihrem Weg zum Grenzraum des Eisernen Vorhangs oder 1989 zur Botschaft der Bundesrepublik Deutschland in Warschau ums Leben kamen. Das dritte Kapitel zeigt die Lebensgeschichten von DDR-Bürgern auf, die sich nach fehlgeschlagenen Fluchtversuchen selbst töteten, das vierte beschreibt Todesfälle von Westdeutschen am Eisernen Vorhang. Das fünfte Kapitel umfasst recherchierte Todesfälle, die nicht abschließend geklärt werden konnten oder nicht der engeren Fragestellung des Forschungsprojekts entsprechen, sowie Falsifikationen von drei Todesfällen, die in diversen Publikationen bis dato als Fluchtvorfälle mit Todesfolge eingeordnet worden waren.

An den Außengrenzen des Ostblocks, dem Eisernen Vorhang, verloren im Zeitraum vom 10. Juli 1963 bis zum 21. August 1989 insgesamt 37 Männer, Frauen und Kinder ihr Leben. Sie waren zumeist Arbeiter, Angestellte oder Handwerker, acht Personen hatten einen Studienabschluss. Ihr Alter rangierte zwischen 18 und 40 Jahren, der Altersdurchschnitt lag bei 25 Jahren. Hinzu kommen zwei Kinder, die während des Fluchtversuchs ihrer Eltern verunglückten bzw. fahrlässig getötet wurden.[37] Der letzte Wohnort der Todesopfer lag mehrheitlich (bei 16 Personen) auf dem Gebiet des heutigen Bundeslandes Sachsen.

Die häufigste Todesursache von DDR-Flüchtlingen am Eisernen Vorhang war der Schusswaffengebrauch von Grenzsoldaten. Durch Schüsse wurden 25 Flüchtlinge getötet. In Grenzgewässern ertranken drei Personen. Mit ihren Fahrzeugen versuchten zwei DDR-Bürger die Sicherungsanlagen an Grenzübergängen zu durchbrechen und wurden beim Aufprall an der Sperrschranke getötet. Bei einem solchen Fluchtversuch kam zudem auch ein Kind ums Leben. Ein Mann starb durch einen Stromschlag am elektrisch geladenen Grenzzaun, einen weiteren fielen die Diensthunde einer Grenzstreife an und verletzten ihn tödlich. Durch Unglücksfälle verstarben zwei Frauen und ein Mann, ein Kind erstickte bei einer Grenzkontrolle als

37 Nicht aufgenommen wurde in dieses Handbuch der Tod des drei Monate alten Säuglings Frank Brunner, geb. am 28. August 1983 in Leipzig. Seine Eltern planten mit ihrem Pkw Moskwitsch einen Grenzdurchbruch bei České Velenice von der ČSSR nach Österreich. Im Fahrzeug befanden sich ihre eineinhalb Jahre alte Tochter Evelyn und die Zwillinge Monika und Frank. Auf dem Weg zur Grenze übernachteten die Eltern mit den Kindern im Fahrzeug. Frank Brunner erstickte in der Nacht vom 25. auf den 26. November 1983 an Erbrochenem. MfAA, PAAA, ZR (Sterbefälle von DDR-Bürgern im Ausland A–H) und MfS, Hauptabteilung Untersuchung: Bericht über die Festnahme zweier Bürger der DDR durch die Sicherheitsorgane der CSSR. BStU, Ast Leipzig, BVfS Leipzig Abt, IX, Op.E. 00071/83.

der Vater ihm aus Furcht vor der Entdeckung des Verstecks den Mund zuhielt.

Todesfälle von DDR-Flüchtlingen trugen sich vor allem in den Jahren 1970 bis 1978 (17 Fälle) und 1988 bis 1989 (8 Fälle) zu. Die meisten Flüchtlinge fanden an den bulgarischen Grenzen den Tod (16 Personen), gefolgt von der Tschechoslowakei (12 Personen) und Ungarn (6 Personen), an der rumänisch-jugoslawischen Grenze kamen drei DDR-Bürger ums Leben.[38]

Durch die ins Hinterland verlegten Kontrollen und die im Kontext der Massenflucht aus der DDR im Herbst 1989 erfolgten Grenzschließungen zwischen der DDR und Polen sowie der Tschechoslowakei und Ungarn wurden zahlreiche DDR-Bürger auf ihrem Fluchtweg gestoppt und festgenommen. Insgesamt 18 DDR-Flüchtlinge verloren ihr Leben im Grenzraum der DDR zu Polen und zur ČSSR, an der Grenze Polens zur ČSSR sowie an der tschechoslowakisch-ungarischen Grenze.

Quellenkritische Hinweise

Die Inhalte der ausgewerteten Überlieferungen von Regierungseinrichtungen der DDR und ihrer sozialistischen Bündnispartner über Zwischenfälle am Eisernen Vorhang bewegen sich im Spannungsfeld von sachlicher Präzision und einer ideologisch geprägten Weltsicht, die das Geschehen verzerrt bzw. den damals geltenden Vorschriften anpasst. Das Forschungsteam hat die Darstellung von Ereignissen und Personen aus DDR-Überlieferungen anhand von komplementären Überlieferungen aus den Archiven der ehemaligen sozialistischen Staaten und westlichen Dienststellen sowie anhand von Ermittlungsunterlagen aus der nachkommunistischen Ära und Hinweisen von Verwandten und Zeitzeugen quellenkritisch überprüft. Allerdings

38 Außerhalb des Untersuchungsfeldes liegt der Todesfall eines Schiffslehrlings namens Haak (der Vorname ist im Archivgut nicht überliefert), der am 30. Juni 1962 um 2.30 Uhr etwa 13 Seemeilen von der südspanischen Küste mit einem zweiten Schiffslehrling von Bord des DDR-Lehrschiffes „Heinrich Heine" sprang, um in den Westen zu flüchten. Der zweite Lehrling konnte von dem britischen Tanker „Raudhatain" gerettet werden, Haak ertrank. Der Fall ist erwähnt in: Bönisch, Otto/Wenzel, Harry/Stübner, Joachim: DSR-Lines – die deutsche Seereederei Rostock. Hamburg 1996, S. 85. Das Landesarchiv Greifswald stellte dem Forschungsprojekt den Bericht von Kapitän Friedrich über den Vorfall zur Verfügung: M. S. „Heinrich Heine" – Reise Nr. 3/4 62, Anlage Nr. 10 zum Kapitänsbericht vom 2.7.62. Bericht über das Überbordspringen der Lehrlinge Haak und Herold (I. Lehrjahr). LA GW, Rep. 251 Zg. 4/204, Nr. 19, Blatt 189 f.

können quellenkritische Hinweise in den Biografien nicht nach jedem Satz und jedem Sachverhalt neuerlich erfolgen. Die in den DDR-Überlieferungen vielfach enthaltenen Diffamierungen der Todesopfer, ihre nachträgliche Kriminalisierung und moralische Herabsetzung blieben für die Niederschriften der Biografien dieses Handbuchs ohne Belang.

Editorischer Hinweis

Die in diesem Handbuch enthaltenen Biografien können auch in dem Online-Handbuch „Eiserner Vorhang" unter https://todesopfer.eiserner-vorhang.de/ eingesehen werden. Dort sind detaillierte Recherchen mithilfe von Landkarten und Filterfacetten zu Fallgruppen, Zeiträumen, Altersgruppen oder Ereignisorten möglich. Auch enthalten die biografischen Beiträge im Online-Handbuch weitere Fotografien und Dokumente, die zur Ergänzung der Darstellung in dieser Printfassung herangezogen werden können. Außerdem sind in einigen Biografien Videos mit Ausschnitten aus Zeitzeugen-Interviews integriert. Die vollständigen Zeitzeugengesprächen sind im Interview-Archiv „Eiserner Vorhang" des Centers für Digitale Systeme (DeDiS) der Freien Universität nach vorheriger Anmeldung für eine wissenschaftliche Nutzung oder die politische Bildung zugänglich: https://archiv.eiserner-vorhang.de/de?checked_ohd_session=true.

In dem ausgewerteten Quellenmaterial, zumeist unveröffentlichtes Schriftgut, fanden sich immer wieder geringfügige orthografische Fehler. Das galt insbesondere für Eigennamen, die von ausländischen oder deutschen Instanzen phonetisch oder in Umschreibung übermittelt wurden. Diese Fehler wurden in Zitaten entweder stillschweigend korrigiert oder mit [sic!] gekennzeichnet. Abkürzungen in Zitaten – wie etwa „pol.-ideol." (politisch-ideologisch) – sind gleichfalls zur besseren Lesbarkeit ausgeschrieben. Dagegen ist die gelegentlich recht eigenwillige Interpunktion belassen worden, um nicht eventuell nachträglich Sinnveränderungen vorzunehmen. Auslassungen und erläuternde Ergänzungen in Zitaten sind in eckige Klammern gesetzt.

Im vorliegenden Band erfolgte eine Initialisierung von Nachnamen Tatbeteiligter, die noch nicht verstorben sind, sofern sie nicht absolute oder relative Personen der Zeitgeschichte sind. Ebenso sind Namen von beteiligten und unbeteiligten Dritten teilanonymisiert, sofern sie nicht der Veröffentlichung zugestimmt haben oder absolute bzw. relative Personen der Zeitgeschichte sind.

Am Ende jedes Eintrages werden die Kürzel der Autorinnen und Autoren der Biografie aufgeführt sowie der Mitarbeiterinnen und Mitarbeiter, die an den Recherchen beteiligt waren.

Jochen Staadt unter Mitarbeit von Jan Kostka, Hannes Puchta und Enrico Seewald

1 Todesfälle von DDR-Flüchtlingen an Außengrenzen des Ostblocks

Bruno Heinrich

geboren am 22. April 1935 in Bottrop

getötet am 10. Juli 1963 durch Stromschlag am elektrisch geladenen Grenzzaun in der Tschechoslowakei

Ort des Vorfalls: bei Horní Hraničná (Okres Cheb) an der Grenze zur Bundesrepublik

Der Lebensbericht, den der 27-jährige Bruno Heinrich bei seiner Vernehmung auf dem Volkspolizeikreisamt (VPKA) Strausberg am 6. November 1962 gab, mochte auf den VP-Unterleutnant Lichtenberg unglaubwürdig gewirkt haben, dennoch ermöglicht sein umfangreiches Protokoll einen Einblick in eine unstete, von Verwerfungen und Fluchten geprägte Biografie. Eigentlich wegen eines Diebstahldeliktes vorgeladen, führte Heinrich aus, dass er das fünfte von sechs Kindern des Bergmanns und Schuhmachers Albert Heinrich und seiner Ehefrau Emilie, geborene Domke, sei. Während des Zweiten Weltkrieges wurde die Mutter mit den Kindern von Bottrop nach Pommern evakuiert. Der Vater wurde zum Kriegsdienst eingezogen und blieb vermisst. 1945 kam die Familie auf der Flucht nach Berlin. Bei einem Bombenangriff starb die Mutter, der 10-jährige Bruno Heinrich wurde mit seinem Bruder verschüttet. Er wurde 1946 in ein Bottroper Waisenhaus gebracht. Nach seiner Schulentlassung aus der 9. Klasse begann er eine Lehre als Bergmann, die er abbrach, um in einen bäuerlichen Lehrbetrieb zu wechseln. Nach einem halben Jahr zog er zu seiner Schwester nach Köln, wo er eine Maurerlehre begann.

Auf dem VPKA Strausberg erklärte Bruno Heinrich weiter, dass er während seiner Lehrzeit bei einer Radtour einem Mann begegnet war, der für die Fremdenlegion geworben und auf die Rekrutierungsstelle „Burg Ehrenbreitstein“ in Koblenz hingewiesen hatte. Dort habe er sich am 3. September 1953 gemeldet und sei in Frankreich (wo er bereits zu desertieren versucht habe) und Algerien ausgebildet und im Indochinakrieg eingesetzt worden. Nach Kampfhandlungen gegen die Việt Minh Guerilla im Indochinakrieg (1946 – 1954), versetzte ihn die Fremdenlegion nach dem Waffenstillstand im Juli 1954 nach Marokko. Dort sei er desertiert, um über Vietnam nach Thailand zu gelangen. An der Grenze zu Nordvietnam habe man ihn verhaftet, nach Marokko zurückgebracht und unter unmenschlichen Bedingungen eingekerkert. Er sei in der Haft an Malaria erkrankt. Das Militärstrafverfahren gegen ihn habe dann in Saigon (heute Ho-Chi-Minh-Stadt) stattgefunden. Wegen Desertion sei er zu eineinhalb Jahren Haft verurteilt worden, die er in Frankreich verbüßte. Auch nach der Haft habe ihn die Fremdenlegion noch nicht entlassen, sondern im Juli 1956 zum Dienst in Algerien und Marokko gezwungen. Dort gelang ihm mit arabischer Unterstützung die Flucht in das spanische Protektorat und über Madrid im November 1956 die Rückkehr nach Köln.

Während seines Dienstes in der Fremdenlegion habe er durch ein Zeitungsinserat seine spätere Ehefrau, die DDR-Bürgerin Christel B. kennengelernt. Nach der Heirat am 31. Dezember 1957 zog sie zu ihm nach Köln. Dort habe er als Bauarbeiter, Vertreter und Verkaufsfahrer im Getränkehandel gearbeitet. Auf einem Pachtgrundstück baute er für sich und seine Frau ein Haus, doch als das Grundstück verkauft wurde und sie in ein Wohnlager ziehen sollten, entschlossen sie sich nach Neuenhagen in die DDR überzusiedeln, wo die Eltern der Ehefrau lebten. Christel Heinrich hatte im März 1959 ihr erstes Kind bekommen, nun war sie erneut hochschwanger.

Mit der Übersiedlung in die DDR im März 1960 setzen die Berichte und Protokolle der Volkspolizei ein, die in den Vorgangsakten der MfS-Kreisdienststelle Strausberg abgelegt sind. Ein hierin überlieferter Brief aus Köln, der an den „Leiter des Durchgangslagers in Ostberlin" adressiert war, belegt, dass Bruno Heinrich in der Bundesrepublik einigen Unmut auf sich gezogen hatte. Der Briefschreiber bezeichnet ihn als „großen Faulenzer" und „Nazistrolch", der nach Ost-Berlin floh, weil „ihm das Wasser zum Hals" gestiegen sei und die Kriminalpolizei nach ihm gefahndet habe. Eine Auskunft aus dem Strafregister in Essen ergab tatsächlich Vorstrafen wegen Diebstahls und Fahrens ohne Führerschein, doch sprach dies augenscheinlich nicht gegen eine Aufnahme in der DDR. Die Familie kam zunächst in das Aufnahmeheim Blankenfelde und zog zum 31. März 1960 in das Haus der Eltern von Christel Heinrich in Neuenhagen. Bruno Heinrich arbeitete hier als Lebensmittelvertreter. Als seine Ehefrau im April ihr zweites Kind zur Welt brachte, musste eine bessere Wohnsituation geschaffen werden. Die Stadt sprach der Familie das Haus eines sogenannten ‚Republikflüchtlings' zu, das ab dem 7. Juli 1960 bezogen werden konnte. Doch am Tag vor dem Einzug schrieb Bruno Heinrich seiner Ehefrau auf einem Zettel, dass er es in der DDR nicht mehr aushalte, er werde ständig kritisiert und belehrt und fühle sich überfordert. Über die Berliner Sektorengrenze verließ er die DDR und wurde am 6. Juli im West-Berliner Notaufnahmelager Marienfelde vorstellig. Als Fluchtgrund gab er dort an, dass er bis zum März 1960 in Westdeutschland gelebt habe und dorthin wieder zurückkehren wolle. Nachdem er am 25. Juli 1960 nach Düsseldorf ausgeflogen worden war, hielt er sich bis zum 14. September bei Verwandten in Köln und Bottrop auf und arbeitete wieder als Verkaufs- und Kraftfahrer. Bei seiner späteren Vernehmung durch VP-Unterleutnant Lichtenberg am 6. November 1962 erklärte er, dass er in Westdeutschland nur dann eine Wohnung bekommen hätte, wenn seine Familie ebenfalls übergesiedelt wäre. Da Christel Heinrich jedoch in Neuenhagen bleiben wollte, steuerte er am 14. September 1960 einen Lkw seines Arbeitgebers zum Grenzübergang Schwanheide, um wieder in die DDR zu wechseln. Dort traf er jedoch zu Fuß und ohne Gepäck ein. Er habe, gab er sechs Tage später im Aufnahmeheim Fürstenwalde/Spree zu Protokoll, nahe dem Grenzübergang noch einen Verkehrsunfall gehabt und kurzerhand Fahrzeug und Gepäck zurückgelassen, „ob er von der Polizei gesucht wird, kann er nicht sagen". Laut einem Aktenvermerk vom 26. Mai 1961 fahndete die Staatsanwaltschaft Köln nach Heinrich wegen Betruges und eines Verkehrsvergehens.

Volkspolizei und Staatssicherheit hielten Bruno Heinrichs Aussagen im Aufnahmeheim zu seiner Biografie und seinem Fluchtgrund – er habe „sich nicht richtig in unsere gesellschaftlichen Verhältnisse einfinden" können – für „sehr undurchsichtig" und „unglaubwürdig". „Bei einer Aufnahme in die DDR müsste er unter eine sehr genaue Kontrolle genommen werden", heißt es in einer Einschätzung der Volkspolizei aus dem Aufnahmeheim. Am 23. September 1960 erhielt Heinrich die Rückkehrerlaubnis nach Neuenhagen. Im März 1961 bekam Christel Heinrich ihr drittes Kind. Die empfohlene Überwachung Heinrichs übernahm die Volkspolizei, vornehmlich über ihre Abschnittsbevollmächtigten. Misstrauen erweckten besonders die häufigen Arbeitsplatzwechsel Heinrichs, deren Grund zumeist Entlassungen wegen unentschuldigten Fernbleibens waren. Polizeibekannt war er als „Arbeitsbummelant". Das Motoren-Instandsetzungs-Werk Neuenhagen, bei dem Heinrich fünf Monate beschäftigt war, schrieb in seiner Beurteilung vom Mai 1961, dass kein Gespräch vermocht hätte, ihn zum regelmäßigen Arbeiten zu bewegen. „Unerklärlich ist uns, wovon der Kollege Heinrich lebt, da er verheiratet ist und 3 Kinder hat und nur einen geringen Verdienst seit Monaten aufgrund seines häufigen Fehlens hat." Weil er des Öfteren nach Berlin fuhr und trotz seines geringen Einkommens Anschaffungen machte, verdächtigte ihn die Volkspolizei, im Auftrag einer Agentenorganisation zu arbeiten oder andere feindliche Handlungen vorzubereiten. Akribisch halten die Polizeiberichte fest, wie sich der Beobachtete während seiner

Krankschreibungen verhielt (er arbeite „von früh bis abends im Garten"), wie sich die Familie ernährte („es ist zu verzeichnen, daß sie frühmorgens zum 1. Frühstück Wurst essen können") und wie weit die Einkäufe das Einkommen des Ehepaars überstiegen („z. B. ein gebrauchtes Schlafzimmer für ca. 220.– DM"). Über ein bei Heinrich gesehenes „Phillips Tonbandgerät" wurde ebenso polizeilich und sicherheitsdienstlich spekuliert, wie darüber, dass er bis spät nachts in seinem Keller hämmerte. Doch nicht nur die staatlichen Organe begegneten ihm mit Argwohn, auch bei seinen Nachbarn muss er Unmut erregt haben. So heißt es in einem Polizeibericht vom August 1961: „Von Seiten der Bewohner wird verlangt[,] das[s] Heinrich wieder aus Neuenhagen ausgewiesen wird." Der Abschnittsbevollmächtigte VP-Meister Böttcher erhielt vom VPKA Strausberg umfangreiche Fragelisten. Beispielsweise sollte er herausfinden, mit wem Heinrich verkehre, was er sich anschaffe, wohin er verreise, ob er an den Gemeinde- und Kreistagswahlen am 17. September 1961 teilgenommen habe und dabei in die Wahlkabine gegangen sei – Nutzer von Wahlkabinen wurden verdächtigt, gegen die Einheitsliste gestimmt zu haben, indem sie die Namen der Kandidaten durchstrichen. Weiterhin wollte die Volkspolizei wissen: „Was für Diskussionen führte er über die Maßnahmen der Regierung der DDR vom 13.08.61, zur Wahl am 17.09.61 und zum Gesetz zur Verteidigung der Heimat"? VP-Meister Böttcher beantwortete die Fragelisten jedoch nur summarisch, da er ohnehin alle drei Wochen über Heinrich einen Bericht anzufertigen und an das Volkspolizeikreisamt Strausberg zu übersenden hatte.

Bereits am 6. Juli 1961 wurde Heinrich zur MfS-Kreisdienststelle nach Strausberg vorgeladen und über die Finanzierung seiner Anschaffungen befragt. Zunächst erklärte er, dass er in West-Berlin gearbeitet und seinen Lohn dann in DDR-Währung umgetauscht habe. Dies wiederrief er jedoch sogleich, um auszuführen, dass er in einem Linienbus eine Brieftasche mit 2.200 Mark gefunden und das Geld eingesteckt habe. Wann das war, wisse er aber nicht mehr. Der Vernehmer schätzte die Aussagen als wenig glaubwürdig ein. Dennoch wurde gegen Heinrich, der im Sommer 1961 als Eisverkäufer am S-Bahnhof Dahlwitz-Hoppegarten arbeitete, wegen Fundunterschlagung einer Brieftasche und Einfuhr von ca. 400.– DM aus West-Berlin vom VPKA Strausberg ein Ermittlungsverfahren mit Haftbefehl eingeleitet. Das dortige Kreisgericht verurteilte ihn wegen dieser Vergehen zu einer Freiheitsstrafe von einem Jahr, die er im Haftarbeitslager Rüdersdorf vom 8. Dezember 1961 bis zum 25. August 1962 verbüßte. Wegen guter Leistungen vorzeitig entlassen, wurde ihm ein Arbeitsplatz auf der Baustelle des Umspannwerks Neuenhagen zugewiesen. Während seiner Haft gebar Christel Heinrich ihr viertes Kind.

Nach seiner Entlassung sollten zwei Geheime Informanten (GI) des MfS mit den Decknamen „Holländer“ und „Zaunkönig“ Bruno Heinrich unter ständiger Kontrolle halten; bereits 1961 hatte GI „Gisela Schröder“ über ihn berichtet. Zwar blieb Heinrich politisch unauffällig, doch entwendete er in der Nacht vom 26. auf den 27. Oktober 1962 aus dem Baubüro seines Betriebes eine Geldkassette mit 610.– Mark. Das Geld nahm er mit nach Hause und versteckte es in einem Band der Werkausgabe Lenins. Am 6. November gab er den Diebstahl bei einer Vernehmung auf dem VPKA Strausberg zu.

Vermutlich wollte sich Bruno Heinrich einer erneuten Haftstrafe entziehen, als er am 5. Juli 1963 mit seinem Fahrrad Neuenhagen verließ. Er trug einen Trainingsanzug und hatte eine größere Sporttasche dabei, in der sich Wechselwäsche, Hygieneartikel, familiäre und berufliche Unterlagen sowie etwa 40 Fotografien befanden; seinen Personalausweis, Reisepass und etwas Geld trug er in einem Brustbeutel bei sich. Wahrscheinlich überquerte er mit seinem Fahrrad unbemerkt die tschechische Grenze und wandte sich anschließend nach Cheb, um von dort aus in die Bundesrepublik zu gelangen. In der Nacht vom 9. zum 10. Juli 1963 ging er von Cheb kommend eine Landstraße in Richtung des Dorfes Horní Hraničná entlang, die in unmittelbarer Grenznähe verlief. Als ihn nur noch ein etwa 300 m breites Rübenfeld von den Grenzanlagen trennte, begann er über den Acker zu kriechen. Möglicherweise behinderte ihn dabei seine Tasche, vielleicht wollte er mit ihr auch einen Wachhund verjagen, jedenfalls ließ er sie etwa 50 m vor den Grenzzäunen zurück, kurz vor dem Spurensicherungsstreifen auch seinen Brustbeutel. Über den geeggten, fünf Meter breiten Spurensicherungsstreifen lief er zum ersten Grenzzaun, der mit einer Signalanlage bestückt war. Der nächste Wachturm war nur 120 m entfernt. Bruno Heinrich gelang es, sich mit bloßen Händen unter den Zaun hindurchzugraben, ohne Alarm auszulösen. Vermutlich wollte er ebenfalls unter den zweiten Grenzzaun hindurchkriechen. Dieser war jedoch mit Drähten gesichert, die Starkstrom führten. Den unteren Draht, der nur 8 cm über dem Boden verlief, berührte Bruno Heinrich mit seinem rechten Bein, der Stromschlag führte sofort zum Herzstillstand.

Gegen 2.10 Uhr am 10. Juli 1963 erhielten der Gefreite Altmann und der Schütze Šalata, die als Grenzschutzpatrouille der 14. Kompanie Horní Hraničná eingesetzt waren, von ihrem Kommandanten den Befehl, den ihnen überantworteten Grenzabschnitt zu kontrollieren. Der Kurzschluss in der elektrischen Anlage, den die Berührung Bruno Heinrichs ausgelöst hatte, war in der Kommandozentrale bemerkt worden. Beim zweiten Suchdurchgang entdeckten sie eine leblose Person in der Drahtbarriere. Sie benachrichtigten den Kommandanten, der nach seinem Eintreffen den Arzt

Tatortfoto der Grenzanlage bei Horní Hraničná

der 5. Grenzschutzbrigade anforderte. Dieser stellte den Tod Heinrichs fest. Um 4.15 Uhr begann das Führungspersonal der Grenzschutzabteilung Cheb und der Kreisorgane des Innenministeriums gemeinsam mit dem Bezirksprokurator den Tatort zu untersuchen und fotografisch zu dokumentieren. Am Morgen des 11. Juli wurde die Leiche von Bruno Heinrich im Krankenhaus Cheb obduziert. Als Todesursache stellte Dr. Königsmarková den von einem Stromschlag ausgelösten Herzstillstand fest. Am selben Tag um 13.00 Uhr übergaben Mitarbeiter des tschechoslowakischen Grenzschutzes und des Innenministeriums am Grenzübergang Vojtanov/Schönberg (Bad Brambach) die Leiche und den Nachlass von Bruno Heinrich an die Volkspolizei der DDR, diese hatte eigens einen Sarg mitgebracht. Sie forderte von der tschechoslowakischen Seite, nach dem Fahrrad Heinrichs wie auch dem genauen Ort des Grenzübertritts in die ČSSR zu suchen. Die Kreisdienststelle Strausberg des Staatssicherheitsdienstes bat am 14. Oktober 1963 die MfS-Bezirksverwaltung Frankfurt/Oder Bruno Heinrich aus dem entsprechenden Objektvorgang zu streichen und das gesammelte operative Material im Archiv abzulegen, „da dieser am 10.7.1963 tödlich verunglückt ist".

Laut einem Situationsbericht der 19. Grenzbereitschaft der NVA, Operativgruppe Pirna, war Bruno Heinrich einer von 22 DDR-Bürgern, die im Juli

1963 illegal die Grenze zur Tschechoslowakei überschritten hatten, um in die Bundesrepublik zu gelangen.

(Autor: jk; Recherche: App., jk)

Quellen

BStU, MfS, BV Frankfurt Oder, Abt. XII, AP 1283/63, Bd. 1.

Notaufnahmelager Marienfelde: Karteikarten zu Bruno Heinrich. LAB, B Rep. 077, Notaufnahmelager Marienfelde (Karteien).

Krajská správa ministerstva vnitra Plzeň: V-8077. Heinrich, Bruno nar. 22.4. 1935 NDR stát příslušník (Übersetzung Ruben Höppner). ABS Kanice, V/PL, V-8077 PL.

HS PS MV: Denní hlášení, č. 148., 10.7.1963. ABS Kanice, A 19.

Standesamt I zu Berlin: Sterbeurkunde Nr. 301 (Bruno Heinrich). LAB, S Rep. 500, Bd. 278.

DDR-Grenzpolizei, 19. Grenzbereitschaft, Abteilung Aufklärung beim Kommando Grenze, Operativgruppe Pirna: Grenzsituationsbericht für Monat Juli 1963, 31.7.1963. BArch, DVH 54/117281.

Auskunft Kreisarchiv, Landkreis Märkisch-Oderland/Der Landrat vom 2.9.2020.

Werner Gambke

geboren am 23. November 1936 in Kreuzburg (heute Kluczbork, Powiat Kluczborski) | erschossen am 13. Juni 1965 in Bulgarien
Ort des Vorfalls: im Tal Košute an der Grenze zu Griechenland

Werner Gambke

Werner Hans Hellmuth Gambke kam am 23. November 1936 in Kreuzburg im damaligen Regierungsbezirk Oppeln in Schlesien als Sohn von Margarete Gambke, geborene Galla (Jg. 1904), und Hellmuth Gambke (Jg. 1901) zur Welt. Vor der Geburt ihres Sohnes hatte seine Mutter als Putzmacherin gearbeitet. Sein Vater wollte ursprünglich Lehrer werden, durfte aber keine höhere Schule besuchen. Er musste im Familienbetrieb den Beruf eines Schuhmachers erlernen und ausüben. Zu Beginn des Zweiten Weltkriegs wurde Hellmuth Gambke in die Wehrmacht eingezogen. Er geriet in Kriegsgefangenschaft, weswegen Werner Gambke und seine kleine Schwester Irmgard unter der Fürsorge ihrer Mutter aufwuchsen.

Ab Mitte Januar 1945 stieß die Rote Armee nach Schlesien vor. Die sowjetischen Besatzer unterstellten den Landkreis Kreuzburg im März 1945 der polnischen Verwaltung. Die deutsche Bevölkerung wurde vertrieben und der Landkreis mit polnischen Migranten besiedelt, zum erheblichen Teil Zwangsaussiedler aus den von der Sowjetunion annektierten Gebieten. Auch Margarete Gambke und ihre beiden Kinder gehörten zu den Heimatvertriebenen. Obwohl Margarete Gambke nach einer Operation noch nicht vollständig genesen war, musste sie die beschwerliche Reise mit ihren beiden Kindern mitten im harten Winter am Jahresende 1945 in einem Viehwagen antreten. Es dauerte mehrere Tage, bis sie und ihre Kinder schließlich aus Schlesien in der ihnen zugewiesenen Ortschaft Zöllnitz bei Jena in Thüringen ankamen. Die Verteilung von 4,3 Millionen Flüchtlingen und Vertriebenen aus den ehemaligen Ostgebieten des Deutschen Reiches erfolgte in der Sowjetischen Besatzungszone nach Maßgaben der Sowjetischen Militäradministration und ihrer Zeitweiligen Deutschen Zentralverwaltung für Umsiedlung.

Werner Gambke bezeichnete die Lebensumstände in Zöllnitz später als „die schwersten und härtesten, die ich je erlebt habe". In der Nachkriegszeit war die Familie „vollständig auf die Gnade oder Ungnade eines Großbauern und Mühlenbesitzers angewiesen". Als Margarete Gambke aus Armut, Hunger und Krankheit sich Kartoffeln vom Feld des Gutsbesitzers geholt hatte, strengte der Großbauer ein Gerichtsverfahren gegen sie an. In dieser schweren Zeit erkrankte Werner Gambke so heftig an Typhus, dass er besinnungslos „in Jena im Hilfskrankenhaus eingeliefert" wurde und dort, wie er sich später erinnerte, „210 Tage, 200 Injektionen, bis 41 °C Fieber" über sich ergehen lassen musste. Seine Gesundheit war infolge der Typhuserkrankung und des langen Krankenhausaufenthalts derart angegriffen, dass er in seiner allgemeinen Entwicklung stark zurückblieb. Seine Schulausbildung war durch Krieg und Krankheit quasi ausgefallen. Rückblickend beschrieb er das folgendermaßen: „Zwei volle Jahre ohne jegliche Schule; [...] einige kümmerliche Jahre [...] Pendelunterricht in einer Dorfschule, in der alles, von der 1. bis zur 8. Klasse, in ein und demselben Raume tintenkleckste".

Nachdem Hellmuth Gambke aus der Kriegsgefangenschaft zurückgekehrt war und seine Ehefrau und die Kinder in Zöllnitz wiedergefunden hatte, begann für die Familie 1949 ein neues gemeinsames Leben. Sie zog in die Stephanusstraße 8 in Halle (Saale) um. Hellmuth Gambke besuchte eine Volkshochschule, um sich zum Berufsschullehrer in der Schuhbranche ausbilden zu lassen. Margarete Gambke besorgte den Haushalt und kümmerte sich um die Kinder. In der Neumarktschule in Halle konnte Werner Gambke aufgrund seiner Vorerkrankungen noch keinen Sport treiben. Er hatte aber sehr viel versäumten Lernstoff und nicht zuletzt „Kennnisse in Russisch" nachzuholen. Er begann in der sechsten – statt altersgemäß in der siebten – Klasse und schloss die Grundschule mit der Note „sehr gut" ab.

Seit 1951 arbeitete Hellmuth Gambke als Gewerbelehrer und -ausbilder in der Betriebsberufsschule „Junge Garde" des VEB Schuhlehrkombinats „Banner des Friedens" in Weißenfels. Sein Sohn Werner wechselte 1952 an die Friedrich-Engels-Oberschule in Halle und zugleich vom Pionierverband zur Freien Deutschen Jugend (FDJ). Außerdem „wirkte [er] anfangs als Mitglied des Schulfriedensrats, dann lange Zeit als Wandzeitungsredakteur". Im Jahr 1955 trat er dem Kulturbund bei und die Schulgruppe der FDJ wählte ihn in ihren Gruppenrat. Den Naturwissenschaften wie Physik, Chemie, Biologie und Erdkunde galt sein besonderes Interesse. Zu seinen Hobbys zählten ein Aquarium, das Fotografieren und die Beschäftigung mit einem Experimentierschrank. Durch etwas Sport gelang es ihm, seine körperlichen Schwächen nach und nach halbwegs auszugleichen. So konnte er in den Sommerferien 1954 als Bauhelfer und 1955 als Güterbahnarbeiter sein erstes eigenes Geld verdienen.

Während seine Schwester Irmgard eine Schneiderlehre begann, bewarb sich Werner Gambke im Februar 1956 um einen Studienplatz in der Fachrichtung Landwirtschaft mit dem Berufsziel Pflanzenzüchter oder alternativ in der Fachrichtung Mineralogie mit dem Berufsziel Diplom-Mineraloge. Diese Bewerbung enthielt das angelernte systemloyale Bekenntnis, er habe sich „von kleinbürgerlicher Denkweise und Milieus" befreit, weil „die Naturgesetze […] den Marxismus bestätigen". Werner Gambke benötigte für sein Studium ein Stipendium, da er kein Einkommen hatte und das väterliche Gehalt ein Studium nur teilweise mitfinanzieren konnte.

Das Volkspolizeikreisamt Halle bescheinigte Werner Gambke am 9. Mai 1956 „keine Strafen" im Führungszeugnis. Die Friedrich-Engels-Oberschule in Halle schloss er mit der Gesamtnote „gut" und der Beurteilung ab: „Er hat die Fähigkeit, selbständig zu urteilen und geistig selbständig zu arbeiten." Seine Leistungskraft wäre zwar etwas inhomogen, aber „gut". Die Zentrale Schulgruppe der FDJ lobte den Studienanwärter für seine „gute gesellschaftliche Arbeit" im „Kollektiv" sowie während einer Delegationsreise nach „Bremerhaven, wo er gute Agitationsarbeit leistete".

So wurde Werner Gambke am 15. August 1956 als Diplom-Student der Landwirtschaftlichen Fakultät an der Martin-Luther-Universität Halle-Wittenberg immatrikuliert und erhielt ein Stipendium. Der FDJ-Sekretär bei der Fakultätsleitung begründete am 6. September 1957 einen Stipendium-Leistungszuschlag für Gambkes gute Zwischennoten und tadelloses Auftreten:

„Werner ist kritisch eingestellt und äußert seine Meinung. Er ist zuvorkommend, kameradschaftlich und zuverlässig."

Dieser positive Leumund verblasste, als Werner Gambkes Eltern und seine Schwester im Dezember 1957 aus der DDR in die Bundesrepublik Deutschland flüchteten, nachdem Hellmuth Gambke im Zuge von Umstrukturierungen der Betriebsberufsschule des VEB Schuhlehrkombinat in Weißenfels entlassen worden war.

Wegen der ‚Republikflucht' prüfte die FDJ-Fakultätsleitung Mitte Januar 1958 die Stipendienvergabe für Werner Gambke, der mehrmals zu politischen ‚Aussprachen' in das Prorektorat für Studentenangelegenheiten vorgeladen wurde. Wochen später erfuhr er „auf Umwegen", dass ihm die finanzielle Beihilfe entzogen worden war, weil „die Eltern republikflüchtig geworden sind". Gegen die Stipendienstreichung protestierte Gambke am 22. Februar 1958: „Neben der Tatsache, daß ich materiell völlig in der Luft hänge, beleidigt es mich, daß ich einzig und allein nach dem Handeln meiner Eltern beurteilt werde. Ich habe mich mit meinem Vater in grundsätzlichen Fragen schon lange entzweit [...], in letzter Zeit habe ich keinerlei Verbindung mehr zu ihm. [...] Ich will in dem Teil Deutschlands wirken, in dem der Sozialismus aufgebaut wird und will selbst dabei mithelfen. [...] Für mich kommt der Weg in einen [...] feindlich gegenüberstehenden [westlichen] Staat nicht in Frage. [...] Sollten Sie dennoch Ihre Maßnahmen für richtig halten, dann bleibt für mich kein anderer Weg, als in die Produktion zu gehen." Werner Gambke distanzierte sich in der folgenden Zeit mehrfach von seinen aus der DDR geflüchteten Eltern und bekannte sich zum Sozialismus. Dies und seine Klage, er sei fast mittellos, bewirkte, dass die Fakultätsleitung ihre Stipendiensperre ab dem 11. März 1958 vorläufig durch bescheidene Studienbeihilfen überbrückte. Doch mit diesen geringen Zuwendungen konnte er die familiäre Wohnung in der Stephanusstraße 8 in Halle nicht mehr halten. Nach seinen landwirtschaftlichen Berufspraktika in Rohrbeck (Kreis Osterburg) und Gröbers (Saalekreis) zog er in die Karl-Liebknecht-Straße 24 in Halle um.

Sein Vater Hellmuth Gambke ließ sich am 7. Mai 1958 durch das Sozialamt der westfälischen Stadt Lübbecke beglaubigen, dass er bisher nur eine „besuchsweise" Unterkunft gefunden habe, aber noch kein Einkommen beziehe, um seinen Sohn zu unterstützen. Nach einigem Hin und Her gewährte die Erweiterte Stipendienkommission der Universität am 9. Oktober 1958 Werner Gambke rückwirkend ab dem 1. September wieder eine Studienbeihilfe. Bevor er davon erfuhr, schrieb Werner Gambke am 14. Oktober 1958 an den Prorektor: „Ich will die neue sozialistische Gesellschaftsordnung auf dem Lande mit aufbauen helfen [...] kann es mir auch gar nicht vorstellen, daß sich das Gesetz in unserem Staat gegen Menschen richten soll, die gewillt sind, an der Festigung dieses Staates teilzunehmen. [...] Praktisch bekomme ich zu fühlen, daß eigenes Wollen und Handeln nicht entscheidend sind, ebenso Beurteilungen von Seiten der FDJ-Gruppen und -Fakultätsleitung. Dagegen protestiere ich [und,] daß augenblickliches und zukünftiges Verhalten (wenn auch indirekt) nach der Republikflucht der Eltern beurteilt wird."

Mehrere 1959 und 1960 verfasste Beurteilungen der FDJ und der Universität über Werner Gambke fielen positiv aus. Damals übernahm er unter anderem auch „die Funktion als Zirkelleiter des FDJ-Schuljahres". Er absolvierte zwei weitere Landwirtschaftspraktika in Stendal und Röderhof (Kreis Halberstadt) und zog im September 1961 in Halle in eine Wohnung in der August-Bebel-Straße 69 um.

Nach längerer Zeit ohne Kontakt erhielt Werner Gambke zu seinem 25. Geburtstag, am 23. November 1961, Post von seinem Vater. Er selbst kam gerade von einer Exkursion aus dem Harz zurück und stellte nun fest, dass sich sein Vater zur gleichen Zeit auf der anderen Seite der innerdeutschen Grenze ebenfalls im Harz aufgehalten hatte. Er antwortete seinem Vater, „wenn es noch der Tag gewesen war, an dem Du in Braunlage warst, so dürften wir höchstens in Luftlinie 40 km voneinander entfernt gewesen sein. Ja es ist die deutsche Tragik (die eigentlich hier als Begriff groß zu schreiben wäre), die das Kuriosum vollbringt, daß die Rocky Mauntains [sic!] dem einen Teil Deutschlands und der Ural dem anderen näherliegen als der Oberharz und der Unterharz. Wenn das so weitergeht, werden Helmstedt und Marienborn, Magdeburg und Braunschweig einmal wie Städtenamen verschiedener Erdteile klingen. [...] Daß hier die Freiheit geringer als die eines getüderten Rindviehs ist sei nur am Rande vermerkt (tüdern bedeutet weiden mit Halskette am Pfahl angebunden)." Werner Gambke haderte mit den politischen, gesellschaftlichen und sozialökonomischen Bedingungen des Staates und der Bevölkerung der DDR. Er verübelte insbesondere die limitierten individuellen Rechte unter der Diktatur der SED. „Es besteht die Freiheit [...], in zwei feindlich gegenüberstehenden Militärblöcken zu dienen; eine andere Freiheit wäre keine Freiheit, sondern strafrechtlich verfolgte Wehrdienstverweigerung. [...] Überhaupt glaube ich, kann man sich ein Minimum an Freiheit und eigenem Urteilsvermögen nur dadurch erhalten, daß man allen politischen Parteien fernbleibt. [...] ‚Die Partei hat immer recht!' [...] Ich glaube gern, daß Du das hiesige System nicht ertragen konntest [...]. Es freut mich deshalb, daß Du jetzt wieder eine Anstellung gefunden hast", schrieb der Student seinem Vater. Die eigene persönliche und berufliche Zukunft bereitete ihm jedoch Sorgen: „Ich weiß ganz genau, daß nach dem Diplom ein Vakuum folgen wird, das mich höchstens unzufrieden machen wird."

Am 6. Dezember 1961 vereinbarte die Martin-Luther-Universität Halle-Wittenberg in einem Vorvertrag mit der Absolventeneinsatzkommission des Bezirksrats Neubrandenburg, dass Werner Gambke nach seinem Hochschulabschluss als Assistent im Bereich „Obstbau, Pflanzenschutz und Geflügel" in der LPG Möllenbeck im Kreis Neustrelitz eingesetzt werden soll. Gambkes Diplomarbeit *Über Möglichkeiten des obstbaulichen Pflanzenschutzes im großflächigen Marktversorgungsobstbau der DDR* erhielt die Note „noch sehr gut". Seine Diplomprüfungen vom 8. Juni 1962 wurden als „befriedigend" bewertet. Mit der Gesamtnote „gut" beendete Werner Gambke am 30. Juni 1962 als Diplomagrarwirt sein Studium.

Die für ihn vorgesehene Arbeitsstelle in der LPG Möllenbeck im Kreis Neustrelitz trat Werner Gambke nicht an. Vielmehr zog er nach Merseburg und bewarb sich im Dezember 1962 bei der LPG Baumschulen Brehna, Obstgehölze–Rosen im Kreis Bitterfeld als Facharbeiter im Obstbau. Bei seiner Bewerbung gab er an, er sei nach dem dritten Studienjahr der Agrarwissenschaften „auf Grund der Republikflucht seiner Eltern" exmatrikuliert worden. Nach seiner Einstellung bei der LPG Baumschulen zog Werner Gambke am 28. Dezember 1962 in den August-Bebel-Ring in Brehna und begann am 1. Januar 1963, in der LPG zu arbeiten. Durch Nachforschungen der LPG zu seinem Werdegang stellte sich jedoch heraus, dass Gambke seinem vorgesehenen Einsatz in Möllenbeck nicht nachgekommen war. Die LPG reagierte darauf mit seiner Entlassung. Der LPG-Vorsitzende und der Verantwortliche für den LPG-Gartenbau rügten ihn für „eine unverantwortliche Handlungsweise unserem Staat gegenüber". Gambke sollte sich umgehend bei seiner früheren Hochschule zur Vermittlung einer Arbeitsstelle melden.

Doch er hatte sich unterdessen bei einem Obstbaubetrieb im Bezirk Potsdam beworben. Die Universität Halle-Wittenberg versuchte diese Bewerbung zu unterbinden und teilte am 11. März 1963 der Abteilung Landwirtschaft/Kadereinsatz beim Rat des Bezirks Potsdam mit: „Im Sinne der Absolventenvermittlung sollte Herr Gambke – wie vorgesehen – seine Tätigkeit im Bezirk Neubrandenburg aufnehmen und wir bitten hierfür um Ihre Unterstützung." Diese Bitte der Hochschule blieb jedoch wirkungslos. Werner Gambke zog im März 1963 in den Bezirk Potsdam nach Bochow in die Damsdorfer Str. 10. In einer LPG arbeitete er als Diplom-Landwirt und Arbeitsgruppenleiter.

Im Frühjahr 1965 beantragte Werner Gambke eine Urlaubsreise in die Volksrepublik Bulgarien, die von der Abteilung Innere Angelegenheiten beim Rat des Kreises Potsdam auch genehmigt wurde. Das Reisebüro der DDR vermittelte Gambke ab Ende Mai 1965 einen Hotelaufenthalt in dem bulgarischen Kurort Vasil Kolarov. Was danach geschah, ist einem Bericht des Stabschefs der Grenztruppen, Oberst Kolčevski, und des Stellvertreters des Chefs der Operativabteilung, Oberstleutnant Todorov, vom 20. Juli 1965 über die „Liquidierung eines Grenzverletzers" zu entnehmen. Demnach verließ Gambke am 11. Juni 1965 um 7 Uhr seine Unterkunft und bewegte sich über Hügel und Täler der stark zerklüfteten und gebirgigen Rhodopenregion in Richtung der Grenze zu Griechenland. Ein junger Mann aus dem Dorf Stojkite, der den fremden Wanderer nördlich von Smoljan entdeckte, verfolgte ihn etwa zweieinhalb Kilometer und verlor dann seine Spur. Er kehrte um und meldete den verdächtigen Fremden den Sicherheitsbehörden.

Als die Meldung über einen aus der Ferienunterkunft verschwundenen DDR-Bürger gegen 11 Uhr im Hauptquartier der vierten Grenzabteilung einging, rückte eine Alarmgruppe mit einem Spürhund aus, um den Verdächtigen zu suchen. Zusätzlich wurden 36 Militärangehörige aus Stabseinheiten und andere Truppen zu den Grenzvorposten abkommandiert. Außerdem riegelten 80 Soldaten einer Kampfeinheit aus Smoljan und rund 250 Männer einer Freiwilligentruppe mehrere Ortschaften durch Blockaderinge ab. Auch etliche Waldarbeiter und Einwohner der Gegend erhielten Such- und Wachaufgaben. Die Grenztruppen rechneten mit der „wahrscheinlichsten […] Bewegung von Grenzgängern" aus Vasil Kolarov über die Hütte „Perelik" und den Hügel Vilaora in südwestlicher Richtung nach Griechenland. „Allein 1964 versuchten hier 14 Täter in 7 Fällen die Grenze zu überqueren."

Werner Gambke erreichte trotz des Überwachungsaufwands nach eineinhalb Tagen unbemerkt südwestlich der Gebietshauptstadt Smoljan das Grenzgebiet Bulgariens zu Griechenland. Am 12. Juni 1965 um 18.50 Uhr fiel er östlich des Hügels Varcha einem Schäfer auf, der aus dem grenznahen Dorf Kiselčovo stammte und zur lokalen Freiwilligentruppe gehörte. Der Schäfer schickte dem ihn Unbekannten einen Mitarbeiter hinterher, der sich ihm näherte und ihn mehrmals durch Pfiffe zu stoppen versuchte. Doch der Fremde lief davon und verschwand in einem Waldstück. Das Mitglied der dörflichen Freiwilligentruppe meldete daraufhin dem Kommandanten der vierten Grenzabteilung den letzten Aufenthaltsort des Flüchtenden. Wiederum kam ein Suchtrupp samt Spürhund zum Einsatz und erneut formierten Soldaten und Freiwillige mehrere Sperrlinien in der Gegend. Doch auch diese Suchoperationen blieben erfolglos.

Am 13. Juni 1965 um 4.30 Uhr frühmorgens überquerte Werner Gambke etwa zwei Kilometer westlich des Dorfes Kiselčovo den Abschnitt des sechsten Grenzpostens im Tal Košute. Dabei löste Gambke im Vorfeld des Grenzsteins 121 ein Signalgerät „S-2“ aus. Nun kommandierte der Oberbefehlshaber der vierten Grenzabteilung seine verstärkten Grenztruppen dorthin. Etwa fünf Minuten später, um 4.35 Uhr, hörte der Gefreite Cvetkov ein Geräusch und erblickte einen Mann. In den bulgarischen Unterlagen heißt es, Cvetkov habe vorschriftsmäßig in bulgarischer Sprache „Halt!“ und „Hände hoch!“ gerufen und einen Warnschuss abgefeuert. Inzwischen waren weitere Grenzer herbeigeeilt und eröffneten gezielt das Feuer auf den Flüchtenden. Ihre Schüsse töteten Werner Gambke etwa 150 m östlich der Grenzpyramide 121 kurz vor der Staatsgrenze zu Griechenland.

Das Innenministerium der DDR erhielt umgehend eine Mitteilung über den Todesfall. Seine Hauptabteilung Pass- und Meldewesen informierte bereits am 14. Juni 1965 die Abteilung Innere Angelegenheiten beim Rat des Kreises Potsdam über den „Sterbefall im Ausland“. Die Meldekarte der Innenabteilung beim Potsdamer Kreisrat enthält zu Werner Gambke den folgenden handschriftlichen Eintrag vom 10. August 1965: „Beim Grenzdurchbruch von den Grenzorganen erschossen.“ Gambkes Mutter erhielt am 13. August 1965 im westfälischen Lübbecke hingegen die Mitteilung, „daß Ihr Sohn anläßlich seiner Reise in die Volksrepublik Bulgarien im Juni 1965 durch Selbstverschuldung tödlich verunglückt ist“ und dort beigesetzt worden sei. Margarete Gambke möge sich zur Nachlassregelung an das Staatliche Notariat Potsdam (Land) wenden. Sie erhielt jedoch keine Informationen über seine Todesumstände, den Todestag, den Sterbe- und Begräbnisort.

Diesbezügliche Anfragen Margarete Gambkes leitete das Auswärtige Amt der Bundesrepublik Deutschland an die Volksrepublik Bulgarien weiter. Darauf antwortete der Verteidigungsrat der Gemeinde Mogilica im Gebiet Smoljan am 1. März 1966: „Ihr Sohn hatte das Ziel, die Grenze unseres Landes auf illegalem Weg zu überschreiten. Aus diesem Grunde hat er sich von seiner Gruppe abgesondert.“ Da er nahe der griechischen Grenze auf zweimalige Anrufe nicht reagierte, wurde er „im Tal ‚Košute‘ im Rayon der Gemeinde Mogilica in der Nähe der Grenzpyramide 121 erschossen und an derselben Stelle vergraben, wo er getötet wurde“. Ein Versuch der Mutter Gambkes, mit Hilfe eines Journalisten weitere Angaben über den Tod ihres Sohnes von griechischen Behörden zu erhalten blieb vergeblich.

Auch die Nachlassregelung zog sich für Margarete Gambke lange hin. Das Staatliche Notariat Potsdam (Land) erfragte von ihr am 30. Dezember 1966 lediglich längst bekannte Personendaten. Erst am 31. Mai 1968 erhielt sie vom Amtsgericht Lübbecke (Westfalen) die Nachricht, dass ihr die DDR endlich einen Erbschein ausgestellt hatte. Zu diesem Zeitpunkt lag der Tod ihres Sohnes fast drei Jahre zurück.

(Autor: AH; Recherche: AH, App., CB, PS)

Quellen

Martin-Luther-Universität Halle-Wittenberg: Studenten-Akte von Werner Gambke. Universitätsarchiv Halle-Wittenberg (UAHW), Rep. 12, Nr. 54.

Volksrepublik Bulgarien, Grenztruppen-Stabsleiter/Operativabteilung-Kommissarischer Führer: Opisanie. Ha dejstvieto po likvidiraneto narušitel na granicata v učast"ka na 6 granična zastava ot 4 graničen otrjad na 13. 6. 1965 godina [dt.: Bericht vom 20.7.1965 über die Aktionen der 4. Grenzeinheit bei der Liquidierung eines Grenzverletzers im Abschnitt des 6. Grenzpostens am 13.6.1965]. DVIA, f. 1422 op. 5 a. e. 2, l. 127 f.

Rat des Kreises Potsdam, Abteilung Innere Angelegenheiten: Meldekarte Werner Gambke, 28.12.1962 bis 10.8.1965. Stadtarchiv Potsdam, Kreismeldekartei (KMK), Nebenkartei.

Korrespondenz Hellmuth und Werner Gambke (24.11.1963); Margarete Gambke und der Rat des Kreises Potsdam (13.8.1965); Margarete Gambke und der Verteidigungsrat der Gemeinde Mogilica (1.3.1966); Uwe Caesar Luecht und das Auswärtige Amt der Bundesrepublik Deutschland (30.3.1966; 22.4.1966); Margarete Gambke und das Staatliche Notariat Potsdam (Land) (30.12.1966); Margarete Gambke und das Amtsgericht Lübbecke (Westfalen) (31.5.1968). Privatarchiv Stefan Appelius

Appelius, Stefan: Opfer an der verlängerten Mauer. Der Fluchtweg über Bulgarien von 1961 bis 1970. In: Zeitschrift des Forschungsverbundes SED-Staat, Nr. 29, 2011, S. 118 f.

Nehring, Christopher: Tödliche Fluchten über Bulgarien. Die Zusammenarbeit von bulgarischer und DDR-Staatssicherheit zur Verhinderung von Fluchtversuchen. Berlin 2017, S. 59 f.

Appelius, Stefan: Fluchtweg Bulgarien. Die verlängerte Mauer an den Grenzen zur Türkei, Jugoslawien und Griechenland. Berlin 2019, S. 15, 69 f., 73.

Karl-Heinz Engelmann

geboren am 18. Mai 1947 in Zwickau

erschossen am 10. April 1966 in Bulgarien

Ort des Vorfalls: südöstlich des Ortes Kosujatak-Perelik an der Grenze zu Griechenland

Karl-Heinz Engelmann kam am 18. Mai 1947 im sächsischen Zwickau als Sohn von Hilde Engelmann, geb. Seifert (1922–1994), und ihres Ehemannes

Karl-Heinz Engelmann

Herbert Engelmann (1912–1996) zur Welt. Er wuchs in Schwarzenberg mit seiner vier Jahre jüngeren Schwester Renate auf. Herbert Engelmann leitete dort als selbstständiger Schuhmachermeister das Schuhhaus Engelmann. Von Paul Engelmann 1931 im ehemaligen Rathaus der Stadt eröffnet, führte sein Sohn Herbert den alteingesessenen Handwerksbetrieb in der DDR-Zeit weiter. Auf Druck staatlicher Instanzen konnte er das allerdings nur als Kommissionär der staatlichen Handelsorganisation (HO) Wismut. Die nebenbei von Hilde Engelmann betriebene Lottoannahmestelle brachte der Familie einen geringen Zusatzverdienst ein. Karl-Heinz Engelmann besuchte in Schwarzenberg bis zur 10. Klasse die damalige „Ernst-Schneller-Oberschule", danach absolvierte er eine Facharbeiterausbildung zum Elektromechaniker beim VEB Meßgerätewerk im benachbarten Beierfeld, die er mit der Note gut abschloss. Er gehörte im Betrieb der FDJ und dem FDGB an. Vom Wehrdienst war er aus gesundheitlichen Gründen zurückgestellt.

Mit seinem Freund und Arbeitskollegen Siegfried Gammisch buchte Karl-Heinz Engelmann über das DDR-Reisebüro zu Ostern 1966 eine Reise in das bulgarische Skigebiet Pamporovo in den Rhodopen. Sie wurden von „Balkantourist" mit ihrer Reisegruppe im Hotel „Orfei" untergebracht. Am Ostersonntag, dem 10. April 1966, verließen die beiden jungen Männer mittags das Hotel und machten sich auf den Weg ins bulgarisch-griechische Grenzgebiet. Auf dem Weg dorthin fielen sie einem Spaziergänger, dem in Pamporovo bei „Balkantourist" beschäftigten Klempner Georgi Manolov Christov auf, der nach seiner Rückkehr die bulgarische Grenzwache in Smoljan informierte. Die Einheit 10240 – Smoljan kommandierte daraufhin eine vierköpfige Alarmstreife mit Diensthund zur Suche nach den „Grenzverletzern" in die von Christov angegebene Gegend. Der Hund nahm rasch die Witterung auf und führte die Streife bei regnerischem und nebligem Wetter in die Nähe des Berges Kozuyatak, wo sie gegen 19.30 Uhr drei Kilometer vor der Grenze zwei Personen entdeckten. Die an der Suche beteiligten Grenzer, der Hundeführer Unteroffizier Georgi Iwanov Stoitzew und der Gefreite Wassil Simonov Wassilew, sagten am Vormittag des 11. April 1966 in Smoljan aus, sie hätten „zwei weisse Gestalten" entdeckt, die sich in Richtung Grenze

Postkarte von Karl-Heinz Engelmann an seine Eltern aus Pamporovo – Vorderseite

Postkarte von Karl-Heinz Engelmann an seine Eltern aus Pamporovo - Rückseite

bewegten. Trotz „Halt- und Hände-Hoch-Rufen" sowie zwei Warnschüssen seien die beiden mit weißer „Deckungskleidung" getarnten nur schwer erkennbaren Gestalten getrennt in Richtung eines dichten Waldes gelaufen, worauf Unteroffizier Stoitzew die Anwendung der Schusswaffen befahl. „Im Ergebnis dessen waren die Grenzverletzer um 21.35 liquidiert", heißt es am Ende des ins Deutsche übersetzten bulgarischen „Umstandsprotokolls über die Liquidierung von Grenzverletzung".

Ebenfalls am 11. April 1966 gegen 11.15 Uhr traf am Ort des Geschehens eine Untersuchungskommission ein, die Kapitän Altanas Christow Petrov, Untersuchungsrichter bei der Bezirksverwaltung des Innenministeriums in Smoljan, leitete. Etwa 600 m südöstlich des Kozuyatak lag laut Petrovs Protokoll auf einer kleinen Wiese im Tannenwald eine männliche Leiche, bekleidet „mit einem grauen Anorak und dunkelblauer Keilhose über die er weisse Hosen angezogen hat". Aus den mitgeführten Papieren ging hervor, dass es sich um Siegfried Gammisch handelte. Bei der Leiche des zweiten Mannes, der über seinem schwarzen Anorak ein weißes Hemd und über seiner dunkelblauen Hose eine weiße Hose trug, fanden sich Ausweispapiere auf den Namen Karl-Heinz Engelmann. Wie der Untersuchungsrichter feststellte, war Engelmanns Anorak unter der linken Schulter von Schüssen durchsiebt. Fünf weitere Einschüsse wies der linke Arm Engelmanns auf.

Die Ergebnisse der von dem Gerichtsmediziner Dr. Atans Wassilev Tschalokov am 11. April 1966 gegen 13 Uhr durchgeführten Obduktion der Leiche Engelmanns sind überliefert. Sie bestätigen die Feststellung des Untersuchungsrichters. Der Gerichtsmediziner stellte fünf Einschüsse im Bereich der Brust und des Bauches und weitere Treffer in Armen und Beinen fest. Alle Schüsse trafen Karl-Heinz Engelmann von vorn. Als Zeugen waren bei der Obduktion neben Untersuchungsrichter Armeekapitän Petrov auch ein Kraftfahrer der bulgarischen Staatssicherheit namens Todor Kirov zugegen sowie der anzeigende Klempner Georgi Manolov Christov.

Am 14. April 1966 erreichte Erich Honecker, der zu dieser Zeit in der Parteiführung für Sicherheitsfragen zuständig war, eine Einzelinformation des DDR-Staatssicherheitsdienstes „über einen verhinderten Grenzdurchbruch von zwei Bürgern der DDR von der VR Bulgarien nach Griechenland mit tödlichem Ausgang für die Grenzverletzer". Ihm wurde mitgeteilt, dass es sich bei den beiden getöteten DDR-Bürgern um junge Facharbeiter aus dem VEB Meßgerätewerk Beierfeld handelte. Honecker musste sich zu einem späteren Zeitpunkt erneut mit den beiden Todesfällen befassen, denn die Familien Engelmann und Gammisch bemühten sich über Jahre um die Klärung der Todesumstände ihrer Söhne und um Auskunft über den Ort der Grablegung. So sah sich das Büro Honecker im Januar 1975 aufgrund von Eingaben mit der Frage konfrontiert, wo sich „der konkrete Bestattungsort“ von Karl-Heinz Engelmann und Siegfried Gammisch in Bulgarien befinde. Das führte zu einer am 1. Oktober 1975 übergebenen Note des DDR-Botschafters Werner Wenning in Sofia an das bulgarische Außenministerium mit einer erneuten Anfrage nach den Gräbern von Engelmann und Gammisch. Botschafter Wenning erhielt die Zusicherung der Konsularabteilung des bulgarischen Außenministeriums, dieser Frage nachzugehen, „um den Bestattungsort genau festzustellen“.

Freilich war genau das, trotz vielfacher Anfragen der Angehörigen in den neun Jahren seit dem Tod ihrer Söhne, nicht möglich gewesen. Die Familien hatten sich an die verschiedensten staatlichen Instanzen gewandt und erfolglos um Aufklärung in dieser Sache gebeten. Dabei lagen dem DDR-Außenministerium und der DDR-Generalstaatsanwaltschaft seit Mai 1966 sowohl die bulgarischen Ermittlungsunterlagen vor als auch Übersetzungen der Obduktionsprotokolle und eine Skizze, in der die Stelle markiert ist, an der Karl-Heinz Engelmann und Siegfried Gammisch erschossen und später vergraben worden sind. Doch waren diese bulgarischen Unterlagen offenbar nicht einmal dem Büro Honecker zugänglich gemacht worden. Staatsanwältin Anneliese Schüßler hatte das Material ihrem Abteilungsleiter Gernot Windisch am 16. Mai 1966 mit der Bemerkung geschickt: „Anbei liegen die Sterbeurkunden in bulgarisch mit Übersetzung ins Deutsche. Sie wurden mir ebenfalls von Gen. Krause übergeben. Er überlässt es uns, ob wir sie so übergeben wollen oder ob (durch MfS) vom Standesamt I in Berlin eine neue Sterbeurkunde ausgestellt wird, auf der ‚auf der Flucht erschossen‘ fehlt.“ Windisch hielt in einem Vermerk fest: „Die Unterlagen aus Sofia befinden sich vorläufig in meinem Panzerschrank“. Am 24. August 1966 schrieb Windisch dann in einer Gesprächsnotiz über ein Treffen mit den Eltern Engelmann und Gammisch: „Die aus der Volksrepublik Bulgarien vorliegenden Sterbeurkunden wurden nicht ausgehändigt.“

Großmutter Olga Engelmann wandte sich im Januar 1967 mit einer Beschwerde an den Staatsratsvorsitzenden Walter Ulbricht und drohte in einer daraufhin anberaumten „Aussprache“ mit Ulbrichts Sekretär Otto Gotsche, das Internationale Rote Kreuz einzuschalten. Versuche der Familie Engelmann, selbst nach Bulgarien zu reisen, um dort nach Informationen über das Schicksal und die Gräber der beiden Todesopfer zu suchen, wurden von den DDR-Behörden blockiert. Das DDR-Innenministerium verhängte am 24. August 1967 gegen Herbert Engelmann eine „Ausreisesperre bis 31. Dezember 1972 für Bulgarien“. In den folgenden zwei Jahren sprach die Fami-

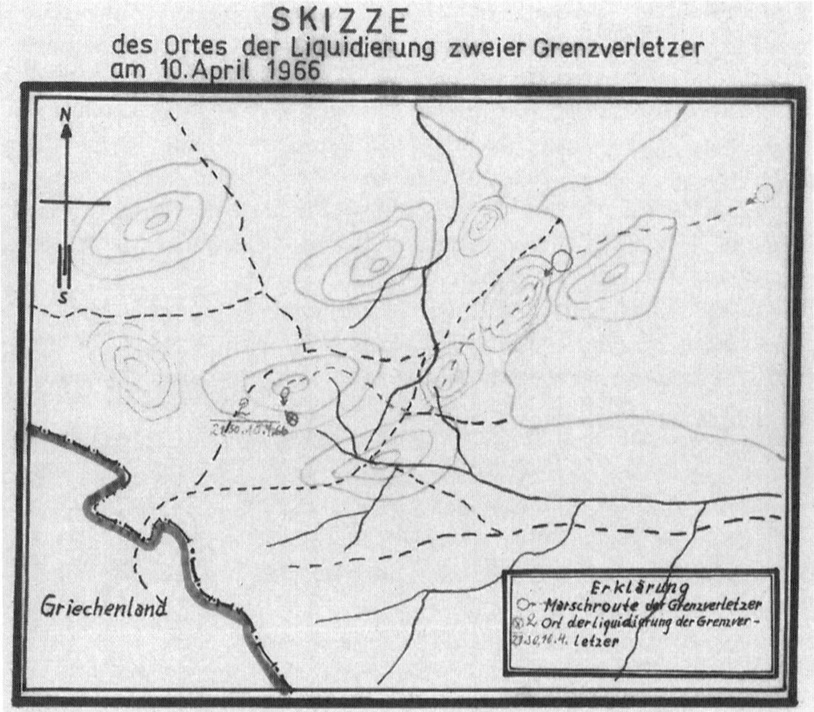

Skizze des Tatortes aus der Aktenüberlieferung des Generalstaatsanwaltes der DDR

lie Engelmann beim DDR-Innenministerium, bei der Generalstaatsanwaltschaft, beim DDR-Außenministerium und sechsmal bei der bulgarischen Botschaft vor. Familie Engelmann und Familie Gammisch wurden mehrfach von Mitarbeitern des MfS aufgesucht und zur Unterredung in die Abteilung Inneres des Kreises Schwarzenberg einbestellt, ohne die gewünschten Auskünfte zu erhalten. Da in Schwarzenberg das Gerücht umging, die beiden in Bulgarien ums Leben gebrachten jungen Männer seien heimlich auf dem örtlichen Johannisfriedhof beerdigt worden, erstritten beide Familien die Öffnung eines verwaisten Doppelgrabes, in dem sich angeblich die sterblichen Überreste ihrer Söhne befinden sollten. Bei der Graböffnung am 14. Dezember 1970 fand man dort jedoch nur die Knochen eines Mannes und einer Frau, die vor langer Zeit beigesetzt worden waren.

Am 15. Januar 1971 schrieb Hilde Engelmann an das Internationale Rote Kreuz in Genf und bat um Hilfe bei der „Suche nach meinem Kind und seinem Freund“. Ihre Familie sei erfolglos „im Laufe der 4½jährigen Suche zehnmal in Berlin bei verschiedenen Ministerien vorstellig" geworden. „Wir haben nochmals die Behörden in der DDR angeschrieben, sollte dies wieder erfolglos sein, sind wir gezwungen die Ausreise zu beantragen. Es ist seelisch nicht mehr zu ertragen, deshalb bitte ich Sie von ganzem Herzen, mir und meiner Familie zu helfen." Eine Kopie des Schreibens von Hilde Engelmann findet sich samt Anlagen in den MfS-Unterlagen der Bezirksverwaltung Karl-Marx-Stadt. Das Internationale Rote Kreuz antwortete am 22. März 1972 und übermittelte Frau Engelmann die Antwort des Bulgarischen Roten Kreuzes. Dieses teilte mit, „heute, fast sechs Jahre nach dem Vorfall, bestehen die Gräber nicht mehr, und es ist keineswegs möglich, ihre einstige Lage zu lokalisieren".

So kam es zu dem erneuten Vorstoß des DDR-Botschafters Wenning am 1. Oktober 1975. Der stellvertretende Leiter der Konsularabteilung im bulgarischen Außenministerium Kowatschew beantwortete die Anfrage am 9. Dezember 1975 bei einem Gespräch mit dem DDR-Botschafter und erklärte, dass die beiden DDR-Bürger „weder exhumiert noch überführt werden können, da die Grabstellen nicht mehr bestehen. […] Eine schriftliche Mitteilung kann vom MfAA nicht gegeben werden, da seinerzeit die Beisetzung der o. g. Bürger mit der Botschaft der DDR vereinbart und in den folgenden Jahren keine Anfragen an die bulgarische Seite in der Sache erfolgte. Nach bulgarischem Recht werden Grabstellen nach acht Jahren neu belegt." Eine Bitte um schriftliche Mitteilung habe Kowatschew konsequent abgelehnt.

Parallel zu den Auskunftsbemühungen der Familien Engelmann und Gammisch in der DDR befassten sich auch westdeutsche Dienststellen mit den beiden Todesfällen. Bereits am 24. Mai 1966 informierte Charlotte Herwegh, eine Cousine Karl-Heinz Engelmanns, die 1959 aus der DDR geflüchtet war, das Ministerium für gesamtdeutsche Fragen über den tödlichen Zwischenfall an der bulgarisch-griechischen Grenze. Sie habe durch Verwandte aus Schwarzenberg davon erfahren, dass ihr Vetter Karl-Heinz Engelmann und sein Freund Siegfried Gammisch am 2. April 1966 von Berlin-Schönefeld nach Sofia flogen und versucht hatten, aus Bulgarien nach Griechenland zu flüchten, um in die BRD zu gelangen. Den Eltern sei die Nachricht vom Tod ihrer Söhne übermittelt worden, die Toten wurden jedoch nicht in die DDR überführt, eine Reiseerlaubnis nach Bulgarien, um die Gräber zu besuchen, sei den Eltern verwehrt worden. „Die Besucherin teilt noch mit, daß ihre Verwandten und Bekannten (die Eltern der beiden jungen Männer) jetzt in der SBZ außerordentlichen Schikanen und Anfeindungen ausgesetzt sind."

Im Jahr darauf meldete sich am 20. März 1967 Ingeborg Kopzynski, eine aus der DDR geflüchtete Teilnehmerin der Reisegruppe nach Pamporovo beim Gesamtdeutschen Ministerium und berichtete, sie sei „vom 2. bis

16.4.1966 […] über das Reisebüro der ‚DDR' nach Pamporovo in Bulgarien gereist. Der Ort liegt im Gebirge an der Südgrenze Bulgariens. Die Reisegruppe bestand aus 30 bis 40 Personen, darunter Karl-Heinz Engelmann, ca. 19/20 Jahre, aus (943) Schwarzenberg/Erzgeb., Ernst-Schneller-Str. 16, und Siegfried Gammisch, ca 19/20 Jahre, ebenfalls aus Schwarzenberg, nähere Anschrift unbekannt. Am Gründonnerstag kamen diese beiden jungen Männer zu spät zum Abendessen und wurden deswegen vom Reiseleiter Goder aus Ost-Berlin verwarnt. Es wurde eindringlich auf die Nähe der Bulgarischen Staatsgrenze hingewiesen mit dem Zusatz, daß man sich gerade deswegen besonders diszipliniert verhalten müsse. Am Ostersonntag waren die beiden jungen Männer nach dem Mittagessen verschwunden, und sie blieben es auch. In der Nacht vom Ostermontag auf Dienstag heulten die Alarmsirenen, keiner aus der deutschen Reisegruppe erfuhr näheres. Es wurde erklärt, daß auf der Rückreise in Sofia vom Reiseleiter Informationen gegeben würden. Aber auch dies geschah nicht. Man erfuhr nur, daß der Reiseleiter nicht sprechen durfte." Frau Kopzynski hörte dann von einer Mitreisenden, „daß Engelmann und Gammisch an der Bulgarischen Staatsgrenze erschossen worden seien". Eine Protokollnotiz des Gesamtdeutschen Ministeriums informierte die Erfassungsstelle der Landesjustizverwaltungen in Salzgitter über die Aussagen der Zeugin.

Auch Karl-Heinz Engelmanns Cousine Charlotte Herwegh bemühte sich beim Bonner Auswärtigen Amt und dem Roten Kreuz weiter um eine Klärung der Todesfälle. Ludwig Rehlinger, damals Ministerialbeamter im Bundesministerium für gesamtdeutsche Fragen, schrieb am 31. März 1967 an die zentrale Rechtsschutzstelle des Auswärtigen Amtes unter „Betr. Erschießung von zwei Einwohnern der SBZ an der bulgarisch-griechischen Grenze". Rehlinger wies darauf hin, dass die Eltern der beiden jungen Männer bis Januar 1967 keine Sterbeurkunden erhalten hätten. Sie hätten dann auf Empfehlung der Kriegsgräberfürsorge, an die sie sich gewandt hatten, die Kirchenkanzlei in Ost-Berlin eingeschaltet, die auch nicht weiterhelfen konnte. Rehlinger weiter: „Es ist zum ersten Mal, daß mir Fälle bekannt werden, in denen der Gebrauch der Schußwaffen gegen fluchtwillige Einwohner der Zone durch die Grenzorgane anderer Ostblockstaaten zum Tod der Flüchtlinge führte."

Weitere Informationen zu dem Vorfall gelangten im Oktober 1967 im Rahmen eines Ermittlungsverfahrens der Erfassungsstelle Salzgitter gegen den Potsdamer Richter Skupin wegen Freiheitsberaubung und Rechtsbeugung dem Bundesministerium für Justiz zur Kenntnis. Der aus DDR-Haft freigekaufte Gerätemonteur Martin Krickstatt hatte zur Reisegruppe von Engelmann und Gammisch gehört. Er berichtete, der deutsche Reiseleiter sowie die bulgarische Dolmetscherin seien zum Ort des Geschehens gebracht worden, um die Leichen zu identifizieren. Obwohl sie zum Schweigen verpflichtet worden seien, hätte die bulgarische Staatsangehörige, die praktisch seine Verlobte sei, ihm berichtet, „daß einer der Fluchtwilligen 6 Einschüsse in der Brust aufwies". Das Bundesministerium für Justiz leitete diese Information ebenfalls an das Auswärtige Amt weiter, das seinerseits am 13. März 1968 die Deutsche Handelsvertretung in Sofia über die „Erschiessung von zwei Deutschen aus der SBZ an der bulgarisch-griechischen Grenze am 10. oder 11.4.1966" informierte. Die Handelsvertretung war jedoch nicht in der Lage, weitere Auskünfte von bulgarischen Behörden zu erhalten.

In Schwarzenberg führten die andauernden Beschwerden der Familie Engelmann unterdessen dazu, dass die Vorsitzende des Rates des Kreises Schwarzenberg, Marianne Jupe, eine diplomierte Staatswissenschaftlerin, das Anliegen der Familie unterstützte und am 5. Dezember 1969 eine Beschwerde „gegen die Arbeitsweise zentraler Organe" einreichte, die sich gegen das Verhalten der Generalstaatsanwaltschaft richtete. Abteilungsleiter Staatsanwalt Gernot Windisch reagierte vier Tage später mit der Anweisung, es sei der Ratsvorsitzenden Genossin Jupe mitzuteilen, dass der Bestattungsort nicht bekannt ist und auch auf diplomatischem Weg dazu keine Auskunft verlangt werden könne, „da es innere Angelegenheit des betroffenen Landes ist, wie mit Rechtsbrechern verfahren wird". Was die von Familie Engelmann beantragte Reise nach Bulgarien betrifft, solle der Ratsvorsitzenden „der zentrale Standpunkt übermittelt werden, daß sie über derartige Anträge nicht entscheidungsbefugt ist". Es müsse zentral geklärt werden, ob den Eheleuten Engelmann die Ausreise nach Bulgarien genehmigt wird. „Standpunkt: nein, Begründung mdl."

Familie Engelmann erschien mit ihrer Tochter am 4. Januar 1970 erneut bei der Ratsvorsitzenden und beklagte, dass ihre eigene Eingabe an den Staatsrat seit über einem Jahr ohne Antwort geblieben war. Die Ratsvorsitzende Jupe schrieb daraufhin am 13. Januar 1970 an Staatsanwalt Windisch nach Berlin und stellte die Frage, „was hindert uns, offen zu sagen, wo ist die Grabstätte, um zur Ruhe zu kommen". Eine Antwort auf ihre Frage erhielt sie nicht. Auch die von der Familie eingeschalteten Rechtsanwälte Friedrich Karl Kaul und Wolfgang Vogel konnten die Generalstaatsanwaltschaft zu keinen weitergehenden Auskünften bewegen.

Nach dem UNO-Beitritt der DDR suchte Familie Engelmann den 1. Sekretär der SED-Kreisleitung Schwarzenberg auf und teilte ihm mit, sie würde sich an die UNO wenden, wenn sie nicht bald über den Ort der Beisetzung und den Tatablauf informiert würde. Die DDR sei jetzt Mitglied der Vereinten

Nationen und müsse sich auch an die internationalen Gepflogenheiten halten. In einem Gesprächsvermerk heißt es: „Der 1. Sekretär konnte wenig zu diesem Problem sagen, versprach aber, soweit es ihm möglich ist, sich um die Angelegenheit zu kümmern." So kam es am 29. Januar 1974 zu einer Besprechung in der SED-Kreisleitung, an der die Ratsvorsitzende Jupe, der Chef des Volkspolizeikreisamtes Geyer, Staatsanwalt Pache und MfS-Kreisdienstellenleiter Hans Windisch teilnahmen. Die Runde kam zu dem Ergebnis, „daß der Genosse Staatsanwalt über die Bezirksstaatsanwaltschaft die Generalstaatsanwaltschaft anschreibt und nochmals bittet, um zu einer endgültigen Klärung dieser Fakten mit der Familie Engelmann zu kommen, daß ein verantwortlicher Vertreter hier erscheint, um die Sache an Ort und Stelle zu klären".

Am 23. Juli 1976 lud die Kreisstaatsanwaltschaft Schwarzenberg die Familien Engelmann und Gammisch zu einer Besprechung vor. Aus Berlin war für die Generalstaatsanwaltschaft Horst Juch und – im Auftrag des 1. Stellvertretenden Ministers für Staatssicherheit Generalleutnant Bruno Beater – aus Dresden Oberstleutnant Wolfgang Böhme angereist. Staatsanwalt Juch eröffnete den beiden Familien, „daß keine Möglichkeit besteht, die sterblichen Überreste ihrer 1966 in Bulgarien bei einem Fluchtversuch ums Leben gekommenen Kinder Engelmann, Heinz und Gammisch, Siegfried zu erhalten". Die Gräber im Hochgebirge seien „durch Witterungs- und Natureinflüsse nicht mehr existent". Böhme berichtete Bruno Beater nach Berlin, Familie Gammisch habe die Mitteilung gefasst aufgenommen, Familie Engelmann habe sich hingegen damit nicht zufriedengegeben und darauf bestanden „die endgültige Mitteilung schriftlich zu erhalten, was ihnen nicht gewährt werden konnte".

Am 26. Mai 1978 stellten Hilde und Herbert Engelmann für sich und ihre Tochter Renate einen Antrag auf Ausreise in die Bundesrepublik. Abteilungsleiter Heinrich sagte damals zu Hilde Engelmann, „ich würde sie gerne gehen lassen, ich darf es nicht". Die Eltern konnten auch nach der Wiedervereinigung nicht mehr in Erfahrung bringen, wo sich die Grabstätte ihres Sohnes befand. Den von Renate Engelmann 1995 gestellten Antrag auf Rehabilitierung nach dem 2. SED-Unrechtsbereinigungsgesetz lehnte die sächsische Rehabilitierungsbehörde ab. Das Sächsische Landesamt für Familie und Soziales erteilte im Juli 2001 den Bescheid, durch die „hoheitliche Maßnahme" der DDR sei sie in ihrer beruflichen Tätigkeit nicht betroffen gewesen, sie habe weiterhin im Schuhgeschäft ihrer Eltern als Verkäuferin gearbeitet. „Systembedingte Beeinträchtigungen, die mehr oder weniger allgemeines DDR-Schicksal waren, sollten nach dem Willen des Gesetzgebers jedoch nicht Gegenstand der Rehabilitierungsgesetze sein", da nicht „jedes DDR-Unrecht durch eine Rehabilitierung aufgearbeitet werden" könne. „Es steht außer Frage, dass die generelle Verweigerung der Ausreise für DDR-Bürger sowie das gesamte Genehmigungsverfahren gegen die Prinzipien der Rechtsstaatlichkeit [sic!] und Menschlichkeit verstoßen hat. Eine berufliche Rehabilitierung kommt aber nur in Betracht, wenn der Staat gezielt und im Einzelfall in die Berufswahl oder -ausübung eines Betroffenen eingegriffen hat."

(Autor: jos.; Recherche: App., AH, jk, jos.)

Quellen

MfS, ZAIG: Einzelinformation an Erich Honecker über einen verhinderten Grenzdurchbruch von zwei Bürgern der DDR von der VR Bulgarien nach Griechenland mit tödlichem Ausgang für die Grenzverletzer. BStU, ZA, MfS, ZAIG, Nr. 1306.

MfS, BV Karl-Marx-Stadt: Schriftwechsel mit der Generalstaatsanwaltschaft, Übersetzung der bulgarischen Todesurkunden und weitere Dokumente. BStU, Ast. Chemnitz, MfS, Allg. P., Nr. 2291/74.

MfS, Arbeitsgruppe SR: Vorschlag des MdI gegen Herbert Engelmann eine Reisesperre nach Bulgarien zur verhängen, 24.8.1967. BStU, MfS, HA IX/11, AS Nr. 93/67.

DDR-Generalstaatsanwaltschaft: „Liquidierungs"-Protokoll vom 11.4.1966 und weitere Dokumente der bulgarischen Ermittler zu den Todesfällen Engelmann und Gammisch. BArch, DP 3/2564.

Gesamtdeutsches Institut – Bundesanstalt für gesamtdeutsche Aufgaben: Strafverfahren gegen Deutsche in Bulgarien [enth. diverse Berichte von Verwandten und Zeitzeugen über die Todesfälle Engelmann und Gammisch sowie Briefwechsel mit der Erfassungsstelle Salzgitter der Landesjustizverwaltungen]. BArch, B 285/865.

Briefwechsel zu den Todesfällen Engelmann/Gammisch aus den Überlieferungen des Ministeriums für gesamtdeutsche Fragen und des Auswärtigen Amtes. PAAA, V4-ZRS 88, 18/67, 30/67, Einzelfälle ZRS.

Vermerk über ein Gespräch im MfAA der VRB mit dem Stellvertreter des Leiters der Konsularabteilung, Genossen Kowatschew, 9.12.1975 [u.a. Dokumente]. PAAA, MfAA, ZR 495/88.

Telefonische Absprache am 30.1.1974 betreffs Angelegenheiten Engelmann/Gammisch – Schwarzenberg. BStU, MfS, BV Karl-Marx-Stadt, Leiter, Nr. 135, Bd. 2.

MfS, ZOV: Bericht vom 2. September 1976 über die Vereinbarungen zwischen der DDR-Botschaft und der bulgarischen Generalstaatsanwaltschaft bei Todesfällen von DDR-Bürgern an bulgarischen Grenzen. BStU, Ast. Chemnitz, MfS, BV Karl-Marx-Stadt, Stellvertreter Operativ Nr. 99, Bd. 2.

Appelius, Stefan: Zeitzeugenbefragungen von Nachbarn, Mitschülern und Bekannten sowie einem Mitreisenden der Reisegruppe nach Bulgarien im Jahr 2007. Privatarchiv Stefan Appelius.

Siegfried Gammisch

geboren am 29. September 1946 in Schwarzenberg/Erzgeb.
erschossen am 10. April 1966 in Bulgarien
Ort des Vorfalls: nordöstlich des Dorfes Kosujatak-Perelik an der Grenze zu Griechenland

Siegfried Gammisch

Siegfried Gammisch kam am 29. September 1946 als Sohn von Marta Gammisch, geb. Endt (1919–1998) und ihres Mannes Wenzel Gammisch (1913–1982) in Schwarzenberg auf die Welt. Wenzel Gammisch, der als Bergarbeiter bei der SDAG Wismut arbeitete, wird von Zeitzeugen aus Schwarzenberg als Einzelgänger und ruhige Person beschrieben. Siegfried Gammisch besuchte in Schwarzenberg bis zur 10. Klasse die damalige „Ernst-Schneller-Oberschule", danach absolvierte er eine Facharbeiterausbildung zum Werkzeugmacher bei dem VEB Meßgerätewerk im benachbarten Beierfeld, die er mit der Note gut abschloss. Er gehörte im Betrieb der FDJ und dem FDGB an. Vom Wehrdienst war er aus gesundheitlichen Gründen zurückgestellt.

Mit seinem Schulfreund und Arbeitskollegen Karl-Heinz Engelmann reiste Siegfried Gammisch über Ostern 1966 in das bulgarische Skigebiet Pamporovo in den Rhodopen. Am Ostersonntag, dem 10. April 1966, verließen die beiden jungen Männer mittags das Hotel und machten sich auf den Weg zur bulgarisch-griechische Grenze. Bevor sie die Grenze erreichten, wurden sie von einer Streife der bulgarischen Grenzeinheit 10240 – Smoljan entdeckt und erschossen.

Der genaue Verlauf des Vorfalls und seiner Folgen ist der obigen Biografie von Karl-Heinz Engelmann zu entnehmen.

(Autor: jos.; Recherche: App., AH, jos., jk)

Quellen

MfS, ZAIG: Einzelinformation an Erich Honecker über einen verhinderten Grenzdurchbruch von zwei Bürgern der DDR von der VR Bulgarien nach Griechenland mit tödlichem Ausgang für die Grenzverletzer. BStU, ZA, MfS, ZAIG Nr. 1306.

MfS, BV Karl-Marx-Stadt: Schriftwechsel mit der Generalstaatsanwaltschaft, Übersetzung der bulgarischen Todesurkunden und weitere Dokumente. BStU, Ast. Chemnitz, MfS, Allg. P., Nr. 2291/74.

MfS, Arbeitsgruppe SR: Vorschlag des MdI gegen Herbert Engelmann eine Reisesperre nach Bulgarien zur verhängen, 24.8.1967. BStU, MfS, HA, IX/11, AS Nr. 93/67.

DDR-Generalstaatsanwaltschaft: „Liquidierungs“-Protokoll vom 11.4.1966 und weitere Dokumente der bulgarischen Ermittler zu den Todesfällen Engelmann und Gammisch. BArch, DP 3/2564.

Gesamtdeutsches Institut – Bundesanstalt für gesamtdeutsche Aufgaben: Strafverfahren gegen Deutsche in Bulgarien [enth. diverse Berichte von Verwandten und Zeitzeugen über die Todesfälle Engelmann und Gammisch sowie Briefwechsel mit der Erfassungsstelle Salzgitter der Landesjustizverwaltungen]. BArch, B 285/865.

Briefwechsel zu den Todesfällen Engelmann/Gammisch aus den Überlieferungen des Ministeriums für gesamtdeutsche Fragen und dem Auswärtigen Amtes. PAAA, V4-ZRS 88, 18/67, 30/67, Einzelfälle ZRS.

Vermerk über ein Gespräch im MfAA der VRB mit dem Stellvertreter des Leiters der Konsularabteilung, Genossen Kowatschew, 9.12.1975 [u.a. Dokumente]. PAAA, MfAA, ZR 495/88.

Telefonische Absprache am 30.1.1974 betreffs Angelegenheiten Engelmann/Gammisch – Schwarzenberg. BStU, MfS, BV Karl-Marx-Stadt, Leiter, Nr. 135, Bd. 2.

MfS, ZOV: Bericht vom 2. September 1976 über die Vereinbarungen zwischen der DDR-Botschaft und der bulgarischen Generalstaatsanwaltschaft bei Todesfällen von DDR-Bürgern an bulgarischen Grenzen. BStU, Ast. Chemnitz, MfS, BV Karl-Marx-Stadt, Stellvertreter Operativ, Nr. 99, Bd. 2.

Stefan Appelius: Zeitzeugenbefragungenvon Nachbarn, Mitschülern und Bekannten sowie einem Mitreisenden der Reisegruppe nach Bulgarien im Jahr 2007. Privatarchiv Stefan Appelius.

Klaus-Jürgen Rogge

geboren am 11. November 1941 in Demmin
ertrunken am 22. Mai 1967 im ungarisch-jugoslawischen Grenzgewässer
Ort des Vorfalls: Fluss Mura nahe der Ortschaft Murakeresztúr

Klaus-Jürgen Rogge wurde 1941 in Demmin, einer Kleinstadt in der Mecklenburgischen Seenplatte geboren. Seine Eltern lebten dort in der Wollweberstraße 15, unweit des Flusses Peene. Als Klaus-Jürgen Rogge fünf Jahre alt war, verlor er aufgrund einer schweren Grippe das Gehör. Von 1948 bis 1957 besuchte er Gehörlosenschulen in Ludwigslust und Güstrow, anschließend absolvierte er eine Ausbildung als Chemigraf in Leipzig. Nach Arbeitsverhältnissen in Leipzig und Potsdam nahm er im Mai 1963 eine Tätigkeit als Chemigraf und Ätzer in der Druckerei Ostsee-Druck in Rostock auf. Er lebte in einem Betriebswohnheim und war seit 1965 mit dem taubstummen Tischler Eckehard H. (Jg. 1940) befreundet, der im „HO Möbelhaus Warnemünde" arbeitete. Beide hatten sich bei einem Ausflug des Gehörlosenverbandes nach Hiddensee kennengelernt.

Vermutlich fassten die jungen Männer bereits 1966 den Plan, gemeinsam über Ungarn in die Bundesrepublik zu flüchten. Rogge hatte mehrere Ausreiseanträge an den Rat der Stadt Rostock und an Harry Tisch (1927–1995), dem Ersten Sekretär der SED-Bezirksleitung, geschickt, die sämtlich abgelehnt wurden. Im Januar 1967 konnte er bei einer Reise nach Ungarn erste Kontakte knüpfen. Die Idee, eine Flucht über Ungarn zu wagen, rührte offenbar daher, dass Klaus-Jürgen Rogge sich im Sommer 1966 mit einer jungen, gehörlosen Sportlerin aus Ungarn angefreundet hatte, die in dieser Zeit in der DDR zu Besuch war. Mit ihr stand er seither in Briefkontakt.

Eckehard H.s Vater war seit Kriegsende vermisst und seine Mutter, eine frühere Schankwirtin im „Ostseehotel" Warnemünde, 1964 gestorben. Er hatte keine weitere Verwandtschaft in der DDR, aber eine Tante in Augsburg, bei der er leben wollte.

Am 13. Mai 1967 reisten Klaus-Jürgen Rogge und Eckehard H. mit dem Zug von Rostock nach Budapest, wo sie bei Bekannten von Rogge wohnten, Sehenswürdigkeiten besuchten und tanzen gingen. Laut einem MfS-Vernehmungsprotokoll von Eckehard H. hatten Rogge und er ihren Fluchtplan einer Vertrauensperson im Klubhaus des ungarischen Gehörlosenverbandes offenbart. Diese erklärte ihnen, dass sie einen „sicheren Weg" kenne, wie man aus Ungarn herauskäme. Sie müssten in Murakeresztúr den Fluss Mura durchschwimmen, der dort die Grenze Ungarns zu Jugoslawien bildete. Erst kürzlich habe ein ihm bekannter Ungar diesen Fluchtweg gewählt und lebe nun in Triest. Nach dem Durchschwimmen der Mura müssten sie sich nach Ljubljana begeben und beim jugoslawischen Gehörlosenverband melden. Dort würde ihnen geholfen, nach Italien zu gelangen. Klaus-Jürgen Rogge, der sich selbst für einen guten Schwimmer hielt, ging mit seinem Freund das Wagnis ein. In Budapest wurden sie mit einer Einladung zur Familie T. in Murakeresztúr ausgestattet, die zwei gehörlose Kinder hatte.

Am 19. Mai 1967 fuhren die beiden jungen Männer mit dem Zug von Budapest über Nagykanizsa nach Murakeresztúr. Hier lebte Rogges Brieffreundin mit ihren Eltern und ihrer ebenfalls gehörlosen Schwester. Die beiden jungen Männer hatten eine Einladung der Familie bei sich. Kurz vor der Ankunft gerieten sie jedoch in eine Grenzkontrolle und wurden festgenommen, weil sie das Anliegen ihrer Reise nicht erklären konnten. Der Offizier der örtlichen Aufklärungsbehörde reagierte misstrauisch und brachte sie schließlich mit einem Armeelastwagen zur Familie T. Dort bestätigte ihm der Familienvater, dass es mit der Einladung seine Richtigkeit habe und er die Haftung und Fürsorgepflicht für die beiden Besucher übernehmen wolle.

Zwei Tage nach der Ankunft in Murakeresztúr, die die beiden jungen Männer mit Spaziergängen durch das Dorf verbrachten, weckte Klaus-Jürgen Rogge am 22. Mai 1967 gegen 2 Uhr nachts seinen Freund Eckehard H. Nachdem sie aus ihrem Schlafzimmerfenster geklettert waren, gingen die beiden etwa eine halbe Stunde am Ufer der Mura entlang, bis sie eine geeignete Stelle gefunden hatten. Hier war der Grenzfluss etwa 20 m breit, aber er führte Hochwasser und hatte eine starke Strömung. Sie stiegen bekleidet in den Fluss. Eckehard H. erklärte später, dass es eine enorme Anstrengung gewesen sei, das andere Ufer zu erreichen. Dort angekommen habe er gesehen, dass Klaus-Jürgen Rogge weit abgetrieben und immer noch auf der ungarischen Seite des Flusses war. Dann verlor er ihn aus den Augen.

Eckehard H. wartete bis mittags auf seinen Freund, während seine Kleidung in der Sonne trocknete. Doch Klaus-Jürgen Rogge kam nicht. Nach einem Bericht der ungarischen Grenzwache war er nun „sehr verbittert“ und hatte „keine Lust mehr den einmal gefassten Plan auch umzusetzen, doch den Versuch durch den Fluss zurückzuschwimmen wagte er auch nicht“. Er machte sich allein auf den Weg in Richtung Ljubljana. Sehr weit kam er allerdings nicht. Als er in einem etwa 25 km entfernten Dorf bei einem Wirt Geld umwechseln wollte, rief dieser die Miliz. Gegen 16 Uhr wurde Eckehard H. verhaftet und am 24. Mai 1967 an die ungarische Grenzwache des Grenzbezirks Nagykanizsa übergeben. Er wurde vernommen und gemäß des Rechtshilfeabkommens zwischen Ungarn und der DDR am 16. Juni ausgeliefert. Noch in der Untersuchungshaft der MfS-Bezirksverwaltung Rostock hatte er keine Gewissheit über das Schicksal seines Freundes. Das Verfahren gegen ihn wurde nach einer psychiatrischen Untersuchung wegen verminderter Schuldfähigkeit eingestellt. Er wurde am 6. September 1967 dem Arbeitskollektiv des „HO Warenhauses Warnemünde“ übergeben. Da das Gutachten der Rostocker Universitätsnervenklinik seine soziale Wiedereingliederung als erschwert einschätzte, folgte das MfS im Entlassungsbeschluss der dort gegebenen Empfehlung, „die Möglichkeiten der offiziellen Ausreise des Beschuldigten H. […] nach Westdeutschland zu seiner dort lebenden Tante zu prüfen“.

Die Leiche von Klaus-Jürgen Rogge wurde am Nachmittag des 24. Mai 1967 auf der jugoslawischen Seite des Flusses Mura entdeckt. Die Obduktion erfolgte einige Tage später in der ungarischen Kreisstadt Nagykanizsa, rund 50 km südwestlich des Balatons. Das Gutachten bestätigte Ertrinken als Todesursache. Vermutlich wurde die Leiche des 25-Jährigen auf dem örtlichen Friedhof bestattet, obwohl Rogges Eltern eine Rückführung wünschten.

(Autor: App.; Recherchen: App., jos., KS)

Quellen

Gyula Domokos, Oberst der Kommandantur der 4. Bezirksgrenzwache: Bericht von einer Festnahme gemeinsam mit den jugoslawischen Grenzorganen. Nagykanizsa, 26.5.1967 (Übersetzung Hannes Puchta). MNL OL, XIX-B-10 IV 01378 1967.

MfS, BV Rostock: Ermittlungsverfahren gegen Eckehard H. BStU, MfS, BV Rostock, AU 975/68, HA Bd. 1–3.

Telegramm an Osl. Damm/Abt. X, Budapest 3.6.1967. Nachricht Osl. Damm an Osl. Niebling/HA IX/9, Berlin 6.6.1967. BStU, MfS, Abt. X, Nr. 2089, Bl. 146–148.

Protokoll der polizeiärztlichen Obduktion von Klaus-Jürgen Rogge und Berichte des Ungarischen Grenzschutzes. BStU, MfS, HA XX, Nr. 8745.

Untersuchungsvorgang Eckehard H. BStU, MfS, AS 625/70, Bd. 5, Bl. 74–83.

Richard Schlenz

geboren am 20. Januar 1939 in Leipzig
erschossen am 27. August 1967 im tschechoslowakisch-österreichischen Grenzgebiet
Ort des Vorfalls: unterhalb der Festung Devín (Bratislava)

Richard Schlenz

Richard Otto Albert Schlenz kam am 20. Januar 1939 in Leipzig als Sohn von Magarethe und Richard Schlenz zur Welt. Er hatte zwei ältere Brüder, die 1950 die DDR verließen und in der Bundesrepublik lebten. Nach dem Besuch der achtjährigen Grundschule erlernte Richard Schlenz den Beruf eines Stahlgussformers. Aus gesundheitlichen Gründen konnte er diese Tätigkeit jedoch seit 1958 nicht mehr ausüben. Nach einer Tätigkeit im Leipziger VEB Straßen-, Gleis- und Tiefbau war er seit Februar 1966 als Kraftfahrer bei der Stadtreinigung Leipzig beschäftigt.

Richard Schlenz war mit Lore Schlenz, geb. Kriebisch, verheiratet, die an einer schweren Herzkrankheit litt und deswegen arbeitsunfähig war. Sie führten ein zurückgezogenes Leben. In seinem Wohngebiet galt er als zurückhaltender, freundlicher Nachbar, an politischen oder gesellschaftlichen Aktivitäten beteiligte er sich nicht. Einer Aktennotiz der MfS-Bezirksverwaltung Leipzig zufolge wusste Lore Schlenz vom Fluchtvorhaben ihres Ehemannes. Dieser habe gezweifelt, ob er die Kranke allein lassen könne, sie hingegen soll ihn bestärkt haben, in den Westen zu gehen. Laut einer Auskunft aus der Familie wollte Richard Schlenz seine Ehefrau aus der Bundesrepublik mit dringend benötigten medizinischen Hilfsmitteln unterstützen.

Gemeinsam mit seinem Arbeitskollegen Lutz Rassmann (Jg. 1943), Maschinenschlosser bei der Leipziger Stadtreinigung, dem Bäckergesellen Manfred Hahn (Jg. 1949), der als Bohrer in einem Druckmaschinenwerk arbeitete, und dem Lehrer Jörg Poppe (Jg. 1940) fuhr Richard Schlenz am Abend des 25. August 1967 mit einem Pkw EMW 340, der Rassmann gehörte, über den Grenzübergang Hřensko in die ČSSR. Jörg Poppe war während eines Urlaubs zwei Wochen zuvor bei der Suche nach einer geeigneten Fluchtstelle auf die Marchmündung bei Devín, einem Stadtteil von Bratislava, aufmerksam geworden und hatte diesen Ort vorgeschlagen, als ihn ein Freund mit den drei anderen Fluchtwilligen bekannt machte. In der Mitte der March verlief die Grenze zwischen der Tschechoslowakei und Österreich. Am nächsten Tag erreichten die vier Männer gegen 11 Uhr Devín. Sie parkten das Auto am Árpádfelsen, wo sie die Fluchtmöglichkeiten besprachen. Den Nachmittag verbrachten sie in Bratislava, nachts schliefen sie auf einer Wiese.

Nachdem die Leipziger am Sonntag, den 27. August 1967 die Ablösung der Wachposten abgewartet hatten, steuerte Lutz Rassmann gegen 14.20 Uhr seinen EMW unmittelbar an die Grenzsicherungsanlagen an der March und hielt an einem Betonpfosten des Grenzzauns. Die Pfosten waren nicht wie die Zaunfelder mit Stacheldraht gesichert. Die vier Männer stiegen auf das Dach des Fahrzeugs, überkletterten am Betonpfosten den Grenzzaun und liefen am Ufer der March einige Meter flussaufwärts, um nicht von der Strömung in die Donau getrieben zu werden. Dann sprangen sie in voller Kleidung in den Fluss und begannen nach Österreich zu schwimmen. Bereits am Grenzzaun wurden sie von dem Gefreiten der 9. Grenzschutzkompanie Karlova Ves (Bratislava) Josef Hudák bemerkt, der auf einem Wachturm postierte. Der 21-jährige Hudák rief den Flüchtlingen zunächst zu, dass sie stehen bleiben sollten, und gab einen Warnschuss ab. Dann lief er zum Flussufer und feuerte gezielte Einzelschüsse auf die bereits im Fluss schwimmenden Männer. Unterstützt wurde er dabei von dem Wehrdienst leistenden Soldaten Josef Mlčoušek, der 20 Jahre alt war. Dieser lief von links kommend zum Ufer und feuerte Salven aus seiner Maschinenpistole auf die Schwimmer, die

Das Fluchtfahrzeug, Aufnahme aus der Untersuchungsakte der 11. Grenzschutzbrigade der ČSSR

wiederum untertauchten, um nicht getroffen zu werden. Zu diesem Zeitpunkt befanden sie sich bereits auf österreichischem Staatsgebiet. Rettung versprach ein niedriger, als Leitwerk dienender Steinwall, der parallel zum Flusslauf verlief und hinter dem sich Totwasser befand. Manfred Hahn, Jörg Poppe und Lutz Rassmann überwanden den Wall und konnten sich hinter diesem verbergen. Nach seiner eigenen Aussage vom 29. August 1967 gelang es Josef Mlčoušek einen der Flüchtlinge noch im Wasser zu treffen. Tatsächlich war Richard Schlenz, der als Letzter schwamm, bereits den Steinwall hinaufgeklettert, als ihn die tödliche Kugel traf. Der Lehrer Jörg Poppe sagte gegenüber der Gendarmerie aus: „Als wir bereits hinter diesem Steinwall waren sah ich Richard Schlenz ebenfalls über diesen Steinwall klettern. […] Als er über den Wall kletterte wurde wieder geschossen und ich sah mehrere Einschläge in seiner Nähe. Ich schätze die insgesamt abgegebenen Schüsse auf 15 bis 20. Als auf Schlenz geschossen wurde sah ich, daß er plötzlich im Wasser versank und nicht mehr hochkam." Der 28-Jährige stürzte ins Totwasser. Am Abend desselben Tags bargen Beamte der Grenzkontrollstelle Hainburg seine Leiche hinter dem Leitwerk. Bei sich hatte Schlenz seinen Personalausweis, seine Fahrerlaubnis sowie seinen Blutgruppen- und Impfausweis getragen.

Darstellung des Fluchtverlaufs durch die 11. Grenzschutzbrigade der ČSSR. Durch den mit einer „4“ markierten Kreis wird die Stelle, an der Richard Schlenz getroffen wurde, auf tschechoslowakisches Gebiet verlegt. Tatsächlich hatte er schon Österreich erreicht, als ihn der tödliche Schuss traf.

Nachdem die Flüchtlinge aus ihrem Schussfeld verschwunden waren, schwammen Hudák und Mlčoušek, der ein Bajonett zwischen seine Zähne klemmte, ebenfalls durch die March. Sie wollten die Verfolgung fortsetzen oder den Getroffenen finden. Am österreichischen Ufer befanden sich mehrere Ausflügler, die zu Augenzeugen der Grenzverletzung wurden. In seiner Zeugenaussage vor dem Landesgendarmeriekommando berichtete der Kaufmann Otto Urbanek, der zum Zeitpunkt des Vorfalls auf dem Leitwerk stand, wie er die tschechoslowakischen Soldaten hinaufsteigen sah und den Flüchtlingen mit Handzeichen signalisierte, dass sie sich kriechend und tauchend den Steinwall entlang bis zum Ufergestrüpp bewegen sollten. „Der Tscheche kam bis auf ca. 5 Meter an mich heran und ich sagte zu ihm auf Tschechisch, dass das hier bereits österreichischer Boden ist und dass er zurück soll.“ Der Soldat, der ein Messer trug, habe begonnen ihn zu beschimpfen, „ich weiß aber nicht, was er alles sagte“. Letztendlich verhinderte ein tschechoslowakischer Wachoffizier, der auf einem Patrouillenboot hinzugeeilt war, die weitere Eskalation, indem er Hudák und Mlčoušek die Rückkehr befahl. Rassmann, Poppe und Hahn machten sich vom Ufer aus auf den Weg nach Markthof. Von dort holte sie die Gendarmerie ab und brachte sie zum Kommando nach Marchegg, wo sie wegen des unbefugten Grenzübertritts in Schubhaft (Abschiebehaft) kamen und vernommen wurden. Jörg Poppe sagte hier aus, dass er „seit einigen Jahren [...] mit der politischen Situation in Ostdeutschland nicht einverstanden" war und deshalb den Entschluss gefasst habe „nach Westdeutschland zu gelangen". Ähnlich äußerten sich auch Lutz Rassmann und Manfred Hahn. Dieser berichtete zudem, dass seine Familie nach der Flucht seines Bruders im Oktober 1965 in die Bundesrepublik, „verschiedenen polizeilichen Maßnahmen ausgesetzt gewesen" sei. Am nächsten Tag wurden sie der bundesdeutschen Botschaft übergeben, die sie mit Pässen, Fahrkarten und Reisegeld ausstattete.

Am 28. August 1967 obduzierte Dr. Boltz vom Institut für gerichtliche Medizin der Universität Wien die Leiche von Richard Schlenz. Laut dem Befund drang das Geschoss hinter dem rechten Ohr ein, zerstörte das Kleinhirn und trat hinter dem linken Ohr wieder aus. Die Verletzung habe eine sofortige Handlungsunfähigkeit und Bewusstlosigkeit zur Folge gehabt. Wenn Schlenz die Kugel bereits auf ČSSR-Gebiet getroffen hätte, wäre es ihm unmöglich gelungen noch selbstständig weiter zu schwimmen. Der tödlich Verletzte sei dort, wo die Leiche geborgen wurde, im Wasser der March ertrunken.

An diesem Tag fand ebenfalls, im Beisein der Flüchtlinge, ein Lokaltermin der Sicherheitsdirektion für Niederösterreich am Tatort statt. Bei der Untersuchung wurden am Steindamm fünf Geschosseinschläge, an Baumstämmen und Weidenästen am Ufer ebenfalls fünf Ein- bzw. Durchschüsse festgestellt. Zwei Projektile konnten sichergestellt werden, die von Maschinenpistolen abgefeuert worden waren. Ein Sachverständigengutachten attestierte durch die Abgabe von Schüssen auf österreichisches Hoheitsgebiet „nicht nur eine konkrete Gefährdung für die vier flüchtenden, sondern auch für Personen, die sich in dem an das Totwasser anschließenden Augebiet befanden, und dies in einem Umkreis von mehreren 100 Metern".

Die Leiche von Richard Schlenz wurde am 31. August 1967 auf dem Friedhof von Hainburg an der Donau unter großer Anteilnahme der örtlichen Bevölkerung beigesetzt.

In Österreich war dies in kurzer Zeit bereits der zweite schwerwiegende Zwischenfall mit der tschechoslowakischen Grenzwache. Am 13. August 1967 hatte das Ehepaar Šindar mit seinen fünf Kindern und einer Enkelin versucht, vom Grenzübergang České Velenice nach Gmünd zu laufen. Bei dem Beschuss durch die Grenzwache wurden drei Familienmitglieder verletzt. Besonders für Empörung sorgte, dass der zwölfjährige Tibor Šindar, während seine Familie es auf die österreichische Seite schaffte, auf tschechischem Gebiet festgehalten wurde und dass mehrere Projektile in das Zollhaus von Gmünd eingeschlagen waren, so dass für die dort arbeitenden Beamten Lebensgefahr bestand. Am 16. August reagierte die österreichische Regierung mit einer Protestnote, auf die das tschechoslowakische Außenministerium am 21. August mit einem Verweis auf den Schutz der Außengrenze als souveräne Angelegenheit der ČSSR antwortete – die „österreichischen Stellen“ hätten „kein Recht [...] sich darin einzumischen“. Nach der erneuten Grenzverletzung bezeichnete der österreichische Außenminister Lujo Tončić-Sorinj (1915–2005) gegenüber dem Sender Salzburg am 29. August die Situation als „sehr ernst“. Er sei tief enttäuscht, „dass von tschechoslowakischer Seite nichts getan worden ist, um schon nach dem ersten Zwischenfall eine derartige Wiederholung zu verhindern. Ich habe den Eindruck, dass nunmehr das Maß voll ist und dass wir energische Schritte unternehmen müssen.“ In den österreichischen Zeitungen wurde der Vorfall aufs Schärfste verurteilt, der *Kurier* trug die Schlagzeile „Erneut Mord an der Grenze“, *Die Presse* titelte „Tschechen töteten Flüchtling“. Mit Befriedigung wurde anerkannt, dass auch der Vorsitzende der KPÖ Franz Muhri (1924–2001) erklärte, „die Verletzung des österreichischen Hoheitsgebietes [ist] durch nichts zu rechtfertigen“.

Ebenfalls am 29. August hatte die Staatsanwaltschaft Korneuburg auf Anzeige der Sicherheitsdirektion für Niederösterreich ein Strafverfahren gegen Unbekannt wegen Mordes an Richard Schlenz aufgenommen. Der österreichische Vizekanzler Fritz Bock (1911–1993) sagte den Besuch einer Messe in Brno ab, geplante Wettkämpfe mit ČSSR-Sportlern wurden ebenso gestrichen wie zwischenstaatliche Grenzgespräche zurückgestellt. Am 30. August überreichte der Generalsekretär für Auswärtige Angelegenheiten Wilfried Platzer (1909–1981) im Wiener Außenministerium dem Geschäftsträger der ČSSR in Wien eine Verbalnote. In dieser erhob die österreichische Regierung „in schärfster und nachdrücklichster Form“ Protest gegen die Grenzverletzung und forderte die Bestrafung der Schuldigen sowie Vorkehrungen, die ähnliche Vorfälle in Zukunft ausschließen. Zugleich drohte sie mit „Maßnahmen [...] zur Abwehr neuerlicher ungerechtfertigter Eingriffe auf österreichisches Hoheitsgebiet“. Reagierend auf die Antwort des Prager Außenministeriums vom 21. August, heißt es in der Note: „Wenn aber in Ausübung der Instruktionen zum Schutz der tschechoslowakischen Grenze österreichisches Hoheitsgebiet verletzt wird, wenn Schüsse auf österreichisches Gebiet fallen und wehrlose Menschen auf österreichischem Gebiet getötet werden, dann kann dies ein souveräner Nachbarstaat unter keinen Umständen dulden."

In der bundesdeutschen Presse wurde die Entschiedenheit der österreichischen Reaktion gelobt und gegen die Entspannungsbemühungen der eigenen, von einer schwarz-roten Koalition geführten Regierung polemisiert. Österreich habe „klar, menschlich und hart reagiert" und der Bundesrepublik damit „eine Lehre" erteilt (Matthias Walden im SFB, 30.8.1967). Das „Schlagwort der Entspannung" sei für Schlenz „tödlich leer geblieben" (*Die Welt*, 29.8.1967). „Ganz klar erkennbar ist in jedem Fall das Dilemma der deutschen Ostpolitik", bei der die Regierung dem „fast manischen Zwang" erliege, „um alles in der Welt zur Entspannung beitragen zu müssen" (Bernd Nielsen-Stokkeby im ZDF, 31.8.1967). Im Gegenzug sprach das *Neue Deutschland* von einer „Hetzkampagne der Bonner Monopolpresse", die den „Anschlag auf die Souveränität eines sozialistischen Staates [die ČSSR] verherrlicht und Stimmung für weitere Provokationen macht". Die „Provokateure" seien „aus dem Bezirk Leipzig stammende, vorwiegend asoziale und kriminelle Elemente, die des öfteren wegen Arbeitsbummelei und Trunkenheit unrühmlich in Erscheinung traten". Auch die Antwort des Außenministeriums der ČSSR vom 6. September 1967 auf den österreichischen Protest verbat sich „jeglichen Versuch, Druck auszuüben", insbesondere „dass in diesem Zusammenhang eine hysterische Kampagne von ganz außerordentlichem Ausmaß inszeniert wurde". Der Waffeneinsatz gegen die „Grenzverletzer" sei „vollauf berechtigt", ein möglicher „Abprall der Schüsse auf österreichisches Territorium" jedoch nicht beabsichtigt gewesen. Sollte es durch die Grenzwache zu einer Grenzverletzung gekommen sein, sei dies ein „bedauerlicher Ausnahmefall". Am selben Tag sandte der tschechoslowakische Innenminister Josef Kudrna (1920–1989) ein Telegramm an Erich Mielke (1907–2000), Minister für Staatssicherheit in der DDR. Hierin fragte Kudrna, wie mit dem Pkw und den im Fahrzeug zurückgelassenen Sachen der Flüchtlinge verfahren werden soll. Zugleich bat er Mielke „im Hinblick auf die Tatsache, daß sich die Zahl der Republikfluchten von DDR-Bürgern über unser Territorium erhöht", „Maßnahmen zu erwägen, mit dessen Hilfe es möglich wäre, diese verbrecherische Tätigkeit zu unterbinden". Am 9. September wies das *Neue Deutschland* angesichts der „gegen die Tschechoslowakei entfachten Hetze, weil tschechoslowakische Grenzsoldaten in jüngster Zeit mehrfach gezwungen waren, auf Grenzverletzer an der tschechoslowakisch-österreichischen Grenze das Feuer zu eröffnen" darauf hin, dass in der ČSSR „alle anständigen ehrlichen Besucher [...] wie stets herzlich empfangen [werden], Gesetzesbrecher und Grenzverletzer jedoch trifft die volle Härte des Gesetzes".

Der Ministerrat in Österreich beschloss nach der Prager Antwortnote, die Situation nicht weiter zuzuspitzen und zu einem gutnachbarlichen Verhältnis zurückzukehren. So deutete der österreichische Bundeskanzler Josef Klaus (1910–2001) laut einem Bericht der *Berliner Morgenpost* (10.9.1967) in einer Rundfunkansprache an, „daß er die tschechoslowakische Antwort auf den Wiener Protest zum Flüchtlingsmord an der Grenze für befriedigend ansehe. Der Inhalt der Note lasse erkennen, daß die CSSR-Regierung [...] bemüht sein werde, die österreichische Souveränität und die Sicherheit auf österreichischem Staatsgebiet zu achten." Diesem Anliegen folgend, empfahl das Bundesministerium für Auswärtige Angelegenheiten in Wien die Einstellung des wegen Mordes an Richard Schlenz eröffneten Strafverfahrens. Es würde weder den Zweck erfüllen, den Täter zu bestrafen, noch diene es dazu, „ähnliche Übergriffe tschechoslowakischer Grenzorgane hintanzuhalten". Dies könne nur durch eine „Entspannung der Atmosphäre" erreicht werden. Zudem ließen die Untersuchungsergebnisse der Bundesministerien für Inneres sowie für Bauten und Technik „den ursprünglich angenommenen Grenzverlauf an der Marchmündung als fraglich erscheinen". „Im Zuge eines Strafverfahrens müßte diese Frage genauestens geklärt werden, was in der Öffentlichkeit zu unerwünschten Reaktionen führen könnte." Auf Antrag der Staatsanwaltschaft Korneuburg genehmigte die Oberstaatsanwaltschaft Wien den Abbruch des Verfahrens.

Am 15. April 2002 erhob die Staatsanwaltschaft Brno Anklage gegen den inzwischen 54-jährigen Josef Mlčoušek wegen versuchten Mordes. Josef Hudák war bereits 1988 verstorben und konnte nicht mehr belangt werden. Das Verfahren vor dem Landgericht Brno kam erst 25. April 2006 zu einem Abschluss, nachdem zwei Prozesseinstellungen durch höhere Instanzen abgewiesen wurden, u. a. musste bestätigt werden, dass keine Verjährung vorlag. Tatsächlich begann nach dem Gesetz über die Rechtswidrigkeit des kommunistischen Regimes die Verjährungsfrist erst am 30. Dezember 1989 und wäre mit dem 30. Dezember 2009 abgelaufen. In der Hauptverhandlung sagten ehemalige Grenzwachen, Zeugen aus Österreich sowie die Mitflüchtlinge von Schlenz zum Vorfall aus. Schwierigkeiten bereitete die Bestimmung der Flugbahn des Geschosses, beispielsweise konnte nicht festgestellt werden, ob das Opfer durch einen direkten Einschuss oder von einem abgeprallten Projektil getroffen worden war. Mit einer gewissen Wahrscheinlichkeit wurde jedoch angenommen, dass auf Schlenz vom Standort Hudáks aus geschossen wurde. Da Josef Mlčoušek die Urheberschaft des tödlichen Schusses nicht nachgewiesen werden konnte, befand ihn das Gericht des Mordes für nicht schuldig. Die Richter verurteilten ihn hingegen wegen der Straftat des Machtmissbrauchs durch Beamte zu einer dreijährigen Haftstrafe, die zu fünf Jahren Bewährung ausgesetzt wurde. Er habe auf die Flüchtlinge geschossen, obwohl diese bereits auf österreichischem Gebiet waren, und auf diese Weise auch das Leben der vor Ort anwesenden Ausflügler gefährdet. Damit habe er gegen seine damaligen Befugnisse und Vorschriften verstoßen.

Unterhalb der Festung Devín erinnert das 2005 eingeweihte Mahnmal „Tor der Freiheit" (slowakisch Brána slobody) an Richard Schlenz. Sein Name steht gemeinsam mit den Namen von anderen an den tschechoslowakischen Grenzen getöteten Flüchtlingen eingemeißelt auf der Innenseite eines der beiden steinernen Torpfeiler. Etwa 6 km von der Fluchtstelle entfernt führt seit 2012 die „Fahrradbrücke der Freiheit" über die March, die ebenfalls das Gedenken an die Flüchtlinge wachhält, die im Fluss ihr Leben ließen.

(Autoren: App., jk; Recherche: AH, App., jk, CB, DB)

Quellen

Berichterstattung des österreichischen Fernsehens (ORF) vom 28., 29. und 31. August 1967. Vom ORF-Archiv freundlicherweise zur Verfügung gestellt.

Bundesministerium für Auswärtige Angelegenheiten: Grenzzwischenfall an der Marchmündung am 27.8.1967. OeStA, AdR, AA 31317, 6, 67. Und: OeStA, AdR, AA, CSSR 9, 29774, 6, 67.

Erstinformation über einen Grenzdurchbruch an der tschechisch-österreichischen Grenze, 29.8.1967. BStU, MfS, ZAIG, Nr. 1387, Bl. 1–4.

Presseartikelsammlung. BStU, MfS, ZAIG, Nr. 9934.

Information, Aktennotiz, und Auskunftsberichte der HA XX, Presseartikelsammlung. BStU, MfS, AP, Nr. 7954/84.

Ermittlungsverfahren gegen Jörg Poppe. BStU, Lpz AU, Nr. 1398/67, Bd. 3 und Bd. 4.

Kurdna, Josef an Erich Mielke: Telegramm. Prag, 6.9.1967. BStU, MfS, Abt. X, Nr. 2446, Bl. 204–205.

Henke (MfS): Abschlussbericht. Leipzig, 10.10.1967. BStU, MfS, AS, Nr. 625/70, Bd. 10.

11. pohraniční brigáda MNO: hlášení o narušení státní hranice [Ministerium für Nationale Verteidigung/Hauptquartier der Grenzwache: Meldungen, Berichte und Dokumentation über eine Grenzverletzung]. ÚPN, f. VPS, inv. j. 589.

Svědectví, čtvrtletník pro politiku a kulturu [Pressedokumentation], 8. Jg., Nr. 32, 1967, S. 604–613.

Morbacher, Ľubomír und Pavla Svobodová: Richard Schlenz (* 20.1.1939, † 27.8.1967) (Übersetzung Ruben Höppner), https://www.ustrcr.cz/uvod/dokumentace-usmrcenych-statni-hranice/usmrceni-statni-hranice-portrety/schlenz-richard/ (10.12.2022).

Gunter Pschera

Gunter Pschera

geboren am 1. Februar 1944 in Erlbach/Vogtland
erschossen am 1. September 1967 in Bulgarien
Ort des Vorfalls: in der Nähe des Dorfes Evrenezovo (Oblast Burgas) an der Grenze zur Türkei

Gunter Pschera kam in Erlbach im sächsischen Vogtland als einziges Kind des Ehepaares Rudolf und Johanne Pschera zur Welt. Die Mutter arbeitete als Verkäuferin, der Vater war als kaufmännischer Angestellter im elterlichen Bauunternehmen beschäftigt. Die Familie war bürgerlich und religiös geprägt. Gunter Pschera besuchte von 1950 bis 1958 die Grundschule in Erlbach und anschließend die Erweiterte Oberschule in Klingenthal im sächsischen Bezirk Karl-Marx-Stadt (Chemnitz), die er 1962 mit dem Abitur abschloss. Anschließend erlernte er in der Kreisstadt Glauchau den Beruf eines Betonbauers. Renate Wunderlich, eine Jugendfreundin von Gunter Pschera, erinnerte sich, tschechoslowakische Grenzer hätten ihn 1962/63 beim Skilaufen nahe Klingenthal wohl im ČSSR-Grenzgebiet kurzfristig festgenommen und wieder freigelassen. Pschera hatte damals anscheinend weder die Staatsgrenzen absichtlich verletzt noch eine Flucht versucht. Nach absolvierter Lehre studierte der Betonbauer in Karl-Marx-Stadt, um Bauingenieur zu werden. Sein Kommilitone Peter Lang schilderte Pschera als lebensbejahenden und optimistischen Menschen. Im Sommer arbeitete Pschera als Rettungsschwimmer auf Usedom, in seiner Freizeit spielte er Saxophon in der „Sinus-Combo".

Nach seinem Studienabschluss im Sommer 1966 bezog er ein Zimmer im „Wohnheim der Bauschaffenden" und arbeitete als Bauingenieur im Bau- und Montagekombinat Süd in Karl-Marx-Stadt.

Im Spätsommer 1966 wurde Pschera Vater eines unehelichen Kindes. Er bestritt jedoch die Vaterschaft und lehnte die Zahlung von Unterhalt ab. Nachdem eine ärztliche Untersuchung die Vaterschaft Pscheras bestätigt hatte, verurteilte ihn das Bezirksgericht Karl-Max-Stadt im Frühjahr 1967 zur Nachzahlung einer größeren Geldsumme zum Unterhalt seines Kindes. Er hatte zu diesem Zeitpunkt seinen Militärdienst noch nicht abgeleistet und rechnete mit einer baldigen Einberufung zur Nationalen Volksarmee. Sicher

Gunter Pschera bei einem Auftritt der „Sinus Combo“

ist, dass Pschera nicht zum Wehrdienst in der NVA wollte. Dies und auch die Verurteilung im Vaterschaftsprozess könnten zu seiner Fluchtabsicht beigetragen haben. Seine Freunde Peter Lang und Peter Müller hatten einen Fluchtplan bei einer Bulgarienreise im Sommer 1964 zwar nicht realisiert, aber sie glaubten, auf diesem Weg in den Westen zu fliehen, wäre ungefährlicher als eine Flucht über die innerdeutsche Grenze. Nachdem Lang vom Fluchtvorhaben Abstand genommen hatte, fand Müller im Juni 1967 mit Gunter Pschera einen neuen Partner, um die Flucht via Bulgarien zu verwirklichen. Müller gehörte der SED an und war als Bauingenieur im VEB Bohr- und Sprengtechnik beschäftigt. Er und Pschera glaubten, mit ihrer Qualifikation im Westen bessere berufliche Zukunftsaussichten zu haben. Die beiden Bauingenieure wollten nicht „immer nur Plattenbauten“ errichten. Ihr Ziel bestand darin, über die Türkei nach Göteborg in Schweden zu gelangen, wo ein Onkel Pscheras lebte. Ihn hatte Gunter Pschera als Heranwachsender während seiner Schulferien ein paar Jahre vor dem Mauerbau der DDR besucht. Peter Müller meinte, durch einen Freund seines Bruders Dieter, womöglich einen Auftrag als Bauleiter in einem afrikanischen Land zu erhalten. Das Fernweh und den Fluchtimpuls seiner Freunde Pschera und Müller erklärte Günter Möstl aus dem tristen Dasein in der DDR: „Das Leben war eben vorprogrammiert. Das war wie auf Gleise gelegt, ja. […] Hier kommt der Neubau, Armeezeit, die Datsche, so. Und wer Sehnsucht hatte, mal zu reisen, mal raus zu gehen […], ich will die Welt sehen, ich will was anderes. […] Und das war ausschlaggebend, eben genau für Peter und Pschera.“

Vor einem DDR-Staatsanwalt sagte Rudolf Pschera später aus, sein Sohn sei zuletzt am 8. August 1967 zu Hause gewesen. Am nächsten Tag brachen Gunter Pschera und Peter Müller per Bahn von Karl-Marx-Stadt aus zu einer seit langem geplanten und genehmigten Ferienreise über die ČSSR, Ungarn und Rumänien nach Bulgarien auf. Auf diesem Weg machten die beiden jungen Männer einen Zwischenstopp in der rumänischen Hauptstadt Bukarest. Gemäß bulgarischen Unterlagen des Untersuchungsrichters des Gebiets Burgas überquerten Pschera und Müller am 11. August 1967 mit dem Zug samt einem als Frachtgut beförderten Motorrad die Donau. Die Reise führte über die bulgarische Grenzübergangsstelle Ruse zunächst in die Hafenstadt Varna am Schwarzen Meer, wo die beiden Touristen in einem Privatquartier am Fuße eines Weinbergs unterkamen. Hier trafen sie sich, wie verabredet, mit vier Freunden aus Karl-Marx-Stadt, die ihre Ferien ebenfalls am Schwarzen Meer verbrachten. Sie hatten in ihren beiden „Trabis" einen Teil des Gepäcks der beiden Fluchtwilligen mitgebracht. Gemeinsam zogen sie nach ein paar Tagen auf einen Campingplatz am Sonnenstrand in Nessebar im Gebiet Burgas.

Wie sich Günter Möstl an damals geführte Unterhaltungen mit Pschera und Müller erinnerte, waren die beiden mit den Lebensbedingungen in der DDR unzufrieden. Pschera und Müller hatten schon vor der Abreise in Karl-Marx-Stadt gegenüber den mitkommenden Freunden ganz offen über ihren Fluchtplan gesprochen und erklärt, keine unnötigen Risiken eingehen zu wollen. Die jungen Leute sprachen untereinander ausgiebig über das Für und Wider des Fluchtplans. „Das war ein ganz normaler Urlaub", erinnert sich Möstl an die Ereignisse im August 1967: „Es gab keine Bedrückung. Die Stimmung war: Es wird schon gut gehen. Die beiden waren sicher, es würde klappen." Pschera schrieb in seiner Postkarte vom 22. August 1967: „Liebe Eltern! Liebe Mama! Die herzlichsten Grüße aus Bulgarien sendet euch Euer Gunter. Morgen fahre ich mit Müller weiter südlich." Ihre in die DDR zurückkehrenden Freunde nahmen diese Ansichtskarte, einige Kleidungsstücke von Pschera und Müller sowie auch für deren Eltern Souvenirs mit. Die Verabschiedung verlief in lockerer Atmosphäre, erinnert sich Günter Möstl. Unmittelbar vor seiner Heimreise fotografierte er noch einmal die beiden Fluchtwilligen. Peter Müller habe noch gescherzt, er würde ja jetzt seine „Grenzübergangsschuhe schnüren".

Mit dem nach Bulgarien verfrachteten Motorrad reisten Pschera und Müller am 23. August 1967 aus Nessebar in das „Internationale Zeltlager" der Gemeinde Primorsko im Gebiet Burgas weiter. Auf dem Campingplatz verbrachten die beiden Deutschen mehr als eine Woche, ohne sich amtlich anzumelden, wie der Untersuchungsrichter des Gebiets Burgas später ermittelte. Von Primorsko aus wollten Pschera und Müller das Grenzgebiet zur Türkei erkunden. Sie brachen am 28. August 1967 zu einer ersten Aufklärungsfahrt mit dem Motorrad nach Mišurin und dann über Grudovo (heute Sredec) nach Fakija auf, wurden aber von bulgarischen Grenzsoldaten an einer Straßensperre schon weit vor der Grenze gestoppt, „ermahnt" und nach Primorsko zurückgeschickt. Den zweiten Versuch starteten sie am 31. August 1967 morgens um 5.30 Uhr und fuhren mit ihrem Motorrad über Jasna

Poljana und Novo Pančarevo über 70 km auf der Straße nach Malko Tarnovo. Sie hielten in der Nähe dieser Stadt und versteckten ihr Motorrad „gut getarnt" etwa 300 m außerhalb der Ortschaft im Wald, registrierte der Untersuchungsrichter des Gebiets Burgas. Die beiden Fluchtwilligen marschierten fast 30 km nordwestlich und durchquerten einen Wald in Richtung Grenze.

Gegen 18.30 Uhr erreichten sie einen Hügel über der Ortschaft Evrenezovo. In diesem Dorf lebten zu diesem Zeitpunkt etwa dreihundert Menschen, es war die einzige größere Ansiedlung auf bulgarischer Seite, die sich in der Nähe der Grenze befand. Mit Pscheras Opernglas konnten die beiden jungen Männer drei Wachtürme erkennen. Sie vermuteten, dass es nicht mehr sehr weit bis zur eigentlichen Grenze zur Türkei sein könne. Spät am Abend legten sich Müller und Pschera im Wald zum Schlafen nieder. Sie wollten die Morgendämmerung zur Überwindung der Grenze abwarten. Dass die beiden Deutschen abends von zwei „jungen Pionieren" entdeckt worden und die Grenztruppen bereits über ihre Anwesenheit im Grenzgebiet verständigt waren, wussten sie nicht. In dieser Gegend war es zuvor schon häufig zu Grenzzwischenfällen gekommen. Der Vorsitzende des Dorfrates von Evrenezovo hatte wohl 1965 eigenhändig einen bulgarischen Flüchtling am Ufer des Flusses Veleka nach einer „wüsten" Schlägerei ergriffen und den Sicherheitskräften übergeben.

Die offizielle bulgarische Version der Ereignisse in der Nacht vom 31. August zum 1. September 1967 erschien bald in einem kleinen Artikel einer bulgarischen Tageszeitung. Dieser Bericht – angeblich verfasst von einem Oberstleutnant Ivan Janakiev, tatsächlich aber von einem Mitarbeiter der bulgarischen Staatssicherheit – trug die Überschrift: „An der Grenze wachen nicht nur die Grenzer". Rudolf Pschera gelangte in den Besitz dieses Presseartikels, der den Tod seines Sohnes folgendermaßen darstellte: „Die Sonne neigt sich dem Westen zu, noch ein bisschen und der Tag wird zu Ende gehen. Die Pioniere Atanas [Ivanov] Ončev und Oktan [tatsächlich Bogdan Manolov] Atanasov hüten ihre Pferde hinter dem Dorf. Unerwartet sehen sie ein paar hundert Meter von sich entfernt ein paar Unbekannte mit Rucksäcken auf dem Rücken, die sich schnell versteckten, als sie die Jungen bemerkten. Die Jungen wußten sofort, was zu tun war. Nach einer Minute rannten sie zum Ausführenden [d. h. Vorsitzenden] des Rates, Vasil [Dimitrov] Šterev. Es folgte ein kurzes Telefongespräch mit der Grenzbrigade. Während dieser Zeit versammelte sich und wartete die ganze freiwillige Abteilung. In derselben Zeit durchsuchten die Grenzer jeden Meter. Einige MPi-Salven zerrissen in der Dunkelheit die Stille. Die Grenzer, der Erste Unteroffizier [Feldwebel Koljo Ivanov] Nikolov [Mitglied der Bulgarischen

Kommunistischen Partei], Unterfeldwebel [Christo Ivanov] Christov [Mitglied des Komsomol], Gefreiter [Kančo Angelov] Ivanov [mit Hund] und Soldat [Dimiter] Georgev begannen den Kampf mit den [Grenz-]Verletzern. Einer fiel in dem scharfen Gefecht, der andere, verwundet, hob die Hände. So endete diese Grenzepisode im Dorf Everenezovo."

Noch in der Todesnacht, gegen 2.30 Uhr am 1. September 1967, protokollierte Hauptmann Todor Martino Stefanov von der Grenzabteilung 10270 in Malko Tarnovo, dass eine Alarmgruppe mit einem Suchhund am Vorabend seit etwa 22.30 Uhr die Spuren der Flüchtlinge verfolgt hatte. Da Letztere die Grenzsicherungsanlagen in Richtung Türkei nicht zu überwinden vermochten, seien sie etwa 20 bis 50 m parallel der Grenzschutzanlagen entlanggegangen. Die Alarmgruppe habe mithilfe ihres Spürhundes gegen 0.20 Uhr nachts die Verfolgten entdeckt, das Gelände mit Signalleuchten erhellt, die zwei Fliehenden mit Warnrufen und Warnschüssen vergeblich stoppen wollen und dann gezielt beschossen. Von Kugeln getroffen, verstarb Gunter Pschera nach etwa 15 Minuten und blieb vorerst am Tatort liegen – nach bulgarischen Angaben – nur ca. 70 m von der Grenze entfernt, während der schwer verwundete Peter Müller ins Krankenhaus nach Burgas transportiert wurde.

Gegen den Getöteten leitete der zuständige Untersuchungsführer beim bulgarischen Komitee für Staatssicherheit in Sofia, Grigor Stefanov Michovski, am 1. September 1967 eine Anklage gemäß Artikel 275 des Strafgesetzbuches der Volksrepublik Bulgarien ein. Wie von Michovski angeordnet, inspizierte am selben Vormittag der Abteilungsleiter für Gerichtsmedizin am Bezirkskrankenhaus Burgas, Dr. Valko Valkov, den Tatort um den Leichnam Pscheras. Der forensische Arzt obduzierte den Erschossenen am Nachmittag im Autopsiesaal der Klinik. Im „Sektionsprotokoll Nr. 139/1967" und anderen bulgarischen Akten lautet der Vorname des Toten fälschlich „Günter". Dr. Valkov konstatierte, dass Pschera wohl am Abend des 31. August 1967 mit einem „Touristenmesser" in der linken Hand und Schuhen in der rechten Hand auf der Flucht durch das Gehölz von Kugeln aus einer bulgarischen Maschinenpistole getroffen wurde. „Die allgemeine Tendenz ist, daß es von rechts-hinten geschossen worden ist, wobei drei Verwundungen durch Geschosse, die ihre Anfangskraft verloren hatten, verursacht worden sind. (Wahrscheinlich haben die Geschosse[,] bevor sie den Körper erreicht haben[,] einige Bäume durchlöchert.)" Entsprechend durchschossene Bäume und abgesplitterte Holzteile stellte der Arzt am Tatort fest. Der Tote hatte Schusswunden im Rücken und am Bauch, am linken Gesäßteil und linken Oberschenkel, im rechten Fuß und an der rechten Ferse. „Der Tod Günter Pscheras wurde durch die schweren Verwundungen im Bereich der Brust und des Bauches, durch das Zerrei[ß]en der Lungen, der Leber der linken Übernierendrüse und der Durchlöcherung der Untermagendrüse verursacht, wodurch ein starker Blutverlust eingetreten ist", diagnostizierte der Gerichtsmediziner.

Der durch Geschosse schwer verletzte, aber überlebende Peter Müller hat später mehrere unzensierte Briefe und Kassiber aus der Untersuchungshaft in Bulgarien hinterlassen. Er notierte in einem Kassiber vom 1. März 1968: „Die Darstellung unserer Festnahme wurde, wahrscheinlich in Eigenerkenntnis des Verbrechens, gefälscht. Obwohl wir uns keinen Zentimeter bewegten, wirft die bulgarische Darstellung uns Flucht vor. Ihnen wird man glauben." Im Widerspruch dazu schilderte Müller die Ereignisse der Nacht vom 31. August zum 1. September 1967 in einer Niederschrift vier Tage später wie folgt: „Da wir uns abends bei Einbruch der Dunkelheit etwa in Grenznähe wussten, legten wir uns zusammen nieder und deckten uns mit einer Decke zu. Etwa gegen 1:30 wurden wir durch ein Brechen im Unterholz geweckt, spürten wie ein Hund näherkam, uns die Decke wegzog und wie sich die Soldaten näherten. Wir hatten uns während der gesamten Zeit nicht geregt und lagen beide seitlings nebeneinander. Die Soldaten müssen etwas gesehen haben, eröffneten aus etwa 5 m sofort das Feuer und verwundeten uns sofort. Anschließend schlugen sie mit Füßen und MPi-Kolben auf uns ein. […] In Anbetracht des Todes meines Freundes möchte ich […] feststellen, dass wir sofort ohne Anruf und Ergebensmöglichkeit im Liegen zusammengeschossen wurden. Keiner von uns machte mehr als eine Schutzbewegung." Das Vernehmungsprotokoll des Komitees für Staatssicherheit Bulgariens dokumentierte am 18. September 1967 lediglich die sehr kurze Aussage Müllers: „Wir legten uns hin, um zu schlafen. Plötzlich näherte sich ein Hund und kurz danach kamen Soldaten, sie begannen zu schießen und verletzten uns beide. Ich habe sehr geblutet und kann mich an keine Einzelheiten mehr erinnern." In einem Brief an seine Eltern bezeichnete Peter Müller die bulgarischen Grenzsoldaten als „Schweinehunde von Format". Er berichtete später, einer der Soldaten habe auf die zwei am Boden liegenden, scheinbar leblosen DDR-Flüchtlinge uriniert. Die Grenzer hätten die vermeintlichen Leichen hinten in ein Militärfahrzeug geworfen. Erst hier stellten die Grenzsoldaten fest, dass Müller noch lebte. Während der Fahrt habe ihm einer der Soldaten gesagt: „Kamerad kaputt."

Peter Müller hatte zwei Bauchschüsse erlitten; sein Oberschenkel war von einem Geschoss durchschlagen und dabei ein Oberschenkelknochen etwa fünf Zentimeter oberhalb der Kniescheibe weitgehend zertrümmert worden. Er blieb aufgrund seiner schweren Verletzungen zunächst mehrere Wochen im Bezirkskrankenhaus von Burgas in Behandlung. Am 9. September 1967 schrieb Peter Müller seinen Eltern: „Alles war grauenhaft, Gunters Tod, die Schmerzen, die Selbstvorwürfe, ich will das nicht verschweigen! Ich bin aber auch mit mir im Reinen das schlimmste ist vorbei und ich bereue das Getane nicht! […] Es kam anders[,] und ich wollte es anders[,] aber was nutzt das. Fest steht, dass wir uns beide über das Risiko klar waren und dass wir beide unabhängig voneinander das Risiko voll und ganz auf uns zu nehmen gewillt waren. Ich weiß es mündlich von Gunter und innerlich von mir. Es war meine letzte Chance. Ich wäre in der DDR nie restlos glücklich geworden mit dem Gedanken: Seinerzeit hast Du's verpasst." In einem weiteren Brief an seine Eltern vom 13. September 1967 hieß es: „Schwer ist es natürlich mit Gunter. Ich hatte nur mehr Glück. Wie alles kam[,] möchte ich nicht schreiben, ich will da unseren Sicherheitsorganen nicht vorwegkommen. Falls Euch das bewegen sollte: Ich habe keinerlei Schuld an seinem Tod, in keiner Hinsicht."

Am 3. September 1967 hatte ein Volkspolizist, der als Abschnittsbevollmächtigter in Erlbach fungierte, sich bei Johanne und Rudolf Pschera erkundigt, ob ihr Sohn Gunter von seiner Bulgarienreise bereits zurück sei. Das Ehepaar war ebenso ahnungslos wie der Polizist, erhielt jedoch am nächsten Tag eine Ansichtskarte des Sohnes. Seine Freunde hatten sie aus Bulgarien anscheinend erst am 31. August 1967 in Karl-Marx-Stadt zur Post gebracht. Die ausländische Ansichtskarte mit DDR-Poststempel und die vorherige Anfrage der Volkspolizei beunruhigten Rudolf Pschera. Daher telefonierte er am 4. September 1967 mit der Arbeitsstelle und dem Wohnheim seines Sohnes, erfuhr aber nur, dass Gunter Pschera abwesend sei.

An jenem 4. September 1967 beerdigten bulgarische Behörden bereits den Getöteten, dessen Identität und Alter geklärt waren, irreführend als „unbekannte[n] ostdeutsche[n] Bürger, 21 Jahre" auf dem Friedhof in Burgas im Quartal VI B, Parzelle 4, Reihe I, Grab 7. Die Bestattungskosten in Höhe von 26,93 Lewa überwies der DDR-Konsul Heinz Neugebauer von Varna aus dem Fonds „Zuwendung an mittellose Bürger" an das Bezirkskrankenhaus Burgas.

Die Meldung über Gunter Pscheras Tod kam am 5. September 1967 vom Generalstaatsanwalt der DDR zum Staatsanwalt des Bezirks Karl-Marx-Stadt, Jülich. Jener beauftragte den Staatsanwalt des Kreises Klingenthal, Porges, das Ehepaar Pschera zu unterrichten, dass der vermisste Sohn beim „gewaltsam[en]" Fluchtversuch aus Bulgarien über die Staatsgrenze in die Türkei „tödlich verletzt wurde". Details der Sterbeumstände seien „noch nicht bekannt". Für diese Benachrichtigung erhielt Rudolf Pschera zum

6. September 1967 eine Vorladung in den Rat der Gemeinde Erlbach. Dort verkündete Staatsanwalt Porges die Todesbotschaft im Beisein des Ratssekretärs des Kreises Klingenthal, Gottfried Hoyer. Der Vater des Getöteten nahm die „Aussprache" angeblich „in sachlicher Form" auf, hinterfragte allerdings, „was sein Sohn überhaupt in der Türkei gewollt habe", und „bezweifelte, daß überhaupt die Identität genau festgestellt worden sei". Rudolf Pschera drängte mehrfach darauf, ihm „nähere Einzelheiten" mitzuteilen und bekundete, „in den nächsten Tagen selbst nach Bulgarien zu fahren, um sich an Ort und Stelle zu informieren". Staatsanwalt Porges sprach sich freilich gegen die Reise aus, da sie zwecklos sei, weil die Sachlage gemäß dem bilateralen Rechtshilfevertrag durch den Generalstaatsanwalt der DDR mit den Staatsorganen Bulgariens behandelt werde. Über sachdienliche Auskünfte bulgarischer Dienststellen an den ostdeutschen Generalstaatsanwalt werde das Ehepaar Pschera „sofort unterrichtet". Im Gegensatz dazu instruierte der Staatsanwalt des Bezirks Karl-Marx-Stadt, Jülich, seinen Kollegen Porges über die offizielle Replik, „daß solche Fragen nicht die Rechtspflegeorgane, sondern die örtlichen Organe der Staatsmacht und die VP [Volkspolizei] entscheiden". Alle Antragsteller sollten sich dorthin wenden und Jülich wollte dafür sorgen, „daß eine Genehmigung nicht erteilt wird". Dies berichtete er am 12. September 1967 dem Staatsanwalt Nienkirchen in der für politische Strafverfolgung zuständigen Abteilung IA der Generalstaatsanwaltschaft. Jene verzeichnete den Getöteten ebenfalls mit dem verfremdeten Vornamen „Günter".

Der Generalstaatsanwalt der DDR, Dr. Josef Streit, ersuchte am 14. September 1967 den bulgarischen Hauptstaatsanwalt, Ivan Vačkov, eine Sterbeurkunde und den Nachlass des Toten zu übersenden. Zur „abschließende[n] Aussprache" im Todesfall Pschera traf DDR-Konsul Neugebauer am 19. September 1967 in Sofia den bulgarischen Untersuchungsrichter sowie den „Chef der Sicherheitskräfte" des Gebiets Burgas. Dabei beteuerte der Untersuchungsrichter, „daß sämtliche Unterlagen, Dokumente und Nachlaßsachen über ihren Weg der Zusammenarbeit mit der DDR dorthin übermittelt werden". Alsbald erging aus dem Konsulat in Varna ein übersetztes Obduktionsprotokoll des bulgarischen Gerichtsmediziners an die Hauptabteilung Konsularische Angelegenheiten des Ministeriums für Auswärtige Angelegenheiten in Ost-Berlin. Dort war unter anderem Dr. Peter Krause mit der Bearbeitung des Todesfalls befasst. Krause sandte den Autopsiebericht am 5. Oktober 1967 an Staatsanwalt Nienkirchen in der Abteilung IA der Generalstaatsanwaltschaft. Letztere erhielt am 28. Oktober 1967 vom Hauptstaatsanwalt Bulgariens, Ivan Vačkov, die ganze Untersuchungsakte zu Pschera und Müller. Es dauerte freilich noch bis zum 4. November 1967, dass

Konsul Neugebauer in seinem Dienstssitz in Varna eine Todesurkunde für „Günter Pschera" ausstellte. Vier Exemplare der Sterbeurkunde schickte das DDR-Außenministerium über Dr. Krause am 8. Dezember 1967 an die Generalstaatsanwaltschaft der DDR. Ihr Staatsanwalt Nienkirchen leitete drei der Todesurkunden am 20. Dezember 1967 an Staatsanwalt Lach im Bezirk Karl-Marx-Stadt weiter. Lach hatte den Staatsanwalt des Kreises Klingenthal anzuweisen, den Eltern des Getöteten die drei Sterbeurkunden auszuhändigen sowie als Beerdigungsdatum den 4. September und als Bestattungsort den Friedhof Burgas mitzuteilen.

In den Tagen und Wochen nach ihrer Rückkehr aus Bulgarien in die DDR wurden die Freunde von Pschera und Müller wegen der beiden Vermissten immer ruheloser, schildert Möstl im Rückblick: „Wir wurden unruhig. Also, ich telefonierte oft mit meinem Freund Heinz und mit meinem Bruder: ‚Habt ihr was gehört? Ist da was los?' […] und eines Tages kriege ich einen Brief aus Burgas, von Peter. Der hatte diesen Brief rausgeschmuggelt, über eine Krankenschwester, […] wo drinstand, was passiert war. Dass Pschera erschossen wurde, dass alles missglückt ist und so weiter und sofort. […] Und ich gab die Information natürlich sofort weiter […]. Aber nicht an die Eltern, sondern erstmal an Heinz und meinen Bruder und die haben dann erstmal die Eltern in Kenntnis gesetzt, was los ist. Das war schon eine schlimme Sache."

Durch eine Postkontrolle bezüglich der Familie des Peter Müller waren seine aus Bulgarien geschmuggelten Briefe und Kassiber dem Leiter der Abteilung XX im Ministerium der Staatssicherheit, Major Striegler, weitgehend bekannt. Gleichwohl regte Striegler am 30. September 1967 an, den Verwundeten noch in Bulgarien zu befragen. Mitte Oktober 1967 verbrachte das MfS den Untersuchungsgefangenen mit einem Flugzeug aus Bulgarien in die DDR. Er kam zunächst in das Haftkrankenhaus des MfS nach Leipzig-Meusdorf. Später verlegte das MfS den Untersuchungsgefangenen erst in die Haftanstalt nach Bautzen und schließlich in das Gefängnis nach Karl-Marx-Stadt. Es entließ Müller allerdings im Mai 1968 aus der Untersuchungshaft, da dort keine Möglichkeit bestand, die Behandlung seiner schweren Verletzungen in zufriedenstellender Form zu sichern. Das Bezirksgericht Karl-Marx-Stadt verurteilte ihn am 17. Juni 1968 zu einer Haftstrafe von zwei Jahren und zwei Monaten, die wegen seines Gesundheitszustandes zur Bewährung ausgesetzt wurde. Peter Müller legte erfolglos Berufung gegen den Richterspruch ein.

Am Tag der Urteilsverkündung schrieb Peter Müller einen Brief an Gunter Pscheras Eltern und bot ihnen an, persönlich über die Ereignisse in Bulgarien zu berichten: „Verstehen Sie mich bitte, wenn ich an dieser Stelle nichts von Gunters tragischem Tod erwähne, ich habe und werde ihn nie vergessen." Als Reaktion auf diese Zeilen ließ sich Rudolf Pschera alsbald von seinem Neffen Stefan nach Karl-Marx-Stadt fahren, wo er sich zu einem Gespräch mit Peter Müller traf. Wie sich Stefan Pschera erinnerte, war die Unterredung bereits nach einer halben Stunde beendet. Gunters Vater sei enttäuscht gewesen, nur wenig Informationen von Müller erhalten zu haben. Dessen drei in den Fluchtplan eingeweihte Freunde, darunter Günter Möstl, überwachte das MfS wegen ihrer vermuteten Mitwisserschaft bis Ende 1968 im Rahmen einer „operativen Maßnahme". Müller war durch die Schussverwundungen zum Invaliden geworden. Er musste sich über vier Jahre lang zahlreichen Operationen unterziehen.

Rudolf Pschera versuchte erfolglos, die Überführung der sterblichen Überreste seines Sohnes in die DDR zu erreichen, und reiste daher Ende der 1960er Jahre persönlich in die Volksrepublik Bulgarien, um weitere Einzelheiten über den Tod seines Sohnes zu erfahren. Es gelang ihm, zur Pflege der Grabstätte seines Sohnes, des angeblich „unbekannten ostdeutschen Bürgers", ein älteres deutschstämmiges Ehepaar zu gewinnen. Gunter Pscheras Eltern hegten jedoch zeitlebens Zweifel daran, ob in dem mysteriösen Grab in Burgas wirklich ihr Sohn zur letzten Ruhe gebettet lag. Nachdem Rudolf Pschera auf eigene Faust Nachforschungen zum Tod seines Sohnes anstellte und dabei bis zu dem Gerichtsmediziner Dr. Valkov vordrang, untersagten die zuständigen DDR-Behörden den Angehörigen des Getöteten weitere Reisen nach Bulgarien. Als das Ehepaar Pschera etwa am Beginn des Jahres 1970 eine „Touristenreise nach Bulgarien" beim Staatsanwalt des Kreises Klingenthal beantragte, lehnte dieser ab und benachrichtigte den Staatsanwalt Richter in der Abteilung IA des Bezirks Karl-Marx-Stadt. Richter erwartete noch mehr solcher Anträge und gedachte, „auch zukünftig keine derartigen Reisen zu genehmigen". Er meldete den Sachverhalt am 23. April 1970 seinem Vorgesetzten, dem Staatsanwalt Nienkirchen in der Abteilung IA der Generalstaatsanwaltschaft der DDR. Sechs Tage später notierte Richter „1.) Kenntnis genommen 2.) M. f. S. wurde informiert". Rudolf Pschera blieb aber unverdrossen und beantragte Anfang 1971 beim VPKA Klingenthal, „eine Urlaubsreise nach der VR Bulgarien zu gestatten". Erneut kam diese Anfrage über den Staatsanwalt Richter zur Generalstaatsanwaltschaft der DDR. Letztere beriet sich in der MfS-Hauptabteilung IX/9 (Strafrechtliche Ermittlungen – Untersuchungsorgan) mit dem Leiter der MfS-Arbeitsgruppe Untersuchungsaufgaben im sozialistischen Ausland, Peter Pfütze. Danach vermerkte die Generalstaatsanwaltschaft am 17. März 1971 „grundsätzlich keine Bedenken" mehr gegen Pscheras Bulgarienreise. „Die Entscheidung sollte jedoch durch das VPKA getroffen werden." Der Todesfall Pschera wurde ad acta gelegt.

Als Peter Müller 1977 nach Bulgarien reiste, war das Grab seines Freundes bereits verschwunden. Peter Müller schrieb am 13. September 1982 an Rudolf Pschera: „Einen weiteren Versuch, in die BRD zu kommen, habe ich nicht unternommen, da ich doch ein paar Jahre bis zu meiner Gesundung benötigte und weitere Jahre hinter Gittern, die nun mal nie ausschließbar sind, schlicht und einfach scheute. Ihnen zu schreiben scheute ich mich bisher auch. Sie schrieben mir zwar einst vor Jahren, dass Sie mir für das Geschehene keine Schuld geben, ganz kann man sich aber doch nicht freimachen von dem Gedanken, dass man einiges hätte anders machen können und mir als dem Älteren hätte das wahrscheinlich zugestanden."

Johanne und Rudolf Pschera haben das Ende der DDR nicht mehr erlebt. Sie sind 1984 und 1986 in Erlbach gestorben. Peter Müller wurde nur 55 Jahre alt. „Obwohl er sein Leben lang nie geraucht hat", wie seine Ehefrau erzählte, „war er an Lungenkrebs erkrankt." Er starb am 22. Juni 1994 in Potsdam.

(Autor: App.; Recherche: AH, App., jos., LD)

Quellen

MfAA, DDR-Konsulat in Varna (Bulgarien): Akte zum Todesfall Gunter Pschera (Bestand „Sterbefälle von DDR-Bürgern in Bulgarien"). PAAA, MfAA, B 7/71.

Generalstaatsanwaltschaft der DDR: Az. GIA (b) AR 127/67 K-M-Stadt [Todesfall Gunter Pschera]. BArch, DP 3/2586.

MfS, BV Karl-Marx-Stadt: Operativer Vorgang gegen Peter Müller, Günter Möstl u.a. 1967–1968 zum Fluchtversuch von Pschera und Müller. BArch, MfS, BV Karl-Marx-Stadt, AOP 2177, Nr. 68.

MfS, BV Karl-Marx-Stadt: Archivierter Untersuchungsvorgang gegen Peter Müller. BArch, MfS, BV Karl-Marx-Stadt, AU 1448, Nr. 68.

Müller, Peter: Briefe, Dokumente, ein Kassiber aus seinem Nachlass. Privatarchiv Stefan Appelius.

Pschera, Stefan: Dokumente und Fotografien aus Familienbesitz. Privatarchiv Stefan Appelius.

Mutter von E. H. (des unehelichen Kindes von Gunter Pschera): Dokumente, Fotografien, Zeitungsartikel. Privatarchiv Stefan Appelius.

Zeitzeugengespräche von Stefan Appelius mit E. H. am 4.8.2005, 30.3.2006; Vasil Dimitrov Šterev (ehem. Ratsvorsitzender des Dorfes Everenezovo) am 11.8.2005; Atanas Kapalakov am 11.8.2005; Dr. Günter Möstl am 21.9.2005; Hannelore Rose am 5.4.2006; Peter Lang am 4.3.2007; Gottfried Müller am 23.5.2007; Renate Wunderlich am 23.5.2007; Stefan Pschera (mehrere Gespräche und Korrespondenz).

Sontheimer, Michael/Supp, Barbara: Eiserner Vorhang. Der letzte Schuss. In: Der Spiegel, Nr. 7, 2008, S. 56–61.

Appelius, Stefan: Tod im Urlaubsparadies. Bulgarien, die DDR und die Fluchtversuche über die bulgarische Grenze (= Texte zum Kommunismus in Bulgarien, hg. v. der Konrad-Adenauer-Stiftung (Bulgarien) e. V.). Sofia 2013.

Appelius, Stefan: Fluchtweg Bulgarien. Unbekannter ostdeutscher Bürger, 21 Jahre. In: Horch und Guck, Nr. 71, S. 14–17.

Appelius, Stefan: Opfer an der verlängerten Mauer. Der Fluchtweg über Bulgarien von 1961 bis 1970. In: Zeitschrift des Forschungsverbundes SED-Staat, Nr, 29, 2011, S. 122–126.

Zeitzeugengespräch von Lydia Dollmann mit Dr. Günter Möstl am 3.9.2019, https://todesopfer.eiserner-vorhang.de/articlemd/308-gunter-pschera/ (22.5.2023).

Anton Frank

geboren am 14. Dezember 1941 in Bukarest
ertrunken zwischen dem 4. und 8. Oktober 1970 im rumänisch-jugoslawischen Grenzgewässer
Ort des Vorfalls: in der Donau, vermutlich in der Gegend um das „Eiserne Tor"
Leichenbergung am 12. Oktober 1970 bei Zlaten Rog (Bezirk Vidin) in Bulgarien

Anton Frank

Anton Frank wurde am 14. Dezember 1941 in der rumänischen Hauptstadt Bukarest geboren. Seine Vorfahren waren im 19. Jahrhundert nach Rumänien eingewanderte „Donauschwaben". Im Zweiten Weltkrieg stand das Königreich Rumänien unter der Militärdiktatur von Marschall Ion Antonescu an der Seite des Deutschen Reiches. Am 23. August 1944 gab es unter Führung des rumänischen Königs Michael I. jedoch einen Umsturz. Der Staatsstreich beendete die Militärdiktatur in Rumänien und die diplomatischen Beziehungen zu Deutschland, bevor die Rote Armee am 31. August 1944 in Bukarest einmarschierte. Nachdem Rumänien dem Dritten Reich den Krieg erklärt hatte, flohen viele Deutsche Richtung Westen, vor allem ins Reichsgebiet. So auch die Familie Frank, die schließlich 1945 in dem kleinen Dorf Durchwehna, etwa 40 km nordöstlich von Leipzig, ihre neue Heimat fand.

Über die Kindheit und Jugend von Anton Frank ist wenig bekannt. Sicher ist nur, dass er eigentlich Apotheker werden wollte, aber 1967 als Bauingenieur sein Studium abschloss. Danach war er im Leipziger Industriemontagewerk im Bereich Betriebsmittelkonstruktion beschäftigt. Sein Kollege Gerhard M., der dort die Gruppe Betriebsmittelkonstruktion leitete, bezeichnete Frank später in einem Zeitungsinterview als einen ruhigen, unauffälligen Kollegen, der seine Arbeit gewissenhaft ausführte und sich aus politischen Debatten weitestgehend heraushielt. Franks Schwester Maria beschreibt ihn als einen weltoffenen Menschen, der unter der politischen und gesellschaftlichen Enge in der DDR litt, Ansichtskarten aus London sammelte und am liebsten in Großbritannien oder den USA leben würde.

Seinem ehemaligen Kollegen Heinz H. zufolge reiste Anton Frank häufiger in sein Geburtsland Rumänien. Auch ein Jahr vor seinem Fluchtveruch wollte er seinen Urlaub dort verbringen. Er wurde jedoch krank und kehrte, da er seinen Sozialversicherungsausweis nicht mitgenommen hatte, bereits nach einigen Tagen in die DDR zurück. Eigentlich wollte Frank auch 1970 nach Rumänien fahren, um Verwandte zu besuchen. Wann er seine Reise antrat und ob er in Rumänien tatsächlich Verwandte besuchen wollte oder bereits mit der Absicht zu flüchten dorthin reiste, um sich nach einem Fluchtweg über Bulgarien in Richtung Westen umzusehen, ist ebenso unbekannt geblieben wie das eigentliche Fluchtgeschehen. Sicher ist nur, dass Anton Frank am 21. September 1970 aus der rumänischen Stadt Giurgiu über den Kontroll-Passierpunkt Russe nach Bulgarien einreiste und am 2. Oktober 1970 auf dem gleichen Weg wieder zurückkehrte. Die sogenannte Giurgiu-Russe-Freundschaftsbrücke war im Jahre 1954 eingeweiht worden und bis Anfang der 1990er Jahre die einzige Verbindung zwischen der Sozialistischen Republik Rumänien und der Volksrepublik Bulgarien über die Donau.

Neun Tage später, am frühen Abend des 11. Oktober 1970, entdeckten bulgarische Fischer aus dem Dorf Zlaten Rog, im Bezirk Vidin gelegen, eine Leiche in der Donau. Aufgrund der bald hereinbrechenden Dunkelheit konnte die Suche jedoch erst am Morgen des darauffolgenden Tages aufgenommen werden. Die Wasserleiche wurde schnell als Anton Frank identifiziert, da er in zwei ledernen Brustbeuteln seinen Personalausweis, Reisedokumente und seine Fahrerlaubnis bei sich geführt hattte. Außerdem fand man bei ihm etwa 600 DDR-Mark. Der Tote trug einen enganliegenden, schwarzen leichten Pullover, eine blaue Leinenhose und Leinenturnschuhe. Die Obduktion ergab Ertrinken als Todesursache.

Nach Einschätzung der Sachverständigen ist Anton Frank etwa 3 bis 7 Tage vor seinem Auffinden ertrunken. Da der Leichnam in dieser Zeit etwa

Anton Frank kurz vor seinem Fluchtversuch

300 bis 350 km stromabwärts getrieben ist, kann mit großer Wahrscheinlichkeit davon ausgegangen werden, dass Frank im Gebiet des „Eisernen Tores" die Donaugrenze zu Jugoslawien überqueren wollte. Das „Eiserne Tor" ist ein Durchbruchstal an der Kataraktenstrecke der Donau zwischen Rumänien und der Sozialistischen Republik Serbien im damaligen Jugoslawien. Die Kataraktenstrecke war bis zur Fertigstellung der Staudämme Djerdap I und Djerdap II im Jahr 1972 wegen ihrer Stromschnellen und Felsenbänke für durchfahrende Schiffe eine Herausforderung.

Die bulgarischen Sicherheitsorgane informierten am 12. Oktober 1970 den Leiter der Konsularabteilung bei der Botschaft der DDR in Sofia, Fritz Voss, über den Fund der Leiche von Anton Frank. Damit leiteten sie die vermeintlich notwendigen Schritte ein, so Voss in einem Aktenvermerk vom 23. Oktober. Bereits am 14. Oktober um 11.30 Uhr wurde der Leichnam Anton Franks „aus gesundheitshygienischen Gründen" auf dem Friedhof in Zlaten Rog begraben. Einen Tag nach der Beerdigung machte sich Voss selbst auf den Weg nach Vidin. Da er jedoch erst spät am Abend dort eintraf, verabredete er sich für den nächsten Tag mit dem Leiter der Milizdienststelle des Bezirks Vidin, Oberst Stojanow, und zwei Mitarbeitern der Untersuchungsbehörde, um die Grabstelle aufzusuchen. „Auf dem Grabhügel wurde ein hölzerner Obelisk von etwas über 1 m Höhe errichtet, an dessen Spitze sich ein 5-zackiger Stern befindet. Der Obelisk trägt in lateinischen Buchstaben die Inschrift Anton Frank und das Beisetzungsdatum 14.10.1970", notierte Voss.

Am 19. November 1970 übergab das Innenministerium Bulgariens die Untersuchungsunterlagen und Befunde einschließlich der bei Anton Frank gefundenen Personaldokumente und Geldmittel an die Operativgruppe des DDR-Staatssicherheitsdienstes in Bulgarien. Ein MfS-Mann lieferte Franks Hinterlassenschaft einen Tag später in der Konsularabteilung der DDR-Botschaft in Sofia ab.

Anton Franks Schwester Maria, damals als Krankenschwester in der Kreisstadt Eilenburg unweit von Leipzig beschäftigt, wurde von Mitarbeitern der Staatssicherheit an ihrem Arbeitsplatz aufgesucht und mit den Worten „ihr Bruder ist nicht mehr unter den Lebenden" über den Tod ihres Bruders unterrichtet. Gemeinsam mit ihrer Mutter reiste sie sofort nach Bulgarien. Beide waren erschüttert darüber, dass der Leichnam dort bereits beigesetzt war. Maria Frank erinnerte sich 2010 im Zeitzeugeninterview mit Stefan Appelius daran, dass ihre Mutter unbedingt mit dem zuständigen Arzt im Krankenhaus von Zlaten Rog sprechen wollte. Der habe behauptet, „dass Anton schon tot gewesen sei, als man ihn in die Donau geworfen habe. Und er sagte auch, dass die Leiche meines Bruders Würgemale aufgewiesen habe." Als Maria Frank mit ihrer Mutter die Botschaft der DDR in Sofia aufsuchte, um mehr zu erfahren, sei ihre Mutter vom Leiter der Konsularabteilung, Fritz Voss, mit Vorwürfen überschüttet worden, was das denn für ein Sohn sei, den sie da erzogen habe. Dann habe Voss sie und ihre Mutter kurzerhand aus dem Konsulat verwiesen.

Ob Anton Frank tatsächlich bei einem Fluchtversuch durch die Donau ertrunken ist oder vielleicht doch zuvor auf andere Weise zu Tode kam, konnte nie abschließend geklärt werden. Werner B., ein ehemaliger Kollege von Anton Frank, berichtete gegenüber der *Leipziger Volkszeitung*, dass es offiziell hieß, Anton Frank sei beim Baden oder Schwimmen ertrunken. Unter seinen Arbeitskollegen herrschte jedoch die Meinung vor, dass er beim Versuch, über die Grenze zu flüchten, erschossen wurde. Unter Verwandten kursierte das Gerücht, er sei bei dem Versuch, mit zwei Mitflüchtlingen in einem Boot die Donau zu überqueren erschossen worden. Im Obduktionsbericht heißt es, dass Franks Leichnam keine Hieb-, Stich- oder sonstigen äußeren Verletzungen aufwies und der Tod durch Ertrinken eintrat. Doch über den genauen Ablauf des Geschehens enthalten die überlieferten Dokumente aus der DDR und Rumänien keine Angaben.

(Autorin: CB; Recherche: AH, App., CB)

Quellen

MfS, HA XX: Aktenvermerk der Botschaft der DDR in Bulgarien, Konsularabteilung, 23.10.1970, sowie auf den Aktenvermerk basierende MfS-Berichte. BStU, MfS, HA XX, Nr. 9440. Bl. 1–6.

Zeitzeugengespräch von Stefan Appelius mit Maria Frank (Bad Düben) am 27.6.2010.

Görtz, Armin: „Er wollte in die weite Welt." Ertrunken oder erschossen? Zeitzeugen erinnern sich an den DDR-Flüchtling Anton Frank. In: Leipziger Volkszeitung, 22.2.2010, S. 3.

Appelius, Stefan: Fluchtweg Rumänien. In: Deutschland Archiv. Zeitschrift für das vereinigte Deutschland, 43. Jahrg., Nr. 6, 2010, S. 992–1002.

Appelius, Stefan: Fluchtweg Bulgarien. Die verlängerte Mauer an den Grenzen zur Türkei, Jugoslawien und Griechenland. Berlin 2019, S. 153–155.

Herbstritt, Georg: Entzweite Freunde. Rumänien, die Securitate und die DDR-Staatssicherheit 1950 bis 1989. Göttingen 2016, S. 377.
Nehring, Christopher: Tödliche Fluchten über Bulgarien. Die Zusammenarbeit von bulgarischer und DDR-Staatssicherheit zur Verhinderung von Fluchtversuchen. Berlin 2017, S. 71–73.
Raichevsky, Stoyan/Kolarova, Fanna: Flucht aus der DDR über den „Eisernen Vorhang" Bulgariens. Wege, Methoden, Opfer. Berlin 2020, S. 291–293.

Dirk Wilhelm

geboren am 29. Februar 1968 in Guben
gestorben am 2. Juli 1971 durch Ersticken in Ungarn
Ort des Zwischenfalls: Grenzübergang Hegyeshalom-Nickelsdorf an der Grenze zu Österreich

Dirk Wilhelm erblickte am 29. Februar 1968 in der Wilhelm-Pieck-Stadt Guben als Kind der gelernten Säuglingsschwester Heidi (Heide) Wilhelm und des Schlossers Hartmut Wiebach das Licht der Welt. Hartmut Wiebach hatte zuvor seine Ehe scheiden lassen, um Heidi Wilhelm heiraten zu können.

Das Paar wollte die DDR verlassen und hatte bereits mehrere Fluchtpläne durchdacht. Die größten Chancen rechneten sie sich für einen Fluchtweg über die ungarische Grenze nach Jugoslawien oder Österreich aus, um von dort in die Bundesrepublik zu gelangen. Sie dachten dabei nicht nur an sich, sondern auch an ihren Sohn Dirk, der es einmal besser haben sollte, wie Hartmut Wiebach später in einem Interview mit der Illustrierten *Neue Revue* äußerte. Aus diesem Grunde reisten sie im Sommer 1971 zu dritt mit ihrem Pkw und gültigen Reiseunterlagen in die ČSSR und weiter nach Ungarn. Dort suchten sie die günstigste Stelle zur Grenzüberquerung in den Westen. Stundenlang fuhren sie die Grenzen ab, doch das DDR-Autokennzeichen machte sie schnell verdächtig. So wurden sie oftmals schon weit vor den Schlagbäumen von ungarischen Grenzsoldaten gestoppt und kontrolliert.

Als sie kurz davorstanden, ihre Fluchtpläne aufzugeben, trafen sie in einem kleinen Gasthof, etwa 40 km vom Grenzübergang Hegyeshalom-Nickelsdorf entfernt, auf den österreichischen Fernlastfahrer Hannes Käfer, der dort zu Mittag aß. Der 26-jährige Student der Starkstromtechnik stammte aus Graz und lebte mit seiner Frau in Wien. Seit sechs Wochen arbeitete er aushilfsweise bei einer Wiener Speditionsfirma, um sein Studium zu finanzieren.

Hartmut Wiebach sprach Hannes Käfer an und fragte ihn, ob er sie nicht versteckt in seinem Lkw nach Österreich mitnehmen könne. Nach einigem Zögern erklärte Käfer sich dazu bereit. Im Interview mit dem ORF am 6. Juli 1971 erklärte er, „das Motiv für diese Tat, möchte ich sagen, war, dass ich glaube, jeder Mensch soll in Freiheit leben können". Er habe für diese Hilfe keine Bezahlung angenommen. Am Freitag, den 2. Juli 1971, ließen die Fluchtwilligen ihren Pkw in der Nähe der Gemeinde Lebeny zurück. Käfer fuhr zu einem abgelegenen Waldweg. Dort lockerte er vorsichtig die Plombe der Lkw-Plane, bis er diese soweit hochschieben konnte, dass die drei Flüchtlinge in den Anhänger kriechen konnten. Sie versteckten sich unter dem Eternit (Faserzement), das Käfer geladen hatte. Hilflos und schweißgebadet kauerten sie an der Stirnseite des Anhängers in ihrem niedrigen und staubigen Versteck unter der Ladung, die während der Fahrt auf sie zu rutschen drohte. Der kleine Dirk war während der Fahrt eingeschlafen. Um die Flucht nicht zu gefährden und unbemerkt die Grenzübergangsstelle passieren zu können, hatte seine Mutter ihm ein Beruhigungszäpfchen verabreicht. Gegen 21.30 Uhr erreichten sie die Grenzübergangsstelle Hegyeshalom.

Käfer stieg aus und gab dem Beamten seine Papiere. In diesem Moment hörte er Dirk kurz leise Weinen. Er glaubte, jetzt wäre das Versteck entdeckt, was nicht nur den Flüchtlingen, sondern auch ihm als Fluchthelfer eine Gefängnisstrafe eingebracht hätte. Doch die ungarischen Grenzer hatten nichts bemerkt. Während Käfer die Grenzformalitäten erledigte, untersuchten diese den Lastzug. Als sie auf den Anhänger stiegen, drückte Hartmut Wiebach den Jungen an sich und presste ihm die Hand vor den Mund, damit er durch sein Weinen nicht die Grenzer auf das Versteck aufmerksam macht.

Die Abfertigung an der Grenze ging problemlos vorüber, alles blieb ruhig und das Versteck unentdeckt. Als sich der Lkw nach der Kontrolle wieder in Bewegung setzte, lockerte Wiebach den Griff. Zu seinem Schrecken stellte er fest, dass Dirk keinerlei Lebenszeichen mehr von sich gab. Kurz hinter der Grenze, im österreichischen Nickelsdorf, holten sie den Gemeindearzt herbei, der gleich neben der Zollstation wohnte. Dieser konnte gegen 22.30 Uhr jedoch nur noch den Tod des 3-Jährigen feststellen. Die Mutter erlitt einen Nervenzusammenbruch. Die Flucht war ihnen geglückt, doch zu welchem Preis.

Am folgenden Tag, dem 3. Juli 1971, wurden die 26-jährige Heidi Wilhelm und ihr 27-jähriger Verlobter von der westdeutschen Botschaft zunächst im Haus der Wiener Bahnhofsmission untergebracht. Zwei Tage später vermittelte ihnen wiederum die Botschaft ein Hotelzimmer. Die Leiche von Dirk Wilhelm war inzwischen ins Wiener Gerichtsmedizinische Institut gebracht und obduziert worden. Die Obduktion ergab Tod durch Ersticken. Das Kind

Sie setzten alles auf eine Karte. In einem Lastwagen versteckt, [illegible] ihnen endlich die Flucht. Doch sie bezahlten dafür entsetzlich

Flucht aus der DDR

Ein Kind starb für die Freiheit

Titelseite des Bildberichts, Neue Revue vom 25. Juli 1971 (Foto bearbeitet)

habe sich nicht wehren können, da seine Widerstandskraft durch die Wirkung des Beruhigungszäpfchens vermindert war.

Nach seiner Fluchthilfe entließ die Wiener Speditionsfirma Hannes Käfer fristlos. In den Tagen nach der Flucht traf er sich mit Heidi Wilhelm und Hartmut Wiebach. Auch am Morgen des 6. Juli fuhr er mit einem geliehenen Pkw zu ihnen, um sie zur westdeutschen Botschaft in die Wiener Metternichgasse zu fahren. Während Hartmut Wiebach dort Formalitäten erledigte, warteten Hannes Käfer und Heidi Wilhelm vor dem Gebäude im Auto, das von Reportern umlagert wurde. Heidi Wilhelm saß zusammengekauert neben Käfer und sprach kein Wort. Eine dunkle Sonnenbrille bedeckte ihre Augen.

Am selben Tag stellte die Staatsanwaltschaft Eisenstadt (Burgenland) die strafrechtliche Verfolgung wegen des Vergehens gegen die Sicherheit des Lebens ein, da kein „inländischer Strafanspruch" gegen Heidi Wilhelm und Hartmut Wiebach gegeben sei. Das Kind, so Polizei und Gerichtsmediziner, sei während der Grenzabfertigung auf ungarischem Gebiet am Weinen gehindert, die Tathandlung somit von einem Ausländer auf ausländischem Gebiet verübt worden. Nach § 234 Abs. 2 des österreichischen Strafgesetzes werde dieses Vergehen nicht verfolgt und das Paar nicht nach Ungarn oder in die DDR ausgeliefert.

Die Staatsanwaltschaft Eisenstadt gab Dirk Wilhelms Leiche am 7. Juli zur Beerdigung frei. Bereits einen Tag später, am 8. Juli 1971 um 15 Uhr, wurde er in der evangelischen Abteilung des Wiener Zentralfriedhofes bestattet. Die Exklusivrechte für die Berichterstattung über das tragische Geschehen hatten Heidi Wilhelm und Hartmut Wiebach der Illustrierten *Neue Revue* verkauft. Pressevertreter aus dem In- und Ausland erschienen auf dem Friedhof. Die trauernden Eltern und auch der Fluchthelfer Hannes Käfer sahen sich ständig mit den Kameras der Reporter konfrontiert. Ein Abschied in aller Stille war nicht möglich.

Heidi Wilhelm und Hartmut Wiebach wollten nach der Beerdigung in die Bundesrepublik ausreisen, um sich im Flüchtlingslager Gießen registrieren zu lassen. Am 14. März 1973 heirateten sie in Hüttental (Stadt Siegen).

(Autorin: CB; Recherche: CB, jk, HP, DB, KS)

Quellen

Kind auf der Flucht im LKW erstickt. In: Die Welt, 6.7.1971.

Furchtbare Entdeckung nach geglückter Flucht aus Ungarn: In seinen Armen hielt er ein totes Kind. Ostdeutsches Paar mit Kind von Lastwagenfahrer über die Grenze geschmuggelt. In: Arbeiter-Zeitung AZ (Wien), 6.7.1971.

Spiegelhofer, Georg: Fluchthelfer Hannes Käfer: „Bin kein Held". In: Arbeiter-Zeitung AZ (Wien), 7.7.1971.

Kein Strafverfahren gegen DDR-Flüchtlinge. In: Nordwest Zeitung, Ausgabe Oldenburger Nachrichten, 7.7.1971.

Tarra, Walter: Flüchtlingskind: Heute Begräbnis. Eltern verpflichteten Bestattung zu Stillschweigen. In: Arbeiter-Zeitung AZ (Wien), 8.7.1971.

Mattuschka, Michael: Das makabre Geschäft blieb nicht geheim. Das erstickte Flüchtlingskind wurde Donnerstag im Wiener Zentralfriedhof begraben. In: Arbeiter-Zeitung AZ (Wien), 9.7.1971.

Broschelt, Günter: Flucht aus der DDR. Ein Kind starb für die Freiheit. In: Neue Revue, Nr. 30, 1971, S. 6–7.

Bericht des Grenzschutzes: Unbestrafter Grenzdurchbruch. ABTL 2.7.2-41-9-162/1971. julius 12.

ORF-Interview mit dem Fluchthelfer Hannes Käfer, 6.7.1971. ORF-Archiv, News-Filmbestand – ZIB/Ostdeutsche Flüchtlinge – CORD-TON.

Sterbeurkunde von Dirk Wilhelm, Sterbematrikel Nr. 14. Großgemeinde Nickelsdorf, 6.8.1971.

Information des Standesamtes Guben vom 28.4.2022.

Information des Standesamtes Siegen vom 14.5.2022.

Dr. päd. Rudolf Babendererde

geboren am 1. Dezember 1931 in Rostock
erschossen am 18. August 1972 in Rumänien
Ort des Vorfalls: Kontrollpunkt Jimbolia (Kreis Timiş) an der Grenze zu Jugoslawien

Rudolf Babendererde

Rudolf August Martin Babendererde promovierte 1969 an der Universität Rostock mit einer fachdidaktischen Arbeit zum Thema Untersuchungen zur Weiterbildung der Chemielehrer unter besonderer Berücksichtigung der Analysen von schriftlichen Leistungskontrollen und Lehrerfragen. In seinem mit der Dissertation eingereichten Lebenslauf schilderte er seinen Lebensweg: Er wurde in Rostock geboren, sein Vater Erich Babendererde war Schlosser, seine Mutter Else Hausfrau. Nach Abschluss der Oberstufe an der Großen Stadtschule in Rostock studierte er von 1951 bis 1955 Chemie an der Universität Rostock, legte das Staatsexamen als Oberstufenlehrer ab und unterrichtete von 1955 bis 1965 an Schulen in Waren (Müritz) und Rostock. „Seit 1965 bin ich wissenschaftlicher Mitarbeiter im Bezirkskabinett für Weiterbildung der Lehrer und Erzieher Rostock und für die Fachgebiete Chemie, Physik und Astronomie verantwortlich. Meine Frau ist Oberärztin an der Bezirksjugendzahnklinik Rostock. Wir haben eine sechsjährige Tochter." Bereits 1957 hatte der Staatssicherheitsdienst versucht, den jungen Lehrer als Inoffiziellen Mitarbeiter für Spitzeldienste anzuwerben, was dieser jedoch ablehnte. Rudolf Babendererde war Mitglied der SED und Student der Bezirksparteischule „John Schehr", Vorsitzender der Nationalen Front in seinem Wohngebiet und Mitglied des Sektionsrates im Fach Chemie der Universität Rostock.

Babendererdes Schwager Dr. Harald B. glückte im Juni 1971 die Flucht über die rumänisch-jugoslawische Grenze. Von Jugoslawien aus konnte er mit Hilfe der bundesdeutschen Botschaft legal nach Westdeutschland weiterreisen. Er fand in Hamburg einen neuen Lebensmittelpunkt. Harald B. schilderte seinen Verwandten in Rostock, dass die Grenze im Gebiet von Timişoara (dt. Temeswar) nicht stark bewacht werde. Als sich Rudolf Babendererde und seine Ehefrau ebenfalls zur Flucht entschlossen, versprach er nach Jugoslawien zu fahren und dort im Grenzort Kikinda auf sie zu warten.

Am 5. August 1972 fuhr die Familie mit der inzwischen neunjährigen Tochter in ihrem Pkw Wartburg über die ČSSR und Ungarn nach Rumänien, wo sie am 11. August in Timişoara eintraf. Sie hatten die entsprechenden Reisegenehmigungen für einen Bulgarienurlaub bekommen. Nachdem sie bei einer Erkundungstour den Eindruck gewonnen hatten, dass die rumänisch-jugoslawischen Grenze überwindbar sein müsste, fuhren sie am 17. August um die Mittagszeit bis zum Ort Jimbolia und stellten dort den Pkw ab. Anschließend versteckten sie sich in einem grenznahen Maisfeld. Die Grenze wurde in diesem Abschnitt wahrscheinlich nicht mit Zäunen gesichert, dafür aber mit am Boden angebrachten Signaldrähten, die bei Berührung einen Alarm auslösten. Als die Familie nach Einbruch der Dunkelheit begann, über eine freie Fläche bis zur etwa 300 m entfernten Grenze zu kriechen, berührte Frau Babendererde einen solchen Signaldraht und löste dadurch Alarm bei dem nächsten Grenzposten aus.

Die sofort herbeigeeilten Grenzsoldaten sichteten im Schein von Leuchtraketen die sich am Boden bewegenden Personen und befahlen ihnen aufzustehen. Die rumänischen Aufforderungen waren jedoch für Familie Babendererde unverständlich. Die Grenzsoldaten feuerten Warnschüsse ab, einer von ihnen schoss kurz darauf gezielt auf Rudolf Babendererde. Das Strafuntersuchungsorgan der Militäreinheit vermerkte in seinem Bericht, dass der Schütze, der 20-jährige Soldat Ioan I., kriechende Gestalten erkannt und nach den Warnschüssen auf jene Person gezielt habe, die sich am weitesten der Grenze angenähert hatte.

Frau Babendererde und ihre Tochter wurden festgenommen. Die Soldaten fesselten sie und ließen Frau Babenderererde nicht zu ihrem Mann, der wenige Meter entfernt am Boden lag und um sein Leben rang. Er starb nach etwa 20 Minuten gegen 2.30 Uhr am Ort des Geschehens. Aus dem Obduktionsprotokoll des Chefarztes der gerichtsmedizinischen Abteilung in Timişoara, Dr. Crisan Traian, vom 18. August 1972 geht hervor, dass Rudolf Babendererde unterhalb der linken Schulter in den Rücken getroffen wurde. „Das Projektil durchschlug die Brustwände, das Diaphragma, den Magen und die Leber." Eine weitere Schussverletzung wurde am linken Oberarm festgestellt. Der Schuss sei aus einer Entfernung erfolgt, aus der ein genaues Zielen nicht möglich war. „Bei der Abgabe des tödlichen Schusses befand sich das Opfer mit dem Rücken zum Schützen und bot ihm seine linke Seite. Die Kugel, die die tödlichen Verletzungen beibrachte, kam aus annähernd horizontaler Richtung."

Im Laufe des 18. Augusts traf der Leiter der Konsularabteilung der DDR-Botschaft Bukarest, Anton Richter, mit den leitenden Mitarbeitern des rumänischen Innenministeriums, Oberst Petre und Major Rebegeanu, zusammen. Neben der Versicherung, dass die rumänische Generalstaatsanwaltschaft den Vorfall untersuchen und ihre Ergebnisse übermitteln werde, ging es in der Unterredung um den Umgang mit der Leiche sowie um die Überstellung Frau Babendererdes und ihrer Tochter aus der Untersuchungshaft in die DDR. Die rumänische Seite beabsichtigte nicht, gegen die Ehefrau strafrechtlich vorzugehen, auch sollte ihrem Wunsch entsprechend die Leiche ihres Mannes in die DDR überführt werden. DDR-Konsul Richter wandte dagegen ein, „daß Babendererde seinen Staat verraten hat und daß deshalb unsererseits kein Interesse an der Leichenüberführung in die DDR besteht". Die Leiche solle unverzüglich in Timişoara beerdigt und von der Witwe ein entsprechendes Einverständnis erwirkt werden. Es wurde vereinbart, dass Frau Babendererde mit ihrer Tochter bis zum Rückflug in die DDR nach Bukarest gebracht wird.

Am 22. August übergaben die rumänischen Sicherheitsorgane auf dem Flughafen Bukarest-Otopeni Frau Babendererde und ihre Tochter an Konsul Richter. Bis zum Abflug der nächsten Maschine vernahm er sie über den Tatablauf, forderte ihre Barschaft an rumänischen Lei ein und wies sie zurecht, als sie darüber klagte, dass sie nicht einmal das Grab ihres Mannes besuchen durfte. Richter erklärte ihr, sie habe sich „durch das Verbrechen selbst in die Lage gebracht […], in der sie keinen Anspruch auf die Erfüllung der von ihr angedeuteten Wünsche" habe.

Nach ihrer Ankunft in der DDR wurde Frau Babendererde in die Untersuchungshaftanstalt der MfS-Bezirksverwaltung Rostock wegen Vergehens gegen den § 213 des DDR-Strafgesetzbuches eingeliefert, ihre Tochter wurde den Großeltern übergeben. Den „Wartburg", der mit der Bahn nachgeliefert wurde, beschlagnahmte die Staatsanwaltschaft Rostock. Die Sanktionen, die die nähere Familie trafen, reichten von verweigerten Reisen über die Telefonkontrolle bis hin zur Einflussnahme auf die Todesanzeige, die keinen Hinweis auf die Todesumstände enthalten durfte. Das MfS plante, gegen Frau Babendererde ein Gerichtsverfahren unter Ausschluss der Öffentlichkeit durchzuführen, das Urteil sollte nicht ausgehändigt und die Einziehung des Autos beschlossen werden. Zu diesem Verfahren, für das die rumänische Generalstaatsanwaltschaft am 13. Oktober 1972 die Ermittlungsunterlagen übersandte, kam es nicht, da Frau Babendererde aufgrund einer am 6. Oktober 1972 beschlossenen Amnestie zum 23. Jahrestag der DDR-Gründung aus der Untersuchungshaft entlassen wurde. Ihre Bemühungen um eine Exhumierung und Überführung der Leiche ihres Ehemanns in die DDR blieben jedoch erfolglos.

Zum Fall Babendererde gibt es mehrere wissenschaftliche und journalistische Darstellungen. Stefan Appelius berichtet in seinem Aufsatz Fluchtweg Rumänien (2010) den Tathergang als eines von mehreren „Schlaglicht[ern] auf das Grenzregime des Ceausescu-Regimes und die Zusammenarbeit der rumänischen ‚Securitate' mit dem ostdeutschen MfS". Für seine Studie Entzweite Freunde – Rumänien, die Securitate und die DDR-Staatssicherheit 1950 bis 1989 (2016) wertete Georg Herbstritt die umfangreichen MfS-Materialien zu diesem Fall aus und schilderte die rumänisch-deutschen Verhandlungen zum Umgang mit der Leichensache. Ebenfalls mit dem BStU-Bestand arbeiteten Marina Constantinoiu und Istvan Deak für ihren 2019 in der rumänischen Online-Tageszeitung Evenimentul Zilei erschienenen Bericht. Die Autoren beschreiben die Flucht von Rudolf Babendererde und seiner Familie als Beispiel für einen von mindestens 800 Fällen von DDR-Bürgern, die über die rumänischen Grenzen in den Westen gelangen wollten. Von diesen seien nur etwa 250 erfolgreich gewesen, die anderen seien verhaftet worden oder ums Leben gekommen. Auch Ionuţ Mircea Marcu geht in seinem Beitrag Flucht aus Rumänien (2020) auf den Fall ein, um zu betonen, dass eine kooperative Forschung in rumänischen und deutschen Archiven erforderlich ist, um die Schicksale der verhafteten und getöteten Flüchtlinge aufzuklären. Die Gesamtzahl der an der Grenze zwischen Rumänien und Jugoslawien getöteten Menschen lasse sich bislang nicht ermitteln.

(Autor: jk; Recherche: App., jk, jos.)

Quellen

Babendererde, Rudolf: Lebenslauf. o. Dt. (in: ders.: Untersuchungen zur Weiterbildung der Chemielehrer. Unter besonderer Berücksichtigung der Analysen von schriftlichen Leistungskontrollen und Lehrerfragen, 1969). Universitätsarchiv Rostock.

BStU, MfS, HA IX 3237, Nr. 3237, Bl. 84.

BStU, AOPK 571/75, Bd. 1.

MfAA: Todesfälle von DDR-Bürgern im Zusammenhang mit dem ungesetzlichen Verlassen im Ausland. PAAA, M 52/495-88.

Standesamt I zu Berlin: Sterbeurkunde Nr. 5 (Rudolf Babendererde). LAB, S-Rep 500, Nr. 309.

Ermittlungsverfahren und Strafsache Babendererde. BArch, Ast. Rostock, AU 160/73 Bd. 1–3.

Appelius, Stefan: Fluchtweg Rumänien. In: Deutschland-Archiv, Nr. 43, 2010, S. 992–1002.

Herbstritt, Georg: Entzweite Freunde. Rumänien, die Securitate und die DDR-Staatssicherheit 1950 bis 1989 (= Analysen und Dokumente, Bd. 47). Göttingen 2016, S. 377–379.

Constantinoiu, Marina/Istvan Deak: Au căutat libertatea în Hamburg, dar au găsit moartea la Jimbolia. In: evz.ro, 25. Juli 2019, https://evz.ro/germania-hamburg-jimbolia-libertate-moarte-1.html (3.9.2021).
Marcu, Ionuţ Mircea: Flucht aus Rumänien. Institutionen, Repression und Biographien. In: Zeitschrift des Forschungsverbundes SED-Staat, Nr. 45, 2000, S. 41–55.

Wera Sandner

geboren am 1. März 1946 in Schwaderbach (Tschechoslowakei)
erschossen am 23. August 1972 in Bulgarien
Ort des Vorfalls: nahe Kalotina an der Grenze zu Jugoslawien

Wera Sandner

Wera Sandner kam am 1. März 1946 im böhmischen Dorf Schwaderbach (heute Bublava) auf der tschechischen Seite des Erzgebirges unweit der sächsischen Grenze zur Welt. Wer ihr Vater war, ist unbekannt. Sie wurde nach dem Namen ihrer Mutter Anni Scherbaum als Wera Scherbaum in das Geburtenregister eingetragen. Im Mai 1946 musste Anni Scherbaum mit ihrer kleinen Tochter wie fast alle Deutschen das Dorf verlassen. In einem Lebenslauf, den Wera Sandner 1965 für ihre Arbeitsstelle beim Rat des Kreises Klingenthal verfasst hat, schrieb sie über die damalige Vertreibung: „Mit einem antifaschistischen Transport wanderten wir in die DDR aus." Die Einwohnerzahl der überwiegend katholischen Ortschaft Schwaderbach reduzierte sich nach der Zwangsaussiedlung der deutschen Bevölkerung drastisch. Im Jahr 1939 hatte Schwaderbach 3.835 Einwohner, im Jahr 1950 nur noch 675. In Klingenthal heiratete Anni Scherbaum den Bergmann Kurt Sandner. Am 15. Dezember 1952 bewilligte der tschechische Nationalausschuss die Namensänderung von Wera Scherbaum entsprechend dem neuen Familiennamen ihrer Mutter.

Wera Sandner wuchs im sächsischen Klingenthal auf. Ihre Mutter arbeitete dort als Adlerstickerin (Stepperin), ihr Stiefvater Kurt zunächst als Bergmann und seit 1956 als Glattreiber im VEB Blechblas- und Signalinstrumentenfabrik. Er gehörte der SED, der Gesellschaft für Deutsch-Sowjetische Freundschaft (DSF) und dem FDGB an. Das Ehepaar Sandner bekam 1956 eine Tochter, Regina. Wera Sandner besuchte in Klingenthal die 8-klassige Oberschule. Sie wurde als talentierte Wintersportlerin entdeckt und auf der Kinder- und Jugendsportschule sowie im Leistungskader des Sportclubs Dynamo Klingenthal auf eine Karriere als Leistungssportlerin vorbereitet. Zu dieser Zeit gehörte sie der FDJ, der DSF und dem FDGB an. Krankheitsbedingt musste sie sich 1965 aus dem Wintersport zurückziehen. Sie erhielt eine Arbeitsstelle als Maschinenbuchhalter in der Abteilung Finanzen und später in der Steuerabteilung beim Rat des Kreises Klingenthal. Dem Sport blieb sie ehrenamtlich als Mitglied der Revisionskommission des DTSB-Kreisvorstandes Klingenthal verbunden. In ihrer Freizeit half sie in der Gastwirtschaft der Eltern ihres damaligen Verlobten aus. Da sie sich dort ausgenutzt fühlte und ihr Verlobter sie herablassend behandelte, entschloss sie sich im April 1970 die Verlobung zu lösen und Klingenthal zu verlassen. Sie begann als Maschinist im Schichtdienst des VEB Gaskombinat „Schwarze Pumpe“ zu arbeiten. Man hatte ihr dort für den Berufswechsel eine eigene Wohnung versprochen. In der Brigade „Erich Habersaath“ des Kraftwerks III sollte sie als Hilfsmaschinistin zunächst den neuen Beruf erlernen. Auf eine Warteliste für die versprochene Wohnung gesetzt, erhielt sie in Hoyerswerda vorübergehend ein Zimmer in einer Wohnung mit sechs anderen jungen Frauen. Da ihr der Schichtdienst im Kraftwerk nicht zusagte, bewarb sie sich um eine Stelle als Baukaufmann in Cottbus beim Kombinat Rohrleitung und Isolierung. Dort erhielt sie eine Anstellung als Sekretärin des Bauleiters auf einer Baustelle des Textilkombinats Cottbus. In der Stadt besuchte sie eine Volkshochschule und schloss die Weiterbildung erfolgreich als Industriekaufmann ab. In einer Beurteilung ihres Vorgesetzten vom Mai 1971 wurde ihre Arbeitsleistung „als vorbildlich“ gelobt und die Mitarbeit im Arbeitskollektiv positiv bewertet.

Während einer Urlaubsreise in die Tschechoslowakei lernte Wera Sandner am 17. Mai 1970 in einem Prager Café den aus Nürnberg stammenden Optiker Rolf Kühnle kennen, der dort gerade mit seinem Freund Heinz Wyremba zu einem dreitägigen Kurzurlaub eingetroffen war. Es muss Liebe auf den ersten Blick gewesen sein. Heinz Wyremba erinnerte sich später, dass er seinen Freund nach dem Zusammentreffen mit der DDR-Touristin drei Tage und drei Nächte nicht mehr gesehen hat. In der folgenden Zeit trafen sich Wera Sandner und Rolf Kühnle immer wieder in der Tschechoslowakei und in Ost-Berlin. Seinem Freund Wyremba offenbarte Rolf Kühnle, nachdem er den Jahreswechsel 1971/72 mit Wera Sandner im Prager Hotel „Ametyst“ gefeiert und sich mit ihr verlobt hatte: „Ich hol sie raus.“ Am Sonntag, den 27. Februar 1972, fuhr das Paar mit Kühnles Wagen in Wera Sandners

Wera Sandner und Rolf Kühnle auf dem Alexanderplatz in Ost-Berlin

Geburtsort und besuchte ihre dort lebende Patin.

Dem DDR-Staatssicherheitsdienst war die Liebesbeziehung zwischen Wera Sandner und Rolf Kühnle früh durch einen Inoffiziellen Mitarbeiter (IM) mit Decknamen „Bernd“ zu Ohren gekommen. Der Mann wohnte mit seiner Familie in demselben Haus wie Wera Sandner und verfügte über einen Telefonanschluss. Er gestattete ihr die Entgegennahme von Anrufen ihres Nürnberger Geliebten. IM „Bernd“ meinte bei Wera Sandner „ein direktes Interesse“ an einer Flucht nach Westdeutschland festgestellt zu haben und berichtete das dem Staatssicherheitsdienst. MfS-Unterleutnant Hans Woithe von der für Spionageabwehr zuständigen Abteilung II/3 der MfS-Bezirksverwaltung Cottbus nahm die Berichte zum Anlass, um Wera Sandner am Donnerstag, den 5. August 1971, unter dem Namen Meißner in ihrer Arbeitsstelle anzurufen. Er verabredete sich mit ihr, um sie zu einem „Sachverhalt“ zu befragen. Der MfS-Mann holte Wera Sandner am folgenden Nachmittag in ihrer Wohnung ab und fuhr mit ihr im Dienstwagen vor die Stadt. Dort konfrontierte er sie mit seinen Informationen zu ihrer Beziehung mit der „WD-Person Kühnle“. In seinem Bericht über das Gespräch schrieb er, „sie berichtet aufgeschlossen und ehrlich über das Zustandekommen der Verbindung und welchen Charakter diese Verbindung zur Zeit hat. Da diese Fakten durch inoffizielle Berichte bekannt waren, kann eingeschätzt werden, daß die Kandidatin die Wahrheit sagte“. Mit der Bezeichnung „Kandidatin“ meldete Unterleutnant Woithe seine Absicht an, Wera Sandner als Informantin für das MfS anzuwerben. Er lockte sie mit dem Angebot, „daß wir an einer Reise in die CSSR und einem Treffen mit der WD-Person interessiert sind“. Da Wera Sandner ihren Geliebten weiter treffen wollte, blieb ihr kaum eine andere Wahl, als auf dieses Angebot einzugehen. Sie verpflichtete sich am 13. August 1971 schriftlich unter dem Decknamen „Regina“ zur Zusammenarbeit mit dem DDR-Staatssicherheitsdienst. Zwei Wochen später verfasste MfS-Unterleutnant Woithe seinen formalen „Vorschlag zur Verpflichtung der Kandidatin Sandner, Wera“. Darin teilte er seinen Vorgesetzten mit, dass er den ersten Hinweis auf Wera Sandner durch seinen Kollegen Oberleutnant Siegfried Jäger erhalten hatte, der mit einer Familie im Wohnhaus von Wera Sandner befreundet sei. Wera Sandner habe gegenüber dieser Familie, die im gleichen Aufgang wohnt, ihre persönlichen Probleme offenbart „und schüttet sich ihr Herz aus, wenn sie Sorgen hat". Der MfS-Mann charakterisierte „die Kandidatin" als eine Frau, die „für Geld und andere Annehmlichkeiten sehr zu haben ist. Durch ihr Alter bedingt, läßt sie sich durch ältere Menschen belehren und auch lenken und leiten, d. h. sie ist leicht beeinflußbar. Einen stark ausgeprägten Willen hat sie nicht, was beim ersten Gespräch erkannt wurde." Unterleutnant Woithe schlug vor, Wera Sandner für die „Blickfeldarbeit" zu nutzen und „an jüngere Personen anzusetzen, da in diesen Kreisen die Perspektive einer prophylaktischen Abwehrarbeit" bestehe. „Dabei kann ihre sprichwörtliche Kontaktfreudigkeit und ihr Äußeres weitgehend ausgenützt werden."

Die Cottbuser MfS-Leute hegten jedoch Misstrauen gegenüber der neu gewonnenen Informantin „Regina" und ließen sie durch einen IM „Germano" und eine IM „Tanja" überwachen. Die Spitzelberichte der beiden Inoffiziellen Mitarbeiter enthalten widersprüchlichen Angaben zu Wera Sandners Verhältnis „mit einem Westdeutschen". Sie gab demnach den Namen des Mannes nicht preis, erwähnte aber, dass sie im März 1972 während der Leipziger Messe mit ihm ein Hotelzimmer teilte und ihn danach auch wieder in Prag getroffen hatte. Dort sei es zu Streitigkeiten und dem Ende der Beziehung gekommen. Deswegen würde ihr Bekannter im Sommer nicht wie geplant nach Bulgarien, sondern nach Spanien reisen. Offenbar wollte Wera Sandner damit eine falsche Fährte legen, denn am 14. August 1972 flog die 26-Jährige von Berlin-Schönefeld nach Bulgarien und traf sich dort in Burgas mit Rolf Kühnle. Sie meldete sich im Hotel mit einem gefälschten westdeutschen Pass unter dem Namen Eveline Monika Barbara Wyremba aus Baden an. Am 23. August 1972 fuhr das Paar mit Kühnles Wagen in das bulgarisch-jugoslawische Grenzgebiet und versuchte in der Dunkelheit gegen 22.30 Uhr bei der Kontrollstelle Kalotina, die bulgarische Grenze nach Jugoslawien zu passieren. Was dann geschah, ist den Überlieferungen der bulgarischen Militärstaatsanwaltschaft folgendermaßen zu entnehmen: Der Grenzsoldat Petkow habe in der Dunkelheit eine Gestalt entdeckt und angerufen. Auf seine Stopp-Rufe und Warnschüsse habe die Person nicht reagiert und sei in ein Waldstück geflüchtet. Daraufhin habe er das Feuer in Richtung des Waldstücks eröffnet. Dann habe sich Petkow der Stelle genähert, an der die Gestalt im Wald verschwunden war und in Richtung des vermuteten Fluchtwegs drei Salven aus seiner Maschinenpistole abgefeuert. Ein zweiter

Grenzer, der gemeinsam mit seinem Streifenführer hinzukam, schoss ebenfalls mit seiner MPi mehrere Salven in das Waldstück.

Am 25. August 1972 um 15.20 Uhr rief DDR-Konsul Dr. Peter Krause aus der Botschaft in Sofia beim Leiter der Hauptabteilung Konsularwesen im Ministerium für Auswärtige Angelegenheiten der DDR, August Klobes, an und teilte ihm mit, am 23. August 1972 um 22.30 Uhr seien eine männliche und eine weibliche Person „in Richtung Türkei" tot aufgefunden worden. Die männliche Person sei ein „BRD-Bürger", die weibliche eine DDR-Bürgerin namens Sandner, „Vorname Vera, geb. 1.3.46 in Schwaderbach (CSR)". Die bulgarische Seite habe angefragt, ob etwas dagegenspreche, die Toten dort beizusetzen. Krause stellte außerdem die Frage: „Was soll als Todesursache genannt werden?" August Klobes gab diese Angaben seiner für Todesfälle im Ausland zuständigen Mitarbeiterin Ursula Gott weiter sowie an die DDR-Generalstaatsanwaltschaft und an den MfS-Offizier Werner Ullmann, der in der Abteilung Sicherung des Reise- und Touristenverkehrs (SRT) des Staatssicherheitsdienstes arbeitete. Klobes (MfAA) bat Ullmann (MfS) um Entscheidung, wie zu verfahren sei.

Am 31. August 1972 telefonierte der Mitarbeiter der Hauptabteilung Konsularwesen Freier mit Staatsanwalt Wagner von der Generalstaatsanwaltschaft der DDR. Wagner erklärte, dass die Angelegenheit Sandner „sehr kompliziert sei, da ein westdeutscher Bürger an der Sache beteiligt war". Um alle offenen Fragen zu klären, sei ein Mitarbeiter der Generalstaatsanwaltschaft nach Bulgarien gefahren, aber noch nicht zurückgekehrt. Wagner äußerte die Auffassung, „er halte eine Überführung der Leiche in die DDR aus ganz bestimmten Gründen für nicht opportun". Am 4. September 1972 teilte Staatsanwalt Wagner dem MfAA mit, es werde durch die Generalstaatsanwaltschaft kein Verfahren eingeleitet. „Aus bestimmten Gründen muß aber gesichert werden, daß eine Überführung der Leiche unterbleibt." Es solle den Eltern mitgeteilt werden, dass die Beisetzung in Bulgarien bereits erfolgt ist. Als Todesursache sei den Eltern zu erklären, dass ihre Tochter mit einem westdeutschen Bürger „einen gewaltsamen Grenzdurchbruch versuchte und dabei den Tod fand". Die Westpresse habe bereits über den Vorfall berichtet.

August Klobes kabelte in diesem Sinn am folgenden Tag an die Abteilung Inneres beim Rat des Kreises Klingenthal: „Im August 1972 fand die DDR-Bürgerin Vera Sander [sic!], geb. 1. März 1946, wohnhaft Klingenthal, Schulstr. 67, bei dem Versuch, die Staatsgrenze der VR Bulgarien gewaltsam zu durchbrechen, den Tod. Ihre Beisetzung erfolgte in Bulgarien." Er bitte darum, die Eltern „in entsprechender Form davon in Kenntnis zu setzen". Dem Rat des Kreises Cottbus schrieb Klobes: „Im August 1972 verstarb während eines Aufenthaltes in der VR Bulgarien Vera Sander, Cottbus, Hans-Beimler-Straße 5". Er bitte die Wohnungsfrage zu regeln und zu veranlassen, „daß den Eltern die Hinterlassenschaft der Verstorbenen übergeben wird".

Am 6. September 1972 sprach Kurt Sandner mit dem Mitarbeiter des MfAA Freier. Laut dessen Gesprächsprotokoll, beklagte sich der Vater darüber, dass er seit 14 Tagen von verschiedenen Instanzen keine befriedigende Antwort über die Hintergründe des Todes seiner Tochter erhalten habe. Nun habe ihm die bulgarische Botschaft bestätigt, dass seine Tochter bei einem Versuch, „gewaltsam die Staatsgrenze der VRB zu durchbrechen, den Tod gefunden hat". Als Freier ihm mitteilte, „daß die Beisetzung der Tochter bereits in der VRB erfolgt sei, brach er in Tränen aus. Er fragte immer wieder, wie es möglich sei, daß ein ausländischer Bürger in der VRB ohne Benachrichtigung der Angehörigen beerdigt werden könne und ob er den Bestattungsort erfahren könne". Freier erklärte ihm, die Beisetzung sei nach den gesetzlichen Bestimmungen in Bulgarien erfolgt, er werde ihm die amtlichen Dokumente nach Abschluss der Untersuchung zukommen lassen. „Herr Sandner machte einen völlig verstörten Eindruck. Es muß angenommen werden, daß er in seinem Zustand nicht alle dargelegten Fakten aufgenommen hat."

Als Reaktion auf westliche Presseberichte hatte bereits am 1. September 1972 die bulgarische Zeitung *Anteni* unter der Kopfzeile „Eine Augustnacht ohne Morgengrauen" über den Vorfall an der jugoslawischen Grenze berichtet. Der Artikel erschien mit der Überschrift: „Bulgarien ist kein Platz für Abenteuer. Nichtbeachtung der Gesetze der Gastfreundschaft. Eine tragische, doch bezeichnende Geschichte an unserer westlichen Grenze – zwei Opfer der Propaganda". Als Autoren werden Georgi Raikow und Koljo Petrow genannt. Ihr Artikel enthält konkrete Angaben über den angeblichen Ablauf unmittelbar an der Grenze. Der Posten habe erst nach Warnrufen und Warnschüssen in Richtung der vermuteten „Grenzverletzer" geschossen. „Die Frau trug eine rote Bluse und dunkelblaue Hose." Der Mann sei durch seine helle Sportjacke dem Posten in der Dunkelheit aufgefallen. Die Grenzstreife habe vorschriftsmäßig gehandelt. „Unantastbar und heilig sind die Grenzen unserer Heimat." Der Zwischenfall sei „tragisch und bezeichnend. Wir berichten davon, damit es keine Illusionen für andere ‚Touristen' gibt."

Erst am 7. September 1972 informierte der stellvertretende Vorsitzende der Abteilung Inneres des Rates Klingenthal Grube das Ehepaar Sandner offiziell über den Tod ihrer Tochter. Er berichtete darüber dem Außenministerium nach Ost-Berlin, die Eltern hätten sich beschwert, dass sie erst von der bulgarischen Botschaft Näheres über den Tod ihrer Tochter erfuhren.

Erst nachdem er „das verwerfliche Verhalten ihrer Tochter ins richtige Licht gerückt“ habe, „nahm das Gespräch einen besseren Verlauf“. Die Eltern hätten dann auch von ihrer Forderung nach einer Leichenüberführung Abstand genommen. Sie fragten nach der Möglichkeit, das Grab zu besuchen. Grube bat das Außenministerium um Mitteilung, was er den Eltern auf ihre Bitte antworten solle.

Am 16. Oktober 1972 wandte sich der Rechtsanwalt und Notar Dr. Gottfried Neubert aus Klingenthal an die DDR-Botschaft in Sofia und stellte im Auftrag der Eltern die Frage, wieso eine Überführung der Leiche von Rudolf Kühnle in die Bundesrepublik möglich gemacht wurde, eine Überführung der sterblichen Überreste von Wera Sandner in die DDR als „befreundetem Land“ aber nicht. Rechtsanwalt Neubert bat um Mitteilung, ob es nach bulgarischem Recht zulässig sei, eine Beisetzung ohne Zustimmung der Angehörigen anzuordnen. Er bat auch um Mitteilung „in welchem Ort und an welcher Stelle und auf welche Weise die Beisetzung erfolgt ist“.

Am 8. November 1972 fand im DDR-Außenministerium eine Beratung zwischen der MfAA-Hauptreferentin Ursula Gott und dem MfS-Offizier Werner Ullmann darüber statt, wie auf das Schreiben von Rechtsanwalt Neubert zu reagieren sei. Man kam aber zu keinem Ergebnis, da keine Formulierung gefunden wurde, die nicht eine „Kettenreaktionen anderer Art auslöst. Es scheint nur möglich, auf diese Frage überhaupt nicht einzugehen“. Ullmann teilte Frau Gott nach Rücksprache in seiner Dienststelle am folgenden Tag mit, eine Antwort auf das rechtsanwaltliche Schreiben könne nur in der Weise erfolgen, wie sie bereits dem Vater gegeben wurde. Die Hauptabteilung Konsularwesen solle erwägen, „ob für künftige Fälle nicht von Anfang an eine Überführung der Leiche vorgesehen werden sollte, damit ähnliche Probleme wie bei S. ausgeschaltet werden“. MfAA-Hauptabteilungsleiter Klobes schrieb schließlich am 15. November 1972 an Rechtsanwalt Neubert, die DDR-Botschaft in Sofia habe Schritte zur Klärung seines Anliegens unternommen, dem Rat des Kreises seien inzwischen die Sterbeurkunde, Auskünfte zum Beisetzungsort Wera Sandners einschließlich Fotos der Grabstätte und Informationen zu Reisemöglichkeiten übermittelt worden.

Die Überlieferungen des DDR-Außenministeriums enthalten eine aus dem Bulgarischen übersetzte „Anordnung über die Einstellung des Untersuchungsprozesses Nr. 53/1972“ vom 25. September 1972, die von Militärstaatsanwalt Oberst Wladimir Georgiew Momtschilow unterzeichnet ist. Das Dokument enthält die Untersuchungsergebnisse der bulgarischen Militärstaatsanwaltschaft. Demnach entdeckte der Grenzsoldat Petkow gegen 22.30 Uhr einen „Grenzverletzer“ 10 m vom Grenzstreifen entfernt. Er habe

„Stehen bleiben!“ gerufen und mit dem Maschinengewehr Warnschüsse in die Luft abgegeben. Die Person sei aber in einem Waldstück verschwunden. Daraufhin habe er erneut gerufen und in die Luft geschossen. Wegen der realen Gefahr, „daß der Grenzverletzer durch Sprünge das fremde Territorium erreicht“, habe sich der Soldat der Stelle genähert, an der die Person in den Wald geflüchtet war. Er habe dann dreimal hintereinander in die Richtung geschossen, wo er die Person vermutete. Durch die Schüsse alarmiert, seien der Rangälteste der Streife und ein weiterer Soldat herbeigeilt. Letzterer habe dann nochmals in die gleiche Richtung wie sein Kamerad geschossen. Wenige Momente später traf die Alarmgruppe ein und fand in einem Gebüsch etwa drei Meter voneinander entfernt die Leichen eines Mannes und einer Frau. Die Untersuchungsgruppe der Kreisverwaltung des Innenministeriums habe ab 6.35 Uhr am 24. August 1972 den Tatort untersucht und fotografiert. Die beiden Toten konnten durch ihre Papiere identifiziert werden. Wera Sandner trug außerdem einen gefälschten bundesdeutschen Pass auf den Namen Eveline Monika Barbara Wyremba aus Baden bei sich, den sie auch zur Anmeldung im Hotel vorgelegt hatte. Das Fahrzeug Rolf Kühnles, ein türkisfarbener Skoda, wurde bei der nahgelegenen Landstraße unweit des Grenzübergangs Kalotina entdeckt. Militärstaatsanwalt Momtschilow stellte das Untersuchungsverfahren ein. Eine deutsche Übersetzung des Einstellungsbeschlusses wurde von der DDR-Botschaft aus Sofia dem DDR-Außenministerium übermittelt. Darin heißt es, die Verfahrenseinstellung erfolgte „wegen Fehlen eines verübten Verbrechens durch die Grenzsoldaten im Zusammenhang mit der Ermordung von Kühnle und Sandner“. Eine anderslautende Übersetzung des Einstellungsbeschlusses findet sich in den Überlieferungen des Bonner Auswärtigen Amtes. Darin ist nicht von einer „Ermordung“ die Rede, sondern davon, dass „im Zusammenhang mit dem Tode Kühnles und Sanders die Grenzsoldaten kein Verbrechen began-

Grabstelle von Wera Sandner auf dem Sofioter Friedhof „Bakarena Fabrika“, Foto vom 2. Oktober 1972

gen haben". Militärstaatsanwalt Momtschilow ordnete an, die persönlichen Gegenstände der beiden Todesopfer seien dem bulgarischen Außenministerium zu übergeben, das sie je nach Eigentum der DDR-Botschaft und der bundesrepublikanischen Handelsvertretung übergeben solle. Eine Botschaft der Bundesrepublik Deutschland in Sofia wurde erst im Dezember 1973 eröffnet, nachdem der deutsch-deutsche Grundlagenvertrag in Kraft getreten und die Aufnahme beider deutscher Staaten in die UNO erfolgt war.

Bei der Autopsie der Leichen wurden an Rolf Kühnles Körper acht Einschüsse und bei Wera Sandner sechs Schussverletzungen festgestellt. Die bulgarische Todesurkunde Nr. 926 für Wera Sandner – darin wird sie Schadner genannt – unterzeichnete der Beauftragte für das Personenstandswesen (Standesbeamter) des Volksrates des Stadtbezirks „Wassil Lewski" in Sofia, Todor Christow Antschew. In dem Dokument wird als Todesursache angegeben: „Schußverletzungen am Brustkorb, starker Blutverlust. Bei Grenzverletzung durch Grenzstreife erschossen." Obwohl das DDR-Außenministerium eine deutsche Übersetzung der Todesurkunde erhielt, veranlasste dessen Hauptreferentin Gott beim Standesamt I in Berlin die Ausstellung einer Sterbeurkunde für die Eltern von Wera Sandner, die keine Angaben über die Todesursache enthielt.

Doch der Tod des deutsch-deutschen Liebespaares an der bulgarisch-jugoslawischen Grenze führte zu weiteren für die DDR unangenehmen Verwicklungen. DDR-Konsul Peter Krause schrieb am 31. Januar 1973 an August Klobes, die Konsularabteilung des bulgarischen Außenministeriums sei von dem westdeutschen Konsul Dr. Jürgen Oesterhelt um eine Exhumierung und Überführung der Leiche von Wera Sandner in das Grab ihres Verlobten Rolf Kühnle nach Nürnberg gebeten worden. Eine notariell beglaubigte Zustimmung der Eltern Wera Sandners habe der westdeutsche Konsul seinem Schreiben beigefügt.

DDR-Konsul Peter Krause erklärte gegenüber seinem Ansprechpartner im bulgarischen Außenministerium Markow mündlich, das westdeutsche Anliegen sei „eine Einmischung in die inneren Angelegenheiten der DDR" und deswegen abzulehnen. Es müsse „im Prinzip als eine Variante der Alleinvertretungsanmaßung angesehen werden". Ohne Bezugnahme auf die Konsultation mit der DDR-Botschaft solle durch das bulgarische Außenministerium die westdeutsche Vertretung „mit aller Deutlichkeit darauf hingewiesen werden, daß sie für DDR-Bürger nicht zuständig ist". Außerdem solle mitgeteilt werden, dass eine Exhumierung nach bulgarischem Recht erst nach sechs bis sieben Jahren zulässig sei.

Am 13. Februar 1973 mahnte Rechtsanwalt Neubert im Auftrag der Eltern die Übergabe der hinterlassenen Gegenstände, Reisegepäck, Schmuck und Kleidung, von Wera Sandner an, „da zwischen dem Todesfall und dem jetzigen Zeitpunkt fast 6 Monate liegen und in dieser Zeit die Erfassung und Versendung und Übergabe der Hinterlassenschaft längst hätte erfolgen können". Am 26. Februar antwortete MfAA-Hauptabteilungsleiter Klobes, die Hinterlassenschaft sei „mit letzter Post" dem Rat des Kreises übermittelt worden. Dies scheint unzutreffend gewesen zu sein, denn am 1. März fragte er bei Konsul Krause in Sofia erneut nach dem Verbleib der Hinterlassenschaft. Klobes bat Krause „nochmals Nachforschungen nach dem Verbleib der persönlichen Sachen der Verstorbenen einzuleiten, damit diese Angelegenheit abgeschlossen werden kann". Am 25. Mai 1973 teilte Konsul Krause mit, nun sei der Koffer vom bulgarischen Außenministerium übergeben worden. Es dauerte weitere fünf Monate bis Ursula Gott am 3. Oktober 1973 die Transportstelle des DDR-Außenministeriums anwies, den Koffer aus Sofia nach Klingenthal zu schaffen und bei der dortigen Abteilung für Innere Angelegenheiten abzuliefern. Wera Sandners Vater hatte nämlich tags zuvor Frau Gott im DDR-Außenministerium aufgesucht und wiederum die Aushändigung der persönlichen Gegenstände seiner Tochter gefordert. Außerdem bat er nochmals darum, dass die Leiche seiner Tochter exhumiert und in die Bundesrepublik zur Beisetzung nach Nürnberg überführt werde. Das sei mit Frau Lisa Kühnle, der Mutter ihres Verlobten, abgesprochen. Frau Kühnle habe bei bulgarischen Stellen bereits Schritte dazu eingeleitet. Die SED reagierte auf Kurt Sandners beharrliche Bemühungen um Aufklärung des Todes seiner Tochter mit einem Parteiausschluss wegen „parteifeindlicher Handlungen und Verleumdung bulgarischer Klassengenossen".

Am 1. Juli 1976 schickte Krauses Nachfolger Konsul Spörl aus der DDR-Botschaft in Sofia eine „Niederschrift über eine Vorsprache des DDR-Bürgers Kurt Sandner und Ehefrau" nach Ost-Berlin. Es sei dem Ehepaar wieder um die Überführung nach Nürnberg gegangen. Spörl vertröstete die Eltern mit dem Hinweis, er müsse sich auf bulgarischer Seite über weitere Fragen sachkundig machen. Nach Ost-Berlin schrieb er: „Nach Einsichtnahme in die Unterlagen halte ich es nicht für zweckmäßig, dem gewünschten Vorhaben zu entsprechen."

Am 14. Juni 1980 wandte sich Lisa Kühnle aus der Krankenanstalt in Elztal-Dallau an den Ministerrat der DDR und erbat erneut die Leichenüberführung Wera Sandners in die Grabstätte ihres Sohnes Rolf Kühnle nach Bad Königshofen. Sie legte ihrem Schreiben ein Bild des Grabsteins bei, auf dem bereits der Name Wera Sandner eingemeißelt ist. Sie befürchte, schrieb sie, dass die sterblichen Überreste der Verlobten ihres Sohnes in Bulgarien „in ein Massengrab kommen". Sie werde die Kosten der Überführung tragen. „Ich bete jeden Tag darum, dass es geschieht und das ist vielleicht mein letzter Wunsch. Bitte, sehr geehrte Herren, betrachten Sie die Tat der Republik-Flucht nach 8 Jahren als gesühnt, die Beiden waren jung und verliebt und töricht. Es war ja nicht politisch. Bitte, einer armen, gottgläubigen Mutter zuliebe. Mit vorzüglicher Hochachtung! Lisa Kühnle".

Die Akte Wera Sandner des DDR-Außenministeriums endet mit einem kleinen von Hauptabteilungsleiter August Klobes paraphierten Notizzettel hinter Lisa Kühnles Bittbrief: „Genn. Gott, Bitte Vorgang! nicht antworten". Siehe dazu auch die Biografie von Rolf Kühnle in diesem Band.

(Autor: jos.; Recherche: AH, App, CB, jk, jos., MZ)

Quellen

MfS, BV Cottbus, Abt II/3; Hans Woithe: MfS-Unterlagen zu Wera Sandner erfasst unter VI/1060/71. BArch, Ast. Frankfurt/Oder, AIM, Nr. 69/73.

MfS, BV Cottbus: Anfrage an HA X vom 2.2.72 betr. Rudolf Kühnle und Wera Sandner. BStU, AP, Nr. 4322 7 76.

MfAA: Todesfälle von DDR-Bürgern im Zusammenhang mit dem ungesetzlichen Verlassen im Ausland. PAAA, M 52/495-88.

Auswärtigen Amt: Rechtshilfeverkehr. PAAA, B 83, Nr. 938, Bd. 1881.

PAAA, B 83, Nr. 768, Bd. 1404.

Flucht nach Jugoslawien fehlgeschlagen. In: Der Tagesspiegel, 29.8.1972.

M. Shoshev, Abteilungsleiter der Untersuchungsabteilung-DS: Mitteilung an die Leitung der Untersuchungsabteilung und das MdI vom 24.8.1972 über getötete fremde Bürger (Übersetzung Petar Stoilov). AKRDOPBGDSRSBNA-M, F. 1, op. 10, a. e. 1773, L. 1-4.

Pressemitteilung Bundesregierung vom 31.8.1972. BArch, B 137/6432.

Deutsches Paar an der bulgarischen Grenze erschossen. In: Die Welt, 31.8.1972.

Bulgarische Grenzposten erschießen deutsches Paar. In: F. A. Z., 31. 8.1972.

Sarg in Nürnberg eingetroffen. In: Der Tagesspiegel, 3.9.1972.

Sontheimer, Michael/Supp, Barbara: EISERNER VORHANG. Der letzte Schuss. In: Der Spiegel, Nr. 27, 2008, S. 56–61. https://www.spiegel.de/spiegel/print/d-57781736.html (14.3.2022).

Appelius, Stefan: Wera und Rolf. Die deutsch-deutsche Geschichte einer tödlichen Flucht. In: Einsichten + Perspektiven, Bayerische Zeitschrift für Politik und Geschichte, Nr. 3, 2009, S. 156–178.

Appelius, Stefan: Tod im Urlaubsparadies. Bulgarien, die DDR und die Fluchtversuche über die bulgarische Grenze (= Texte zum Kommunismus in Bulgarien, hg. v. der Konrad-Adenauer-Stiftung (Bulgarien) e. V.). Sofia 2013.

Appelius, Stefan: Fluchtweg Bulgarien. Die verlängerte Mauer an den Grenzen zur Türkei, Jugoslawien und Griechenland. Berlin u. a. 2019, S. 179–188.

Raichevsky, Stoyan/Kolarova, Fanna: Flucht aus der DDR über den „Eisernen Vorhang" Bulgariens. Wege, Methoden, Opfer. Berlin 2020, S. 269 f.

Auskunft des Rathauses Kraslice (Graslitz) an Mikuláš Zvánovec über den Geburtsnamen von Wera Sandner vom 30.3.2022.

Roland Kremer

geboren am 28. Oktober 1949 in Plauen
durch Schusswaffen verletzt am 4. August 1973 in der Tschechoslowakei
Ort des Vorfalls: Pastviny (Hranice u Aše) an der Grenze zur Bundesrepublik Deutschland
gestorben am 14. August 1973 im Fakultätskrankenhaus Plzeň

Roland Ulrich Kremer wuchs als Sohn von Lothar und Herta Kremer geb. Rödl in Plauen auf, wo er eine zehnjährige Schulbildung erhielt. Anschließend lernte er den Beruf des Drehers beim Druckmaschinenhersteller VEB Plamag Plauen. Von 1968 bis 1970 diente er als Wehrpflichtiger in der NVA und ließ sich nach seiner Rückkehr im Plauener VEB Kombinat Robotron zum Wartungsmechaniker umschulen. Für seine Arbeit fuhr er im betriebseigenen „Škoda" zu den Kunden und reparierte Rechenmaschinen, nebenbei qualifizierte er sich weiter. Da er noch bei seiner Mutter, einer Verkäuferin, wohnte, hatte er über seinen Betrieb die Zuteilung einer Einraumwohnung beantragt. Unter seinen Kollegen galt er als ruhig, diszipliniert und hilfsbereit, nach der Arbeit fuhr er gern Motorrad. Für Politik wird er sich nicht interessiert haben. In einer Beurteilung seines Betriebes heißt es: „Man kann trotz der gewissen Passivität nicht sagen, daß Kollege Kremer unserem Staat negativ gegenüberstand." Für Polizei und Staatssicherheit war er ein völlig unbeschriebenes Blatt.

Seit 1970 war Roland Kremer mit dem neun Jahre älteren Konrad G. eng befreundet, der als Betriebsabrechner im VEB Spezialmaschinenbau Plauen arbeitete. G. hatte von 1958 bis 1962 als Unteroffizier im Wachregiment „Feliks Dzierzynski" in Berlin gedient, danach oft seine Arbeitsstellen gewechselt und war 1968 nach Plauen gezogen. Zunächst arbeitete er als Bergmann in der Wismut AG, nach einem Unfall schulte er zum Industriekaufmann um. Er war SED-Mitglied, geriet jedoch immer wieder mit seiner Partei in Konflikt. Seine Ehe war geschieden.

Am 4. August 1973 passierten Roland Kremer und Konrad G. als Touristen auf Kremers Motorrad den Grenzübergang Schönberg/Vojtanov und fuhren ins 14 km entfernte Aš, wo sie sich bis zur Mittagszeit aufhielten. 10 km weiter nördlich kamen sie ins grenznahe Pastviny und versteckten dort ihr Motorrad, ihre Helme und eine Gepäcktasche am Waldrand in der Nähe eines Wochenendhauses. Roland Kremer nahm nur seinen Personal- und Sozialversicherungsausweis, seine Fahrerlaubnis, eine Landkarte, Geld und ein Päckchen Wäsche mit sich. Im bewaldeten Grenzgebiet wollten sie die Nacht abwarten. Zuvor hatte jedoch der Besitzer des Wochenendhauses die beiden jungen Männer bemerkt. Er nahm zunächst an, dass sie Pilze suchen wollten, doch als am Abend das Motorrad noch immer an seinem Platz stand, verständigte er um 19.50 Uhr eine Kontrollstreife der Grenzkompanie. Fünf Minuten nach Eingang der Meldung bei der Grenzschutzkompanie Pastviny löste der diensthabende Offizier Unterleutnant Brečka Grenzalarm aus. Die Wachen wurden, soweit sie über Funk oder Telefon erreichbar waren, informiert und der Schutz der Grenze am Signalzaun verstärkt.

Roland Kremer und Konrad G. wurden jedoch von einem Grenzsoldaten entdeckt, der regulär mit seinem Wachhund an der Grenze patrouillierte und von dem Grenzalarm nichts wusste, weil er nicht über Funk erreichbar war. Der 20-jährige Soldat Julius Šarkány durchquerte um 20.12 Uhr ein Roggenfeld am Waldrand, als sein nicht angeleinter Hund eine Witterung aufnahm und in den Wald hineinlief. Šarkány sagte in seiner noch am selben Tag erfolgten Vernehmung, er sei hinter seinem Hund hergelaufen und habe im Wald, noch 150 m vor dem ersten Drahthindernis, zwei Männer entdeckt. Er habe ihnen zugerufen, sie sollen die Hände hochnehmen. „Auf meine Aufforderung reagierten sie überhaupt nicht. Sie griffen den Hund an und schlugen ihn mit Stöcken. Daraufhin feuerte ich eine Leuchtkugel ab, mit der ich um Hilfe bat“ – hierfür lief Šarkány wieder zum Waldrand – „und kehrte daraufhin zum Tatort zurück. Als ich meine ganze Aufmerksamkeit auf den einen Täter verwandte, bemerkte ich im letzten Augenblick, daß der zweite Täter auf mich zukam und mich angreifen wollte. Um diesem Angriff zuvorzukommen, benutzte ich gegen diesen Täter die Schußwaffe.“ Šarkány gab aus seiner Maschinenpistole auf den etwa sechs Schritte von ihm entfernten Roland Kremer drei Schüsse ab. Ein Geschoss durchdrang die linke Schulter und verletzte die Schlagader und das Nervenzentrum der linken Hand. Gleich darauf erreichte eine Alarmgruppe, die schon in Bereitschaft war, den Tatort. Kremer und G. wurden festgenommen und in Handschellen gelegt, daraufhin brach der Schwerverletzte zusammen und verlor das Bewusstsein. Im Ermittlungsbericht des Stabschefs der 5. Grenzbrigade, Oberstleutnant Egermeyer, heißt es weiter, dass Kremer nun die Handschellen wieder abgenommen wurden, die Soldaten ihm Erste Hilfe leisteten und zu ihrem Geländewagen vom Typ „GAZ" brachten. Nach Rücksprache mit dem diensthabenden Offizier transportierten sie ihn zum Krankenhaus nach Aš.

In das Krankenhaus Aš wurde Roland Kremer bereits im Zustand des klinischen Todes eingeliefert, sein Blutverlust aus der verletzten Schlagader war zu groß. Mit Bluttransfusionen und dem Einsatz des Beatmungsgeräts retteten ihn die Ärzte und begannen eine Notoperation, bei der das Blutgefäß wieder geschlossen werden konnte. Hierbei trat abermals der klinische Tod ein, doch auch diesmal gelang die Reanimation. Noch am selben Tag leitete das Untersuchungsorgan der Grenzsicherungseinheit Cheb ein Strafverfahren wegen des versuchten Grenzdurchbruchs gegen Kremer und G. ein. Am Morgen des 5. August untersuchte eine Kommission unter Leitung von Oberstleutnant Egermeyer den Tatort und rekonstruierte den Ablauf. Egermeyer rechtfertigte in seinem Bericht den Schusswaffengebrauch, wie zuvor schon der Plzeňer Militärstaatsanwalt Oberstleutnant Suchmann, „denn vorher wurden andere Mittel, einbegriffen das Benutzen des Diensthundes, eingesetzt". Šarkány sollte, so der Vorschlag Egermeyers, für „erwiesene Tapferkeit, Entschlossenheit und gewissenhafte Dienstdurchführung" prämiert werden.

Konrad G. bestritt bei seiner ersten Vernehmung nach der Festnahme jegliche Fluchtabsicht und versicherte, er und sein Freund hätten sich beim Pilze suchen verlaufen. Der Gesundheitszustand von Roland Kremer besserte sich zunächst. Am 6. August bestand keine Lebensgefahr mehr und Mitarbeiter des Untersuchungsorgans der ČSSR-Grenzsicherungseinheit konnten ihn mit Hilfe eines Dolmetschers vernehmen. Roland Kremer gab dabei den Angriff auf den Grenzsoldaten zu. Als der Hund ihn und Konrad G. anfiel, wollten sie sich zunächst verstecken, doch dann rief ein Soldat sie aus etwa 30 m Entfernung an. Da sei kein Tschechisch verstanden, antworten sie auf Deutsch, dass er nicht schießen solle, und wehrten sich mit Stöcken gegen den Hund. „Der Soldat rief uns wieder etwas zu. […] Ich aber lief in Richtung des Soldaten, wobei der Hund hinter mir herlief. Ich gebe zu, daß ich den Soldaten angreifen wollte. Er hat jedoch aus ca. 3 m Entfernung auf mich geschossen. Auf mehr kann ich mich nicht besinnen, denn ich habe die Besinnung verloren."

Am 6. August übergaben Mitarbeiter der tschechoslowakischen Staatssicherheit Konrad G. am Grenzübergang Vojtanov/Schönberg dem MfS. Konrad G. schilderte am 7. November 1973 in der Untersuchungshaftanstalt Karl-Marx-Stadt (heute Chemnitz) den Zwischenfall an der ČSSR-Grenze deutlich abweichend und hob dabei die Brutalität der Festnahme hervor. Er und Roland Kremer hätten versucht, sich gegen die Angriffe des Schäferhunds mit Zweigen zu wehren. „Der Hund hatte sich im Arm meines Freundes verbissen und diesen zu Boden gerissen. In der Zwischenzeit hatte sich der Soldat um bis auf ca. 25 bis 30 m genähert. Ich erhob die Hände zum Zeichen meines Ergebens. Mein Freund lag noch am Boden, vom Hund in Schach gehalten. Der Soldat kam näher und redete auf meinen Freund ein. Mein Freund, in der Annahme er solle sich erheben, stand auf. Der Hund hing immer noch an seinem Arm. Ich sah das Aufblitzen der Maschinenpistole, hörte einen Schuß und sah meinen Freund zusammenbrechen. Ich war wie versteinert, konnte einfach nicht begreifen, warum der Soldat geschossen hatte." Bei seiner Festnahme wurde Konrad G. in Handschellen mit Fußtritten aus dem Wald zu einem Getreidefeld getrieben. „Ich mußte mitansehen, wie man meinen Freund angeschleift brachte. Wie er wie ein Bündel Wäsche auf einen bereitstehenden Wagen befördert wurde. Danach wurden mir die Augen verbunden und man schlug mit Gewehrkolben auf mich ein. Dabei schlug man mich auf den Rücken und in den Magen. Ich erhielt einen Schlag auf den Kopf, dann verlor ich das Bewußtsein."

Nach seinem Freikauf durch die Bundesregierung berichtete Konrad G. am 30. September 1974 der Polizeidirektion Hannover ausführlich über die Todesumstände seines Freundes und seine eigene Behandlung nach der Auslieferung an den DDR-Staatssicherheitsdienst: „Vor meiner Überführung nach Karl-Marx-Stadt waren die Behörden in Schönberg sehr daran interessiert, von mir ein Geständnis zu bekommen. Zu diesem Zweck wurde ich in eine etwa 1 qm große Standzelle eingesperrt. Nachdem ich 2 Std. darin verbracht hatte, war ich aufgrund meines angegriffenen Gesundheitszustandes (erhaltene Schläge bei der Festnahme in der CSSR) zu einem Geständnis bereit. Ich habe dann unter Aufsicht schriftlich niedergelegt, daß mein Freund Roland Kremer und ich beabsichtigt hatten, in die BRD zu fliehen." Anschließend wurde Konrad G. in die Untersuchungshaftanstalt des MfS in Karl-Marx-Stadt verlegt und bis um 5 Uhr morgens weiter vernommen. Auch das Motorrad Kremers wurde an diesem Tag dem MfS übergeben. Es wurde eingezogen und über den VEB Maschinen- und Materialreserven in Karl-Marx-Stadt verkauft. Der Erlös sollte auf das Konto des MfS bei der Staatsbank überwiesen werden.

Die Übergabe des schwerverletzten Roland Kremer an die DDR-Staatssicherheit war für den 8. August 1973 am Grenzübergang Vojtanov/Schönberg vorgesehen. Dort sollte er in einen Krankenwagen der MfS-Bezirksverwaltung Karl-Marx-Stadt umgelegt werden. Da sich sein Zustand stark verschlechterte, konnten ihm die Ärzte des Krankenhauses in Aš keine

Transportfähigkeit bescheinigen und überwiesen ihn am 9. August in das Staatliche Fakultätskrankenhaus Plzeň. Dessen Leitung berichtete am 10. August der tschechoslowakischen Staatssicherheit, dass der Gesundheitszustand Kremers sehr ernst sei, es gebe Anzeichen einer Nierenunterfunktion, die wahrscheinlich durch einen Nierenschock hervorgerufen worden sei. Noch am selben Tag wurde er an eine künstliche Niere angeschlossen. Neben einer schweren Niereninsuffizienz wurden in den nächsten Tagen auch Bluthochdruck und Anzeichen einer Lungenentzündung festgestellt. Obwohl die Ärzte noch mehrmals ein Dialysegerät einsetzten, konnten sie die weitere gesundheitliche Verschlechterung nicht aufhalten. Das Herz begann unregelmäßig zu schlagen und setzte schließlich aus. Roland Kremer starb am 14. August um 15.30 Uhr.

Einen Tag später berieten in der Grenzübergangsstelle Schönberg von 18.30 bis 22 Uhr die Mitarbeiter des tschechoslowakischen Sicherheitsorgans Oberstleutnant Michal und Genosse Vocaty mit Major Schubert und Oberleutnant Ehrig vom Untersuchungsorgan der MfS-Bezirksverwaltung Karl-Marx-Stadt über den Umgang mit dem Todesfall. Während die tschechoslowakische Seite vorschlug, die Leiche mit allen Protokollen und Gutachten nach der Sektion in die DDR zu überführen, erklärte Major Schubert, dass die Leiche eingeäschert werden solle. Dies sei mit der Hauptabteilung in Berlin so abgesprochen. Die Urnenüberführung solle dann über den Generalstaatsanwalt der DDR abgewickelt werden. Auch dürfe der Totenschein keine Angaben über die Schussverletzung, sondern nur über die unmittelbare Todesursache enthalten. Dass den Eltern Roland Kremers bisher weder der kritische Zustand noch der Tod ihres Sohnes mitgeteilt worden war, geht aus der Festlegung hervor, dass erst, wenn eine offizielle Mitteilung über „das Vorkommnis" beim Generalstaatsanwalt der DDR eingehe, „eine Benachrichtigung der Angehörigen des KREMER über dessen Tod erfolgen kann". Die tschechischen Sicherheitsorgane bestätigten einen Tag später diese Festlegungen.

Am 16. August wurde die Leiche Kremers im Institut für Gerichtsmedizin in Plzeň obduziert. In ihrem Obduktionsprotokoll hielten Dr. Helena Kvapilova und Dr. Karel Pitr als Todesursache fest: „Roland Kremer verstarb infolge einer Verletzung lebenswichtiger Organe, vor allem der Niere, des Herzens und des Gehirns, hervorgerufen durch einen Schock nach der Verletzung, durch sehr hohen Blutverlust durch die Verletzung des linken Schulterblutkreislaufes." Von einer solchen Verletzung war im offiziellen Totenschein, den der Rat des Stadtbezirkes Plzeň am 17. August ausstellte, nichts mehr zu lesen. Hier galten eine Lungenentzündung, eine „hypertense Krankheit" und die „akute Unterfunktion der Nieren“ als Todesursache. Am 23. August wurde die Leiche im Krematorium des Zentralfriedhofs Plzeň eingeäschert, die Urne am 13. September in die DDR überführt und am 23. Oktober in Plauen beerdigt.

Das Kreisgericht Plauen verurteilte Konrad G. am 5. November 1973 in einer nicht öffentlichen Verhandlung wegen versuchter Republikflucht im schweren Fall zu einer Freiheitsstrafe von zwei Jahren und drei Monaten. Vom Tod seines Freundes erfuhr er erst nach neun Wochen Untersuchungshaft. Noch aus der MfS-Untersuchungshaftanstalt Karl-Marx-Stadt legte Konrad G. mit einem Schreiben vom 7. November 1973 Berufung gegen das Urteil des Kreisgerichts Plauen ein und forderte eine Anklageerhebung wegen „des versuchten Mordes an meinen Freund Roland Kremer“ und „wegen brutaler Mißhandlung an meiner Person nach erfolgter Festnahme. In beiden Fällen liegt eine Verletzung der Menschenwürde, des Menschenrechts und des Humanismus vor.“ Das Gericht leitete die Berufung an das MfS weiter, in dessen Ermittlungsakten das Schreiben archiviert wurde.

(Autor: jk; Recherche: AH, CB, jos., jk)

Quellen

MfS, BV Karl-Marx-Stadt, Abt. IX: Ermittlungsverfahren XIV 860/73. BStU, MfS, Ast. Chemnitz, AU 656/74, Bd. I und II.

Polizeidirektion Hannover, Abt. K–7.3K: Auf Vorladung erscheint der Industriekaufmann […]. Hannover, 30.9.1974. BArch B 285/830.

Prokop, Tomek: Kremer, Roland (* 20.11.1949, † 14.8.1973) (Übersetzung Ruben Höppner), https://www.ustrcr.cz/uvod/dokumentace-usmrcenych-statni-hranice/usmrceni-statni-hranice-portrety/kremer-roland/ (21.12.2021).

Auskunft des Stadtarchivs Plauen vom 25.1.2022.

Auskunft der Zentralen Friedhofsverwaltung in Plauen vom 1.2.2022.

Günter Lange

geboren am 22. April 1944 in Stralsund

ertrunken, vermutlich am 2. November 1973 in rumänisch-jugoslawischen Grenzgewässer

Ort des Vorfalls: in der Donau südlich von Orşova

Laut Geburtenbuch des Standesamtes der Hansestadt Stralsund kam Günter Otto Hermann Lange am 22. April 1944 in der Wohnung seiner Eltern im Kurt-Neubauer-Weg 18 zur Welt. Seine Mutter, Else Lange, geb. Bent (Jg. 1913), und sein Vater, Otto Lange (Jg. 1910), stammten gleichfalls aus Stralsund. Beide Eheleute waren evangelisch, hatten 1933 geheiratet und keinen erlernten Beruf. Otto Lange war zunächst Seemann, dann Hafenarbeiter und später Telegrafenarbeiter. Von 1942 bis 1945 diente er als Soldat im Zweiten Weltkrieg. Danach arbeitete Otto Lange einige Jahre als selbständiger Fuhrmann und seit 1951 als Schiffskoch. Gleichzeitig holte er bis 1960 die Grundschule und ab 1961 die Oberschule nach. Seine Frau Else arbeitete vor der Heirat ohne Berufsabschluss als Verkäuferin, dann als Hausangestellte. Nach der Geburt ihres ersten Sohnes, Wolfgang, blieb sie im eigenen Haushalt. Während des Kriegsdienstes ihres Mannes, arbeitete sie als Reinemachfrau, bis sie ihren zweiten Sohn Günter bekam. Das Ehepaar Lange hatte insgesamt drei Kinder: Wolfgang, Günter und dessen jüngeren Bruder Werner. Die Eheleute Lange lebten mit ihren Kindern in Stralsund – von 1944 bis 1946 im Hasenweg 6, dann kurzfristig am Lüssower Berg 15 und ab 1946 im Lerchenweg 4.

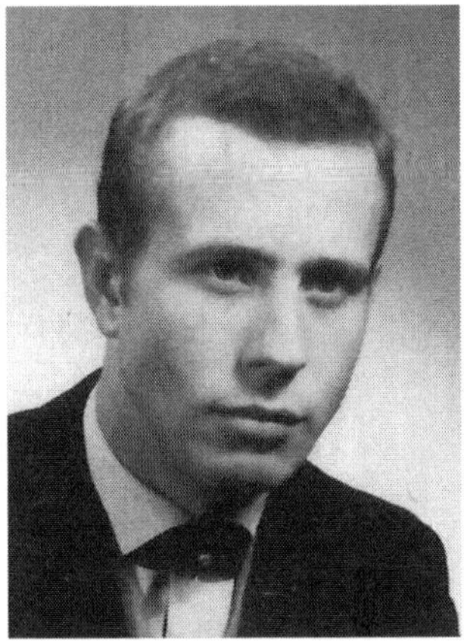
Günter Lange

Günter Lange besuchte seit dem 1. September 1950 die lokale Grundschule. Seit 1953 gehörte er der Pionierorganisation „Ernst Thälmann“ an und war dort von 1956 bis 1958 Mitglied des Gruppenrats. Er schloss die Grundschule im Sommer 1958 mit der Note „gut“ ab und wechselte am 1. September an die Hansa-Oberschule. Vor Jahresende trat er der FDJ und der DSF bei sowie Anfang 1959 dem DTSB. Die Schüler der elften und zwölften Klassen wählten Günter Lange 1960 und 1961 zum Mitglied im Zentralsekretariat der Gruppenleitung der FDJ. Als die FDJ-Führung nach dem Mauerbau vom 13. August 1961 in ihrer Kampagne „Das Vaterland ruft! Schützt die sozialistische Republik!“ für die Selbstverpflichtung zum Dienst in der Nationalen Volksarmee aufrief, wurden insbesondere Abiturienten unter Druck gesetzt, solche Erklärungen „freiwillig“ zu unterschreiben. Dementsprechend verpflichtete sich Günter Lange, „nach dem Abitur meinen Ehrendienst in der Nationalen Volksarmee zu versehen“. Die FDJ-Kampagne endete am 24. Januar 1962 mit der Einführung der allgemeinen Wehrpflicht durch Beschluss der Volkskammer. „Durch das Wehrpflichtgesetz wurde meine Bewerbung aber hinfällig“, schrieb Günter Lange in seinem Lebenslauf.

Sein Abitur bestand er am 1. Juli 1962 mit der Note „befriedigend“. Die Prüfungskommission bescheinigte ihm „als Arbeiterkind politisch sehr interessiert" zu sein und „im politischen Meinungsstreit sehr positiv in Erscheinung" zu treten. „Auch als Mitglied der ZL [Zentralleitung der FDJ] beeinflusste er das Kollektiv im fortschrittlichen Sinne."

Günter Lange erlernte wie sein älterer Bruder, der Schlosser war, einen Handwerksberuf. Am 1. September 1962 begann er seine Ausbildung zum Facharbeiter für Tiefbohrungen in der Betriebsberufsschule des VEB Zentrales Reparatur- und Ausrüstungswerk (ZRAW) der Vereinigung Volkseigener Betriebe Erdöl-Erdgas Gommern. Das Werk befand sich in der Magdeburger Chaussee in Gommern (Kreis Burg) im Bezirk Magdeburg. Dort wohnte er seit dem 5. September 1962 in einem Lehrlingswohnheim des Betriebes. Wie auch bei späteren Wohnungswechseln behielt er seinen Hauptwohnsitz in Stralsund.

Während der Ausbildung in Gommern trat Günter Lange der Industriegewerkschaft Bergbau im FDGB bei. Sein Berufsziel war, Geologe zu werden. Der Lehrmeister des VEB ZRAW Gommern bescheinigte ihm am 25. Januar 1963, fleißig, gewissenhaft und qualitativ gut gearbeitet zu haben. Die berufstheoretische Leistung wäre jedoch unausgereift, weil Lange in seiner Freizeit sehr viele private Interessen auslebte: Er sang in einem Chor, gehörte einem Theaterring an, trieb Judosport und in der Gesellschaft für Sport und Technik Fallschirmspringen. Weiter heißt es in der Beurteilung, er sei körperlich gut entwickelt, herausragend sportlich und meinungsstark, besäße ein offenes Wesen und ließe sich „gern belehren", wenn er falsch urteile. „Da der Vater als Schiffskoch viel unterwegs ist und seine Mutter als Verkäuferin im Konsum arbeitet, ist er mit seinen beiden Brüdern selbständig aufgewachsen." Die politische Beurteilung lautete: „Als stellvertretender FDJ-Gruppensekretär erfüllt er seine Aufgabe. […] Im Kollektiv bewährt sich Günter als guter Kamerad."

Am 29. Januar 1963 stufte der Amtsarzt im Landambulatorium Gommern den 173 cm großen und 69 kg schweren Günter Lange als „[u]ntertagetauglich" ein. Der Mediziner hatte „[k]eine Bedenken gegen [ein] Studium an der Bergbau-Akademie Freiberg". Das Volkspolizeikreisamt Burg stellte Günter Lange ein tadelloses Führungszeugnis aus. Aus einer für die Studienbewerbung geforderten Selbstauskunft ging freilich hervor, dass sein älterer Bruder Wolfgang inzwischen im westdeutschen Hannover lebte. Sein Vater Otto war jedoch offenbar gut beleumundet und mit der bronzenen „Medaille für treue Dienste" ausgezeichnet worden. Mit dieser Selbstauskunft und den vorherigen Gutachten bewarb sich Günter Lange am 13. Februar 1963 im Staatssekretariat für das Hoch- und Fachschulwesen der DDR um ein Studium zum Diplomgeologen an der Universität Rostock.

Die Zulassung erfolgte jedoch nicht am gewünschten Studienort, sondern an der Ernst-Moritz-Arndt-Universität Greifswald. Der Kaderleiter des VEB ZRAW Gommern delegierte Günter Lange offiziell am 1. April 1963 „zum Direktstudium in der Fachrichtung Geologie für das Jahr 1964/65" und bat die Universität Greifswald „um Berücksichtigung der Bewerbung". Die zuständige Zulassungskommission war am 27. Mai 1963 mit der Eignungsprüfung des Kandidaten sehr zufrieden und empfahl ihn als „besonders geeignet". Er hätte eine gute, klare und logische Denkleistung bewiesen. Sein Interesse an der Geologie wäre durch den ehemaligen Klassenlehrer geweckt und durch Sammlungen von Gesteinen und Fossilien sowie durch die Tiefbohrer-Lehre in Gommern noch gesteigert worden.

Kurzum: Günter Lange konnte seine handwerkliche Ausbildung beenden, ab dem 10. Juni 1963 ein Wohnheim in Reinkenhagen (Kreis Grimmen) im Bezirk Rostock beziehen und sich am 30. August 1963 an der Universität Greifswald immatrikulieren. Bald darauf bezog er mit Kommilitonen das Zimmer 101 in einem Studentenheim in der Saarlandstraße 19/21. Die Universität beantragte am 9. Dezember 1963 „seine Zurückstellung vom Grundwehrdienst bis Beendigung seines Studiums im Jahre 1968". In dieser Zeit blieb Günter Lange Mitglied der FDJ und des DTSB, gehörte aber der DSF spätestens ab 1964 nicht mehr an. Außerdem teilte er der Universitätsverwaltung am 1. Oktober 1965 bei der Rückmeldung für das kommende Semester mit, dass sein älterer Bruder Wolfgang aus der Bundesrepublik in die DDR und nach Stralsund zurückgekehrt war.

Günter Lange absolvierte seine zweite Zwischenprüfung von Juli bis November 1965 und seine dritte Zwischenprüfung von Juni 1966 bis März 1967. Die damaligen Protokolle dokumentierten seine Interessen, Fähigkeiten und Studienergebnisse: Einerseits wurden seine Geologiekenntnisse und ein Berufspraktikum mit „sehr gut" oder zumindest „gut" bewertet, andererseits erreichte er am 4. Juli 1966 bei der Prüfung im Fach Politische Ökonomie zum Thema des staatsmonopolistischen Kapitalismus nur die Note „ausreichend".

Am 16. November 1967 beantragte Günter Lange, nach zehn Studiensemestern das „Staatsexamen (Diplomprüfung) der Fachrichtung Geologie im Sommer 1968" ablegen zu dürfen. Die Prüfungskommission billigte sein Examensgesuch. Sein Bruder Wolfgang starb kurz danach im Alter von 32 Jahren am 12. Februar 1968. Die Diplomarbeit von Günter Lange *Makrofauna und Stratigraphie einiger Callovien-Geschiebe von NE-Mecklenburg unter besonderer Berücksichtigung der Ammoniten* erhielt die Note „sehr gut". Das Diplomzeugnis vom 15. Juli 1968 weist allerdings für das Prüfungsfach

Marxismus-Leninismus nur die Note „genügend" aus sowie die Gesamtnote „befriedigend".

Günter Lange arbeitete nach seinem Studium im VEB Untergrundspeicher Stendal und wohnte Am Mühlenberg 1 in der Kreisstadt Stendal, Bezirk Magdeburg. Der VEB Untergrundspeicher Stendal war ein Betriebsteil des selbständigen VEB Erdöl-Erdgas Mittenwalde. Der Untergrundspeicher Stendal diente der Aufbewahrung von Gas, Öl und petrochemischen Produkten der Region Altmark. Ab dem 1. Januar 1970 wurde der VEB Untergrundspeicher Stendal aus dem VEB Erdöl-Erdgas Mittenwalde ausgegliedert und Generalauftragnehmer für die Erforschung, Erkundung und Einrichtung von Untergrundspeichern. Der VEB Untergrundspeicher Stendal unterstand nun der VVB Erdöl-Erdgas Gommern. Zu dieser Vereinigung Volkseigener Betriebe gehörte auch der VEB ZRAW Gommern, die ehemalige Ausbildungsstelle von Günter Lange.

Das Jahr 1973 brachte im Leben von Günter Lange wichtige Veränderungen: Sein Vater Otto starb am 6. April und der VEB Untergrundspeicher Stendal wurde zum 1. Juli liquidiert. Dessen Aufgaben übernahm der VEB Erdöl-Erdgas Mittenwalde. Er wurde als VEB Untergrundspeicher Mittenwalde Hauptauftragnehmer für Untergrundspeicher. Damit änderte sich auch der Arbeitsort des inzwischen 29-jährigen Günter Lange. Er löste seine Nebenwohnung in Stendal auf und nahm seinen Nebenwohnsitz in Mittenwalde, Berliner Chaussee.

Warum sich Günter Lange zur Flucht aus der DDR entschloss, ist nicht bekannt. Auf einer Meldekarte wurde vermerkt, dass Günter Lange aus privatem Anlass in das sozialistische Ausland gereist war. Er erreichte im Herbst 1973 den Kreis Mehedinţi in der Region Oltenia (Kleine Walachei) der Sozialistischen Republik Rumänien. Am 12. Oktober 1973 überquerte Günter Lange vermutlich bei der Stadt Drobeta Turnu Severin auf ungeklärte Weise die Donau. Er gelangte so nach Jugoslawien und wurde auf serbischem Territorium mutmaßlich nahe der Gemeinde Kladovo im Bezirk Bor von dortigen Sicherheitskräften festgenommen.

Die rumänische Journalistin Marina Constantinoiu schrieb im Jahr 2005, Günter Lange sei durch die Donau geschwommen und am Ufer bei der jugoslawischen Kleinstadt Tekija, ungefähr 24 km nordöstlich von Kladovo, festgenommen worden. Bei seiner Vernehmung durch einen jugoslawischen Staatsanwalt und einen Untersuchungsrichter habe er darum gebeten, nicht zurück nach Rumänien gebracht zu werden, weil er auf dem Weg zu seiner kranken Mutter in West-Berlin sei. Da Else Lange in Stralsund lebte, war das offenbar eine Schutzbehauptung.

Jedenfalls lieferte die jugoslawische Grenzpolizei den Gefangenen am 13. Oktober 1973 bei Drobeta Turnu Severin dem rumänischen Grenzschutz aus. Für den 17. Oktober vereinbarte das rumänische Innenministerium mit der DDR-Botschaft in Bukarest Langes Übergabe. Er kam nicht in Abschiebehaft, sondern wurde unter Hausarrest in einem Bukarester Hotel untergebracht. Es gelang ihm jedoch, aus dem Hotel zu entweichen und sich erneut auf den Weg zur jugoslawischen Grenze zu machen. Rumänische Sicherungskräfte fahndeten vergeblich nach dem DDR-Flüchtling und vermuteten bald, er sei erfolgreich über die Grenze entkommen.

Wo er sich rund zwei Wochen lang versteckt hielt und wie er erneut zur Donaugrenze gelangte, ist nicht bekannt. Sicher ist jedoch, dass er wohl am 2. November 1973 etwa 30 km nordöstlich von Drobeta Turnu Severin trotz der Herbstkälte versuchte, im Gebiet der Katarakten durch die Donau zu schwimmen. Dabei ertrank er zwischen der rumänischen Stadt Orşova und der jugoslawischen Kleinstadt Tekija. Seine Leiche wurde bei Tekija an das Flussufer gespült und dort am 3. November 1973 geborgen. Da der Tote in seinem Taucheranzug Papiere bei sich trug, stand seine Identität rasch fest. Die jugoslawischen Behörden übermittelten die Personalien der rumänischen Seite schon am nächsten Tag.

Bereits am 5. November 1973 wurden die sterblichen Überreste Günter Langes in einem Zinksarg nach Rumänien überführt. Als sein Sterbeort wird in den amtlichen Unterlagen Kladovo angegeben, wo vermutlich die Sargübergabe stattfand. Ob der Eintrag Nr. 4/1973 aus dem Standesamt Bukarest oder aus der DDR-Botschaft in Rumänien mitgeteilt wurde, ist unklar. Die beurkundete Todesursache lautet: „in der Donau ertrunken aufgefunden".

August Klobes, der die Hauptabteilung Konsularische Angelegenheiten im Ministerium für Auswärtige Angelegenheiten der DDR leitete, benachrichtigte den Leiter der Abteilung für Innere Angelegenheiten beim Rat der Stadt Stralsund, Klemt, über den Tod Günter Langes und teilte mit: „Der Tote befand sich längere Zeit im Wasser, die Leiche wurde geborgen und identifiziert. Aufgrund des Zustandes der Leiche wurde sofortige Einäscherung angeordnet." Klobes bat Klemt, dies der Mutter mitzuteilen und von ihr die Kostenübernahme zu erwirken.

So erfuhr Else Lange am 6. November 1973, dass ihr Sohn Günter ertrunken und sein Leichnam bereits eingeäschert sei. Eine Auskunft über die Umstände und den Todeszeitpunkt bekam die Mutter nicht. Um wenigstens die Asche des Sohnes zu erhalten, bestätigte Else Lange noch am selben Tag die ihr abgenötigten Kostenregelungen per Telegramm an die Hauptreferentin der Konsularischen Hauptabteilung des MfAA, Ursula Gott. Da Else Lange zu ihrem jüngsten Sohn Werner nach Neubrandenburg umziehen wollte, beantragte sie die dortige Beisetzung Günter Langes.

Um mehr über den Tod von Günter Lange zu erfahren, erbat die Botschaft der DDR in Bukarest einen Termin bei der Passdirektion des rumänischen Innenministeriums. Die Zusammenkunft fand am 14. November 1973 statt. Dabei informierten Major Stoian und Oberst Cernat, der Direktor der Passabteilung, den Zweiten Sekretär der DDR-Botschaft in Bukarest, Konsul Klaus Richter, über ihren Kenntnistand. Richter notierte die Inhalte des Gespräches fünf Tage später.

Die Konsularabteilung der DDR-Botschaft in Bukarest beglich zunächst die mit dem Todesfall von Günter Lange zusammenhängenden Kosten in Höhe von 3.731 rumänischen Lei. Konsul Richter teilte das am 11. Dezember 1973 August Klobes mit und ebenso, „dass die Urne mit gleicher Post als unbegleitete Sendung an Genossin Gott zur weiteren Veranlassung übersandt wird". Ursula Gott ließ die Urne zusammen mit einer Sterbeurkunde am 4. Januar 1974 dem Städtischen Bestattungswesen in Berlin übergeben und verfügte die Beisetzung entgegen dem Wunsch von Else Lange auf dem Zentralfriedhof in Stralsund.

Die davon in Unkenntnis gehaltene Mutter Günter Langes hatte den Stadtrat zwar gebeten, alle Sachverhalte zum Umgekommenen aufzuklären, allerdings leugnete die Abteilung für Innere Angelegenheiten von Stralsund jedwedes Wissen und riet der Hinterbliebenen, sich an das Ministerium für Auswärtige Angelegenheiten der DDR zu wenden. Deswegen beschwerte sich Else Lange am 15. Januar 1974 beim Außenministerium, es seien zweieinhalb Monate vergangen, ohne dass sie eine Nachricht bezüglich der Todesumstände ihres Sohnes oder auch nur über den Aufenthaltsort der Urne erhalten hätte. „Die sofortige Einäscherung klingt mir nicht glaubhaft, oder sollte Rumänien allein das Recht zur Einäscherung haben? Ich glaube kaum. Ich betrachte dieses Benehmen als unmenschlich und unerhört, daß man mir als Mutter nicht die Gelegenheit gegeben hat, meinen Sohn zu sehen und zu identifizieren." Überdies könne es doch keine zweieinhalb Monate dauern, die Urne „ins Freundesland zu schicken". Deshalb beantragte Else Lange, die schnellstmögliche Übergabe der Urne.

Ursula Gott antwortete der Mutter: „Entsprechend den örtlichen Bedingungen der Sozialistischen Republik Rumänien, Gesundheits- und Hygienebestimmungen, mußte – da der Leichnam längere Zeit im Wasser gelegen hat – eine sofortige Einäscherung der sterblichen Überreste Ihres Sohnes vorgenommen werden." Darüber hinaus sei die Urne beim Berliner Bestattungswesen zwischengelagert und der Ort der Beisetzung mit dem Rat der

Stadt Stralsund geregelt. Else Langes Wunsch auf Beisetzung ihres toten Sohnes in Neubrandenburg wurde übergangen. Stattdessen erfolgte die Urnenbeisetzung im Familiengrab auf dem Zentralfriedhof in Stralsund. In dieser Grabstelle lagen bereits sein älterer Bruder Wolfgang und sein Vater Otto Lange. Das Familiengrab ist heute nicht mehr vorhanden, da es im September 1997 von der Friedhofsverwaltung eingeebnet worden ist.

Die der Mutter lange vorenthaltene Sterbeurkunde war zunächst von Konsul Klaus Richter unterzeichnet worden. Sie trug jedoch ein falsches Geburtsdatum. Deshalb sandte die Abteilung für Innere Angelegenheiten beim Rat der Stadt Stralsund den Totenschein am 22. Januar 1974 zurück. Die erste Abteilung der rumänischen Generalstaatsanwaltschaft übergab am 5. April 1974 an den Beauftragten der DDR-Botschaft in Bukarest, Gheorghe Dtaceac, die Hinterlassenschaft von Günter Lange. Es handelte sich dabei um einen Taucherapparat, Taucherschuhe, eine Schutzbrille, ein Unterwasserrohr, eine Regenpelerine, einen Leinenanzug, Schuhe, ein Fernglas, einen Kanister mit unbestimmter Flüssigkeit, einen Zahnbecher, Shampoo, und eine Seifendose. Nach langwierigem bürokratischen Hin und Her forderte der Abteilungsleiter für Inneres beim Rat der Stadt Stralsund, Hoddow, am 14. April 1974, die DDR-Botschaft in Bukarest möge nun endlich eine korrekte Todesurkunde ausstellen und nach Stralsund schicken. Frau Lange spreche laufend beim Rat der Stadt vor und verlange die Urkunden. Konsul Klaus Richter konnte dem angeblich nicht entsprechen, da die Personenstandsbücher der Botschaft schon an das Standesamt I in Berlin übergeben worden waren, das zuständigkeitshalber Todesfälle von DDR-Bürgern im Ausland zu beurkunden habe. Erst am 18. Juni 1974 wurde Günter Langes Sterbeurkunde auf Anweisung von MfAA-Hauptreferentin Gott nach Stralsund übermittelt.

(Autor: AH; Recherche: AH, CB, ES, jos, MePe)

Quellen

Standesamt Stralsund: Eheschließungsbuch, Eintrag Nr. 258/1933, 16.9.1933 (Otto Hermann Willi Lange und Else Charlotte Brigitta Lange [geborene Bent]). Stadtarchiv Hansestadt Stralsund.

Standesamt Stralsund: Sterberegister Nr. 331, 11.4.1973 (Otto Hermann Willi Lange). Stadtarchiv Hansestadt Stralsund.

Standesamt Stralsund: Geburtenbuch, Eintrag Nr. 165 B, 23.2.1944 (Günter Otto Hermann Lange). Standesamt der Hansestadt Stralsund.

Meldekarte Günter Lange. Stadtarchiv Hansestadt Stralsund.

Studentenakte Günter Lange. UAG, Stud-Akt.–III 9512.

Diplomverfahren Günter Lange. UAG, Math-Nat. Diplom 683.

MfS: Mitteilungen zu in anderen sozialistischen Staaten festgenommenen und übergebenen DDR-Bürgern von 1973 bis 1974. BStU, MfS, AS, Nr. 136/75, Bl. 90.

MfAA: Todesfälle von DDR-Bürgern im Zusammenhang mit dem ungesetzlichen Verlassen im Ausland. PAAA, MfAA, ZR 495/88.

MfAA: Vermerk über ein Gespräch des Leiters der Konsularabteilung der DDR-Botschaft in Bukarest, Klaus Richter, in der Konsularabteilung des Ministeriums für Auswärtige Angelegenheiten der Sozialistischen Republik Rumänien, 29.3.1974. PAAA, MfAA, C 1630/76.

Constantinoiu, Marina: Pentru mulţi dintre ‚frontierişti' viaţa s-a încheiat în Dunare. In: Jurnalul Naţional, 1.6.2005, https://www.hotnews.ro/stiri-arhiva-1225788-pentru-multi-dintre-frontieristi-viata-incheiat-dunare.htm (11.3.2022).

Herbstritt, Georg: Über Rumänien in die Freiheit? Fluchtversuche von DDR-Bürgern über Rumänien in den Westen. In: Halbjahresschrift für südosteuropäische Geschichte, Literatur und Politik, Nr. 21/2, 2009, S. 5–14.

Herbstritt, Georg: Entzweite Freunde. Rumänien, die Securitate und die DDR-Staatssicherheit 1950 bis 1989. Göttingen 2016, S. 379 f.

Steiner, Johann/Magheţi, Doina: Die Gräber schweigen. Berichte von der blutigsten Grenze Europas. Bd. 2. Troisdorf 2010, S. 29 f.

Friedhofsverwaltung des Städtischen Zentralfriedhofs – Eigenbetrieb der Hansestadt Stralsund: Auszüge aus dem Sterberegister zur Grabstätte von Günter Lange. Auskunft vom 9.3.2022.

Rudolf Erwin Buss

geboren am 20. März 1946 in Gaindorf (Gemeinde Ravelsbach, Niederösterreich)
erschossen am 23. Mai 1974 in der Tschechoslowakei
Ort des Vorfalls: bei Vysoká pri Morave im Fluss Morava (dt. March) an der Grenze zu Österreich

Rudolf Erwin Buss wurde am 20. März 1946 im niederösterreichischen Gaindorf (Gemeinde Ravelsbach) geboren. Seine Eltern waren die 22-jährige landwirtschaftliche Arbeiterin Maria Schindler, geborene Langmayr, aus Bachmanning in Oberösterreich und der 27-jährige Schiffer Wilhelm Buss aus Aurich in Niedersachsen. Rudolf Buss war ein uneheliches Kind und wurde in den amtlichen Unterlagen auch unter dem Namen Leopold geführt. Mindestens bis zum Jahr 1954 blieb er in Gaindorf wohnen, dann muss er mit seinem drei Jahre älteren Bruder Gerhard in die DDR übergesiedelt sein. Er erlangte jedoch nicht die Staatsbürgerschaft der DDR, sondern erhielt eine Aufenthaltsberechtigung als Staatenloser. Beide Brüder wohnten in Mügeln (Landkreis Nordsachsen), Rudolf Buss im Ortsteil Glossen, wo er als Maurer in der LPG Glossen arbeitete und eine Familie gründete. Zwischen 1964 und 1969 wurde er in vier Fällen wegen Körperverletzung, Hausfriedensbruch und Widerstand gegen die Staatsgewalt zu Geld und Freiheitsstrafen verurteilt. Seit dem 16. Mai 1974 war er von Christine Buss geschieden, ihre beiden gemeinsamen Kinder waren fünf und acht Jahre alt.

Laut einem Brief seiner geschiedenen Ehefrau hatte Rudolf Buss zu diesem Zeitpunkt seit zwölf Jahren versucht, seine österreichische Staatsbürgerschaft zurückzuerlangen und in sein Heimatland ausreisen zu dürfen. Da sein Anliegen stets abgewiesen wurde, versuchte er schließlich illegal über die Tschechoslowakei nach Österreich zu gelangen. Am 22. Mai 1974 reiste er mit dem Zug nach Bratislava, dort stieg er in eine Bahn um, mit der er ins 25 km entfernte Zohor fuhr. Die österreichische Grenze war von hier aus noch 5 km entfernt. Er hatte seinen Personalausweis für Staatenlose, seine Fahrerlaubnis, einen Ausweis des Deutschen Roten Kreuzes, seine Geburtsurkunde und rund 510 Mark sowie 285 tschechoslowakische Kronen eingesteckt und bis auf einen Bleistift, einen Konservenöffner, zwei Fotos und zwei Taschentücher kein Gepäck bei sich.

Laut den Unterlagen der tschechoslowakischen Grenzwache und der Staatssicherheit aus Bratislava beobachtete Ladislav Szabo, der Gefreite einer Wachpatrouille, am 23. Mai 1974 gegen 8.45 Uhr in der Nähe des westslowakischen Ortes Vysoká pri Morave Rudolf Buss am Signalzaun. Szabo, der zwischen 200 und 250 m von Buss entfernt war, meldete seine Beobachtung über Funk der 6. Grenzschutzkompanie Vysoká und wollte anschließend die Kontrolle und gegebenenfalls die Festnahme durchführen. Doch Buss kletterte schnell über den Grenzzaun und lief in Richtung des Grenzflusses Morava (dt. March). Szabo erklärte später, er habe ihn aufgefordert stehen zu bleiben, aus seiner Maschinenpistole einen Warnschuss abgegeben und sei ihm anschließend über den Signalzaun gefolgt. Nachdem Szabo zwei Salven auf den Flüchtenden abgegeben hatte, ohne ihn zu treffen, sah er ihn schließlich vom Ufer der Morava aus, als Buss 10 m entfernt durch den Fluss in Richtung des österreichischen Territoriums watete. Hierauf feuerte der Gefreite mit seiner Maschinenpistole eine Salve von fünf Patronen auf den 28-Jährigen ab. Ein Schuss traf ihn in den Rücken, durchdrang seinen Oberkörper und trat am Bauch wieder aus. Tödlich verletzt, stürzte Rudolf Buss ins Wasser und wurde von der Strömung fortgetragen. Insgesamt hatte Szabo bei seinem Einsatz 57 Patronen abgefeuert.

500 m flussabwärts bargen Angehörige der 6. Grenzschutzkompanie den Körper von Rudolf Buss und legten ihn 60 m vom Ufer entfernt ab, wo ein

Arzt den Tod bestätigte. Zwei Stunden später begann die Tatortuntersuchung unter der Leitung des Stabschefs der 11. Grenzbrigade Bratislava. Anwesend waren ein Militärstaatsanwalt, ein Vertreter des Prager Hauptquartiers der Grenzwache und ein Vertreter des Staatssicherheitsdienstes aus Bratislava. Ladislav Szabo wurde bestätigt, dass seine Schusswaffenanwendung den Dienstvorschriften entsprach. Laut Abschlussbericht der Staatssicherheit aus Bratislava „musste die Grenzwache gegen den Grenzverletzer von der Dienstwaffe Gebrauch machen, da er auf die milderen Mittel nicht reagierte. Es war also Gefahr im Verzuge und auf andere Weise konnte er nicht festgenommen werden."

Bei der Obduktion der Leiche im Institut für Gerichtsmedizin in Bratislava kamen Dr. Korman und Dr. Krahulec zu dem Ergebnis, dass der Durchschuss die unmittelbare Todesursache war. Das Projektil hatte wichtige Blutgefäße zerstört und durch den Blutverlust einen hämorrhagischen Schock verursacht. „Die Verletzung vom Schuß führte zu einem schnellen Tod durch Kreislaufstillstand, bevor noch der Effekt Ersticken durch Ertrinken auftreten konnte." Buss war kurz nach dem Treffer im Wasser treibend gestorben.

Der Staatssicherheitsdienst der DDR wurde bereits am Abend des 23. Mai 1974 inoffiziell durch die Operativgruppe Prag über den Todesfall unterrichtet und gab die Information an das Ministerium für Auswärtige Angelegenheiten der DDR weiter. Die beiden Behörden stimmten sich dahingehend ab, für weitere Schritte die offizielle Mitteilung des Konsulats in Bratislava oder der Botschaft in Prag abzuwarten. Am 28. Mai 1974 benachrichtigte MfAA-Hauptabteilungsleiter Klobes den Rat des Kreises Oschatz über den Todesfall. Als persönliche Information an den Vorsitzenden des Kreisrates übermittelte er die falsche Angabe, Rudolf Buss sei im Fluß Morava ertrunken, als er versuchte, die Grenze zu durchbrechen. Der Vorsitzende für Inneres im Rat des Kreises Oschatz musste nun die Verwandten benachrichtigen und die Modalitäten der Leichenüberführung klären. Am 29. Mai meldete er dem MfAA, dass der Bruder Gerhard Buss erreicht werden konnte und die Kosten für eine Urnenüberführung übernehmen wolle. Die Beisetzung sollte auf dem Friedhof in Mügeln erfolgen. Am 6. Juli 1974 wurde die Leiche von Rudolf Buss im Krematorium Bratislava eingeäschert und die Urne in die DDR überführt. Auch Christine Buss erhielt von der Abteilung Inneres des Rates Oschatz die Mitteilung, dass ihr geschiedener Ehemann in einem Grenzgewässer der ČSSR ertrunken sei. Für sie begann nun der Kampf um eine Sterbeurkunde, da sie für ihre Kinder die Waisenunterstützung beantragen musste, wie sie am 10. Juli 1974 an das DDR-Außenministerium schrieb.

Martin Pulec, der den Fall für eine Dokumentation des tschechischen Instituts für das Studium totalitärer Regime (Ústav pro studium totalitních režimů) aufgearbeitet hat, wies auf den Mangel an sachlichen Archivalien hin. So fehle in den ČSSR-Akten zu Buss eine Tatortskizze, die sonst ein üblicher Bestandteil der Untersuchungsvorgänge sei. Möglicherweise habe der Umstand, dass Buss die Mitte des Wasserlaufes überschritten und bereits österreichisches Gebiet erreicht hatte, verdeckt werden sollen.

(Autor: jk; Recherche: App., jk, jos.)

Quellen

BStU, MfS, Abt. X, Nr. 2354, Bl. 65–72.

MfAA: Todesfälle von DDR-Bürgern im Zusammenhang mit dem ungesetzlichen Verlassen im Ausland. PAAA, ZR 495/88.

Pulec, Martin: Buss, Rudolf Erwin (* 20.3.1946, † 23.5.1974) (Übersetzung Ruben Höppner), https://www.ustrcr.cz/uvod/dokumentace-usmrcenych-statni-hranice/usmrceni-statni-hranice-portrety/buss-rudolf-erwin/ (4.10.2022).

Auskunft des Pfarramts Ravelsbach vom 12. und 13.10.2021.

Auskunft des Standesamts Ravelsbach vom 12.10.2021.

Reinhard Poser

geboren am 15. Juni 1953 in Karl-Marx-Stadt (Chemnitz)

erschossen am 8. August 1974 in Bulgarien

Ort des Vorfalls: bei Rezovo an der Grenze zur Türkei

Reinhard Poser

Reinhard Poser kam am 15. Juni 1953 in Karl-Marx-Stadt (heute Chemnitz) zur Welt. Seine Eltern Waltraud Poser, geb. Raßmann (Jg. 1933) und Heinz Poser (Jg. 1929) waren gebürtige Chemnitzer. Sie flüchteten im Oktober 1953 mit ihren beiden Kindern Karin und Reinhard nach Westdeutschland. Dort trennten sich die Eheleute und Waltraud Poser brachte ihren kleinen Sohn zu den Großeltern Ernst und Hilde Raßmann nach Karl-Marx-Stadt, anschließend kehrte sie in die Bundesrepublik zurück. Als seine Großmutter 1957 starb, wollte eine entfernte Verwandte in

Delbrück (Nordrhein-Westfalen) Reinhard Poser zu sich nehmen. Obwohl ihr mit Zustimmung seiner Mutter die Vormundschaft zugesprochen wurde, wiesen die DDR-Behörden den Vierjährigen in das Vorschulheim Gränitz, das sich in dem 1945 enteigneten Gutshaus Gränitz, Kreis Brand-Erbisdorf, befand. Es folgte eine Odyssee durch mehrere Kinderheime. Von 1960 bis 1966 lebte Reinhard Poser im Kinderheim Großhartmannsdorf, von 1967 bis 1970 im Kinderheim Bernsdorf und von 1970 bis 1973 in einem Jugendwohnheim in der Annaberger Straße in Karl-Marx-Stadt. Nach dem Abschluss seiner Lehre als Installateur beim VEB Technische Gebäudeausrüstung (TGA) Karl-Marx-Stadt wohnte er erstmals durch Vermittlung seines Betriebes in einer eigenen Unterkunft in der Winkler Straße 19.

Reinhard Poser hatte die allgemeinbildende polytechnische Oberschule Bernsdorf II besucht und die 10. Klasse mit „gut“ abgeschlossen. In Beurteilungen aus seiner Lehrzeit wurde sein Widerspruchsgeist kritisiert, er sei „launisch, egoistisch und unkonsequent“. Er habe zum „negativen Kern“ der Lehrlinge gehört und andere zu Disziplinlosigkeiten verleitet. Gesellschaftliche Aufgaben habe er erst nach mehrfacher Aufforderung ausgeführt und keine Eigeninitiative gezeigt. Nachdem er mit anderen Jugendlichen in eine Kirche eingebrochen war und kirchliches Eigentum entwendet hatte, wurde Reinhard Poser wegen mehrfachen gemeinsamen Diebstahls und unbefugten Benutzens von Kraftfahrzeugen am 29. September 1971 zu einer 6-monatigen Bewährungsstrafe verurteilt. Nach dem Abschluss seiner Lehre beschäftigte ihn der VEB TGA als Installateur. In seiner Freizeit widmete sich Reinhard Poser in der GST dem Fallschirmspringen.

Mit seiner zwei Jahre älteren Schwester Karin Herbert, die in Frankfurt am Main wohnte, stand Reinhard Poser in Briefkontakt. Sie besuchte ihn im Frühjahr 1973 in Karl-Marx-Stadt. Am 22. September 1973 nahmen ihn ČSSR-Grenzsoldaten in der Nähe der Staatsgrenze zu Österreich fest. Poser war am 21. September mit seinem Motorrad zum Urlaub in die Tschechoslowakei eingereist und über Prag nach Jihlava (Böhmen) gefahren. Dort übernachtete er und fuhr am folgenden Tag in Richtung Bratislava. Bei der slowakischen Gemeinde Stupava verließ er die Hauptstraße und fuhr an der Staatsgrenze entlang. Er geriet in eine Kontrolle durch ČSSR-Grenzer und wurde festgenommen. Bei der Durchsuchung fand man bei ihm drei Landkarten des Grenzgebietes und einen Dolch. Poser gab an, sich verfahren zu haben. Eine Absicht der illegalen Grenzüberschreitung konnte ihm nicht nachgewiesen werden. In der Vernehmung sagte Poser angeblich aus, seine Tante habe ihn aufgefordert, einen Antrag auf Übersiedlung in die Bundesrepublik zu stellen. Er sei diesem Ansinnen jedoch nicht nachgekommen, da sich das Lebensniveau zwischen der DDR und der Bundesrepublik nicht sonderlich unterscheide. Seine Vernehmer forderten Poser auf, bis zum September 1973 die ČSSR wieder zu verlassen. Zurück in Karl-Marx-Stadt versicherte er nach Vernehmungen und „Aussprachen" gegenüber dem DDR-Staatssicherheitsdienst in einer eidesstattlichen Erklärung, „ich hatte nicht die Absicht, die DDR auf ungesetzlichem Wege zu verlassen" und „ich bemühe mich bzw. verpflichte mich, die Gesetze der DDR einzuhalten".

Einer Aktennotiz der für die Überwachung seines Betriebes zuständigen Abteilung XVIII/Bau des DDR-Staatssicherheitsdienstes vom 11. Juni 1974 ist zu entnehmen, dass Reinhard Poser vom 6. bis 20. Juli 1974 Besuch von seiner Schwester erhielt. Ob die Geschwister sich in dieser Zeit über eine mögliche Flucht Posers aus der DDR unterhielten ist nicht bekannt. Drei Wochen später brach er mit seinem Motorrad zu einer genehmigten Urlaubsreise nach Bulgarien auf.

Laut einem Untersuchungsbericht des bulgarischen Staatssicherheitsdienstes vom 10. August 1974 war Reinhard Poser am 5. August als Individualtourist in Bulgarien eingereist und hatte in Varna ein Quartier bei Balkantourist genommen. Am Morgen des 8. August habe er gegen 8.55 Uhr einen Grenzalarm ausgelöst, als er einen Signalzaun an der bulgarisch-türkischen Grenze überwand. Um 9.52 Uhr entdeckte ihn eine Einheit des Grenzschutzes in der Nähe des Dorfes Rezovo. Der Flüchtling habe sich rückwärtsgehend in Richtung Türkei bewegt. Als die Soldaten ihn anriefen und Warnschüsse abfeuerten, habe er sich umgedreht und sei zum noch etwa 20 m entfernten Grenzkontrollstreifen geeilt. Da seine Flucht auf andere Weise nicht mehr zu verhindern gewesen sei, habe der Schütze Angel Ivanov Angelov den Beschuss eröffnet und Reinhard Poser tödlich getroffen. Der 21-Jährige sei sofort gestorben.

Am 9. August 1974 informierte DDR-Botschafter Werner Wenning den stellvertretenden DDR-Außenminister Herbert Krolikowski telefonisch darüber, dass am Vortag der DDR-Bürger Reinhard Poser beim Versuch die bulgarische Grenze zur Türkei zu überqueren in der Nähe des Ortes Malko Tarnovo von bulgarischen Grenzwachen erschossen wurde. Diese Ortsangabe weicht von dem bulgarischen Untersuchungsbericht ab. Malko Tarnovo liegt etwa 50 km von Rezovo entfernt. Botschafter Wenning schlug eine Beisetzung des Toten in Bulgarien vor. Die Angehörigen sollten vom Rat des Bezirks Karl-Marx-Stadt über den Todesfall informiert werden.

Die Hauptsachbearbeiterin in der Abteilung Konsularische Beziehungen des DDR-Außenministeriums, Ursula Gott, fragte am Vormittag des 9. August 1974 sogleich bei der für die „Sicherung des Reise- und Touristenverkehrs“ (SRT) zuständigen MfS-Abteilung an, „was soll als Todesursache angegeben werden“, es sei doch eine einheitliche Sprachregelung erforderlich. Umgehend meldete sich telefonisch der zuständige MfS-Offizier Werner Ullmann und erklärte, dem Rat des Bezirks Karl-Marx-Stadt sei mitzuteilen, dass Poser bei dem Versuch, die DDR ungesetzlich über die VR Bulgarien zu verlassen, tödlich verletzt wurde. Die Sterbeurkunde werde im Standesamt I Berlin ausgestellt, sie „enthält keine Todesursache“. Bei der Beerdigung solle wie in ähnlichen Fällen in Bulgarien verfahren werden, nämlich „keine Zustimmung der Angehörigen einholen“. In Bulgarien würde „in solchen Fällen wegen der Temperaturen eine Beisetzung abgeordnet“. MfAA-Hauptabteilungsleiter August Klobes schrieb in diesem Sinne noch am 9. August 1974 der Abteilung Inneres im Rat des Bezirks Karl-Marx-Stadt: „Aufgrund der extrem hohen Temperaturen bzw. besonderen Bedingungen und gesetzlichen Bestimmungen in der VRB [Volksrepublik Bulgarien] muß damit gerechnet werden, daß von den zuständigen bulgarischen Organen sofortige Beisetzung der Leiche Reinhard Posers angeordnet wird.“ Es sei keine Einäscherung in Bulgarien und Urnenüberführung möglich. Der bulgarische Untersuchungsbericht vom 10. August 1974 hält fest, die DDR-Botschaft habe sich nach Rücksprache mit den Berliner Behörden damit einverstanden erklärt, dass die Leiche des „liquidierten Grenzverletzers“ in Bulgarien vergraben wird.

Am 29. Oktober 1974 übergab der Leiter der Rechtsabteilung der westdeutschen Ständigen Vertretung in Ost-Berlin dem DDR-Außenministerium eine Gesprächsnotiz, aus der hervorgeht, dass sich die Mutter und die Schwester Posers darüber beklagt hatten, dass ihnen trotz aller Bemühungen keine Auskunft über die Todesumstände Posers erteilt wurde. Eine entsprechende Beschwerde richtete Waltraud Poser auch an den Staatsrat der DDR, ohne eine Antwort zu erhalten. Ihr wurde lediglich mitgeteilt, die in der DDR wohnenden Angehörigen seien benachrichtigt worden, sie möge sich mit ihrem Auskunftsersuchen an diese wenden. Zu diesem Zeitpunkt war in Bulgarien Reinhard Posers Leichnam angeblich auf Anweisung des Bürgermeisters der nächstgelegenen Ortschaft längst beigesetzt worden, „ohne jegliche Kennzeichnung der Grabstätte“. Das missfiel sogar dem Leiter der MfS-Abteilung SRT Oberstleutnant Peter Pfütze. Er bat das DDR-Außenministerium darum, über DDR-Konsul Günter Nietner in Sofia „Einfluß geltend zu machen“, dass Reinhard Poser und der einen Monat später am 3. September 1974 ebenfalls an der bulgarischen Grenze erschossene Eberhard Melichar entweder in Sofia oder auf einem Bezirksfriedhof bestattet werden, damit die Angehörigen die Grabstätten besuchen können. Oberstleutnant Pfütze forderte das MfAA auf, „Weisung an unseren Konsul bis spätestens 5. November zu geben", er selbst wolle dann nach Bulgarien reisen und „mit unserem Konsul in dieser Sache sprechen". Die Kosten der Grabstätten müsse das Außenministerium tragen.

Dieser Intervention des MfS-Mannes war jedoch zunächst kein Erfolg beschieden. Der bulgarische Militärstaatsanwalt Dimitar Kapitanov lehnte am 12. November 1974 die Bitte von DDR-Konsul Günter Nietner, künftig die Grabstätten solcher DDR-Bürger auf öffentliche Friedhöfe zu verlegen, mit der Bemerkung ab, „daß es unzumutbar ist, unmittelbar neben friedlichen Bürgern Verbrecher zu beerdigen". Eine erneute Initiative von DDR-Botschafter Wenning brachte schließlich doch eine Einigung. Wenning berichtete MfAA-Abteilungsleiter August Klobes am 25. Februar 1975 unter Bezugnahme auf die Todesfälle Melichar und Poser, seine Verhandlungen mit dem bulgarischen stellvertretenden Generalstaatsanwalt Watschkov und Miltärstaatsanwalt Kapitanov hätten am Vortag zu der Übereinkunft geführt, dass bei Todesfällen dieser Art eine sofortige Information der Botschaft erfolgt und ein Botschaftsvertreter zusammen mit dem Untersuchungsrichter und dem Militärstaatsanwalt an der Untersuchung des Vorfalls beteiligt wird. „Die Grenzorgane unternehmen künftig keinerlei Maßnahmen in diesen Fällen. Nach Abschluß der Untersuchungen kann entsprechend dem Wunsch der Vertretung und unter Beachtung der hygienischen Bestimmungen der Leichnam entweder überführt, oder auf einem öffentlichen Friedhof beigesetzt werden." Wenning bat bei der Unterredung auch um die Überführung der Leichname von Poser und Melichar aus dem Grenzgebiet auf einen öffentlichen Friedhof, „da wir an einem Besuch des Grabes im Grenzgebiet nicht interessiert sind". Diesem Anliegen wurde jedoch nicht entsprochen. Die bulgarische Seite verwies darauf, dass Melichars Grab an der Grenze von Angehörigen besucht werden könne, die Stelle, an der Posers Leichnam vergaben wurde, sei noch von einer Schneedecke bedeckt. Waltraud Poser wusste im Jahr 2008 immer noch nicht, wo sich das Grab ihres Sohnes befand. Sie konnte es bis zu ihrem Tod nicht besuchen.

(Autor: jos.; Recherche: AH, App., jos., TP)

Quellen

Stellvertretener Leiter der Ermittlungsabteilung des Staatssicherheitsdienstes: Spezielle Mitteilung betr. Liquidierung des Grenzverletzers. Sofia, 10.8.1974. AKRDOPBGDS-RSBNA, M, f.6, op. 5, a.e.17, Bl. 23f.

Brief des Stellv. Operativ der BV KMS Major Böhm vom 28.11.1973 an den Ltr. der KD KMS Major Hattan. BStU, MfS BV KMS, StOp, Nr. 479, Bd. 3.

MfS, HA VI: Information über Reinhard Poser. BStU, Ast Chem., MfS, BV Karl-Marx-Stadt, AKK, Nr. 2264/74.
MfS, HA IV, OLZ: Information Nr. 908/74 vom 10.8.1974 über den Todesfall Reinhard Poser. BStU, ZA, MfS, HA IX, Nr. 4296.
Gott, Ursula: Telefonnotiz zum Todesfall Reinhard Poser; Wenning, Werner: Vermerk über ein Gespäch im MfAA der VRB mit dem Stellverterter des Leiters der Konsularabteilung, Genossen Kowatschew, 9.12.1975 [u. a. Dokumente]. PAAA, MfAA, ZR 495/88.
GStA der DDR: Straftaten gegen die staatliche Ordnung, insbesondere ungesetzlicher Grenzübertritt (Republikflucht), 1965–1989, Bd. 1. BArch, DP 3/2564.
Zeitzeugengespräch von Stefan Appelius mit Waltraud Poser am 15.7.2008.

Eberhard Melichar

geboren am 22. Juni 1953 in Olbernhau (Kreis Marienberg)
erschossen am 3. September 1974 in Bulgarien
Ort des Vorfalls: nahe Kalotina in der Gegend von Dolno Novo Selo an der Grenze zu Jugoslawien

Eberhard Melichar

Eberhard Günter Melichar kam als Sohn des Pförtners Willy Melichar und seiner Frau Charlotte in der Kleinstadt Olbernhau im sächsischen Kreis Marienberg auf die Welt. Er wuchs in der Nachbargemeinde Heidersdorf im Erzgebirge auf, bevor er 1958 mit seinen Eltern und seiner Schwester nach Karl-Marx-Stadt (Chemnitz) umzog. Hier besuchte er von 1960 bis 1968 bis zur 8. Klasse die Oberschule Bernsdorf 2. In seiner Schulzeit gehörte er zunächst der Pionierorganisation und dann der FDJ, dem Deutschen Turn- und Sportbund, der Gesellschaft für Sport und Technik und dem Deutschen Angler-Verband der DDR an. Vom 1. September 1968 bis zum 31. August 1971 erlernte Melichar an der Fischereischule in Königswartha, Bezirk Bautzen, den Beruf eines Binnenfischers. In einem Brief seines Vaters heißt es: „Mein Sohn zeigt keinerlei Interesse für einen Fabrikberuf. Er will raus in die Natur und an die Luft." Eberhard Melichar schloss seine Ausbildung 1971 mit der Gesamtnote „sehr gut" ab. Anschließend war er bis 1974 in dem VEB Binnenfischerei Wernsdorf im Betriebsteil

Eberhard Melichar auf seinem Motorrad

Warmwasseranlagen Bitterfeld beschäftigt. Zuletzt wohnte er in der Glück-Auf-Straße 10 in Bitterfeld im Bezirk Halle, behielt aber den Hauptwohnsitz bei seinen Eltern in der Fabriciusstraße 4 in Karl-Marx-Stadt.

Eberhard Melichar geriet in das Blickfeld des Ministeriums für Staatssicherheit, weil er im Mai 1974 in die ČSSR einreiste und die Grenzkontrolleure in Bad Schandau bei ihm 800 Platzpatronen entdeckten und beschlagnahmten. Die DDR-Kontrolleinheit Bad Schandau informierte darüber am 8. Mai die für Auslandreisen- und Touristenkontrolle zuständige Hauptabteilung VI der MfS-Bezirksverwaltung Halle. Während deren Nachprüfungen noch andauerten, reiste Eberhard Melichar, wie er seinen Eltern und seiner Schwester mitteilte, mit seinem Jawa-Motorrad zum Sommerurlaub nach Bulgarien. Dortige Sicherheitsbehörden registrierten angeblich seine Einreise am 10. August 1974 über den Grenzübergang Russe. Melichars Schwester erhielt allerdings von ihm eine Postkarte aus dem ungarischen Urlaubsgebiet am Plattensee, die Ende August abgeschickt worden war.

Aus bulgarischen Dokumenten geht hervor, dass am 3. September 1973 etwa um 0.30 Uhr eine Grenzsignalanlage der bulgarischen Grenztruppen bei deren Einheit „Snaiper“ Alarm auslöste. Daraufhin entsandte die dortige Wache, die sich etwa drei Kilometer südwestlich des Dorfes Kalotina nahe der jugoslawischen Grenze befand, den Gefreiten Wasil Nedjalkow Wasilew und die Soldaten Metodi Jordanow Metodiew und Iwan Krumow Dimitrow als Alarmgruppe dorthin. Sie sollten „die Grenze im Bereich des ersten und zweiten Abschnitts, südlich der Hauptstraße Richtung Belgrad" abriegeln. Nach knapp einer halben Stunde entdeckte die Alarmgruppe etwa 300 m von der Grenzpyramide 263 entfernt die Umrisse einer Gestalt, die nicht auf den Warnruf „Halt, ich schieße!" und Warnschüsse reagierte. Da die Person im nächtlichen Wald zu verschwinden drohte, begannen Wasilew und Dimitrow mit ihren Maschinengewehren „in die Richtung zu schießen, in die der Unbekannte geflüchtet war". Sie hörten einen Schrei und fanden „nach dem Absuchen des Gebiets der Grenzverletzung" die Leiche eines jungen Mannes. Sie lag im Wald westlich des Dorfes Dolno Novo Selo, etwa einen Kilometer südlich des Grenzübergangs Kalotina, weniger als drei Meter von der Signalanlage und etwa zwei Meter vom Grenzdrahtzaun entfernt kurz vor jugoslawischem Staatsgebiet.

Bei der Tatortbesichtigung, die am Morgen von 10.30 bis 12.30 Uhr unter Leitung von Major Petyr Delčev als Untersuchungsführer der Militärstaatsanwaltschaft des Bezirks Sofia stattfand, wurden Beweisfotos aufgenommen. Dann erfolgte die Autopsie des Leichnams durch den Gerichtsmediziner des Militärmedzinischen Instituts Sofia Dr. Dimiter Simeonov Dimitrov. Er stellte dabei sieben Schusstreffer am ganzen Körper des Toten fest. Das tödliche Geschoss traf Eberhard Melichar durch den Rücken ins Herz. Der Tod sei sofort „durch Zerschlagung des aufsteigenden Teils der Aorta und die Verletzung der Lunge" mit starkem Blutverlust eingetreten. Der Stabsleiter der bulgarischen Grenztruppen, Oberst Iliev, behauptete später in einer „Stellungnahme der Untersuchungskommission", die Alarmgruppe habe korrekt und vorschriftsmäßig gehandelt.

Unmittelbar nach der Obduktion entschieden die bulgarischen Untersuchungsführer, Melichars Leiche „nicht an die Behörden der DDR zu übergeben, sondern in der VRB zu begraben". Das geschah noch am selben Tag „um 13:00 Uhr Ortszeit" in Anwesenheit von Oberstleutnant Stojan Stojanov Sacharev, zweier Zeugen – Nikola B. und Stepan V. – sowie von zwei weiteren Angehörigen „der Untersuchungsabteilung der bulgarischen Staatssicherheit". Sacharev und die beiden Zeugen unterschrieben noch am 3. September 1974 in der Stadt Slivnica im Bezirk Sofia ein „Protokoll über den Umstand der Beerdigung eines liquidierten Grenzverletzers". Die genaue Örtlichkeit der Beisetzung ist in dem Dokument nicht vermerkt.

Über die Todesumstände und die „Beerdigung des Melichar […] entsprechend der bulgarischen Gesetzgebung sofort am Ort" erfuhr das MfS bereits am 4. September 1974. Bulgariens Behörden hatten die DDR-Botschaft in Sofia und das Ministerium für Auswärtige Angelegenheiten der DDR, Hauptabteilung Konsularische Angelegenheiten, darüber unterrichtet. MfAA-Hauptabteilungeleiter August Klobes teilte der Abteilung Innere Angelegenheiten beim Rat des Kreises Bitterfeld mit, Eberhard Melichar sei am 3. September 1974 „bei der strafbaren Handlung, die DDR ungesetzlich über die VRB zu verlassen, beim Versuch eines gewaltsamen Grenzdurchbruchs zur SFRJ, erschossen" worden. Da sein Leichnam nach bulgarischer Praxis bereits beigesetzt worden sei, könne nach dortigen Bestimmungen eine Exhumierung und Überführung in die DDR frühesten nach sechs bis sieben Jahren beantragt werden. Noch am selben Tag informierte der Rat des Kreises Bitterfeld telegrafisch den Rat des Bezirks Karl-Marx-Stadt über den Todesfall, da sich dort Melichars Hauptwohnsitz befand. Seine Eltern Willi und Charlotte Melichar sollte mitgeteilt werden, ihr Sohn sei in Bulgarien „tödlich verletzt" worden. Die Eltern veröffentlichten eine Todesanzeige, in der es hieß, Eberhard Melichar sei „durch tragischen Unfall bei seinem Bulgarienurlaub" ums Leben gekommen. Die tatsächlichen Todesumstände durften sie in der Anzeige nicht erwähnen.

Nachdem die Eltern auf einer Umbettung der sterblichen Überreste ihres Sohnes in die DDR bestanden, schaltete sich der Staatssicherheitsdienst ein. Das DDR-Außenministerium erhielt am 30. Oktober 1974 einen Anruf aus der MfS-Hauptabteilung IX/9. Peter Pfütze, Leiter der Arbeitsgruppe Untersuchungsaufgaben im sozialistischen Ausland, teilte mit, Melichar sei an Ort und Stelle „ohne jegliche Kennzeichnung der Grabstätte" auf Anweisung des Bürgermeisters der nächstgelegenen Ortschaft beigesetzt worden. Pfütze bat darum, über DDR-Konsul Günter Nietner, „Einfluß geltend zu machen, daß [...] Melichar eine Grabstätte entweder in Sofia oder in dem betr. Bezirk erhalte [...], damit Angehörige Grabstätte besuchen können". Der MfS-Mann bat darum, dass Konsul Nietner bis spätestens 5. November bei den zuständigen bulgarischen Stellen interveniere, da er selbst nach Bulgarien komme und dort über diese Angelegenheit verhandeln wolle. Die Kosten der Grabstätte müsse das DDR-Außenministerium übernehmen.

Doch als Konsul Nietner am 12. November 1974 bei einem Gespräch in Bulgariens Justizministerium ersuchte, getötete DDR-Flüchtlinge künftig auf öffentliche Friedhöfe zu bestatten, erwiderte ihm der Stellvertreter des Generalstaatsanwalts Bulgariens, Militärstaatsanwalt General Dimitar Kapitanov, „daß es unzumutbar ist, unmittelbar neben friedlichen Bürgern Verbrecher zu beerdigen". Bulgarien sei überhaupt „nicht an Besuchen oder etwaigen Demonstrationen an diesen Gräbern interessiert". Man sei aber, wenn der

Wunsch besteht, sterbliche Überreste umzubetten, „entsprechend dem Rechtshilfeabkommen" zu Kompromissen bereit.

Ursula Gott, Hauptreferentin in der HA Konsularwesen des MfAA, notierte am 13. November 1974, dass sich die Angehörigen des Toten an den Staatsrat der DDR gewandt hätten, aber von dort keine Antwort erfolgt sei. Der Leiter der Innenabteilung beim Rat des Bezirks Karl-Marx-Stadt fragte am 14. November 1974 beim Leiter der Konsular-Hauptabteilung im Außenministerium, August Klobes, nach der Sterbeurkunde und dem Nachlass Eberhard Melichars. Dessen Vater Willy Melichar sei vorstellig geworden und habe diese eingefordert. Bislang habe jedoch beim Standesamt I von Groß-Berlin noch keine Todesmitteilung vorgelegen. Am 6. Dezember 1974 informierte MfS-Hauptmann Werner Ullmann, der im Referat 3 des Bereichs Koordinierung als Hauptsachbearbeiter für die Überprüfungen von Festnahmen im sozialistischen Ausland zuständig war, telefonisch das MfAA, Melichars Motorrad sei bei Kalotina aufgefunden worden. Im bulgarischen Untersuchungsprotokoll seien seine persönlichen Gegenstände aufgelistet, aber noch nicht übersandt worden.

Am 4. Dezember 1974 bat DDR-Botschafter Werner Wenning schriftlich um ein Gespräch mit Bulgariens Generalstaatsanwalt Vačkov. Das kam am 25. Februar 1975 in Anwesenheit von Militärstaatsanwalt Dimitar Kapitanov und DDR-Konsul Günter Nietner zustande. Nach dieser Beratung schrieb Botschafter Wenning dem Chef der HA Konsular im DDR-Außenministerium, August Klobes, dass gemäß Absprache mit der bulgarischen Seite bei ähnlichen Todesfällen fortan eine sofortige Information der Volksrepublik Bulgarien an die Botschaft der DDR erfolge und ein Vertreter der Botschaft an den Ermittlungen der bulgarischen Seite beteiligt werde. „Die Grenzorgane unternehmen künftig keinerlei Maßnahmen in diesen Fällen. Nach Abschluß der Untersuchungen kann entsprechend dem Wunsch der Vertretung und unter Beachtung der hygienischen Bestimmungen der Leichnam entweder überführt, oder auf einem öffentlichen Friedhof beigesetzt werden." DDR-Botschafter Wenning ersuchte um eine Überführung der sterblichen Überreste Melichars aus dem Grenzgebiet auf einen öffentlichen Friedhof, „da wir an einem Besuch des Grabes im Grenzgebiet nicht interessiert sind".

Die Ausstellung einer amtlichen Sterbeurkunde für Eberhard Melichar zog sich in der DDR lange hin. Am 17. April 1975 teilte MfS-Hauptmann Werner Ullmann dem MfAA mit, Melichars nachgelassene Gegenstände (insgesamt 54 Positionen) seien nun der MfS-Bezirksverwaltung Karl-Marx-Stadt übergeben worden. Die Übergabe des Motorrads werde noch geprüft. Ursula Gott notierte am 5. September 1975, Melichars Sterbeurkunde sei durch eine Note der Botschaft der DDR in Bulgarien nochmals angemahnt worden. Telefonisch beschwerte sie sich am 28. Oktober 1975 bei DDR-Konsul Kurt Spörl in Sofia, dass die bulgarische Sterbeurkunde noch immer nicht vorläge. Ohne diese könnten die Angehörigen nicht die erforderlichen Schritte unternehmen. Konsul Spörl sagte zu, sich erneut um Melichars Sterbeurkunde zu bemühen. „Er wies nochmals auf die Schwierigkeiten hin, die auch bei Beschaffung solcher Sterbeurkunden bei den bulgarischen Stellen bestehen".

Schließlich erhielt die DDR-Botschaft in Sofia von der bulgarischen Militärstaatsanwaltschaft eine durch den Volksrat der Gemeinde Kalotina am 22. März 1976 ausgestellte Sterbeurkunde für Eberhard Melichar. Sie war von dem Verantwortlichen für das Personenstandswesen Kiril Davidkov Kolev unterzeichnet, der als Vorsitzender des Dorfrats bereits 1974 an der Tatortbesichtigung beteiligt war. Die Sterbeurkunde bestätigte die damals diagnostizierte Todesursache und als Todeszeitpunkt den 3. September 1974 um 1.15 Uhr. Als Todesort war nun jedoch die Gegend „Liwadite" bei Kalotina eingetragen. DDR-Konsul Kurt Spörl schickte diese Sterbeurkunde erst am 14. April 1976 nach Ost-Berlin. Wie sich herausstellte, hatte er sie vermutlich aus Schlamperei nicht weitergeleitet. Die zuständige MfAA-Mitarbeiterin Ursula Gott sandte das Dokument am 25. Mai 1976 an die Sachbearbeiterin Frau Weiß im Berliner Standesamt I und wies sie an: „Wie auch bei anderen ähnlich gelagerten Fällen sollte auch hier eine Neubeurkundung durch das Standesamt I vorgenommen werden." In der Neubeurkundung des Standesamts I findet sich kein Hinweis auf Melichars Todesursache.

(Autor: App.; Recherche: App., AH, jos., MS)

Quellen

MfS, HA VI, Operatives Leitzentrum: Information Nr.: 1002/74, 04.09.1974, Versuchter ungesetzlicher Grenzübertritt eines Bürgers der DDR in der VR Bulgarien mit tödlichem Ausgang. BStU, MfS, HA IX, Nr. 9939.

MfAA, Zentralregistratur: VRB/Sterbefälle § 213 Grundsatzfragen. PAAA, MfAA, ZR, Nr. 495/88.

DDR-Generalstaatsanwalt: Aktenzeichen IA (b) AR 56/ 66 Verbrechen gegen die DDR oder öffentliche Ordnung u. a. Straftaten, insbesondere „Republikfluchten". BArch, DP 3/2564.

Standesamt I zu Berlin: Sterbeurkunde Nr. 285 (Eberhard Melichar). LAB, S-Rep. 500, Nr. 315.

Nehring, Christopher: Tödliche Fluchten über Bulgarien. Die Zusammenarbeit von bulgarischer und DDR-Staatssicherheit zur Verhinderung von Fluchtversuchen. Berlin 2017, S. 76 f., 92–96.

Appelius, Stefan: Fluchtweg Bulgarien. Die verlängerte Mauer an den Grenzen zur Türkei, Jugoslawien und Griechenland. Berlin 2019, S. 215–217.
Raichevsky, Stoyan/Kolarova, Fanna: Flucht aus der DDR über den „Eisernen Vorhang" Bulgariens. Wege. Methoden. Opfer. Berlin 2020, S. 304 f., 366.

Peter Nötzel

geboren am 20. Januar 1948 in Ilmenau
erschossen am 27. März 1975 in Bulgarien
Ort des Vorfalls: in der Nähe des Dorfes Piperitsa (Gemeinde Sadanski) an der Grenze zu Griechenland

Peter Nötzel

Elfriede Nötzel (Jg. 1917), tätig als Reinigungskraft bei der HO in Ilmenau, zog ihren Sohn Peter als alleinerziehende Mutter auf. Der Verbleib des Vaters Josef Nötzel war unbekannt. Peter Nötzel wurde 1954 eingeschult. Die Schule machte im Dezember 1958 das Referat Jugendhilfe auf Peter Nötzel aufmerksam und beantragte seine Heimeinweisung mit der Begründung, dass er bedingt durch die Berufstätigkeit der Mutter, die neben ihrer achtstündigen Berufstätigkeit zusätzlich noch als Haushaltshilfe arbeitete, in seiner Freizeit „viel herumstrolchte und besonders kleinere Kinder negativ beeinflußte". Obwohl er begabt sei, beteilige er sich nur selten am Unterricht. Er sei verspielt und schwatze laufend. Bis zum Ende des 4. Schuljahres war Peter Nötzel im Hort der Schule untergebracht. Von dort riss er mehrfach aus, die Erzieherin habe wegen seines störenden Verhaltens eine weitere Arbeit mit ihm abgelehnt. Deswegen schlug das Referat Jugendhilfe seiner Mutter eine Heimeinweisung vor. Elfriede Nötzel lehnte dies jedoch ab und verteidigte ihn gegen die erhobenen Anschuldigungen. Es wurde daraufhin seine weitere besondere Betreuung im Hort veranlasst. Eine Besserung im Sinne des „sozialistischen Erziehungsziels" trat jedoch nicht ein. Gemeinsam mit anderen Kindern beging Peter Nötzel Anfang 1960 mehrere Diebstähle und brachte Geldbeträge zwischen 0,20 und 10,– Mark an sich. Auf einem Jahrmarkt in Ilmenau entwendete die Gruppe einer Frau 150,– Mark und ihre Papiere. Wenige Tage später machte sich Peter Nötzel auf den Weg in den Westen. Er wurde in Eisenach aufgegriffen und zu Schuljahresbeginn

1960/61 in das Kinderheim auf der Veste Heldburg eingewiesen. Dort erreichte er das Klassenziel der 7. Klasse nicht.

Im September 1961 kam Peter Nötzel in das „Spezialkinderheim Bad Blankenburg", in dem er zu einer „sozialistischen Persönlichkeit" umerzogen werden sollte. Seine dortigen Lehrer hielten in den Beurteilungen des Jungen fest: „Peter ist Pionier, muß aber ständig gerügt werden, weil er Aufträge nicht oder unvollständig ausführte. Seine Einstellung zu unserem Arbeiter-und-Bauernstaat ist negativ." Kurz darauf wurde gegen Peter Nötzel und den ein Jahr älteren Heinrich Sch. ein Ermittlungsverfahren wegen Fahrraddiebstahls und Einbruchs in eine Laube eingeleitet. Die beiden Freunde waren aus dem Heim entwichen und hatten das Rad entwendet, um zur innerdeutschen Grenze zu gelangen. Sie fuhren zu zweit auf dem Rad – Peter Nötzel saß auf dem Gepäckträger – bis Stützerbach. Dort ließen sie das Rad zurück, fuhren mit dem Zug nach Hildburghausen und begaben sich zu Fuß in Richtung Heldburg, wo sie in eine Kontrolle der Grenzpolizei gerieten und festgenommen wurden.

Die Verantwortlichen des Spezialkinderheims teilten den Ermittlungsbehörden mit, Peter Nötzel sei „auf Grund seiner sittlichen und geistigen Entwicklung reif genug die gesellschaftliche Gefährlichkeit seiner Tat einzusehen und nach dieser Einsicht zu handeln". Er könne deswegen nach dem Jugendgerichtsgesetz (§ 4 JGG) strafrechtlich belangt werden. Gegen die beiden Jugendlichen wurde nun wegen Diebstahls in besonders schwerem Fall sowie wegen Verstoßes gegen das DDR-Passgesetz (ungesetzliches Verlassen) ermittelt. Der Vorwurf des Diebstahls wurde jedoch fallengelassen, da sie das Fahrrad zurückgelassen hatten und es den Geschädigten wieder übergeben werden konnte. Es liege insofern lediglich ein unberechtigtes Benutzen vor. In den Ermittlungsunterlagen wurde festgehalten: „Bei der Beschuldigtenvernehmung brachte der Sch. zum Ausdruck, daß er in Zukunft alles versuchen wird, um nach Westdeutschland zu gelangen."

Die Volkspolizei lieferte Peter Nötzel und seinen Freund Heinrich Sch. wieder in das „Spezialkinderheim Bad Blankenburg" ein. Nur wenige Monate später kam es zu einem weiteren Zwischenfall. Ein Unterleutnant der DDR-Grenztruppen befand sich gegen 0.30 Uhr mit seiner Frau auf dem Heimweg von einem Gaststättenbesuch, als ihm drei Jugendliche auffielen, die sich an einem Kiosk zu schaffen machten. Er forderte sie auf, sich unter eine Laterne zu begeben. Als sie versuchten, in verschiedene Richtungen zu flüchten, verfolgte er zwei von ihnen und gab aus seiner Pistole einen Warnschuss und dann einen Schuss schräg neben die Flüchtenden ab. Da Nötzels Freund Heinrich Sch. gestolpert war, und sich nach seinem verlorenen Schuh bückte,

Peter Nötzel mit einer Gitarre

wurde er durch einen Streifschuss am linken Unterarm und am Kinn leicht verletzt. Der Unterleutnant hielt ihn fest, woraufhin Nötzel zurückkam. Die Staatsanwaltschaft stellte am 21. Juni 1962 das Verfahren gegen die Jugendlichen ein, beantragte aber wegen fortgesetzten Entweichens aus dem Kinderheim und mehreren Straftaten ihre Einweisung in einen Jugendwerkhof. Dem wurde von der zuständigen Zentralstelle im DDR-Volksbildungsministerium entsprochen.

Bald nach seiner Entlassung aus dem Jugendwerkhof heiratete Peter Nötzel 1966 seine Frau Inge, geb. Gerhardt. Das Ehepaar zog mit dem gemeinsamen Sohn Ingo nach Berlin-Lichtenberg. Peter Nötzel arbeitete offiziell in einem Laden, sein Hauptverdienst beruhte jedoch auf einer kleinen Schmuckwerkstatt in der Wohnung des Ehepaars. Er belieferte DDR-weit einschlägige Geschäfte mit seinem Schmuck. Dieser einträgliche private Handel endete 1975 jäh, als die Steuerbehörde einschritt und von Peter Nötzel eine Zahlung in Höhe von 200.000,– Mark forderte. Das gab den Ausschlag für seine Entscheidung, aus der DDR zu fliehen. Wie sich seine Frau erinnert, hatten sie bei einem Urlaub der Familie am Goldstrand in Varna schon über Möglichkeiten einer Flucht von Bulgarien aus in den Westen nachgedacht und überlegt, wie man auf ein Schiff in Richtung Türkei gelangen könnte. Im Jahr darauf fuhr Peter Nötzel allein mit seinem Auto nach Bulgarien um andere Fluchtmöglichkeiten auszukundschaften. Er kehrte jedoch nach Berlin zurück, da er seine Frau und seinen Sohn nicht allein zurücklassen wollte. Doch nach der ruinösen Steuerforderung entschied er sich endgültig zur Flucht. Den Fluchtplan besprach er mit seiner Frau und Freunden. Diese hatten von einem Ehepaar, das erfolgreich aus Bulgarien nach Griechenland geflüchtet war, eine Skizze erhalten, anhand derer sie Peter Nötzel den Weg zur Grenze erläuterten. „Er hatte Angst und irgendwie ein doofes Gefühl“, erinnerte sich seine Frau an den Moment des Abschieds. Am 26. März 1975 nahm Peter Nötzel den ersten Flug mit der DDR-Fluggesellschaft Interflug von Schönefeld nach Sofia. Für die Reise hatte er sich einen Parka gekauft und machte sich mit einem kleinen Rucksack auf den Weg zur bulgarisch-griechischen Grenze. Am nächsten Abend erschossen bulgarische Grenzwachen Peter Nötzel in der Nähe des Dorfes Piperitsa nahe der griechischen Grenze.

Am 27. März gegen 13 Uhr erhielt Ursula Gott, Hauptreferentin in der Konsularabteilung des DDR-Außenministeriums, eine telefonische Todesmitteilung der DDR-Botschaft aus Sofia. Sie notierte, ein „Hotzl, Peter, geb. 20.01.1948 in Ilmenau" sei bei dem Versuch die bulgarische Grenze in Richtung Griechenland zu durchbrechen erschossen worden. Der Bereitschaftsdienst der MfS-Abteilung „Sicherung des Reise- und Touristikverkehrs" (SRT) sei verständigt worden. Sie habe ihren Vorgesetzten Siegfried Grahle wegen des Vorgehens befragt. „Tendenz: Beisetzung in VRB." Am 31. März 1975 korrigierte Ursula Gott nach einem Hinweis durch den in der Abteilung SRT für die Bearbeitung von Todesfällen in Bruderländern zuständigen MfS-Offizier Werner Ullmann den Namen des Todesopfers. Es handele sich um Peter Nötzel aus Berlin-Lichtenberg, Türrschmidstr. 15. „Auf Frage, wo Bestattung erfolgen soll, antwortet Gen. U.: Nach Möglichkeit in Sofia." Die DDR-Botschaft wurde entsprechend informiert. Am selben Tag unterrichtete Karl Seidel aus der Hauptabteilung Konsularische Angelegenheiten des MfAA den Stadtbezirk Lichtenberg über den Todesfall und teilte mit, Peter Nötzel sei „in VR Bulgarien tödlich verunglückt", er bitte darum, die Angehörigen zu benachrichtigen. Am folgenden Tag teilte der Leiter der Arbeitsgruppe SRT, Oberstleutnant Peter Pfütze, Ursula Gott mit, die Leiche Nötzels sei bereits in die Gerichtsmedizin nach Sofia überführt worden. Der für Sonderaufgaben in der Abteilung SRT zuständige MfS-Hauptmann Walter Langhans werde am 2. April nach Sofia fliegen und nach der Rückkehr dem MfAA weitere Information über den Stand der Angelegenheit übermitteln. Ebenfalls am 1. April sprach Frau Gott mit Inge Nötzel, die vom Rat des Stadtbezirks Lichtenberg an das MfAA verwiesen worden war. Hauptsachbearbeiterin Gott hielt in einer Gesprächsnotiz fest: „Auskünfte über die Angelegenheit wurden nicht gegeben, es wurde darauf verwiesen, daß wir alle Informationen über den Rat weiterleiten würden." Die Botschaft in Sofia sei darum bemüht, die persönlichen Sachen zu sichern und eine Beurkundung des Todesfalls zu erhalten. „Frau N. wurde gebeten, weitere Mitteilungen abzuwarten, die an Rat des Stadtbezirks gehen." August Klobes, Hauptabteilungsleiter der Konsularabteilung des MfAA, teilte am 2. April 1975 dem Rat des Stadtbezirks Lichtenberg mit, dass Peter Nötzel bei einem Fluchtversuch erschossen wurde. „Es muß davon ausgegangen werden, daß nach Ablauf der Untersuchung – entsprechend bulgarischer Gesetzgebung – eine Beisetzung in der VRB angeordnet wird bzw. bereits erfolgt ist."

Die Grablege von Peter Nötzel in Bulgarien

Am 3. April 1975 suchte Inge Nötzel in Begleitung ihres Schwagers Ursula Gott im MfAA auf und erklärte, sie sei mit einer Beisetzung in Bulgarien nicht einverstanden. Sie wünsche eine Überführung des Toten in die DDR, um persönlich die Leiche identifizieren zu können. Wenn eine Überführung in die DDR nicht möglich sei, solle der Leichnam ihres Mannes in die Bundesrepublik gebracht werden, da es dort Verwandte gebe. Das lehnte Frau Gott mit der Begründung ab, Peter Nötzel sei Bürger der DDR gewesen. Inge Nötzel äußerte ihre Absicht, sie wolle in die Bundesrepublik übersiedeln. Ursula Gott notierte: „Auskünfte über Tatbestand nicht erteilt, sondern an Rat verwiesen". Von einer Reise nach Bulgarien habe sie Frau Nötzel abgeraten.

Die Überlieferungen des DDR-Außenministeriums zum Todesfall Nötzel enthalten eine deutsche Übersetzung des „Protokolls über die vollzogene Bestattung in Sofia" vom 4. April 1975. Es ist vom Untersuchungsrichter bei der Sofioter militärischen Staatsanwaltschaft Oberstleutnant Wladimir Mirtschew Iwanow unterzeichnet, der bei der Bestattung persönlich zugegen war. Als Zeugen waren außerdem anwesend: Sergeant Slatan Rakow, Abteilung Militär Sofia (Nr. 80890), Dimitrina Dimitrowa Georgiewa, Fotospezialistin beim Gericht in Sofia sowie der Miliz-Feldwebel Ulija Alekow Rachkow von der II. Rayonleitung des bulgarischen Innenministeriums. Mit dem Protokoll wurden zwei Fotografien der Grabstätte übermittelt. Das Protokoll und die Aufnahmen wurden mit einer Verbalnote des bulgarischen MfAA am 7. April 1975 übermittelt. Darin heißt es, „Peter Alfons Netzel [sic], geb. am 20.1.48 in Ilmenau", sei am 27. März beim Dorf Piperitzka [Piperitsa], Bezirk Blagoewgrad, erschossen worden, als er versuchte „illegal über die Staatsgrenze zu kommen".

Am 26. August 1975 telefonierte Ursula Gott mit Oberstleutnant Pfütze im MfS und teilte mit, die Sterbeurkunde müsse nochmals angefordert werden, „Ehefrau will in BRD übersiedeln" und bisher liege beim Konsul in Sofia keine Urkunde vor. Am 31. Oktober 1975 übersandte das Sekretariat des

Ministerrats, Abteilung Eingaben, dem DDR-Außenministerium eine Eingabe von Inge Nötzel, in der sie sich darüber beschwerte, noch immer keine Sterbeurkunde erhalten zu haben. Sie habe beim Standesamt I nachgefragt, bei der konsularischen Vertretung Bulgariens in der DDR, beim General staatsanwalt von Groß-Berlin und bei der Abt. Inneres im Rathaus Lichtenberg, aber keine dieser Dienststellen habe ihr eine amtliche Bestätigung über den Tod ihres Mannes aushändigen können. Man habe ihr am 31. März 1975 lediglich mündlich mitgeteilt, ihr Mann sei „in Ausübung eines Verbrechens in der VR Bulgarien verstorben".

Am 14. November 1975 beantwortete MfAA-Hauptreferentin Ursula Gott pflichtgemäß die Eingabe von Inge Nötzel. Die Botschaft in Sofia sei beauftragt worden, bei den bulgarischen Stellen die Beurkundung des Todesfalles zu erbitten. Sobald dies erfolgt sei, werde die Urkunde an das Standesamt I in Berlin weitergeleitet. Am 15. Januar 1976 schickte Ursula Gott die Sterbeurkunde Nr. 553 der VR Bulgarien für Peter Alfons Nötzel an Frau Weiß in das Standesamt I und bat, nach „Neubeurkundung" die Ehefrau zu verständigen. Die von Frau Weiß ausgestellte Todesurkunde enthielt im Unterschied zu dem bulgarischen Dokument keinen Hinweis auf Peter Nötzels Todesursache. Als Todesort wurde „WWMI VRB" eingetragen. Dabei handelte es sich um das Höhere Militärmedizinische Institut des bulgarischen Innenministeriums.

Der Ausreiseantrag, den Inge Nötzel nach dem Tod ihres Mannes für sich und ihren Sohn Ingo gestellt hatte, wurde abgelehnt. Ende März 1976 versuchte sie, gemeinsam mit einer Freundin und ihrem Sohn in den Westen zu flüchten. Ein Fluchthelfer sollte sie über die Transitautobahn ausschleusen. Das Vorhaben scheiterte. Inge Nötzel wurde von dem für politische Delikte zuständigen Strafsenat des Ost-Berliner Stadtgerichts unter Vorsitz der Oberrichterin Gerda Klabuhn am 16. August 1976 wegen Republikflucht zu einer dreijährigen Haftstrafe verurteilt und schließlich von der Bundesrepublik freigekauft.

(Autor: jos.; Recherche: App., jk, jos.)

Quellen

Berichte von Erziehern sowie diverse Ermittlungen von Volkspolizei und Staatsanwaltschaft gegen den Jugendlichen Peter Nötzel. BStU, MfS, C-SKS 24830, C-SKS-86962, C-SKS-25819.

Telefonnotizen und weitere Dokumente des MfAA der DDR zum Todesfall von Peter Nötzel. PAAA, MfAA, ZR 495/88.

Gesamtdeutsches Institut – Bundesanstalt für gesamtdeutsche Aufgaben: Besuchervermerke, 25.4.1975. BArch, B 285/830.

MfS-Untersuchungsvorgang zu Peter Nötzel et. al. BStU, MfS, AU 2429/77, Bd. 2 und Bd. 3.

Standesamt I zu Berlin: Sterbeurkunde Nr. 17 (Peter Nötzel). S-Rep 500, Nr. 315.

Zeitzeugengespräch von Stefan Appelius mit Inge und Ingo Nötzel am 27.12.2006.

Stefan Appelius: Fluchtweg Bulgarien. Die verlängerte Mauer an den Grenzen zur Türkei, Jugoslawien und Griechenland. Berlin 2019, S. 144–146.

Klaus Prautzsch

geboren am 2. Dezember 1946 in Holzweißig (heute Ortsteil von Bitterfeld-Wolfen)
erschossen am 13. August 1975 in Bulgarien
Ort des Vorfalls: südlich von Dospat an der Grenze zu Griechenland

Klaus Prautzsch

Klaus Dieter Prautzsch kam am 2. Dezember 1946 als Sohn von Ursula Emmy Prautzsch, geb. Schuster und ihrem Mann Karl Gerhard Prautzsch zur Welt. Nachdem sich das Ehepaar getrennt hatte, verließ Gerhard Prautzsch die DDR und gründete in Westdeutschland eine neue Familie. Er lebte und arbeitete in Thanheim auf der Schwäbischen Alb als Schreiner. Aus seiner zweiten Ehe gingen drei Söhne hervor. Klaus Prautzsch wuchs im Haushalt seiner Mutter und seines Stiefvaters Heribert Bialek in Bitterfeld auf. Er erlernte den Beruf eines Elektrikers und schloss 1973 ein Aufbaustudium in Zwickau als Elektroingenieur ab. Danach zog er nach Leipzig und arbeitete dort im VEB Polygraph Leipzig.

Klaus Prautzsch und sein Vater Gerhard blieben durch einen regen Briefwechsel miteinander verbunden. Gerhard Prautzsch schickte seinem Sohn häufig Pakete mit Kleidungsstücken und Ersatzteilen für elektrische Geräte sowie Geschenken für die weit verzweigte sächsische Verwandtschaft. Klaus Prautzsch brachte diese dann mit seinem Motorrad zu den Angehörigen. Vater und Sohn trafen sich persönlich, wenn Gerhard Prautzsch zur Leipziger Messe in die DDR einreisen konnte. Mit Bewunderung begutachtete Klaus Prautzsch im Herbst 1973 den neuen Audi 80 seines Vaters und stellte Überlegungen darüber an, ob es Möglichkeiten gäbe, dessen alten VW in die DDR zu überführen.

Klaus Prautzsch mit seinem Sohn Frank und seiner Tochter Ines

Neben gegenseitigen Mitteilungen über familiäre Dinge und die Mühen des Alltags – insbesondere über die jahrelange Wohnungssuche des Sohnes – enthält der Briefwechsel vereinzelt auch politische Kommentare. So bedauerte Klaus Prautzsch 1968 die Niederschlagung des Prager Frühlings, worauf sein Vater antwortete, „die können so wenig wie ihr aussteigen. Lass Dir das gesagt sein mein Junge: Du kannst in einer Diktatur nicht gegen die Strömung schwimmen. Ich habe das zur Genüge durchgekostet und da Du sicher auch so eine Ader von mir hast, möchte ich Dir ans Herz legen, halte Dich so gut es geht aus der Politik raus, drum schrieb ich schon, es lohnt sich nicht für so etwas zu sterben." Andererseits zeigte der Vater einiges Verständnis für die politischen Ambitionen seines westdeutschen Ältesten. Nachdem dieser sich 1972 in Hechingen als Oberschüler an der Störung einer Wahlkampfveranstaltung des CSU-Vorsitzenden Franz Josef Strauß beteiligt hatte, schrieb Vater Prautzsch an seinen Sohn Klaus, „das versucht ihr mal in der DDR".

Klaus Prautzsch berichtete dem Vater laufend über den Fortgang seines Aufbaustudiums zum Elektroingenieur sowie über die Probleme nach der Scheidung seiner 1966 geschlossenen Ehe. Ihn belasteten insbesondere die damit verbundenen Auseinandersetzungen um Besuchsmöglichkeiten seiner Kinder Anett, Ines und Frank, die er seine „kleinen Mäuse" nannte. Große Hoffnungen setzten Vater und Sohn in die Ostpolitik der sozialliberalen

Koalition unter Willy Brandt und mögliche Besuchserleichterungen durch die deutsch-deutschen Verträge. Gerhard Prautzsch schrieb zum Jahresanfang 1972: „Die Verhandlungen sind sehr schleppend, so dass ich auf Deinen Besuch wohl noch etwas länger warten muss, als ich dachte. Aber kommen wird es schon noch, dass wir uns leichter besuchen können. Davon bin ich überzeugt! Aber wann?“ Kurz darauf glaubte er schon, sein Sohn könne im August 1972 zu den Olympischen Spielen nach München kommen und schickte ihm dazu eine formelle Einladung. Am 20. Mai 1972 bedankte sich Klaus Prautzsch mit den Sätzen, „Du weißt sicher wie mich das interessiert, nur mal so hier heraus zu kommen und dann noch nach München.“ Doch sein Versuch, Karten beim DDR-Reisebüro zu erhalten sei gescheitert, diese würden nur über die Betriebe verteilt. „Unser Betrieb mit 2.000 Beschäftigten hat eine Karte erhalten, und diese ist schon mit Begründung vergeben worden. Also keine Chance für mich. Aber für Dich müßte es jetzt durch die Ratifizierung der Ostverträge leichter werden, mal zu kommen. Also lade ich Dich ein. Und wenn es geht, bringe doch Deinen ‚Großen‘ mal mit. Er wird sich sicher für unsere, also mal andere Verhältnisse wie bei Euch interessieren. Denn etwas richtig verstehen kann man wahrscheinlich nur aus persönlichen Erfahrungen heraus.“ Bei einem Besuch der Leipziger Frühjahrsmesse lernte Gerhard Prautzsch 1974 auch die neue Lebensgefährtin seines Sohnes Brigitte von Kistowski kennen, die ihm, wie er schrieb, „sehr sympathisch war“. Sie stammte aus Holzweißig bei Bitterfeld und kannte Klaus Prautzsch aus der Jugendzeit. Sie lebte wie er in Scheidung und hatte einen Sohn.

Mit Enttäuschung reagierte Gerhard Prautzsch auf den Rücktritt von Bundeskanzler Willy Brandt („nun ist mein Willy weg“), in dessen Ostpolitik er so große Hoffnungen gesetzt hatte. Im September 1974 reiste Klaus Prautzsch, wie er seinem Vater schrieb, mit seinem Motorrad durch Osteuropa. „Über die CSSR nach Ungarn, Rumänien bis Bulgarien an die Schwarzmeerküste. Alles in allem waren es 7.000 km, die ich in den drei Wochen gemacht habe.“ Am liebsten würde er diese Reise im kommenden Jahr wiederholen. Tatsächlich machte er sich dann ein Jahr später mit Brigitte von Kistowski und seinem Arbeitskollegen Steffen Benkert auf den Weg nach Bulgarien. Nachdem sie von Rumänien über die Grenzübergangsstelle Vidin mit einer Donaufähre nach Bulgarien eingereist waren, fuhren sie zunächst in das Rila-Kloster, einer berühmten und bei Touristen beliebten Sehenswürdigkeit in Südwest-Bulgarien. Hier trennten sich am 26. Juli 1975 ihre Wege. Während Brigitte von Kistowski und Klaus Prautzsch an die südliche Schwarzmeerküste weiterreisten, holte Steffen Benkert in Varna seine Verlobte ab, die mit dem Flugzeug nach Bulgarien gekommen war.

Brigitte von Kistowski und Klaus Prautzsch blieben fast drei Wochen auf einem Campingplatz an der südlichen Schwarzmeerküste. Warum sie am Ende ihrer Ferien von dort aus nicht direkt in Richtung Rumänien fuhren, ist unklar. Belegt ist nur, dass sie in der Ortschaft Dospat am 12. August 1975 gegen 20 Uhr mit dem Motorrad in eine Personenkontrolle der bulgarischen Grenztruppen gerieten. Die Ortschaft befindet sich zwar im Sperrgebiet zur griechischen Grenze, ist aber noch etliche Kilometer von der eigentlichen Grenze entfernt. In den bulgarischen Überlieferungen heißt es, das Paar sei mit dem Motorrad vor den Grenzern geflüchtet.

Am 13. August 1975 erreichte das Operative Lagezentrum der MfS-Hauptabteilung VI, zuständig für die Kontrolle des Reiseverkehrs, die Meldung über einen versuchten ungesetzlichen „Grenzübertritt durch zwei Bürger der DDR über die Staatsgrenze VR Bulgarien nach Griechenland mit tödlichem Ausgang". Gegen 3.30 Uhr seien Brigitte von Kistowski und Klaus Prautzsch aus Leipzig „nach wiederholter Flucht in unmittelbarer Nähe der bulgarisch/griechischen Staatsgrenze erschossen" worden, nachdem sie versucht hätten, „sich der Festnahme durch Flucht zu entziehen". Am 14. August 1975 erhielt Hauptreferentin Ursula Gott im DDR-Außenministerium von der DDR-Botschaft in Sofia die telefonische Mitteilung über die beiden Todesfälle an der griechischen Grenze. Die Beisetzung der beiden DDR-Bürger solle in Sofia erfolgen. Am 15. August bestätigte ein Telegramm des bulgarischen Verbindungsoffiziers Georgiew an den Leiter der MfS-Hauptabteilung X (Internationale Verbindungen), Oberst Willi Damm, ebenfalls die beiden Todesfälle. Die Leichen der beiden DDR-Bürger befänden sich im Militärhospital in Sofia. Die dortige DDR-Botschaft sei ebenfalls über den Vorgang informiert. Deren Konsul Kurt Spörl identifizierte an Hand der Personalpapiere noch am selben Tag die Toten und stimmte ohne Benachrichtigung der Verwandten ihrer Beerdigung in Sofia zu. Die DDR-Botschaft übernahm die Kosten der Beisetzung, die am Montag dem 18. August 1975 um 12.00 Uhr auf dem Friedhof „Bakrena Fabrika", Parzelle 15, Reihe 15, Nr. 17 und 18 erfolgte.

Eine vom bulgarischen Staatssicherheitsdienst am 15. August 1975 verfasste „Auskunft über getötete DDR-Bürger an der griechischen Grenze", enthält die Darstellung, Brigitte von Kistowski und Klaus Prautzsch seien „am 13.08.1975 morgens um 04.30 Uhr zwischen der 220. und 221. Grenzpyramide entdeckt" worden. Sie hätten Aufforderungen stehenzubleiben und Warnschüsse ignoriert und bereits die griechische Grenze überquert, als die bulgarischen Grenzer das gezielte Feuer auf sie eröffneten. Die bulgarische Grenzpatrouille gab insgesamt 140 Schüsse aus ihren Kalaschnikows ab, Klaus Prautzsch wurde, wie das spätere Obduktionsprotokoll festhielt, von 37 und Brigitte von Kistowski von 25 Geschossen getroffen. Die Grenzer hätten die beiden Leichen vom griechischen auf das bulgarische Gebiet zurückgeschleift. In dem Bericht des bulgarischen Staatssicherheitsdienstes wird eine Entdeckung der von den eigenen Kräften begangenen Grenzverletzung befürchtet, da Patronenhülsen und die Schuhe von Brigitte von Kistowski auf griechischem Gebiet zurückgeblieben seien.

Ebenfalls am 15. August 1975 teilte das Ministerium für Auswärtige Angelegenheiten (MfAA) dem Rat der Stadt Leipzig, Abteilung Innere Angelegenheiten, beide Todesfälle mit und bat, die Angehörigen zu verständigen. In der Mitteilung sind keine Angaben zu den Todesumständen enthalten, es heißt lediglich, sie seien in der Volksrepublik Bulgarien „tödlich verletzt" worden. Weitere Informationen würden brieflich übermittelt. Da sie von den DDR-Behörden keine Auskunft über die Todesursache ihrer Kinder erhielten, suchten ihre Mütter, Ursula Bialek und Hannelore Kurzweg das bulgarische Konsulat in Ost-Berlin auf. Dort teilte ihnen der Konsul die Todesumstände mit. Am 20. August sprach Hannelore Kurzweg, Brigitte von Kistowskis Mutter, bei Ursula Gott in der Hauptabteilung Konsularische Angelegenheiten des MfAA vor. Laut Gotts Vermerk war sie sehr erregt und bezweifelte, dass ihre Tochter einen Grenzdurchbruch beabsichtigt hätte. Frau Kurzweg bestand auf der baldigen Überführung der Leichen in die DDR. Sie werde sich deswegen an die bulgarische Botschaft wenden. Am folgenden Tag erschien Frau Kurzweg erneut bei Frau Gott im DDR-Außenministerium und teilte mit, der bulgarische Konsul habe ihr versichert, dass eine Überführung des Leichnams ihrer Tochter in die DDR möglich sei. Er werde sich auch selbst in dieser Angelegenheit mit dem DDR-Außenministerium in Verbindung setzen. Wie Ursula Gott in ihrer Gesprächsnotiz festhielt, habe Frau Kurzweg erklärt, ihr Vater sei im KZ gewesen, sie selbst sei ein langjähriges Mitglied der SED und habe ihre Kinder im richtigen Sinne erzogen. Sie werde Mittel und Wege finden, die Wahrheit herauszufinden.

Die Mütter der beiden Todesopfer reisten am 28. August 1975 nach Sofia. Über seine Begegnung mit ihnen verfasste DDR-Konsul Kurt Spörl eine „Niederschrift über die Vorsprache der Mütter der in Sofia beigesetzten DDR-Bürger Klaus-Dieter Prautzsch und Brigitte Hannelore von Kistowski, geb. Kurzweg (Grenzverletzer) am Donnerstag dem 28.8.1975 in der Konsularabteilung der Botschaft". Frau Bialek und Frau Kurzweg erschienen demnach in Trauerkleidung und äußerten, „nicht eher die VRB zu verlassen bis sie die Genehmigung zur ‚Herausgabe der Särge' der Verstorbenen erhalten hätten". Frau Kurzweg habe unter Verweis auf ihre SED-Mitgliedschaft betont, sie werde sich an die bulgarischen Stellen wenden, wenn sie keine

Unterstützung durch die Botschaft der DDR erhalte. „In sachlich ruhiger Art wurden beide Mütter über die Rechtslage informiert und erklärt, warum es nicht in unserer Kompetenz liegt, über eine Exhumierung zu entscheiden und warum sie als Bürger der DDR die bulgarischen Organe nicht direkt ersuchen können." Frau Kurzweg verwies daraufhin auf die Zusage des bulgarischen Konsuls in Berlin. „Im Verlauf des Gesprächs äußerten beide Mütter ständig Zweifel an dem Vergehen ihrer Kinder. Diesem mußte in entschiedener Form entgegengetreten werden." Spörl versprach ihnen, mit den bulgarischen Stellen zu sprechen. Seine Empfehlung, in die DDR zurückzureisen, lehnten die beiden Frauen ab. Ein Besuch der Gräber wurde für Freitag, den 29. August, vereinbart. Der Mitarbeiter des bulgarischen Außenministeriums Shelenski hatte der DDR-Botschaft nach Anfrage mitgeteilt, „daß die Exhumierung auf Antrag der Botschaft so schnell wie möglich erfolgen" könne. Spörl empfahl den Müttern eine Antragstellung bei den zuständigen Organen der DDR. Nach einer dortigen Genehmigung werde die DDR-Botschaft alles Weitere in Sofia regeln.

Steffen Benkert, der damals Klaus Prautzsch und Brigitte von Kistowski auf der Motorradtour nach Bulgarien begleitet hat, bezweifelte im Zeitzeugengespräch mit Stefan Appelius, dass sie in den Westen flüchten wollten: „Ich habe von den beiden nie ein Sterbenswörtchen von Flucht gehört." Brigitte von Kistowski sei weder mit ihrem Leben in der DDR unzufrieden gewesen, noch hätte sie ihren kleinen Sohn zurückgelassen. Etliche Indizien weisen nach den Recherchen von Stefan Appelius darauf hin, dass Brigitte von Kistowski und Klaus Prautzsch einem Verbrechen durch bulgarische Grenzsoldaten zum Opfer fielen und nicht auf der Flucht erschossen wurden. Bulgarische Ermittlungsunterlagen über die Vernehmung der beteiligten Grenzsoldaten konnten jedoch bislang nicht aufgefunden werden.

Nach ihrer Rückkehr aus Bulgarien stellten Hannelore Kurzweg und Ursula Bialek am 12. September 1975 beim Rat des Kreises Bitterfeld einen Antrag auf Exhumierung und Überführung der Leichen ihrer Kinder, wie es ihnen vom bulgarischen Konsul in Berlin bereits zugesagt worden war. Der Antrag wurde dem DDR-Außenministerium weitergeleitet. Weil man dort unsicher über das weitere Vorgehen war, erfolgte eine telefonische Anfrage bei der zuständigen Hauptabteilung X/9 des DDR-Staatssicherheitsdienstes. Da Abteilungsleiter Oberstleutnant Peter Pfütze jedoch nicht erreicht werden konnte, vertröstete dessen Mitarbeiter, MfS-Hauptmann Walter Langhans, das MfAA mit der Bemerkung, „die Sache muß abgesichert werden". Er werde das im MfS beraten und dann Bescheid geben. Am 23. September 1975 teilte Hauptmann Langhans dem MfAA telefonisch mit, Abteilungsleiter

Oberstleutnant Pfütze habe keine grundsätzlichen Einwände. „Es wäre günstig den Zeitpunkt der Beisetzung richtig zu wählen, z. B. Donnerstag- oder Sonntagvormittag." Die Überführung müsse ohne großes Aufsehen erfolgen. Mit den Angehörigen sei „eine Aussprache" zu führen, um sie zu bitten, „die Beisetzung in einem normalen Rahmen durchzuführen". Langhans bat weiterhin um eine rechtzeitige Mitteilung des Beisetzungstermins, damit die MfS-Kreisdienststelle Bitterfeld die nötigen Vorbereitungen treffen könne.

Am 26. September 1975 riefen Frau Kurzweg und Frau Bialek erneut im DDR-Außenministerium an und beschwerten sich über die hinhaltende Prozedur. „In Sofia wäre ihnen eine schnelle Erledigung versprochen worden." Vier Tage später erschienen die beiden Mütter persönlich in der Hauptabteilung Konsularwesen des MfAA und bestanden auf einer verbindlichen Auskunft, wann endlich mit der Überführung zu rechnen sei. Ursula Gott notierte: „Frau Kurzweg tritt sehr provokatorisch auf." Nach Rücksprache mit dem ebenfalls beteiligten DDR-Innenministerium wurde ihnen erklärt, sie könnten frühestens am 1. Oktober gegen 10 Uhr mit einer Entscheidung über den eingereichten Antrag rechnen. Der Rat des Kreises Bitterfeld werde dann unverzüglich informiert und die Botschaft gegebenenfalls beauftragt, einen Antrag auf Exhumierung und Überführung bei den zuständigen bulgarischen Organen zu stellen. Frau Kurzweg habe gefragt, „ob denn das MfS darüber entscheidet? Es wurde ausdrücklich betont, daß das ihre Ansicht ist, derartige Äußerungen kann sie nicht beweisen und sollte sie besser unterlassen."

Doch im Hintergrund war die Entscheidung bereits gefallen. Am 1. Oktober 1975 erhielt der Rat des Kreises Bitterfeld die Mitteilung des DDR-Außenministeriums: „Klärung der Angelegenheit ist erfolgt. Heute wurde Mitteilung an Botschaft Sofia gegeben, bei den bulgarischen Organen Exhumierung zu beantragen." Sobald der Termin feststehe, werde der Rat des Kreises Bitterfeld informiert, jedoch noch „nicht die Angehörigen", bevor ein staatliches Bestattungsinstitut beauftragt sei. Am 27. Oktober 1975 rief Hannelore Kurzweg abermals bei Ursula Gott im MfAA an und drohte damit, sie werde sich am Montag, den 3. November, mit Eingaben persönlich an Erich Honecker, Willi Stoph und Außenminister Oskar Fischer wenden und auch erneut nach Sofia fahren. Sie werde dort „schon erreichen, was uns bisher nicht gelungen ist". Hauptreferentin Gott bat Frau Kurzweg, noch diese Woche abzuwarten und forderte bei Konsul Spörl in Sofia dringend die zur Leichenüberführung erforderlichen Sterbeurkunden an. Noch am selben Tag übersandte Spörl aus Sofia beide Sterbeurkunden, die er vermutlich in seinem Büro liegen gelassen hatte. Als Todesursache ist darin für Klaus Prautzsch eine Zerreißung des Herzens aufgeführt.

Unterdessen wies MfS-Oberstleutnant Peter Pfütze die Kreisdienststelle Bitterfeld an, mit dem Rat des Kreises Verbindung aufzunehmen, um etwas Ruhe in die Angelegenheit zu bringen und ein beschwichtigendes Gespräch mit Frau Kurzweg zu führen. Verwandte von Klaus Prautzsch erinnern sich, dass seine Mutter Ursula Bialek und ihr Ehemann Heribert von den örtlichen Vertretern der Staatsmacht massiv eingeschüchtert wurden. Am 3. November 1975 rief Konsul Spörl aus Sofia bei Ursula Gott im MfAA an und teilte ihr mit: „Die Genehmigung zur Exhumierung vom MfS erhalten. Die Vorbereitungen laufen." Er werde nochmals anrufen, um den Termin der Exhumierung und den Termin der Überführung zu übermitteln. Die sterblichen Überreste Brigitte von Kistowskis wurden in einem Zinksarg am 10. November 1975 nach Ost-Berlin geflogen, am folgenden Tag auch der Leichnam von Klaus Prautzsch. Die Kostenrechnung für die Exhumierung wurde den beiden Müttern Ursula Bialek und Hannelore Kurzweg zugesandt. Sie beliefen sich nach Gewicht berechnet für Klaus Prautzsch auf 606,52 Lewa (ca. 2.490 DDR-Mark), für Brigitte von Kistowski auf 599,92 Lewa (ca. 2.460 DDR-Mark). Brigitte von Kistowski und Klaus Prautzsch fanden ihre letzte Ruhestätte auf dem Friedhof in Holzweißig.

Am 2. August 1976 teilte der Mitarbeiter des bulgarischen Außenministeriums Kowatschev DDR-Konsul Kurt Spörl mit, der II. Sekretär der westdeutschen Botschaft, Haas, habe sich mit ihm über die „deutsche Staatsangehörigkeit" unterhalten wollen und andeutungsweise, vermutlich auf Betreiben von westdeutschen Verwandten, die Todesfälle Prautzsch und von Kistowski erwähnt. Kowatschev versicherte Spörl, er habe das Ansinnen zurückgewiesen und betont, er kenne nur eine Staatsangehörigkeit der BRD und eine der DDR.

(Autor: jos.; Recherche: App., AH, jos., MS, PS)

Quellen

MfS, HA VI: Operative Information 936/75 vom 13.8.1975: Versuchter ungesetzlicher Grenzübertritt durch zwei Bürger der DDR über die Staatsgrenze der VR Bulgarien nach Griechenland mit tödlichem Ausgang. BStU, MfS, HA IX, Nr. 3421.

Auskunft der Staatssicherheit, Bezirksverwaltung Smoljan, über getötete DDR-Bürger an der griechischen Grenze, 15.8.1975 (Übersetzung Petar Stoilov). AKRDOPBGDS-RSBNA, M f.1 op. 9a a. e.1064-37-38.

Telegramm des bulgarischen Verbindungsoffiziers Georgiew aus Sofia an MfS-Oberst Damm 15.8.1975. Barch, MfS, Allg. S., Nr. 97/79, Bd. 2.

MfS-Unterlagen zu den Todesfällen von Brigitte von Kistowski und Klaus Prautzsch. BArch, Ast. Halle, MfS, BV Halle, ZMA, Nr. K-43.

Generalstaatsanwalt der DDR: Straftaten gegen die staatliche Ordnung, Bd. 1, Az. IA (b) AR 56/66 [darin: Botschaft der DDR in Sofia: Niederschrift der Konsularabteilung über den Vorgang Karl-Dieter Prautzsch und Brigitte Hannelore v. Kistowski, 25.8.1975, und weitere Dokumente]. BArch, DP 3/2564.

Schriftgut des DDR-Außenministeriums zu den Todesfällen Brigitte-Hannelore von Kistowski und Klaus-Dieter Prautzsch. PAAA, ZR 495/88, VRB Sterbefall: Prautzsch/v. Kistowski 1975.

Zeitzeugengespräche von Stefan Appelius mit Steffen Benkert; Bärbel Schäfer (Schwester von Brigitte von Kistowski) am 20. Januar 2005 und Ilse Prautzsch (Stiefmutter von Klaus Prautzsch) am 8. Februar 2006.

Appelius, Stefan: Tod im Urlaubsparadies. Bulgarien, die DDR und die Fluchtversuche über die bulgarische Grenze (= Texte zum Kommunismus in Bulgarien, hg. v. der Konrad-Adenauer-Stiftung (Bulgarien) e. V.). Sofia 2013.

Nehring, Christopher: Tödliche Fluchten über Bulgarien. Die Zusammenarbeit von bulgarischer und DDR-Staatssicherheit zur Verhinderung von Fluchtversuchen. Berlin 2017, S. 77–79.

Appelius, Stefan: Fluchtweg Bulgarien. Die verlängerte Mauer an den Grenzen zur Türkei, Jugoslawien und Griechenland. Berlin 2019, S. 147–152.

E-Mail-Wechsel und Telefongespräche zwischen Jochen Staadt und einem nahen Verwandten von Klaus Prautzsch im April und Mai 2022.

Brigitte von Kistowski

geboren am 23. Oktober 1947 in Holzweißig (heute Ortsteil von Bitterfeld-Wolfen)
erschossen am 13. August 1975 in Bulgarien
Ort des Vorfalls: südlich von Dospat an der Grenze zu Griechenland

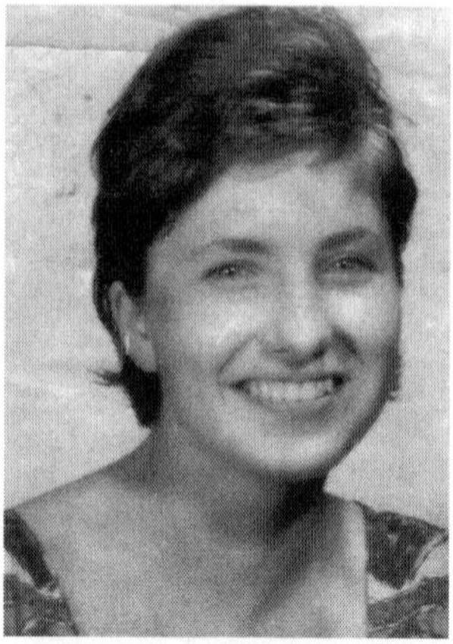

Brigitte von Kistowski

Brigitte Hannelore Kurzweg kam am 23. Oktober 1947 in Holzweißig, Kreis Bitterfeld, zur Welt. Sie heiratete am 25 August 1967 den gleichaltrigen Joachim von Kistowski. Die Ehe wurde im September 1969 geschieden, der gemeinsame Sohn Brigitte von Kistowski zugesprochen. Nach ihrer Scheidung ging sie eine Beziehung mit ihrem ebenfalls geschiedenen Schulfreund Klaus Prautzsch ein. Das Paar lebte gemeinsam mit Brigittes kleinem Sohn in einer bis dato unbewohnbaren Altbauwohnung

Brigitte von Kistowski im Mai 1975

in Leipzig, die sie selbst renoviert hatten. Im Sommer 1975 reisten die beiden jungen Leute gemeinsam mit Prautzschs Arbeitskollegen Steffen Benkert auf den Weg nach Bulgarien. Ihren Sohn hatte Brigitte von Kistowski zuvor bei ihrer Mutter in Holzweißig abgegeben.

Nachdem sie von Rumänien über die Grenzübergangsstelle Vidin mit einer Donaufähre nach Bulgarien eingereist waren, fuhren sie zunächst ins Rila-Kloster, einer berühmten und bei Touristen beliebten Sehenswürdigkeit in Südwest-Bulgarien. Hier trennten sich am 26. Juli 1975 ihre Wege. Während Brigitte von Kistowski und Klaus Prautzsch an die südliche Schwarzmeerküste weiterreisten, holte Steffen Benkert in Varna seine Verlobte ab, die mit dem Flugzeug nach Bulgarien gekommen war.

Brigitte von Kistowski und Klaus Prautzsch blieben fast drei Wochen auf einem Campingplatz an der südlichen Schwarzmeerküste. Warum sie am Ende ihrer Ferien von dort aus nicht direkt in Richtung Rumänien fuhren, ist unklar. Belegt ist nur, dass sie in der Ortschaft Dospat am 12. August 1975 gegen 20 Uhr mit dem Motorrad in eine Personenkontrolle der Bulgarischen Grenztruppen gerieten. Die Ortschaft befindet sich zwar im Sperrgebiet zur griechischen Grenze, ist aber noch etliche Kilometer von der eigentlichen Grenze entfernt. In den bulgarischen Überlieferungen heißt es, das Paar sei mit dem Motorrad vor den Grenzern geflüchtet. Zum weiteren Fortgang siehe die obige Biografie von Klaus Prautzsch.

(Autoren: App., jos.; Recherche: App., AH, jos., MS, PS)

Quellen

MfS, HA VI: Operative Information 936/75 vom 13.08.1975: Versuchter ungesetzlicher Grenzübertritt durch zwei Bürger der DDR über die Staatsgrenze der VR Bulgarien nach Griechenland mit tödlichem Ausgang. BStU, MfS, HA IX, Nr. 3421

Auskunft der Staatssicherheit, Bezirksverwaltung Smoljan, über getötete DDR-Bürger an der griechischen Grenze, 15.8.1975 (Übersetzung Petar Stoilov). AKRDOPBGDS-RSBNA, M f.1 op. 9a a. e.1064-37-38.

Telegramm des bulgarischen Verbindungsoffiziers Georgiew aus Sofia an MfS-Oberst Damm 15.08.1975. BStU, MfS Allg. S., Nr. 97/79, Bd. 2.

MfS-Unterlagen zu den Todesfällen von Brigitte von Kistowski und Klaus Prautzsch. BStU, Ast. Halle, MfS, BV Halle, ZMA, Nr. K-43.

Generalstaatsanwalt der DDR: Straftaten gegen die staatliche Ordnung, Bd. 1, Az. IA (b) AR 56/66 [darin: Botschaft der DDR in Sofia: Niederschrift der Konsularabteilung über den Vorgang Karl-Dieter Prautzsch und Brigitte Hannelore v. Kistowski, 25.8.1975, und weitere Dokumente]. BArch, DP 3/2564.

Schriftgut des DDR-Außenministeriums zu den Todesfällen Brigitte-Hannelore von Kistowski und Klaus-Dieter Prautzsch. PAAA, ZR 495/88, VRB Sterbefall: Prautzsch/v. Kistowski 1975.

Zeitzeugengespräche von Stefan Appelius mit Steffen Benkert; Bärbel Schäfer (Schwester von Brigitte von Kistowski) am 20. Januar 2005 und Ilse Prautzsch (Stiefmutter von Klaus Prautzsch) am 8. Februar 2006.

Appelius, Stefan: Tod im Urlaubsparadies. Bulgarien, die DDR und die Fluchtversuche über die bulgarische Grenze. In: Konrad-Adenauer-Stiftung Bulgarien, Texte zum Kommunismus in Bulgarien. Sofia 2013.

Nehring, Christopher: Tödliche Fluchten über Bulgarien. Die Zusammenarbeit von bulgarischer und DDR-Staatssicherheit zur Verhinderung von Fluchtversuchen. Berlin 2017, S. 77–79.

Appelius, Stefan: Fluchtweg Bulgarien. Die verlängerte Mauer an den Grenzen zur Türkei, Jugoslawien und Griechenland, Berlin 2019. S. 147–152.

E-Mail-Wechsel und Telefongespräche zwischen Jochen Staadt und einem nahen Verwandten von Klaus Prautzsch im April und Mai 2022.

Gerhard Schmidt

geboren am 5. Februar 1939 in Stablack, Kreis Preußisch Eylau (heute Dolgorukovo, Rayon Bagrationovsk)

erschossen am 6. August 1977 in der Tschechoslowakei

Ort des Vorfalls: nahe Broumov (Okres Tachov) an der Grenze zur Bundesrepublik Deutschland

Gerhard Schmidt kam am 5. Februar 1939 als Sohn von Erna und Ewald Schmidt in der Siedlung Stablack im Kreis Preußisch Eylau südlich von Königsberg in Ostpreußen zur Welt. Die Rote Armee besetzte Stablack im März 1945. Nach dem Sieg der Anti-Hitler-Koalition annektierte die Sowjetunion Schmidts Geburtsort und vereinte mehrere Siedlungen zur Kleinstadt Dolgorukovo im heutigen Rayon Bagrationovsk. Vor dem Eintreffen der Roten Armee wurden Teile der deutschen Bevölkerung von der Wehrmacht nach

Dänemark evakuiert. Gerhard Schmidt und seine Eltern blieben dort zwei Jahre als Internierte.

Nach der Entlassung aus dem dänischen Internierungslager zog die Familie nach Schwerin. Ewald Schmidt arbeitete dort fortan als Installateur für Energieversorgung und trat in die SED ein. Gerhard Schmidt beendete 1954 die Grundschule mit der 8. Klasse und begann eine Lehre zum Bauschlosser im VEB Heizungsbau und Schlosserei Schwerin. Seit 1954 gehörte er dem FDGB und ab 1955 der FDJ an. Nach seiner Lehrzeit blieb er von 1957 bis 1960 als Bauschlosser in dem Betrieb. Da ihn seine Vorgesetzten dienstlich und gesellschaftspolitisch negativ einschätzten, orientierte er sich beruflich um. Von 1960 bis 1961 war er als Klempner im VEB Energieversorgung Schwerin beschäftigt. Seine neuen Arbeitgeber beurteilten ihn durchweg positiv.

Im August 1961 wurde Gerhard Schmidt zum Direktstudium der Fachrichtung Fördertechnik an der Ingenieurschule für Schwermaschinenbau „W. Ulbricht" in Roßwein (Bezirk Leipzig) zugelassen. Er beendete die Hochschule im August 1964 mit der Gesamtnote „befriedigend". Während des Studiums musste er an drei sechswöchigen Reservistenlehrgängen der NVA teilnehmen, die er als Gefreiter abschloss. Nach dem Studium verlegte Schmidt seinen Wohnsitz für ein Jahr nach Piesteritz, einen Ortsteil von Wittenberg, wo er als Projektingenieur der Stickstoffwerke Piesteritz arbeitete. Er war Mitglied der ingenieurfachlichen Kammer der Technik, der Gesellschaft für Sport und Technik sowie der Gesellschaft für Deutsch-Sowjetische Freundschaft.

Von 1961 bis 1965 gehörte Gerhard Schmidt der SED an. Nach etlichen negativen Erfahrungen beendete er am 30. Juli 1965 seine Parteimitgliedschaft. In seiner Austrittsbegründung kritisierte er, dass in der SED „alles auf Zwang gemacht werden mußte" und ihm wegen Nichtteilnahme an Parteiversammlungen und Schulungslehrgängen „nur Unannehmlichkeiten" entstanden waren. Er zog nach Leipzig und arbeitete dort seit August 1965 als Projektingenieur in der Leipziger Außenstelle des VEB Eisengießerei und Maschinenfabrik Zemag Zeitz. In seinen Kaderakten vermerkte die SED zum 11. August 1965: „Er ist der falschen Auffassung, daß falls er sich kirchlich trauen läßt, weitere Auseinandersetzungen durch die Partei erfolgen werden." Obwohl ihn die SED drängte, seinen Parteiaustritt zu widerrufen und sich parteiintern nach Leipzig umzumelden, „brachte er zum Ausdruck, daß er mit der Partei nichts mehr zu tun haben will". Deswegen leitete die SED-Führung des Stadtbezirks Leipzig-Mitte am 9. September 1965 ein Parteiverfahren gegen ihn ein. Er weigerte sich jedoch auf einer Mitgliederversammlung zu erscheinen, die seine Parteiangelegenheit erörtern sollte. Laut einer vom MfS verfassten „Information, Einschätzung zum Verhalten der Person Schmidt, Gerhard" schloss ihn die SED 1965 aus, weil er mit dem „Parteileben" haderte und zudem seine Missbilligung darüber äußerte, „daß die DDR die Wiedervereinigungstheorie fallen lassen hat".

Gerhard Schmidt heiratete im April 1966 in Leipzig. Seine Frau Brigitte (Jg. 1947) brachte im September 1966 ihren ersten Sohn zu Welt. Seit November 1966 lebte die Familie in der Kreisstadt Staßfurt im Bezirk Magdeburg. Dort kamen im August 1970 der zweite Sohn und im Oktober 1971 eine Tochter zur Welt. Brigitte Schmidt arbeitete als Verkäuferin in der HO Gemüsehalle Leninring und Gerhard Schmidt als Projektingenieur bei der Hauptabteilung Anlagenprojektierung im VEB Chemieanlagenbau Staßfurt.

Seine Vorgesetzten bescheinigten ihm exzellente professionelle Qualifikationen. Er erledige seine Aufgaben präzise, „absolut termintreu" und mit tadelloser Disziplin. Er galt als verpflichteter Geheimnisträger bezüglich vertraulicher Dienstunterlagen. SED-Funktionäre zeigten sich von Schmidt allerdings wenig begeistert. Sie hielten ihn für politisch unzuverlässig. Nach ihrer Beurteilung habe sich Schmidt im Betrieb vom „Kollektiv" der Brigade isoliert, Solidaritätsspenden verweigert, der Bildung einer „Brigadeklasse" nicht zugestimmt und erneut eine SED-Mitgliedschaft abgelehnt. Er habe zudem „jede politische Einflußnahme auf ihn" als „belästigend" bezeichnet und verhalte sich bewusst politisch und sozial passiv oder teilnahmslos. Darüber hinaus habe er sich in Diskussionen mit SED- und Betriebsfunktionären mehrfach als für die DDR nutzlose, „gesellschafts-politische Niete" charakterisiert und starrköpfig an seinen Auffassungen festgehalten.

Trotz der recht guten Lebensumstände seiner Familie war Gerhard Schmidt vom SED-Regime und dem Leben in der DDR enttäuscht. Zudem scheiterten seine Versuche, andernorts eine Arbeitsstelle zu finden. Bewerbungen bei fast 90 Betrieben blieben erfolglos. Die Ablehnungen wurden mit angeblich fehlenden Wohnräumen oder Planstellen begründet. Gerhard Schmidt empfand das als politische Schikane und Diskriminierung, weil er aus der SED ausgetreten war und sich gesellschaftspolitisch inaktiv verhielt. Als Konsequenz aus diesen Enttäuschungen begann Gerhard Schmidt mit der Suche nach Fluchtmöglichkeiten in den Westen. Der Weg über die innerdeutsche Grenze oder die Berliner Mauer schien ihm zu gefährlich. Am 4. September 1976 reiste er auf dem Bahnweg über den Grenzübergang Schönberg-Vojtanov in die ČSSR. Er führte Reisesachen und tschechische Kronen für einen fünftägigen Aufenthalt mit sich. Auch hatte er sich bei Bekannten in der Bezirksstadt Karlovy Vary zur privaten Unterkunft angemeldet. Seine Rückfahrkarte nach Staßfurt galt für den 8. September. Am 6. September 1976 versuchte Gerhard Schmidt, bei der Siedlung Lipová im Bezirk Cheb die Grenze zu überwinden, um nach Westdeutschland zu gelangen. Soldaten der 13. Kompanie des Grenzschutzes im Bezirk Cheb stellten ihn um 16.30 Uhr nur 20 m vor der Staatsgrenze und lieferten ihn am folgenden Tag in das Gefängnis der Regionalverwaltung Plzeň (dt. Pilsen) ein.

Das seit 1961 geltende Strafgesetzbuch der ČSSR bewertete im § 109 Absatz 1 den Versuch, die tschechoslowakische Grenze ohne Erlaubnis in den Westen zu überqueren, als „Verbrechen der Republikflucht". Für diese Straftat war ein Freiheitsentzug von bis zu fünf Jahren vorgesehen. Entsprechende Strafverfahren hatte das Bezirksgericht zu führen, in dessen Jurisdiktionsbereich eine „Straftat des Verlassens der Republik" versucht oder begangen wurde. Im Fall Schmidt wäre das Bezirksgericht Cheb zuständig gewesen. Es hat jedoch gegen den Fluchtverdächtigen kein Ermittlungsverfahren eröffnet. Vielmehr beschloss die Abteilung Untersuchung der Staatssicherheit der Regionalverwaltung Pilsen am 8. September 1976, den „Verbrecher" abzuschieben. Diese administrative Zwangsmaßnahme begann am nächsten Tag mit Schmidts Überstellung aus dem Gefängnis Plzeň in die Auslieferungshaft nach Prag. Von dort wurde er am 14. September 1976 in die DDR ausgeflogen.

Schmidt blieb etwa drei Tage in Untersuchungshaft der MfS-Ermittlungsabteilung IX in Magdeburg. Er räumte ein, sich verlaufen und an der ČSSR-Grenze nach Westdeutschland kurz daran gedacht zu haben, sie zu überqueren. Das habe er dann aber aus Rücksicht auf seine Frau und die Kinder unterlassen. Letztlich wäre seine Festnahme in der ČSSR irrtümlich geschehen. Obwohl sich die Untersuchungsführer darin einig waren, dass Schmidt „illegal in die BRD" flüchten „und auf dem Wege der Familienzusammenführung seine Frau dann nachholen wollte", fehlten dafür die konkreten Beweise. Das MfS entließ ihn aus der Untersuchungshaft und sperrte ihn für den visafreien Reiseverkehr. Das Volkspolizeikreisamt Staßfurt stellte ihm am 21. September 1976 einen provisorischen Personalausweis aus.

In der Folge beantragte das Ehepaar Schmidt am 8. Oktober 1976 bei der Abteilung Innere Angelegenheiten im Rat des Kreises Staßfurt die „Aberkennung der DDR-Staatsbürgerschaft und Ausweisung in die BRD bzw. nach Österreich". Mit der Bitte um Unterstützung ihres Übersiedlungsantrags schrieben die Eheleute Schmidt im Oktober 1976 fünf Prominente aus Wissenschaft und Kultur der DDR an. Die MfS-Kreisdienststelle Staßfurt leitete daraufhin am 1. November 1976 eine Postkontrolle („M-Kontrolle") gegen die Familie ein. Einen Monat später kamen mehrere Gesellschaftliche Mitarbeiter für Sicherheit und Inoffizielle Mitarbeiter des MfS gegen Gerhard Schmidt im Arbeitsumfeld und im Wohngebiet zum Einsatz. MfS-Leute sichteten die Personalunterlagen Schmidts, überprüften Nachbarn der Familie und stellten fest, dass diese an Feiertagen an ihrem Fenster keine DDR-Fahne anbrachte, obwohl ihr eine solche übergeben worden war. Die am 3. Januar 1977 eröffnete Operative Personenkontrolle sollte die „Schaffung eines Sympathisantenkreises" oder etwaige Unterstützer Schmidts präventiv stoppen und unerwünschte demonstrative Handlungen verhindern. Außerdem stellte die zuständige MfS-Bezirksverwaltung Magdeburg Überlegungen an, ob und wie der Ingenieur in der Hauptabteilung Anlagenprojektierung im VEB Chemieanlagenbau Staßfurt ersetzbar wäre.

Unbeirrt reichte das Ehepaar Schmidt am 17. Januar 1977 den zweiten Antrag auf Ausbürgerung und Ausweisung aus der DDR beim Rat des Kreises Staßfurt ein. Zugleich schickten sie weitere Briefe mit der Bitte um Unterstützung ihres Ausreiseantrags an Volkskammer- und Kreistagsabgeordnete. Nun eröffnete die Staßfurter MfS-Kreisdienststelle am 25. Januar 1977 auch ein Ermittlungsverfahren gegen Brigitte Schmidt. Am 1. Februar 1977 musste sich Gerhard Schmidt im VEB Chemieanlagenbau Staßfurt vor dem SED-Sekretär, dessen Stellvertreter und dem Direktor für Kader und Bildung rechtfertigen. Bei einer erneuten „Aussprache" in der Abteilung Inneres des Kreisrates am selben Tag wurde Gerhard Schmidt die Ablehnung des zweiten Übersiedlungsantrags mitgeteilt und ihm, da er sich „hart an der Gesetzesverletzung bewegt (Staatsverleumdung)", gedroht, dass er „eventuell mit strafrechtlichen Konsequenzen rechnen" müsse.

Im Juni 1977 stellte Gerhard Schmidt einen dritten Übersiedlungsantrag für sich und seine Familie. Gemeinsam mit seiner Frau fertigte er erneut über 100 Bittbriefe an Prominente und politische Funktionsträger. Auf dem Weg zum Sommerurlaub bei Brigitte Schmidts Eltern im Erzgebirge verschickte Gerhardt Schmidt diese Post aus verschiedenen Ortschaften. Insgesamt 77 dieser Schreiben landeten später in den Akten des MfS. Da aber sämtliche Ausreiseanträge gescheitert waren, entschloss sich Gerhardt Schmidt zu einem erneuten Fluchtversuch über die ČSSR, diesmal mit seiner Familie. Brigitte Schmidt reiste am 4. August 1977 mit ihrem jüngeren Sohn und ihrer Tochter visafrei über die Grenzübergangsstelle Oberwiesenthal nach Boží Dar in die ČSSR ein. Da Gerhard Schmidt aufgrund seiner Vorgeschichte vom visafreien Reiseverkehr in die ČSSR ausgeschlossen war, überquerte er am selben Tag mit seinem älteren Sohn im Raum Oberwiesenthal illegal die grüne Grenze. Sie orientierten sich anhand zweier Wanderkarten für das Erzgebirge, die auch Routen durch die Grenzregion zwischen ČSSR und Westdeutschland enthielten. Die Eheleute und ihre drei Kinder kamen in Boží Dar wieder zusammen, fuhren mit dem Bus über die Bezirksstadt Karlovy Vary südwestlich nach Mariánské Lázné und blieben zwei Tage und Nächte dort.

ČSSR-Ermittler dokumentierten später den Fluchtversuch der Familie. Demnach reiste sie am 6. August 1977 mit dem Zug in die Bezirksstadt Tachov, nahm dort den Bus bis zum Dorf Halže und begab sich dann zu Fuß vier Stunden durch den Wald bis zum Dorf Broumov am Bach Hamerský potok. Sie befand sich nun vier Kilometer östlich von Mähring im bayrischen Landkreis Tirschenreuth. Gerhard Schmidt und seine Frau führten eine Landkarte, zwei Kompasse sowie eine Kneifzange mit sich. Um etwa 17.45 Uhr erreichte die Familie den militärischen Sperrbezirk – die erste Zone vor der Staatsgrenze. Als Gerhard Schmidt zehn Minuten später über den Kontrollsandstreifen lief und die Drähte des Signalzauns mit der Kneifzange zu kappen begann, löste er dadurch einen Alarm in der Wachzentrale der 17. Kompanie der Grenzwache Broumov aus. Ein etwa 250 m entfernter Grenzsoldat rannte mit seiner Maschinenpistole in der Hand heran. Nach eigenen Aussagen habe er „Stůj" (dt. „Bleib stehen") gerufen und dann einzelne Warnschüsse abgefeuert sowie mehrere Schusssalven teils in die Luft und teils in Richtung Gerhard Schmidts. Dieser durchtrennte, ohne auf die Warnungen zu reagieren, sieben Signaldrähte und schlüpfte hindurch – in die zweite Grenzzone. Seine Frau und Kinder folgten aus ihrem nahen Versteck im Unterholz durch den Signalzaun in den Wald und einen Hügel hinab zu einer Straße in Richtung Staatsgrenze. Der Schütze Milan P. folgte den Flüchtenden durch das Loch im Signalzaun. Er will dann wieder „Stůj" (dt. „Bleib stehen") gerufen haben, bevor er weitere Feuerstöße abgab. Als er sich Gerhard Schmidt bis auf ca. 70 m angenähert hatte, stellte Milan P. nach eigenen Angaben seine Maschinenpistole auf Einzelfeuer und schoss stehend zweimal gezielt auf den Flüchtenden. Der ersten Schuss habe nicht getroffen, nach dem zweiten Schuss sah Milan P., dass der Verfolgte zu Boden stürzte. Er befand sich in diesem Augenblick noch weit vor der dritten und letzten Grenzzone entfernt.

Seine Frau und die Kinder liefen zu dem Schwerverletzten. Milan P. hielt die Familie in Schach, bis nach wenigen Minuten der alarmierte Wachturmposten, Vratislav K., sowie der Patrouillenführer, Vladimir M., hinzukamen. Erst danach leisteten die drei Grenzwächter dem Verletzten Nothilfe. Anschließend fuhren sie den Verwundeten zum Krankenhaus in Planá im Bezirk Tachov. Trotz einer Notoperation an Lunge und Zwerchfell verblutete Gerhard Schmidt. Er starb an einem „Traumaschock" am 6. August 1977 gegen 19 Uhr.

Tschechoslowakische Sicherheitskräfte übergaben Brigitte Schmidt und ihre Kinder am 7. August 1977 vom Grenzübergang Vojtanov den am DDR-

Grenzzaun am Ereignisort

Grenzübergang Schönberg wartenden MfS-Leuten. Am 8. August 1977 erließ das Kreisgericht Magdeburg-Stadtbezirk Mitte Haftbefehl gegen Brigitte Schmidt. Ihre drei Kinder kamen in ein Heim. Angesichts der Trennung von ihren Kindern und der drohenden Haftstrafe gab Brigitte Schmidt in höchster Not gegenüber den MfS-Vernehmern an, sie sei in der DDR zufrieden gewesen und wäre von sich aus nie in den Westen geflohen. Ihr Mann habe jedoch gedroht, notfalls mit dem älteren Sohn allein zu flüchten. Nach diesem „Geständnis" und da sie alle früheren Gesuche auf Ausbürgerung und Übersiedlung widerrief, sah das MfS von einer Anklage gegen Brigitte Schmidt ab und setzte sie auf freien Fuß. Sie durfte mit ihren Kindern nach Staßfurt zurückkehren, stand aber dort unter weiterer Überwachung durch eine politisch-operative „Betreuerin" des MfS.

In der ČSSR untersuchte die Verwaltung des Korps für Nationale Sicherheit der Region Pilsen und eine Kommission der 5. Grenzbrigade Cheb am 7. August 1977 den Todesfall von Gerhard Schmidt. Bereits am 8. August 1977 bescheinigte die Militärkommission dem Soldaten Milan P., er hätte „keine andere Möglichkeit" gehabt, als den unbewaffneten Flüchtling niederzuschießen. Das sei nach „der Dienstverordnung OSH I-1, Artikel 183, Buchstabe a [...] vollständig gerechtfertigt [...], richtig und sehr verantwortlich" gewesen.

Die Behörden der ČSSR lieferten am 10. August 1977 den Leichnam Gerhard Schmidts gemäß den bilateralen Vereinbarungen an die DDR aus. Für dessen Beisetzung verfügte das MfS zwei Tage später spezielle Sicherungsmaßnahmen. Die weiteren Ermittlungen zum Todesfall sollten absoluter Geheimhaltung unterliegen. „Informationen in die Öffentlichkeit, insbesondere in andere Länder", seien streng zu kontrollieren, um sowohl die DDR als auch die ČSSR „vor politischer Diskreditierung" zu schützen.

Die Sterbeurkunde von Gerhard Schmidt lag in inoffizieller Übersetzung der Hauptabteilung Konsularische Angelegenheiten beim Ministerium für Auswärtige Angelegenheiten der DDR am 23. August 1977 vor. Die amtliche Todesurkunde stellte das Standesamt I auf Anordnung des Magistrats von Berlin aus. Die Todesursache wurde darin wie üblich nicht angegeben. Nachdem auch der zuständige Militärstaatsanwalt der Region Pilsen, Oberstleutnant Josef Šuchman, einen „gerechtfertigten Schusswaffengebrauch" am 1. September 1977 beurkundet hatte, erhielt der Todesschütze Milan P. Sonderurlaub, die beiden anderen beteiligten Grenzsoldaten wurden mit Uhren und „Freigang" belohnt.

Am 23. September 1977 erfolgte die Beisetzung der Urne des angeblich „tödlich verunglückten Gerhard Schmidt" auf dem Friedhof in Staßfurt. MfS-Leute und zwei „zuverlässige" Informanten aus dem VEB Chemieanlagenbau beaufsichtigten „politisch-operativ" die Trauerfeier, identifizierten die erschienenen Trauergäste und registrierten Sympathiebekundungen, Stimmungen sowie Kranzablagen durch Angehörige und Nachbarn der Familie Schmidt. Inoffizielle MfS-Mitarbeiter beobachteten die Grabstelle noch bis zum Monatsende. Der Staatsanwalt des Bezirks Magdeburg stellte am 13. Oktober 1977 das Ermittlungsverfahren gegen Brigitte Schmidt ein.

Die juristische Aufarbeitung des Todes von Gerhard Schmidt ist noch nicht abgeschlossen. Die Polizeibehörden und Staatsanwaltschaften der Bundesrepublik Deutschland, der Slowakischen Republik und der Tschechischen Republik haben ihre Strafverfolgungen im Todesfall Schmidt zwar 1995, 2001 und 2008 eingestellt, die Staatsanwaltschaft Weiden hat jedoch zusammen mit dem bayerischen Landeskriminalamt seit der Jahreswende 2017/18 die Untersuchung von mehreren Todesfällen am Eisernen Vorhang der ČSSR aufgenommen, da ein begründeter Anfangsverdacht auf Mordhandlungen gegen diese DDR-Bürger vorlag. Inzwischen beteiligt sich auch eine Staatsanwaltschaft Tschechiens an den Ermittlungen. Schmidts Tochter

Astrid konnte am 5. Mai 2020 für dessen ersten Fluchtversuch im Jahr 1976 beim Bezirksgericht Cheb eine juristische Rehabilitierung durchsetzen. Am 25. Mai 2020 sprach das Bezirksgericht Tachov beim Regionalgericht Plzeň die Familie Schmidt bezüglich des gemeinsamen Fluchtversuchs von jeder Schuld frei. Den beiden Söhnen und der Tochter Gerhard Schmidts sprach das Außenministerium der Tschechischen Republik am 28. Januar 2021 eine Entschädigung von insgesamt 100.000 Kronen (rund 3.600 Euro) zu. Brigitte Schmidt hat das nicht mehr erlebt. Sie starb am 4. September 1998 in Staßfurt.

(Autor: AH; Recherche: AH, App., jos.)

Quellen

Rat des Kreises Staßfurt, Abteilung Innere Angelegenheiten: Meldekarte zu Gerhard Schmidt und seiner Familie vom 31.8.1961 bis 4.4.1972. Landrat des Salzlandkreises, 11 FD Zentraler Service, Kreisarchiv.

MfS, BV Magdeburg: Personenkontrollakte (Gerhard Schmidt). BStU, BV Magdeburg, AOPK, Nr. 1787/77.

MfS, BV Magdeburg: Meldeaufkommen zum versuchten Grenzdurchbruch, 7.8.1977. BStU, Ast. Magdeburg, MfS, BV Magdeburg, Abt. IX, Nr. 1264, Bl. 224–231.

MfS, BV Magdeburg: [Ermittlungs- und Staatsanwaltschaftsunterlagen wegen ungesetzlichen Grenzübertritts]. BStU, Ast. Magdeburg, MfS, BV Magdeburg, Abt. IX, Nr. 1222/78, Bde. 1 und 3.

Morbacher, Ľubomír/Bártová, Markéta: Gerhard Schmidt (* 5.2.1939, † 6.8.1977) (Übersetzung Ruben Höppner), https://www.ustrcr.cz/uvod/dokumentace-usmrcenych-statni-hranice/usmrceni-statni-hranice-portrety/gerhard-schmidt/ (24.5.2023).

MfAA: Notiz vom 23.8.1977 betr. ČSSR-Sterbeurkunde von Gerhard Schmidt mit inoffizieller Übersetzung. PAAA, MfAA, ZR 495/88.

Standesamt I zu Berlin: Sterbeurkunde Nr. 287 (Gerhard Schmidt). LAB, S-Rep 500, Nr. 316.

Ascherl, Christine: Weidener Staatsanwalt klärt Tötungen an der grünen Grenze zur Oberpfalz. Tragödien außer Sichtweite, 18.12.2017, https://www.onetz.de/weiden-in-der-oberpfalz/vermischtes/weidener-staatsanwalt-klaert-toetungen-an-der-gruenen-grenze-zur-oberpfalz-tragoedien-ausser-sichtweite-d1803207.html (24.5.2023).

Bomhard, Lorenz: Todesschüsse an der CSSR-Grenze. Jetzt wird ermittelt. 23.12.2017, https://www.nordbayern.de/region/todesschusse-an-der-cssr-grenze-jetzt-wird-ermittelt-1.7028928 (24.5.2023).

Unterlagen zur gerichtlichen Rehabilitierung von Gerhard Schmidt. Christoph Koch (Stellvertreter der Beauftragten des Landes Sachsen-Anhalt zur Aufarbeitung der SED-Diktatur) an Forschungsverbund SED-Staat, 4.6.2020.

Kurt Hoffmeister

geboren am 28. November 1954 in Freyung
erschossen am 21. August 1977 in der Tschechoslowakei
Ort des Vorfalls: bei Rybník nad Radbuzou an der Grenze zur Bundesrepublik Deutschland

Der Zahnarzt Walter Hoffmeister zog 1960 mit seiner Frau Irmgard und ihren zehn Kindern im Alter zwischen drei und zehn Jahren aus dem niederbayrischen Ort Freyung in die DDR. Das DDR-Gesundheitsministerium bemühte sich damals darum, der durch die Flucht von Zahnärzten in den Westen entstandenen Unterversorgung auf dem Land zu begegnen, indem es westdeutschen Zahnärzten für einen Zuzug in die DDR lukrative Angebote unterbreitete. Walter Hoffmeister wollte ein solches Angebot annehmen und ohne seine Familie in die DDR kommen. Das DDR-Gesundheitsministerium bestand jedoch im Rahmen eines langwierigen Schriftwechsels auf seiner Übersiedlung mit Familie. Er erhielt die schriftliche Zusicherung, jederzeit die DDR mit seiner Familie wieder verlassen zu können. Hoffmeister trat die ihm angebotene Stelle im Kreiskrankenhaus Beeskow an. So kam auch der sechsjährige Kurt Hoffmeister aus Niederbayern nach Brandenburg.

Die Familie hatte nach dem Mauerbau politische Schwierigkeiten in der DDR. Ein Bruder von Kurt Hoffmeister sagte 1996 gegenüber den Ermittlern der Zentralen Ermittlungsstelle für Regierungs- und Vereinigungskriminalität (ZERV) aus, dass sie mit ihren politischen Einstellungen nicht akzeptiert und ihnen Verwandtenbesuche im Westen selbst bei Todesfällen nicht genehmigt wurden. Als Jugendlicher geriet Kurt Hoffmeister mit den dortigen Ordnungsvorstellungen in Konflikt. Der DDR-Staatssicherheitsdienst registrierte ihn 1973 mit einer sechswöchigen Haftstrafe „wegen asozialer Lebensweise und Gefährdung von Ordnung und Sicherheit“. Das bestärkte den jungen Mann in seinem Wunsch, in die alte Heimat nach Niederbayern zurückzukehren. An seinem Arbeitsplatz als Hüttenarbeiter im Verzinkungswerk VEB Eisenhüttenstadt-Kombinat-Ost (EKO), schmiedete er mit seinem älteren Freund Harald Steinkraus einen Fluchtplan über die Tschechoslowakei. Sie vermuteten, dass eine Flucht über die Grenze im Böhmerwald einfacher sei, da es dort keine Minenfelder wie an der innerdeutschen Grenze gab.

Die beiden Freunde besprachen ihren Fluchtplan seit Mitte August 1977 mehrfach während ihrer Schichtarbeit. Am Schaltpult von Harald Steinkraus, der als Anlagenfahrer beschäftigt war, herrschte ein Umgebungslärm von ca. 90 Phon, sodass niemand ihr Gespräch belauschen konnte. In der

Wohnung von Klaus Hoffmeister entschieden sie sich anhand eines Schulatlasses für das westböhmische Dorf Pivoň (dt. Stockau) als Ausgangspunkt ihrer Flucht nach Bayern. Nachdem sie am 19. August 1977 von ihren Sparkassenkonten das für Benzin und Verpflegung nötige Geld abgehoben hatten, machten sie sich am folgenden Nachmittag mit dem Trabant 601 von Harald Steinkraus auf den Weg in die ČSSR. Da Steinkraus darauf bestand, dass sein Fahrzeug in die DDR zurückgebracht wurde, hatte Kurt Hoffmeister seinen Bekannten Günter B. als Mitfahrer gewonnen. Steinkraus wollte sicher sein, dass ihm sein Wagen, falls die Flucht nicht gelänge, später in der DDR wieder zur Verfügung stünde. Günter B. sollte mit dem Wagen in die DDR zurückfahren und ihn an einem vereinbarten Platz im Stadtzentrum von Eisenhüttenstadt abstellen. Hoffmeister übereignete ihm als Gegenleistung für die Fluchthilfe schriftlich seinen eigenen Trabant, der wegen eines Schadens für die ca. 500 km lange Wegstrecke nach Pivoň nicht infrage kam. Die Fahrt der drei Männer in das ČSSR-Grenzgebiet zu Bayern dauerte länger als geplant, da sie sich mehrfach verfuhren. Sie erreichten Pivoň am frühen Morgen des 21. August 1977 und verabschiedeten sich von Günter B. Dann liefen sie durch Felder und Waldstücke in westliche Richtung. Sie orientierten sich dabei mit einem von Harald Steinkraus in Eisenhüttenstadt für zwei Mark gekauften Spielzeugkompass.

Nachdem sie sich der Grenze über eine kleine Brücke genähert hatten, sahen sie aus ihrem Versteck im Schilf hinter einem Stacheldrahtzaun in einer Entfernung von etwa 300 m zwei Grenzsoldaten patrouillieren. Sie zogen sich deswegen wieder über die Brücke zurück und begaben sich in einen links gelegenen Wald. Von dort aus beobachteten sie die Grenze. In einiger Entfernung befanden sich zwei Postentürme, von denen aber nur einer mit Grenzwachen besetzt war. Nachdem sie eine Weile gewartet hatten und keine Grenzsoldaten sahen, liefen sie gegen 10.15 Uhr in Richtung Grenze. Sie sprangen über den ersten etwa 1,20 m hohen Zaun. Den zweiten etwa 2,50 m hohen Stacheldrahtzaun untergruben sie mithilfe eines Astes und mit bloßen Händen. Kurt Hoffmeister hob dann den unteren Stacheldraht an, sodass Harald Steinkraus hindurchkriechen konnte. Er half dann auf die gleiche Weise Hoffmeister von der anderen Seite. Dann liefen beide weiter in Richtung Westen. Plötzlich hörten sie „Stůj"-Rufe und einen Schuss. Kurt Hoffmeister sagte, „los wir müssen hier schnell weg", beide Männer trennten sich und rannten in verschiedene Richtungen. Dann fiel ein weiterer Schuss. Steinkraus hörte hinter sich einen Schrei und konnte, als er sich umdrehte, Kurt Hoffmeister nicht mehr sehen. Ein weiterer Schuss fiel in seine Richtung, worauf er sich hinter einem Steinhaufen versteckte.

Nach den Aussagen des 19-jährigen Grenzsoldaten Andrej Terela war dieser mit seinem Kameraden Jan Saško am 21. August 1977 gegen 10.15 Uhr vom Standort Janska-Hut in den Abschnitt Pava kommandiert worden, weil die Signalanlage am Grenzzaun Alarm ausgelöst hatte. Die Grenzer begaben sich mit ihrem Diensthund Juno zu der angewiesenen Stelle und entdeckten die Durchbruchstelle und Fußspuren. Der Hund nahm die Witterung auf und führte die beiden Soldaten in die Richtung der Flüchtenden, die sie nach etwa 30 Minuten in 150 m Entfernung entdeckten. Als diese auf Terelas „Stůj"-Rufe und Warnschüsse in die Luft nicht reagierten, schoss er gezielt auf den etwa 150 m entfernten Flüchtling. Da der Getroffene sofort niederstürzte, verfolgte Terela nun den zweiten Mann, den er hinter einem Steinhügel entdeckte und gegen 10.58 Uhr festnahm. Sein Kamerad Saško kam hinzu und berichtete, dass er den anderen Flüchtling sterbend vorgefunden habe. Über Funk verständigten die beiden Grenzer die Alarmgruppe ihrer Kompanie, die kurze Zeit später am Ort des Geschehens eintraf und den festgenommenen Flüchtling in Gewahrsam nahm. Ein herbeigerufener Arzt konnte nur noch den Tod des 22-jährigen Kurt Hoffmeister feststellen.

Am 22. August 1977 teilte das Föderative Ministerium für Auswärtige Angelegenheiten der ČSSR dem DDR-Außenministerium telefonisch den Tod von Kurt Hoffmeister mit. Der zuständige Abteilungsleiter des MfAA, Klobes, unterrichtete das DDR-Innenministerium von dem Vorfall mit der Bitte um Mitteilung an Hoffmeisters Eltern. Die Einäscherung des Leichnams von Kurt Hoffmeister, der am 25. August 1977 an die deutschen Behörden übergeben worden war, erfolgte am 5. September in Frankfurt/Oder, die Urnenbeisetzung am 6. September 1977 auf dem Friedhof in Beeskow. Ein Bruder von Kurt Hoffmeister erinnerte sich, dass die Eltern über das Datum der Urnenüberführung lange im Unklaren gelassen wurden. Die Trauerfeier, an der über 100 Personen teilnahmen, sei von den Sicherheitsorganen überwacht und dokumentiert worden.

Durch den Leiter der Konsularabteilung in der Prager DDR-Botschaft, Kolasa, erhielt Ursula Gott, Hauptsachbearbeiterin im DDR-Außenministerium, am 20. September 1977 das zweite Exemplar der vom ČSSR-Innenministerium übergebenen Sterbeurkunde. „Normalerweise wird das Exemplar den Angehörigen des Verstorbenen übermittelt", schrieb Kolosa, „was wir in diesem Fall für nicht opportun halten". Eine Austauschurkunde sei an das Standesamt I Berlin weitergeleitet worden. Die in Poběžovice, Kreis Domažlice ausgestellte Todesurkunde enthielt als Todesursache die Angabe, „Schußverletzung des Brustkorbs unter Mitverletzung der rechten Lunge, Herzschock". Ursula Gott wies daraufhin nach Rücksprache mit dem für Auslandsangelegenheiten zuständigen MfS-Oberstleutnant Peter Pfütze Frau Weiß im Standesamt I zu Berlin an, eine neue Sterbeurkunde ohne Angabe der Todesursache anzufertigen und diese zur Übergabe an die Eltern der Abteilung Inneres nach Beeskow zu schicken.

Harald Steinkraus wurde nach seiner Überstellung in die DDR durch das Kreisgericht Frankfurt/Oder am 30. November 1977 zu einer Freiheitsstrafe von zwei Jahren und drei Monaten verurteilt, Günter B. erhielt wegen Beihilfe zur Republikflucht eine Gefängnisstrafe von einem Jahr und sechs Monaten. Harald Steinkraus stellte nach seiner Haftentlassung mehrere Anträge auf Übersiedlung in die Bundesrepublik, bis er schließlich 1982 ausreisen konnte. Auch Kurt Hoffmeisters Eltern verließen 1986 die DDR. Wegen ihrer Bemühungen um Ausreisegenehmigungen wurden mehrere Geschwister Kurt Hoffmeisters und seine Eltern vom DDR-Staatssicherheitsdienst jahrelang im „Operativen Vorgang Ring I" beobachtet. Die entsprechenden MfS-Unterlagen enthalten auch abgehörte Gespräche aus dem Familienkreis über die Teilnahme an Demonstrationen von Ausreiseantragstellern und in diesem Zusammenhang erfolgte Inhaftierungen.

Am 8. August 2003 eröffnete das bei der tschechischen Polizei angesiedelte Amt zur Dokumentation und Ermittlung der Verbrechen des Kommunismus ein Strafverfahren gegen Andrej Terela. Dem damaligen Grenzsoldaten wurde vorgeworfen, dass er gezielt auf Hoffmeister geschossen hatte, ohne zuvor mildere Mittel auszuschöpfen. Er hätte beispielsweise seinen Diensthund von der Leine lassen können. Das Bezirksgericht Domažlice verurteilte Terela am 18. Januar 2006 wegen des Machtmissbrauchs im Amt mit schwerwiegenden Folgen zu einer 14-monatigen Freiheitsstrafe mit einem bedingten Strafaufschub von zwei Jahren. In einem Revisionsverfahren hob das Landgericht Plzeň das Urteil am 26. April 2006 wieder auf, da der Tatvorwurf bereits seit 1987 verjährt war.

Im Dezember 2017 nahm die Staatsanwaltschaft Weiden Ermittlungen gegen mehrere politische Verantwortungsträger der ČSSR u. a. zu dem Todesfall von Kurt Hoffmeister auf, die derzeit noch in Kooperation mit tschechischen Staatsanwälten andauern.

(Autor: jos.; Recherche: AH, App., jos., TP)

Quellen

MfS, HA VI, OLZ: Lagebericht vom 22.8.1977. BStU, ZA, MfS, HA IX, Nr. 4296.

MfS, ZKG, Operative Lagegruppe: Lagefilm vom 22.8.1977, 8.00 Uhr, bis zum 22.8.1977, 18.00 Uhr. BStU, MfS, ZKG, Nr. 7236.

MfS, HA X: Fluchtversuch Kurt Hoffmeister und Harald Steinkraus, Übersetzung aus dem Tschechischen vom 22.8.1977. BStU, MfS, Abt X, Nr. 1870.

MfAA: Sterbefall Kurt Hofmeister. PAAA, MfAA, ZR 495/88.
MfS, HA IX: Tschechische Vernehmungsunterlagen und Dokumente. BStU, HA IX, Nr. 18651.
MfS, BV Frankfurt/Oder: Protokolle des DDR-Staatssicherheitsdienstes über die Vernehmungen von Harald Steinkraus vom 30.8. bis 8.9.1977. BStU, Ast. Frankfurt/Oder, F AU, Nr. 521/78, Bd. 1.
Standesamt I zu Berlin: Sterbeurkunde Nr. 348 (Kurt Hoffmeister). LAB, S Rep. 500, Nr. 316.
Der Polizeipräsident in Berlin, ZERV 224: Vernehmung eines Zeugen. 12.6.1996. LAB, C Rep. 150-02-02, Nr. 305 (zu Walter Hoffmeister).
Tomek, Prokop: Kurt Hoffmeister (* 28.11.1954, † 21.8.1977), https://www.ustrcr.cz/uvod/dokumentace-usmrcenych-statni-hranice/usmrceni-statni-hranice-portrety/kurt-hoffmeister (24.5.2023).
Zeitzeugengespräch von Stefan Appelius mit Harald Steinkraus am 2.7.2019.
Ascherl, Christine: Weidener Staatsanwalt klärt Tötungen an der grünen Grenze zur Oberpfalz, https://www.onetz.de/weiden-in-der-oberpfalz/vermischtes/weidener-staatsanwalt-klaert-toetungen-an-der-gruenen-grenze-zur-oberpfalz-tragoedien-ausser-sichtweite-d1803207.html (18.12.2017).

Bernd Schaffner

geboren am 11. Januar 1950 in Hildburghausen
erschossen am 27. August 1977 in Bulgarien
Ort des Vorfalls: bei Slatograd an der Grenze zu Griechenland

Bernd Schaffner

Bernd Franz Schaffner kam am 11. Januar 1950 als Sohn des selbständigen Möbellackierers Heinz Schaffner (Jg. 1924) und seiner Frau Edelgart, geb. Wöhner (Jg. 1929), in Hildburghausen zur Welt. Sein Vater Heinz Schaffner war Mitglied der NDPD. Sein Onkel Franz Schaffner (Jg. 1926) flüchtete 1955 aus der DDR. Er arbeitete später als Werkzeugmacher in Stuttgart und besuchte mehrfach seinen Bruder in der DDR. Bernd Schaffner besuchte zunächst die Zentrale Oberschule Hildburghausen, die er 1965 nach der 10. Klasse abschloss, um bei der ortsansässigen Firma Frommhold eine Lehre als Heizungsinstallateur anzutreten. Nach Auflösung dieser Firma setzte er seine Ausbildung im VEB Baureparatur bis zum Facharbeiterabschluss fort. Im Mai 1969 starb seine Mutter wenige Tage nach ihrem 40. Geburtstag. Am 3. November 1969 begann Bernd Schaffner seinen Dienst als Soldat auf Zeit bei der NVA. Da er sich im Armeesport beim Gewichtheben eine Rückenverletzung zuzog, wurde er am 3. Dezember 1969 freigestellt. Er kehrte zunächst in seinen alten Betrieb VEB Baureparatur zurück, arbeitete danach einige Zeit beim VEB Zentralheizungsbau in Suhl und zog von dort wieder in seine Heimatstadt Hildburghausen, um dort am 1. August 1974 im VEB Schrauben- und Normteilwerk eine Stelle als Bauschlosser anzutreten.

In einer Beurteilung durch die Kaderleiterin des Betriebes vom Februar 1975 heißt es, Schaffner arbeite gut, er könne Reparaturen an Versorgungsanlagen selbständig ausführen, er müsse aber noch mehr Eigeninitiative zeigen. Sein Auftreten gegenüber Kollegen und Vorgesetzten sei korrekt und höflich. Seine „politisch-ideologische Haltung" wurde als gut bezeichnet, er war Mitglied des FDGB, der DSF und der neugewählte Kassierer der FDJ-Gruppe der Brigade. Engere freundschaftliche Beziehungen zu Arbeitskollegen habe er jedoch nicht unterhalten.

Seit 1973 war Bernd Schaffner mit seiner großen Liebe, der Apothekerin Christine P. aus Schleusingen, verlobt. Nach Angaben seines Bruders ging das Verhältnis wegen des ungleichen Bildungsniveaus in die Brüche. Über die gescheiterte Beziehung zu Christine P. sei Bernd Schaffner nicht hinweggekommen, Beziehungen zu anderen Frauen hielten nur kurze Zeit. Auch nachdem seine ehemalige Verlobte mit ihrem Ehemann über Bulgarien nach Westdeutschland geflüchtet war, habe er den Trennungsschmerz nicht überwunden.

Im Februar 1975 delegierte der VEB Schrauben- und Normteilwerk Bernd Schaffner „aufgrund seiner guten Leistungen" zu einem Meisterlehrgang an die Bezirksakademie des Bauwesens in Suhl. Während seine Leistungen in den Fächern Sozialistische Betriebswirtschaft und Arbeitswissenschaft mit der Note „gut" bewertet wurden, erzielte er in den Fächern Grundlagen der marxistisch-leninistischen Philosophie, Grundlagen der politischen Ökonomie und Wissenschaftlicher Kommunismus sowie Lehren des Kampfes der deutschen und internationalen Arbeiterbewegung nur befriedigende Ergebnisse. Während eines Lehrgangs am Zentralinstitut für Schweißtechnik in Halle musste er sich wegen unentschuldigten Fehlzeiten – er hatte einen Prüfungstermin verschlafen – einem Verfahren vor der Disziplinarkommission stellen, das mit einem disziplinarischen Verweis endete. Nachdem er die Prüfung nachgeholt hatte erhielt er im Juli 1977 seinen Meisterbrief für Heizung, Lüftung und Sanitärtechnik.

Bernd Schaffner lebte zu dieser Zeit in einer gemeinsamen Wohnung mit seinem Bruder Bodo. Finanziell stand er mit einem Monatsverdienst von 700,– Mark gut da. Durch private Installationsarbeiten verdiente er sich nach Feierabend noch Geld hinzu. Zeitweise besaß er einen Pkw „Saporoshez" aus ukrainischer Produktion, später fuhr er ein Moped. In seiner Freizeit besuchte Bernd Schaffner gelegentlich Tanzveranstaltungen. Bei der Betriebssportgemeinschaft, BSG Motor ESKA Häselrieth, spielte er Handball. Das Kürzel ESKA stand für Erzgebirgische Schraubenwerke Karl-Marx-Stadt. Im Sportverein lernte er Rudi Nettbohl kennen und freundete sich mit ihm an. Wann genau sich die beiden zur Flucht aus der DDR entschlossen, ist nicht bekannt.

Im Juli 1977 verkaufte Bernd Schaffner sein Moped. Die für ihn vorgesehene Meisterstelle in der Schraubenfabrik Hildburghausen trat er nicht an, sondern kündigte am 5. August 1977 sein dortiges Arbeitsverhältnis mit der Begründung, er habe kein Interesse an der Übernahme einer Meisterposition. Etwa eine Woche bevor er sich am 17. August 1977 mit Rudi Nettbohl auf den Weg nach Bulgarien machte, verschenkte Bernd Schaffner einen Rasierapparat und ein Kofferradio an seinen Bruder Bodo. Sein Tonbandgerät brachte er zu Rudi Nettbohl. Das führte später bei Rudi Nettbohls Mutter zu der Vermutung, ihr Sohn habe gar keine Fluchtabsichten gehabt, sondern sich lediglich bereit erklärt, seinen Freund mit dem Motorrad an die bulgarisch-griechischen Grenze zu bringen.

Wie die Flucht dort scheiterte, kann nur durch Berichte der DDR-Botschaft Sofia und aus bulgarischen Untersuchungsakten rekonstruiert werden. Der II. Botschaftssekretär, DDR-Konsul Kurt Spörl, rief am 29. August 1977 im DDR-Außenministerium an und teilte eine „Grenzverletzung durch DDR-Bürger mit tödlichem Ausgang" mit. Am folgenden Tag telegrafierte Spörl nach Ost-Berlin, er sei durch den Leiter der Untersuchungsabteilung des bulgarischen Innenministeriums Simow „eingehend über das Geschehnis, welches er mir anhand einer Akte mit Zeichnungen und Fotos erläuterte", informiert worden. Demnach habe eine Bauersfrau den Grenzorganen am 24. August gemeldet, dass sich zwei junge Männer „verdächtig im Grenzgebiet bewegten". Daraufhin wurde Alarm ausgelöst, was die beiden Männer offenbar bemerkt hatten, denn sie hielten sich danach für ca. drei Tage versteckt. Da die zuständigen Stellen an der Mitteilung der Bauersfrau zweifelten, hoben sie die Alarmstufe wieder auf. Am Nachmittag des 27. August 1977 hätten die beiden Männer einen Grenzzaun bei Slatograd überwunden und sich in Richtung Griechenland bewegt. Dabei durchtrennten sie die Signaldrähte und lösten einen Alarm aus. Als herbeigeeilte Grenzsoldaten an der Stelle der Alarmauslösung eintrafen, entdeckten sie zwei Personen, die auf Warnrufe angeblich nicht reagierten, sondern versuchten auf getrennten Wegen in einen nahen Wald zu flüchten. „Daraufhin wurde vom Offizier Schießbefehl gegeben. Kurz vor Erreichung des dichten Waldes, in Richtung Griechenland, erhielten beide tödliche Verletzungen." Simow habe um Klärung gebeten, ob eine Überführung der Toten in die DDR erfolgen solle. Es sei für die Angehörigen auch möglich, die Leichen „vor der Überführung oder Beisetzung in Sofia zu sehen". Simow habe auch nach näheren Angaben zu den beiden Getöteten gefragt.

Am 30. August 1977 telefonierte die MfAA-Sachbearbeiterin Ursula Gott mit dem Leiter der MfS-Untersuchungsabteilung Oberstleutnant Peter Pfütze und erhielt von ihm die Anweisung, „es bei der alten Entscheidung zu belassen, d. h. Beisetzung in Sofia". Frau Gott informierte darüber am folgenden Tag ihren Chef August Klobes, den Leiter der Hauptabteilung für Konsularwesen, und teilte ihm mit: „Gen Spörl ist zu informieren, daß Beisetzung in Sofia erfolgen soll." Sie habe mit Konsul Spörl bereits abgesprochen, dass dies in Sofia veranlasst wird „und wir schnellstens Tag der Beisetzung, Friedhof und Grabstelle erfahren".

Ebenfalls am 30. August 1977 ging in der Hauptabteilung Konsularische Beziehungen ein Telegramm des stellvertretenden Vorsitzenden der Abteilung Inneres aus Hildburghausen Geier ein, der „umgehende Informationen über die tödliche Verletzung der Bürger Rudolf-Ernst Nettbohl und Bernd Schaffner" erbat. Diese Angaben würden für die Benachrichtigung und Information der Angehörigen dringend benötigt. Das MfAA antwortete telegrafisch und versprach die briefliche Zusendung der Informationen. Das „Nur für den Dienstgebrauch" gekennzeichnete Schreiben von Hauptabteilungsleiter Klobes enthielt die Angabe, Rudi Nettbohl und Bernd Schaffner seien „bei der strafbaren Handlung, die DDR ungesetzlich über die VR Bulgarien zu verlassen, bei dem Versuch eines Grenzdurchbruchs nach Griechenland, unter Zerstörung von Anlagen, erschossen" worden. „Es muß davon ausgegangen werden, daß nach Abschluß der Untersuchung – entsprechend der bulgarischen Gesetzgebung – sofortige Beisetzung in der VRB angeordnet wird bzw. bereits erfolgt ist."

Unmittelbar nachdem sich die beiden Todesfälle in Hildburghausen herumsprachen, ging man zunächst von einem Verkehrsunfall aus. Die FDJ-Gruppe des Ortsteils Wallrabs begann Geld für einen Kranz zu sammeln. Die Sammlung wurde sofort eingestellt, nachdem durch die Mutter von Rudi Nettbohl die Gründe für den Tod der beiden jungen Männer bekannt geworden waren.

Ein bulgarischer Bauer entdeckte wenig später in einem Waldstück das dort versteckte Motorrad Rudi Nettbohls. Die Bezirksverwaltung Smoljan des bulgarischen Staatssicherheitsdienstes telegrafierte am 20. September 1977 nach Sofia: „Am 27.8.1977 wurden beim Versuch zur Überwindung der bulgarisch-griechischen Grenze die DDR-Bürger liquidiert: Rudolf Ernest Nettbohl, geboren am 2.3.1956 und Bernd Franz Schaffner, geboren am 11.1.1950, die beide aus Hildburghausen-DDR stammen. Am 16.9.1977 um 11 Uhr wurde in der Gegend ‚Barakov dol', 3 km auf dem Weg Nedelino-Zlatograd in einer Schlucht ein verstecktes Motorrad ‚M-250' № OD 64-87' gefunden, mit dem die Verletzer in Richtung der Grenze reisten. Auf dem Motorrad wurden Gegenstände gefunden, die im anliegenden Verzeichnis aufgelistet sind. Das Motorrad und die Gegenstände sind in der Bezirksverwaltung DS Smoljan in Verwahrung."

DDR-Konsul Kurt Spörl übersandte dem DDR-Außenministerium am 29. September 1977 ein ausführliches bulgarisches Protokoll über den Grenzzwischenfall und die bulgarischen Sterbeurkunden für Bernd Schaffner und Rudi Nettbohl. Der aus dem Bulgarischen übersetzten Sterbeurkunde Nr. 60 für Bernd Franz Schaffner ist zu entnehmen, dass sie von der „Amtsperson für das Personenstandswesen" Sheljasko Trandafilow Schechow des Volksrates Slatograd Bezirk Smoljan unterzeichnet wurde. Als Anzeigeperson wird Georgi Markow Ichtjarow, 34 Jahre, aus Slatograd benannt. Der Eintritt des Todes sei am 27. August 1977 um 15.40 Uhr erfolgt. „Todesursache: Verletzung durch Feuerwaffe". Der Totenschein Nr. 74 wurde von dem Gerichtsmediziner Dr. Slatko Nikolew Kolew ausgestellt, er gibt als Todesursache an „Hämorrhagie acuta ruptura pulmonis dextra et arterie femoralis sinistra vulnera sclopetarii thoracis et cruris sinistra". Zwei kurze Passagen zur Todesursache fügte Spörl in Übersetzung bei. Demnach starb Bernd Schaffner an Geschosstreffern in der rechten Lunge und im linken Oberschenkel. Durch den starken Blutverlust sei der Tod unmittelbar eingetreten. Rudolf Nettbohl sei durch ein Geschoss getötet worden, das beide Lungen, das Herz und die Leber verletzte.

Ursula Gott wies das Standesamt I Berlin an, neue Sterbeurkunden für Rudi Nettbohl und Bernd Schaffner auszustellen. In diesen Urkunden ist lediglich der Todeszeitpunkt aus dem bulgarischen Dokument übernommen worden und als Todesort Slatograd, eine Todesursache ist nicht angegeben. Der Rat des Kreises Hildburghausen händigte am 11. November 1977 nach wiederholten Nachfragen diese Todesurkunden den Eltern aus.

Am 12. November 1977 hielten die Pastorin Ross und Pfarrer Steinert auf Bitte der Familien in Hildburghausen eine Andacht für Rudi Nettbohl und

Bernd Schaffner. Die Trauerhalle war überfüllt. Schulfreunde, Arbeitskollegen und Sportkameraden waren gekommen; fünf MfS-Leute überwachten die Besucher.

Nach jahrelangen beharrlichen Bemühungen des Vaters und der Schwester Bernd Schaffners sowie vor allem von Rudi Nettbohls Mutter erfolgte am 30. Januar 1981 die Überführung der sterblichen Überreste ihrer Söhne in die DDR. Die Eltern hatten sich zuvor bereit erklären müssen, sämtliche Kosten der Exhumierung und Überführung zu begleichen. Bernd Schaffner wurde im Grab seiner Mutter beigesetzt.

(Autor: jos.; Recherche: App, jos., TP)

Quellen

Spörl, Kurt, II. Sekretär Botschaft Sofia: Niederschrift über die bulgarische Grenzverletzung bei Slatograd mit tödlichem Ausgang durch die DDR-Bürger Nettbohl und Schaffner aus Hildburghausen [und weitere Dokumente zum Ereignis]. PAAA, MfAA, ZR 495/88; Sterbefall/VRB, Nettbohl/Schaffner, 1977/1978.

MfS, HA IV: Auszug aus dem Lagebericht vom 29.8.1977. BStU, MfS, HA IX, Nr. 4296.

MfS, KD Hildburghausen: Untersuchungsvorgang Bernd Schaffner. BStU, Ast. Suhl, KD HBN, 2 MA X/965.

Telegramm des Leiters der Bezirksverwaltung DS Smoljan v. 20.9.1977 über das Auffinden eines Motorades (Übersetzung Petar Stoilov). AKRDOPBGDSRSBNA-M f.1 op. 9a a. e.1494 1 – 0465.

Standesamt I zu Berlin: Sterbeurkunde Nr. 307 (Bernd Schaffner). LAB, S-Rep 500, Nr. 316.

Zeitzeugengespräch von Stefan Appelius mit Herta Otto (Mutter von Rudi Nettbohl) am 22.6.2006.

Rudolf Ernst (Rudi) Nettbohl

geboren am 2. März 1956 in Häselrieth (heute OT von Hildburghausen)
erschossen am 27. August 1977 in Bulgarien
Ort des Vorfalls: bei Slatograd an der Grenze zu Griechenland

Rudolf Ernst (Rudi) Nettbohl, geboren am 2. März 1956, wuchs im thüringischen Häselrieth, Kreis Hildburghausen, in einer regimetreuen Familie auf. Er hatte zwei Schwestern. Seine Mutter, Herta Nettbohl, geb. Seibel (Jg. 1924) arbeitete als Sekretärin und Finanzinstrukteurin im Kreisvorstand der Gesellschaft für Deutsch-Sowjetische Freundschaft, sein Vater Rudolf (Jg. 1922), ein langjähriges SED-Mitglied, war seit 1950 bei der Kriminalpolizei

Rudi Nettbohl

beschäftigt und – nachdem er das Dienstverhältnis aus gesundheitlichen Gründen quittieren musste – im Kreisbauamt Hildburghausen. Das Verhältnis zwischen Vater und Sohn war konfliktträchtig. Rudi Nettbohl war politisch desinteressiert und auch beruflich wenig ehrgeizig. Er hatte nach Beendigung der 10. Klasse zunächst den Beruf eines Landmaschinenschlossers erlernt und war dann als Traktorist und Schlosser bei der LPG Wallrabs in Hildburghausen beschäftigt. Danach wechselte er als Kraftfahrer zur örtlichen Filiale des Getränkekombinats Meiningen. Als Auslieferungsfahrer erhielt er auch einen Passierschein für das Sperrgebiet von zwei Grenzkreisen im Bezirk Suhl.

Ein Mitschüler erinnert sich, dass er mit Rudi Nettbohl schon in der 8. oder 9. Klasse über Fluchtmöglichkeiten gesprochen hatte. Rudi habe davon geträumt, einmal als Profifußballer in der Bundesliga zu spielen. Doch er sei nur ein guter Verteidiger in der Dorfmannschaft gewesen. Dabei handelte es sich um die Fußballmannschaft der Betriebssportgemeinschaft, BSG Motor ESKA Häselrieth. Das Kürzel ESKA stand für Erzgebirgische Schraubenwerke Karl-Marx-Stadt. Mannschaftskameraden beschrieben Rudi Nettbohl als durchschnittlichen Spieler, der sich regelmäßig am Training beteiligte. „Er war kein Wortführer und verhielt sich beim Training, im Spiel und in gemütlicher Runde nach dem Spiel ruhig und zurückhaltend.“ Mit seinen Freunden hörte Rudi Nettbohl Westradio, insbesondere die Sendung von Frank Elstner bei Radio Luxemburg und den Bayerischen Rundfunk. Aus einer kurzzeitigen Beziehung des damals 19-Jährigen ging ein Kind hervor, für das er seit Herbst 1976 unterhaltspflichtig war. Rudi Nettbohl sei in der Freizeit viel mit seinem Motorrad unterwegs gewesen, einer alten MZ 250 aus den 1950er Jahren, die ihm der Onkel seiner Freundin Astrid geschenkt hatte. Als sein Vater im Mai 1977 nach schwerer Krankheit starb, kümmerte er sich um seine trauernde Mutter und schlug ihr zur Erholung eine gemeinsame Urlaubsreise nach Bulgarien vor: „Mutti, das wäre eine Idee auch für uns, mal nach Bulgarien zu fahren. Wir brauchen Abwechslung, nachdem der Vati tot ist.“ Doch dazu fühlte sie sich so kurz nach dem Tod ihres Mannes nicht imstande.

Von Bekannten wird Rudi Nettbohl als gelegentlich aufbrausend beschrieben, er habe Ungerechtigkeit nicht ertragen können. So schlug er seinen Schwager am 6. August 1977 krankenhausreif, nachdem dieser seine ältere Schwester beleidigt hatte. Das daraufhin am 15. August 1977 gegen ihn eingeleitete Ermittlungsverfahren der Volkspolizei mag seinen Entschluss bestärkt haben, der DDR den Rücken zu kehren. Einem guten Freund vertraute Rudi Nettbohl damals an: „Du Werner, morgen fahren wir nach Bulgarien. Es kann ja nur besser werden. Du hörst von mir, es kann aber eine Weile dauern". Dann habe er ihn zum Abschied noch einmal fest umarmt. Aus dem Sportverein kannte er den Handballer Bernd Schaffner, mit dem er sich angefreundet hatte. Mit ihm machte er sich am 17. August 1977 auf den Weg nach Bulgarien. In ihre Visa war als Reiseziel Burgas am Schwarzen Meer eingetragen. Zehn Tage später starben die beiden bei einem Fluchtversuch über die bulgarisch-griechische Grenze.

Das dortige Geschehen ist durch diverse Berichte der DDR-Botschaft in Sofia und aus bulgarischen Unterlagen überliefert. (Zum nun folgenden Geschehen siehe die obige Biografie von Bernd Schaffner.)

Am 12. November 1977 wurden die sterblichen Überreste von Rudi Nettbohl und Bernd Schaffner in Hildburghausen beigesetzt. Zur Andacht sprachen auf Bitten der Familien die Pastorin Ross und Pfarrer Steinert. Die Trauerhalle war überfüllt. Schulfreunde, Arbeitskollegen und Sportkameraden waren gekommen; fünf MfS-Leute überwachten die Besucher. Die Fußballer hatten für einen Kranz gesammelt. Am 30. November 1977 informierte der SED-Funktionär Gerhard Wagner, Sekretär der Betriebsparteiorganisation, das MfS, über „die Pflege des symbolischen Grabs von Nettbohl, Rudolf auf dem Friedhof Hildburghausen-Wallrab". Am 13. November 1977 habe er dort einen Kranz mit einer Trauerschleife und der Inschrift festgestellt: „Zum ehrenden Gedenken. Unserem jungen Freund".

Am 28. März 1978 schrieb der Leiter der Abteilung für Innere Angelegenheiten des Kreises Hildburghausen Wagner an das DDR-Außenministerium, der Nachlass der beiden Toten sei trotz Zusage vom 14. November 1977 noch immer nicht eingetroffen. Konsul Kurt Spörl, der für die schleppende Abwicklung des Vorgangs verantwortlich war, teilte am 20. April 1978 schließlich mit, er habe nun den Nachlass und das Motorrad erhalten. Vier Tage später, am 24. April 1978, sprach Hauptreferentin Gott mit Herta Nettbohl, die nach Ost-Berlin gekommen war. Als Frau Gott sagte, ihr Sohn und sein Freund, seien „bei der Begehung einer strafbaren Handlung getötet" worden, wies Frau Nettbohl laut der Gesprächsaufzeichnung Ursula Gotts darauf hin, sie sei über die Umstände durch den Rat der Stadt informiert worden. Sie

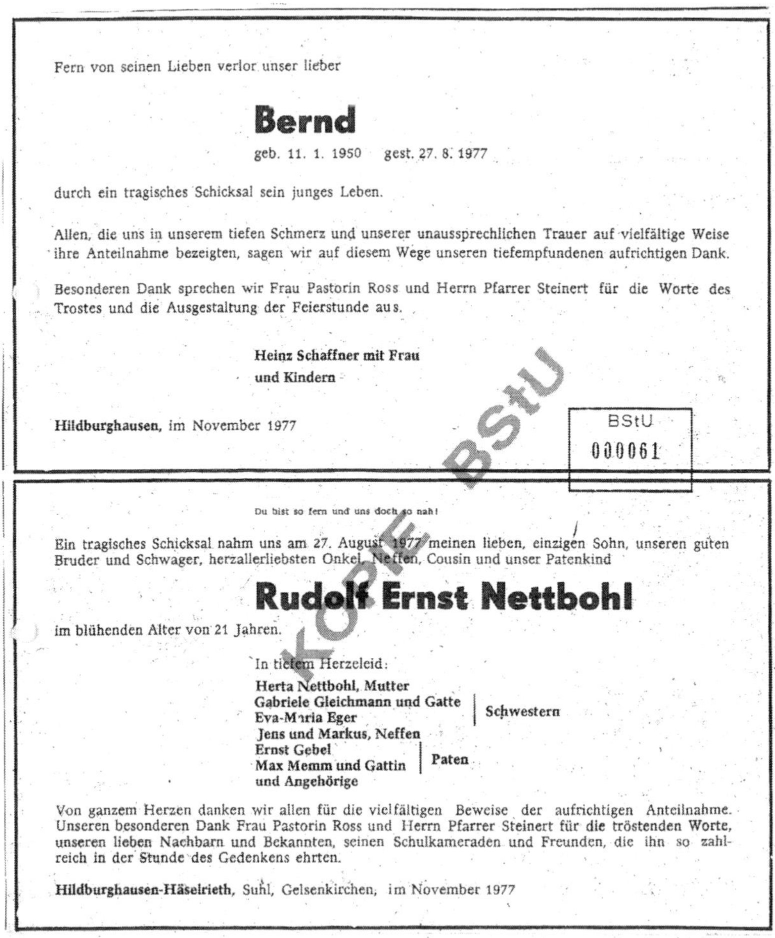

Fern von seinen Lieben verlor unser lieber

Bernd

geb. 11. 1. 1950 gest. 27. 8. 1977

durch ein tragisches Schicksal sein junges Leben.

Allen, die uns in unserem tiefen Schmerz und unserer unaussprechlichen Trauer auf vielfältige Weise ihre Anteilnahme bezeigten, sagen wir auf diesem Wege unseren tiefempfundenen aufrichtigen Dank.

Besonderen Dank sprechen wir Frau Pastorin Ross und Herrn Pfarrer Steinert für die Worte des Trostes und die Ausgestaltung der Feierstunde aus.

Heinz Schaffner mit Frau
und Kindern

Hildburghausen, im November 1977

Du bist so fern und uns doch so nah!

Ein tragisches Schicksal nahm uns am 27. August 1977 meinen lieben, einzigen Sohn, unseren guten Bruder und Schwager, herzallerliebsten Onkel, Neffen, Cousin und unser Patenkind

Rudolf Ernst Nettbohl

im blühenden Alter von 21 Jahren.

In tiefem Herzeleid:
Herta Nettbohl, Mutter
Gabriele Gleichmann und Gatte | Schwestern
Eva-Maria Eger | Schwestern
Jens und Markus, Neffen
Ernst Gebel | Paten
Max Memm und Gattin | Paten
und Angehörige

Von ganzem Herzen danken wir allen für die vielfältigen Beweise der aufrichtigen Anteilnahme. Unseren besonderen Dank Frau Pastorin Ross und Herrn Pfarrer Steinert für die tröstenden Worte, unseren lieben Nachbarn und Bekannten, seinen Schulkameraden und Freunden, die ihn so zahlreich in der Stunde des Gedenkens ehrten.

Hildburghausen-Häselrieth, Suhl, Gelsenkirchen, im November 1977

Traueranzeigen für Bernd Schaffner und Rudi Nettbohl

habe ihre Arbeitsstelle aufgeben müssen, bei der sie seit 17 Jahren beschäftigt war. „Die Umstände des Ablebens von N. und Sch. seien in Betrieben (?) ausgewertet worden.“ Die Auszahlung der Lebensversicherung ihres Sohnes habe man ihr „mit dem Hinweis verweigert, eine Auszahlung dürfe nicht vorgenommen werden, da ihr Sohn ein Staatsverbrecher“ sei. Der mit ihrer Befragung befasste Staatsanwalt hätte ihr geantwortet, als sie ihn mit diesem Sachverhalt konfrontierte, dass „es in der DDR keine Sippenhaftung gäbe“.

Auf die Frage der Mutter nach Exhumierung und der Überführung der Leiche ihres Sohnes, antwortete Frau Gott wieder, dies sei nach bulgarischem Recht erst nach 6 bis 7 Jahren möglich. „Eine Pflege der Grabstelle sei nicht realisierbar. Die Frage von Frau N. nach der Möglichkeit des Besuchs der Grabstelle ihres Sohnes wurde im Prinzip bejaht."

Zwei Jahre nach Rudi Nettbohls Tod wandte sich seine Mutter, die nach erneuter Eheschließung nun Herta Otto hieß, am 22. August 1979 mit einer Eingabe an SED-Generalsekretär Erich Honecker. Darin beklagte sie sich darüber, dass ihr durch das DDR-Außenministerium bisher keine hinreichenden Auskünfte über den Tod ihres Sohnes erteilt wurden. Darüber hinaus informierte sie den Parteichef, sie sei am 30. August 1977 in ihrer Dienststelle, dem Kreissekretariat der DSF Hildburghausen, zum Kreissekretär gerufen worden, der ihr in Gegenwart der „Gen. Geier und Gen. Schleicher von der Abt. Inneres des Rates der Stadt Hildburghausen" eröffnet habe, ihr Sohn sei in Bulgarien tödlich verunglückt. Nachdem sie in der Woche danach keine Mitteilung über den Hergang des tödlichen Unfalls erhielt, habe sich ihr Schwager bei der Abteilung Inneres beschwert und mit einer Eingabe gedroht. Daraufhin wurde sie noch am selben Tag zum Vorsitzenden des Rates des Kreises Werner Ahsmuß eingeladen, der ihr in Gegenwart ihrer Tochter eröffnete, ihr Sohn sei erschossen worden, „da er Sicherheitsmaßnahmen beschädigt habe. Wo und wie der Hergang gewesen ist, konnte uns nicht gesagt werden, und dazu sei er auch nicht verpflichtet. Gen. Ahsmuß gab hier Beispiele, daß jene Menschen unserer Republik in das soz. Ausland reisen, um von dort den Weg in das kapitalistische Ausland zu suchen." Sie habe geantwortet, dies könne nicht auf ihren Sohn zutreffen, der nach dem Tod ihres Mannes vor drei Monaten ihre einzige Stütze gewesen sei und ihr über das schwere Leid hinweggeholfen habe. Ihr Sohn habe als Kraftfahrer des VEB Getränkekombinats Meiningen, Betriebsteil Hildburghausen für zwei Grenzkreise des Bezirks Suhl einen Passierschein besessen und daher nicht eine Reise von 2600 km mit dem Motorrad antreten müssen, um „unsere Republik zu verlassen". Ihr Sohn habe nie einen solchen Gedanken gehabt. Er habe das Jugendzimmer für die Dorfjugend in Wallrabs mit eingerichtet und sei mit seinem Fußballverein BSG ESKA eng verbunden gewesen. „Ich habe an Gen. Ahsmuß die Frage gerichtet, ob mein Sohn im Besitz einer Waffe gewesen sei und Menschenleben vernichtet habe, darauf mußte Gen. Ahsmuß mir antworten, daß dies nicht der Fall sei." Er habe ihr aber dann den Fall des Grenzverletzers Weinhold vorgehalten, dessen Eltern seine Tat auch nicht glauben wollten. Werner Weinhold hatte am 19. Dezember 1975 auf seiner Flucht in die Bundesrepublik zwei NVA-Grenzsoldaten erschossen. Erst auf mehrfaches Drängen sei ihr am 11. November 1977 die am 29. September in Berlin ausgestellte Sterbeurkunde ausgehändigt worden, aus der hervorgehe, dass ihr Sohn am 27. August 1977 um 15.40 Uhr in Slatograd verstorben sei. Sie sei später mit ihrem neuen Ehemann nach Sofia gereist und habe dort die Gräber ihres Sohnes und seines Freundes aufgesucht. „Es war für uns ein erschütternder Anblick, am Hauptweg in der Parz. 17, rings umgeben [von] mit Marmor versehenen Grabstätten, zwei verwilderte Erdhügel vorzufinden. Dies sind die Gräber zweier junger DDR-Bürger." Sie habe von der Friedhofsverwaltung erfahren, dass die Beisetzung am 3. September 1977 im Beisein eines Vertreters der DDR-Botschaft und eines Angestellten des gerichtsmedizinischen Instituts Sofia erfolgte. Sie fordere, auch im Namen der Familie Schaffner, die Exhumierung und Überführung der beiden Leichen in die DDR. Ihre Arbeitsstelle sei von der DSF zum 31. Dezember 1977 gekündigt worden. Das Arbeitsgericht habe diese Kündigung nicht akzeptiert und darauf bestanden, dass ein Aufhebungsvertrag geschlossen wurde. Sie habe inzwischen eine neue Arbeitsstelle im VEB Holzindustrie gefunden, die aber mit 560,– Mark um 95,– Mark geringer vergütet werde als ihre Tätigkeit in der Kreisdienststelle der DSF. Sie und ihre beiden Töchter würden weiterhin bei den zuständigen Instanzen versuchen, „in Erfahrung zu bringen, was mit meinem Sohn geschehen ist, und warum ich hierfür bestraft wurde. […] Werter Genosse Honecker, ich bitte Sie höflichst, die von mir dargelegten Umstände überprüfen zu lassen und mir in aller Offenheit die tatsächliche Wahrheit mitzuteilen und mir zu meinem Recht zu verhelfen."

Das DDR-Außenministerium reagierte auf die vom Büro Honecker übersandte Eingabe erst nach erneuter Ermahnung am 2. Mai 1980. In einem mit Ausflüchten versehenen Schreiben an den Leiter der Abteilung Inneres des Rates von Hildburghausen wurde nun mitgeteilt: „Wenn Frau Otto eine Exhumierung und Überführung der sterblichen Überreste ihres Sohnes wünscht, so ist dies grundsätzlich möglich." Frau Otto müsse dazu einen persönlichen Antrag an das bulgarische Gesundheitsministerium und die bulgarische Generalstaatsanwaltschaft stellen und sich zur Kostenübernahme bereiterklären.

Das Schreiben an den Rat des Kreises Hildburghausen war mit einer internen dreiseitigen Selbstrechtfertigung der Hauptabteilung Konsularische Beziehungen des DDR-Außenministeriums vorbereitet worden. Unter der Überschrift „Fragen aus dem Schreiben der Frau Otto vom 20.08.1979" werden darin die in Herta Ottos Eingabe an Erich Honecker enthaltenen Vorwürfe abgearbeitet. Das erfolgte in mehreren Punkten wahrheitswid-

Das Grab von Rudi Nettbohl in Sofia 1979

rig. So heißt es z.B., „bei persönl. Vorsprache wurde die Frage der sofortigen Überführung nicht berührt, sondern allgemein auf Bedingungen VRB hingewiesen". Der Beisetzungstermin sei nach Auskunft der Botschaft der 5. September gewesen. „Nach bisherigen Erfahrungen werden in der VRB solche Gesetzesverletzer als ‚Verbrecher' angesehen, deren Andenken nicht bewahrt werden soll." Zur bisherigen Praxis heißt es: „Bei Verbrechen mit Todesfolge aufgrund §213 wurde bisher eine Überführung in die DDR nicht vorgesehen. (keine Rückfrage bei Angehörigen). Abstimmung mit VRB ist insofern erfolgt, als die Beisetzung in der VRB auf einem zentralen Friedhof (z.B. Sofia) vorgenommen wird." Im Zusammenhang mit einem vorherigen Fall sei „nachträglich doch eine Exhumierung (innerhalb eines 1/4 Jahres) durch Angehörige erreicht" worden. Die VRB-Seite habe aber darauf hingewiesen, dass eine weitere Exhumierung erst nach sechs bis sieben Jahren Wartezeit mit Antrag an das Gesundheitsministerium möglich sei. Es gebe außerdem „kein Krematorium" in Sofia. Unter dem Punkt „Überführung der sterblichen Überreste" heißt es: „evtl. Frage nach Rückführung Nettbohl/Schaffner nach Beratung mit HA-U [MfS-Hauptabteilung Untersuchung] durch Botschaft an bulg. Seite herantragen". Die Möglichkeit der Grabpflege solle durch die Botschaft geprüft werden, sie könne dabei gegenüber der Sofioter Stadtverwaltung auf den „Vorgang Kriegsgräberpflege" Bezug nehmen.

Nach weiteren beharrlichen Bemühungen von Herta und Heinz Otto so wie der Eltern von Bernd Schaffner erfolgte am 30. Januar 1981 die Überführung der sterblichen Überreste ihrer Söhne in die DDR.

Rudi Nettbohls Mutter Herta Otto erstattete am 22. Juli 1996 bei der Zentralen Ermittlungsgruppe Regierungs- und Vereinigungskriminalität (ZERV) Strafanzeige wegen der Ermordung ihres Sohnes. Die ZERV antwortete am 20. September 1996, in Fällen dieser Art könne eine Strafverfolgung weder nach bundesdeutschem noch nach DDR-Recht erfolgen. Die bundesdeutschen Strafverfolgungsbehörden hätten, „anders als bei Vorfällen an der damaligen innerdeutschen Grenze einschließlich Berlins", keine Kompetenz „zur Verfolgung derartiger Gewaltakte an den Grenzen ehemaliger sozialistischer ‚Bruderländer' der DDR". Dies sei auch dann nicht der Fall, „wenn Opfer derartiger Gewaltakte Bürger der DDR waren".

(Autor: jos.; Recherche: App, jos., PS, TP)

Quellen

Spörl, Kurt, II. Sekretär Botschaft Sofia: Niederschrift über die bulgarische Grenzverletzung bei Slatograd mit tödlichem Ausgang durch die DDR-Bürger Nettbohl und Schaffner aus Hildburghausen und weitere Dokumente zum Ereignis. PAAA, MfAA zu ZR 495/88; Sterbefall/VRB, Nettbohl/Schaffner, 1977/1978.

MfS, HA IV: Auszug aus dem Lagebericht vom 29.8.1977. BStU, MfS, HA IX, Nr. 4296.

MfS, KD Hildburghausen: Untersuchungsvorgang Bernd Schaffner. BStU, Ast. Suhl, KD HBN, 2 MA X/965.

Standesamt I zu Berlin: Sterbeurkunde Nr. 308 (Rudolf Nettbohl). LAB, S-Rep 500, Nr. 316.

Telegramm des Leiters der Bezirksverwaltung DS Smoljan v. 20.9.1977 über das Auffinden eines Motorades (Übersetzung Petar Stoilov). AKRDOPBGDSRSBNA-M f.1 op. 9a a. e.1494 1 – 0465.

Zeitzeugengespräch von Stefan Appelius mit Herta Otto (Mutter von Rudi Nettbohl) am 22.6. 2006.

Zeitzeugengespräche von Stefan Appelius mit Freunden und Verwandten von Rudi Nettbohl 2006 u. 2007.

Appelius, Stefan, Fluchtweg Bulgarien. Die verlängerte Mauer an den Grenzen zur Türkei, Jugoslawien und Griechenland. Berlin 2019, S. 263–272 u. 310–314.

Frank Prziborowski

geboren am 30. Juni 1959 in Potsdam
erschossen am 26. Oktober 1978 in der Tschechoslowakei
Ort des Vorfalls: Všeruby (Okres Domažlice) an der Grenze zur Bundesrepublik Deutschland

Frank Prziborowski

Frank Ralf Prziborowski wurde am 30. Juni 1959 in Potsdam geboren. Gemeinsam mit seinem Zwillingsbruder Jörg und seinen Eltern lebte er in Berlin-Lichtenberg. Seine Mutter arbeitete als Sachbearbeiterin bei einem Außenhandelsbetrieb für Transportmaschinen, sein Vater war Technischer Leiter im VEB Kohlehandel. Von 1966 bis 1974 besuchte Frank Prziborowski die 12. POS im Prenzlauer Berg, dann wechselte er zur EOS „Heinrich Schliemann", wo er 1978 die Hochschulreife erreichte.

Mit seinem Abiturzeugnis bewarb sich der 19-Jährige für ein Medizinstudium an der Humboldt-Universität. Seine Studienplatzzusage bekam er für das Jahr 1981. Zuvor sollte er ein Vorpraktikum absolvieren und ab dem 2. November 1978 als Wehrpflichtiger in der NVA dienen. Im September trat Frank Prziborowski sein Praktikum auf der Intensivstation der Charité an, wo er schwerstkranke Patienten versorgte. Obwohl er sich für Politik nicht interessierte – seine Leidenschaft war der Tauchsport –, stand für ihn aber fest, dass er den Wehrdienst in der NVA nicht antreten würde. Da die Familie nahe Verwandte in der Bundesrepublik hatte, plante er, mit seinem Bruder über die Tschechoslowakei in den Westen zu flüchten.

Am 23. Oktober 1978 brachen Frank und Jörg Prziborowski morgens mit ihrem Motorrad von Dresden zur tschechoslowakischen Grenze auf. Sie hatten sich mit Bolzenschneider, Fahrtenmesser, Kompass und Autokarte ausgerüstet, ihr Motorrad durch einen Auspuffschalldämpfer leiser gemacht. Als sie gegen 16 Uhr am Grenzübergang Zinnwald in die ČSSR einreisen wollten, erregte bei der Kontrolle ihr Gepäck den Verdacht einer Fluchtabsicht. Beide Brüder wurden bis zum nächsten Morgen festgehalten. Obwohl sie bei Befragungen Fluchtabsichten bestritten, durften sie den Grenzübergang nicht passieren. Nachdem sie sich des Kompasses, des Bolzenschneiders und des Fahrtenmessers auf DDR-Gebiet entledigt hatten, gelangten sie über den Grenzübergang Oberwiesenthal problemlos in die ČSSR. Um über einen

Zimmernachweis zu verfügen, hatten sie vom 24. bis 27. Oktober eine Unterkunft in einem Hotel in Plzeň gebucht. Von dort aus fuhren sie am 25. Oktober nach Nýrsko und versteckten ihr Motorrad in einem nahe gelegenen Waldgebiet, etwa 10 km vor der Grenze zur Bundesrepublik. Bis etwa 18 Uhr blieben sie am Waldrand und gingen dann in Richtung Westen. Nach etwa sechs Stunden erreichten sie nahe Všeruby zwei parallel verlaufende Grenzzäune. Sie kletterten unbemerkt über den ersten Grenzzaun, in den zweiten, der oben mit Stacheldraht gesichert war, mussten sie mit einer Kneifzange ein Loch hineinschneiden. Dabei durchtrennten sie Signaldrähte und lösten um 23.58 Uhr einen Alarm in der 15. Grenzschutzkompanie Všeruby aus. Sofort wurde mit einem Geländewagen eine Patrouille zur Überprüfung des Signals losgeschickt. Sie bestand aus Unteroffizier Karel Švarc als Kommandant und dem Gefreiten Antonín Suchánek als Hundeführer mit einem Wachhund. Als die Patrouille am Grenzzaun ankam, entdeckte sie die Beschädigung und setzte den Hund auf die Spuren an. Die Zwillingsbrüder waren inzwischen durch den Zaun gestiegen und etwa 500 m weit über eine Ebene in Richtung Grenze gelaufen. Nach der Überlieferung der tschechoslowakischen Staatssicherheit wurden sie aufgefordert, stehen zu bleiben. Der Gefreite Suchánek habe mit seiner Maschinenpistole eine Reihe von Warnschüssen in die Luft abgefeuert. Da beide Flüchtlinge weiterliefen, habe Suchánek den Hund von der Leine gelassen. Dieser habe Jörg Prziborowski zu Fall gebracht, Unteroffizier Švarc habe daraufhin den Festgenommenen bewacht, während Suchánek dem zweiten Flüchtling folgte. Aus einer Entfernung von 30 m habe er ihn nochmals aufgefordert stehen zu bleiben, einen Warnschuss abgefeuert und schließlich gezielt geschossen. Frank Prziborowski wurde in den Kopf getroffen und erlag um 0.10 Uhr an Ort und Stelle seiner Verletzung. Als die Schüsse fielen, habe Jörg Prziborowski versucht, die Beine seines Bewachers zu packen, um ihn niederzuwerfen. Švarc feuerte sofort eine Salve von sechs Schüssen aus seiner Maschinenpistole auf den Festgenommenen ab und verletzte ihn an Hals und Schulter. Nachdem ihm erste Hilfe geleistet wurde, wurde er ins Krankenhaus nach Domažlice gebracht.

Nach der Schilderung Jörg Prziborowskis gegenüber der Historikerin Tereza Mašková vom Institut für das Studium totalitärer Regime in Prag im Jahr 2012 verlief seine Verhaftung weit brutaler. Als die Soldaten eintrafen und die beiden Brüder zu verfolgen begannen, sei das Gelände mit einem starken Scheinwerfer ausgeleuchtet worden. Sie hätten deshalb versucht, ein Waldstück zu erreichen. Plötzlich sei Jörg Prziborowski einen Abhang hinabgerutscht. Wieder hinaufgestiegen, hätten ihn die Grenzsoldaten festgenommen. Ein Soldat sei dann mit dem Hund seinem Bruder gefolgt, während er von dem anderen Soldaten, der ihn bewachte, beschimpft und getreten wurde. Als er nach einiger Zeit die Schüsse hörte, wurde er wieder mit Tritten misshandelt. In seiner Angst habe er da nach dem Bein des Soldaten gegriffen und wurde durch sofort abgegebene Schüsse verletzt. Dann sei der zweite Soldat zurückgekehrt und die beiden hätten aufgeregt miteinander gesprochen. Später habe man ihn mit einem Geländewagen weggebracht. Vom Tod seines Bruders habe er erst einige Wochen später in Berlin während der dortigen Vernehmungen erfahren.

Die Untersuchung des Fluchtversuchs übernahm zunächst der tschechoslowakische Staatssicherheitsdienst. Am 3. November 1978 übergab ein Vertreter des Grenzbeauftragten der ČSSR die Leiche von Frank Prziborowski zusammen mit dem Autopsiebericht am Grenzübergang Vojtanov-Schönberg an die DDR-Behörden. Beerdigt wurde er in Berlin. Um die Schüsse an der Grenze zu vertuschen, verbreitete das MfS an seinem Arbeitsplatz in der Charité die Legende, Frank Prziborowski sei bei einem Motorradunfall ums Leben gekommen. Sein Bruder wurde in der DDR zu einer Gefängnisstrafe von 26 Monaten verurteilt. Im Zuge einer Amnestie kam er im November 1979 frei. Er durfte 1984 in die Bundesrepublik ausreisen.

Martin Pulec, Mitarbeiter der Behörde für die Dokumentation und Untersuchung der Verbrechen des Kommunismus in Prag, wies darauf hin, dass mangels Quellen nicht festgestellt werden kann, ob die Vorgehensweise der Grenzpatrouille den damals geltenden Vorschriften entsprach. Besonders problematisch sei der Umstand, dass Suchánek gezielt auf den Flüchtling schoss, anstatt ihn weiter zu verfolgen oder seinen Hund einzusetzen. Der Schusswaffengebrauch sei umso fragwürdiger, als unklar bleibt, wie weit der Tatort von der Grenze entfernt war und ob diese nicht bereits durch Angehörige der Grenzwache abgesichert war.

Der Tod von Frank Prziborowski gehörte auch zu den Anklagepunkten des am 25. November 2019 eingeleiteten Strafverfahrens der Bezirksstaatsanwaltschaft Prag gegen den Generalsekretär des ZK der KSČ Milouš Jakeš (1922–2020), den Innenminister der ČSSR Vratislav Vajnar (1930–2023) und Lubomír Štrougal (1924–2023), Mitglied des Vorstandes des ZK der KSČ und Vorsitzender der Regierung der ČSSR. Ihnen wurde der Missbrauch von Amtsbefugnissen im besonders schweren Fall vorgeworfen. Die Strafverfolgung wurde am 9. September 2020 eingestellt, weil Milouš Jakeš nach Eröffnung der Strafverfolgung verstorben war und Vajnar sowie Štrougal aufgrund ihres fortgeschrittenen Alters an psychischen Störungen litten, die es ihnen nicht ermöglichen würden, den Sinn des Verfahrens zu verstehen. Gegen diesen Einstellungsbeschluss wurde im Falle von Vratislav Vajnar erfolgreich Widerspruch erhoben. Da Vajnar jedoch 1978 noch nicht Innenminister war, umfasste die Anklageerhebung im gegen ihn am 25. April 2023 eröffneten Verfahren nicht die Todesschüsse auf Frank Przi-borowski.

(Autor: jk; Recherche: App., jos.)

Quellen

MfS, ZAIG: Information über einen verhinderten Grenzdurchbruch CSSR–BRD unter Anwendung der Schußwaffe. BStU, ZA, MfS, ZAIG, Nr. 2883.

MfS, BV Berlin: Sammelakten zu Übersiedlungsersuchen. BStU, MfS, ZKG Nr. 1531, Nr. 8081, Nr. 9281.

Weitere Erwähnungen in: BStU, MfS, HA IX, Nr. 19139, BStU, MfS, AP 19478/80, BStU, MfS, Abt. XIV, Nr. 276.

MfS, BV Berlin: Untersuchungsvorgang. BV Berlin, AU, Nr. 6673/91 (7 Bände).

Standesamt I zu Berlin: Sterbeurkunde Nr. 272 (Frank Prziborowski). LAB, S-Rep 500, Nr. 317.

Pulec, Martin: Frank Ralf Prziborowski (* 30.6.1959, † 26.10.1978) (Übersetzung Ruben Höppner), https://www.ustrcr.cz/uvod/dokumentace-usmrcenych-statni-hranice/usmrceni-statni-hranice-portrety/frank-ralf-prziborowski/ (4.7.2022).

Schmole, Angela: Verwundet geborgen. Verletzte DDR Flüchtlinge. In: Zeitschrift des Forschungsverbundes SED-Staat, Nr. 37, 2015, S. 62–75.

Ascher, Christine/Schmid, Marie: Ein Wettlauf mit der Zeit. In: Straubinger Tageblatt, 2.12.2020.

Detlef Heiner

geboren am 29. Mai 1960 in Leipzig

Andreas Stützer

geboren am 8. Februar 1961 in Leipzig
erschossen am 18. März 1980 in Bulgarien
Ort des Vorfalls: bei Brashten (Gemeinde Dospat) an der Grenze zu Griechenland

Ein Bericht des Lagezentrums der MfS-Hauptabteilung VI, zuständig für Grenzkontrollen und Reiseverkehr, vom 19. März 1980, meldete den Tod von zwei 19-jährigen DDR-Bürgern. Der Maler Detlef Heiner und der Elektriker Andreas Stützer aus Leipzig seien 150 m vor der griechischen Grenze in der Nähe des Dorfes Brashten, Bezirk Smoljan, erschossen worden. Sie hätten bereits die Stacheldrahtsperre zum Grenzgebiet überwunden, als sie

Detlef Heiner

entdeckt und angerufen worden seien. Nach mehreren Warnschüssen, auf die sie nicht reagiert hätten, sei von den bulgarischen Grenzern gezielt geschossen worden.

Grundlage dieser Meldung waren eine telefonische Information und ein Telegramm des bulgarischen Innenministeriums an das MfS. Auch im DDR-Außenministerium gingen am gleichen Tag mehrere entsprechende telegrafische Meldungen aus der DDR-Botschaft in Sofia ein. DDR-Botschafter Manfred Schmidt telegrafierte dem stellvertretenden DDR-Außenminister Herbert Krolikowski nach Berlin, der stellvertretende bulgarische Außenminister Marij Iwanov habe ihm sein Bedauern über den Tod von zwei jungen DDR-Bürgern bei einem Grenzzwischenfall ausgesprochen. Er habe darauf geantwortet, „dass Schuld und Verantwortung bei denen liegt, die Grenzregime der VRB verletzten".

Detlef Heiner war als Maler im VEB Baukombinat Leipzig beschäftigt, sein Vater Lothar (Jg. 1933) war Kraftfahrer, seine Mutter Helga (Jg. 1935) Datenerfasserin in der DDR-Staatsbank Leipzig. Detlef Heiner hatte vier ältere Schwestern. Er besuchte bis zur 10. Klasse die 41. POS in Leipzig und schloss diese mit guten Leistungen ab. Er gehörte der FDJ an, ohne sich dort sonderlich zu engagieren. Seit 1974 spielte er Fußball in der Betriebssportgruppe Stahl Megu Leipzig. Seit 1976 wohnte er während seiner Ausbildung zum Maler im Lehrlingswohnheim der Betriebsberufsschule des Betriebes „Hermann Matern" Eilenburg. Dort wohnte auch Andreas Stützer, mit dem er sich anfreundete. In Beurteilungen des Lehrpersonals wurde Detlef Heiner als ein „anständiger, ruhiger und höflicher Lehrling" bezeichnet. Auch für die Zeit nach der Arbeitsaufnahme im VEB Baukombinat Leipzig liegen positive Beurteilungen vor. Allerdings heißt es in einem späteren Ermittlungsbericht des Staatssicherheitsdienstes, sein Arbeitskollektiv habe sich in „einem mangelhaften politisch-ideologischen Zustand" befunden, es seien dort Verstöße gegen die Arbeitszeit und Disziplin festgestellt worden. Detlef Heiner sei jedoch „in politischer und gesellschaftlicher Hinsicht weder positiv noch negativ" aufgefallen.

Andreas Stützer kam am 8. Februar 1961 in Leipzig als Sohn der selbständigen Schneidermeisterin Magdalena Stützer (Jg. 1920) und des Kranelektri-

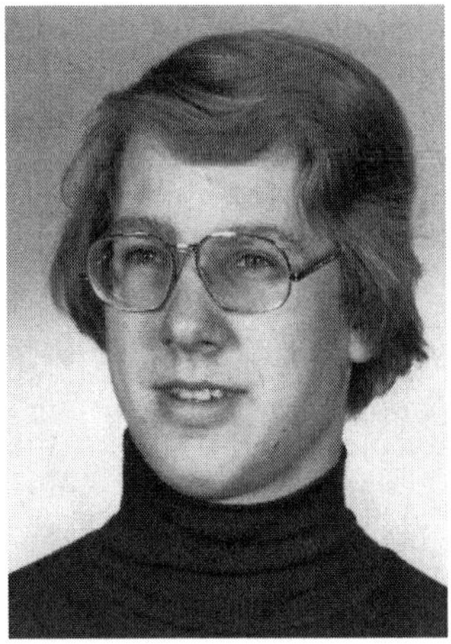
Andreas Stützer

kers Heinz Stützer (Jg. 1921) zur Welt. Er hatte einen älteren Bruder, nahe Verwandte der Eltern lebten in Westdeutschland und besuchten gelegentlich die Familie in Leipzig. Im Jahr 1967 wurde Andreas Stützer in die 46. Polytechnische Oberschule (POS) in Leipzig eingeschult, Nach einer Schulteilung kam er in die 146. POS, die er mit der 10. Klasse abschloss, um eine Lehre als Elektromonteur zu beginnen. Er gehörte der Leichtathletikabteilung der BSG „Empor" Lindenau an und errang 1973 im Diskuswerfen den ersten Platz in der Bezirksspartakiade. Wegen einer Rückgratschädigung schied er danach aus der Leichtathletikabteilung aus und wechselte in die Schwimmabteilung der BGS. Im Herbst 1977 begann Andreas Stützer seine Ausbildung im VEB Baukombinat Leipzig und besuchte dessen Betriebsberufsschule „Hermann Matern" Eilenburg. Hier freundete er sich mit dem gleichaltrigen Lehrling Detlef Heiner an, mit dem er gemeinsam im Lehrlingswohnheim untergebracht war. Das Lehrpersonal beurteilte Andreas Stützer als „ruhig und diszipliniert", er verhalte sich gegenüber Vorgesetzten „stets höflich und zuvorkommend". Er gehörte seit 1974 der FDJ an, beteiligte sich aber an Diskussionen zu politischen Fragen im Betrieb nicht. Seine berufspraktische Tätigkeit sei nur befriedigend. Nach dem Lehrabschluss erhielt er in der Vorfertigung Sanitär des VEB Baukombinat Leipzig eine Stelle als Betriebselektriker. Er war somit im gleichen Betrieb wie sein Vater und im gleichen Arbeitskollektiv wie sein Freund Detlef Heiner beschäftigt. In einer späteren Betriebsermittlung des Staatssicherheitsdienstes wurde das Arbeitskollektiv negativ beurteilt, es habe sich in „einem mangelhaften politisch-ideologischen Zustand" befunden, Verstöße gegen die Arbeitszeit und Disziplin seien vorgefallen. Andreas Stützer sei jedoch wie sein Freund Detlef Heiner „in politischer und gesellschaftlicher Hinsicht weder positiv noch negativ" aufgefallen.

Die beiden Freunde hatten in Leipzig eine Reisegenehmigung vom 12. bis 29. März 1980 erhalten. Einen Monat später hätten sie ihren Wehrdienst bei der Nationalen Volksarmee antreten müssen. Sie fuhren mit einem durchgehenden Zug über die Tschechoslowakei, Ungarn und Rumänien nach Sofia. Von dort aus reisten sie mit der Bahn weiter nach Südbulgarien. Den Weg ins Grenzgebiet legten sie vermutlich mit dem Bus oder per Anhalter zurück. In ihren Rucksäcken führte jeder einen Schlafsack, eine Luftmatratze, Kleidungsstücke und Waschzeug mit sich. Das später bei ihren Leichen aufgefundene Bargeld hätte für einen längeren Aufenthalt in Bulgarien nicht ausgereicht. Aus bulgarischen Ermittlungsergebnissen geht ohne Namensangaben hervor, „dass die deutschen Staatsbürger am 15. März 1980 im Hotel ‚Nevrokop' in Gotse Delchev übernachteten. Am 16. März wurden sie gegen Mittag im Dorf Satovcha gesichtet, wo sie das Restaurant besuchten und Bier kauften. Kurz vor Mittag versuchten sie in Richtung Dospat im Bereich der Tankstelle außerhalb des Dorfes Satovcha zu trampen. Weitere Daten zur Bewegung der beiden wurden nicht erhoben. Es wird angenommen, dass sie von der Abzweigung nach Kochan bis zur Abzweigung nach Ljubcha nach rechts abbogen und nach dem Betreten der Grenzzone die Taktik anwendeten, sich tagsüber zu verstecken und sich nur nachts fortzubewegen."

Am 17. März gegen 23 Uhr habe eine Grenzstreife durch das Anschlagen ihrer Diensthunde den Verdacht gehegt, es befänden sich Unbefugte im Grenzgebiet. Sie schossen daraufhin Leuchtmunition ab, konnten aber Niemanden entdecken. Die bulgarischen Ermittler nahmen später an, dass es sich um die am nächsten Vormittag erschossenen DDR-Bürger gehandelt hat, die sich dann aus dem Grenzgebiet wieder zurückzogen. Den Spuren zufolge hätten sie die Nacht vom 17. zum 18. März auf der Höhe des rechten Ufers der Talsperre Dospat Dere verbracht und am Morgen eine Grenzpatrouille beobachtet, die den Kontrollstreifen vor der Grenze inspizierte. Nachdem sich die Patrouille entfernt hatte, sei der Versuch des Grenzdurchbruchs erfolgt.

Detlef Heiner und Andreas Stützer überwanden etwa gegen 11 Uhr vormittags am 18. März 1980 den zur Vorsicherung errichteten Stacheldrahtzaun. Nach Angaben der bulgarischen Untersuchungsführer befanden sie sich noch etwa 150 m vor der griechischen Grenze, als sie entdeckt und angerufen worden seien. Nachdem sie auch auf Warnschüsse in die Luft nicht reagiert hätten und in Richtung der Grenze weitergelaufen seien, sei das gezielte Feuer auf sie eröffnet worden. Die bulgarische Grenztruppe verortete den Zwischenfall nahe der Grenzsäule Nr. 181. Wie sich später durch eine Nachobduktion der Leichen in Dresden herausstellte, ist diese Version der Todesumstände unzutreffend. Die sterblichen Überreste von Detlef Heiner und Andreas Stützer wurden noch am 18. März zur Obduktion in das Militärmedizinische Institut nach Sofia gebracht.

Nach dem Eingang der Todesmitteilung durch die DDR-Botschaft informierte das DDR-Außenministerium umgehend die Abteilung Inneres der Stadtverwaltung Leipzig, „daß Heiner und Stützer am 18.8.80 in der

VRB [Volksrepblik Bulgarien] verstorben" seien und bat um Überprüfung der aus Sofia mitgeteilten Personalien. Die Angehörigen seien zu befragen, ob sie eine Einäscherung in Sofia oder eine Sargüberführung wünschten und zur Übernahme der anfallenden Kosten bereit seien. Frau Kurzweg aus der Abteilung bestätigte die Personalien und teilte mit, der Vater von Andreas Stützer habe die Frage gestellt, „ob die Jungen erschossen worden seien". Zwei Tage später erfuhr Lothar Heiner durch einen Anruf bei der DDR-Botschaft in Sofia andeutungsweise, dass sein Sohn bei einem Fluchtversuch ums Leben gekommen war. Am 26. März 1980 meldete die für Telefonüberwachung zuständige MfS-Abteilung, ein Schwager von Detlef Heiner habe versucht, über die Stadtbezirksleitung Mitte und den Rat der Stadt, Abteilung Inneres, „näheres zu erfahren". Es sei deswegen anzunehmen, „daß die Familien bis zu diesem Zeitpunkt noch keinen offiziellen Bescheid über die Umstände des Todes ihrer Söhne haben".

Der Leipziger MfS-Chef Generalmajor Manfred Hummitzsch ordnete am 27. März 1980 an, dass nach dem Eintreffen der beiden Särge auf dem Flugplatz Berlin-Schönefeld „sämtliche persönliche Sachen und Dokumente der Verstorbenen sowie die von bulgarischer Seite im Zusammenhang mit dem Vorkommnis gefertigten Dokumentationen sichergestellt" werden. Den Angehörigen seien zu einem späteren Zeitpunkt bei einer Aussprache in der Abteilung Inneres nur solche persönlichen Gegenstände ihrer Söhne zu übergeben, „die keinen Aufschluß auf die Schußverletzungen geben".

Entgegen bilateraler Vereinbarungen mit der DDR und trotz mehrfacher Nachfragen der DDR-Botschaft verweigerte die bulgarische Militärstaatsanwaltschaft die Übergabe der ihr vorliegenden Obduktionsprotokolle. Da in der DDR für eine Beisetzung nach unnatürlichen Todesfällen ein solches Dokument aber unverzichtbar war, erfolgte nach der Leichenüberführung eine Nachobduktion. Aus einem MfS-Aktenvermerk über die Untersuchung der beiden Leichen am Institut für Gerichtliche Medizin und Kriminalistik der Karl-Marx-Universität Leipzig geht hervor, dass bei der Obduktion am 29. März 1980 Prof. Dr. Wolfgang Dürwald und Dr. Hofmann, Sektionsgehilfe Dieck, Staatsanwalt Sitz und MfS-Hauptmann Hacker von der Leipziger MfS-Untersuchungsabteilung zugegen waren. Hauptmann Hacker vereinbarte mit Professor Dürwald nach der Leichenschau, dass die Leichen in Leinentücher eingenäht werden, da zu den Kühlzellen der Gerichtsmedizin ein größerer Personenkreis Zugang hatte. Diese Abschirmung erklärt sich aus dem Obduktionsergebnis.

Die Urkunde der „Gerichtlichen Leichenschau", unterzeichnet von Prof. Dr. sc. med. Dürwald und Dr. med. Hofmann enthält die Angaben, dass

Andreas Stützer eine Einschussverletzung im linken vorderen Schulterbereich mit Ausschuss im rechten Schulterblattbereich und einen Einschuss in Scheitelhöhe mit Ausschuss am Hinterhaupt erlitt. Er wurde demnach nicht von hinten auf der Flucht, sondern von vorne erschossen. Bei Detlef Heiner wurden vier Schusseinwirkungen festgestellt. Ein Einschuss in die linke Achselhöhle mit Ausschuss unter der rechten Achselhöhle könnte darauf hindeuten, dass er bereits die Hände gehoben hatte, als er seitlich getroffen wurde. Demnach war der vom bulgarischen Innenministerium behauptete Hergang unzutreffend, dass die beiden Flüchtlinge kurz vor der griechischen Grenze nach Anrufen und Warnschüssen auf der Flucht erschossen worden seien.

MfS-Hauptmann Hacker notierte nach der Leichenschau: „Nach Ansicht von Prof. Dürwald und Dr. Hofmann ist eine Aufbahrung beider Leichen im Rahmen von Bestattungsfeierlichkeiten nicht empfehlenswert." Die Leipziger MfS-Verwaltung entschied daraufhin, dass den Eltern der beiden Getöteten bei einer Unterredung in der Abteilung Inneres am 2. April 1980 mitgeteilt werden solle, dass sie ihre Söhne nicht noch einmal sehen könnten, da „der Zeitpunkt des Todeseintritts schon relativ weit zurückliegt". Gegebenenfalls sei „auf die Krematoriumsordnung zu verweisen, die eine Aufbahrung von Leichen beim Vorliegen bestimmter Bedingungen verbietet". Es solle auf die Eltern eingewirkt werden, dass in den Todesanzeigen kein Vorwurf gegen die bulgarischen Sicherheitsorgane erhoben werde. Auch solle das Wort „Staatsgrenze" seitens der Abteilung Inneres nicht erwähnt werden, sondern von einem Eindringen in militärisches Sperrgebiet gesprochen werden.

Die offizielle Unterrichtung der Familien Heiner und Stützer durch die Abteilung Inneres der Stadt Leipzig erfolgte am 2. April 1980. Einer der Väter erklärte, nachdem ihm bei der Übergabe von Habseligkeiten seines Sohnes mitgeteilt wurde, dass aus Bulgarien keine Kleidungsstücke übersandt wurden, „da kriegen wir wohl auch nicht seine Kutte wieder, die hat wohl zu viele Löcher?" Das MfS ermittelte gegen die beiden Familien und schätzte sie als politisch unbedenklich ein, „prowestliche Einstellungen" seien nicht festzustellen. Zur Familie Stützer wurde angemerkt, dass sie sich nicht an Solidaritätssammlungen beteilige und an Feiertagen keinen Fahnenschmuck am Haus anbringe. Es bestünden „aktive BRD-Kontakte" der Mutter von Andreas Stützer zu Westverwandten.

Eine „Sicherungskonzeption" der Leipziger MfS-Untersuchungsabteilung enthält in Ausführung einer zentralen Weisung aus Berlin die Anordnung, es seien „politisch-operative Sicherungsmaßnahmen durchzuführen", um „jegliche Art von Handlungen Familienangehöriger, Verwandter und Bekannter aufzuklären und vorbeugend zu verhindern, die das Ansehen der DDR oder der Volksrepublik Bulgarien (VRB) schädigen bzw. die brüderlichen Beziehungen beider Staaten belasten könnten". Es folgt ein mehrseitiger Maßnahmenkatalog, u. a. sei bei der DEWAG (das war der SED-Betrieb Deutsche Werbe- und Anzeigengesellschaft) und der Bezirkspresse abzusichern, „daß im Zusammenhang mit beiden Todesfällen keine Todesanzeigen provokatorischen bzw. diskriminierenden Inhalts veröffentlicht werden". Es sollten zuverlässige Redner im Betrieb gesucht und die Trauerfeierlichkeiten durch MfS-Beobachter überwacht werden. An der Beisetzung sollten aus dem VEB Baukombinat Leipzig möglichst „politisch zuverlässige Werktätige (IM)" teilnehmen. Das MfS koordinierte dieses „Vorgehen bei der Beerdigung der ehemaligen BKL-Angehörigen [Baukombinat Leipzig] Stützer und Heiner" mit dem SED-Parteisekretär des Baukombinats Dreisiedler und hielt ihn dazu an, die „laufenden vorbeugenden Handlungen konspirativ zu realisieren".

DDR-Konsul Anton Richter fragte am 3. Juni 1980 in Sofia nochmals bei der bulgarischen Militärstaatsanwaltschaft nach den Obduktionsprotokollen und dem militärischen Untersuchungsbericht zu den Todesumständen von Detlef Heiner und Andreas Stützer. Oberst Wassilev habe nochmals betont, „daß wir nichts erhalten könnten". Richter bat um Mitteilung, ob er diesbezüglich noch etwas unternehmen solle. Gegebenenfalls könnten die notwendigen Dokumente auf dem Weg der Direktbeziehungen zwischen den Untersuchungsorganen bzw. Generalstaatsanwaltschaften angefordert werden. Ein solcher Versuch, die bulgarischen Dokumente doch noch zu erhalten, unterblieb jedoch. Am 13. Juni 1980 übermittelte das bulgarische Außenministerium dem DDR-Außenministerium eine Note, in der als endgültiges Ergebnis der Untersuchung des Grenzzwischenfalls mitgeteilt wurde, dass „die Angehörigen der Grenzabteilung dem Gesetz nach gehandelt" hätten und „keine strafmäßige Verantwortung für den Tod beider Bürger" trügen.

(Autor: jos.; Recherche: App., jos., AH, SM, CB, jk, PS)

Quellen

Rabotata na PO operativnoto osigurjavane ochranata na granicata prez mesec mart 1980 godina [Aufklärungseinheit bei der operativen Sicherung der Grenze im Monat März des Jahres 1980 (Übersetzung Petar Stoilov)]. AKRDOPBGDSRSBNA-M, F. 14 op. 3 a. e. 151 L. 156 f.

Toschkow, Abt. internationale Verbindungen des MdI der VRB: Blitztelegramm über versuchten Grenzdurchbruch an der bulgarisch-griechischen Grenze [und weitere Dokumente zu dem Vorfall]. BStU, AP, Nr. 15296/84.

DDR-Botschaft Bukarest, Leiter der Konsularabteilung Richter: Fehlendes Obduktionsprotokoll und Ermittlungsberichte Sterbefälle Andreas Stützer und Detlef Heiner. PAAA, ZR 495/88, Sterbefall: Heiner/Stützer 1980.

MfS, BV Leipzig: Information über ein Vorkommnis mit DDR-Bürgern in der VR Bulgarien [und weitere Dokumente]. BStU, Ast Lpz, MfS, BV Leipzig, AS, Nr. 34/80.

Standesamt I zu Berlin: Sterbeurkunde Nr. 108 (Detlef Heiner). LAB, C-Rep 500, Nr. 319.

Standesamt I zu Berlin: Sterbeurkunde Nr. 109 (Andreas Stützer). LAB, C-Rep 500, Nr. 319.

Schreiben des Ministerrats der DDR, MfAA, HA Konsularische Angelegenheiten an den Stellvertreter des GStA der DDR, 21.3.1980. BArch, DP 3/408.

MfS, HA IX: Unterlagen zur Überführung der Leichen von Detlef Heiner und Andreas Stützer. BStU, MfS, HA IX, Nr. 1244, Teil 2 von 2.

Anonymes Schreiben an die Zentrale Erfassungsstelle für Verbrechen an DDR-Bürgern bei der Staatsanwaltschaft in Salzgitter. Lübeck, 19.7.1980. BArch B 285/830.

Kerstin Helmholdt

geboren am 20. Dezember 1961 in Blankenburg
erschossen am 5. August 1982 in Ungarn
Ort des Vorfalls: bei Csikéria (Grenzbezirk Kiskunhalas) an der Grenze zu Jugoslawien

Die Ermittler des VPKA Wernigerode konnten als Ergebnis ihrer Nachforschungen im Wohngebiet und Arbeitsumfeld Kerstin Helmholdts am 27. August 1982 ihrem Stabschef berichten, dass die Betreffende eine völlig unbescholtene Bürgerin war. Sie hatte sich seit 1978 zur Krankenschwester im Diakonissenmutterhaus „Neuvandsburg“ in Elbingerode ausbilden lassen, wo sie auch in einem Internatszimmer wohnte. Sie war dort immer pünktlich und zuverlässig, hatte ein gutes Verhältnis zu ihren Kolleginnen und erfüllte ihre Aufgaben zur allseitigen Zufriedenheit. Ohne Funktionen zu übernehmen, war sie der FDJ beigetreten. An freien Tagen fuhr sie mit ihrem Moped, einer „Schwalbe“, nach Hause. In Blankenburg, wo sie aufgewachsen war, wohnte sie mit ihrer Mutter und ihrer Großmutter in einer Drei-Raum-Wohnung. Die Familie hatte auch hier einen guten Leumund. Frau Helmholdt arbeitete im VEB Harzer Mineralquellen, mit dem Vater ihrer Tochter pflegte sie keinen Umgang mehr.

Die Kreisdienststelle des MfS in Wernigerode bemerkte jedoch 1980 aus der Postüberwachung, dass Kerstin Helmholdt ein Liebesverhältnis mit dem Bundesbürger Uwe M. unterhielt. Der Postbeamte aus dem Landkreis Gießen und die Krankenschwester hatten sich in diesem Jahr während des Ungarnurlaubs am Balaton kennengelernt und führten nun einen regen Briefwechsel. Im folgenden Jahr verbrachten sie ihre Ferien gemeinsam in Fonyód am Balaton. Im Frühjahr 1982 erklärte Kerstin Helmholdt ihrer Mutter, dass sie sich mit Uwe M. verlobt habe. Sie wollten in der Bundesrepublik heiraten und dort zusammenleben. Eine Übersiedlung auf dem Antragsweg zu erreichen, kam für Kerstin Helmholdt jedoch nicht infrage. Die Bearbeitung würde zu lange dauern und der Ausgang wäre ungewiss. So entschloss sie sich, im Sommer über die ungarisch-jugoslawische Grenze zu flüchten. Ihre Mutter wollte sie dabei begleiten. Uwe M. wollte mit seinem Vater bei der Flucht helfen.

Am 31. Juli 1982 fuhren die beiden Frauen mit dem „Favorit"-Express nach Foynód. Die Tage bis zum 4. August verbrachten sie als Urlauber. Dann holte sie Gerhard M., der Vater des Bräutigams, in Boglárlelle mit dem Auto ab und fuhr sie ins rund 200 km entfernte Grenzgebiet bei Csikéria. Dort hatte er bereits eine ihm günstig erscheinende Stelle für die Flucht erkundet. Gegen 18.30 Uhr hielten sie an der Straße zwischen Bácsalmás und Kunbaja. Gerhard M. erklärte anhand einer Karte, wie sie zur Grenze kämen. Er selbst wollte über den Grenzübergang Tompa auf die jugoslawische Seite wechseln und sie bei Donji Tavankut an einem Gehöft erwarten. Den Weg dorthin hielt er auf einer Skizze fest. Geplant war, anschließend gemeinsam nach Belgrad zu fahren, um in der bundesdeutschen Botschaft die Dokumente für eine Weiterreise in die Bundesrepublik zu erhalten.

Von Gerhard M. mit einem Kompass, der Skizze über den Grenzverlauf, einem Seitenschneider und einem Abwehrspray gegen Hunde ausgerüstet, machten sich Mutter und Tochter auf einen etwa 10 km weiten Weg durch ein spärlich besiedeltes, landwirtschaftlich genutztes Flachland. Hier wuchsen Wein, Mais und Sonnenblumen, die im August mehr als zwei Meter Höhe erreichen konnten. Die Grenze nach Jugoslawien war, anders als die Grenze zu Österreich, nicht mit Zäunen gesichert. Sie verlief quer über die Felder und war nur am Manöverweg, dem Spurenstreifen, Grenzsteinen und vereinzelt stehenden Wachtürmen erkennbar. Das Ziel schien auf der Karte einfach zu erreichen, dennoch gelangten die beiden Frauen erst nach Mitternacht in die unmittelbare Grenznähe.

Der Grenzsoldat István K. bezog um 19.45 Uhr seinen etwa 500 m von der Grenze entfernten Posten und aktivierte die Signalanlage. Um 22 Uhr bemerkte er, wie zwei Personen durch ein Sonnenblumenfeld auf ihn zukamen. Er befahl ihnen stehenzubleiben und die Hände zu heben, doch die beiden wichen zurück und flohen. K. schoss daraufhin zwei Leuchtraketen in die Luft, um besser sehen zu können, auch feuerte er einen Warnschuss ab, doch er konnte die beiden Flüchtenden nicht mehr erreichen. Anschließend erstattete er Meldung und berichtete dem eintreffenden Kommandanten den Vorfall.

Daraufhin wurde der Befehl erteilt, die Grenze und den umliegenden Raum abzuriegeln. Im Abstand von 100 bis 150 m kam eine Postenkette 15 m vor der jugoslawischen Grenze zum Einsatz. Dass die Flucht jetzt noch gelingen konnte, war so gut wie ausgeschlossen. Der 22-jährige Unteroffizier Imre T. erhielt den Auftrag die Abriegelung zu überwachen. Bei seinem Kontrollgang um 1 Uhr bemerkte er im hohen Gras die beiden Frauen. Nach seiner Aussage vor der Untersuchungsabteilung des Innenministeriums in Budapest richtete er seine Taschenlampe auf sie und befahl ihnen „fast brüllend" aufzustehen. In diesem Moment habe die Mutter von Kerstin Helmholdt begonnen, in Richtung Jugoslawien zu laufen, während Kerstin Helmholdt stehenblieb. Imre T. drohte mit dem Schusswaffengebrauch und feuerte schließlich eine Salve als Warnschuss ab. Daraufhin sei Frau Helmholdt, die sich bereits auf dem Spurenstreifen kurz vor jugoslawischem Gebiet befand, stehengeblieben. Imre T. sagte weiter aus, dass er sich nun der jüngeren Frau zuwandte. „Ich packte sie an der Kleidung und wollte sie so dazu zwingen vom Spurstreifen auf den Manöverweg zu treten. Da spritze sie mir mit dem Pfefferspray, das sie schon vorher in die Hand genommen hatte, welches ich aber zuvor nicht bemerkt hatte, ins Gesicht. Tränen übergossen meine Augen, ich spürte ein ätzendes Gefühl, konnte nichts mehr sehen und lies deshalb die Frau los und fasste mir mit beiden Händen ins Gesicht."

Der Grenzsoldat Miklós Sz., der zur Abriegelung eingesetzt war, beobachtete aus einer Entfernung von etwa 50 m, wie die beiden Flüchtlinge entdeckt wurden. Nach seiner Aussage vor der Untersuchungsabteilung rannte er daraufhin zu Imre T. Als er ihm bis auf 15 m nahegekommen war, sah er, wie Imre T. sich ans Gesicht griff, während die Person, die dieser festnehmen wollte, über den Spurenstreifen in Richtung Grenze lief. Miklós Sz. erklärte, die flüchtende Person, die er nicht als Frau erkannt hatte, vorschriftsgemäß zum Stehenbleiben aufgefordert und den Waffengebrauch angekündigt zu haben. Er habe dann mit seiner Pistole zwei Warnschüsse abgefeuert, bevor er sich zu einem gezielten Schuss entschloss. „Ich hatte ihr Bein treffen wollen, doch alles ging so schnell: Ich schoss im Laufen und so traf die Kugel dann in die linke Schläfe." Kerstin Helmholdt fiel fünf Meter vor der Grenze auf den Spurenstreifen nieder. Ihre Mutter sagte bei der Vernehmung im Polizeihauptquartier in Bács-Kiskun aus, dass sie in ihrer Aufregung weder die Aufforderung des Grenzers noch die Warnschüsse gehört habe. Als sie ihre Tochter nicht mehr hinter sich bemerkte, habe sie sich umgewandt und gesehen, wie sie zu Boden sank. Dann sei sie zu ihr gelaufen. Der Schuss war tödlich, die Erste-Hilfe-

Maßnahmen, die die Grenzer gemeinsam mit dem inzwischen eingetroffenen Kommandanten leisteten, retteten Kerstin Helmholdt nicht mehr. Sie starb um 1.52 Uhr. Der herbeigerufene Arzt konnte nur noch ihren Tod feststellen.

Vom ungarischen Staatssicherheitsdienst wurde Frau Helmholdt in ein Budapester Untersuchungsgefängnis gebracht. Dort willigte sie ein, dass der Leichnam ihrer Tochter eingeäschert und die Urne dem städtischen Friedhof in Blankenburg übergeben werden sollte. Am 13. August 1982 wurde sie aus Ungarn ausgewiesen und dem MfS übergeben. Gegen sie wurde ein Ermittlungsverfahren mit Haft wegen Verstoßes gegen den § 213 des DDR-Strafgesetzbuches eröffnet.

Hauptamtliche Mitarbeiter des MfS-Kreisdienststelle Wernigerode überwachten die Urnenbeisetzung Kerstin Helmholdts am 14. Dezember 1982, ohne „negative Momente" feststellen zu können. Am 22. Dezember trat ihre Mutter eine zweijährige Haftstrafe in der StVE Hoheneck ein. Nach ihrer Entlassung stellte sie einen Ausreiseantrag und begann einen mehrjährigen Kampf um ihre Übersiedlung in die Bundesrepublik, die der Rat des Kreises Wernigerode am 30. Juni 1989 bewilligte.

Gegen Gerhard M. erließ das ungarische Innenminium eine Einreisesperre, das MfS eröffnete gegen Uwe M. und seinen Vater am 18. August 1982 einen Operativvorgang mit Namen „Spray". Gerhard M. habe nach Ansicht des MfS-Oberstleutnants Pfütze die strafrechtliche und moralische Verantwortung für den Tod von Kerstin Helmholdt getragen. Der Operativvorgang wurde am 25. April 1983 geschlossen.

(Autor: jk; Recherche: jk, jos., SM, KS)

Quellen

A Magyar Népköztársaság Belügyminisztériuma: A Magyar Nepköztársaság Belügyminisztériuma: 10-56940/82 számű Vizsgálati dosszié Helmholdt Marie Luise ügyében I. kötet, 6.8.1982 [Aufklärungsdossier Nr. 10-56940/82 in der Sache Marie-Luise Helmholdt vom 6.8.1982 (Übersetzung Hannes Puchta)]. ÁBTL, 3.1.9. V-163431.

Zentrale Koordinierungsgruppe: Rapport Nr. 187/83 für Montag, dem 9.8.82. BStU, MfS, ZKG, Nr. 13386.

Leiter der ZKG, HA IX: Ermittlungsbericht. BStU, MfS, ZKG, Nr. 3800.

Pfütze/Oberstleutnant HA IX/10: Bericht über eine Provokation durch DDR-Bürger an der ungarisch-jugoslawischen Staatsgrenze am 5.8.1982. BStU, MfS, ZKG, Nr. 3800.

Pfütze, Peter: Arbeitsbücher 1974–1998, Eintragung vom 5.8.1982. BArch, MfS, HA IX, Nr. 2970 und Nr. 2971.

MfS: Ermittlungsbericht über die Bürgerin Helmholdt, Kerstin. BStU, Ast. Mgb., BV Magdeburg/KD Wernigerode, Nr. 12906.

MfS: Vernehmungsprotokoll der Beschuldigten. Magdeburg, 7.9.1982. BArch, MfS, HA IX, Nr. 18467.
MfAA: Sterbefälle DDR-Bürger im Ausland G–K 1983 [Telegramm und Aktennotiz zum Sterbefall Kerstin Helmholdt]. PAAA, ZR 651/85.

Hartmut Tautz

geboren am 10. Februar 1968 in Plauen
am 8. August 1986 von Wachhunden angefallen und schwer verletzt in der Tschechoslowakei
Ort des Vorfalls: bei Petržalka (Stadt Bratislava) an der Grenze zu Österreich
gestorben am 9. August 1986 im Militärkrankenhaus Bratislava

Hartmut Tautz

Hartmut Tautz wuchs in einer bürgerlichen Familie auf. Zu seiner drei Jahre älteren Schwester Carola hatte der zartgebaute Junge – er wog im Alter von 17 Jahren bei einer Körpergröße von 1,76 m nur 56 Kilogramm – ein inniges Verhältnis. Seine Mutter Christa (Jg. 1944) stammte aus Breslau, sein Vater Joachim (1915–1986) aus Stettin. Er hatte, bevor er in den Ruhestand ging, als Zahnarzt gearbeitet und war ausgebildeter Opernsänger. Die Eltern förderten die künstlerische Begabung ihres Sohnes. Er spielte Klarinette und das so gut, dass er in den letzten zwei Jahren seiner Schulzeit in das Magdeburger Jugendsinfonieorchester aufgenommen wurde.

Anlässlich des Todestages von Karl Liebknecht und Rosa Luxemburg hing im Januar 1986 auf einer Wandzeitung in der Schule über dem Porträt Erich Honeckers ein Trauerflor. Es gab Befragungen von Schülern, Hartmut Tautz wurde verdächtigt, doch es konnte nichts bewiesen werden. Nach dem Abitur stand der Armeedienst an. Hartmut Tautz bewarb sich auf Anraten seines Musiklehrers als Musiker beim Armeemusikkorps. Er spielte vor und erhielt eine mündliche Zusage. Doch 14 Tage später kam die Absage, im Aufnahmegespräch für den Armeedienst hatte er seine Westverwandten angegeben. Auch sein Wunsch, Musik zu studieren, wurde ihm verwehrt. Dem stand seine bürgerliche Herkunft im Weg. Man bot ihm stattdessen ein Lehrerstudium an. Im Frühjahr 1986 starb überraschend sein Vater. Hartmut Tautz sah für sich keine Zukunft mehr in der DDR und beschloss, das Land zu verlassen. Gegenüber seiner Mutter begründete er die Reisevorbereitungen mit einer abschließenden Klassenfahrt nach Leningrad.

Die slowakischen Sicherheitsbehörden in Bratislava ermittelten später, dass Hartmut Tautz am 31. Juli 1986 in der Nähe von Petrovice „illegal" aus der DDR in die Tschechoslowakei gekommen sei. In Ústí nad Labem löste er dann eine Fahrkarte nach Bratislava. Ab dem 1. August 1986 fand er in einem Studentenwohnheim Unterkunft und erkundete in den folgenden Tagen wahrscheinlich das Grenzgebiet. Am Abend des 8. August 1986 machte er sich auf den Weg, um in der Nähe von Petržalka die Grenze nach Österreich zu überqueren. Er hatte bereits mehrere Grenzsicherungsanlagen überwunden und konnte schon die Lichter der österreichischen Gemeinde Kitsee sehen, als er um 22.16 Uhr einen Signaldraht durchtrennte und damit bei der 11. Kompanie der Grenzwachbrigade Bratislava Alarm auslöste.

Zwei herbeigeeilte Grenzsoldaten Ivan Hirner und Oldřich Kovář ließen ihre Hunde Robo und Ryšo, zwei sogenannte „selbstständig attackierende Hunde", von der Leine, die Hartmut Tautz etwa 22 m von der Grenze entfernt aufspürten und anfielen. Die Tiere hatten dem wehrlosen Flüchtling ganze Fleischfetzen aus dem Körper gerissen und am Kopf schwere Bisswunden zugefügt. Als die beiden Grenzsoldaten Hartmut Tautz erreichten, bat er wimmernd um Hilfe. Doch ließen sie ihn zunächst liegen und fragten nach seinem Namen, seinen Papieren und etwaigen Mitflüchtlingen. Der am Ort des Geschehens eingetroffene Grenzoffizier Viliam Švirk sagte später aus, er habe den Schwerverletzten verbunden und mit einem Dienstwagen zur Grenzwache bringen lassen. Von dort brachte ihn ein Krankenwagen in das Militärkrankenhaus nach Bratislava. Es dauerte noch 40 Minuten bis das Fahrzeug im Krankenhaus eintraf. Dort erlag Hartmut Tautz am 9. August 1986 um 1.15 Uhr seinen Verletzungen.

Am 11. August 1986 verständigte der Leiter der Kanzlei des tschechoslowakischen Innenministeriums die in der ČSSR stationierte MfS-Operativgruppe von dem Vorfall. Diese erstattete umgehend Meldung an die MfS-Zentrale in Berlin sowie an die MfS-Bezirksverwaltung Magdeburg. Am 13. August schrieb DDR-Konsul Richter aus Bratislava an die DDR-Generalstaatsanwaltschaft, der Todesfall Hartmut Tautz sei in einer Note des Regierungsamtes der SSR vom 11. August 1986 mitgeteilt worden. Der ermittelnde Offizier habe ihm erklärt, „daß wir den Ermittlungsbericht und den Auszug aus dem Obduktionsprotokoll auf dem sonst üblichen Weg nicht erhalten werden". Er teile deswegen vorab mit, dass im Schein über die Leichenschau vom Arzt des Militärkrankenhauses Bratislava und vom obduzierenden Arzt des Gerichtsmedizinischen Instituts als Todesursache Blutverlust und eine

„große Anzahl von Riß- und Quetschwunden an Kopf, Körper und Gliedmaßen“ festgestellt wurden.

Eine Mitarbeiterin des Rates der Stadt Magdeburg, Abteilung Innere Angelegenheiten, erklärte der Mutter von Hartmut Tautz am 12. August 1986, „daß ihr Sohn in der CSSR tödlich verunglückt ist“. Diese war davon ausgegangen, dass ihr Sohn an der Schulabschlussfahrt nach Leningrad teilnahm. Sie bestand auf der Rückführung des Toten nach Magdeburg. Am 22. August rief eine Mitarbeiterin der Urkundenstelle im Rat der Stadt Magdeburg im DDR-Außenministerium an und wies darauf hin, die Mutter sei verzweifelt darüber, „daß sich Überführung so in die Länge zieht“. Sie habe im Generalkonsulat angerufen, aber der Konsul habe „überhaupt nicht Bescheid“ gewusst. Das Konsulat in Bratislava und das DDR-Außenministerium verzögerten die von den Angehörigen gewünschte Überführung des Leichnams von Hartmut Tautz. Die Untersuchungsabteilung des DDR-Staatssicherheitsministeriums teilte der Magdeburger Bezirksverwaltung mit: „Seitens der Sicherheitsorgane der CSSR wird davon abgeraten, den Eltern des Tautz die Möglichkeit zu geben, ihren Sohn zu sehen, da er schwere Verletzungen im Gesicht und im Halsbereich hat.“ Am 27. August 1986 rief der MfAA-Mitarbeiter Balschulat bei der Abteilung Inneres der Magdeburger Stadtverwaltung an und erklärte, dass inzwischen die Freigabe des Leichnams erfolgt sei. Das Bestattungswesen Berlin habe den Leichnam zur Nachobduktion durch Professor Otto Prokop im Institut für gerichtliche Medizin der Charité eingeliefert. Anschließend werde der Sarg zu dem von der Mutter gewünschten Ort der Beisetzung, dem Magdeburger Neustädter Friedhof, überführt. Eine unter „operativer Kontrolle“ der Magdeburg MfS erschienene Todesanzeige durfte nur die Angabe enthalten, Hartmut Tautz sei an den Folgen eines tragischen Unfalls verstorben. Der Staatssicherheitsdienst überwachte am 4. September 1986 auch die Trauerfeier und stellte danach zufrieden fest, dass keine westdeutschen Verwandten dazu nach Magdeburg angereist waren.

Drei Monate nach der Beisetzung erhielt Frau Tautz einen Brief in der Handschrift ihres Sohnes. Vermutlich hatte er den Umschlag jemandem anvertraut und um eine spätere Absendung gebeten: „Liebe Mutter, nein. Ich bin nicht mit meiner Klasse nach Leningrad gefahren, sondern fahre an die Grenze und ich versuche nach drüben zu kommen. Ich kann mir sicherlich vorstellen, dass Du ziemlich fertig bist. Aber hier in der DDR sehe ich keine Alternative zum Leben. Ich möchte nicht in dieser Armee dienen und auch nicht Lehrer werden. Ich habe mir diesen Schritt sehr überlegt.“

Seit dem 9. August 2016 erinnert am Ort des Vorfalls ein Gedenkzeichen an Hartmut Tautz. Auf Betreiben seiner Mutter und seiner Schwester sowie der Prager Platform of European Memory and Conscience rehabilitierte das Bezirksgericht Bratislava am 13. März 2017 Hartmut Tautz. Sowohl in Deutschland als auch in Tschechien führten Strafanzeigen der Platform schließlich zur Aufnahme von gemeinsamen Ermittlungen der Staatsanwaltschaften Prag und Weiden (Oberpfalz). Wegen des gewaltsamen Todes von Hartmut Tautz und anderen erhob die Bezirksstaatsanwaltschaft Prag am 25. November 2019 Anklage gegen den Generalsekretär des ZK der KSČ Milouš Jakeš (1922–2020), den Innenminister der ČSSR Vratislav Vajnar (1930–2023) und Lubomír Štrougal (1924–2023), Mitglied des Vorstandes des ZK der KSČ und Vorsitzender der Regierung der ČSSR. Den ehemaligen Verantwortungsträgern wurde der Missbrauch von Amtsbefugnissen im besonders schweren Fall vorgeworfen. Das Strafverfahren wurde am 9. September 2020 eingestellt, weil Vajnar und Štrougal angeblich an psychischen Störungen litten, die es ihnen nicht ermöglichten, den Sinn des Verfahrens zu verstehen und Milouš Jakeš nach Eröffnung der Strafverfolgung am 9. Juli 2020 verstorben war. Am 16. August 2022 wurde der auf Grundlage einer ärztlich bescheinigten Verhandlungsunfähigkeit erfolgte Einstellungsbeschluss für Vratislav Vajnar auf Betreiben des Prager Anwalts Lubomir Müller wieder aufgehoben. Dem von 1983 bis 1988 amtierenden tschechoslowakischen Innenminister wurde die Mitschuld am gewaltsamen Tod von Johann Dick und Hartmut Tautz sowie des tschechischen Flüchtlings Frantisek Faktor zur Last gelegt. Außerdem sollte sich Vajnar für die Verletzung von drei DDR-Bürgern bei Fluchtversuchen verantworten. Die Anklageerhebung erfolgte am 25. April 2023, mit dem Tod Vajnars im Juni 2023 wurde auch dieses Verfahren eingestellt.

Am 30. Juni 2023 eröffnete die tschechische Polizeibehörde Amt zur Dokumentation und Ermittlung der Verbrechen des Kommunismus (ÚDV) ein Strafverfahren gegen den früheren Stabschef und stellvertretenden Oberbefehlshaber der Verwaltung der Grenzwache, Oberst Jan Muzikář (*1934), wegen des Verbrechens des Amtsmissbrauches. Ihm wird die Mitverantwortung u. a. an der Tötung von Hartmut Tautz und Johann Dick zur Last gelegt.

(Autor: jos.; Recherchen: AH, App., CB, ES, HP, jos., SM)

Quellen

HS PS OSH: Denní hlášení č. 221, 10.8.1986. ABS Kanice, B/69, 1986.

Správa ZNB hl. mesta Bratislavy: Vyšetřovací spis, č. VS-ČVS-472/1986 [Berichte über die Untersuchung des Vorfalls, Obduktionsprotokoll etc.]. ÚPN Bratislava, BA-V-18 860.

Schreiben des Generalkonsulates der DDR an Generalstaatsanwalt der DDR über MfAA, HA Kons. Angelegenheiten, Sektor III, 13.8.1986. BArch Berlin, DP 3/1457.

MfS, BV Magdeburg: Bericht über die Festnahme eines DDR-Bürgers durch die Sicherheitsorgane der CSSR. BStU, MfS, BV Magdeburg, AP, Nr. 2081/86 2.

MfAA: Sterbefälle DDR-Bürger im Ausland T–Z 1986 (HA Kons. Angelegenheiten: Fernschreiben an Rat der Stadt Magdeburg zum Sterbefall Kraus [Tautz] Hartmut und weiterer Schriftwechsel). PAAA, ZR 340/88.

MfAA: Todesfallkartei DDR-Bürger im Ausland. PAAA, M 52/5345B93.

Generalstaatsanwalt der DDR: Obduktionsbericht Hartmut Tautz. BArch Berlin, DP 3/1457.

Standesamt I zu Berlin: Sterbeurkunde Nr. 202 (Hartmut Tautz). LAB, S-Rep 500, Nr. 326.

Ľubomír Morbacher: Tautz, Hartmut (* 10.2.1968, † 9.8.1986), https://www.ustrcr.cz/cs/tautz-hartmut (25.5.2023).

Hornung, Peter: „Was ist ein Menschenleben wert?". 27.5.2015, https://www.ndr.de/geschichte/chronologie/Was-ist-ein-Menschenleben-wert,politbuero102.html (25.5.2023).

Kraus, Annette: Tod an der Grenze: Der Fall Hartmut Tautz und die Ahndung kommunistischer Verbrechen. In: Radio Praha, 8.8.2015.

Grote, Lion: Der ungesühnte Tod des Hartmut Tautz. In: Volksstimme (Sachsen-Anhalt), 1.9.2015.

Bomhard, Lorenz: Todesschüsse an der CSSR-Grenze: Jetzt wird ermittelt. In: Verlag Nürnberger Presse, 23.12.2017.

Expertengespräch mit dem ermittelnden Oberstaatsanwalt Christian Härtl (Nürnberg) und Kollegen am 9. Juli 2019 in Berlin.

Bezirksstaatsanwaltschaft für Prag 1: Beschlüsse über die Einstellung der Strafverfolgung in den Verfahren gegen Milouš Jakeš, Lubomír Štrougal und Vratislav Vajnar vom 9. September 2020. Bezirksstaatsanwaltschaft für Prag 1, 1 ZT 309/2019 – 177 und 187.

Schneibergová, Martina: Grenztote: Früherer tschechoslowakischer Innenminister wird angeklagt, 10.2.2023, https://deutsch.radio.cz/grenztote-frueherer-tschechoslowakischer-innenminister-wird-angeklagt-8774725 (25.5.2023).

Vergessene Grenze. Dokumentarfilm von Oliver Hamburger. Loopfilm GmbH, Bayerischer Rundfunk, Česká Televize u. a. 2022.

Carola Jordanow

geboren am 12. Oktober 1965 in Erfurt
bei Fluchtversuch erstickt am 15. August 1986 in Ungarn
Ort des Vorfalls: bei Hegyeshalom an der Grenze zu Österreich

Carola Jordanow hatte eine deutsche Mutter und einen bulgarischen Vater. Sie absolvierte am Institut für Pathologische Anatomie der Medizinischen

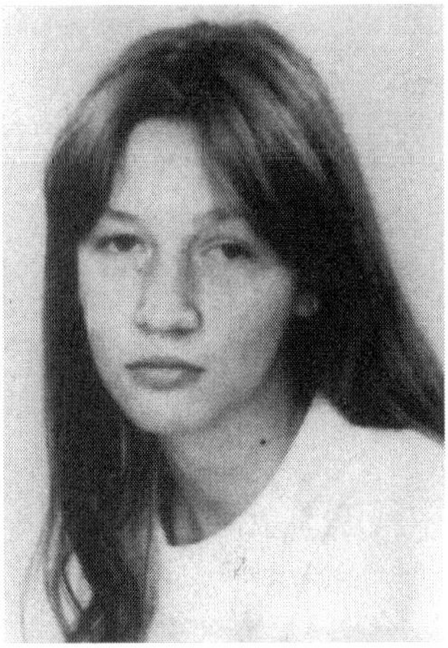
Carola Jordanow

Akademie Erfurt eine Lehre als Facharbeiter für Schreibtechnik. Ihre Vorgesetzten meinten, sie widme sich zu sehr ihren Freizeitinteressen wie Disko- und Tanzveranstaltungsbesuchen. Seit Anfang 1986 arbeitete sie als Schreibkraft im Versorgungskontor für Industrietextilien (VK Intex). Das Ministerium für Staatssicherheit ermittelte seit 1984 in einer „Operativen Personenkontrolle" (OPK) gegen die junge Frau, da sie im Juli 1984 ohne Genehmigung mit ihren Eltern von Bulgarien nach Jugoslawien gereist war und dort ihre ältere Schwester getroffen hatte, der am 10. August 1981 die Flucht von Bulgarien über Jugoslawien und Österreich in die Bundesrepublik gelungen war. Das MfS stellte seine geheimen Ermittlungen gegen Carola Jordanow im Mai 1986 ohne Ergebnis ein.

Den Sommerurlaub 1986 verbrachte Carola Jordanow mit ihren Eltern und ihrer Freundin Diane K. an der rumänischen Schwarzmeerküste. Am 12. August 1986 reisten die beiden Freundinnen über den Grenzübergang Nagylak nach Ungarn ein und fuhren mit dem Zug von Szeged nach Budapest, wo sie den Rest ihres Urlaubs verbringen wollten und in einem Privatquartier unterkamen. Am Abend des 14. August besuchten sie das Café des Hotels „Wien" in Budapest. Dort kamen sie mit dem westdeutschen Lastkraftwagenfahrer Norbert K. aus Lübeck ins Gespräch. Sie fragten ihn, ob er sie in seinem Lastwagen versteckt über die österreichische Grenze mitnehmen könne. Das erschien Norbert K. wegen der üblichen Grenzkontrollen seines Fahrzeugs zu riskant. Er lehnte die Fluchthilfe ab, bot aber an, die beiden jungen Frauen mit dem holländischen Fernlastfahrer Andre A. bekannt zu machen, der mit seinem Containertransporter die Grenze passieren würde. Andre A. erklärte sich bereit, die beiden in einem der drei Container seines Lastzuges zu verstecken, falls nicht doch noch kurzfristig eine Zuladung erfolgen würde.

Diese erfolgte dann aber doch am Vormittag des 15. August. Die Container erhielten für die Rückreise eine Auffüllung mit etwa 60 Grad heißem Fett. Andre A. traf am frühen Nachmittag, wie verabredet, die beiden jungen Erfurterinnen auf dem Parkplatz des Hotels „Wien" und erklärte ihnen, er könne sie wegen der Zuladung nun doch nicht in einem Con-

Carola Jordanow

tainer verstecken. Carola Jordanow und ihre 19-jährige Freundin Diana K. flehten ihn an, sie doch mitzunehmen. Andre A. ließ sich erweichen und nahm die Frauen im Führerhaus des Lastkraftwagens bis etwa einen Kilometer vor die Grenzübergangsstelle Hegyeshalom mit. Dort hielt er auf einem Parkplatz an, stellte eine Leiter an den mittleren Container und öffnete dessen Deckel, ohne die Zollplombe zu beschädigen. Dann schob er die Leiter in den mit 900 Litern ca. 60 Zentimeter hoch gefüllten Container. Die beiden Freundinnen kletterten hinein und setzten sich auf die Leiter. Andre A. ließ den Containerdeckel offen und fuhr bis auf etwa 500 m an den Grenzübergang heran. Dann stoppte er nochmals und verschloss den Container. Kurz vor der Grenze hielt er erneut an und fragte die beiden Frauen durch die Containerwand, wie es ihnen gehe. Sie antworteten „schlecht“ und klagten über Luftmangel. Andre A. wendete daraufhin seinen Lastzug und fuhr zu einer etwa 600 m entfernten Tankstelle zurück. Als er dort die Containerluke öffnete, war Carola Jordanow bereits erstickt. Diane K. kam in lebensbedrohlichem Zustand in ein Krankenhaus des Verwaltungsbezirks Győr. Nach ihrer Genesung lieferte sie die ungarische Staatssicherheit in die Haftanstalt Győr ein. Dort saßen bereits Andre A. und der deutsche Fernfahrer Norbert K. ein. Alle drei brachte man am 29. August 1986 in die Haftanstalt Budapest. Norbert K. durfte bald darauf in die Bundesrepublik ausreisen, Andre A. wurde in Ungarn zu einer zweieinhalbjährigen Freiheitsstrafe verurteilt. Die Leiche von Carola Jordanow blieb zur Obduktion in Győr. Sie wurde später dort eingeäschert und die Urne am 3. Oktober 1986 in die DDR überführt. Die Beisetzung Carola Jordanows fand am 14. November 1986 in Erfurt im engsten Familienkreis statt. Das Kreisgericht Erfurt-Mitte verurteile Diane K. nach ihrer Auslieferung an die DDR am 8. Dezember 1986 zu einer Haftstrafe von einem Jahr und acht Monaten. Durch die Bundesrepublik freigekauft, durfte sie im Mai 1987 nach Westdeutschland ausreisen.

Am 2. Mai 1989, nicht einmal drei Jahre nach Carola Jordanows Tod, durchtrennten ungarische Grenzer bei Hegyeshalom den Stacheldrahtzaun. Damit begann die Demontage des Eisernen Vorhangs.

(Autor: jos.; Recherche: CB, jos., HP, App., KS)

Quellen

MfS, BV Erfurt: OPK-Akte „Schleuse". BStU, Ast. Erf., MfS, BV-Erfurt, AOPK, Nr. 1099/86.

MfS, BV Erfurt, Abt XX/1: Abschlußbericht zur OPK „Schleuse", 31.5.1986. BArch, MfS, HA XX, ZMA, Nr. 6147, Bl. 4–7.

MfS, HA VI: Operative Information 736/86 über eine verhinderte Personenschleusung in der Ungarischen Volksrepublik, 21.8.1986. BStU, ZOS, Nr. 66, Bl. 46–48. Auch in: BStU, MfS, Abt. X, Nr. 547.

MfS, BV Erfurt: Ermittlungsunterlagen zum Todesfall Jordanow. BStU, AU 1207/87 Bd. 1–4.

MfS: Ermittlungsunterlagen und Zeitungsauschnitte zum Fall Jordanow. BStU, MfS, HA IX, Nr. 11450.

MfAA: Todesfallkartei DDR-Bürger im Ausland. PAAA, M 52/5343A93.

Generalstaatsanwalt der DDR: Telegramm aus Budapest an Genossen Hansjochen Vogl, HA Konsular, und Gen. Burkert, 19.8.1986. BArch, DP 3/1458.

MfAA: Sterbefälle DDR-Bürger im Ausland E–J 1987 [HA Kons. Angelegenheiten: Unterlagen zum Todesfall von Carola Jordanow]. PAAA, ZR 301/89.

A Magyar Népköztársaság Belügyminisztériuma: 10–58129/86 számú Viszgálati dosszié. K[...], Diane és társai ügyében I. kötet, 15.8.1986 (Aufklärungsdossier Nr. 10–58129/86 in der Angelegenheit Diane K[...], 15.8.1986). ÁBTL, V 16005.

Flucht im Tankwagen. DDR-Mädchen ertrunken. In: BILD-Zeitung, 20. 09. 1986.

Stefan Appelius: Fluchtweg Bulgarien. Die verlängerte Mauer an den Grenzen zur Türkei, Jugoslawien und Griechenland. Berlin 2019, S. 378–382.

Heike Bischof

geboren am 16. Oktober 1965 in Leipzig
erfroren nach dem 12. März 1988 in der Tschechoslowakei
Ort des Vorfalls: Gemarkung der Gemeinde Prášily (Kreis Klatovy) an der Grenze zur Bundesrepublik Deutschland

Heike Bischof kam am 16. Oktober 1965 in Leipzig auf die Welt. Sie besuchte von 1972 bis 1980 die POS „Rolf Axen" und von 1980 bis 1982 die POS „Fritz Weineck", auf der sie die 10. Klasse mit der Note „gut" abschloss. Von 1982 bis 1985 erlernte sie am Krankenhaus der Medizinischen Hochschule St. Georg in Leipzig den Beruf einer Krankenpflegerin und erhielt am 1. September 1985 dort eine Anstellung als Krankenschwester. Ihre Vorgesetzte schrieb in einer Beurteilung, Heike Bischof arbeite „flink und gewissenhaft", sie nehme als FDGB-Mitglied auch am gesellschaftlichen Leben teil.

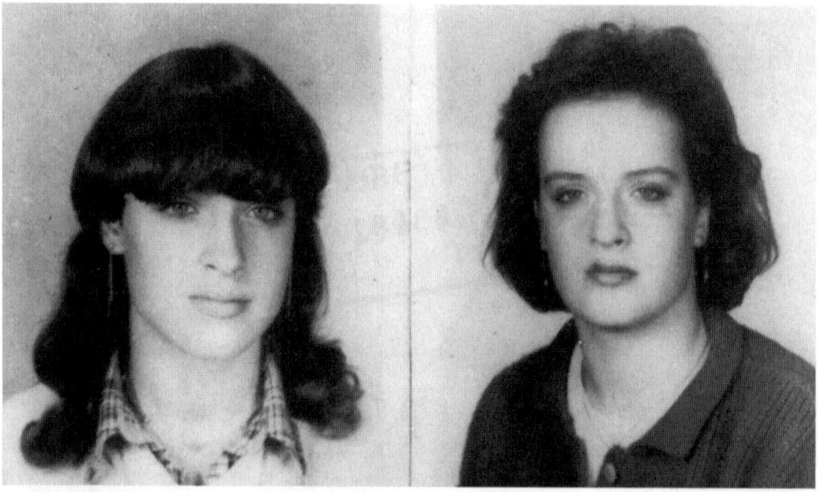

Heike Bischof

Im Juli 1986 fiel Heike Bischof dem DDR-Staatssicherheitsdienst wegen eines Briefwechsels mit einem jungen Mann aus Pforzheim auf, den sie während eines Urlaubs in der ČSSR kennengelernt hatte. In einer „Operativ-Information" vom 18. Juli 1986 argwöhnte die Abteilung XXII der Leipziger MfS-Bezirksverwaltung, Heike Bischof beabsichtige die DDR ungesetzlich zu verlassen.

In der Leipziger Tanzbar „Carola" lernte Heike Bischof im Sommer 1987 Frank Labuschin kennen und verliebte sich in ihn. Im Februar 1988 kaufte er für sie einen roten Lada 2101. Am 14. April 1988 meldete die Mutter von Heike Bischof auf dem Leipziger Volkspolizeiamt ihre Tochter Heike als vermisst. Sie sei am Samstagmorgen des 12. März 1988 mit ihrem Freund Frank zum Schlittenfahren in die ČSSR gefahren und nicht wie erwartet am Sonntagabend nach Hause zurückgekehrt, obwohl sie am Montag zum Frühdienst im Krankenhaus St. Georg eingeteilt worden war. Auch die Mutter von Frank Labuschin hatte am selben Tag bei der Volkspolizei in Markkleeberg für ihren Sohn eine Vermisstenanzeige erstattet.

Nach Eingang der Vermisstenanzeigen vermuteten sowohl die Volkspolizei als auch das Ministerium für Staatssicherheit zunächst eine Flucht des Paares nach Bayern. Diese Vermutung schien sich zu bestätigen, als das Innenministerium der ČSSR dem DDR-Innenministerium am 15. April 1988 mitteilte, dass der gesuchte rote Lada Labuschins etwa 20 km von der Staatsgrenze entfernt auf einem Parkplatz unweit der Stadt Sušice, Kreis Klatovy aufgefunden wurde. Arbeiter des Schneeräumdienstes hatten das Fahrzeug schon am 18. März 1988 dort entdeckt. Die Kriminalpolizei Leipzig erstattete am 22. April 1988 Anzeige gegen Frank Labuschin und Heike Bischof nach § 213 wegen „Verdacht des ungesetzlichen Grenzübertrittes".

Zu diesem Zeitpunkt waren Heike Bischof und Frank Labuschin jedoch bereits nicht mehr am Leben. Die Nacht vom 12. auf den 13. März 1988 hatte das Paar in einem Hotel in Český Krumlov (Krumau) verbracht und sich am folgenden Tag in dem Hotel „Šumava" in Srní (Rehberg) eingebucht. Von dort aus machten sie sich am 14. März 1988 auf den Weg nach Bayern. Sie bestiegen die sogenannte „Fuchshöhle" (Liščí díry) in Richtung Poledník (Mittagsberg, 1315 Höhenmeter) und nutzten die stark winterlichen Witterungsverhältnisse zur Überwindung des Signalzauns, der wegen Schneeverwehungen ausgeschaltet war.

Am 31. Mai 1988 erhielt die Untersuchungsabteilung des MfS in Leipzig aus ihrem Berliner Ministerium den telefonischen Hinweis über eine Mitteilung der ČSSR-Sicherheitsorgane, wonach am Tag zuvor um 10 Uhr ein Forstarbeiter im Revier Prášily zwischen dem ersten und zweiten Grenzzaun etwa 4 km vor der bayerischen Grenze bei dem Berg Poledník eine bereits stark verweste und durch Tierfraß verunstaltete männliche Leiche hinter dem Signalzaun aufgefunden hatte, die in ihrer Kleidung die Personalausweise von Frank Labuschin und Heike Bischof bei sich trug. Wenig später fand ein Suchtrupp etwa 200 m entfernt eine weibliche Leiche. Der Fundort befand sich 1,3 km unterhalb des Gletschersees von Prášily (Stubenbacher See). Im Auffindungsgebiet herrschten um die Zeit, da Heike Bischof und Frank Labuschin sich auf dem Weg zur Grenze befunden hatten, Schneegewitter und -stürme sowie eine Schneehöhe von bis zu 2,5 m.

Die Mutter von Heike Bischof hatte sich bereits am 27. Mai 1988 mit einer Eingabe an die Abteilung Inneres beim Rat der Stadt Leipzig gewandt und um eine verbindliche Auskunft über die dort vorliegenden Erkenntnisse zum Verbleib ihrer Tochter gebeten. Am 31. Mai 1988 wurde den Müttern von der Leipziger Untersuchungsabteilung des DDR-Staatssicherheitsdienstes mitgeteilt, dass von ČSSR-Sicherheitsorganen zwei Leichen aufgefunden worden seien, bei denen es sich vermutlich um ihre Kinder handele. Frau Bischof und Frau Labuschin wurden um Hinweise zur Identifizierung der Leichen gebeten. Sie konnten die Zahnärztinnen ihrer Kinder benennen, bei denen das MfS dann Informationen zum Zahnstand einholte. Die Obduktion der sterblichen Überreste von Heike Bischof und Frank Labuschin erfolgte im Gerichtsmedizinischen Institut Plzeň (Pilsen). Durch die aus der DDR gelieferten ärztlichen Informationen über Zahnstand und Blutgruppen stellten die Obduzenten Dr. Ladislav Malý und Dr. Otto Slabý zweifelsfrei die Identität der beiden Toten fest. Als Todesursache wurde eine langanhaltende Unterkühlung des Organismus, Erschöpfung und schließlich Erfrieren festgestellt.

Das Prager Büro der französischen Nachrichtenagentur AFP verbreitete am 12. Juli 1988 unter Berufung auf einen Bericht der Pilsener Zeitung *Prawda* die Meldung, am 31. Mai 1988 seien die Leichen von zwei seit Mitte April vermissten DDR-Bürgern vier Kilometer vor der Grenze zu Bayern aufgefunden worden. Die Namen der beiden Toten wurden nicht ganz zutreffend als Frank Labuschon und Heike Bischopp angegeben. Am 14. Juli 1988 erschien in der Zeitung des sozialistischen Jugendverbandes der ČSSR *Mladá fronta* (Junge Front) unter der Überschrift „Der Böhmerwald kann bestialisch sein" ein Artikel über den Leichenfund, in dem auf „viele Gerüchte, Diskussionen und Spekulationen in der Stadt Sušice" verwiesen wurde. Major Frantisek Koranda, Leiter der Untersuchungsabteilung des Komitees für Nationale Sicherheit in Pilsen, habe erklärt, dass die Spekulationen über einen gescheiterten Fluchtversuch weder eindeutig ausgeschlossen noch bestätigt werden könnten. Die Ermittlungen hätten aber ergeben, dass die beiden DDR-Bürger trotz des Schneefalls in nur leichter Bekleidung zu einem Ausflug in den Böhmerwald aufgebrochen wären. Man könne das „im Hinblick auf alle festgestellten Fakten mit Bedauern als ein Hasard-Stück, als leichtsinnige Unterschätzung des Terrains und des Wetters und als Überschätzung der eigenen Kräfte bewerten, was der winterliche Böhmerwald brutal bestraft" habe.

Einen Tag später, am 13. Juli 1988, fuhr der II. Sekretär der Prager DDR-Botschaft, Norbert Huber, zum Gerichtsmedizinischen Institut nach Pilsen und übernahm dort die persönlichen Gegenstände von Heike Bischof und Frank Labuschin. Außer Bargeld und ihren Reisepässen hatten sie nur einen Kompass bei sich gehabt. Am 21. Juli 1988 führte MfS-Hauptmann Kuntzsch der Leipziger MfS-Bezirksverwaltung unter dem Namen „Ehrlich" ein Gespräch mit der Mutter und den beiden Geschwistern Heike Bischofs. Die Familie beschwerte sich, dass sie von einer zur anderen Dienststelle geschickt würde und keine Unterstützung erhalte. Eine Oberschwester des Bezirkskrankenhauses St. Georg habe ihnen mitgeteilt, dass die Urnen der Verstorbenen bereits in Leipzig angekommen seien. Die Mutter äußerte die Vermutung, die beiden seien an der Grenze erschossen worden und sagte, „daß die Staatsorgane mit derartigen Grenzsicherungsmaßnahmen sowie im

Umgang mit ÜSE (sie erklärte, die anwesende Tochter Kerstin M. sei ÜSE) einen kalten Krieg gegen die eigene Bevölkerung führen“ würden. (ÜSE war die MfS-Abkürzung für Übersiedlungsersuchende.)

Wiederholte Nachfragen der Angehörigen nach Wertgegenständen der beiden Verstorbenen setzen einen Schriftverkehr der DDR-Generalstaatsanwaltschaft mit der ČSSR-Generalstaatsanwaltschaft in Gang, der am 15. August 1989 mit der Mitteilung aus Prag endete, die vermissten Gegenstände seien nach vergeblichen Versuchen, sie „annähernd in den ursprünglichen Zustand zu versetzen“, von der Gerichtsmedizin in Pilsen wegen Verunreinigung entsorgt worden.

(Autor: jos.; Recherche: App., CB, MZ, SM, TP)

Quellen

MfS, BV Leipzig, Abt. XXII/1: Operativ-Information Nr. 383/135/85 (zu Heike Bischof). BStU, MfS, ZKG, Nr. 6514.

MfS, BV Leipzig, Abt IX: Vermißtenanzeige und Untersuchungsvorgang zu Frank Labuschin und Heike Bischof. BStU, Ast. Lpz., MfS, BV Leipzig, AU 479/89, Bd. 1–3.

HS PS OHS: Denní Hlášeni, č. 140, 31.5.1988, ABS Kanice, DH-88, kt. 25.

Ministerstvo Vnitra a Životního Prostředí České Socialistické Republiky: Situační zpráva č. 152 o mimořádných událostech a některých trestných činech v ČSR za operační den 31. května 1988. ABS Kanice, VS-ČVS: 1/88–496/88.

Krajská správa SNB Plzeň: Hlašení o nálezu mrtvoly muže a ženy, 31.5.1988, ABS Kanice, Hlášení cizinců 1, 1988, Bl. 75.

Generalstaatsanwalt der DDR: Straftaten von und Verbrechen an DDR-Bürgern im Ausland, Bd. 57. BArch, DP 3/4290.

MfAA: Sterbefälle von DDR-Bürgern im Ausland A–L 1989–1990 [Schriftverkehr zu den Todesfällen Bischof und Labuschin]. PAAA, ZR 5338/93.

Standesamt I zu Berlin: Sterbeurkunde Nr. 165 (Heike Bischof). LAB, S-Rep 500, Nr. 327.

MfS, KD Leipzig Land: Verdacht des ungesetzlichen Grenzübertritts in die BRD durch Ausnutzung des pass- und visafreien Reiseverkehrs in die CSSR. BStU, Ast. Leipzig, MfS, BV Leipzig, KDfS Leipzig-Land, Nr. 01811.

BMI: Zusammenarbeit der Grenzbevollmächtigten der Bundesrepublik Deutschland und der Tschechoslowakischen Sozialistischen Republik (CSSR), Bd. 3. BArch B 106/377427.

BMI: Besondere Vorkommnisse an der deutsch-tschechoslowakischen Grenze 1976–1989, Bd. 1, Vorkommnisse mit PSSO. Vorkommnisse Grenze CSSR Ursprung außerhalb des Bundesgebietes 1988. BArch, B 106/371886.

Frank Labuschin

geboren am 21. August 1963 in Zwenkau (Landkreis Leipzig)
erfroren nach dem 12. März 1988 in der Tschechoslowakei
Ort des Vorfalls: Gemarkung der Gemeinde Prášily (Kreis Klatovy) an der Grenze zur Bundesrepublik Deutschland

Frank Labuschin

Am 14. April 1988 sprach Lydia Labuschin auf dem Volkspolizeirevier in Markkleeberg vor und meldete ihren Sohn Frank Labuschin als vermisst. Er sei am 11. März 1988 abends mit dem Auto vorbeigekommen und habe seinen Schlitten vom Boden geholt, um mit seiner Freundin Heike Bischof über das Wochenende in die ČSSR zu fahren. Seither habe sie nichts mehr von ihm gehört. Auch die Mutter Heike Bischofs erstattete in Leipzig eine Vermisstenanzeige, da ihre Tochter nicht wie erwartet am 13. März 1988 nach Hause zurückgekehrt war.

Frank Labuschin erblickte am 21. August 1963 im sächsischen Zwenkau als Sohn von Waldemar und Lydia Labuschin das Licht der Welt. Er erlernte in der Bauabteilung des VEB „Otto Grotewohl" Böhlen den Zimmermannsberuf, arbeitete aber danach wegen des besseren Verdienstes als Antennenmonteur in Markkleeberg bei einer privaten Antennenfirma. Die Arbeit brachte ihm auch private Aufträge ein. Nach Informationen der Volkspolizei montierte er in Schwarzarbeit nach Feierabend in Privathäusern Fernsehantennen und Anschlüsse. So verfügte er über erhebliche Geldmittel, die er für den Ausbau eines 1986 mit seiner damaligen Lebenspartnerin erworbenen Einfamilienhauses, aber auch für sein Hobby, den Motorsport, aufwandte. Auf Frank Labuschin waren ein Pkw Trabant und drei Motorräder zugelassen, darunter zeitweise eine tschechische Motocross ČZ mit nachgebautem Honda-Rahmen, die er für 13.000,– Mark erworben hatte. Mit einem Freund, der seine Leidenschaft für den Motorsport teilte, werkelte er regelmäßig in dessen Garage an den Motorrädern, um sie zu tunen. Im Sommer 1987 äußerte Frank Labuschin gegenüber diesem Freund, er wolle einen Antrag auf Übersiedlung nach Westdeutschland stellen, weil er in der DDR keine Zukunftsperspektive mehr für sich sehe. Während sich seine Lebensgefährtin wegen der „illegalen Vermittlung von Wohnungen" gegen Bezahlung in Untersuchungshaft befand, lernte Frank Labuschin in der Leipziger Tanzbar „Carola“ die Krankenschwester Heike Bischof kennen und verliebte sich in sie. Im Februar 1988 kaufte er für sie einen roten Lada 2101.

Seine ehemalige Lebensgefährtin offenbarte während ihrer Untersuchungshaft im November 1987 der Staatssicherheit Labuschins Fluchtpläne und benannte mehrere Personen, die davon wussten. Sie sagte weiterhin aus, Frank Labuschin habe sich seine Lebensversicherung auszahlen lassen und mit einem Freund auf Motorradtouren das Grenzgebiet in der ČSSR erkundet. Sie benannte außerdem einen Zeugen, demgegenüber Labuschin geäußert habe, er wolle aus diesem „Scheißstaat“ abhauen. Bei der Zeugenvernehmung auf dem Polizeirevier in Markkleeberg bestätigte dieser Zeuge Labuschins Äußerung. Das meldete das Revier dem Volkspolizeiamt in Leipzig mit dem Hinweis, Frank Labuschin beziehe eine feindliche Haltung gegenüber der DDR. Er habe seit sechs Monaten nicht mehr an seinem Einfamilienhaus gearbeitet. Gerüchteweise sei im Ort davon die Rede, er habe das Haus zum Verkauf angeboten. Eine Personenüberprüfung der Volkspolizei in Leipzig ergab, dass gegen Frank Labuschin seit 1982 wegen „mehrfachen Diebstahls sozialistischen Eigentums“, Körperverletzung und Waffenbesitz Bewährungsstrafen verhängt worden waren.

Nach Eingang der Vermisstenanzeigen vermuteten sowohl die Volkspolizei als auch das Ministerium für Staatssicherheit zunächst eine Flucht von Frank Labuschin und Heike Bischof nach Bayern. Zu diesem Zeitpunkt waren Heike Bischof und Frank Labuschin jedoch bereits nicht mehr am Leben. Ihre Leichen wurden am 30. Mai 1988 hinter dem ersten Grenzzaun vor der bayerischen Grenze etwa 1,3 km unterhalb des Gletschersees von Prášily (Stubenbacher See) entdeckt. Dort tobten zu der Zeit, da Heike Bischof und Frank Labuschin sich nach dem 12. März 1988 auf dem Weg zur Grenze befanden, Schneegewitter und -stürme. Die Schneehöhe betrug bis zu 2,5 m.

Die Obduktion der beiden Toten im Gerichtsmedizinischen Institut Plzeň (Pilsen) ergab als Todesursache eine langanhaltende Unterkühlung des Organismus, Erschöpfung und schließlich Erfrieren. Der II. Sekretär der Prager DDR-Botschaft, Norbert Huber, fuhr am 13. Juli 1988 zum Gerichtsmedizinischen Institut nach Pilsen und übernahm dort die persönlichen Gegenstände von Heike Bischof und Frank Labuschin. Außer mit Bargeld und ihren Reisepässen hatten sie sich nur mit einem Kompass ausgerüstet. Da in den umliegenden Dörfern des Böhmerwaldes Mutmaßungen zu den beiden Todesfällen kursierten und auch westliche Zeitungen über einen gescheiterten Fluchtversuch berichteten, versuchte die Zeitung *Mladá fronta* (Junge Front) des sozialistischen Jugendverbandes der ČSSR unter der Überschrift

„Der Böhmerwald kann bestialisch sein" den Leichenfund im Waldmassiv von Prášily als gescheiterten Ausflug darzustellen.

Zu ČSSR-Zeiten lag der Poledník unzugänglich in einem Sperrgebiet, da sich auf seinem Gipfel eine Abhöranlage der ČSSR-Sicherheitsorgane für den bayerischen Polizeifunk und militärische Funkverbindungen befand. Unterhalb des Gipfels befand sich zwischen 1951-1991 ein unzugänglicher Truppenübungsplatz namens Dobrá Voda. Heute führt eine Wanderroute vom bayerischen Buchenau etwa 10 km zu einem Aussichtsturm auf den Poledník im Nationalpark Šumava. Das Gelände des ehemaligen Truppenübungsplatzes liegt heute im Naturschutzgebiet des zentralen Böhmerwaldes.

(Autor: jos.; Recherche: App., CB, MZ, SM, TP)

Quellen

MfS, BV Leipzig, Abt IX: Vermißtenanzeige und Untersuchungsvorgang zu Frank Labuschin und Heike Bischof. BStU, Ast. Lpz., MfS, BV Leipzig, AU, Nr. 479/89, Bd. 1–3.

MfS, KD Leipzig Land: Verdacht des ungesetzlichen Grenzübertritts in die BRD durch Ausnutzung des pass- und visafreien Reiseverkehrs in die CSSR. BStU, Ast Lpzg, MfS, BV Leipzig, KDfS Leipzig-Land, Nr. 01811.

HS PS OHS: Denní Hlášeni, č. 140, 31.5.1988, ABS Kanice, DH-88, kt. 25.

Ministerstvo Vnitra a Životního Prostředí České Socialistické Republiky: Situační zpráva č. 152 o mimořádných událostech a některých trestných činech v ČSR za operační den 31. května 1988. ABS Kanice, VS-ČVS: 1/88–496/88.

Krajská správa SNB Plzeň: Hlašení o nálezu mrtvoly muže a ženy, 31.5.1988, ABS Kanice, Hlášení cizinců 1, 1988, Bl. 75.

Generalstaatsanwalt der DDR: Straftaten von und Verbrechen an DDR-Bürgern im Ausland. BArch, DP 3/4290.

Zeitungsausschnittsammlung des MfS. BStU, ZA, MfS, HA I, Nr. 19565, Bl. 161–162.

MfAA: Todesfallkartei DDR-Bürger im Ausland. PAAA, M 52/5345A93.

MfAA: Sterbefälle DDR-Bürger im Ausland A–L 1989–1990 [Schriftverkehr zu den Todesfällen Bischof und Labuschin]. PAAA, ZR 5339/93.

Standesamt 1 zu Berlin: Sterbeurkunde Nr. 166 (Frank Labuschin). LAB, S-Rep 500, Nr. 327.

BMI: Besondere Vorkommnisse an der deutsch-tschechoslowakischen Grenze 1976–1989, Bd. 1, Vorkommnisse mit PSSO. Vorkommnisse Grenze CSSR Ursprung außerhalb des Bundesgebietes 1988. BArch, B 106/ 371886.

BMI: AFP-Meldung: CSSR-DDR. In der CSSR tot aufgefundene DDR-Bürger ließen gesamte Habe im Auto. BArch B 106/377427.

Konrad Dieze

geboren am 20. Juni 1954 in Blumenau (Stadt Olbernhau/Erzgebirgskreis)
am 24. August 1988 tödlich verunglückt bei einem Fluchtversuch mit dem Auto in Ungarn
Ort des Vorfalls: Grenzübergang Köszeg an der Grenze zu Österreich

Konrad Dieze kam am 20. Juni 1954 in Blumenau als Sohn von Wolfgang (Jg. 1926) und Ingeborg Dieze, geb. Matthes (Jg. 1927), zur Welt. Er hatte einen älteren Bruder (Jg.1948) der als Berufssoldat bei der NVA diente und eine jüngere Schwester (Jg. 1958). Konrad Dieze lernte nach dem Abschluss der 10. Oberschulklasse seit 1971 im Hotel „Stadt Olbernhau" den Beruf eines Kochs. Seine Eltern waren SED-Mitglieder, der Vater arbeitete als Kaderleiter (Personalchef) in der Olbernhauer Zweigstelle des VEB Fleischkombinat Karl-Marx-Stadt und war zeitweise auch ehrenamtlicher Bürgermeister von Blumenau. Seine Mutter war Küchenhilfe im HO Kreisbetrieb Marienberg. Konrad Dieze gehörte der FDJ und dem FDGB an und seit März 1973 mit Kandidatenstatus auch der SED.

Am 30. Juni 1973 führten zwei Mitarbeiter der MfS-Kreisdienststelle Marienberg ein Gespräch mit Konrad Dieze, um ihn, da er aus einer parteitreuen Familie stammte und einen guten Leumund hatte, zum dreijährigen Dienst als Koch für das MfS-Wachregiment „Feliks Dzierzynski" anzuwerben. Dieze unterschrieb einen Tag später die Bereitschaftserklärung für diese Tätigkeit im MfS. Zum Dienstantritt im MfS-Wachregiment kam es jedoch nicht, da die MfS-Kreisdienststelle Marienberg am 19. September 1973 ihren Vorschlag mit der Begründung zurückzog, „der Kandidat" sei „für den Dienst im MfS nicht geeignet, da sein Bruder von der HA I bearbeitet wird". Die Hauptabteilung I des DDR-Staatssicherheitsdienstes war für die Kontrolle und Überwachung der „bewaffneten Organe" zuständig. Warum Diezes Bruder vom MfS „bearbeitet" wurde, ist nicht bekannt.

Konrad Dieze arbeitete nach dem Ende seiner Ausbildung zunächst als Koch in der DDR-Seefahrt. Seit 1980 betrieb er dann mit seiner Lebensgefährtin Martina P., einer gelernten Facharbeiterin für Satztechnik, in Bad Lauchstädt den Gasthof „Zur Weintraube". Konrad Dieze hatte sich enttäuscht aus dem politischen Leben zurückgezogen, er gehörte zu diesem Zeitpunkt keiner Partei oder Massenorganisation mehr an.

Am 8. August 1988 fuhren Konrad Dieze, Martina P. und deren achtjähriger Sohn Rene mit ihrem Lada 2107 im visafreien Reiseverkehr über den Grenzübergang (GÜSt) Zinnwald aus der DDR in die ČSSR und zwei Tage später über die GÜSt Rajka nach Ungarn weiter. Die als Urlaubsaufenthalt ausgegebene Reise wollte das Paar nutzen, um von Ungarn nach Österreich zu flüchten. Deswegen begaben sie sich am 16. August 1988 in die Gegend von Köszeg und beobachteten von einem Hügel aus das Reisegeschehen am dortigen Grenzübergang. Am 23. August 1988 schließlich fuhren sie über Zalaegerszeg und Szombathely direkt zum Grenzübergang Köszeg. Um die Vorkontrolle ungehindert passieren zu können, hatte Konrad Dieze ein österreichisches Nummernschild und das österreichische Nationalitätenkennzeichen auf Pappe nachgeahmt und an seinem Fahrzeug angebracht. Hinter der Ortschaft Szombathely legte sich Martina P. flach auf den Rücksitz des Lada und ihren Sohn vor sich auf den Boden hinter den Vordersitzen des Fahrzeugs. Konrad Dieze durchfuhr um 0.18 Uhr mit dem Wagen die Vorkontrolle und versuchte dann mit ca. 120 km/h den heruntergelassenen Eingangsschlagbaum des Grenzübergangs zu durchbrechen.

Am 24. August 1988 ging bei dem Mitarbeiter in der Hauptabteilung Konsularwesen des DDR-Außenministeriums, Hansjochen Vogl, ein Telegramm aus der Botschaft in Budapest ein, wonach der DDR-Bürger „Konrad Thiele" mit seinem Pkw einen „Grenzdurchbruch bei Köszeg" versucht habe. „Fuhr mit Pkw gegen Schranke, sofort tot gewesen." Im Wagen befanden sich außerdem die 28-jährige Martina P. mit ihrem Sohn Rene. Beide seien mit leichten Verletzungen in das Krankenhaus Szombathely eingeliefert worden. Ihre Rückführung in die DDR sollte am 26. August 1988 durch die Untersuchungsabteilung des MfS erfolgen. Der Name des Todesopfers war in dem Telegramm falsch angegeben. Tatsächlich handelte es sich um den 34-jährigen Konrad Dieze.

Bei ihrer Vernehmung durch die ungarische Staatssicherheit sagte Martina P. aus, sie habe seit ungefähr acht Jahren mit Konrad Dieze zusammengelebt. „Gemeinsam haben wir eine Gaststätte erworben, die damals auch unser gemeinsamer Arbeitsplatz war, doch wir wollten ein besseres Leben und uns eine bessere Existenz aufbauen als es uns die DDR bis dato ermöglicht hatte. Deshalb haben wir uns längere Zeit, ungefähr ein Jahr lang intensiv mit dem Gedanken auseinandergesetzt die DDR für immer zu verlassen. Nachdem wir Anfang Juli einen Lada in tadellosem Neuzustand erworben hatten, beschlossen wir, nach Ungarn zu reisen um von dort, natürlich illegal, in die Bundesrepublik zu gelangen."

Westdeutsche Zeitungen berichteten am 25. August 1988, drei DDR-Bürger – ein Mann, eine 28 Jahre alte Frau und ein achtjähriges Kind – hätten am 23. August 1988 versucht, die geschlossenen Schranken des ungarischen Grenzübergangs Köszeg (Güns) zum österreichischen Grenzort Rattersdorf, einem Ortsteil von Mannersdorf an der Rabnitz im Burgenland zu durchbrechen. Der Fahrer missachtete die Stopprufe und Haltsignale der ungarischen Grenzwächter, raste in die geschlossenen Grenzschranken und starb sofort am Unfallort. Die Beifahrerin und das Kind überlebten verletzt und wurden von der Feuerwehr aus dem Unfallfahrzeug gerettet.

Sektorenleiter Heynert aus der Hauptabteilung Konsularwesen des MfAA telegrafierte am 26. August 1988 an den Leiter der Abteilung Innere Angelegenheiten im Rat des Kreises Merseburg, der DDR-Bürger Konrad Dieze aus Bad Lauchstädt, Schottereyer Str. 28, sei „bei Herbeiführung eines Verkehrsunfalles im Bereich des Grenzübergangs Köszeg, UVR, tödlich" verunglückt. Heynert bat um die Verständigung der Angehörigen und Entscheidung, ob der Leichnam überführt oder eingeäschert werden solle sowie um die Bestätigung der Kostenübernahme durch die Angehörigen. In seiner Rückantwort teilte der Rat des Kreises Merseburg mit, dass Konrad Dieze keine Angehörigen in Bad Lauchstädt habe. Seine Eltern würden in Stendal wohnen. Am 30. August 1988 telegrafierte der Leiter der Abteilung Inneres beim Rat des Kreises Stendal dem MfAA, Wolfgang und Ingeborg Dieze seien um 11.00 Uhr vom Todesfall verständigt worden. Sie seien zur Kostenübernahme bereit und wünschten die Einäscherung der Leiche in Ungarn. Nach der Urnenüberführung wurde Konrad Dieze auf dem Stendaler Friedhof an der Uenglinger Straße beigesetzt.

Das Kreisgericht Halle verurteilte Martina P. am 17. November 1988 zu 3 Jahren Freiheitsentzug. Als Strafende wurde der 25. August 1991 festgelegt. Am 26. Oktober 1989 forderte Bundeskanzler Helmut Kohl den neuen Staatsratsvorsitzenden Egon Krenz zu einem Straferlass für politische Häftlinge auf. Am folgenden Tag verkündete der Staatsrat der DDR eine Amnestie für alle wegen „Republikflucht" einsitzende Häftlinge. Über 3.000 Häftlinge werden daraufhin entlassen. Nach einer weiteren am 6. Dezember 1989 verkündeten Amnestiebeschluss des DDR-Staatsrates werden bis Februar 1990 15.586 politische Strafgefangene aus DDR-Gefängnissen entlassen.

(Autor: jos.; Recherche: App., CB, HP, jos., KS, MS, SM, TP)

Quellen

MfS, KD Marienberg: Personalfragebogen aus dem Jahr 1973 zwecks Anwerbung Konrad Diezes als Koch im MfS-Wachregiment „Feliks Dzierzynski". BArch, BV KMSt, AP, Nr. 2192/73.

MfS, ZKG: Verhinderte ungesetzliche Grenzübertritte – über Staatsgrenze Ost/Süd. Rapport Nr. 203/88 vom 24.8.1988 00.00 Uhr bis 24.00 Uhr. BStU, MfS, ZKG, Nr. 13051.

BStU, MfS, ZKG, Nr. 17364.

BStU, MfS, HA I, Nr. 19565.

MfAA: Sterbefälle DDR-Bürger im Ausland A–D 1988. PAAA, MfAA ZR 945/90.

Pressestelle des Präsidiums der Bayerischen Grenzpolizei: Pressebericht Nr. 257 vom 25.8.1988. BayHStA, MInn, Nr. 97276.

Generalstaatsanwalt der DDR: Vfg. vom 26.08.1988. BArch Berlin, DP 3/1462.
Vas megyeri Rendörfökapitányság Állambiztonsági Szerve: Vizsgálati dosszié R. Martina tiltott határátlépés kisérlete btt. ügyében. ÁBTL V-166140.
MfAA: Todesfallkartei DDR-Bürger im Ausland. PAAA, M 52/5343B93.
Standesamt I zu Berlin: Sterbeurkunde Nr. 243 (Konrad Dieze). LAB, S-Rep 500, Nr. 327.
MfS, BV Halle: Untersuchungsvorgang gegen Martina P. BArch, MfS, BV Halle, AU, Nr. 552/89, 3 Bde.
Haftanstalt Hoheneck: Beurteilungsblatt zu Martin P. BArch, MfS, HA IX, Nr. 18624.

Frank Schachtschneider

geboren am 13. April 1962 in Berlin-Köpenick
durch Schusswaffen verletzt am 19. August 1988 in Bulgarien
Ort des Vorfalls: bei Rezovo (Oblast Burgas) an der Grenze zur Türkei
gestorben am 10. September 1988 im Bezirkskrankenhaus Burgas

Frank Schachtschneider

Frank Schachtschneider wurde in Berlin-Köpenick als Sohn des Maschinenschlossers Olaf Schachtschneider und seiner Frau Bärbel geboren. Als er 12 Jahre alt war, ging die Ehe seiner Eltern auseinander. Der Junge blieb bei seiner Mutter und wuchs im gerade neu entstehenden Salvador-Allende-Viertel auf.

Im Herbst 1977 ermittelte das MfS gegen Frank Schachtschneider, der damals die 10. Klasse der POS „Pablo Neruda“ besuchte. Er soll mit weiteren Personen „Hetzschriften mit antisowjetischem Charakter“ im Salvador-Allende-Viertel angebracht haben. Schachtschneider äußerte gegenüber einer „Quelle des MfS“, dass er „mit dabei gewesen“ sei und selbst die Worte „Russen raus“ geschrieben habe. Als er anschließend von zwei Mitarbeitern des MfS darüber befragt wurde, leugnete er eine Beteiligung. In einer Aktennotiz der MfS-Bezirksverwaltung Berlin heißt es: „Der Schachtschneider soll stark westlich orientiert sein und dementsprechend selbst in der Schule provokatorisch auftreten.“

Nach dem Schulabschluss 1978 und der anschließenden Lehre als Zerspanungsfacharbeiter, verpflichtete sich Frank Schachtschneider für drei Jahre als Berufsunteroffizier und diente bei einem Fallschirmjägerbataillon der NVA in Lehnin. Er wurde als Stabsfeldwebel aus dem Militärdienst in die Reserve versetzt und arbeitete seit Oktober 1984 als Schlosser beim Wäschereibetrieb VEB Rewatex in Berlin-Spindlersfeld.

Aus der Beziehung mit einer früheren Schulfreundin ging Ende 1982 sein Sohn hervor. Das Paar heiratete am 14. Dezember 1984 in Neuenhagen (Kreis Strausberg); bereits im August 1986 wurde die Ehe wieder geschieden. Frank Schachtschneider hatte zusehends unter der schlechten Wohnsituation und den Versorgungsproblemen in der Hauptstadt der DDR gelitten und war aus Unzufriedenheit aus dem FDGB ausgetreten. Nach der Scheidung lernte Frank Schachtschneider eine junge Frau aus einem evangelischen Elternhaus kennen, mit der er sich schon bald darauf verlobte. Unter ihrem Einfluss und durch den freundschaftlichen Kontakt mit jungen Monteuren der Firma Kannegießer aus der Bundesrepublik, die zeitweise in seinem Betrieb eingesetzt waren, hatte sich Frank Schachtschneider verändert.

Er ließ sich Anfang 1988 taufen und entschloss sich wenige Monate später, am 13. Juni 1988, einen Ausreiseantrag zu stellen, in dem es zur Begründung seines Anliegens heißt: „Ich will nicht mehr länger den Staat DDR mittragen. Da ich für mein persönliches Leben in der DDR keine Perspektive mehr sehe. Es gibt viele Gründe dafür, die mich dazu bewogen haben, diesen für mich so lebensentscheidenden Schritt zu tun." Er beklagt den fehlenden Wohnraum und „die soziale und politische Situation im Land". Seinen Ausreiseantrag ließ er von westdeutschen Arbeitskollegen über die Grenze schmuggeln. Vorsichtshalber schickte er eine Durchschrift mit einem persönlichen Begleitschreiben, in dem er um „aktive" Unterstützung bat, auch an die Bundesministerin für innerdeutsche Beziehungen, Dorothee Wilms.

Zwischenzeitlich hatte sich die Beziehung zwischen Frank und seiner Verlobten abgekühlt. Während Schachtschneider in die Bundesrepublik wollte und zur Erreichung seines Ziels auch eine Haftstrafe in Kauf genommen hätte, wollte sie unter allen Umständen bei ihren Eltern in der DDR bleiben. Trotzdem stand eine gemeinsame Urlaubsreise vom 7. bis zum 21. August 1988 an die bulgarische Schwarzmeerküste bevor, für die den beiden und den Eltern der Verlobten bereits die entsprechenden Genehmigungen erteilt worden waren. Nach Angaben seiner Mutter Bärbel Schachtschneider hatte Frank schon vor der Abreise seine Flucht in die Türkei geplant, nachdem ihm von einem Mitarbeiter der „Abteilung für Inneres" wegen des in den Westen geschmuggelten Ausreiseantrages eine langjährige Haftstrafe angedroht worden war. Seiner Mutter versprach er, kein Risiko einzugehen. Wenn die

Grenzer ihn fassten, wollte er stehenbleiben und „in den Bau gehen". In diesem Fall rechnete er mit seinem baldigen Freikauf.

Am 7. August 1988 reiste Frank Schachtschneider mit seiner Verlobten und deren Eltern über Burgas nach Sozopol an der südlichen Schwarzmeerküste, wo sie eine gemeinsame Ferienwohnung bezogen. Über die geplante Flucht sprach er nicht. Seine Verlobte erinnerte sich im Rückblick, dass er am Abend vor seinem Verschwinden mit einem Bekannten noch über eine Flucht in die Türkei gescherzt habe. Am 19. August 1988 fuhr Frank Schachtschneider mit dem Bus in die benachbarte Stadt Achtopol, angeblich um ein Mitbringsel für seine Mutter zu kaufen. Von Achtopol aus begab er sich dann zu Fuß ins 18 km entfernte Sperrgebiet bei Rezovo. Gegen 19.30 Uhr versuchte er die Grenze zur Türkei zu überwinden. Schachtschneider hatte in kurzer Hose und mit einer Reisetasche über der Schulter bereits den 2,50 m hohen Grenzsignalzaun überwunden, als ihn – etwa 800 m von der türkischen Grenze entfernt – bulgarische Grenzsoldaten entdeckten. Über das dann folgende Geschehen sind unterschiedliche Darstellungen überliefert. Am 26. August 1988 berichtete der nach Sofia entsandte MfS-Major Christoph Müller nach einem Gespräch mit dem Leiter der Untersuchungsabteilung im bulgarischen Innenministerium, Oberst Markow, Schachtschneider habe beim Überklettern des Zaunes ein Alarmsignal ausgelöst, woraufhin eine Alarmgruppe aus einem Offizier und drei Soldaten mit zwei Diensthunden zur Auslösungsstelle entsandt wurde. Die Alarmstreife habe den „Grenzverletzer" gesichtet, als er aus dem Kfz-Sperrgraben hinausstieg. Aufforderungen zum Stehenbleiben habe er ignoriert und die Flucht ergriffen. Daraufhin hätten die Grenzsoldaten mehrere Warnschüsse in die Luft abgegeben und anschließend hinter den flüchtenden Mann in die Erde geschossen. Als dieser nur noch etwa 80 bis 100 m von der Staatsgrenze entfernt war, habe ein Soldat gezielte Schüsse abgeben und den „Grenzverletzer" in den Kopf getroffen.

Im bulgarischen Einstellungsbeschluss zur Untersuchung des Grenzvorfalls durch Militärstaatsanwalt Chitow wird berichtet, dass die Alarmgruppe mit ihren Hunden vom Grenzzaun aus den Spuren etwa 2,5 km weit gefolgt sei, bis sie Schachtschneider entdeckt hatte. Der Gefreite Schawow und der Soldat Pantelejmonow hätten ihm vergeblich befohlen stehenzubleiben. Daraufhin gaben beide Soldaten Warnschüsse aus ihren Maschinenpistolen ab. Als der „Grenzverletzer" in Richtung einer bewachsenen Schlucht lief und außer Sicht zu geraten drohte, habe der Soldat Pantelejmonow weitere Warnschüsse abgefeuert. Weiter heißt im staatsanwaltlichen Bericht: „Im Moment der Schußabgabe riß der von ihm geführte Hund plötzlich nach vorne los, und die Leine des Hundes zog die Hand und die Maschinenpistole des Soldaten Pantelejmonow nach unten. Dadurch gab die Waffe einen Schuß aus horizontaler Lage in Richtung zum Verletzer ab, und eine der Kugeln traf ihn im Bereich des Kopfes." Abgesehen von diesem gravierenden Widerspruch zwischen gezieltem Schuss und Unfall enthält annähernd jeder Bericht und jede Information über den Vorfall abweichende Angaben über den Standort Schachtschneiders und das Vorgehen der Grenzsoldaten. Übereinstimmend enthalten alle Berichte die Angabe, dass er mit einer schweren Kopfverletzung in das Bezirkskrankenhaus Burgas eingeliefert und von Ärzten der neurochirurgischen Abteilung operiert wurde. In seiner Reisetasche fanden die Ermittler seinen Ausweis, seinen Führerschein, diverse Aufzeichnungen, einen Touristenatlas von Bulgarien, ein Küchenmesser, ein Fotoapparat und Kleidungsstücke.

Als Frank Schachtschneider nicht in die Ferienwohnung zurückkehrte, erkundigten sich seine Verlobte und deren Vater am 20. August im Büro von „Balkantourist" über seinen Verbleib. Hier erfuhren sie nach einiger Verzögerung, dass Frank Schachtschneider bei der „Begehung einer Straftat" verhaftet worden sei, sich aber „wohlauf" befinde. An diesem Tag wurde die MfS-Operativgruppe in Bulgarien über die Festnahme Schachtschneiders im Grenzgebiet zur Türkei und seine Kopfverletzung durch einen gezielten Schuss informiert. Die Operativgruppe meldete den Vorfall der für den Reise- und Touristenverkehr zuständigen HA VI des MfS in Berlin und dem Generalkonsul Peter Rybarz in Sofia. Dieser unterrichtete umgehend die Hauptabteilung Konsularische Angelegenheiten im DDR-Außenministerium. Die Eltern von Frank Schachtschneider erhielten jedoch keine Mitteilung über das Schicksal ihres Sohnes.

Am Abend des 10. September 1988 starb Frank Schachtschneider an einem Hirnödem. Über seinen Tod informierte Konsul Rybarz das MfAA am 13. September per Telegramm. Da zunächst ihr Urlaubsort ermittelt werden musste, erfuhr Bärbel Schachtschneider erst am 16. September 1988 durch den Bürgermeister von Wieck am Darß vom Tod ihres Sohnes. Nach Berlin zurückgekehrt sprach sie im Außenministerium vor und brachte, so ein Vermerk, „ihr Unverständnis zum Ausdruck, daß sie nicht eher über die Krankenhausbehandlung ihres Sohnes informiert worden war. Gen. Heynert verwies darauf, daß keine diesbezügliche Informationspflicht besteht; eine solche ist nur zu Sterbefällen vereinbart und entsprechend erfüllt worden."

Am 27. September 1988 wurden die sterblichen Überreste Frank Schachtschneiders in Sofia eingeäschert und die Urne nach Überführung in die DDR am 9. November 1988 auf dem Friedhof der Evangelischen Stadtkirchengemeinde in Köpenick beigesetzt. Im Gespräch mit Lydia Dollmann am

3. Juni 2019 sprach der Vater Olaf Schachtschneider mit Empörung darüber, dass der Pfarrer bei der Beerdigung zweimal das Verbrechen betonte, dass sein Sohn begangen hätte. Bärbel Schachtschneider wandte sich noch im September 1988 mit der Bitte, die Todesumstände ihres Sohnes aufklären zu helfen, an den Rechtsanwalt Lothar de Maizière. Olaf Schachtschneider bat über einen Bekannten aus West-Berlin am 29. September 1989 Amnesty International um Unterstützung. Misstrauen erregte bei den Eltern vor allem, dass die Auskünfte, die sie von den DDR-Behörden und dem bulgarischen Konsulat einholten, widersprüchliche Angaben zur Todesursache enthielten und die am 6. Dezember 1988 übergebene Bekleidung ihres Sohnes keine Blutspuren aufwies. Rechtsanwalt de Maizière wandte sich am 2. November 1988 an den Generalstaatsanwalt von Berlin und verlangte, „daß hier eine Klärung erfolgen muss", es seien die Fragen der Familie zur Art der Verletzung, zur Todesursache und zum Verschulden Dritter am Tod von Frank Schachtschneider sowie zum Grund der schleppenden Benachrichtigung zu beantworten. Dieses anwaltliche Schreiben blieb ebenso unbeantwortet wie de Maizières vier Erinnerungsschreiben. Am 21. September 1988 wurde dieser aber zu einer Aussprache vorgeladen und an die Hauptabteilung Konsularische Angelegenheiten des MfAA verwiesen. Dorthin wandte er sich am 20. Dezember 1989 und wiederholte die immer noch offenen Fragen vom Vorjahr. Am 22. Januar 1990 übermittelte der Hauptabteilungsleiter Vogel Kopien des Einstellungsbeschlusses der bulgarischen Militärstaatsanwaltschaft und des Obduktionsprotokolls an de Maizière. Die Obduktion wurde am 11. September 1988 in der gerichtsmedizinischen Abteilung des Bezirkskrankenhauses Burgas vorgenommen. Im Gutachten heißt es zur „Außenbeschauung": „In der Stirnzone rechts liegt eine große Knochenverletzung mit brüchigen Rändern und Ausmaßen 6 × 6 cm vor." Auch wenn der Verfasser, Chefarzt Dr. Kossjo Jankow, die Möglichkeit vermerkt, „daß es sich um eine Schußwunde am Kopf handelt, die den Bruch am Schädel mit Zerquetschung der Gehirnsubstanz hervorgerufen hat", zeugt die Verletzung für Bärbel Schachtschneider davon, dass ihr Sohn nach seiner Festnahme durch einen gezielten Hieb mit dem Kolben eines Maschinengewehrs auf den Kopf niedergestreckt wurde.

Am 13. Dezember 1989 forderte Olaf Schachtschneider im ZDF-Magazin „Studio 1" die Strafverfolgung der für das Grenzregime der DDR verantwortlichen SED-Funktionäre ein. Keiner der namentlich bekannten bulgarischen Grenzsoldaten wurde wegen der Tötung Frank Schachtschneiders je zur Rechenschaft gezogen.

(Autor: App., jk; Recherche: App, jos, AH, jk)

Quellen

Ministerium des Inneren: Ermittlungen über Frank Schachtschneider, enth. Vernehmungsprotokolle von Miroslaw Nikolow Pantelejmonow, Petko Bontschew Schawow und Dantscho Georgiew Schiwachew (Übersetzung Petar Stoilov). AKRDOPBGDS-RSBNA, M f.1 op. 11a a. e. 603, Bl. 116–132.

MfS, HA IX/10: Untersuchungsunterlagen zu Frank Schachtschneider. BStU, MfS, HA IX, Nr. 10834.

MfS, ZKG: Rapport Nr. 201/88 für den 22.8.1988. BStU, MfS, ZKG, Nr. 17362, Bl. 21.

MfS: Operativ-Information zu Frank Schachtschneider, 1977. BStU, MfS, HA XXII, Nr. 1180.

Vermerke, Fernschreiben und Informationen zum Tod von Frank Schachtschneider. BStU, MfS, Abt. X, Nr. 1580, Bl. 47–55.

Standesamt I zu Berlin: Sterbeurkunde Nr. 197 (Frank Schachtschneider). LAB, S-Rep 500, Nr. 327.

Generalstaatsanwalt der DDR: Unterlagen zum Todesfall Frank Schachtschneider [u. a. Schreiben von RA de Maizière]. BArch, DP 3/337, Bl. 317–338.

Jankow, Kossjo: Gerichtsmedizinische Expertise über Leichenobduktion Nr. 370/1988 (Arbeitsübersetzung). Burgas, 11.9.1988. BArch, DP 3/1474.

MfAA/HA Konsularische Angelegenheiten: Sterbefälle von DDR-Bürgern im Ausland 1989–1990. PAAA, M 52/5336-93.

Originaldokumente, Fotos und Ablichtungen aus dem Besitz der Eltern von Frank Schachtschneider. Privatarchiv Stefan Appelius.

Zeitzeugengespräch von Lydia Dollmann mit Olaf Schachtschneider am 3.6.2019, https://todesopfer.eiserner-vorhang.de/article/306-frank-schachtschneider/ (25.5.2023).

Ralph-Peter Saurien

geboren am 3. August 1968 in Berlin
am 21. April 1989 tödlich verunglückt bei dem Versuch mit einem Pkw „Lada" die tschechisch-östereichische Grenze zu durchbrechen
Ort des Vorfalls: Grenzübergang Bratislava-Petržalka (ČSSR)/Berg (Österreich)

Die beiden Berliner Freunde Ralph-Peter Saurien und Tobias M. hatten sich laut Presseberichten bereits seit Längerem vergeblich durch Ausreiseanträge um eine Übersiedlung in den Westen bemüht. Im April 1989 entschlossen sie sich schließlich zur Flucht. Ralph-Peter Saurien war von Beruf Fliesenleger, er wohnte in Berlin-Friedrichshain und arbeitete bei der PGH Ofenbau. Tobias M. war Anstreicher; in der Zeit vor dem Fluchtversuch soll er arbeitslos gewesen sein. Da die Volkspolizei Ralph-Peter Saurien die Fahr-

Ralph-Peter Saurien

erlaubnis entzogen hatte, saß sein Freund am Steuer des „Lada 1600", als sich die beiden 21-Jährigen auf den Weg nach Ungarn machten.

Zunächst versuchten sie, bei Nickelsdorf den Grenzübergang von Ungarn nach Österreich zu passieren. Ungarische Sicherheitskräfte stoppten aber das Fahrzeug. Die beiden jungen Männer erklärten, sie hätten sich verfahren, ihr eigentliches Reiseziel sei die ČSSR. Daraufhin begleiteten ungarische Sicherheitskräften das Fahrzeug bis zur Grenze der ČSSR.

Von dort aus fuhren die beiden Freunde zum Grenzübergang Bratislava-Petržalka. Ihr Fahrzeug passierte den ersten verkehrsbedingt geöffneten Schlagbaum und reihte sich dann auf die für Diplomaten reservierte Sonderspur ein. Als dort für ein gerade abgefertigtes CD-Fahrzeug der Schlagbaum geöffnet wurde, setzte das Fluchtfahrzeug sofort auf der Diplomatenspur mit hoher Geschwindigkeit nach. Der Wagen prallte gegen den sich schließenden Schlagbaum, wodurch das Dach des Wagens abgerissen wurde. Der schwer beschädigte Lada schlitterte ohne Dach noch auf die österreichische Seite, den Grenzübergang Wolfsthal-Berg. Dort konnte Ralph-Peter Saurien nur noch tot aus dem Fahrzeugwrack geborgen werden. Der schwer verletzte Tobias M. wurde ins Krankenhaus nach Hainburg an der Donau gebracht.

Österreichische und westdeutsche Medien berichteten am 21. und 22. April 1989 ausführlich über den Grenzzwischenfall und Sauriens Tod. Die Wiener DDR-Botschaft erhielt auf Veranlassung des DDR-Staatssicherheitsdienstes den Auftrag, den Verletzten Tobias M. im Krankenhaus aufzusuchen und ihn unter Zusicherung von Straffreiheit zu einer Rückkehr in die DDR zu bewegen. Die DDR-Diplomaten Richel und Hinz fuhren deshalb am 24. April 1989 nach Hainburg. Die dort zuständige österreichische Ärztin verweigerte ihnen jedoch einen Krankenbesuch bei Tobias M., da dieser keinen Kontakt zur DDR-Botschaft wünsche. Auch das österreichische Außenministerium ließ sich nicht bewegen, eine Besuchsmöglichkeit für die DDR-Diplomaten zu arrangieren. Wenn Tobias M. einen Asylantrag stelle, werde nach österreichischem Recht die DDR-Botschaft darüber nicht benachrichtigt. Am 10. Mai 1989 telegrafierte Botschaftsrat Richel dem DDR-Außenministerium nach Berlin, der Gesandte des österreichischen Bundes-

Sperrschranke am Grenzübergang Bratislava-Petržalka, rechts das abgerissene Fahrzeugdach

ministeriums für auswärtige Angelegenheiten Dr. Maximilian Pammer habe ihm mitgeteilt, Tobias M. sei am 28. April aus dem Krankenhaus Hainburg entlassen worden und in die Bundesrepublik Deutschland ausgereist. Die österreichischen Behörden hätten nicht die Absicht, gegen ihn ein Strafverfahren einzuleiten.

Die DDR-Botschaft sorgte nach der Einäscherung des Leichnams von Ralph-Peter Saurien für die Urnenüberführung nach Ost-Berlin. Die Urnenbeisetzung erfolgte auf dem Friedhof in Biesdorf.

(Autor: jos.; Recherchen: AH, App., HP, jos., MS, SM, TP)

Quellen

Poppe (Hauptmann), MfS-ZKG, Abt. 2, Referat 2: Information über einen gewaltsamen Grenzdurchbruch CSSR/Österreich mit Todesfolge, 26.4.1989. BStU, MfS, ZKG, Nr. 11238.

MfS, HA IX: Zeitungsausschnittsammlung. BStU, ZA, MfS, HA IX, Nr. 19566, Bl. 7-8.

MfS, HA IX: Kurzauskunft der MfS Kreisdienststelle Marzahn. BStU, MfS, HA IX, Nr. 4647, Teil 1.

DDR-Botschaft Wien: Telegramm zum Todesfall Ralph-Peter Saurien und weitere Dokumente. PAAA, ZR 5336/93.

Standesamt I zu Berlin: Sterbeurkunde Nr. 85 (Ralph-Peter Saurien). LAB, S-Rep 500, Nr. 328.

DDR-Generalstaatsanwaltschaft: Unterlagen zur Einleitung und Einstellung eines Strafverfahrens gegen Tobias M. BArch, DP 3/1398.

ORF-Bericht zum Todesfall von Ralph-Peter Saurien, 21.4.1989. ORF-Archiv, ZIB-1/Grenzzwischenfall.

Eder, Franz/Bienert, M.: Ostberliner bezahlte Flucht mit dem Leben. In: Kurier, 22.4.1989.

Der „Eiserne Vorhang" an March und Pinka, 17.7.2010, https://austria-forum.org/af/Wissenssammlungen/Essays/Alt%C3%B6sterreich_heute/Eiserner_Vorhang_Slowakei_Ungarn (26.5.2023).

Pulec, Martin: Saurien, Peter Ralph (* 3.8.1967, † 21.4.1989), https://www.ustrcr.cz/uvod/dokumentace-usmrcenych-statni-hranice/usmrceni-statni-hranice-portrety/saurien-peter-ralph/ (26.5.2023).

Kevin Strecker

geboren am 29. Dezember 1980 in Berlin

am 15. Mai 1989 tödlich verunglückt bei einem versuchten Grenzdurchbruch mit einem Pkw Wolga

Ort des Vorfalls: Grenzübergang Strážný an der Grenze der Tschechoslowakei zur Bundesrepublik Deutschland

Kevin Strecker erblickte am 29. Dezember 1980 in Berlin-Lichtenberg als zweites von vier Kindern von Heidrun Strecker, geborene Wolfgang, und Oliver Strecker das Licht der Welt. Sein älterer Bruder Marc wurde 1979 geboren, die beiden jüngeren Brüder Steven und Dusty in den Jahren 1985 und 1987. Kevins Mutter hatte 1977 eine Lehre als Bauzeichnerin im VEB Wasserversorgung und Abwasserbehandlung Berlin aufgenommen und 1979 erfolgreich abgeschlossen. Im selben Jahr hatte sie Oliver Strecker geheiratet.

Im Alter von acht Monaten war Kevin schwer erkrankt und seitdem in ständiger neurologischer Behandlung. Um sich besser um Kevin kümmern zu können, löste Heidrun Strecker ihr Arbeitsverhältnis im Maschinenbauhandel auf. Trotz aller Bemühungen blieb Kevin seit seiner Erkrankung in seiner Entwicklung immer etwas zurück. Im März 1984 nahm Heidrun Strecker eine Tätigkeit als Technische Zeichnerin im VEB Transformatorenwerk „Karl Liebknecht" auf. Nach der Geburt ihres vierten Kindes zog die Familie 1987 nach Berlin-Ahrensfelde.

Kevins Eltern ließen sich im Januar 1989 scheiden. Zu diesem Zeitpunkt führte die 28-jährige Heidrun Strecker bereits eine Beziehung mit dem in Berlin-Karlshorst lebenden 29-jährigen Uwe H. Er ließ sich im März 1989 ebenfalls scheiden und teilte Anfang Mai Heidrun Strecker mit, dass er eine

Urlaubsreise in die ČSSR nutzen wollte, um in die BRD zu flüchten. Heidrun Strecker, die weiterhin mit H. zusammenleben wollte, beschloss, an diesem Fluchtvorhaben trotz aller Vorbehalte teilzunehmen. Auch die vier Kinder wollte sie mitnehmen. Der Halbbruder von Uwe H., der 25-jährige Mirko R., wollte ebenfalls mit ihnen flüchten. Sowohl H. als auch R. waren unzufrieden mit den politischen und wirtschaftlichen Verhältnissen in der DDR. Beide hatten Anträge zur ständigen Ausreise aus der DDR gestellt, was Probleme und staatliche Repressionen nach sich zog. Die Brüder hielten sich mit verschiedenen Arbeiten über Wasser. Zum Beispiel boten sie mit ihren Privatwagen Taxifahrten an, was sich als eine gute Einnahmequelle erwies, da Taxis in der DDR Mangelware waren.

Den Pkw von Uwe H., einen sowjetischen Wolga, wollten sie zu Pfingsten 1989 zur Flucht nach Westdeutschland nutzen, nachdem sie im westlichen Rundfunk einen Bericht über eine gelungene Flucht mit einem Pkw Trabant gehört hatten. Nach dem Studium von Landkarten planten sie den Grenzdurchbruch im Raum Domažlice. Mirco R. sagte im Zeitzeugeninterview, die drei Erwachsenen seien sich darüber einig gewesen, den Fluchtversuch zu unterlassen, falls sich vor Ort erweisen sollte, dass er zu gefährlich wäre und misslingen könnte.

Uwe H. und Mirko R. besaßen nur vorläufige Personalausweise (PM 12), die die Volkspolizei an sozial Auffällige, politische Gegner oder auch Ausreiseantragsteller ausgab. Wer einen solchen PM 12 erhielt, musste diverse Auflagen erfüllen, wie z. B. sich regelmäßig bei der Polizei melden und sich von bestimmten Bezirken oder Kreisen fernhalten. Zudem berechtigte der PM 12 nicht zur Einreise in osteuropäische Länder – also auch nicht in die ČSSR. Daher zogen Uwe H. und Mirko R. einige Zeit vor der geplanten Flucht ihre Ausreiseanträge zurück, gaben sich geläutert und erhielten ihre Personalausweise zurück.

Mirko R. verkaufte seinen Pkw, um Geld für das Fluchtvorhaben zu beschaffen. Um das Fluchtfahrzeug auszupolstern, erwarben die drei Erwachsenen Handtücher, Bettwäsche, Decken und Schlafsäcke. Am 10. Mai 1989 mieteten sie beim Autoverleih Berlin zudem einen Campinganhänger. Bereits einen Tag später, am 11. Mai, reisten sie über die GÜSt Zinnwald in die ČSSR ein. Über Prag und Karlovy Vary fuhren sie weiter zum Campingplatz „Babylon", wo sie am 13. Mai eintrafen. Dieser Campingplatz befindet sich südwestlich der Bezirksstadt Domažlice in unmittelbarer Nähe zur Autobahn bei Česká Kubice und Folmava, nur wenige Kilometer entfernt von der Grenze zur Bundesrepublik.

An den darauffolgenden Tagen begannen die drei Erwachsenen die Gegend nach einer geeigneten Stelle für den Grenzdurchbruch zu erkunden. Zuerst machten sie sich mit den Kindern zu Fuß auf den Weg zum Grenzübergang Folmava. Da Kevin und Dusty jedoch nicht so weit laufen konnten, kehrte Heidrun Strecker mit ihnen nach etwa der Hälfte des Weges zum Campingplatz zurück. Die beiden Männer liefen mit Marc und Steven weiter, um eventuell herauszubekommen, aus welchem Material die Grenzschranken bestanden. Sie gingen davon aus, dass diese aus Plastik oder Holz wären und somit keine große Sperrwirkung hätten. Als jedoch ČSSR-Grenzsoldaten die beiden Männer und die Jungen kontrollierten, kehrten sie vorsichtshalber zum Campingplatz zurück. Nun fuhren Uwe H. und Mirko R. mit ihrem Fahrzeug nach Železná Ruda, um sich einen Eindruck über die Sicherung des dortigen Grenzübergangs zu verschaffen. Doch auch dort kamen sie nicht nah genug an den Grenzbereich heran; sie wurden erneut kontrolliert und ihre Namen notiert. Gegen 21 Uhr kehrten sie auf den Campingplatz zurück.

Am Vormittag des 15. Mai begannen die konkreten Vorbereitungen für die Flucht. Um bei der Kollision mit Grenzsperranlagen die Verletzungsgefahren vor allem für die Kinder so gering wie möglich zu halten, polsterten sie das Fahrzeuginnere zwischen den Vorder- und Rücksitzen mit einem Schlafsack aus, der mit Bekleidung und Federbetten gefüllt war. Zwei Feuerlöscher und Verbandszeug wurden ebenfalls im Fahrzeug deponiert. Heidrun Strecker und die Kinder sollten sich während des Grenzdurchbruchs flach auf die Rücksitzbank bzw. zwischen Vorder- und Rücksitze des Wolgas legen und dabei so gut wie möglich abgedeckt und geschützt werden. Für den Fall einer Festnahme sollte Heidrun Strecker aussagen, sie hätte keine Kenntnis von dem Vorhaben gehabt und sei im Auto eingeschlafen.

Gegen 14 Uhr verließen die drei Erwachsenen mit den Kindern den Campingplatz, den Wohnanhänger ließen sie zurück. Sie fuhren nochmals nach Železná Ruda, in der Hoffnung, den Grenzbereich dieses Mal besser einsehen zu können. Da dies wiederum nicht möglich war, fuhren sie über die Städte Klatovy und Strakonice nach Vimperk, das sie gegen 18 Uhr erreichten. Sie legten eine Verpflegungspause ein und bemerkten, dass das Verkehrsaufkommen in Richtung des Grenzübergangs Strážný weniger hoch war als an den anderen bisher erkundeten Grenzübergangsstellen. Deshalb beschlossen sie, den Fluchtversuch dort zu riskieren. Sie tankten in České Budějovice das Fahrzeug auf und fuhren über Vimperk weiter Richtung Strážný. Doch bereits vor dem Ort Strážný, bei der Ortschaft Hliniště, wurden sie gegen 23.30 Uhr von einer Patrouille der 10. Kompanie Dolni Silnice mit einer Signallampe zum Anhalten aufgefordert. Doch nun gab es kein Zurück mehr, wie sich Mirko R. erinnert, denn nach mehrmaliger Kontrolle durch die

ČSSR-Grenzer seien sie bereits aktenkundig geworden und hätten mit ihrer Festnahme rechnen müssen. Sie sahen deswegen keine andere Möglichkeit, als den Grenzdurchbruch zu wagen. Mirko R. beschrieb das im Zeitzeugeninterview als Verzweiflungstat.

Ohne auf die Haltezeichen zu reagieren, durchfuhren sie die Vorkontrolle. Uwe H. duckte sich unter das Lenkrad, Mirko R. hockte im Fußraum vor dem Beifahrersitz und Heidrun Strecker lag mit den Kindern auf der Rückbank. Um sich vor splitternden Autoglasscheiben zu schützen, trugen sie dicke Anoraks und deckten sich mit Wolldecken zu. Unterdessen hatten die alarmierten Grenzsoldaten den ersten Schlagbaum an der Straße von Strážný zum bayerischen Grenzort Philippsreut heruntergelassen. Trotz weiterer Aufforderungen anzuhalten, raste Uwe H. mit etwa 100 km/h an den Grenzern vorbei gegen den stählernen Schlagbaum. Durch den Aufprall wurde das Autodach abgerissen und die Kinder Kevin und Marc aus dem Fahrzeug geschleudert. Uwe H. verlor die Kontrolle über den Wagen, der nach etwa 90 Metern rechts im Straßengraben zum Stehen kam.

Heidrun Strecker, Uwe H. und Mirko R. kletterten aus dem Pkw und flüchteten mit Steven und Dusty in den nahe gelegenen Wald. ČSSR-Grenzsoldaten nahmen ihre Verfolgung auf und gaben dabei Warnschüsse ab. Die Gruppe setzte dennoch ihre Flucht durch den Wald bis zu einer Lichtung fort. Als sie dort ČSSR-Soldaten erblickten, versteckten sie sich zwischen den Bäumen unter einer Decke, die sie noch bei sich trugen.

Der in der Nähe des Pkw zurückgelassene Marc wurde durch Grenzsoldaten aufgefunden. Einer von ihnen sprach etwas Deutsch und versuchte, das Kind über den Vorfall auszufragen. Der Junge war bis auf einige Kratzer unverletzt geblieben, stand allerdings unter Schock und konnte kaum etwas antworten. Nach einiger Zeit erzählte er jedoch, dass sie zu siebt unterwegs seien. Zudem würde er seine Schuhe vermissen, die wohl noch im Straßengraben liegen müssten. Bei der Suche nach diesen Schuhen stieß einer der Grenzsoldaten auf ein Kind, das mit dem Gesicht nach unten im Straßengraben lag und sich nicht mehr bewegte. Es handelte sich um Kevin. Der herbeigerufene Arzt konnte nur noch den Tod des Jungen feststellen. Kevins Leichnam wurde in die pathologische Abteilung des Krankenhauses in Česke Budějovice überführt, wo in den Nachmittagsstunden des 16. Mai die Obduktion erfolgte. Dem Totenschein ist zu entnehmen, dass Gesichts- und Hirnschädelfrakturen mit Hirnprellungen zum Tod des Kindes geführt hatten.

Gegen 1.20 Uhr wurden die drei Erwachsenen und die beiden Kinder durch eine ČSSR-Grenzstreife mit Diensthund aufgespürt und festgenom-

Der zerstörte Wolga M24

men. Heidrun Strecker wurde mit einer Gehirnerschütterung und mehreren Verletzungen in die chirurgische Abteilung des Krankenhauses in Vimperk eingeliefert. Nach dem Untersuchungsergebnis der dortigen Ärzte war sie nicht transportfähig und konnte vorerst nicht in eine Haftanstalt überführt werden. Auch ihre Kinder Marc, Dusty und Steven kamen zur Beobachtung in die Kinderabteilung des Krankenhauses. Am 22. Mai wurden die Mutter und ihre drei Kinder entlassen und nach Prag gebracht. Einen Tag später erfolgte über den Flughafen Praha-Ruzyně ihre Auslieferung in die DDR. Am 24. Mai 1989 wurde auch der Leichnam Kevin Streckers in die DDR überführt. Heidrun Strecker kam am selben Tag in Haft. Wann sie vom Tod ihres Sohnes erfuhr, ist nicht bekannt. Etwa sechs Wochen später, am 4. Juli 1989, wurde Kevin Strecker auf dem Friedhof Biesdorf in einem Urnengrab mit der Grabstellenbezeichnung 4. U. Nr. 264 bestattet.

Gegen Uwe H. und Mirko R., die beide unverletzt geblieben waren, leiteten die Sicherheitsorgane der ČSSR ein Ermittlungsverfahren ein. Auf die Frage nach dem Grund für ihren Fluchtversuch gaben sie an, dass ihre Übersiedlungsanträge nach Westdeutschland durch DDR-Behörden abgelehnt wurden. Außerdem sagten sie aus, dass Heidrun Strecker und die Kinder nichts von dem Fluchtvorhaben gewusst und während des Fluchtversuches auf der Rückbank des Autos geschlafen hätten. Nach Abschluss der Ermittlungen übergaben die ČSSR-Sicherheitskräfte Uwe H. und Mirko R. am 27. Juni 1989 auf dem Prager Flughafen Mitarbeitern des DDR-Staatsicherheitsdienstes. Beide wurden in der MfS-Untersuchungshaftanstalt Berlin-Hohenschönhausen inhaftiert.

Der gemietete Campinganhänger wurde am 22. Juni 1989 vermutlich von einem Mitarbeiter des VEB Kombinat Berliner Verkehrsbetriebe, Betriebsteil Taxi, in Domažlice abgeholt. Am 3. Juli 1989 erfolgte die Überführung des zerstörten Pkw Wolga in die DDR mit sämtlichen Zubehör- und Ersatzteilen.

Die Strafkammer des Stadtbezirks Berlin-Lichtenberg verurteilte Heidrun Strecker am 19. September 1989 wegen versuchten ungesetzlichen Grenzübertritts im schweren Fall zu drei Jahren Freiheitsentzug. Durch Beschluss des Stadtbezirksgerichtes Berlin-Lichtenberg vom 10. November 1989, einen Tag nach der Maueröffnung in Berlin, wurde die Restfreiheitsstrafe gemäß § 349 StPo zur Bewährung ausgesetzt. Diesen Beschluss begründete der zuständige Richter folgendermaßen: Die Verurteilte habe aus ihrer Straftat die entsprechend positiven Schlussfolgerungen gezogen und durch vorbildliches Verhalten im Strafvollzug gezeigt, dass sie zukünftig die Gesetze der DDR einhalten wolle.

Am 23. Oktober 1989 verurteilte die Strafkammer des Stadtbezirks Berlin-Lichtenberg auch Uwe H. und Mirko R.: Uwe H. erhielt wegen versuchten ungesetzlichen Grenzübertritts im schweren Fall in Tateinheit mit fahrlässiger Tötung im schweren Fall eine Freiheitsstrafe von fünf Jahren und acht Monaten, Mirko R. wegen versuchten illegalen Grenzübertritts im schweren Fall und dessen Vorbereitung eine Freiheitsstrafe von drei Jahren und vier Monaten. Beide kamen aus der MfS-Haftanstalt Berlin-Hohenschönhausen zur Strafverbüßung in das Gefängnis Rummelsburg im Bezirk Lichtenberg. Dort blieben sie bis zum 23. Dezember 1989 in Haft. An diesem Tage hob der letzte Vorsitzende des DDR-Staatsrates, Manfred Gerlach (LDPD), ihre Strafurteile durch Gnadenerweis auf.

In einer „Niederschrift zur Straftat“ vom 28. August 1989 schrieb Uwe H., dass er seine Handlung bereue. Er fühle sich am tragischen Tod Kevin Streckers schuldig. „Mein Leben, meine Zukunft ist völlig zerstört, ich habe etwas getan, was ich in keiner Form und schon gar nicht mit meinem Gewissen wieder gut machen kann. Das Kind ist tot, was ich nicht wollte, das verzeihe ich mir nie.“ Auch Mirko R. wird diese Geschichte nicht los. „Wir drei haben uns gemeinsam zur Flucht entschlossen. Jeder von uns wusste, welches Risiko wir eingehen. Doch keiner von uns hat gewollt, dass der Fluchtversuch so tragisch endet. Diese furchtbare Geschichte gehört zu meinem Leben.“

Das Grab von Kevin Strecker existiert heute nicht mehr. Im Jahre 2009 liefen die Nutzungsrechte aus, und die Grabstätte wurde beräumt.

(Autorin: CB; Recherche: AH, App., CB, jk, jos., MP)

Quellen

HS PS OSH: Denní hlášení č. 135, 16.5.1989 (Übersetzung Ruben Höppner), https://www.ustrcr.cz/data/pdf/projekty/usmrceni-hranice/portrety-usmrcenych/strecker/strecker01.pdf (21.12.2022).

Staatssicherheitsdienst der ČSSR: Verhörprotokoll des Beschuldigten Uwe H., 16.5.1989 (Übersetzung Ruben Höppner), https://www.ustrcr.cz/data/pdf/projekty/usmrceni-hranice/portrety-usmrcenych/strecker/strecker05.pdf (21.12.2022).

Staatssicherheitsdienst der ČSSR: Verhörprotokoll des Zeugen Soldat Václav Kučerky, 16.5.1989 (Übersetzung Ruben Höppner), https://www.ustrcr.cz/data/pdf/projekty/usmrceni-hranice/portrety-usmrcenych/strecker/strecker04.pdf (21.12.2022).

Standesamt I zu Berlin: Sterbeurkunde Nr. 92 (Kevin Strecker). LAB, S Rep. 500, Nr. 328.

Generalstaatsanwalt von Berlin: Anklageschrift gegen Heidrun Strecker, 29.8.1989. Schlussbericht zu den Beschuldigten Uwe H. und Mirko R., 29.8.1989. BArch, DP 3, Nr. 3073.

MfS, Abt. X: Versuch gewaltsamer Grenzübertritt. BStU, MfS, Abt. X, Nr. 636, Teil 2 von 2.

MfS, HA IX: Dokumente zum versuchten gewaltsamen Grenzdurchbruch von Bürgern der DDR am 15.5.1989. BArch, MfS, HA IX, Nr. 10547, Bl. 3–38.

Stadtbezirksgericht Berlin-Lichtenberg: Urteil in der Strafsache gegen Uwe H. und Mirko R., 23.10.1989. BStU, MfS, HA IX, Nr. 25563, Bl. 199–206.

MfS, HA IX: Ermittlungsverfahren gegen Uwe H. wegen fahrlässiger Tötung von Kevin Strecker. BStU, MfS, HA IX, Nr. 25564.

MfS, Abt. XIV: Vollzugsakte Heidrun Strecker. BStU, MfS, Abt. XIV, Nr. 10236, Bd. 1.

MfS, ZA: Versuchter gewaltsamer Grenzdurchbruch mit Pkw Wolga Guest Strážný ČSSR – BRD. BStU, MfS, ZA, ZAIG, Nr. 16642.

Oberstes Gericht der DDR, Sekretariat des Präsidenten: Wochenmeldungen des DDR-Ministeriums der Justiz, Januar bis November 1989. BArch, DP 2, Nr. 2114, Bl. 22.

Bundesminister des Innern, Staatsministerium des Innern: Gemeinsamer Monatsbericht über die Lage an der Grenze zur DDR/CSSR für den Monat Mai 1989. BayHStA, MInn, Nr. 97509.

Bayerisches Staatsministerium des Innern: Vorgänge an den Grenzen zur DDR, ČSSR und Österreich. BayHStA, MInn, Nr. 97253/2.

Pavel Vaněk: Strecker, Kevin (* 29.12.1980, † 15.5.1989) (Übersetzung Ruben Höppner), https://www.ustrcr.cz/uvod/dokumentace-usmrcenych-statni-hranice/usmmrceni-statni-hranice-portrety/strecker-kevin/ (21.12.2022).

Česká televize: Osmiletý Kevin, poslední oběť železné opony, 15.5.2014, https://ct24.

ceskatelevize.cz/domaci/1034022-osmilety-kevin-posledni-obet-zelezne-opony (26.5.2023).
Zeitzeugengespräch von Carina Baganz mit Mirko R. am 16.11.2022.
Auskunft von Frau Wiese, Friedhof Bicsdorf vom 19.1.2023.

Michael Weber

geboren am 5. Dezember 1969 in Leipzig
erschossen am 7. Juli 1989 in Bulgarien
Ort des Zwischenfalls: bei Novo Chodžovo (Gemeinde Sandanski) an der Grenze zu Griechenland

Michael Weber wuchs als Einzelkind in einem behüteten Elternhaus auf. Freunde beschrieben ihn als einen sportlichen Jungen mit großer Klappe, bullig und immer lustig, gleichermaßen sensibel und intelligent. „Man konnte ihm einfach nicht böse sein", erinnerte sich seine frühere Freundin Kathrin S. 2006. Nach der Trennung der Eltern sei sein bisheriges Leben in die Brüche gegangen. Michael Weber habe den neuen Lebensgefährten seiner Mutter abgelehnt, „deswegen ist er auch zu seinem Vater hingezogen. Micha wollte, dass seine Eltern wieder zusammen sind und hat seiner Mutter die Schuld an der Trennung gegeben. Er hat unter dieser Trennung extrem gelitten."

Über Michael Webers letzte Lebensjahre liegen nur wenige Informationen vor, die auf den Erinnerungen früherer Mitschüler und Lehrer fußen. Von 1984 bis 1988 besuchte er die EOS „Thomas" in Leipzig. Nach Angaben seiner Freundin Kathrin S. war er „einer der Sportlichsten unserer Klasse. Er ging regelmäßig zum Judotraining." Michael Weber habe ihr gegenüber bereits im Sommer 1987 erstmals davon gesprochen, über die Volksrepublik Bulgarien in den Westen fliehen zu wollen: „Dieses Abhauen über Griechenland, da haben wir wirklich geguckt, die Karte angeguckt. Der wusste schon damals ganz präzise, wo er es versuchen wollte. Er wusste an welcher Stelle, er hat recherchiert für wie viele Tage er Nahrung braucht, wie viel er zu Trinken braucht, bei wie viel Grad man draußen schlafen kann. […] Er hat zum Beispiel im Winter trainiert, wie lange er im Schnee draußen schlafen kann, wie lange er das aushält. Er hat auch gehungert. Einmal hat er gefastet ganz lange. Außerdem hat er ganz viel Kampfsport gemacht. Er hat sich wirklich intensiv vorbereitet. Er hat gesagt: ‚Ich zieh das durch.'" Doch die Beziehung zu Kathrin S. ging 1988 nach dem Abitur in die Brüche. Danach verloren sich die beiden aus den Augen. Bei einer zufälligen Begegnung erklärte er ihr, sich freiwillig zum Wachregiment „Feliks Dzierzynski“ des MfS melden zu wollen, um anschließend Jura zu studieren. Kathrin S. hält das allerdings für ein Täuschungsmanöver, da „Micha“ das SED-Regime ablehnte.

Am 7. Juli 1989 meldete die für den internationalen Reiseverkehr zuständige MfS-Hauptabteilung IV unter den Kopfzeilen „Verhindertes ungesetzliches Verlassen, Mißbrauch Reiseverkehr, Privatreisen“, der Abiturient Michael Weber (19 Jahre) aus Leipzig sei durch Sicherheitskräfte der Volksrepublik Bulgarien bei der Ortschaft Novo Chodžovo etwa einen Kilometer von der Staatsgrenze entfernt erschossen worden. Der Abiturient sei von einer Streife entdeckt und zum Stehenbleiben aufgefordert worden. Er sei aber in Richtung der Grenze zu Griechenland geflüchtet, worauf es zur Schußwaffenanwendung kam. „Weber ist seinen Verletzungen erlegen“. Nach den Untersuchungsergebnissen der bulgarischen Behörden war Michael Weber am 3. Juli 1989 in Bulgarien eingereist und habe in einem Hotel in Melnik übernachtet. Am 6. Juli gegen 18.30 Uhr sei er von dort, ausgerüstet mit einer Karte, einem Kompass, Schneidwerkzeug und einem größeren DM-Betrag, zur gut 20 km entfernten Grenze aufgebrochen. Am nächsten Tag kurz nach 4 Uhr habe er im Grenzgebiet eine Drahtsperre zerschnitten und dadurch einen Alarm ausgelöst.

Entgegen anderen Fällen dieser Art wurde es den Eltern erlaubt, am Nachmittag des 12. Juli 1989 von Schönefeld nach Sofia zu fliegen, um von ihrem toten Sohn Abschied zu nehmen. Dazu sei es, wie sich die Mutter von Michael Weber 2006 erinnerte, nur gekommen, weil sie so viel Staub aufgewirbelt habe und zuvor erfolglos versuchte, mit dem ZDF in Verbindung zu kommen.

In einem ausführlichen Bericht des DDR-Konsuls in Sofia, Anton Richter, heißt es über den Besuch der Eltern von Michael Weber: „Als wir die Nachricht erhielten […] erklärte der Militärstaatsanwalt, daß er das sehr begrüße, sie empfangen, jede von ihnen gewünschte Auskunft geben und anordnen werde, daß sie den Toten in der Pathologie der Militärmedizinischen Akademie sehen können. Als sie eingetroffen waren, bestand er darauf, daß die Eltern den Sohn identifizierten.“ Da jedoch von der Hauptabteilung Konsularische Angelegenheiten des Ministeriums für Auswärtige Angelegenheiten der DDR angewiesen wurde, „die Besichtigung der Leiche zu verhindern und die Auskünfte auf die Nennung der Straftat zu beschränken, wurde unsererseits nach Unterredung mit dem Leiter der Pathologie, Dr. Kolew von der MMA [Militärmedizinische Akademie], der die Obduktion durchgeführt hatte, unter dem Vorwand der nicht ausreichenden Balsamierung die Besichtigung der Leiche in der Pathologie als nicht möglich erklärt.“

Stattdessen wurde den Eltern mitgeteilt, dass sie im Krematorium in Sofia Abschied nehmen könnten, und zwar im Beisein von Konsul Anton Richter, während sich die Leiche im geschmückten Sarg hinter einer Glasvitrine befand. Nach Richters Angaben wurde der Abiturient beim Versuch, die Grenzsicherungsanlagen zu durchbrechen, nach mehrfachem Anruf stehen zu bleiben und einer Reihe von Warnschüssen in die Luft von einer Kugel getroffen und tödlich verletzt. Konsul Richter wies die Eltern auch „auf die besondere Situation an den bulgarischen Grenzen in Verbindung mit der antibulgarischen Kampagne der Türkei" hin. Tatsächlich wartete im Frühjahr und Sommer 1989 eine große Anzahl türkischstämmiger Bulgaren darauf, die Volksrepublik aus Protest gegen die jahrelangen Zwangsbulgarisierungen des Regimes verlassen zu können.

Konsul Richter berichtete nach Berlin, weder die Mutter noch der Vater hätten Schuldzuweisungen geäußert: „Sie hatte[n] zwar keine Erklärung und keine Motive für die Tat ihres Sohnes, suchten jedoch nach Ursachen seines merkwürdigen Charakters und möglicher Erziehungsfehler. Es war augenscheinlich, dass insbesondere der Vater, bei dem der Sohn wohnte, äußerst stark getroffen war. Er wäre nicht zu Hause gewesen, als der Sohn sich nach Bulgarien auf den Weg gemacht hatte. Beide Eltern bedankten sich mehrmals, dass sie den Sohn noch einmal sehen konnten, obwohl dies anders und schwieriger als vorgesehen verlief. Die Mutter sagte angesichts des Toten: 'Du dummer Junge, warum hast Du Dir und uns das angetan?'„

Weiterhin heißt es in Richters Bericht: „Als wir danach beim Militärstaatsanwalt vorsprachen, um den Nachlaß zu übernehmen, bat dieser, von seinem Versprechen, die Eltern empfangen zu wollen, abzusehen, weil es ihm jetzt doch peinlich sei und schwerfallen würde. Er wiederholte mehrmals, daß es eine Katastrophe war und der Junge noch hätte am Leben sein können, wenn es nicht so fatal zugegangen wäre." Konsul Richter korrigierte intern auch die Version, Michael Weber sei auf der Flucht erschossen worden. In seinem Bericht heißt es, dass „der Grenzverletzer anstatt zu fliehen, direkt in das abgegebene Feuer gelaufen sei". Das sei, so Richters absurde Interpretation, „als eine Art Selbstmord" zu bewerten.

Helga T. erinnerte sich 2006, dass sie eine „Schussverletzung" im Gesicht ihres Sohnes gesehen habe, ihn aber nicht mehr berühren durfte: „Man wollte mich nicht zu ihm lassen." Diese Darstellung wird durch den Obduktionsbericht Dr. Kolews bestätigt: „Bei der Beschauung und Autopsie der Leiche von Michael Weber wurde eine Verwundung durch Gewehrfeuer festgestellt, die den Kopf und die rechte Seite des Brustkörpers erfasste. Die Eingangswunde dieser Verletzung befindet sich auf der linken Gesichtshälfte. Die

Gewehrkugel befand sich festsitzend in der Rückenmuskulatur hinter der 8. rechten Rippe auf der hinteren unteren Seite der Achselhöhle."

Bei einem Interview in Sofia erklärte Oberst a. D. Dr. Kolew im Jahr 2008 dem Autor, er könne sich an den Fall Weber und die Anreise der Eltern erinnern. Auf Nachfrage erklärte Kolew auch, dass er sich an Fälle getöteter Grenzverletzer erinnere, in denen Druck ausgeübt worden sei, die Ergebnisse in eine bestimmte Richtung zu drehen. Und er betonte, dass getötete „Grenzverletzer" in der Volksrepublik Bulgarien nicht verbrannt werden durften. „Das war das Gesetz. Ich habe solch eine Extra-Genehmigung nie unterschrieben." Laut Dr. Kolew wurden im MMA nur solche Fälle getöteter „Grenzverletzer" obduziert, die im Interesse der Militärstaatsanwaltschaft lagen.

Unmittelbar nachdem Michael Webers Eltern das Krematorium verlassen hatten, wurde die Leiche mit ihrem Einverständnis eingeäschert. Seine Urne wurde nach dem Rücktransport mit „Interflug" am 28. Juli 1989 im engsten Familienkreis auf dem Leipziger Ostfriedhof (Abteilung VIII, Grab 107) beigesetzt. Kurz nach ihrer Rückkehr in die DDR beauftragte Helga T. den ehemaligen Vize-Generalstaatsanwalt Dr. Lothar Reuter mit ihrer juristischen Vertretung hinsichtlich der Aufklärung der Todesumstände ihres Sohnes. Zusätzlich engagierte sie den Sofioter Rechtsanwalt Tschavdar Spassov, der sich im Interview mit dem Autor daran erinnerte, dass er im Zusammenhang mit der neu aufgerollten Untersuchung mehrere Male nach Blagoevgrad reiste und den Untersuchungsrichter traf. Reuter stieß auf „haarsträubende Widersprüche" in der Aussage des bulgarischen Grenzsoldaten Georgi Wassiljew Tanew, Angehöriger der Militäreinheit Petritsch 56446.

Im gerichtsmedizinischen Gutachten Dr. Kolews heißt es, da keine Schmauchspuren am Körper des Toten festzustellen waren, müsse die Schussabgabe aus einer Entfernung von mehr als 1,5 bis 2 m erfolgt sein. Dennoch widersprach die Mitteilung des bulgarischen Innenministeriums an die DDR-Botschaft von 9. April 1990, wonach Michael Weber durch einen Treffer in die Vorderseite des Brustkorbs ums Leben kam, dem Obduktionsbericht vom 8. Juli 1989, der als Einschussstelle den „Bereich des linken Jochbeines" am Kopf festhielt. Da die Eltern nach dem Ende der SED-Diktatur im Laufe des Jahres 1990 auf einer Klärung dieser Widersprüche bestanden und auch das Auswärtige Amt in Bonn einschalteten, sah sich die noch existierende DDR-Generalstaatsanwaltschaft gezwungen, am 22. Mai 1990 die Note des bulgarischen Außenministeriums zu dem Vorfall an die DDR-Botschaft in Sofia mit der Begründung zurückzusenden, dass „zwischen den Aussagen in dem übersandten Dokument und dem vorliegenden

Obduktionsprotokoll zur Art der Schußverletzung erhebliche Widersprüche bestehen". Deswegen sei „der mit der Sache befaßte Staatsanwalt nicht in der Lage, die Zweifel, die bei den Angehörigen des Verstorbenen bestehen, auszuräumen".

Am 8. August 1990 berichtete der immer noch in Sofia amtierende DDR-Konsul Anton Richter an das MfAA nach Berlin: „Es scheint jedoch, daß im Bericht absichtlich verschwiegen wurde, daß der Einschuß in der linken Gesichtshälfte erfolgte und dann nach unten drang. Bei einer Entfernung von 30 m wäre ein solcher Einschußwinkel nicht denkbar, selbst wenn sich die Person statt aufrecht laufend, kriechend fortbewegt hätte. Dem Obduktionsbericht zufolgt wurde der Schuß aus geringer Entfernung von oben abgegeben, was als gezielter und beabsichtigter Todesschuß qualifiziert werden kann." Richter qualifizierte den Hinweis der bulgarischen Note, dass der Grenzverletzer „aus rund 30 m Entfernung" erschossen worden sei, als unglaubwürdig. „Mit einer solchen Argumentation, verbunden mit der Behauptung, daß die Grenzwache richtig und nach dem Gesetz gehandelt hat, stehen u. E. die zuständigen bulgarischen Organe noch im Jahr 1990 außerhalb der Menschenrechtsauffassungen, die aus dem KSZE-Prozeß erwuchsen." Mit der Berufung auf die Menschenrechte vollzog Konsul Richter ein erstaunliches Wendemanöver, war er doch noch im Juli 1989 als linientreuer SED-Funktionär an dem Vertuschungsmanöver der Todesumstände gegenüber den Angehörigen von Michael Weber maßgeblich beteiligt.

Helga T. erstattete gegen den Todesschützen Tanew eine Strafanzeige wegen Mordes nach § 115 des bulgarischen Strafgesetzbuchs. Doch das Verfahren vor dem Bulgarischen Militärgericht verlief im Sande. In einem Beschluss vom 8. Juni 1992 hieß es, es werde angenommen, dass die Handlungen des Grenzers „rechtmäßig" gewesen seien. Helga T. hat den Täter bei der Verhandlung vor dem Militärgericht gesehen und über ihren damaligen Eindruck mitgeteilt: „Er war 19 Jahre, genauso alt wie mein Sohn zu diesem Zeitpunkt. Er war sehr stolz, seinem Land diesen Dienst erwiesen zu haben."

(Autor: App.; Recherchen: AH, App, jk, jos, SM)

Quellen

MfS, HA VI: Schußwaffenanwendung durch die Sicherheitsorgane der VR-Bulgarien am 6.7.1989. BStU, MfS, HA IX, Nr. 8539.

BStU, MfS, Abtl. X, Nr. 642, Bd. 1.

BStU, MfS, ZKG, Nr. 11666

MfAA, Hauptabteilung Konsularische Angelegenheiten: Sterbefälle DDR-Bürger im Ausland A–Z 1989–1990. PAAA M 52/573693.

MfAA: Todesfallkartei DDR-Bürger im Ausland. PAAA, M 52/5345B93.
Botschaft Sofia, Konsularabteilung: Zum Zwischenfall mit dem DDR-Bürger Michael Weber am 7.7.1989 an der bulgarisch-griechischen Grenze mit tödlichem Ausgang, Sofia 18.7.1989. BStU, MfS, HA II, Nr. 38365, Bl. 465–469.
Zeitzeugengespräche von Stefan Appelius mit Helga T. (Mutter von Michael Weber) am 14.4., 20.4. und 21.4.2006; Kathrin S. (Freundin von Michael Weber) am 25.8.2006; Anja T. (Freundin von Michael Weber) im November 2006; mit Kathrin S. und Anja T. am 11.11.2006; mit Rechtsanwalt Tschavdar Spassov im Mai 2008; mit Oberst a. D. Dr. Slatko Nikolow Kolew am 20.5.2008.
Sontheimer, Michael/Supp, Barbara: Der letzte Schuss. In: Der Spiegel, Nr. 27, 2008, S. 56–61.

Kurt-Werner Schulz

geboren am 25. Juli 1953 in Falkenstein/Vogtl. (Vogtlandkreis)
erschossen am 21. August 1989 im ungarisch-österreichischen Grenzgebiet
Ort des Vorfalls: zwischen Répcevic (Ungarn) und Lutzmannsburg (Österreich)

Kurt-Werner Schulz in Garmisch Patenkirchen, 1988

Kurt-Werner Schulz wuchs in Falkenstein/Vogtl. als Sohn der Damenschneiderin Gertraude Schulz und des Tischlers Walter Schulz auf. Nach Angaben seiner Schwester Gerlinde gehörte er nicht der Pionierorganisation „Ernst Thälmann“ an, wofür die Mutter als gläubige Christin ausschlaggebend gewesen sei. Er entschied sich 1967 auch für die Konfirmation und beteiligte sich nicht an der staatlich erwünschten Jugendweihe. Der FDJ trat er schließlich bei, um die erweiterte Oberschule (EOS „Geschwister Scholl“) besuchen zu können. Der Unterricht fiel Kurt-Werner Schulz leicht und er war sowohl musisch als auch sportlich begabt. Als Schulsportler gewann er in der Leichtathletik etliche Medaillen, in seiner Freizeit spielte er Gitarre und Orgel.

Nach dem Schulabschluss verpflichtete sich Kurt-Werner Schulz zu einem dreijährigen Wehrdienst in der Nationalen Volksarmee der DDR, da ihm das die Zulassung zu einem Studium ermöglichte. Während des Wehrdienstes lernte er seine erste Frau kennen, mit der er eine gemeinsame Tochter

Kurt-Werner Schulz mit Eltern und Schwester Gerlinde

hatte. Im Jahr 1975 begann er in Weimar sein Studium an der Hochschule für Architektur und Bauwesen mit der Fachrichtung Gebiets- und Stadtplanung. Die Beurteilungen über seine „gesellschaftliche Arbeit" in der Hochschule fielen durchweg positiv aus. Er habe zum positiven Kern seiner Seminargruppe gehört und diese durch seine optimistische Lebenseinstellung, Selbstsicherheit und ein ausgeprägtes Selbstbewusstsein positiv beeinflusst. Er gehörte der FDJ, der DSF, der GST und dem DTSB an. Nach dem Studienabschluss im Jahr 1980 arbeitete Kurt-Werner Schulz von 1982 bis 1984 im Kreisbauamt Weimar. Während des Studiums hatte er die Kinderkrankenschwester Gundula Schafitel kennengelernt, die seine Lebensgefährtin wurde. Sie brachte im Mai 1983 den gemeinsamen Sohn Johannes zur Welt.

Kurt-Werner Schulz übernahm 1984 eine Stelle als stellvertretender Kreisbaudirektor für komplexen Wohnungsbau in Naumburg. Eine ihm angebotene Beschäftigung als Kreisarchitekt beim Rat des Kreises Weimar lehnte er ab, da er in dieser Funktion zu einer Mitarbeit im Stab der Zivilverteidigung verpflichtet werden sollte. Stattdessen trat er in den Betrieb des Vaters seiner Lebensgefährtin ein, der als selbständiger Schreinermeister in Bad Sulza eine gut gehende Modelltischlerei betrieb. Im Jahr 1987 übernahm Kurt-Werner Schulz diesen Betrieb von Johannes Schafitel.

Gundula Schafitel stellte in den Jahren 1987 und 1988 Reiseanträge in dringenden Familienangelegenheiten. Sie wollte ihre Tanten Lina Groos (Jg. 1909) in Wiesbaden und Maria Schafitel (Jg. 1918) in Obertürkheim besuchen. Das Volkspolizeikreisamt lehnte diese Reiseanträge aus Sicherheitsgründen ab. Kurt-Werner Schulz erhielt im Sommer 1988 eine Reisegenehmigung nach Bayern zu einem Halbbruder seiner Mutter.

Zur Feier seines 36. Geburtstags lud Kurt-Werner Schulz im Juli 1989 zahlreiche Familienangehörige und Freunde ein. Wie sich seine Schwester Gerlinde erinnert, sagte er zu den Gästen, er freue sich, sie alle „noch mal" zu sehen. Auf ihre erstaunte Frage, was er denn mit „noch mal" meine, habe er sich korrigiert, „ich meine, dass ihr alle da seid". Drei Wochen später, am 18. August 1989, reisten Gundula Schafitel und Kurt-Werner Schulz mit ihrem sechsjährigen Sohn Johannes nach Ungarn. Das Paar hatte sich zur Flucht über die ungarische Grenze nach Österreich entschlossen. In Budapest hörten sie am 19. August von der Massenflucht während des Paneuropäischen Picknicks in der Nähe von Sopron. Dorthin machten sie sich am folgenden Tag auf den Weg. Im westungarischen Grenzgebiet fiel die Familie am Sonntag, dem 20. August, ungarischen Grenzsoldaten auf, als sie mit ihrem Pkw Trabant durch ein Dorf in Richtung Grenze fuhr. Man nahm sie fest und brachte sie zum Verhör in die nahe gelegene Kaserne. Der Grenzkommandeur Oberstleutnant Istvan Diczházi teilte ihnen mit, dass sie Ungarn verlassen und in die DDR zurückreisen müssten. Nach einer Übernachtung im Trabi machten sie sich erneut auf den Weg ins Grenzgebiet. Bei einem Bauern, in dessen Hof sie am Abend ihren Trabi zurückließen, hatten sie den Tag verbracht. In der Dunkelheit machten sie sich in der Nähe des Dorfes Zsira auf den Weg zur Grenze. Dabei wurden sie von zwei ungarischen Grenzsoldaten entdeckt und verfolgt.

Was dann geschah, hielt die ungarische Militärstaatsanwaltschaft in einem Untersuchungsbericht fest. Demnach war der Grenzsoldat Zoltán Kovács mit seinem Kameraden Gábor Füleki am 21. August 1989 an der Staatsgrenze zu Österreich im Streifendienst eingesetzt. Er habe gegen 22.30 Uhr in direkter Nähe der Grenze Personen bemerkt, ein Mann, eine Frau und ein Kleinkind. Seine Aufforderung, stehenzubleiben sei von diesen nicht befolgt worden. Kovács habe als Erster die Flüchtenden erreicht. Die Frau und das Kind hätten bereits die Sicherungsanlagen kriechend überwunden. Schulz habe sich gegen ihn gewandt und mit der Tasche niedergeschlagen. Kovács habe den Fuß von Schulz festgehalten, es sei zu einer Schlägerei gekommen, in deren Verlauf Schulz den Soldaten auf österreichisches Gebiet gezerrt habe. Etwa 15 m auf österreichischem Gebiet seien beide hingefallen. Kurt-Werner Schulz habe versucht, dem Soldaten die Waffe zu entreißen, als ein Schuss aus 10 bis 15 cm Entfernung ausgelöst wurde, der Schulz in den Mund traf. Sein Tod sei sofort eingetreten. Die gerichtsmedizinischen Experten hätten Schmauchspuren an der Hand des Toten festgestellt, womit belegt sei, dass Schulz den Lauf der Waffe mit der rechten Hand ergriffen hatte, als der Schuss fiel. Kovács habe bei der Verfolgung der Flüchtenden Warnschüsse abgegeben und danach seine Waffe nicht gesichert, wozu er auch nicht verpflichtet gewesen sei. Es liege keine Gesetzesverletzung des Soldaten vor, da er von dem DDR-Bürger angegriffen wurde. Unterzeichnet von Dr. Guyula Váradi, stellv. Leiter der Militäranwaltschaft am 20. September 1989.

Am Morgen des 22. August 1989 telegrafierte der westdeutsche Botschafter Alexander Arnot aus Budapest an das Auswärtige Amt in Bonn, er habe bei einem aus anderem Anlass mit Staatsekretär Kovacs geführten Gespräch die Information erhalten, „daß in der letzten Nacht ein Bürger der DDR an der ungarischen Grenze zu Österreich den Tod gefunden hat". Das Auswärtige Amt leitete dieses Telegramm umgehend an das Bundeskanzleramt weiter. Am Nachmittag ersuchte Botschafter Arnot um ein Gespräch mit der Witwe. Er erhielt daraufhin die Auskunft, sie befinde sich noch in der Obhut des ungarischen Innenministeriums, könne aber auf eigenen Wunsch jederzeit nach Österreich ausreisen.

Österreichische und westdeutsche Medien berichteten in den folgenden Tagen ausführlich über den Zwischenfall. Das Auswärtige Amt in Bonn veröffentlichte eine Pressemitteilung über den Todesfall, in der es außerdem auf rund 200 geglückte Fluchten von DDR-Bürgern nach Österreich in der gleichen Nacht hinwies. Am Wochenende davor sei sogar rund 1.000 DDR-Bürgern die Flucht gelungen. Nachdem die Westnachrichten über den Todesfall berichtet hatten, ordnete der DDR-Staatssicherheitsdienst eine verstärkte Streifentätigkeit von MfS-Leuten und der Volkspolizei im Wohngebiet von Kurt-Werner Schulz und Gundula Schafitel an sowie die Beobachtung ihres Wohnhauses und „Operative Kontrollmaßnahmen" gegen oppositionelle Personenkreise und Ausreiseantragsteller. Zwei Tage nach dem Zwischenfall wurde für den Vormittag des 23. August 1989 auf beiderseitigen Wunsch der österreichisch-ungarische Untersuchungsausschuss zu Grenzvorfällen einberufen.

Gundula Schafitel und ihr Sohn Johannes, die nach dem Zwischenfall in eine Kaserne nach Kőszeg gebracht worden waren, reisten am 24. August 1989 nach Österreich aus. Gerlinde Schellenberger, die Schwester von Kurt-Werner Schulz, hörte unterdessen von einer Arbeitskollegin, die Nachrichten hätten den Tod eines DDR-Flüchtlings namens Kurt Schulz gemeldet, der an der ungarischen Grenze erschossen worden sei. Nachdem auch ihr Vorgesetzter sie auf den Vorfall angesprochen hatte, rief Frau Schellenberger im DDR-Außenministerium an und erhielt dort von dem Mitarbeiter der Hauptabteilung Konsularische Beziehungen Bohne die traurige Gewissheit, dass es sich um ihren Bruder handelte. Ihre Bitte, die Leiche ihres Bruders in Budapest noch einmal sehen zu dürfen, lehnte das DDR-Außenministerium ab.

Die Überführung der sterblichen Überreste von Kurt-Werner Schulz in die DDR zog sich fast zwei Monate lang hin. Am 4. September 1989 telegrafierte die DDR-Botschaft aus Budapest an das DDR-Außenministerium und den Rat des Kreises Auerbach, Abteilung Inneres, eine Einäscherung des Toten könne in Ungarn nicht erfolgen, da dies im vorliegenden Fall nach ungarischem Recht nicht gestattet sei. Die Überführung werde in einem Sarg erfolgen. Ein Mitarbeiter der Hauptabteilung Konsularische Angelegenheiten des DDR-Außenministeriums namens Kunert antwortete am folgenden Tag der DDR-Botschaft, die Entscheidung sei nicht nachvollziehbar, da bisher in zahllosen Todesfällen eine Einäscherung in Ungarn erfolgt sei. Allerdings hatte auch Gerlinde Schellenberger im Namen der Angehörigen gegenüber dem MfAA einer Einäscherung des Toten in Ungarn explizit widersprochen. Am 6. September telefonierte der MfAA-Mitarbeiter Bohne mit dem Leiter der Abteilung Inneres in Auerbach Malinowski, den die Angehörigen um die Aushändigung von Sterbeurkunden gebeten hatten, da der Verstorbene eine Lebensversicherung abgeschlossen habe, womit die Überführungskosten eventuell gedeckt werden könnten. Außerdem fragten die Angehörigen, ob eine Überführung bei Bezahlung in D-Mark in die Bundesrepublik möglich sei, was Malinowski, wie er sagte, „in Kenntnis der Situation abgeblockt" haben will. Bohne informierte Malinowski weiterhin, dass mit dem Transport der Leiche nicht vor dem 13. September zu rechnen sei. Für die Überführungskosten forderte das DDR-Außenministerium von den Angehörigen 10.000 Mark. Zur Beisetzung von Kurt-Werner Schulz fanden sich am 10. Oktober 1989 auf dem Friedhof in Falkenstein mehrere hundert Trauergäste ein. Der DDR-Staatssicherheitsdienst schickte vier seiner hauptamtlichen Mitarbeiter und einen Spitzel dorthin, um zu beobachten, ob die Beisetzung „von oppositionellen oder anderen negativen Kräften mißbraucht" würde.

Am 23. Oktober 1989 notierte MfAA-Mitarbeiter Bohne einen Telefonanruf Gerlinde Schellenbergers, sie habe noch immer kein gerichtsmedizinisches Gutachten erhalten, das sie zur Klärung von Versicherungsansprüchen benötigte, auch habe sie erneut nach einem Obduktionsprotokoll und einem ungarischen Untersuchungsbericht über den Vorfall an der Grenze gefragt. Noch am selben Tag ersuchte MfAA-Sektorenleiter Heynert aus der Hauptabteilung Konsularische Angelegenheiten des MfAA die DDR-Botschaft in Budapest um die Zusendung dieser Unterlagen. Es dauerte noch einmal mehr als drei Wochen, bis die DDR-Botschaft aus Budapest am 16. November 1989 schließlich diese Dokumente samt Untersuchungsbericht des ungarischen Innenministeriums der DDR-Generalstaatsanwaltschaft übermittelte.

(Autor: jos.; Recherche: App., CB, ES, HP, jk, jos., MK, MS)

Quellen

Information und Ergänzungsinformation über ein Vorkommnis an der Staatsgrenze der Ungarischen Volksrepublik zu Österreich mit Todesfolge. BStU, Ast. Erfurt, MfS, BV Erfurt, AKG 533

MfS: Information über einen verhinderten Grenzdurchbruch UVR/Österreich unter Anwendung der Schußwaffe und Todesfolge am 21.8.1989 [und weitere Dokumente]. BStU, MfS, ZKG, Nr. 11237.

Schwarz [Generalmajor]: Ergänzungsinformation zu dem Vorkommnis an der Staatsgrenze der Ungarischen Volksrepublik zu Österreich mit Todesfolge [und weitere Dokumente]. Erfurt, 24.8.1989. BStU, MfS, ZKG, Nr. 11883.

MfS, BV Karl-Marx-Stadt: Information zu der am 10.10.1989, 10.00 Uhr auf dem Friedhof in 9704 Falkenstein stattfindenden Beerdigung [...]. BStU, Ast. Chemnitz, MfS, BV Karl-Marx-Stadt, StOp, Nr. 58, Bl. 42–43.

ORF, Burgenland heute, Sendung vom 22. August 1989. ORF-Archiv, Burgenland heute 22081989.

ORF-Bericht vom 23. August 1989 über die Sitzung der ungarisch-österreichischen Grenzkommission. ORF-Archiv, ZIB-1/Grenzkommission.

Schreiben der Militäranwaltschaft Győr zur Anzeige gegen den Grenzsoldaten Zoltan Kovacs, 2.10.1989. BArch, DP 3/1463.

MfAA: Todesfallkartei DDR-Bürger im Ausland. PAAA, M 52/5345A93.

MfAA, HA Konsularische Angelegenheiten: Schrift- und Telefonverkehr über den Todesfall Kurt Werner Schulz. PAAA, ZR 5335/93.

ÁBTL (Állambiztonsági Szolgálatok Történeti Levéltára, dt. Historisches Archiv der Staatssicherheitsdienste (Ungarns). Übersetzung Hannes Puchta.

Standesamt I zu Berlin: Sterbeurkunde Nr. 216 (Kurt-Werner Schulz). LAB, S-Rep 500, Nr. 328.

Botschaft der Bundesrepublik Deutschland in Budapest: Drahtberichte an das AA, weitergeleitet an Ministerialdirigent Claus-Jürgen Duisberg im Bundeskanzleramt mit dem Vermerk „sofort vorlegen". PAAA, Zwischenarchiv 139947.

25. Sitzung des österreichisch-ungarischen Untersuchungsausschusses zu Grenzvorfällen. Köszeg, 23.8.1989. PAAA, Zwischenarchiv 139947.

Szorger, Dieter/Bayer, Pia (Hg.): Das Burgenland und der Fall des Eisernen Vorhangs [Begleitband zur Austellung]. Eisenstadt 2009

mdr: Das letzte Opfer an der ungarischen Grenze. TV-Beitrag mit Gundula Schafitel, 2.11.1994, https://www.mdr.de/geschichte/ddr/deutsche-einheit/mauerfall/grenze-ungarn-ddr-flucht-todesopfer100_zc-d070301f_zs-61e5a31 f.html (26.5.2023).

Határeset, Dokumentarfilm von Péter Szalay, Fórum Film Alapítvány, 2006.

Gundula Schafitel: Flucht über Ungarn (Zeitzeugengespräch), Zeitzeugenportal der Stiftung Haus der Geschichte der Bundesrepublik Deutschland, https://www.zeitzeugen-portal.de/personen/zeitzeuge/gundula_schafitel (26.5.2023).

Telefongespräch von Carina Baganz mit Gerlinde Schellenberg am 12.11. 2020.

2 Todesfälle von DDR-Flüchtlingen an Grenzen zwischen Ostblockstaaten

Dieter Sudars

geboren am 11. Juli 1941 in Memel (heute Klaipėda, Litauen)
erschossen am 27. August 1963 in der Tschechoslowakei
Ort des Vorfalls: am Berg Meluzína an der Grenze zur DDR

Dieter Sudars wurde am 11. Juli 1941 in Memel, dem heutigen Klaipeda in Litauen, geboren. 1963 war er Einwohner von Bad Blankenburg. Der Dienstort des 22-jährigen Unteroffiziers der NVA war Prora auf Rügen, wo er dem 5. Fallschirmjäger-Bataillon angehörte. Am 17. August 1963 wurde er zur Fahndung ausgeschrieben. Er hatte seine Einheit verlassen; bei sich trug er einen Urlaubsschein, seinen Dienstausweis und sein Portemonnaie sowie einen Manchestersack. In diesem wurden später ein Handtuch, Wasch- und Frisiersachen, Wechselwäsche, Briefe, Ansichtskarten und Fotografien gefunden, sowie ein Taschenatlas, der Versicherungsausweis und die Fahrerlaubnis. Dass Sudars seine Flucht mit Gewalt durchsetzen würde, lag für die Sicherheitsbehörden nahe, da er eine Pistole Typ „Makarow" mit 156 Schuss Munition entwendet hatte. Am 18. August tauschte er in Potsdam seine Uniform gegen Zivilkleidung aus. Die nächsten Tage hielt Dieter Sudars sich im Verborgenen, während nach ihm vom 25. August an mit einem im *Neuen Deutschland* veröffentlichten Fahndungsaufruf gesucht wurde. Der Aufruf, der auch eine Fotografie von ihm zeigt, betont, dass der 1,70 m große Mann im Sport-Sakko „im Besitz einer Schußwaffe" sei und bereits „mehrere schwere Straftaten begangen" habe. Unerwähnt blieb, dass es sich um einen desertierten Angehörigen der NVA handelte.

Erst am 26. August 1963 wurde Sudars von den tschechoslowakischen Grenzsoldaten Otto Mokrý und Jaroslav Soukup bemerkt, als er um 23.25 Uhr eine Eisenbahnbrücke in České Hamry nahe Unterwiesental im Erzgebirge passierte. Auf die beiden Grenzer wirkte Sudars unsicher; unter einer Lampe stehend, blätterte er in einem Schriftstück. Otto Mokrý sprach ihn an und forderte ihn auf, sich auszuweisen. Sudars zeigte seinen Ausweis vor und begann auf Deutsch, mit den Händen gestikulierend, auf Mokrý einzureden. Dieser übergab Sudars an Jaroslav Soukup und ging ans ca. 10 m entfernte Telefon des Grenzmeldenetzes, das sich bei der Eisenbahnbrücke befand, um die Personalangaben zu überprüfen. Während Soukup noch versuchte, sich mit dem Deutschen zu verständigen, zog Sudars unvermittelt seine Waffe, feuerte einen Schuss auf Soukup ab und flüchtete über die Eisenbahnbrücke. Der durch einen Bauchschuss schwer getroffene Grenzwächter feuerte zurück, verfehlte jedoch Sudars, der bei der Flucht zwei Pistolenschüsse abgab. Nach diesem Vorfall wurde noch in der Nacht eine Großfahndung mit 206 Männern der Grenzwache, der tschechoslowakischen Volksarmee und des Gefängnisdienstes aus Ostrov eingeleitet, ein Hubschrauber kam ebenfalls zum Einsatz. Durch Postenketten wurde der Raum um die Orte Vejprty und Loučná pod Klínovcem abgesperrt. Später rückten Einheiten der Volksarmee und der Polizei im Einsatzgebiet an.

Als Dieter Sudars am nächsten Tag, den 27. August 1963, um 9.58 Uhr auf die Postenkette bei Srní nahe Stráž nad Ohří traf, sichteten ihn die Grenzwächter Gefreiter Josef Musil und Schütze Ľudevít Korbáš in der Nähe einer Waldarbeitergruppe. Sie forderten Sudars, der barfuß war und sich ruhig verhielt, auf, sich auszuweisen, worauf er etwas wie „Zigarette" sagte, seine Pistole aus der Hose zog und auf die Grenzwächter feuerte. Musil erlitt einen Lungendurchschuss und einen Treffer in die linke Hand, Korbáš trafen zwei Schüsse in die rechte Hand. Auf dem Boden liegend feuerten die Verletzten mit ihren Maschinengewehren auf Sudars, ohne ihn zu treffen. Auch eine weitere von Sudars beschossene Patrouille konnte ihn nicht stellen, da sie die in der Nähe arbeitenden Waldarbeiter nicht in Gefahr bringen wollte.

Sudars änderte nun seine Fluchtrichtung und kehrte in Richtung DDR-Grenze um. Um 11.15 Uhr bemerkten ihn die Unteroffiziere František Dohnal und Josef Hejda von der 3. Grenzbrigade Karlovy Vary am Berg Meluzína, sechs Kilometer südlich von Oberwiesental. Als sie versuchten, sich ihm zunächst gedeckt anzunähern, sichtete Sudars eine weitere Einsatzkraft, Unteroffizier Oldřich Páleníček, und versteckte sich im hohen Gras. Um seinen Kameraden Páleníček auf Sudars aufmerksam zu machen, rief Unteroffizier Dohnal daraufhin Sudars zu, er solle sich ergeben. Sudars feuerte jedoch sofort auf Páleníček. František Dohnal machte daraufhin augenblicklich von seiner Waffe Gebrauch und tötete Dieter Sudars durch einen Kopfschuss.

Sudars Leiche wurde nach Vejprty gebracht. Schon am nächsten Tag übergaben die tschechoslowakischen Behörden die eingesargte und bekleidete Leiche sowie die bei Sudars aufgefundenen Gegenstände und Dokumente an einen Vertreter des Grenzbataillons 13 der NVA. Die Leiche wurde nach Bad Blankenburg zur Beerdigung überführt. Die entwendete Dienstpistole mit zwei Magazinen erhielt die NVA am 26. September 1963 zurück.

In der Auswertung der Fahndung stellte die Hauptverwaltung der tschechoslowakischen Grenzwache Mängel in der Arbeit der Grenztruppen fest. Neben der unzureichenden Lebensmittelversorgung der Einsatzkräfte wurde das Verhalten der Grenzwachen Mokrý und Soukup bei der Festnahme Sudars als unverantwortlich gerügt. Dennoch zeichnete das Innenministerium die an der Festnahme Beteiligten Hejda, Dohnal, Páleníček, Musil, Korbáš und Soukup für ihren Einsatz aus. Hejda, Dohnal und Páleníček erhielten eine Verdienstmedaille; Musil, Korbaš und Soukup das Ehrenabzeichen „Für den Schutz der Staatsgrenze". Der Fall fand ebenfalls Verwendung für einen Schulungsfilm der Grenzwachen mit dem Titel *Akce Sudars*.

Am 21. Oktober 1963 erlag Jaroslav Soukup trotz mehrerer Operationen seinen Verletzungen. Der 24-jährige Familienvater hatte von 1958 bis 1960 seinen Wehrdienst bei den Grenztruppen abgeleistet. Als es zur Konfrontation mit Dieter Sudars kam, war er als Gefreiter der Reserve zu einer Übung einberufen worden. In České Hamry wurde ihm nahe des Tatorts ein Gedenkstein gesetzt. Die Auszeichnung mit dem Ehrenabzeichen erfolgte in memoriam. Das 2006 errichtete Mahnmal für die Opfer am Eisernen Vorhang bei Svatý Kříž führt Dieter (hier: Ditrich) Sudars unter den 82 Menschen auf, die zwischen 1948 und 1981 beim Versuch, die Grenze zwischen der Tschechoslowakei und der Bundesrepublik zu überwinden, ums Leben kamen. Dass hierbei weder Jaroslav Soukup noch weitere getötete Grenzwachen erwähnt werden, empfand die Veteranenvereinigung Klub českého pohraničí als Provokation und reagierte 2011 mit der Errichtung eines Gedenksteins für „alle Wächter der tschechoslowakischen Staatsgrenzen von 1918 bis 1992" in der Nähe des Dorfes Krásná.

Im Jahr 2012 veröffentlichten unabhängig voneinander die Autoren Jan Gülzau und Ivo Pejčoch Darstellungen des Falles Dieter Sudars. Jan Gülzau schilderte in *Grenzopfer an der sächsisch-bayerischen und sächsisch-tschechischen Grenze in den Jahren 1947–1989* den gewaltsamen Grenzdurchbruch, die Verhaftungsversuche und schließlich die Erschießung Sudars anhand der Überlieferungen der NVA und des ZK der SED, wobei er bemerkte, dass aus diesen Quellen die Tatabläufe nicht detailliert genug rekonstruiert werden können. Ebenfalls verwies er darauf, dass Informationen zur Biografie Sudars und zu seinem Fluchtmotiv bislang noch nicht gewonnen werden konnten.

Ivo Pejčoch schilderte in *Vojáci na železné oponě* und *Přechody přes železnou oponu* den Fall Sudars ausschließlich anhand der tschechischen Quellen, die im Archiv der Sicherheitskräfte (Prag und Kanice) aufbewahrt sind. Er nutzte zudem die Personalakte des erschossenen Grenzwächters Jaroslav

Soukup zur Wiedergabe von dessen Kurzbiografie. Auch Pejčoch bemängelte die Lücken in Sudars' Biografie, die zur Herausbildung von Legenden beigetragen hätten. Er weist darauf hin, dass immer noch Versionen im Umlauf sind, die den Fall Sudars als Flucht eines CIA Agenten aus der ČSSR in die DDR ansehen wollten. Pejčoch nennt keine konkreten Personen, doch bei näherer Betrachtung zeigt sich, dass diese Legende heute insbesondere von Veteranenvereinen der ehemaligen Grenztruppen am Leben gehalten wird.

(Autoren: jk, MZ; Recherche: AH, App., CB, jk, LB, MZ)

Quellen

Kreismeldekartei des VPKA Rudolstadt: Einwohnermeldekarte von Dieter Sudars. Kreisarchiv des Landratsamtes Saalfeld-Rudolstadt.

Fahndung! In: Neues Deutschland, 25.8.1963.

Sofortmeldung, betr. Grenzdurchbruch DDR-CSSR, 27.08.1963. BArch, DVH 54/117300.

Ministerium des Innern/Stab: Anhang zum Rapport 238, Betr.: Sonderfahndung nach Dieter Sudars vom 19.8.1963. Berlin, 28.8.1963. BArch, DO 1/88378.

MfNV, Kommando der Grenztruppen, Abteilung Operativ: Tagesmeldung Nr. 240/63 für die Zeit vom 26.8.1963, 18:00 Uhr bis 28.8.1963, 18:00 Uhr, 28. August 1963. BArch, DVH 32/112576.

MfNV, Kommando der Grenztruppen: Grenzdurchbrüche an der Staatsgrenze DDR-ČSSR. BArch, DVH 54/117300.

MfNV: Operative Tagesmeldungen über besondere Vorkommnisse, 31. August 1963 bis 31. Oktober 1963. BArch, DVW 1/5087.

3. Pohraniční brigáda PS Karlovy Vary: Použití zbraně proti tzv. Narušitelům SH (Pohraniční operace Sudars). ABS, Kanice, i. j. 258, 241. Fond 2340.

Standesamt I zu Berlin: Sterbeurkunde Nr. 431 (Dieter Sudars). LAB, S-Rep 500, Nr. 279.

Pejoch, Ivo: Vojáci na železné oponě. Vojáci, padlí při pokusu o přechod státní hranice, příslušníci Pohraniční stráže, usmrceni uprchlíky a dezertéři přes železnou oponu 1948–1989. Cheb 2012, S. 69–72 und S. 147–148.

Gülzau, Jan: Grenzopfer an der sächsisch-bayerischen und sächsisch-tschechischen Grenze in den Jahren 1947–1989, Dresden 2012, S. 52–54 und S. 59 f.

Šmidrkal, Václav: They Shall – or Shall Not – Pass? Communist State Borders in the Czech Culture of Remembrance after 1989. In: East European Politics and Societies: and Cultures, Bd. 31, Nr. 2, Mai 2017, S. 251–268.

České Hamry. Pomník Jaroslavu Soukupovi [České Hamry. Denkmal für Jaroslav Soukup], www.pametnimista.usd.cas.cz/ceske-hamry-pomnik-jaroslavu-soukupovi/ (8.11.2023).

Auskunft Kreisarchiv des Landratsamtes Saalfeld-Rudolstadt, 2.12.2021.

Michael Kühnel

geboren am 6. Juli 1959 in Ebersbach/Sachsen (heute Ebersbach-Neugersdorf, Landkreis Görlitz)
den Unfallsfolgen bei einem Festnahmeversuch erlegen am 19. Dezember 1978 in der Tschechoslowakei
Ort des Vorfalls: auf der Straße zwischen Litvínov und Most an der Grenze zur DDR

Der am 6. Juli 1959 in Ebersbach/Sa. geborene Hans Michael Kühnel wohnte bei seinen Eltern in einer Werkswohnung des Kliniksanatoriums Bad Gottleuba. Der 19-Jährige arbeitete als Beifahrer in einem Transportbetrieb der SDAG Wismut und war, wie sein Freund Detlef L., fasziniert vom Motorsport. Der 17-jährige Detlef L. war Hilfsarbeiter im VEB Metallwaren Bad Gottleuba. Beiden hatte die Polizei die Personalausweise eingezogen, wahrscheinlich wegen der Teilnahme an illegalen Motorradrennen.

Am 17. Dezember 1978 fuhren Michael Kühnel und Detlef L. um 20 Uhr mit dem Motorrad nach Ebersbach-Neugersdorf, wo sie gegen 22 Uhr eintrafen. Die Kleinstadt an der tschechoslowakischen Grenze war Kühnels Geburtsort. Er steuerte die MZ TS 250 von Detlef L., da dieser nur einen Mopedführerschein besaß. Nach den Ermittlungsergebnissen des Volkspolizeikreisamtes Pirna haben sich Kühnel und L. am 18. Dezember in Ebersbach-Neugersdorf aufgehalten, ohne von der Polizei kontrolliert zu werden. Am Nachmittag hätten sie sich spontan zu einer Flucht in die Bundesrepublik entschlossen und seien gegen 22 Uhr mit dem Motorrad aufgebrochen. Michael Kühnel sollte im Januar 1979 auf der Kreisdienststelle der Staatssicherheit in Pirna erscheinen, die Vorladung trug er bei sich, der Grund für die Einbestellung bleibt jedoch unbekannt. Darüber hinaus hatten sie nur ihre Führerscheine, etwas Kleingeld und eine Europakarte dabei, in der die Strecke Rumburk-Cheb eingezeichnet war. Rumburk ist auf der tschechischen Seite ein Nachbarort von Ebersbach-Neugersdorf.

Durch seine Ortskenntnis wusste Michael Kühnel, wo sie außerhalb eines Grenzübergangs und unbemerkt von Grenzsoldaten in die ČSSR gelangen konnten. Sie umfuhren in einem Waldgebiet einen Schlagbaum und das Drahthindernis und gelangten so bis in den Raum Litvínov. Nach der späteren Aussage von Detlef L., der im Februar 1979 von der Volkspolizei vernommen wurde, wollte Michael Kühnel dort Freunde treffen, die ihm bei der Flucht in die Bundesrepublik helfen sollten. Doch hier fiel das Motorrad gegen 2 Uhr aufgrund überhöhter Fahrgeschwindigkeit einer Polizeistreife auf. Diese versuchte zweimal vergeblich das Motorrad mit Lichtsignalen zum Halten zu bewegen. Daraufhin ordnete die Leitstelle der Bezirksverwaltung des Nationalen Sicherheitskorps Most an, dass Polizei-Oberwachtmeister Vrastislav Fejfar mit seinem Dienstwagen die Straße zwischen Litvínov und Most (dt. Brüx) mit angeschaltetem Blaulicht blockieren solle. 150 m im Vorfeld sollte eine Streife rotem Licht das Motorrad stoppen. Um 2.35 Uhr näherte sich Michael Kühnel mit Detlef L. auf dem Beifahrersitz der Straßensperre, sie fuhren mit einer Geschwindigkeit von bis zu 130 km/h. Erneut reagierte Kühnel nicht auf das Signal, er versuchte der Polizei zu entkommen und prallte ungebremst auf den quer zur Straße gestellten Dienstwagen der Marke „Moskwitsch". Michael Kühnel starb noch am Unfallort, sein Freund Detlef L. wurde schwerverletzt ins Krankenhaus Most gebracht. Mit Frakturen der Beine, des Beckens und der Schulter wurde er dort bis zum 19. Februar 1979 behandelt. Die Ermittlungsabteilung der Polizei eröffnete eine Untersuchung wegen des Verkehrsunfalls mit tödlichem Ausgang und schwerer Körperverletzung, die um den Straftatbestand des illegalen Grenzübertritts erweitert wurde. Im Rahmen der Ermittlungen wurde lt. Tagesmeldung vom 22. Dezember 1978 der Vater von Detlef L. nach Most vorgeladen. Dieser berichtete, dass Michael Kühnel von der Staatssicherheit gesucht wurde und die Absicht verfolgte, in die Bundesrepublik zu flüchten. Hierzu habe er seinen Sohn Detlef L. überredet. Aufgrund des Todes von Michael Kühnel stellte das Bezirksministerium für öffentliche Sicherheit in Most die Ermittlungen am 15. Januar 1979 ein. Kühnels Urne wurde laut einer Meldung des MfS nach Bad Gottleuba überführt und am 19. Februar 1979 auf dem dortigen Friedhof bestattet.

Die tschechischen Behörden übergaben Detlef L. am 19. Februar 1979 an der GÜSt Zinnwald der Volkspolizei, die ihn ins Kreiskrankenhaus Pirna überführte. Bis zur ersten Vernehmung am selben Tag hatten die DDR-Behörden den Tod Michael Kühnels als Folge eines Verkehrsunfalls behandelt, auch seine Familie erfuhr keinen anderen Grund, obwohl die tschechoslowakische Grenzwache in ihrer Tagesmeldung vom 22. Dezember 1978 bereits festhielt, dass er und sein Mitfahrer einen illegalen Grenzübertritt in die Bundesrepublik vorhatten. Detlef L. sagte nun über Kühnels Fluchtabsichten aus und erklärte, dass er von ihm beeinflusst worden sei. Er selbst hatte nicht in die Bundesrepublik gewollt und sich bereits entschieden gehabt, wieder nach Bad Gottleuba zurückzukehren. Wegen des ungesetzlichen Grenzübertritts in die ČSSR erhielt er eine Bewährungsstrafe und arbeitete nach seiner Genesung wieder als Transportarbeiter im VEB Metallwaren Bad Gottleuba.

Prokop Tomek beurteilte den Fall auf der Basis der tschechoslowakischen Aktenüberlieferung in einer Untersuchung für das Prager Institut für das

Studium totalitärer Regime als „untypisch", da er sich nicht im Grenzgebiet zur Bundesrepublik, sondern im Vorfeld, noch in der Nähe zur DDR-Grenze ereignete. Zudem sei die Überlieferung zu diesem Fall nur minimal, „die wichtigste Akte wurde bereits vernichtet". Dem Bericht Tomeks ähnelt Ivo Pejčochs Darstellung in seinem Buch *Přechody přes železnou oponu* (2011), wobei Pejčoch das Geschehen erzählerisch dramatisiert. Die Archivüberlieferung des MfS und der NVA-Grenztruppen arbeitete Jan Gülzau (2012) auf, einige Ermittlungsunterlagen müssen ihm jedoch nicht vorgelegen haben. Für ihn ist es offen, ob Kühnel und Detlef L. beim Grenzübertritt in die ČSSR „von der tschechoslowakischen Grenzsicherung sogleich auf frischer Tat ertappt wurden, oder ob sie lediglich wg. Fahrens mit überhöhter Geschwindigkeit die Aufmerksamkeit der tschechoslowakischen Polizei auf sich zogen". Tatsächlich hatten sie bereits gut 100 km auf tschechoslowakischem Gebiet zurückgelegt, bis sie der Polizei auffielen, so dass der zweite Grund zutreffen wird.

(Autor: jk; Recherche: AH, App., CB, jk, SM)

Quellen

Stadtverwaltung Ebersbach-Neugersdorf, Standesamt: Geburtsurkunde Nr. 259 (Hans Michael Kühnel). Ebersbach (Sachsen), 8.7.1959.

HS PS OSH: Denní hlášení č. 355, 22.12.1978. ABS Kanice, 2357, k. 245.

MfAA: Todesfallkartei DDR-Bürger im Ausland. PAAA, M 52/5342B93.

MfS ZKG: Meldung, Übergabe eines Toten und eines schwerverletzten DDR-Bürgers durch Miliz an BdVP Dresden Güst Zinnwald vom 20.2.1979. BArch, MfS, HA IX, Nr. 8575.

MfS KD Pirna: Ermittlungsunterlagen zu Detlef L. BArch, MfS, BV Dresden, KD Pirna, ZMA Nr. ST/I 203.

MfS KD Pirna; ODH Hauptmann Engelmann: Meldung vom 20.2.79 über Vorkommnis Nr. 43, Ungesetzlicher Grenzübertritt. BStU, Ast. Dresden, AKG, Nr. 7777, Teil 1.

NVA-Grenztruppen im Grenzabschnitt zur CSSR: Analyse über die Ergebnisse der Grenzüberwachung an der Staatsgrenze der DDR zur CSSR im I. Quartal 1978/79, 9.3.1979. BArch DVH 54/117291.

Pejčoch, Ivo: Přechody přes železnou oponu. Příběhy odvážlivců, kteří se rozhodli riskovat a odejít přes důkladně zabezpečené a střežené hraniční pásmo. Svět křídel, Cheb 2011.

Gülzau, Jan: Grenzopfer an der sächsisch-bayerischen und sächsisch-thüringischen Grenze in den Jahren 1947–1989. Dresden 2012, S. 60 f.

Tomek: Prokop: Michael Kühnel (* 6.7.1959, † 19.12.1978). Abrufbar unter: https://www.ustrcr.cz/uvod/dokumentace-usmrcenych-statni-hranice/usmrceni-statni-hranice-portrety/michael-kuehnel/ (15.3.2022).

Auskunft der Vorsitzenden der Historischen Sammlungen e. V. Bad Gottleuba vom 11.1.2022.
Auskunft des Stadtarchivs Ebersbach-Neugersdorf vom 10.2.2022.

Friedhelm Hohmann

geboren am 9. Mai 1961 in Halle (Saale)
erfroren zwischen dem 6. und 9. März 1980 in Polen
Ort des Vorfalls: Pośredni Goryczkowy Wierch (Berggipfel in der Westtatra) an der Grenze zur Tschechoslowakei

Friedhelm Michael Nowack (später Hohmann) erblickte am 9. Mai 1961 als Kind von Rose Dietlinde Nowack, geborene Furch, und Peter Wilhelm Fritz Nowack in Halle (Saale) das Licht der Welt. Seine Eltern hatten im Jahre 1960 im Standesamt Bad Dürrenberg ihre Ehe geschlossen. Über die Kindheit und Jugend von Friedhelm Nowack ist nicht viel bekannt. Sicher ist nur, dass sich seine Eltern wieder scheiden ließen und das Sorgerecht der Mutter zugesprochen wurde. Sie heiratete 1966 ein zweites Mal und Friedhelm Nowack trug nun aufgrund einer Erklärung der Sorgeberechtigten mit Wirkung vom 14. Oktober 1966 den Nachnamen seines Stiefvaters Dieter Hohmann.

Nach dem Abschluss der 10. Klasse begann Friedhelm Hohmann eine Lehre als Instandhaltungsmechaniker im VEB Gebäudewirtschaft Halle-Neustadt. Am 20. August 1978, noch während seiner Lehrzeit, wurde Hohmann wegen Diebstahls persönlichen Eigentums und unbefugter Benutzung eines Kraftfahrzeuges (§§ 126, 201) festgenommen und vom VPKA Merseburg in die UHA Halle überführt. Am 13. Juli 1979 verurteilte ihn das Kreisgericht Merseburg wegen dieser Straftaten. Durch rechtskräftigen Beschluss des Kreisgerichts Merseburg vom 2. November 1979 wurde die Strafe zur Bewährung ausgesetzt.

Nach seiner Entlassung aus der Haft habe Friedhelm Hohmann nicht mehr ein noch aus gewusst und Anfang Januar eine Überdosis Schlaftabletten genommen, erklärte sein Stiefvater in einem persönlichen Gespräch vermutlich mit einem Vertreter des Kreisgerichts Merseburg. Als er am 15. Januar 1980 aus dem Krankenhaus entlassen werden sollte, wollten ihn seine Großeltern, bei denen er zu diesem Zeitpunkt lebte, nicht mehr aufnehmen. Laut Aussage des Stiefvaters hatte Friedhelm Hohmann zwar einen Wohnungsantrag gestellt, doch keine Wohnung in Aussicht. Sein behandelnder Arzt wollte deshalb versuchen, ihn in einem Wohnheim in Halle unterzubringen. Am 7. Februar 1980 widerrief die Strafkammer des Kreisgerichts

Merseburg die gewährte Strafaussetzung auf Bewährung. Hohmann hätte somit wieder ins Gefängnis gemusst, doch er entzog sich dem Zugriff der Justiz und floh nach Warschau.

Am 21. Februar 1980 teilte sein Ausbildungsleiter, Ing.-Päd. Maurer, dem Kreisgericht Merseburg mit, dass Hohmann seit dem 11. Februar unentschuldigt der Arbeit ferngeblieben und auch in der elterlichen Wohnung nicht aufgetaucht sei. Auch zwei Monate später fehlte noch immer jede Spur von ihm, worüber der Kaderleiter des VEB Gebäudewirtschaft die Staatsanwaltschaft informierte. Sowohl dem Betrieb als auch den Angehörigen war Hohmanns Aufenthalt zu diesem Zeitpunkt unbekannt. Mit Schreiben vom 10. Juni 1980 meldete sich nun auch der Betriebsdirektor des VEB Gebäudewirtschaft, Fiedler, beim Staatsanwalt und gab an, dass sich Hohmanns Fehlen im Zeitraum vom 11. Februar bis 9. Juni während 83 Arbeitstage von jeweils 8,75 Stunden zu insgesamt 726,25 Stunden Arbeitsbummelei summiert habe. Fiedler fragte bei der Staatsanwaltschaft an, ob Hohmann eventuell inhaftiert sei und falls ja, ab wann. Doch was niemand wissen konnte: Friedhelm Hohmann war zu diesem Zeitpunkt bereits seit drei Monaten tot.

Am 9. März 1980 stießen Skifahrer auf der Südseite des 1.874 m hohen Pośredni Goryczkowy Wierch, etwa 150 m unterhalb des Grates, links von der Lawinenlinie, auf eine Leiche. Sie meldeten dies einem Angestellten der Polnischen Seilbahnen, der umgehend seine Kollegen vom Bergrettungsdienst benachrichtigte. Am Fundort der Leiche angekommen stellten diese fest, dass es sich bei dem Toten nicht um einen Wintersportler handeln konnte, denn er trug keine Wintersportbekleidung oder Bergschuhe, sondern Lederjacke, Pullover und Flanellhemd sowie Halbstiefel aus Leder. Da er zudem keine persönlichen Dokumente bei sich führte, konnte er zunächst nicht identifiziert werden. Lediglich eine Rechnung aus dem Restaurant „Orbis“ vom 6. März 1980 ließ vermuten, dass es sich nicht um einen polnischen Bürger handelte, da diese Restaurant- und Hotelkette in Polen überwiegend ausländische Gäste beherbergte.

Die Leiche wurde nach Kuznice, einem Stadtteil von Zakopane, abtransportiert. Nach der Leichenschau durch die dortige Miliz wurde sie in das Städtische Leichenhaus gebracht. Am 14. April 1980 stellte das Standesamt Zakopane unter der laufenden Nummer 180 die Sterbeurkunde für den Unbekannten aus. Bereits drei Tage später, am 17. April 1980, wurde er auf dem Pfarrfriedhof in Zakopane beigesetzt.

Noch 1985 war die Identität des Toten ungeklärt. Da nicht auszuschließen war, dass es sich um einen DDR-Bürger handelte, gab die beim Ministerium des Innern der DDR ansässige Zentralstelle für Kriminalistische Registrierung (ZSKR) im März 1985 ein Fahndungsblatt heraus. Auf dieser „Kriminalistischen Information Nr. 7/85" war das Gesicht der aufgefundenen Leiche abgebildet, zudem eine Beschreibung von Körper und Bekleidung sowie eine Auflistung der mitgeführten Gegenstände.

Laut Fahndungsblatt lag das geschätzte Alter des Toten zwischen 22 bis 27 Jahren, er war 180 cm groß und schlank, sein Haar dunkelblond, er trug einen Oberlippenbart und hatte eine Blinddarmoperationsnarbe. Seine Bekleidung war genau beschrieben: „Jacke aus schwarzem Kunstleder mit schwarzem Kunstfellkragen und beigem, ausknöpfbarem Kunstfellfutter; aschgraue Strickjacke mit Knöpfen; Strickjacke vorn rot gemustert mit schwarzen Streifen; dunkelblaue Jeanshose; graubraune Hose, Fischgrätenmuster; grünes Hemd mit Firmenbezeichnung ‚Polanex-Oniezno', auf der Tasche des Hemdes ist ein rundes Emblem mit schwarzem Adler und Aufschrift ‚Bundesrepublik Deutschland', auf dem Emblem sind zwei Metallabzeichen mit den Flaggen der USA bzw. Großbritannien[s]; lange, graublaue Unterhose; Trägerunterhemd, weiß-braun gemustert; schwarze Kosackenstiefel, an der Seite mit Reißverschluß; schwarze Elastiksocken." Er habe einen verchromten Armreifen getragen, an dem eine Kette mit dem Emblem der Flagge der Bundesrepublik befestigt war und um seinen Hals eine Kette mit einem kleinen gelben Kreuz. Ein Medaillon mit Brustbild von Kaiser Franz Joseph I. befand sich ebenfalls unter den aufgefundenen Gegenständen.

Alle Personen, die vor dem 9. März 1980 zur Fahndung ausgeschrieben waren, sollten nun überprüft werden. Lediglich diejenigen, bei denen begründete Hinweise auf den Aufenthaltsort vorlagen oder für die ein „KP 3", eine Kartei zu vermissten Personen oder unbekannten Toten, an die ZSKR übersandt worden war, waren davon ausgenommen. Hinweise zur Identifizierung der Leiche sollten bis zum 20. Juni 1985 der ZSKR übermittelt werden. Da auch nach Hohmann noch wegen der Verbüßung seiner Reststrafe gefahndet wurde, konnte die Identität des unbekannten Toten bald geklärt werden.

Bereits am 3. Juni 1985 informierte der Leiter der Zentralstelle für Kriminalistische Registrierung, Oberst Ballschmieter den Leiter der Abt. V, Oberstleutnant der Kriminalpolizei Rietzschel, dass im Bezirk Halle Hinweise erarbeitet werden konnten, die zur Identifizierung der Leiche geführt hatten. So habe Lieselotte B., die Großmutter Friedhelm Hohmanns, ihn auf dem Foto als ihren Enkel identifiziert. Auch Ronald H., ein Bekannter Hohmanns, erkannte in ihm einen kurzzeitigen Reisegefährten. Beide hatten sich im Februar 1980 in Warschau kennengelernt. H., ebenfalls Bürger der DDR, war am 9. Februar 1980 nach Polen gereist und hielt sich dort bei verschiedenen Bekannten auf. Hohmann und H. verbrachten einige Zeit miteinander, bevor sich am 2. März 1980 ihre Wege wieder trennten. Laut Ronald H. hatte Hohmann die Absicht, in die Bundesrepublik zu flüchten, um sich der Verbüßung seiner Reststrafe zu entziehen. Er habe ihm gesagt, dass er dies entweder über Gdansk-Gdynia, also über die Ostsee, oder über die ČSSR und Österreich versuchen wolle, gab Ronald H. bei seiner Befragung durch die Kriminalpolizei in der Untersuchungshaftanstalt Leipzig an. Er befand sich dort wegen eines Betrugsdeliktes.

Da die Merseburger Volkspolizei bei der Festnahme Hohmanns am 20. August 1978 seine Fingerabdrücke archiviert hatte, konnte die Leiche im Abgleich mit den polnischen Daten nun eindeutig identifiziert werden. Friedhelm Hohmann hatte tatsächlich versucht, wie er es Ronald H. angekündigt hatte, von Polen über die Tatra in die ČSSR zu gelangen und wollte von dort aus weiter über die Grenze nach Österreich in den Westen fliehen. Doch für eine Durchquerung der Tatra im Winter bei Schnee und Kälte war er nicht ausgerüstet. Auf der Südseite des Pośredni Goryczkowy Wierch in unmittelbarer Nähe zur ČSSR-Grenze ist er erfroren.

Nach der Identifizierung des Toten erklärte seine Mutter der Kriminalpolizei in Halle, sie sei an einer Überführung der sterblichen Überreste ihres Sohnes nicht interessiert. Noch heute liegt Friedhelm Hohmann gemeinsam mit zwei weiteren Personen, in einem Grab auf dem Friedhof in Zakopane, einem ebenfalls unbekannten Toten und Kazimiera Hajduk, geboren 1912, gestorben im Jahre 1992. Die Grabstätte befindet sich in einem schlechten Zustand. Eine Tafel weist lediglich auf Kazimiera Hajduk hin. Warum der Name Friedhelm Hohmanns nicht nachträglich hinzugefügt wurde, ist nicht bekannt.

(Autorin: CB; Recherche: CB, JHH)

Quellen

Justizvollzugsanstalt Halle: Haftkarteikarte und Aufnahmebogen der UHA Halle für Friedhelm Michael Hohmann, angelegt 1978. Zentrale Auskunftsstelle des Justizvollzuges des Landes Sachsen.

Rat der Stadt Halle-Neustadt, Abteilung Innere Angelegenheiten: Schriftwechsel zu kriminell gefährdeten Bürgern. StA Halle, AN 1.6, Nr. 1316.

Informationen des polnischen Bergrettungsdienstes zur Auffindesituation einer unbekannten Leiche, März 1980. GOPR – Expeditionen, 1980. Information des Bergrettungsdienstes an Joanna Hytrek-Hryciuk am 3. Juni 2022.

Ministerium des Innern der DDR, Hauptabteilung Deutsche Volkspolizei, Kriminalpolizei-Abteilung II: Kriminalistische Informationen Nr. 7/85, März 1985; Schreiben von

Oberst Ulbrich, Leiter der Fahndungsführungsgruppe, an Oberst Speckhardt, HA Kriminalpolizei, 26.3.1985; Schreiben von Oberst Ballschmieter, Leiter der ZSKR, MdI, an Oberstleutnant Rietzschel, Leiter der Abt. V, Kriminalpolizei, 3.6.1985; Schreiben von Oberst Speckhardt, HA Kriminalpolizei, an Oberst Ulbrich, Leiter der Fahndungsführungsgruppe, 6.6.1985; Schreiben des Leiters der Abt. II der HA Kriminalpolizei an Oberst Ulbrich, Leiter der Fahndungsführungsgruppe des MfS, vom 21.12.1985. BArch, DO 1/93513.

Auskunft Friedhofskanzlei der Pfarrei Heilige Familie in Zakopane an Joanna Hytrek-Hryciuk vom 3. Juni 2022.

Steffen Anders

geboren am 21. August 1977 in Altenburg
ertrunken am 24. August 1983 in der Tschechoslowakei
Ort des Vorfalls: Fluss Waag (slowakisch Váh, ungarisch Vág) in der Nähe von Komárno an der Grenze zu Ungarn

Steffen Anders erblickte am 21. August 1977 als uneheliches Kind der 1955 geborenen Facharbeiterin für Druckformenherstellung Monika Kamprad und B. Anders das Licht der Welt. Am 1. November 1977 erkannte Anders die Vaterschaft an und Steffen Kamprad hieß fortan Steffen Anders. Um geeigneten Wohnraum zu bekommen, heirateten Monika Kamprad und B. Anders am 6. Oktober 1979, ließen sich jedoch im April 1981 wieder scheiden. B. Anders bekam die eheliche Wohnung in der Altenburger Otto-Buchwitz-Straße zugesprochen, verpflichtete sich jedoch dazu, für seine geschiedene Frau und Steffen eine Wohnung auszubauen. Dieser Verpflichtung kam er nicht nach, und Monika Anders und Steffen lebten weiterhin mit B. Anders unter einem Dach.

Im April 1983 lernte Monika Anders über ein Inserat in einer Wochenzeitschrift den ebenfalls 1955 geborenen Wolfgang H. kennen. Der in Deutzen – etwa 16 km nördlich von Altenburg gelegen – lebende Elektromonteur war ebenfalls geschieden. Er zog kurze Zeit später zu Monika Anders nach Altenburg. Dies führte zu Konflikten und Auseinandersetzungen, da der ehemalige Ehemann B. Anders ebenfalls noch dort wohnte. Die Situation war so untragbar und belastend, dass sich Monika Anders und ihr Freund H. bereit erklärten, bis zum November 1983 aus der Wohnung auszuziehen. Sie unternahmen verstärkte Anstrengungen, eine geeignete Wohnung für sich und Steffen zu finden. H., seit 1972 Mitglied der SED, schrieb Eingaben und Monika Anders sprach immer wieder bei der Abteilung Wohnungspolitik des Rates der Stadt Altenburg vor. Als ihr allerdings bei einem wiederholten Gesprächstermin beim Rat der Stadt am 23. August 1983 wieder keine Wohnung in Aussicht gestellt werden konnte und auch der Versuch fehlschlug, in Zwickau Arbeit und eine Wohnung zu finden, entschlossen sich Wolfgang H. und Monika Anders noch am selben Tag dazu, gemeinsam mit dem Sohn Steffen die DDR zu verlassen. Konkrete Vorstellungen über die Durchführung dieses Vorhabens hatten sie zu diesem Zeitpunkt nicht.

Monika Anders und Wolfgang H. suchten mit Hilfe eines alten Schulatlanten nach einer möglichen Fluchtroute. Sie wollten visafrei in die Tschechoslowakei einreisen, weiter über die Grenze zu Ungarn, um über Jugoslawien nach Italien oder in die Türkei schließlich nach Westdeutschland zu gelangen. H., der zu diesem Zeitpunkt gerade Urlaub hatte, drängte darauf, noch am gleichen Abend, also am 23. August 1983, mit der Umsetzung des Fluchtplans zu beginnen. Dem kleinen Steffen sagten sie, sie würden eine Urlaubsreise unternehmen.

Nachdem H. 1.500 Mark von seinem Konto abgehoben hatte, fuhren sie mit dem Zug von Altenburg nach Leipzig und gegen 21.30 Uhr von dort weiter Richtung Prag. Dort angekommen, tauschten sie DDR-Mark gegen Kronen und kauften zur besseren Orientierung einen Autoatlas der ČSSR. Von dort reisten sie mit dem Zug weiter nach Bratislava. Während dieser Fahrt befragte H. mitreisende ČSSR-Bürger nach der besten Stelle, um die Donau Richtung Ungarn zu überqueren. Ihnen wurde die Gegend von Komárno oder Sturovo genannt. Deswegen brachen sie nach Komárno auf, wo sie am 24. August gegen 20.30 Uhr eintrafen. Sie gaben ihren Koffer als Reisegepäck Richtung Budapest auf, um ihn dort nach dem erfolgreichen Überwinden der Grenze wieder abholen zu können. Danach fuhren sie per Anhalter bis zur Grenzübergangsstelle Komárno. Da sie die Grenze nach Ungarn jedoch außerhalb der Grenzübergangsstelle überwinden wollten, liefen sie etwa 20 Minuten landeinwärts in nördliche Richtung. Zwischen 22.00 Uhr und 23.30 Uhr – es war noch immer der 24. August – stießen sie auf den Fluss Waag, der bei Komárno in die Donau mündet. Sie glaubten jedoch, sie hätten bereits die Donau erreicht.

Während H. sich nach einer günstigen Stelle für die Flussüberquerung umschaute, blieben Monika Anders und ihr Sohn Steffen in einem Versteck am Ufer. Steffen schlief, müde von der langen Reise, bald ein. Monika Anders bekam nun Bedenken. Dieses breite und unbekannte Gewässer sollten sie nachts in voller Bekleidung durchschwimmen? Ihr sechsjähriger Sohn konnte noch gar nicht schwimmen und Hilfsmittel wie einen Schwimmring oder ähnliches, an dem er sich hätte festhalten können, hatten sie nicht dabei. Deshalb schlug sie nach H.s Rückkehr von der Erkundungstour vor, den Fluchtversuch lieber auf den nächsten Tag zu verschieben. Doch H. wollte keine Zeit verlieren. Er befürchtete, dass in der DDR bereits nach ihnen gefahndet würde. Zudem hielt er sich für einen guten Schwimmer, da er während seiner Schulzeit das Schwimmabzeichen der Stufe III erworben hatte. Dafür hatte er in einer kurzen Zeit jeweils 100 m in zwei Schwimmarten zurücklegen müssen. Monika Anders ließ sich umstimmen und weckte ihren Sohn, der noch verschlafen äußerte, er wolle um diese Zeit nicht mehr „baden" gehen. Doch Wolfgang H. nahm den Jungen auf seinen Rücken und ging ins Wasser. Bereits beim Losschwimmen merkte er, dass es besonderer Kraftanstrengungen bedurfte, um mit dem Kind auf dem Rücken in der Strömung voran zu kommen. Der kleine Junge hielt sich an H.s Schultern fest, eine weitere Sicherung des Kindes, etwa durch ein Seil, gab es nicht. Monika Anders schwamm etwa drei bis vier Meter neben Wolfgang H. und ihrem Sohn. Sie trug eine Handtasche und einen Plastikbeutel mit Wäsche bei sich.

Etwa in der Mitte des Flusses konnte Wolfgang H. sich und das Kind nicht mehr über Wasser halten. Das Körpergewicht des Jungen drückte ihn in der Strömung unter Wasser. Er fürchtete zu ertrinken und rief Monika Anders um Hilfe. Als sie ihren Sohn von H.s Schultern nahm, und ihn vor ihre Brust hielt, krallte er sich in Todesangst um ihren Hals und drückte ihr die Luft ab. Es gelang ihr nicht, sich aus der Umklammerung zu befreien, doch schaffte sie es anfangs noch, den Kopf ihres Sohnes über Wasser zu halten. Doch nach und nach erlahmten ihre Kräfte. Ihr Sohn, der immer mehr Wasser schluckte, konnte sich nicht mehr an seiner Mutter festhalten und versank im Fluss.

Monika Anders und Wolfgang H. waren nicht mehr in der Lage, zu tauchen und nach dem Jungen zu suchen. Sie schwammen zum gegenüberliegenden Ufer und glaubten, es nach Ungarn geschafft zu haben. Die verzweifelte Mutter wollte nach ihrem Sohn suchen, doch H. hielt sie mit der Begründung davon ab, dies sei aussichtslos und würde ihr Fluchtvorhaben gefährden. Sie liefen in östlicher Richtung und stießen auf ein Ortseingangsschild, dem sie entnehmen mussten, dass sie sich nicht in Ungarn, sondern noch immer auf dem Territorium der ČSSR befanden. Statt der Donau hatten sie die Waag, einen aus nördlicher Richtung kommenden Donauzufluss, etwa 2,50 m tief und 180 m breit, durchschwommen.

Das Paar kehrte nun nach Komárno zurück und traf dort auf einen türkischen Lkw-Fahrer, der sie in seinem Lkw schlafen ließ. Am frühen Morgen des 25. August fuhren sie mit ihm nach Bratislava, kauften erneut einen

Autoatlas, da sie den ersten bei der Flussüberquerung verloren hatten. Von Bratislava fuhren sie mit dem Zug Richtung Sturovo und von dort mit dem Bus in das etwa 13 km entfernte Chlaba. Dort versuchten sie, über die tschechoslowakische Staatsgrenze nach Ungarn zu gelangen. Dabei wurden sie jedoch von ČSSR-Grenzwachen festgenommen.

Am 26. August 1983 gegen 15.30 Uhr fand eine Grenzstreife am Flusskilometer 1.741, etwa 30 km donauabwärts in der Nähe von Kravany nad Dunajom, die Leiche von Steffen Anders. Die durchgeführte Obduktion ergab als Todesursache Ersticken durch Ertrinken. Am 29. August 1983 musste Monika Anders die Leiche ihres Kindes in Komárno identifizieren. Laut Obduktionsprotokoll war Steffen Anders etwa 1,10 m groß und hatte eine sportliche Gestalt. Seine Haare waren kurz und blond, er hatte ein schmales Kinn und etwas breitere Wangen. Er trug einen selbstgestrickten orangefarbenen Pullover mit blauen Querstreifen. In der Innenseite des Pullovers war sein Name „Steffen Anders" eingestickt. Zudem trug er kurze blaue Jeans und Sandalen, auf denen mit Kugelschreiber ebenfalls der Name geschrieben stand.

Am 9. September 1983 wurde Steffen Anders auf den Wunsch der Mutter im Krematorium Bratislava eingeäschert. Auf dem Bestätigungsschreiben der Einäscherung des Krematoriums in Bratislava vom selben Tag findet sich ein maschinengeschriebener Vermerk in slowakischer Sprache, dass die Urne auf Weisung des Generalkonsuls der DDR an den Städtischen Friedhof in Altenburg geschickt werden solle. Monika Anders sprach sich jedoch dafür aus, ihren Sohn in der Nähe des Ereignisortes zu bestatten.

Monika Anders und Wolfgang H. blieben bis zum 29. August 1983 als Untersuchungshäftlinge in Komárno, bevor sie in das Gefängnis Bratislava überstellt wurden. Ein gegen sie eingeleitetes Strafverfahren wurde nach ihrer Auslieferung in die DDR am 7. September 1983 eingestellt. In der DDR leitete die Bezirksverwaltung Leipzig ein Ermittlungsverfahren gegen sie ein. Vor der Strafkammer des Kreisgerichtes Borna mussten sie sich wegen versuchten ungesetzlichen Grenzübertritts in Tateinheit mit fahrlässiger Tötung verantworten. Am 23. Dezember 1983 wurde Wolfgang H. zu fünf Jahren und sechs Monaten, Monika Anders zu zwei Jahren Haft verurteilt. Auf der Anklageschrift ist jedoch handschriftlich vermerkt, dass ihre Strafe auf vier Jahre und sechs Monaten zu erhöhen sei.

Wolfgang H. stellte am 6. Mai 1984 aus der Haftanstalt Bautzen heraus einen Antrag auf Aberkennung der DDR-Staatsbürgerschaft und Übersiedlung in die Bundesrepublik Deutschland. Monika Anders jedoch wollte keinen solchen Antrag stellen, wie sie ihm am 10. Mai 1984 bei einem Zusammentreffen in der Haftanstalt deutlich machte. Wolfgang H. zog seinen

Antrag daraufhin zurück. Etwa anderthalb Jahre später, am 11. September 1985, kaufte ihn die Bundesrepublik frei.

Monika Anders wurde am 27. Februar 1986 aus der Haft entlassen. Den Tod ihres Sohnes Steffen hat sie wohl nie verkraftet. Am 13. September 1986, zwei Tage vor ihrem 31. Geburtstag, nahm sie sich in ihrer Altenburger Wohnung das Leben. Zehn Tage später wurde sie auf dem Städtischen Friedhof Altenburg in der Abt. 4 Nr. 151 beigesetzt. Nach ihrem Tod wurde auch ihr Sohn Steffen in dieses Grab umgebettet. Im Jahr 2007 liefen die Nutzungsrechte aus, und die Grabstätte wurde beräumt.

(Autorin: CB; Recherche: App., CB, jk, jos.)

Quellen

HS PS OSH: Denní hlášení, č. 238, 27.8.1983. ABS Kanice, B/40 1983.

Správa ZNB hl. mesta Bratislavy: Vyšetřovací spis, č. 0564/83. ÚPN Bratislava, BA-V 16433.

MfS, HA X: Festnahme durch die Sicherheitsorgane der CSSR wegen versuchtem [sic!] ungesetzlichem [sic!] Grenzübertritts. Berlin 2.9.1983 [u.a. Dokumente]. BStU, MfS, HA IX, Nr. 5713.

Beurteilungsblatt [u.a. Dokumente]. BStU, MfS, HA IX, Nr. 16279.

Auskunftsersuchen zur Person. BStU, MfS, HA XXII, Nr. 65, Bl. 207–208.

Festnahme der Bürger der DDR durch die Sicherheitsorgane der CSSR. BStU, MfS, ZKG, Nr. 13441, Bl. 1 f.

Staatsanwalt des Bezirkes Leipzig: Anklageschrift, Az. 211-73/83, 29.11.1983. BArch, DP 3/409.

Meldekarte von Monika Anders. Stadtarchiv Altenburg, Meldewesen/Meldekarten.

Totenschein Monika Anders vom 13./19.9.1986. Kreisarchiv Altenburg, Rat des Kreises Altenburg – Gesundheitswesen, Sign. 369.

Auskunft des Städtischen Friedhofs Altenburg vom 4.4.2022.

Jürgen Schwarz

geboren am 22. Mai 1952 in Leisnig, OT Altleisnig (Landkreis Mittelsachsen)
ertrunken am 25. August 1989 im tschechoslowakisch-ungarischen Grenzgewässer
Ort des Vorfalls: in der Donau bei Komárno

Walter Jürgen Schwarz wurde am 22. Mai 1952 im sächsischen Altleisnig geboren, seine Eltern waren Walter und Eva Schwarz, geb. Mücke. Von 1958 bis 1968 besuchte er bis zum Abschluss der 10. Klasse die Polytechnische Oberschule in Leisnig. Während der schulischen Ausbildung erlernte er zudem den Schlosserberuf. Seit 1970 arbeitete er in wechselnden Betrieben als

Kraftfahrer. 1978 setzte das Ministerium für Auswärtige Angelegenheiten Jürgen Schwarz als Fahrer der DDR-Botschaft in Aden (VR Jemen) ein, wo er bis zum 14. Juli 1981 beschäftigt war. Am 21. August 1978 wurde er in die SED aufgenommen. Nach seiner Rückkehr in die DDR zog er nach Waldheim. Dort arbeitete er als Kraftfahrer der örtlichen Gebäudewirtschaft und heiratete. Aus der später geschiedenen Ehe ging 1973 eine Tochter hervor. 1986 zog Jürgen Schwarz nach Bad Düben und nahm am 1. Oktober 1986 eine Tätigkeit als Kino-Rundfunkmechaniker beim NVA-Bataillon Chemische Abwehr (BChA-3) an – er wurde Filmvorführer. Hier schloss er eine zweite Ehe mit einer Zivilbeschäftigten der NVA in Bad Düben. Die Tochter von Jürgen Schwarz lebte mit dem Ehepaar in einem Wohnhaus der NVA.

Im November 1988 wurde die für die Überwachung der NVA zuständige Hauptabteilung I des DDR-Staatssicherheitsdienstes auf Familie Schwarz aufmerksam, weil sie ohne Zustimmung des Kommandeurs persönliche und postalische Verbindungen in die Bundesrepublik unterhielt. Dies war für das MfS umso alarmierender, als befreundete Nachbarn, das Ehepaar Peter und Birgit E., ebenfalls unerlaubte Westkontakte pflegten und sogar Verwandte aus Westdeutschland bei diesen Familien im NVA-Wohnobjekt zu Besuch kamen. Peter E. (Jg. 1960) war Oberfähnrich der NVA. Im Rahmen der Erfassung für die Kerblochkartei des MfS wurde das verwandtschaftliche Umfeld der Familie Schwarz der Postkontrolle unterzogen, Besucher wurden durch die Inoffiziellen Mitarbeiter des MfS IM „Brigitte“ und „Bernd“ gemeldet und heimlich fotografiert. Während das MfS mit diesen beiden IM Zugang zum Privatleben und zur Wohnung von Jürgen Schwarz hatte, überwachte ein IM „Karl-Heinz“ seine dienstliche Tätigkeit. Es sollte u. a. geklärt werden, welchen Charakter seine Beziehungen zu Westdeutschen hatten und welchen „negativen, politischen Einfluß“ Jürgen Schwarz und Peter E. aufeinander ausübten. Für Peter E. hatten die MfS-Ermittlungen bald berufliche Konsequenzen. Er wurde im März 1989 aus dem Militärdienst entlassen, da er den Kontakt zu seiner Schwester aufrechterhielt, die 1987 in den Westen geflohen war. Am 19. Juli 1989 vermerkte das MfS als „operative Momente“ zu Schwarz, dass er „ideologische Aufweichungserscheinungen“ zeige und die Absicht habe, aus der SED auszutreten.

In der zweiten Julihälfte 1989 verbrachten die Familien Schwarz und E. einen gemeinsamen Camping-Urlaub am Balaton in Ungarn. Bereits am 27. Juni waren die Bilder um die Welt gegangen, die den Außenminister Ungarns Gyula Horn und seinen österreichischen Amtskollegen Alois Mock zeigten, wie sie symbolisch ein Loch in den ungarischen Grenzzaun schnitten. In Ungarn fanden sich immer mehr DDR-Bürger ein, die nach Möglichkeiten suchten, das Land nach Österreich zu verlassen. Auch für die Familien Schwarz und E. am Balaton war dies ein Gesprächsthema. Doch als Peter E. laut drüber nachdachte, die Chance zu nutzen und gemeinsam Richtung Westen aufzubrechen, fassten dies fast alle anderen als Scherz auf, der keiner weiteren Überlegung wert sei. Nicht so jedoch Frau Schwarz. Bald nach ihrer Rückkehr müssen sie und Peter E. vereinbart haben, noch einmal nach Ungarn zu fahren und dort eine Flucht über die durchlässig gewordene Grenze zu versuchen. Am Mittwoch, den 23. August 1989, brachen sie auf. Gemeinsam durchschwammen sie die Donau, da sie ohne Reisegenehmigung nicht aus der Tschechoslowakei nach Ungarn ausreisen durften, hielten sich noch bis Anfang September in Ungarn auf, überquerten dann die Grenze nach Österreich und gelangten von dort zu E.s Schwester nach Westdeutschland. Am 19. September meldete sich Frau Schwarz aus Baden-Württemberg bei ihren Eltern in Leipzig.

Am 23. August suchte Jürgen Schwarz gegen 21 Uhr seinen Vorgesetzten, den Stellvertreter des Kommandeurs für politische Arbeit, in dessen Wohnung auf und bat ihn um zwei Tage Urlaub, da seine Frau fortgegangen sei. Schwarz habe einen „konfusen, verstörten Eindruck" gemacht, berichtete der Vorgesetzte später. Der Urlaub wurde ihm gewährt. Am nächsten Morgen gegen 10 Uhr verließ Jürgen Schwarz mit seiner 15-jährigen Tochter Bad Düben. Er vermutete, dass seine Ehefrau und Peter E. vorhatten, über Ungarn in den Westen zu flüchten. Da sie die Bahn nehmen müssten, wollte er sie mit dem Auto einholen. Die Tochter sagte am 29. August bei einer Vernehmung durch das MfS aus, dass ihr Vater „völlig ratlos" über das Verschwinden seiner Ehefrau gewesen sei und sie Angst um ihn gehabt habe. Er wollte seine Frau wiederfinden und zur Rückkehr in die DDR bewegen. „Sollte sie aber über Österreich in die BRD wollen, wäre Vati mit ihr mitgegangen. Er war fest entschlossen, diesen Weg mitzugehen, wenn es dem Erhalt der Ehe dient. Ich selbst wäre meinem Vater nach Österreich gefolgt."

Mit seinem delphingrauen Trabant fuhren Jürgen Schwarz und seine Tochter über den Grenzübergang Bahratal in die ČSSR und von dort über Brno und Bratislava direkt nach Komárno an die Donau, in deren Mitte die Grenze zu Ungarn verläuft. Sie erreichten Komárno gegen 22 Uhr. Am nächsten Tag, dem 25. August, stiegen sie in der Nähe des Ortes gegen 17 Uhr in die Donau. Jürgen Schwarz hatte ihre Personalausweise in seinem Brustbeutel verstaut, Kleidung und persönliche Gegenstände packte er in einen Plastikbeutel. Dann begannen beide in Richtung des ungarischen Ufers zu schwimmen. Der Fluss war an dieser Stelle etwa 200 m breit. Als sie seine Mitte erreichten, wurden beide von der Strömung erfasst. Die Tochter, die ihren Vater bald aus dem Blickfeld verloren hatte, gelangte allein an das ungarische Ufer. Sie suchte ihn erfolglos und schlief schließlich vor Erschöpfung ein. Am 26. August fuhr sie per Anhalter in Richtung österreichische Grenze, weil sie annahm, ihr Vater sei bereits dorthin aufgebrochen. Etwa 10 km vor ihrem Ziel wurde sie von einer Zivilstreife der Polizei festgenommen, da sie keinen Ausweis bei sich hatte, und am selben Tag am Grenzübergang Rusovce den tschechoslowakischen Behörden übergeben. Das DDR-Konsulat in Bratislava stattete sie mit einem Ausweis und Geld für die Rückfahrt aus. Am Abend des 28. August kehrte sie in die elterliche Wohnung zurück, wurde zunächst von der Volkspolizei befragt und anschließend bei ihren Großeltern untergebracht. Später übernahm ein Bad Dübener Ehepaar die Vormundschaft.

Der Staatssicherheitsdienst wurde am 27. August 1989 über die Flucht von Jürgen Schwarz informiert. Dort war man überrascht; es gab, wie es im Abschlussbericht der HA I vom 22. September 1989 heißt, keine Vorbereitungshandlungen oder vorausgehenden Hinweise, vielmehr müsse er seinen Entschluss in einer Konfliktsituation spontan gefällt haben. Die eingesetzten Inoffiziellen Mitarbeiter des MfS hätten trotz persönlicher Verbindungen zu Jürgen Schwarz „keine Absichtserklärungen bzw. erkennbare Reaktionen und Verhaltensweisen im Sinne der späteren Handlungen" bemerken können.

Am 29. August entdeckte ein Fischer gegen 20 Uhr die Leiche von Jürgen Schwarz am Donauufer bei Kravany nad Dunajom, etwa 30 km flussabwärts von Komárno. Nach der Bergung konnte man den Toten durch den mitgeführten Personalausweis identifizieren. Die Obduktion fand am 31. August 1989 im Krankenhaus von Nové Zámky statt. Als Todesursache wurde Ertrinken festgestellt. Am selben Tag meldete das Konsulat in Bratislava den Leichenfund dem MfAA in Berlin. Dieses benachrichtigte am 1. September den Rat der Stadt Bad Düben, um die Überführung der Leiche und die Nachlassangelegenheiten zu regeln. Die Urne von Jürgen Schwarz wurde am 22. September 1989 auf dem evangelischen Stadtfriedhof in Bad Düben beigesetzt. Eine Todesanzeige durfte auf Weisung der MfS-Bezirksverwaltung in Leipzig nicht veröffentlicht werden. Am 13. November 1989 verfügte der Militärstaatsanwalt in Leipzig, Oberstleutnant Prengel, dass von einem Ermittlungsverfahren abgesehen werde. Die Untersuchungen hätten ergeben, „daß ein Unglücksfall vorliegt".

(Autor: jk; Recherche: AH, jk, jos.)

Quellen

Hauptquartier der 11. Grenzwache Bratislava: Tagesrapporte vom 26.8.1989 und 30.8.1989 (Übersetzung Mikuláš Zvánovec). ÚPN Bratislava, S/VIII, Inv. C. 234, Šk. 159.

MfS, HA I: Karteikarten zu Jürgen Schwarz. BStU, MfS, HA I, AR 2, AKG-Dok.
BStU, MfS, HA I: Tagesmeldungen August 1989. BStU, MfS, HA I, Nr. 14857, Bd. 1, Bl. 90 f.
MfS, HA I/LSK-LV/UA Schulen: Op. Meldungen vom 28. und 29.8.1989 und Ergänzungsmeldungen. BArch, MfS, HA I, Nr. 10286.
MfS, HA I: Operative Meldung Nr. 4, Rapport Nr. 4/10/89. BArch, MfS, HA I, Nr. 10296, Teil 1.
MfS HA I/MB III, UA Stab: Sachstandsbericht und Maßnahmeplan zur Einleitung eines KK-Materials. Bad Düben, 2.11.1988. Und: Oberstleutnant Schüler, UA Stab: Abschlußbericht zum ungesetzlichen Grenzübertritt. Leipzig, 22.9.89 BArch, MfS, HA I, Nr. 4596, Bl. 633–652.
MfS BV Leipzig: Unges. GÜ u. Tod durch Ertrinken Schwarz. BArch, Ast. Leipzig, BV Leipzig, Abt. IX, Nr. 00022/05.
MfS, HA I/MB-3/UA Stab Leipzig/OSL Schuerer: Op. Meldung vom 28.8.1989 und Ergänzungsmeldungen. BArch, Ast. Leipzig, BVfS Leipzig, HA IX, Nr. 00116.
MfAA: Unnatürlicher Todesfall Walter Jürgen Schwarz. PAAA, ZR 5335/93.
Militärstaatsanwalt Leipzig: Untersuchungsakte AP-103/89 (Le-TT/E) zum „Nichtnatürlichen Todesfall Zivilbeschäftigter Schwarz, Jürgen BChA–3“. BArch, DVW 13/82740.
Auskunft der Stadtverwaltung Leisnig, Standesamt vom 23.6.2022.
Auskunft der Friedhofsverwaltung Bad Düben vom 24.5.2022.

Christian Schubert

geboren am 29. Juni 1965 in Jena
ertrunken am 14. September 1989 im tschechoslowakisch-ungarischen Grenzgewässer
Ort des Vorfalls: Donau bei Veľké Kosihy

Christian Schubert

Am 29. Juni 1965 erblickte Christian Schubert als Kind der Wirtschaftskauffrau Christa Schubert, geborene Schmidt, und des Ingenieurs für Mikrophysik Walter Schubert in Jena das Licht der Welt. Er war das zweite von drei Kindern; sein älterer Bruder heißt Andreas, die jüngere Schwester Susanne. Am 1. September 1972 wurde Christian Schubert in der Polytechnischen Oberschule „Erich Weinert“ in Jena eingeschult, im gleichen Jahr als Jungpionier und in der 4. Klasse als Thälmannpionier in die Pionierorganisation aufgenommen und 1979 in die FDJ. Am 17. Mai 1980 erhielt er die Jugend-

Christian Schubert, ca. 1988

weihe. Nachdem sich die Eltern 1974 scheiden ließen, wuchsen die drei Kinder bei der Mutter auf.

Das Lernen bereitete Christian Schubert in einigen Fächern Schwierigkeiten, die praktische Arbeit lag ihm jedoch sehr. So wurde er 1980 im Unterrichtsfach „Produktive Arbeit", das neben den Fächern „Einführung in die Sozialistische Produktion" und „Technisches Zeichnen" den Unterricht um ein praktisches Element ergänzte und den beteiligten Betrieben zur Nachwuchs-Gewinnung diente, durch den VEB Carl Zeiss Jena für seine guten Leistungen ausgezeichnet. Neben seinen schulischen Aufgaben engagierte sich Christian in den Arbeitsgemeinschaften Touristik und Wehrerziehung und in der Betriebssportgemeinschaft Jena-Süd.

Im September 1982 nahm er beim VEB Carl Zeiss Jena, der mit etwa 60.000 Mitarbeitern das seinerzeit größte Kombinat der DDR war, eine zweijährige Lehre zum Facharbeiter für Feinoptik auf. Eigentlich wollte er nach Beendigung der Lehre den Weg zum Berufsunteroffizier der NVA mit einer Regeldienstzeit von zehn Jahren einschlagen. Deshalb hatte er sich bereits im April 1982 mit dem Einverständnis seiner Mutter um diese Laufbahn beworben. Einige Monate später jedoch, im Dezember 1982, zog er seine Bewerbung zurück. Das Wehrkreiskommando Jena lud ihn deswegen im Januar 1983 zu einer Aussprache vor, zu der er allerdings nicht erschien. Seine Bewerbung wurde daraufhin für ungültig erklärt. Statt der zehnjährigen Armee-Laufbahn wollte er sich nun für drei Jahre bei der NVA verpflichten und in seinem erlernten Beruf eine „hohe, fachliche Qualifizierung" anstreben.

Christian Schubert ging gern und oft mit seinen Freunden feiern. Autos und Motorräder waren seine Leidenschaft. Er träumte von einem Leben mit unbegrenzten Möglichkeiten, wollte reisen und schnelle Wagen fahren. Um dies zu erreichen, hatte er bereits mehrere Ausreiseanträge gestellt, die abgelehnt worden waren. Mit den Anträgen begannen für ihn die Probleme und Repressionen. Im VEB Carl Zeiss Jena sei er nicht mehr tragbar gewesen erinnerte sich seine Schwester Susanne 1999 im Rahmen eines Interviews für eine Zeitung. In seinen sich anschließenden Jobs als Saunameister oder in der Jenaer Brauerei sei er immer wieder als „arbeitsscheu" abgestempelt worden. Er habe erst wieder Ruhe gefunden, als er eine Beschäftigung in einem privaten Baubetrieb fand. Im Sommer 1989 war Christian als Transportarbeiter in der Einkaufs- und Liefergenossenschaft des Bauhandwerks Jena beschäftigt.

Seit Ende 1988 führte er eine Beziehung mit Kirsten Häußler. Beide waren bereits im Kindergarten befreundet, hatten sich danach aber aus den Augen verloren. Kirsten wusste von seinen Ausreiseanträgen, doch für sie kam eine Ausreise nicht infrage. Zwar lebte ihr Bruder nach achtmonatiger Haft wegen eines Fluchtversuchs bereits seit zwei Jahren in Köln, doch hatte sie einen zweijährigen Sohn mit einem sehr engen Verhältnis zu seinen Großeltern. Die drei zu trennen, hätte sie nicht übers Herz gebracht, litten ihre Eltern doch schon unter der Ausreise des Bruders. Zudem hatte sich Kirsten in der DDR ‚eingerichtet'. Neben ihrer Arbeit als Kellnerin übernahm sie Schneiderarbeiten im Freundeskreis und verkaufte selbstgenähte Kleidung auf Wochenmärkten, was ihr ein gutes Nebeneinkommen einbrachte.

Nachdem am 26. Mai 1989 ein weiterer Ausreiseantrag abgelehnt wurde, legte Christian im Juni beim Rat der Stadt Jena Beschwerde ein und nahm Kontakt zu Rechtsanwalt Wolfgang Schnur auf, der in den 1980er Jahren neben Wehrdienstverweigerern und Oppositionellen aus Kirchenkreisen vor allem auch Ausreiseantragsteller vertrat. Was damals allerdings nicht bekannt war: Seit 1965 wirkte Schnur auch als Inoffizieller Mitarbeiter des MfS. Am 22. Juni 1989 wandte sich Schnur an den Oberbürgermeister der Stadt Jena und legte Beschwerde gegen die Ablehnung der ständigen Ausreise seines Mandanten Christian Schubert ein. Am 7. August 1989 teilte Oberbürgermeister Span in einem Schreiben an Schnur mit, dass die vom Leiter der Abteilung Innere Angelegenheiten des Rates der Stadt Jena am 26. Mai 1989 getroffene Entscheidung aufrechterhalten bleibt. „Die nochmalige Prüfung der von ihm angegebenen Gründe hat ergeben, daß sie nicht den Bestimmungen des § 10 der Verordnung über Reisen von Bürgern der Deutschen Demokratischen Republik nach dem Ausland entsprechen. Im Übrigen ist die Genehmigung der ständigen Ausreise gemäß § 13, Abs. 2 der Verordnung vom 30.11.1988 über Reisen von Bürgern der Deutschen Demokratischen Republik nach dem Ausland zu versagen, da er noch keinen aktiven Wehrdienst oder Dienst, der der Ableistung des Wehrdienstes entspricht, geleistet und das 26. Lebensjahr noch nicht vollendet hat. Voraussetzungen für eine Genehmigung des Antrages auf ständige Ausreise in die BRD liegen daher nicht vor." Am 30. August 1989 stellte Schnur erneut einen „Antrag auf gerichtliche Nachprüfung".

Doch für Christian Schubert bestand kaum noch Hoffnung, auf legalem Wege in den Westen ausreisen zu dürfen. Deshalb suchte er nach anderen Möglichkeiten, die DDR verlassen zu können. In der Nacht vom 10. zum 11. September 1989 hatte Ungarn seine Grenze zu Österreich geöffnet und Tausende Menschen überquerten sie in den darauffolgenden Tagen in Richtung Westen. Auch Christian wollte den Weg über Ungarn wagen und machte sich am 13. September 1989 mit seinem Freund Michael P. in dessen Auto auf den Weg in die ČSSR. Seine Freundin Kirsten wollte er zu gegebener Zeit nachholen.

Für die Einreise in die ČSSR benötigten sie nur ihren Personalausweis, eine Weiterreise nach Ungarn war ohne Reisegenehmigung jedoch nicht möglich. So beschlossen sie, die tschechisch-ungarische Grenze illegal zu überwinden. Sie entschieden sich für den Weg durch die Donau. Als sie am Nachmittag des 14. September dort ankamen, suchten sie sich eine abgelegene Stelle am Ufer der Donau im Abschnitt des Flusskilometers 1787,5, der sich auf Höhe des tschechischen Ortes Veľké Kosihy befindet, und warteten auf den Einbruch der Dunkelheit. Am Ufer hatten sie einen Radlader gesichtet, in dessen Schaufel sie ihre Kleidung ablegen wollten, um ungehindert schwimmen zu können. Den tschechischen Grenzpolizisten, der im Radlader saß, hatten sie jedoch übersehen. Als sie sich ausziehen wollten, bemerkte er die beiden, richtete die Maschinenpistole auf sie und rief ihnen etwas in tschechischer Sprache zu. Beide stürzten sich in Panik und noch voll bekleidet – selbst die Jacken hatten sie noch an – in die Donau und schwammen, so schnell sie konnten, in Richtung des Donau-Ufers auf ungarischer Seite.

Eine Zeugenvernehmung von Michael P. im Jahre 1997 durch die Kriminalpolizeiinspektion Passau hatte ergeben, dass Christian Schubert anfangs etwa drei Meter vor ihm schwamm, in der Mitte des Flusses jedoch von ihm weggetrieben wurde. Michael P. schwamm die meiste Zeit in Rückenlage, um eine kleine Tasche auf seinem Bauch transportieren zu können. Als er das Donau-Ufer auf ungarischer Seite erreichte, machte er sich sofort auf die Suche nach seinem Freund, jedoch ohne Erfolg. Um Mitternacht wurde Michael P. an der Grenzstrecke der Grenzwachetruppe Gönyü auf der Hauptstraße wegen illegalen Grenzübertritts festgenommen. Er konnte sich nicht ausweisen, da er seinen Personalausweis Christian Schubert übergeben hatte. Im Gegenzug hatte er dessen Fahrerlaubnis, seinen Impfausweis und sein Arbeitsbuch an sich genommen. Bevor Michael P. zur Dienststelle gebracht wurde, suchte er gemeinsam mit den ungarischen Grenzsoldaten unter Einsatz von Scheinwerfern weiter nach seinem verschwundenen Freund, doch ohne Erfolg. Die ungarischen Grenzer zeigten Michael P. schließlich den Weg Richtung österreichische Grenze, die sich ca. 50 km in nordwestlicher Richtung befand. Er versuchte sich durchzuschlagen, wurde erneut aufgegriffen, nach einem Tag aber wieder freigelassen. Ihm wurde ein Geldbetrag in ungarischer Währung ausgehändigt und geraten, sich an die bundesdeutsche Botschaft in Budapest zu wenden. Dort angekommen, erhielt er deutsche Personalpapiere, mit denen er in einem Bus legal über Österreich in die Bundesrepublik ausreiste.

Sieben Tage nach dem Fluchtversuch, am 21. September 1989 um 12.15 Uhr, fand eine Patrouille der ungarischen Grenzwache in der Stromlinie der Donau, im Abschnitt von Wasserkilometer 1713 bei der Insel Helemba im Randgebiet von Esztergom den Leichnam eines jungen Mannes. Bei dem Toten wurden zwei Personalausweise der DDR gefunden, einer ausgestellt auf den Namen Christian Thomas Schubert, der andere auf Michael P. Bei der Totenbesichtigung konnte nicht eindeutig festgestellt werden, welche Personalien dem Toten zuzuordnen waren. Erst die am nächsten Tag im Krankenhaus Esztergom stattfindende Obduktion ergab, dass es sich um Christian Schubert handelte. Die Obduzenten stellten als Todesursache Ertrinken fest, Anzeichen für Schussverletzungen oder andere äußere Gewalteinwirkungen wurden nicht festgestellt.

Obwohl Christian Schubert ein geübter Schwimmer mit Rettungsschwimmerabzeichen war, hatte er es nicht geschafft, die Donau zu durchschwimmen. Sein Leichnam trieb in sieben Tagen etwa 75 km flussabwärts bis zum Flusskilometer 1713. Die Donau mit ihren teils starken Strömungen, Untiefen und Strudeln, mit Treibholz, das Schwimmer verletzen oder unter Wasser drücken kann, ist unberechenbar. Unter diesen Umständen und in voller Bekleidung kostet ein Durchschwimmen – die Donau war an der genannten Stelle etwa 300 m breit – viel Kraft.

Kirsten Häußler hat nicht geahnt, dass ihr Freund die Flucht durch die Donau nach Ungarn wagen wollte. Sie dachte, er und Michael P. wären zu einem Ausflug nach Dresden gefahren und kämen am nächsten Tag wieder zurück. Am Tag seiner erwarteten Rückkehr teilte ihr jedoch ein Freund, den Christian eingeweiht hatte, mit, dass dieser mittlerweile in Ungarn sein müsste. Sie wartete auf ein Lebenszeichen, doch die Tage vergingen, ohne dass sie eine Nachricht erhielt. Erst etwa zwei Wochen später erfuhr sie durch Christians älteren Bruder vom Tod ihres Freundes. Kurz darauf wurde bei ihr eine Schwangerschaft festgestellt.

Die Ermittlungen zum Todesfall führte die ungarische Polizei. Christa Schubert erhielt am 11. Oktober 1989 das Ergebnis der Obduktion, einen

Totenschein und Leichenpass in ungarischer Sprache. Einen Tag später, am 12. Oktober 1989 um 10.00 Uhr, wurde Christian auf dem Friedhof zu Weimar in einem Zinksarg beerdigt. Am 16. Oktober 1989 erteilte Christa Schubert Rechtsanwalt Schnur die Vollmacht, sie in der Rechtsangelegenheit Christian Schubert zu vertreten. Am 27. Oktober 1989 teilte die Abteilung für Kriminalverfolgung der Polizeihauptmannschaft des Bezirkes Komárom der Konsularabteilung der Botschaft der DDR mit, dass das Verwaltungsverfahren, das zum „außerordentlichen Sterbefall des Staatsbürgers der DDR Schubert, Christian Thomas" eingeleitet wurde, abgeschlossen war, da der Tod Christian Schuberts ohne Fremdeinwirkung eingetreten war.

Laut Schreiben der Mutter Christa Schubert an Rechtsanwalt Wolfgang Schnur hatte sie die Leiche nicht identifiziert, auch wurden ihr bis zu diesem Zeitpunkt keine persönlichen Gegenstände ihres Sohnes ausgehändigt, die ihn hätten identifizieren können. Erst mit Schreiben vom 7. Dezember 1989 teilte ihr die Hauptabteilung Konsularische Angelegenheiten des DDR-Außenministeriums mit, dass die „ungarischen Organe" den Nachlass von Christian Schubert übergeben hätten, der nun von ihr oder einer von ihr bevollmächtigten Person in Empfang genommen werden könne. Der Nachlass bestand aus einer Geldbörse mit Inhalt, einem Feuerzeug und einer Quarzuhr sowie aus den Papieren, die Michael P. bei der Festnahme in Gönyü abgenommen worden waren.

Am 16. Mai 1990, acht Monate nach Christians Tod, brachte Kirsten Häußler in Jena einen Sohn zur Welt. Sie nannte ihn, nach seinem Vater, Christian. In der Geburtsanzeige hieß es: „Christian Schubert, sein Vater, hätte sich mit uns freuen können, wäre er nicht am 14.9.1989 an der Donau ums Leben gekommen."

Da eine von ihr nach dem Fall der Mauer, aber noch vor der Wiedervereinigung gemachte Anzeige zur Aufklärung des Todes von Christian Schubert ohne Ergebnis verlief, beantragte Kirsten Häußler Ende Oktober 1996 bei der Staatsanwaltschaft Gera erneut, den Todesfall zu untersuchen. In diesem Zusammenhang wurde der Mitflüchtling Michael P. am 15. Juli 1997 in Passau als Zeuge zu den Umständen der gemeinsamen Flucht vernommen. Er sagte aus, dass der Grenzpolizist keinen Gebrauch von der Schusswaffe gemacht habe, zumindest habe er keine Schüsse wahrgenommen. Das Verfahren wurde am 7. August 1997 nach §170 Abs. 2 der Strafprozessordnung eingestellt, da es nach den Ermittlungen keine Anhaltspunkte dafür gab, dass „der Tod des Herrn Schubert von irgendeiner Seite vorsätzlich herbeigeführt worden wäre".

(Autor: CB; Recherche: AH, CB, jos.)

Quellen

MfAA: Schreiben an die Konsularabteilung der Botschaft der DDR betr. Schubert, Christian Thomas. PAAA, ZR 5336/93.

Staatsanwaltschaft Gera: Todesfall Christian Schubert, Vorgang 3-97/90 und Akte 572 UJs 2471/97, Bl. 1–48.

„Es war dieses Scheißsystem." Von Grenzern gejagt, ertrank Ch. Schubert in der Donau. In: Thüringer Landeszeitung, 5.10.1999.

E-Mailwechsel von Volkmar Häußler (Vater von Kirsten Häußler) mit Carina Baganz, November 2019 bis Januar 2021.

Auskunft von Kirsten Häußler am 24.2.2020.

Interview von Boris Behnen mit Kirsten Häußler am 13.7.2022, https://todesopfer.eiserner-vorhang.de/article/340-christian-schubert/.

Jürgen Bernhardt

geboren am 22. Juni 1963 in Lauta (Landkreis Bautzen)
ertrunken am 16. September 1989 im tschechoslowakisch-ungarischen Grenzgewässer
Ort des Vorfalls: in der Donau
Leichenbergung am 19. September 1989 bei Pilismarót (Kreis Esztergom) in Ungarn

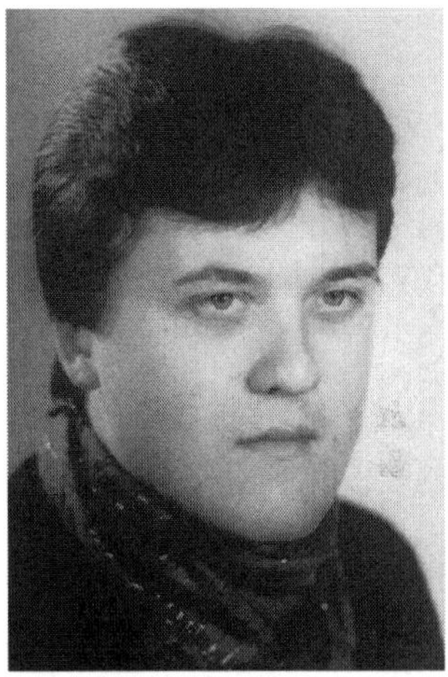

Jürgen Bernhardt

Am 22. Juni 1963 erblickte Jürgen Bernhardt als zweites Kind von Christa Bernhardt, geborene Rasch, und Siegbert Bernhardt in der Kleinstadt Lauta das Licht der Welt. Seine Schwester Annerose war 15 Monate älter. Aufgrund ihres geringen Altersunterschiedes hatten die Geschwister ein sehr enges Verhältnis. Im Juli 1965 wurde die Ehe der Eltern rechtskräftig geschieden. Bereits zuvor war Christa Bernhardt mit den beiden Kindern nach Peickwitz-Flur (etwa 10 km von Lauta entfernt) zur Großmutter der Kinder gezogen. Später konnten sie eine Betriebswohnung des nahen Glaswerks Hosena in der Hüttenstraße 2 beziehen. Christa Bernhardt arbeitete dort im Schichtdienst. Zu seinem Vater, der weiterhin in Lauta lebte, hatte Jürgen Bernhardt nach der Trennung seiner Eltern keinen Kontakt mehr.

Anfangs brachte Christa Bernhardt den kleinen Jürgen in die Wochenkrippe in Ruhland. Dort erhielten vorrangig alleinerziehende Mütter, Stu-

Das Ehepaar Bernhardt mit Tochter Pia Janin

dierende oder im Schichtsystem arbeitende Eltern für ihre Kinder im Alter zwischen sechs Wochen und drei Jahren einen Betreuungsplatz. Danach besuchte Jürgen Bernhardt den Kindergarten in Peickwitz-Flur. Im November 1974 heiratete seine Mutter ein zweites Mal. Jürgen Bernhardt beendete 1980 seine Schulzeit an der POS Hosena, der heutigen Linden-Grundschule. Nach einer zweijährigen Lehre bei der Deutschen Reichsbahn hatte er sich zu drei Jahren Militärdienst an der Grenze verpflichtet. Er kam von Oktober 1982 bis Oktober 1985 im Grenzregiment Berlin-Blankenfelde zum Einsatz.

Die Familie bezog im März 1986 in Hosena eine Wohnung im Nachbarhaus in der Hüttenstraße 1. Jürgen Bernhardt hatte einen großen Bekannten- und Freundeskreis. Er war zielstrebig, ein leidenschaftlicher Schachspieler und interessierte sich für Autos und Motorräder. Diese Leidenschaft machte er zu seinem Beruf und arbeitete als ungelernter Motorradmechaniker bei der Produktionsgenossenschaft des Handwerks (PGH) „Gute Fahrt“ in Hoyerswerda. Später war er als Heizer im Glassandwerk Hosena und 1989 auf einem Geflügelhof im nahe gelegenen Schwarzheide beschäftigt.

Am Jahresende 1986 lernte Jürgen Bernhardt die 1969 geborene Daniela P. kennen. Die beiden heirateten am 31. Dezember 1987 in Senftenberg. Im folgenden März kam ihre gemeinsame Tochter Pia Janin zur Welt. Im Juli 1988 zog die kleine Familie in den nahe gelegenen Ort Schipkau. Die Ehe verlief jedoch nicht glücklich, ein erster Scheidungstermin vor dem Kreisgericht Senftenberg im Sommer 1989 wurde vertagt, da Jürgen Bernhardt das alleinige Sorgerecht für die gemeinsame Tochter beanspruchte. Zu einem weiteren Termin kam es nicht mehr.

Am 11. September 1989 trafen sich Jürgen Bernhardt und seine Schwester Annerose in Senftenberg. Sie erzählte ihm, dass in der Nacht zuvor Ungarn seine Grenze geöffnet hatte. Jürgen Bernhardt hatte davon noch nichts gehört und begleitete seine Schwester nach Hause, wo sie gemeinsam die Berichterstattung im Westfernsehen anschauten. Als er sah, dass zahlreiche DDR-Bürger über Ungarn die Grenze Richtung Westen überquerten, sagte er zu seiner Schwester: „Kleene, ich mach auch los“. Einige seiner Freunde und Bekannten waren bereits geflüchtet und er wollte es ihnen gleichtun. Seine familiären Probleme trugen das übrige dazu bei.

Er machte sich auf den Weg zum Bahnhof, um sich nach dem Touristen-Express („Tourex“) zu erkundigen. Dieser im Auftrag des staatlichen Reisebüros der DDR eingesetzte Schlafwagenzug verkehrte einmal pro Woche zwischen Dresden und Varna an der bulgarischen Schwarzmeerküste. Am darauffolgenden Morgen kam Jürgen Bernhardt noch einmal bei seiner Schwester vorbei. Er fragte sie, ob sie nicht mit ihm kommen wolle. Doch weil sie Kind und Mutter nicht im Stich lassen würde, kam für sie ein solcher Schritt nicht in Betracht. Sie bat ihn inständig, doch besser nicht zu gehen. Er brauche sich auch keiner Botschaftsbesetzung anzuschließen, man würde die DDR-Bürger sowieso nicht rauslassen. Doch er ließ sich von seinem Vorhaben nicht abhalten. „Kleene, ich melde mich erst, wenn ich es geschafft habe“, waren seine letzten Worte, bevor er sich auf den Weg machte, um Geld für die Reise zu tauschen.

Wie genau diese Reise ablief und was in seinen letzten Tagen und Stunden passierte, ist nicht bekannt, auch nicht, ob er allein unterwegs war oder in Begleitung. Sicher ist nur, dass Jürgen Bernhardt nach dem 12. September 1989 in die ČSSR reiste und da er keine Reisegenehmigung hatte, von dort über die Donau nach Ungarn zu schwimmen versuchte. Bei der ungarischen Gemeinde Pilismarót im Kreis Esztergom wurde am 19. September seine Leiche gefunden. Noch am selben Tag führte Dr. Mihaly Stattler, Polizeiarzt und Major beim ungarischen Innenministerium, die Obduktion durch. Auf Bernhardts Sterbeurkunde ist als Todeszeitpunkt der 16. September 1989 eingetragen und als Todesursache Tod durch Ertrinken. Seine Schwester erinnert sich, dass ihr Bruder kein guter Schwimmer war. Doch auch für geübte Schwimmer war die Donau schwer zu bewältigen. Mit ihren teils starken Strömungen, Untiefen und Strudeln, mit Treibholz, das Schwimmer verletzen oder unter Wasser drücken kann, ist der Fluss unberechenbar.

Die Nachricht vom Tod Jürgen Bernhardts kam am 20. September 1989 von den ungarischen Behörden über die Auslandsvertretung der DDR in Budapest zum Rat des Kreises Senftenberg. Bereits am folgenden Tag wurde die Leiche eingeäschert.

Nach seiner Abreise hatte seine Schwester Annerose jeden Tag auf ein Lebenszeichen von ihrem Bruder gewartet. Da sie zu Hause keinen Telefonanschluss hatte, hoffte sie darauf, dass ihr Bruder versuchen würde, sie auf ihrer Arbeitsstelle im Kosmetiksalon zu erreichen. Dort läutete häufig das Telefon, weil Kundinnen zu Terminabsprachen anriefen. Bei jedem Klingeln des Telefons hoffte sie auf den Anruf ihres Bruders, doch der blieb aus. Dann endlich, am 21. September, erhielt sie persönlich einen Anruf, allerdings nicht von ihrem Bruder, sondern aus dem Büro der PGH-Vorsitzenden mit der Aufforderung, sich dort einzufinden. In der Dienststelle erwarteten sie zwei Vertreter der Abteilung Innere Angelegenheiten beim Rat des Kreises Senftenberg, die sie zunächst nach dem Verbleib ihres Bruders fragten, um ihr eine mögliche Mitwisserschaft zu entlocken. Erst im Anschluss daran teilten sie ihr seinen Tod mit. Zur selben Zeit wurde Bernhardts Mutter während ihrer Arbeit am Fließband im Glaswerk Hosena aufgesucht und ebenfalls über seinen Tod informiert.

Daniela Bernhardt, die ihren Mann bei der Scheidungsverhandlung vor dem Kreisgericht Senftenberg das letzte Mal gesehen hatte, erfuhr erst am 23. September 1989 durch eine Vorladung in die Abteilung Inneres beim Rat des Kreises Senftenberg vom Tod ihres Mannes. Sie erinnerte sich im Mai 2019 im Gespräch mit Stefan Appelius, dass in Hosena der Tod ihres Mannes rasch publik war. „Der ist doch in der Donau ertrunken", habe es einerseits geheißen. Andere Hosenaer vermuteten wiederum, dass er erschossen worden sei.

Die ungarischen Behörden ließen die Urne mit den sterblichen Überresten von Jürgen Bernhardt in die DDR überführen. Das Budapester Beerdigungsinstitut stellte eine Transportgebühr von 25.327 Forint in Rechnung. Am 1. Dezember 1989 fand auf dem Waldfriedhof in Senftenberg die Beisetzung Jürgen Bernhardts statt. Seine Familie hatte erst zwei Tage zuvor den Bestattungstermin erfahren. Das Kreisgericht Senftenberg lud zum 20. Dezember 1989 Daniela Bernhardt nochmals zu einem Gespräch vor. Eine Akte, die auf dem Tisch lag, enthielt Fotos der Leiche, welche die Witwe von Ferne, quer über den Tisch, sehen konnte. Ihr Mann habe „ganz friedlich ausgesehen, wie schlafend". Zudem wurden ihr die persönlichen Sachen, die ihr Mann bei sich getragen hatte, übergeben. Der Todesfall sei dann wie ein Badeunfall behandelt worden. Sowohl die Lebensversicherung als auch die Unfallversicherung wurden bewilligt und ausgezahlt.

Annerose Bernhardt und ihre Mutter sind nie über den Verlust ihres Bruders und Sohnes hinweggekommen. Beide haben sich von der Außenwelt abgekapselt, getrauert und gesundheitliche Folgen davongetragen. Im Jahre 2010, nachdem ein Mitarbeiter der Brandenburger Landesbeauftragten zur Aufarbeitung der Folgen der kommunistischen Diktatur eine Bürgersprechstunde in Senftenberg abhielt, hat Annerose Bernhardt beim Standesamt I in Berlin die Todesurkunde ihres Bruders angefragt.

Der Waldfriedhof in Senftenberg, auf dem sich Jürgen Bernhardts Grab befindet, lag zum Zeitpunkt seiner Beerdigung an einem kleinen Wäldchen. Nach dem Ende der DDR wurde dieses Wäldchen abgeholzt. Nun steht dort eine Tankstelle. „Das hätte ihm gefallen", sagt seine Schwester. Sein „Motorenherz" hätte wohl auch höhergeschlagen, als nur einige Kilometer entfernt im Jahre 2000 der Lausitzring als Grand-Prix-Kurs, Speedway und Teststrecke eröffnet wurde.

(Autorin: CB; Recherche: AH, App., CB, jk, jos.)

Quellen

MfAA, HA Konsularische Angelegenheiten, Sektor III: Übersendung des Personalausweises u. a. Dokumente zu Jürgen Bernhardt. PAAA, MfAA, ZR 5339/93.

Generalstaatsanwalt der DDR: Meldung zum Tod von Jürgen Bernhardt. BArch, DP 3/1463.

Polizeiärztliches Büro des Polizeipräsidiums, Bezirk Komárom: Bescheinigung über die Leichenbeschau (Übersetzung aus dem ungarischen Original vom 13.10.1989). LAB, S Rep. 500, Nr. 1368.

Standesamt I zu Berlin: Sterbeurkunde Nr. 242 (Jürgen Bernhardt). LAB, S Rep. 500, Nr. 328.

Der Staatsanwalt des Bezirkes Cottbus: Sonstige Sachakte Bernhardt, Jürgen, Az. 133-750-89. Generalstaatsanwalt des Landes Brandenburg, StA Cottbus, Repo-Nr. 40351.

Zeitzeugengespräch von Stefan Appelius mit Daniela Bernhardt und Pia Janin S. am 6.5.2019.

Zeitzeugengespräche von Stefan Appelius mit Annerose Bernhardt am 21. und 27.5.2019.

Auskunft von Daniela Bernhardt vom 5.1.2023.

Zeitzeugengespräche von Carina Baganz mit Annerose Bernhardt am 6. und 10.1.2023.

Volker Swade

geboren am 28. Juli 1968 in Berlin-Friedrichshain
ertrunken am 18. September 1989 im tschechoslowakisch-ungarischen Grenzgewässer
Ort des Vorfalls: in der Donau bei Komárno

Volker Swade

Volker Swade wuchs als das jüngste von vier Kindern von Karl und Hildegard Swade in Berlin Friedrichshain auf. Bis zur B-Jugend spielte er Fußball bei der SG Berolina Stralau. Der großgewachsene, schlanke Junge absolvierte die 27. POS „Max Kreuziger" und erlernte anschließend (1985–1987) im VEB Fleischkombinat Berlin im ehemaligen Zentralvieh- und Schlachthof unweit des S-Bahnhof Storkower Straße den Beruf des Fleischers. Während der 750-Jahr-Feier Berlins im Sommer 1987 arbeitete er als Volontär bei einer Schweizer Delphin-Show im Volkspark Friedrichshain. Sein älterer Bruder Sascha Swade erinnerte sich im Zeitzeugengespräch, dass im Kontakt mit den Mitarbeitern ein Umdenken bei ihm einsetzte: „Warum dürfen die einen dort rüber nach West-Berlin in die große, weite Welt? Und warum er nicht?" Anschließend war der lebenslustige, leidenschaftliche Hobby-DJ – mit blond gefärbten Haaren, einem Schnäuzer und Dauerwelle – als Kellner im „Café Melange" (Grünberger Straße, Ecke Simon-Dach-Straße) beschäftigt.

Hier lernte er Marion Slowik kennen, die sich im Sommer 1989 entschieden hatte, mit ihren beiden 9- und 14-jährigen Söhnen einen Fluchtversuch über Ungarn zu unternehmen, um zukünftig bei ihrem Verlobten in West-Berlin zu leben. Sie suchte im Café „Melange" nach einem Fahrer, der sie mit ihren Kindern nach Ungarn bringen würde. Volker Swade entschied sich kurzfristig dazu, mit ihr gemeinsam die Flucht zu wagen. Sascha Swade erinnerte sich, wie ungeduldig sein jüngerer Bruder damals war, dass er reisen wollte und keine Perspektive mehr in der DDR sah. „Ich erinnere mich, dass er auf dem Sofa bei mir saß und sagte: Der Osten ist Scheiße. Ich will in den Westen." Mehrfach habe ihn sein Bruder damals nach Feierabend besucht und mit ihm über eine Flucht in den Westen gesprochen. „Ich habe ihm geraten, in die Botschaft der Bundesrepublik in Prag zu gehen. Dort befanden sich damals schon viele DDR-Flüchtlinge. Da hätte er einfach nur über eine Mauer klettern müssen. Dass er versuchte, nach Ungarn zu gelangen, habe ich nicht verstanden."

Hildegard Swade hat ihren Sohn Volker zuletzt am 15. September 1989 gesehen. Daran erinnerte sie sich genau, denn es war ihr 55. Geburtstag. Über seinen Fluchtplan war sie im Bilde. Am 16. September 1989 ist Volker Swade gemeinsam mit Marion Slowik und ihren Söhnen von Michael H. in dessen Pkw der Marke Moskwitsch bis an die mittlerweile geschlossene Grenze zwischen der ČSSR und Ungarn gebracht worden. Nachdem sie eine Nacht im Auto geschlafen hatten, trafen sie am 18. September 1989 um 19 Uhr in der Ortschaft Komárno ein. Als sie sich den gesperrten Grenzübergang aus einiger Entfernung angesehen und Grenzer mit Maschinenpistolen entdeckt hatten, gelangten sie zu der Überzeugung, es sei sicherer, durch die Donau zu schwimmen.

Zunächst erkundigten sie sich in einer nahe gelegenen Kleingartenanlage, ob ihnen jemand ein Boot leihen könne. Doch dazu war niemand bereit. So entschieden sie sich in der einsetzenden Dämmerung, an einer etwa

500 m vom Grenzübergang entfernten Stelle durch die Donau nach Ungarn zu schwimmen. Dort hatten zu diesem Zeitpunkt parallel zueinander fünf Binnenschiffe festgemacht. Volker Swade hielt diese Stelle für besonders geeignet, da die Schiffe etwa bis zur Flussmitte nebeneinanderlagen. Während Marion Slowik in voller Bekleidung ins Wasser stieg, zogen sich Volker Swade und die beiden Kinder erst aus, bevor sie in den Fluss gingen. Volker Swade hatte einige ihm wichtige Dinge und Papiere wasserdicht in einer Plastiktüte verpackt, die er in einer Hand hielt.

Kaum im Wasser ließ Volker Swade angesichts der heftigen Strömung diese Tüte sofort wieder los, erinnerte sich der damals 14-jährige Torsten Slowik, der zusehen musste, wie seine Mutter, sein kleiner Bruder und Volker Swade von der Strömung unter die Wasseroberfläche gezogen wurden: „Mein kleiner Bruder tauchte nur deshalb wieder auf, weil Volker ihm unter Wasser einen Schubs gab. Ich hatte mich sofort als ich im Wasser war an einem Ankertau festgehalten."

Über den Zeitpunkt des Todes von Volker Swade liegen unterschiedliche Angaben vor. In MfS-Überlieferungen wird die Todeszeit mit 22 Uhr angegeben. Die Zeitangabe von 20 Uhr stützt sich auf die Befragung der beiden an der Flucht beteiligten Söhne von Marion Slowik, nach der die vier Flüchtlinge etwa eine Stunde nach ihrer Ankunft in Komarno (um 19 Uhr) in die Donau stiegen.

Nachdem Hildegard Swade in ihrer Wohnung durch die Polizei zur Flucht ihres Sohnes vernommen worden war, wandte sie sich am 10. Oktober 1989 an das Generalsekretariat des Zentralen Suchdienstes der DDR, um etwas über sein Schicksal zu erfahren. Die Familie fragte nach ihm auch in verschiedenen bundesdeutschen Aufnahmestellen für DDR-Bürger. Später folgte eine Vermisstenanzeige beim Polizeipräsident in Berlin. Auch der Fernsehsender SAT 1 zeigte Interesse an dem Fall, ohne dass die Sendung bei „Bitte melde Dich!" realisiert wurde. Doch Volker Swade blieb unauffindbar. Anfang 1995 teilten ihr Mitarbeiter des Bundesbeauftragten für die Unterlagen des Staatssicherheitsdienstes der ehemaligen DDR (BStU) auf ihre Anfrage hin mit, dass es „keine Hinweise auf eventuell vorhandene Unterlagen" gebe.

Erst am 27. März 1995 erfuhr Hildegard Swade durch ein Schreiben des Polizeipräsidiums Berlin, dass am 25. September 1989 – also eine Woche nach dem gescheiterten Fluchtversuch – am Flusskilometer 1.894,6, nahe der ungarischen Ortschaft Nagymaros, die Leiche eines jungen Mannes mit braunen Augen, „roten Haaren und rotem Bart" gefunden worden sei. Tatsächlich handelte es sich nach späteren Angaben der Deutschen Botschaft um Flusskilometer 1.713. Der Tote hatte auf der rechten Schulter zwei markante Tätowierungen, ein stehender Löwe sowie ein Adler mit ausgebreiteten Flügeln. Er war mit einem grünen Poloshirt und einer weißen Unterhose bekleidet. Laut einem Bericht der 11. Grenzschutzbrigade Bratislava sei jedoch erst am 29. September um 13 Uhr eine Leiche am Donauufer bei Štúrovo geborgen worden. Die sterblichen Überreste von Volker Swade wurden am 5. Oktober 1989 auf dem Friedhof in Nagymaros (Ungarn), Parzelle N, Reihe 9, Grab Nr. 5, als „unbekannter Toter" beerdigt.

Nach Auskunft eines Gerichtsmediziners können blondgefärbte Haare einer ertrunkenen Person nach längerem Verbleib im Flusswasser eine rötliche Färbung annehmen. Hildegard Swade, die in der Beschreibung ihren vermissten Sohn erkannte, ersuchte die Botschaft der Bundesrepublik Deutschland in Budapest mit Schreiben vom 31. März 1995, die Überführung der sterblichen Überreste nach Berlin zu veranlassen.

Dazu ist es jedoch nicht gekommen, da man seitens der Botschaft keine Bereitschaft zeigte, die beträchtlichen Exhumierungs- und Überführungskosten zu übernehmen. Weder im Auswärtigen Amt noch in der Deutschen Botschaft Budapest oder bei dem ebenfalls mit dem Todesfall befassten Bundeskriminalamt in Wiesbaden sind Unterlagen zu dem Todesfall aufbewahrt worden. Da keine Exhumierung und Untersuchung der „unbekannten" Leiche vorgenommen wurde, existiert über 30 Jahre nach der tragisch gescheiterten Flucht kein Totenschein zur Person Volker Swades.

Autor: App.; Recherchen: App., jos.

Quellen

BStU, MfS, BV Berlin, Abt. IX, Nr. 138.

11. Grenzschutzbrigade Bratislava/3. Flusseinheit Komárno: Tagesbericht vom 30.9.1989. Archív Ústavu pamäti národa v Bratislave, 2346, 11. brigáda Pohraničnej stráže Bratislava, S/VIII, č. 237, Kt. 160.

Zeitzeugengespräche von Stefan Appelius mit Torsten Slowik am 12.11.2019, Sascha und Hildegard Swade am 7.5.2019 und 18.8.2020; Karsten Slowik am 19.11.2019 und Hildegard Swade am 5.8.2020.

Dokumente aus dem Privatbesitz von Hildegard Swade (Berlin), darunter Schriftwechsel mit der Botschaft der Bundesrepublik Deutschland in Budapest und Auskunft der Vermisstenstelle des Berliner Polizeipräsidiums. Privatarchiv Stefan Appelius.

Zeitzeugengespräch von Lydia Dollmann mit Sascha Swade am 21.9.2020, https://todesopfer.eiserner-vorhang.de/articlemd/281-volker-swade/ (20.11.2022).

Marion Slowik

geboren am 8. April 1955 in Berlin-Lichtenberg
ertrunken am 18. September 1989 in der Tschechoslowakei
Ort des Vorfalls: in der Donau bei Komárno an der Grenze zu Ungarn

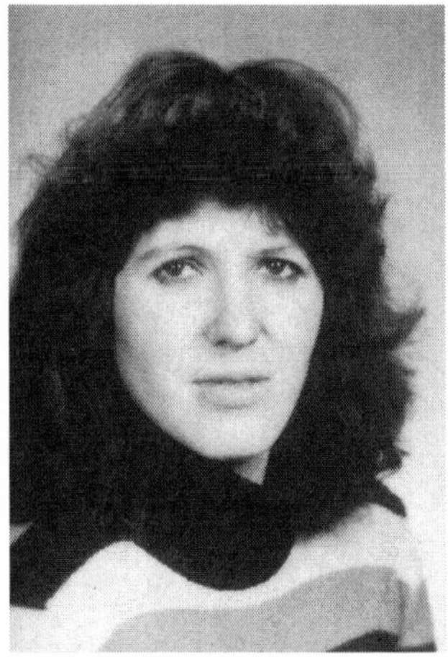
Marion Slowik

Marion Slowik wurde als Tochter der Eheleute Ernst und Elise Slowik in Berlin-Lichtenberg geboren. Ihr Vater war Galvaniseur von Beruf. Nach dem Schulbesuch erlernte sie den Beruf der Stepperin. Ihre beiden Brüder Hartmut und Norbert Slowik durften Ende der 1970er Jahre legal in die Bundesrepublik übersiedeln, während ihr eigener Ausreiseantrag vom Rat des Stadtbezirks Friedrichshain am 6. Dezember 1977 abgelehnt wurde. Sie beabsichtigte mit ihrem dreijährigen Sohn zu ihrem kurz zuvor legal nach West-Berlin umgezogenen damaligen Lebenspartner auszureisen, um ihn zu heiraten

Nach der Geburt ihres zweiten Sohnes im Herbst 1978 erhielt Marion Slowik eine Stelle als Angestellte der Reichsbahn im heute nicht mehr bestehenden Wriezener Bahnhof. 1985 wurde sie zum Reichsbahn-Hauptassistenten ernannt, 1987 bestand sie die Prüfung als Hebezeugführer (Gabelstapler) und 1988 qualifizierte sie sich zur Facharbeiterin für Umschlag und Lagerung (Spezialisierungsrichtung Lagerwirtschaft). Ende April 1989 kündigte sie dieses Arbeitsverhältnis auf. Zu diesem Zeitpunkt hatte sie bereits seit mehreren Monaten eine Beziehung mit ihrem seit Jahren in West-Berlin lebenden Jugendfreund Bernd L'Orange. Er war 1977 nach einem gescheiterten Fluchtversuch aus der DDR kurzzeitig inhaftiert und durfte dann ausreisen. Nach einer zehnjährigen Einreisesperre konnte er seit Ende 1988 wieder Ost-Berlin besuchen.

Marion Slowik, die sich im Herbst 1988 von ihrem langjährigen Lebensgefährten getrennt hatte, wollte L'Orange heiraten. Aus diesem Grund beantragte sie am 27. Juni 1989 beim Rat des Stadtbezirks Berlin-Friedrichshain für sich und ihre beiden minderjährigen Söhne die ständige Ausreise zum künftigen Ehemann nach West-Berlin. Diesem Antrag wurde bereits am 6. Juli 1989 durch die Abteilung Inneres zugestimmt. Auch die Kreisdienststelle des MfS und die zuständige Abteilung des Ost-Berliner Magistrats erhoben keine Einwände. Marion Slowik wurde mitgeteilt, dass ihrem Partner

Marion Slowik mit ihren Söhnen

am Tag der Eheschließung die Einreise nach Ost-Berlin genehmigt werde. Anschließend könne die Ausreise von ihr und ihren beiden Söhnen innerhalb von zwölf Wochen erfolgen. Zuvor habe sie allerdings die Summe von rund 13.000 Mark an das Bezirksamt Berlin-Friedrichshain abzuführen. Der Betrag ergab sich aus Unterhaltsvorauszahlungen der Abteilung für Jugend, Familie und Sport, da der in West-Berlin von Sozialhilfe lebende Vater ihres älteren Sohnes seit 1981 den Unterhalt schuldig geblieben war.

Dass Marion Slowik keine Sympathien für das SED-Regime hegte, wird auch daran erkennbar, dass sie ihre beiden Söhne trotz der in Staat und Gesellschaft herrschenden Kirchenfeindlichkeit taufen und konfirmieren ließ. „Meine Mutter kritisierte das Schulsystem in der DDR", erinnerte sich Torsten Slowik im Zeitzeugengespräch: „Ich war kein Thälmann-Pionier, sollte aber 1988 in die FDJ. Als dann der erste Termin anstand, war ich nicht dort. Mein Opa hatte einen Herzinfarkt erlitten und ich hatte ihn im Krankenhaus besucht. Daraufhin erschien meine Lehrerin bei uns zuhause. Sie sagte meiner Mutter, sie müsse doch wissen, was wichtiger für ihren Sohn sei. Daraufhin hat meine Mutter sie rausgeworfen. Da war ich richtig stolz auf sie."

Marion Slowiks älterer Bruder Hartmut zählte in seiner Jugend nach einer Auflistung der Volkspolizei-Inspektion Friedrichshain zu den Mitgliedern der rebellierenden Jugendgruppe „Die Oranienburger", deren „Rädelsführer" im Frühjahr 1971 in einem Schauprozess zu Haftstrafen wegen „Rowdytum" verurteilt wurden.

Nach Angaben von Torsten Slowik entstand der Fluchtplan über die ČSSR und Ungarn im September 1989 sehr kurzfristig. Die beiden Kinder erfuhren erst kurz vor der Abfahrt davon. Marion Slowik hatte zu diesem Zeitpunkt bereits seit Wochen vergeblich auf eine Mitteilung der Abteilung für Inneres über ihren konkreten Ausreisetermin gewartet. Um sich eine andere Möglichkeit zu eröffnen, suchten Marion Slowik und Bernd L'Orange im September 1989 einen Fahrer, der die junge Frau und ihre beiden Kinder über die ČSSR an die ungarische Grenze bringen könnte. Auf diese Weise kam das Paar in Verbindung zu dem 21-jährigen Kellner Volker Swade, der mit Hilfe seines Cousins einen Kontakt zu einem Fahrer mit einem geeigneten Auto herstellte und sich selbst kurzfristig Marion Slowik und ihren beiden Söhnen anschloss.

Da Marion Slowik über keine weiteren Geldmittel verfügte, bot sie dem 40-jährigen Glas- und Gebäudereiniger Michael H. an, er könne sich nach seiner Rückkehr stattdessen in ihrer Wohnung den Farbfernseher sowie ihren Plattenspieler, einen Kühlschrank, eine Couchgarnitur, ein Radio und einen Waschhalbautomaten abholen. Deswegen übergab sie ihm vor der Abfahrt ihren Wohnungsschlüssel.

Am 17. September 1989 brach die Gruppe im Moskwitsch von Michael H. von Ost-Berlin aus auf und reiste über den Grenzübergang Cinovec in die ČSSR ein. Zunächst fuhren sie nach Prag und von dort aus Richtung Bratislava. Vor der Stadt übernachteten sie im Fahrzeug und setzten am folgenden Tag ihre Fahrt nach Komárno fort, wo sie am frühen Abend des 18. September 1989 eintrafen. Vermutlich haben sie wegen der beiden Kinder keinen Versuch unternommen, in Prag über eine Mauer auf das Botschaftsgelände der Bundesrepublik Deutschland zu gelangen, in dessen Garten sich zu diesem Zeitpunkt bereits zahlreiche DDR-Flüchtlinge aufhielten. Eine legale Einreise aus der Tschechoslowakei nach Ungarn war für viele fluchtwillige DDR-Bürger zu diesem Zeitpunkt nicht mehr möglich, da die SED-Führung die Volkspolizeikreisämter angewiesen hatte, für „gefährdete Bürger" keine Reisepapiere mehr nach Ungarn auszustellen. Deswegen war ihnen der Weg nach Ungarn über ČSSR-Grenzübergänge versperrt.

Marion Slowiks jüngerer Sohn Karsten erinnerte sich 2020 im Gespräch mit Lydia Dollmann, wie sie an einem Grenzübergang zu Ungarn die mit Maschinenpistolen bewaffneten Kontrolleure sahen und seine Mutter sich gegen einen Durchbruch entschieden hatte. Die Donau in der Dunkelheit zu durchschwimmen versprach demgegenüber ungefährlicher zu sein. Eine

Stelle, an der Schleppkähne am Ufer lagen, schien den meisten Schutz vor den Grenzwachen zu versprechen. Gemeinsam mit ihrer Mutter und Volker Swade stiegen die beiden Brüder ins Wasser.

„Die Strömung war ziemlich stark. […] Mein Bruder ist gar nicht erst so weit rein. Der hat sich an einer Ankerkette festgehalten. Ich bin dann rein. Meine Mutter und ihr Bekannter, der Volker Swade, ist auch rein. Ich habe ziemlich schnell gemerkt, dass, obwohl ich eigentlich gut schwimmen kann, dass es so gut wie unmöglich ist, an die Schiffe vorbeizukommen. Und dann habe ich schon gebrüllt, gekreischt und Angst gehabt, dass …. Ja, man hat Todesangst. Dann ist der Rettungsschwimmer, der Herr Swade, zuerst zu mir gekommen. Dann hat meine Mutti aber auch schon angefangen zu brüllen, dass sie das nicht schafft und so. Dann ist er zu ihr zurück. Und dann hat mich der Sog schon einmal unter den Kahn runtergezogen. Und dann habe ich nie wieder was von meiner Mama gehört."

Die Strömung trieb Karsten Slowik unter mehrere Schleppkähne hindurch, er drohte zu ertrinken. Als er wieder auftauchte, zog ihn eine zur Besatzung gehörende Frau mit einer Rettungsstange ins Schiff und brachte ihn in die Kajüte, wo er warten musste, bis die Polizei ihn abholte.

Torsten Slowik und sein Bruder Karsten wurden am Abend des 18. September 1989 in Komárno zu Augenzeugen, wie tschechoslowakische Grenzer ihre Mutter aus der Donau zogen. Torsten Slowik saß nur wenige Meter entfernt mit seinem weinenden kleinen Bruder neben sich in einem Geländewagen der Polizei. Beide Kinder waren im letzten Moment vor dem Ertrinken gerettet worden und standen unter Schock. „Wir haben gesehen, wie meine Mutter aus dem Wasser gezogen wurde", berichtet Karsten Slowik, der den tschechoslowakischen Sicherheitskräften unterlassene Hilfeleistung vorwirft: „Es war ein großes Geschrei und Gebrülle draußen. Aber die Leute dort haben keinerlei Versuch unternommen, sie wiederzubeleben. Mein Bruder hat immer wieder gesagt: Die machen gar nichts."

Das Ministerium für Staatssicherheit der DDR erfuhr bereits am 19. September 1989 durch die Sicherheitsorgane der ČSSR vom Tod Marion Slowiks und dem Verschwinden „eines weiteren bisher nicht identifizierten und an dem Vorhaben beteiligten DDR-Bürgers", der durch die Donau fortgerissen worden sei. Karsten und Torsten Slowik wurden am 19. September 1989 von den Sicherheitsorganen der ČSSR in Bratislava vernommen und danach mit dem Flugzeug des MfS nach Ost-Berlin gebracht, wo sie noch einmal im Präsidium der Volkspolizei in der Keibelstraße über die Flucht befragt worden sind. Da Marion Slowiks Eltern nur eines der beiden Kinder aufnehmen konnten, kam der 11-jährige Karsten Slowik in ein Kinderheim.

Die DDR-Generalstaatsanwaltschaft gab Marion Slowiks Leiche bereits am 20. Oktober 1989 zur Feuerbestattung frei. Während es in den MfS-Überlieferungen heißt, die Eltern Ernst und Elise Slowik seien mit der Verbrennung der Leiche einverstanden gewesen, bestreitet Torsten Slowik diese Version: „Meine Oma hat immer gesagt, dass niemand erlaubt habe, dass Marions Leiche in Ungarn verbrannt werde. Dass nur eine Urne zurückkam, sei nicht richtig gewesen." Die Urne wurde am 30. Oktober 1989 auf dem evangelischen St. Andreas-St. Markus Friedhof in Ost-Berlin beigesetzt.

Bernd L'Orange, der in West-Berlin vergeblich auf die Ankunft seiner Verlobten und der beiden Kinder wartete, fuhr aufgrund der Ungewissheit nach Ost-Berlin, um sich über den Verbleib seiner Verlobten zu erkundigen. Dort wurde er am 20. September 1989 von MfS-Leuten vernommen. Er gab an, dass sie ihm gegenüber mehrere Fluchtmöglichkeiten erörtert habe, falls nicht nach dem Wochenende die Ausreisegenehmigung für sie und ihre beiden Söhne eintreffe. Bernd L'Orange ist wenige Jahre nach dem Mauerfall in die Türkei ausgewandert. Dort kam er angeblich bei einem Badeunfall ums Leben.

(Autor: App.; Recherchen: jk, jos, App., US, AH, SM)

Quellen

MfS, BV Berlin, Abt. IX: Unterlagen zum Todesfall von Marion Slowik, Vernehmungen der Beteiligten. BStU, MfS, BV Berlin, Abtl. IX, Nr. 138.

MfS, BV Berlin, Abt. IX: Information zu einem politisch-operativ bedeutsamen Vorkommnis an der Staatsgrenze der DDR zur Ungarischen Volksrepublik im Zusammenhang mit dem Tod einer DDR-Bürgerin. Berlin, 22.9.1989 [u. a. Dokumente]. BArch, MfS, ZKG, Nr. 1000.

MfS-Ermittlungsverfahren gegen Klaus-Dieter Smykalla u. a. wegen Rowdytum. Mehrbändiger Untersuchungsvorgang. BStU, MfS, BV FfO, AU, Nr. 1018/71.

MfS, BV Berlin, Abt. III: Kontrollauftrag zu einer Zielperson, btr. Tod von Marion Slowik. BStU, MfS, BV Berlin, Abt. III, Nr. 326.

Standesamt I zu Berlin: Sterbeurkunde Nr. 254 (Marion Slowik). LAB, S-Rep 500, Nr. 328.

Rat des Stadtbezirks Berlin-Friedrichshain, Abteilung innere Angelegenheiten: Unterlagen zum abgelehnten Übersiedlungsantrag 1977 u. a. Dokumente. LAB, C-Rep, 135-12, Nr. 1175.

DDR-Generalstaatsanwaltschaft: Aktennotiz über den Todesfall Marion Slowik. BArch DP 3/1463.

MfAA: Sterbefälle von DDR-Bürgern im Ausland [Schriftverkehr der HA Konsularische Angelegenheiten mit dem GStA und dem Magistrat sowie Telefonnotizen zum Todesfall Marion Slowik u. a. Dokumente]. PAAA, ZR 5335/93.

Zeitzeugengespräche von Stefan Appelius mit Torsten Slowik am 12.11.2019; Karsten Slowik am 19.11.2019; Hartmut Slowik am 10.2.2020 und Sascha Swade am 31.8.2020.

Dokumente und Fotografien aus Privatbesitz Torsten Slowik (Berlin). Privatarchiv Stefan Appelius.

Interview von Lydia Dollmann mit Karsten Slowik am 18.1.2020, https://todesopfer.eiserner-vorhang.de/articlemd/301-marion-slowik/ (22.11.2022).

Birgit Wenda

geboren am 26. Februar 1964 in Rodewisch (Vogtlandkreis)

Jens Wenda

geboren am 1. März 1964 in Plauen

ertrunken am 22. September 1989 im tschechoslowakisch-ungarischen Grenzgewässer

Ort des Vorfalls: in der Donau südöstlich von Komárno

Am 1. März 1964 erblickte Jens Wenda in Plauen das Licht der Welt. Von 1970 bis 1980 besuchte er dort die polytechnische Oberschule. Am 1. September 1980 begann er seine Lehre als Baufacharbeiter, die er 1982 abschloss. Danach war er bei der Deutschen Reichsbahn beschäftigt, ab Oktober 1984 als Gleisbauer. Im Dezember 1985 wurde er jedoch entlassen. Daraufhin war er im Warenhaus Plauen tätig, zuerst als Transportarbeiter, später dann bis zum April 1989 als Fachverkäufer. Im Anschluss daran ging er einer Beschäftigung als Kioskleiter nach. Vier Jahre lang, von September 1980 bis Oktober 1984, war er Mitglied des FDGB.

Bereits seit 1983 spielte Jens Wenda mit dem Gedanken, in die Bundesrepublik auszureisen, doch erst 1986 nahm dieser Plan konkrete Formen an. Am 14. Januar 1986 stellten er und seine damalige Ehefrau beim Rat der Stadt Plauen, Abt. Innere Angelegenheiten, einen Antrag auf Übersiedelung in die BRD. Beide hatten erst einen Monat zuvor, am 14. Dezember 1985, geheiratet. Ihren Antrag begründeten sie unter anderem mit den beschränkten Reisemöglichkeiten in der DDR. Sie träumten von Reisen in westliche Touristenländer oder den nahen und fernen Osten. Die eingeschränkte persönliche Freiheit und ständige politische Bevormundung waren weitere Gründe für die beabsichtigte Ausreise aus der DDR. Das junge Paar wollte sich nicht länger den geltenden Zwängen aussetzen. Es meinte, alles sei politisch durchorganisiert und nur Mitglieder politischer Parteien oder Organisation hätten Aufstiegschancen. Auch mit der Bildungs- und Erziehungspolitik sowie dem einseitigen Kulturprogramm waren sie nicht einverstanden, da es die zeitgenössische moderne Kunst, Malerei und Graphik kaum einbeziehe. Nach einer Aussprache mit dem Ehepaar notierte ein Sachbearbeiter der Abteilung Innere Angelegenheiten des Rats der Stadt Plauen am 22. Januar 1986 etwas ungelenk: „Sie interessieren sich für Malerei und Graphik wie sie gegenwärtig demonstriert wird. Die Maler der 60er Jahre z. B. Sitte und Bergander, die nur den arbeitenden Menschen darstellten, lehnen sie ab."

Wie diesem Protokoll weiter zu entnehmen ist, verwies Jens Wenda mit Bedauern auf das Ende der „Malzhauszeit". Das Malzhaus war ein im Jahre 1973 in Plauen gegründeter unkonventioneller Jugendclub, der regelmäßig Lesungen, Kunstgespräche, Podiumsdiskussionen und Folkmusik-Konzerte organisierte. Die Veranstaltungen fanden ohne politische Einflussnahme statt. Der Club hatte sich als feste Größe in der Plauener Kulturszene etabliert, was allerdings zur umfangreichen Überwachung durch die Staatssicherheit führte. Im Sommer 1982 wurde das Malzhaus unter dem Vorwand geplanter Baumaßnahmen durch die Behörden geschlossen.

Jens Wenda war Pazifist. Den Wehrdienst wollte er verweigern, sollte ihm die Einberufung in die Nationale Volksarmee zugehen. Eine Konfrontation mit der Volkspolizei bestärkte ihn im Oktober 1985 in seiner Entscheidung, die DDR zu verlassen. Die Volkspolizisten hätten ihn während einer Polizeikontrolle misshandelt, weil er einen bereits abgelaufenen und somit ungültig gewordenen Grenzschein vorgewiesen habe. Beschwerde habe er, so Jens Wenda in der Aussprache mit den Vertretern des Rates der Stadt Plauen am 22. Januar 1986, wegen dieser Misshandlung nicht geführt, da er nicht an eine Entschuldigung oder Rehabilitation vonseiten der Polizei glaubte. In der DDR sah er jedenfalls für sich und seine Ehefrau keine Zukunft mehr. Wie diese Zukunft nach einer Ausreise aussehen sollte, wusste das Paar genau. Nach ihrer Registrierung im Aufnahmelager Gießen wollten sie in den Raum Stuttgart ziehen, da dort Freunde und Bekannte wohnten, die einige Jahre zuvor ebenfalls ausgereist waren und von denen sie sich Unterstützung erhofften. Die Eltern Jens Wendas wussten über die Ausreisepläne Bescheid, die Schwiegereltern hingegen sollten erst nach der erfolgten Ausreise informiert werden.

Aufgrund ihrer „sturen, hartnäckigen Haltung" sagte der Rat der Stadt Plauen den Eheleuten Wenda Ende Januar 1986 die Prüfung ihres Ausreiseantrages zu. In der Zwischenzeit erteilte der Rat ihnen die Auflagen, die Normen des gesellschaftlichen Zusammenlebens zu achten, die Gesetze der DDR einzuhalten und ihre Arbeitsaufgaben gewissenhaft zu erfüllen. Zudem sollten sie nicht mit ausländischen Institutionen, Organisationen oder Bürgern in Verbindung treten.

Die Prüfung des Antrages durch den Rat der Stadt Plauen ging mit der Befragung von Personen aus dem Umfeld der Ausreiseantragsteller einher. Die entsprechenden Informationen holte das Volkspolizei-Revier Plauen, ABV-Abschnitt 11 ein. Für den Arbeitsbereich wurde der Kaderleiter des Warenhauses Plauen, Genosse Klaus K., befragt. Er charakterisierte Jens Wenda als ruhigen, anständigen, höflichen und hilfsbereiten Kollegen, der seine Arbeiten zufriedenstellend erledigte. Der im Wohnumfeld befragte Ulrich N. lebte in unmittelbarer Nachbarschaft und war als Freiwilliger Helfer der Volkspolizei tätig, d.h. er unterstützte ehrenamtlich die Volkspolizei bei der Kontrolle des öffentlichen Lebens. In den meisten Fällen beschränkten sich ihre Aufgaben allerdings auf Streifengänge im Wohngebiet und Auskünfte über Nachbarn. Ulrich N. konnte jedoch nicht viel zu den Lebens- und Verhaltensweisen von Jens Wenda in Erfahrung bringen, da dieser noch nicht lange in der Plauener Rähnisstraße lebte. Gesellschaftspolitisch war er dort bisher kaum in Erscheinung getreten. Die wenigen Informationen, die Ulrich N. zu Ohren gekommen waren, ließen ihn jedoch zu der Beurteilung kommen, dass die Lebens- und Verhaltensweisen Jens Wendas zwar geordnet, seine Einstellung zur Politik der DDR jedoch als sehr negativ einzuschätzen sei.

Die Bearbeitung des Ausreiseantrages lief noch, als sich ein knappes Jahr später die Pläne der Eheleute änderten. Mit Schreiben vom 28. Dezember 1986 baten sie nun darum, die Prüfung ihres Ausreiseantrages einzustellen. Was war geschehen? Einige Tage zuvor, am 17. Dezember 1986, hatte Jens Wenda den Kaderleiter des Warenhauses Plauen gefragt, ob er sich zum Facharbeiter für Lagerwirtschaft weiterqualifizieren könnte. Dieser sicherte ihm eine Qualifizierung ab März 1987 zu. Darüber hinaus ließen sich die Eheleute Wenda, die zwischenzeitlich Eltern geworden waren, scheiden. Eine gemeinsame Ausreise stand nicht mehr zur Debatte.

Trotz seiner erfolgten Qualifizierung zum Facharbeiter für Lagerwirtschaft stellte Jens Wenda am 11. April 1989 einen erneuten Antrag auf Entlassung aus der Staatsbürgerschaft der DDR mit gleichzeitiger Übersiedlung in die BRD. Er begründete diesen Antrag damit, dass sich seit seinem Antrag im Jahr 1986 sowohl in der Innen- als auch in der Außenpolitik nichts Grundlegendes geändert habe. Darüber hinaus kritisierte er wiederum die eingeschränkten Reisemöglichkeiten, die Einschränkung der politischen Freiheit, die politische Manipulierung der Bürger, die mangelnde Versorgung sowie das Fehlen eines Wehrersatzdienstes. Jens Wenda beklagte häufige Gewissenskonflikte, wie er in seiner Antragsbegründung mitteilte, die sich negativ auf sein Arbeits- und Privatleben auswirkten. Auch neigte er zu übermäßigem Alkoholkonsum, was in seinem Arbeitsumfeld zu Auseinandersetzungen führte.

Drei Monate nach der Antragstellung, am 11. Juli 1989, heirateten Jens Wenda und Birgit Holler. Birgit Holler wurde am 26. Februar 1964 in Rodewisch, einer Kleinstadt im sächsischen Vogtland, geboren. Seit 1972 lebte sie mit ihren Eltern und fünf Geschwistern im benachbarten Auerbach/Vogtland. Mit sechs Kindern galt Familie Holler in der DDR als kinderreich. Über die Kindheit und Jugend von Birgit Holler ist nicht viel bekannt. Sicher ist nur, dass sie Ende August 1979, im Alter von 15 Jahren, von zu Hause weglief und gemeinsam mit zwei anderen Jugendlichen durch die DDR reiste. Sie wurde aufgegriffen und am 9. September 1979 für zwei Tage in einem Durchgangsheim für Kinder und Jugendliche in Rostock untergebracht und zwei Tage später in ein Durchgangsheim nach Dresden überführt. Laut einer Aktennotiz des Referates Jugendhilfe vom 26. September 1979, wurde mit den Eltern und der Schulinspektion vereinbart, Birgit „auszuschulen und einer Lehre zuzuführen".

So absolvierte Birgit Holler in den Jahren 1979 bis 1981 eine Lehre als Stepperin im VEB Vereinigte Wäschefabriken Auerbach/Vogtl. Danach war sie in verschiedenen Berufszweigen tätig: Von 1981 bis 1985 als Produktionsarbeiterin im VEB Schlacht- und Verarbeitungsbetrieb Plauen, 1985 und 1986 als Spulerin im VEB Garnveredelung in Falkenstein und in den Jahren 1986 und 1987 als Abpackerin im VEB Nahrungsmittelwerk Suppina in Auerbach. Zuletzt, von 1987 bis 1989, arbeitete sie als Produktionsarbeiterin im VEB Gemüse-Konserven und dann für kurze Zeit in einem volkseigenen Einzelhandelsbetrieb (HO) als Verkäuferin.

Nach der Heirat zog Jens Wenda zu Birgit Wenda in die Plauener Schlachthofstraße. Wenig später, am 25. Juli 1989, stellte auch Birgit Wenda einen Ausreiseantrag. Bei der Vorsprache im Rat der Stadt Plauen erklärte sie, dass sie gemeinsam mit ihrem Ehemann nach Westdeutschland ziehen möchte, um sich dort eine neue Existenz aufzubauen. Eigene Motive für ihren Übersiedlungswunsch brachte sie nicht vor, sondern erklärte lediglich, dass sie die Motive ihres Mannes teile. Zu diesem Zeitpunkt war der Ausreiseantrag von Jens Wenda bereits positiv entschieden worden und lag „in der Auflassung". Für die nun folgende Abwicklung der genehmigten Ausreise war die Abteilung Innere Angelegenheiten beim Rat der Stadt zuständig. Jens Wenda musste sich von verschiedenen staatlichen Stellen und Behörden auf einer Art Laufzettel bescheinigen lassen, dass er dort keine Verbindlichkeiten hatte und zum Beispiel bei Geld- und Kreditinstituten schuldenfrei war und keine Forderungen gegen ihn vorlagen. Darüber hinaus musste er sämtliche

Besitzverhältnisse offenlegen und mitteilen, ob er auf dem Gebiet der DDR Grundbesitz oder Schulden bei Betrieben, anderen Stellen oder Bürgern der DDR hatte. Diese Prozedur nahm viel Zeit und Mühe in Anspruch. Als Grenzübergangsstelle für seine Ausreise war bereits die GÜSt Gutenfürst – der innerdeutsche Bahnübergang in Richtung Hof – vorgesehen.

Anfang August 1989 schlug die Leitung der Abteilung Genehmigungsangelegenheiten des Rates der Stadt Plauen vor, die ständige Ausreise von Birgit Wenda ebenfalls zu genehmigen, weil ihr Ehemann sich bereits in der Phase der „Auflassung“ befinde und es ihr unumstößlicher Wunsch sei, mit ihm nach Westdeutschland zu gehen. Da zudem auch keine Versagungsgründe vorlagen, wurde der Vorschlag mit der AG 0175, einer Arbeitsgruppe mit Vertretern mehrerer Abteilungen des Rates der Stadt Plauen, sowie mit der Kreisdienststelle des MfS abgestimmt. Diese und auch die Kreisleitung der SED Plauen stimmten dem Antrag Birgit Wendas zu, so dass die Bezirksverwaltung des MfS über den Abschluss des Verfahrens informiert werden konnte. Zudem verfügte der Rat der Stadt am 8. August 1989 nach Abstimmung mit der Kreisdienststelle MfS eine Transit- und Einreisesperre, da Birgit Wenda als „hartnäckiger Antragsteller“ galt und sich bei Wiedereinreisen in die DDR eventuell Probleme für die Ordnung und Sicherheit ergeben könnten. Nach ihrer Ausreise hätte Birgit Wenda somit weder in die DDR noch durch die DDR in andere Staaten oder nach West-Berlin reisen können.

In den Ausreiseunterlagen des Ehepaars Wenda ist keine Kopie der Bewilligungsmitteilung für die Ausreise enthalten, obwohl bereits eine Zustimmung für beide Anträge vorlag. Wie lange es noch bis zum endgültigen Ausreisetermin dauern würde, wussten Birgit und Jens Wenda nicht. Vermutlich hatten sie auch von der Genehmigung ihrer Ausreise keine Kenntnis erhalten. Dass von staatlicher Seite häufig lange Wartezeiten gezielt als Druckmittel eingesetzt wurden, war sicherlich auch den Eheleuten Wenda bekannt. Deshalb suchten sie nach einer anderen Möglichkeit, die DDR verlassen zu können. In der Nacht vom 10. zum 11. September 1989 hatte Ungarn seine Grenze zu Österreich geöffnet und mehrere Tausend in Ungarn ausharrende DDR-Bürger gelangten in den darauffolgenden Tagen in den Westen. Birgit und Jens Wenda wollten nicht länger warten und entschieden sich, gemeinsam mit Ricarda F. und Ingo H. eine Flucht über Ungarn zu versuchen.

Die SED-Führung reagierte auf die ungarische Grenzöffnung, indem sie die Volkspolizeikreisämter anwies, für „gefährdete Bürger“ keine Reisepapiere mehr auszustellen. Während für die Einreise in die Tschechoslowakei der Personalausweis ausreichte, mussten an den Grenzübergängen zu Ungarn entsprechende Reiseanlagen vorgewiesen werden. Damit war es fast unmöglich geworden, auf legalem Weg nach Ungarn zu gelangen. Birgit und Jens Wenda fuhren mit Ricarda F. und Ingo H. am 20. September 1989 zunächst mit Nahverkehrszügen von Plauen über Bad Schandau nach Karlovy Vary. Nach einem kurzen Aufenthalt reisten sie weiter über Prag nach Nové Zámky, wo sie am 22. September gegen 3 Uhr nachts ankamen. Teils zu Fuß, teils mit einem Bus erreichten sie schließlich fünf Stunden später Komárno. Von dort aus gingen sie ostwärts, bis sie am Ufer der Donau eine geeignete Stelle für die Flucht entdeckten, wo sie die Dämmerung abwarteten. Währenddessen schenkte ihnen ein Anwohner den Schlauch eines Traktorreifens, der als Schwimmhilfe dienen sollte. Zwischen 19.30 und 20 Uhr stiegen sie in die Donau, in dessen Flussmitte die Grenze zu Ungarn verlief. Die Strömung des Flusses war jedoch so stark, dass Jens und Birgit Wenda zwischen Armeelastkähne getrieben wurden. Sie riefen noch um Hilfe, konnten sich jedoch nicht mehr an der Wasseroberfläche halten. Die beiden anderen Flüchtlinge wurden von Besatzungsmitgliedern der Militärboote aus der Donau gezogen, von der Grenzwache vernommen und am nächsten Tag in die DDR ausgeflogen. Die Staatsanwaltschaft Karl-Marx-Stadt erließ am 24. September 1989 Haftbefehl gegen Ricarda F. und Ingo H. und ordnete die Untersuchungshaft an. Das Ermittlungsverfahren mit Haft gegen Ricarda F. wurde am 10. Oktober, gegen Ingo H. einen Tag später eingestellt. Beide mussten schriftlich versichern, nicht wieder gegen die Gesetze der DDR zu verstoßen.

Etwa drei bis vier Tage nach dem Fluchtversuch entdeckte eine Motorbootpatrouille der Grenztruppeneinheit Komárno einige hundert Meter flussabwärts eine Wasserleiche. Da es sich um ungarisches Gebiet handelte, wurden die Dienststellen der Grenztruppen in Ostrihom und Györ verständigt, die einen männlichen Toten im Alter von etwa 30 Jahren bargen. Bis heute ist jedoch nicht sicher, ob es sich um die Leiche von Jens Wenda handelte. Eine weibliche Leiche wurde in dieser Zeit auf der tschechoslowakischen Donauseite nicht aufgefunden.

Ricarda F. hatte sich Anfang des Jahres 1990 mit der Bitte um Hilfe bei der Suche nach den Verschollenen Jens und Birgit Wenda an die Staatsanwaltschaft Plauen gewandt. Zur Aufklärung dieser Vermisstenangelegenheit wurde sie an das DDR-Ministerium für Auswärtige Angelegenheiten (MfAA) verwiesen. Nach ihrer Schilderung der versuchten Flucht ging das MfAA, HA Konsularische Angelegenheiten, davon aus, dass das Ehepaar Wenda beim Durchschwimmen der Donau ertrunken sei. Das Generalkonsulat in Bratislava wurde deshalb damit beauftragt, sich an die zuständigen Organe der ČSSR zu wenden und diese um Ermittlungen zu ersuchen. Um eine Identifizierung zu ermöglichen, wurde daraufhin von tschechoslowakischer Seite um detaillierte Informationen zu Jens und Birgit Wenda gebeten. Alter, Größe, Gewicht, besondere Kennzeichen, Hinweise zu eventuell vorgenommenen Operationen oder erlittenen Unfällen der beiden Vermissten sollten eine Identifikation erleichtern. Durch Befragung von Ricarda F. und des Vaters von Birgit Wenda wurden alle wichtigen Angaben zu den Vermissten ermittelt und im Juli 1990 an den Generalstaatsanwalt der DDR, Abteilung Rechtsverkehr übermittelt.

In einem Schreiben der Bezirksstaatsanwaltschaft Bratislava vom 5. April 1990 an den Staatsanwalt des Bezirkes Karl-Marx-Stadt wurde bereits unter Berufung auf die Sachkenntnis des Majors der Grenztruppeneinheit in Komarno, Major Petr Soroka, darauf hingewiesen, dass erfahrungsgemäß Wasserleichen durch die Strömung der Donau an das Ufer der Ungarischen Republik gespült würden und dort nach der vermissten weiblichen Person gesucht werden solle. Doch auch auf der ungarischen Seite wurde die Leiche von Birgit Wenda nicht aufgefunden. Eine amtliche Todesfeststellung für das Ehepaar war nicht zu ermitteln.

(Autorin: CB; Recherche: AH, CB, jk, jos.)

Quellen

Unterlagen des Referates Jugendhilfe zu Birgit Holler. Archiv des Vogtlandkreises, Oelsnitz, HAV, RdK Auerbach/V., VwA-Nr. 18004.

Správa ZNB hl. mesta Bratislavy: Vyšetřovací spis, č. VS-ČVS-953/89. ÚPN Bratislava, BA-V 19982.

Dokumente zu den Ausreiseanträgen von Jens und Birgit Wenda. StA Plauen, A 2017, Ausreiseakte Wenda, Bl. 1–43.

Generalstaatsanwaltschaft der DDR: Besondere Vorkommnisse, strafbare Handlungen und unnatürliche Todesfälle von DDR-Bürgern im Ausland (1990). BArch, DP 3/1474.

Unterlagen zu Ricarda F. und Ingo H. BArch, MfS, BV KMSt, AU 2721/89.

Frank Bethmann

geboren am 27. Januar 1961 in Thale (Landkreis Harz)

ertrunken, vermutlich am 9. Oktober 1989 im Grenzgewässer zwischen der DDR und Polen

Leichenbergung am 15. Oktober 1989 nahe der Ortschaft Górzyca (Kreis Słubice) in Polen

Frank-Andreas Bethmann wuchs in Thale als Sohn der Lehrerin Christa Bethmann und des Arbeiters Kurt Bethmann auf. Er absolvierte nach Abschluss der 10. Klasse im VEB Eisen- und Hüttenwerke Thale eine Ausbildung zum Facharbeiter. Während seiner Lehrzeit versuchte er am 28. Oktober 1979 über die ČSSR in die Bundesrepublik zu flüchten. Er wollte zu seinem Onkel und seiner Tante nach Hamburg, die er von Besuchen bei seinen Eltern kannte. Das Vorhaben scheiterte am Grenzübergang Schmilka. Dort wurden Frank Bethmann und der ihn begleitende Arbeitskollege aus dem Zug geholt. Bethmann wurde nach § 213 wegen „Versuchs des ungesetzlichen Verlassens der DDR“ zu einer einjährigen Haftstrafe verurteilt. Sein „Mittäter, der ebenfalls eine Haftstrafe verbüßte, erhängte sich“ laut einer Mitteilung der MfS-Kreisdienststelle Quedlinburg während des Strafvollzugs. Nach der Haftentlassung beendete Frank Bethmann seine Lehre und erhielt eine Stelle als Werkzeugmacher im Stanzwerk des VEB Eisen- und Hüttenwerke Thale.

Frank Bethmann heiratete 1982 seine Frau Cornelia, die als Facharbeiterin im gleichen Betrieb arbeitete und ein Kind mit in die Ehe brachte. Nachdem Frank Bethmann gegenüber Arbeitskollegen die Absicht geäußert hatte, einen Ausreiseantrag in die Bundesrepublik zu stellen, leitete das politische Kommissariat (K I) des Volkspolizei-Kreisamtes Quedlinburg nach einem Hinweis des DDR-Staatssicherheitsdienstes im September 1983 unter dem Vorgangsnamen „Schleife“ Ermittlungen gegen ihn ein. Um ihn „unter wirksamer operativer Kontrolle zu halten“ sowie zur „Aufklärung seiner Pläne, Absichten und Vorbereitungshandlungen“ stufte ihn der Leiter der Volkspolizei-Kreisdienststelle Oberstleutnant Reinl als „grenzgefährdet“ ein. Sein Kommissariat I wies Reinl an, „zur Person B. eine Kriminalakte anzulegen“ und seinen Ausschluss „aus dem paß- und visafreien Reiseverkehr zu prüfen“. Ein Meister aus dem Arbeitsbereich Bethmanns erklärte sich gegenüber VP-Unterleutnant Sturm dazu bereit, als Kontaktperson (KP) die Kriminalpolizei bei ihren Ermittlungen zu unterstützen. Nach seiner Wahrnehmung sei Bethmann „ein ruhiger, ja teilweise verschlossener Typ“ und „Eigenbrötler“, der im Kollegenkreis kaum jemandem etwas anvertraue. Ihm sei jedoch zu Ohren gekommen, dass Bethmann beabsichtige, einen Scheidungsantrag zu stellen, um zu verhindern, „dass seine Frau in Schwierigkeiten kommt“, wenn er einen Ausreiseantrag stellt.

Als Unterleutnant Sturm sich im April 1984 bei seiner Kontaktperson im Betrieb nach Frank Bethmann erkundigte, erhielt er die Auskunft, dessen Verhalten habe sich deutlich „zum Positiven geändert“. Man könne „sich gegenwärtig keinen besseren Arbeitskollegen wünschen“. Bethmann habe offenbar seinen „Tiefpunkt" überwunden und beteilige sich sogar an der FDJ-Arbeit. Durch eine Überprüfung „im Zeitraum der Sicherungsperiode Wahlen 1984" ermittelte der Kripomann außerdem beim Rat der Stadt Thale, dass Frank Bethmann mit seiner Ehefrau vor Antritt einer Urlaubsreise „im Sonderwahllokal von seinem Wahlrecht Gebrauch gemacht hat". Angesichts dieser Ermittlungsergebnisse verfügte VP-Unterleutnant Sturm die Archivierung des Ermittlungsvorgangs mit der Begründung, die „Verdachtsgründe gem. § 213, (3) Ziff. 6 StGB bestätigten sich nicht. Voraussetzungen einer weiteren operativen Bearbeitung sind daher nicht mehr gegeben". Nach Informationen des DDR-Staatssicherheitsdienstes leistete Frank Bethmann 1984 und 1985 seinen Wehrdienst beim Pionierbaubataillon 22 der Nationalen Volksarmee am Standort Biesdorf ab, ohne dort besonders aufzufallen. Er sei wegen guter Leistungen sogar mehrfach ausgezeichnet worden.

Am 18. Juli 1989 leitete die Kreisdienststelle Quedlinburg des DDR-Staatssicherheitsdienstes unter dem Vorgangsnamen „Winde" eine Operative Personenkontrolle (OPK) gegen Frank Bethmann ein. Zur Begründung der im Rahmen des „Kampfauftrags Jubiläum 40" eingeleiteten Überwachungsmaßnahmen heißt es: „Der B. stellte am 23.5.89 einen schriftlichen Antrag auf Ausreise aus der DDR beim Rat des Kreises Quedlinburg, Abt. Innere Angelegenheiten. In seiner Begründung bezieht er eine ablehnende Haltung zu den politischen und gesellschaftlichen Verhältnissen in der DDR." Nach Bethmanns Ehescheidung sei nun auch eine familiäre Bindung an die DDR entfallen. Als „Zielstellung der OPK" legte das MfS fest: „Verhinderung von öffentlichkeitswirksamen Handlungen/Erarbeitung von Hinweisen und Beweisen zur strafrechtlich relevanten Handlungen/Zurückdrängung des Antrages auf Ausreise". Ein Inoffizieller Mitarbeiter des MfS mit Decknamen „Hermann" erhielt den Auftrag, „tägliche Vollzugsmeldungen über die Anwesenheit der OPK am Arbeitsplatz sowie operativ beachtenswerte Informationen" abzugeben. „Täglich bis 10.00 Uhr erfolgt durch den Meister im Werk Koll[ege]. [...] die Anwesenheitsmeldung der OPK ‚Winde' am Arb[eits]-Platz." Der Meister erklärte sich außerdem bereit, auf Bethmann einzuwirken, um ihn von seinem Ausreiseantrag abzubringen.

Am 12. September 1989, einen Tag nachdem Ungarn seine Westgrenze für DDR-Bürger geöffnet hatte, beschloss das SED-Politbüro eine Überprüfung „der Ausreisemodalitäten" nach Ungarn. „Gefährdeten Bürgern der DDR ist nach interner Kontrolle durch die zuständigen Organe die Ausreise nicht zu genehmigen." Am folgenden Tag ordnete der Minister für Staatssicherheit, Erich Mielke, in einem „Maßnahmeplan zum rechtzeitigen Erkennen und zur vorbeugenden Verhinderung des Mißbrauchs von Reisen nach der bzw.

durch die Ungarische Volksrepublik“ an, „alle Reiseanträge nach Ungarn, Bulgarien und Rumänien“ seien zentral zu überprüfen, um den MfS-Kreisdienststellen personenbezogene „Versagungsgründe“ zu übermitteln. Das betraf auch Frank Bethmann. Am 15. September 1989 teilte die Volkspolizei ihm mit, dass seine bereits ausgestellte Genehmigung für eine Reise nach Ungarn für die Zeit vom 23. Oktober bis zum 27. Oktober 1989 zurückgenommen wurde. IMS „Hermann“ berichtete vier Tage später über seinen erfolglosen Versuch, Bethmann von seinem Ausreisantrag abzubringen. Am Abend des 6. Oktober 1989 – dem Vorabend des 40. Jahrestags der DDR-Gründung – begab sich der in die Überwachung Bethmanns eingebundene Meister des VEB Eisen- und Hüttenwerke zu Bethmanns Wohnung und stellte fest, dass alle Fenster verschlossen waren und Bethmann sich nicht zu Hause aufhielt. Am Montag, den 9. Oktober 1989, erschien Frank Bethmann nicht mehr zur Arbeit.

Am Sonntag, den 15. Oktober 1989, meldete die Lubuska Brygada des Polnischen Grenzschutzes, ein Angler habe um 10.30 Uhr in der Nähe des Dorfes Górzyca eine Wasserleiche entdeckt. Die bei dem Toten aufgefundenen Papiere lauteten auf den Namen Frank Bethmann aus Thale. Die Staatsanwaltschaft Słubice habe die Überführung des Leichnams in das dortige Leichenschauhaus angeordnet. Die polnischen Obduzenten der Wasserleiche vermuteten, dass Frank Bethmann am 9. Oktober 1989 in der Oder ertrunken ist. Die NVA-Grenzbrigade Frankfurt/Oder meldete dem Kommando der DDR-Grenztruppen am Mittag des 15. Oktober 1989 die Übergabe der bei dem Toten aufgefundenen Personalpapiere durch einen polnischen Kontaktoffizier.

Es sollte fast drei Monate dauern, bis Frank Bethmanns Eltern Gewissheit über die Todesursache ihres Sohnes erhielten. Nachdem sie bei der Volkspolizei in Quedlinburg und der Abteilung Inneres des Rates der Stadt seit dem 16. Oktober 1989 auf eine Überführung der Leiche ihres Sohnes gedrängt und sich zur Übernahme der Kosten bereit erklärt hatten, erfolgte am 2. November 1989 die Überführung der sterblichen Überreste Frank Bethmanns von Słubice nach Berlin. Der VEB Städtisches Bestattungs- und Friedhofswesen Berlin vertröstete Bethmanns Eltern unter Hinweis auf die Entscheidung der Staatsanwaltschaft und der Gerichtsmedizin um weitere vier Tage. Doch auch am 7. November 1989 wurde die Leiche von der Gerichtsmedizin noch nicht freigegeben und zu einer Einäscherung in Berlin geraten. Dem stimmten die Eltern am 8. November per Einschreiben zu. Am 13. November 1989 teilte das Bestattungswesen aus Berlin telefonisch mit, dass die Leiche noch immer nicht freigegeben sei. Daraufhin fuhren Kurt und Christa

Bethmann selbst nach Berlin und erhielten vom VEB Bestattungswesen fünf Sterbeurkunden, auf denen als Todestag das Datum der Leichenbergung am 15. Oktober 1989 eingetragen war. Über die Todesursache teilte ihnen auf Nachfrage eine Mitarbeiterin des Bestattungswesens „Tod durch Ertrinken" mit. Am 6. Dezember 1989 reagierte die DDR-Staatsanwaltschaft auf die Bitte der Eltern um die Übersendung eines Obduktionsprotokolls. Staatsanwalt Schuck schrieb ihnen, er habe bei dem 2. Generalstaatsanwalt der Volksrepublik Polen um die Übersendung des Obduktionsprotokolls nachgesucht. Dieses schickte DDR-Konsul Sachs am 11. Dezember aus dem Generalkonsulat Szczecin dann über die Hauptabteilung Konsularische Angelegenheiten des DDR-Außenministeriums an die DDR-Generalstaatsanwaltschaft. Dort ließ man die Weihnachtszeit verstreichen und übermittelte am 27. Dezember 1989 der Staatsanwaltschaft des Bezirks Halle die „Unterlagen in der Leichensache Frank Bethmann mit der Bitte, durch die Kreisstaatsanwaltschaft Quedlinburg mit den Eltern ein entsprechendes Gespräch zu führen".

Bei der Urnenbeisetzung in Thale sagte die Pfarrerin in ihrer Predigt: „Es kann kein Trost sein, dass jetzt – viel zu spät – einige von denen zur Verantwortung gezogen und bestraft werden, die mit Schuld daran haben, dass so viele das Land verließen. Zu spät für Frank Bethmann und für viele andere, die mitten im scheinbaren Frieden an der Grenze ihr Leben verloren."

(Autor: jos.; Recherche: AH, jos., SM, TP, CB, App., JHH)

Quellen

VPKA Quedlinburg, K I: Einleitung KA „Schleife" wegen Verdachts ungsetzl. Grenzübertritts. BStU, MfS, Ast Halle, AOG 2020/84.

MfS, KD Quedlinburg: Information der KP Lerche. BStU, Ast. Halle, MfS, BV Halle, KD Quedlinburg; Nr. VIII 1674/89.

Beschluß des SED-Politbüros vom 12. September 1989 zur Überprüfung der Ausreisemodalitäten von DDR-Bürgern nach Ungarn. Protokoll Nr. 36/89. BArch, SAPMO, DY 30/J IV 2/2/2345.

Lubuska Brygada WOP: Meldunek sytuacyjny Nr. 288/1, 15.10.89. ASGr, 2818/116 u. 2870/21.

MfS, HA I (TANTALIT): Telegramm, Vorausmeldung über den Fund einer Wasserleiche. BStU, MfS, HA I, Nr. 14801.

DDR-Ministerium für Nationale Verteidigung (MfNV), KGT, Stellvertreter des Ministers und Chef der Grenztruppen, Operativer Diensthabender OFIZ: Tagesmeldung Nr. 288/ 89 vom 16. Oktober 1989 für die Zeit vom 14.10.1989, 18:00 Uhr bis 15.10.1989, 18:00 Uhr und Sofortmeldungen bis 16.10.1989, 04:00 Uhr. BArch, DVH 32/121553.

MfS, HA I, KGT, Stab, GBR VRP: Chiffriertelegramm an HA I, ODH und HA I, KGT. BStU, ZA, MfS, HA I, Nr. 14517, Teil 2 von 3.
Generalstaatsanwalt der DDR: Straftaten von und Verbrechen an DDR-Bürgern im Ausland, Bd. 63. BArch, DP 3/4306.
MfAA: Todesfallkartei DDR-Bürger im Ausland. PAAA, M 52/5343B93.
MfAA, HA Kons. Angelegenheiten: Übergabe Obduktionsprotokoll und Ermittlungsbericht zum Todesfall Frank Bethmann. PAAA, ZR 5339/93.
Standesamt I zu Berlin: Sterbeurkunde Nr. 265 (Frank Bethmann). LAB, S-Rep 500, Nr. 328.
Staatsanwaltschaft des Bezirkes Halle: Bethmann, Frank, Verdacht des unnatürlichen Todes. Az. 113-7-90. LASA, M 535, Nr. 2186.
Sontheimer, Michael: Tödliche Ungeduld. In: DER SPIEGEL 49, 2009, S. 43–45.
Heute Journal vom 3.10.2014, Beitrag von Christhard Läpple über Frank Bethmann.

Kerstin Kühn

geboren am 1. April 1967 in Limbach-Oberfrohna (Landkreis Zwickau)
tödlich verunglückt am 12. Oktober 1989 in Polen
Ort des Vorfalls: bei Krzewina (Gemeinde Bogatynia) an der Grenze zur DDR

Am 12. Oktober 1989 gegen 21.05 Uhr ging bei der polnischen Volksmiliz in Bogatynia die Meldung ein, auf der Bahnstrecke bei Krzewina sei die Leiche einer jungen Frau gefunden worden. Die dorthin entsandten Mitarbeiter der Volksmiliz stellten fest, dass die Tote unter der Brücke der eingleisigen Neißetal-Bahnstrecke bei Krzewina zwischen der Brückenwand und dem Gleis lag. Auf der anderen Seite des Bahngleises fanden sie einen roten Rucksack, in dem sich Dokumente auf den Namen Kerstin Kühn aus Burgstädt befanden. Im Rucksack entdeckten die Polizisten auch Skizzen der Bahnstrecke Zittau-Görlitz, auf denen die Stelle gekennzeichnet war, an der die zwischen beiden Städten verkehrenden Züge polnisches Gebiet durchfahren. Außerdem führte Kerstin Kühn handschriftliche Aufzeichnungen über die Zugverbindung Zgorzelec-Warschau sowie die Anschrift und Telefonnummer des Lagers für DDR-Flüchtlinge in Hannover mit sich. Neben Bekleidung und Kosmetik befanden sich in ihrem Rucksack 1.000 Mark der DDR. Nach Auswertung der Angaben des untersuchenden Arztes gab es keinerlei Hinweise darauf, dass Kerstin Kühn gewaltsam aus dem Zug gestoßen wurde. Sie sei „freiwillig aus dem Personenzug der Deutschen Reichsbahn Zittau-Görlitz gesprungen, der um 18.06 Uhr durch Krzewina fährt. Auf Grund der schon eingetretenen Dunkelheit bemerkte sie nicht, daß sich der Zug der Brücke näherte und schlug unmittelbar nach dem Herausspringen mit dem Kopf auf die Brückenkante". Die dabei erlittenen schweren Verletzungen führten zu ihrem sofortigen Tod.

Kerstin Kühn war ledig, sie war von Beruf TKO-Ingenieurin, also im Rahmen der Technischen Kontrollorganisation (TKO) mit der Gütekontrolle in einem Betrieb betraut. Ihren Fluchtversuch hatte sie mit zwei Begleitern unternommen, dem 26-jährigen Kfz-Schlosser Dietmar M. und dem 29-jährigen HO-Mitarbeiter Fred-Hagen G. aus Apolda. Beide konnten unverletzt aus dem Zug springen, wurden jedoch gegen 19.10 Uhr durch polnische Grenzsoldaten festgenommen und um 23.50 Uhr den DDR-Sicherheitsorganen übergeben. Das Volkspolizeikreisamt Görlitz telegrafierte dem Kommando der DDR-Grenztruppen als Ergebnis der Vernehmungen von Dietmar M. und Fred-Hagen G.: „Motiv: POL.-IDEOL., Ziel: BRD-Botschaft in Warschau".

Am 18. Oktober 1989 teilte der Rat des Bezirks Karl-Marx-Stadt (heute Chemnitz) dem DDR-Außenministerium, Hauptabteilung Konsularische Angelegenheiten mit, Kerstin Kühns Eltern bäten um eine Überführung der Toten in das Krematorium Karl-Marx-Stadt und seien bereit, die Kosten dafür zu übernehmen. Es solle dort nach dem Willen der Eltern die Einäscherung der sterblichen Überreste Kerstin Kühns und die Urnenüberführung in eine Gemeinschaftsanlage erfolgen. Mit Schreiben vom 27. Oktober 1989 teilten die Kriminalpolizei Karl-Marx-Stadt und der mitunterzeichnende Staatsanwalt Börner dem Standesamt Burgstädt mit, „die Leiche der Kühn, Kerstin wird hiermit zur Erdbestattung freigegeben".

(Autor: jos.; Recherche: AH, App., CB, HP, JHH, jos.)

Quellen

Łużyckija Brygada WOP: Meldunek sytuacyjny Nr. 285/2, 13.10.1989 um 5.30 Uhr. ASGr, 2722/1107.

Kommando der Grenztruppen, Stellvertreter des Ministers und Chef der Grenztruppen, Operativer Diensthabender: Tagesmeldung Nr. 286/ 89 vom 14. Oktober 1989 für die Zeit vom 12.10.1989, 18:00 Uhr bis 13.10.1989, 18:00 Uhr und Sofortmeldungen bis 14.10.1989, 04:00 Uhr. BArch, DVH 32/121553.

MfS HA I; Bereich 2000: Tagesmeldung vom 16. Oktober 1989. BStU, MfS HA I Nr. 5398, Bd. 1 und 2.

Kommando der Grenztruppen: Sofortmeldung über Fund einer Leiche durch poln. Grenzschutztruppen. BArch, DVH 32/121699, Bl. 184 f.

DDR-Generalstaatsanwaltschaft: Besondere Vorkommnisse, strafbare Handlungen und unnatürliche Todesfälle von DDR-Bürgern im Ausland, 1985–1990. BArch, DP 3/1464.

DDR-Generalstaatsanwaltschaft: Beschluss über die Einstellung des Verfahrens vor Aufnahme [und weitere Dokumente zum Todesfall Kerstin Kühn aus dem MfAA]. PAAA, ZR 5339/93.

MfAA: Todesfallkartei DDR-Bürger im Ausland. PAAA, ZR 5336/93.

Ministerrat der DDR, Ministerium des Innern, Dienststelle VPA Karl-Marx-Stadt/Land: Anzeige eines nicht natürlichen Todesfalles, 27.10.1989. Sammelakte zum Sterberegister 1989 des Standesamtes I zu Berlin. LAB, S Rep. 500, Nr. 1368.

Standesamt I zu Berlin: Sterbeurkunde Nr. 260 (Kerstin Kühn). LAB, S-Rep 500, Nr. 328.

Uwe Petras

geboren am 23. Dezember 1961 in Berlin
ertrunken, vermutlich am 18. Oktober 1989 im Grenzgewässer zwischen der DDR und Polen
Ort des Vorfalls: in der Oder nordöstlich von Eisenhüttenstadt
Leichenbergung am 29. Oktober 1989 bei Rybojedzko (Gemeinde Cybinka) in Polen

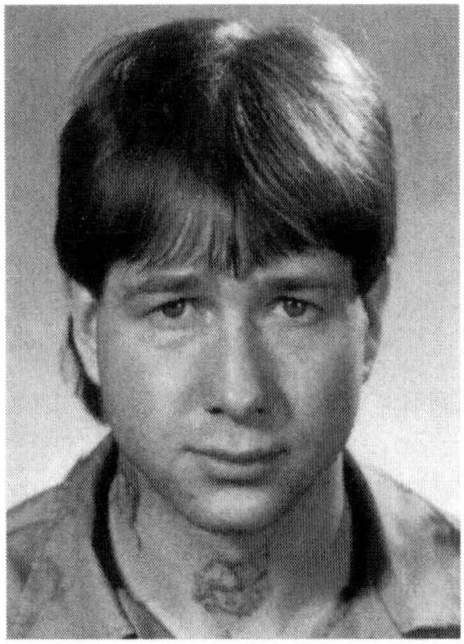

Uwe Petras

Uwe Petras kam am 23. Dezemberg 1961 in Berlin zur Welt. Seine Mutter Helga arbeitete ganztags als Reinemachefrau in der Ost-Berliner FDGB-Zentrale. Uwe Petras hatte zwei Schwestern und zwei jüngere Brüder. Wegen Herumtreiberei und schlechten schulischen Leistungen erwirkte die „Jugendhilfe" gegen den Willen der Mutter seine Einweisung in ein Kinderheim nach Apolda. Ein dortiger Erzieher schrieb in einer Beurteilung über Uwe Petras: „Die Mutter ist sehr um den Jungen besorgt. Sie erkundigt sich regelmäßig nach seinem Verhalten und nimmt auch jede Gelegenheit wahr, den Jungen in der Einrichtung zu besuchen. Sie erhält von ihrer Arbeitsstelle, dem FDGB-Bundesvorstand, dabei sehr gute Unterstützung." Es bestehe aber der Eindruck, „daß die Mutter in der Erziehung weich und inkonsequent ist".

Nach dem Kinderheim „Clara Zetkin" in Apolda musste Uwe Petras in den Jugendwerkhof „Rudolf Breitscheid" in Eckartsberga, wo er als Lehrling im Feuerlöschgerätewerk Apolda arbeitete. Mit zwei Freunden flüchtete er wiederholt aus dem Jugendwerkhof mit der Absicht, über die Grenze nach Westdeutschland zu gelangen. Auf dem Weg zur Grenze brachen sie

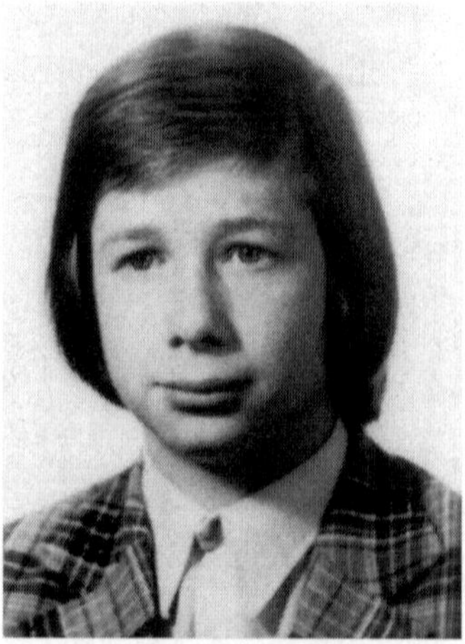

Uwe Petras als Jugendlicher

mehrfach in Lauben ein und stahlen Lebensmittel. Die drei Jugendlichen wurden daraufhin 1977 von der Kriminalpolizei als „grenzgefährdet" erfaßt und in einem Vorgang „Flüchter" bearbeitet. Ein als Informant der Kripo tätiger Erzieher berichtete, die Gruppe um Petras sei „als negativer Kern einer kriminell gefährlichen Gruppierung bekannt, die ihre Zielstellung der wiederholten Entweichung mit Zielstellung, Fluchtrichtung VR Polen von dort in die CSSR und von dort aus in die BRD zu gelangen nicht aufgegeben hat". Der Fürsorger bescheinigte Petras einen „Drang nach westlicher Lebensweise". Es sei kaum gelungen, ihn im Heim „in seinen politisch-ideologischen Grundhaltungen zu beeinflussen". Uwe Petras und seine beiden Freunde wurde im April 1978 in den geschlossenen Jugendwerkhof Torgau eingeliefert. Im September 1978 gelang ihm gemeinsam mit einem der beiden die Flucht auf polnisches Gebiet. Dort griff sie die Miliz auf und lieferte sie an die DDR aus.

In einem Ermittlungsbericht des Volkspolizeikreisamtes Naumburg vom 16. Oktober 1978 heißt es zur Stimmung im Jugendwerkhof, die Gruppe um Uwe Petras und auch andere Insassen „lehnen sich gegen die jetzigen Pädagogischen- und Erziehungsmethoden der Leitung bei groben Disziplinverstößen und Verursachung von Kriminalität nach Entweichung auf und widersetzen sich". Die Absicht „über die CSSR in die BRD zu gelangen" sei „in fast allen Gruppen im Werkhof vorhanden. Sie wird von den rückgeführten Entweichern teilweise von zu Hause oder aus den Durchgangsheimen mitgebracht." Nachdem die als „gesellschaftliche Kräfte" beteiligten Erzieher Uwe Petras und seine beiden 15- und 16-jährigen Freunde gegenüber der Staatsanwaltschaft für strafmündig erklärt hatten, wurden sie vor Gericht gestellt und zu Haftstrafen zwischen zweieinhalb und drei Jahren verurteilt. Im Urteilstext hieß es: „Zum Motiv der Straftat Grenze liegt bei allen Beschuldigten zu Grunde, daß sie der Meinung waren in der BRD freier und ohne Bevormundung leben zu können." Die ermittelte Schadenssumme der Einbrüche und Diebstähle während der Fluchtversuche lag bei 11.976,83 Mark.

Nach der Haftentlassung kehrte Uwe Petras nach Ost-Berlin zurück. Wegen mehrerer gemeinschaftlich begangener Einbruchdiebstähle geriet er dort erneut mit dem Gesetz in Konflikt. Die Kriminalpolizei warb ihn bei einer Vernehmung als Informant an, um im Berliner Milieu zur Beobachtung „vorbestrafter und asozialer Personen" beizutragen sowie über „Punker", „Kirchenanhänger" und andere „negative Personen" zu berichten. Im Juli 1984 erhielt Petras wegen der begangenen Straftaten eine Haftstrafe von dreieinhalb Jahren, die er in Rummelsburg und Bautzen verbüßte. Nach seiner Entlassung im Dezember 1987 wurde ihm eine Arbeitsstelle in Neubrandenburg vermittelt. Er arbeitete als Schlosser in der Jungrinderaufzuchtanlage Heinrichswalde, wo er mit einer jungen Frau zusammenlebte, die drei Kinder im Vorschulalter hatte. Teile seines Lohnes wurden zur Begleichung von Schulden gepfändet. Die Volkspolizei registrierte ihn erneut als IKMR (Inoffizieller kriminalpolizeilicher Mitarbeiter aus dem Kreis der Rechtsbrecher) mit Decknamen „Pinne". Er traf sich nach der Haftentlassung ca. 30-mal mit seinen Auftraggebern und erhielt laut deren Buchführung nach und nach 200,– Mark in Form von Geldprämien und 625,– Mark an Auftragskosten. Die Volkspolizei war jedoch mit seinen Auskünften unzufrieden, da er falsche Angaben machte. Die Zusammenarbeit sollte im 4. Quartal 1989 beendet werden. Als Uwe Petras am 11. Oktober 1989 nicht zu einem vereinbarten Treffen erschien, suchte VP-Hauptmann Lenz dessen Wohnung auf, ohne ihn dort anzutreffen.

Eine Streife der DDR-Grenztruppen nahm am 16. Oktober 1989 gegen 22.30 Uhr in Frankfurt/Oder Uwe Petras fest. Er gab bei seiner Vernehmung durch die Volkspolizei zu, sich auf den Weg nach Warschau gemacht zu haben, um in die Botschaft der Bundesrepublik zu gelangen. Am Morgen des 17. Oktober wurde Uwe Petras von der Volkspolizei wieder auf freien Fuß gesetzt und aufgefordert, sich zurück in seinen Wohnort Heinrichswalde zu begeben. Wahrscheinlich suchte er nun im Grenzgebiet nach einer anderen Möglichkeit zur Flucht und traf dort auf Gerhard Kiefer, der mit Dietmar Pommer und Eleonore P. ebenfalls nach Polen gelangen wollte. Kiefer und Pommer kannten sich vermutlich aus dem Berliner Milieu. Kiefer, Pommer, Petras und Eleonore P. wurden nach Informationen des DDR-Staatssicherheitsdienstes zuletzt am 18. Oktober 1989 in Eisenhüttenstadt gesehen.

Das Kommando der DDR-Grenztruppen meldete am 29. Oktober 1989 den Fund einer Wasserleiche durch polnische Grenzsoldaten. Aus dem Personalausweis des Toten ging hervor, dass es sich um den 27 Jahre alten Uwe Petras aus Heinrichsruh im Kreis Ueckermünde handelte. Die Volkspolizei und der Kreisstaatsanwalt in Eisenhüttenstadt seien über den Todesfall unterrichtet worden. Einen Tag später diagnostizierte der sachverständige Arzt Hubertus Gabriel in der städtischen Leichenhalle von Krosno Odrzańskie den Tod durch Ertrinken. Der Leichnam von Uwe Petras wurde ohne Zustimmung des DDR-Generalkonsulats in Wrocław (dt. Breslau) an Ort und Stelle beigesetzt. Es lag auch keine Zustimmung von Verwandten zur Beisetzung auf polnischem Gebiet vor. Das galt auch für den einen Tag nach Uwe Petras aus der Oder geborgenen Leichnam von Dietmar Pommer.

Gegen dieses Vorgehen der polnischen Behörden protestierten die Angehörigen der Toten beim Ministerium für Auswärtige Angelegenheiten der DDR, das daraufhin bei dem polnischen Außenministerium die Exhumierung der beiden Leichen und ihre Überführung in die DDR erwirkte. Der zuständige Mitarbeiter der Hauptabteilung Konsularische Beziehungen des DDR-Außenministeriums Kunert hielt Anfang April 1990 in einer Aktennotiz zur Kostenübernahme in den Sterbefällen Petras und Pommer fest: „Um dem berechtigten Wunsch der Angehörigen auf Überführung zu entsprechen, musste eine Exhumierung der beiden Verstorbenen veranlasst werden. Die Überführung nach der Exhumierung wurde im Auftrage der Hinterbliebenen durch das Städtische Bestattungswesen Berlin vorgenommen." Die Kosten dafür würden wie üblich von den Angehörigen getragen. Die von polnischer Seite übermittelten Kosten für die dortige Beisetzung und Exhumierung in Höhe von 421.380,– Złoty pro Sterbefall könnten jedoch nicht den Angehörigen in Rechnung gestellt werden. Das sei nicht zumutbar, da von ihnen keine entsprechenden Aufträge erteilt worden waren. Deswegen seien diese Kosten durch das DDR-Generalkonsulat in Wrocław zu begleichen. Diese Entscheidung bedeute eine Abkehr von der bisherigen Praxis des DDR-Außenministeriums, das in früheren Fällen vor 1989 bei einer von Angehörigen gewünschten Exhumierung von vor Ort in sozialistischen Staaten bestatteten DDR-Bürgern den Familien die Kosten dafür aufbürdete. Die zuständigen Mitarbeiter des DDR-Außenministeriums handelten hier offenbar in der Erwartung des neuen demokratischen Amtschefs, als welcher Markus Meckel (SPD) nach der ersten freien Wahl in der DDR am 18. März 1990 bereits im Gespräch war.

(Autor: jos.; Recherche: AH, App., jos., MS, TP, CB, SM)

Quellen

MdI: Eilfahndungen Stufe II nach vermissten Personen 1976. BArch, DO 1/93002.

VP-Kreisamt Naumburg: Bearbeitungsrichtung: H., Mario; Petras, Uwe; M., Thomas. BStU, MfS, BV Halle, AOG, Nr. 875/85.

VP-Berlin und Neubrandenburg: Antrag zur Bearbeitung des Petras, Uwe. BStU, MfS, Nbg., AKAG, Nr. 153/89.

MfS, HA I, Bereich 2000: Tagesmeldungen Oktober 1989. BStU, MfS, HA I, Nr. 5398, Teile 1 und 2.
KGT: Fernschriftliche Meldungen über Vorkommnisse an der Staatsgrenze der Grenzbrigade zur VRP (Festnahmen, ungesetzliche Grenzübertritte, Vorkommnisse an GÜS-Ten). Oktober 1989 bis November 1989. BArch, DVH 32/121700, Bl. 285.
KGT: Operative Meldung vom 29.10.1989. BStU, MfS, HA I, Nr. 14517, Teil 1 bis 3.
KGT: Tagesmeldung Nr. 302/89 vom 30. Oktober 1989 für die Zeit vom 28.10.1989, 18:00 Uhr bis 29.10.1989, 18:00 Uhr und Sofortmeldungen bis 30.10.1989, 04:00 Uhr. BArch, DVH 32/121554.
BV Schwerin, KD Ludwigslust: Wochenlagefilm 44/89 (30.10.–5.11.). MfS, BV Schwerin, KD Ludwigslust, Nr. 20660.
VPKA Eisenhüttenstadt: Rapport Nr. 232/89 für die Zeit vom 19.10.89 04.00 Uhr bis 20.10.89 04.00 Uhr. BLHA, Rep. 672, VPKA Ehst 47.
DDR-Generalstaatsanwaltschaft: Obduktionsergebnisse zum Sterbefall Uwe Petras. BArch, DP 3/1464.
Standesamt I zu Berlin: Sterbeurkunde Nr. 282 (Uwe Petras). LAB, S-Rep 500, Nr. 328.
MfAA: Todesfallkartei DDR-Bürger im Ausland. PAAA, M 52/5345A93.
MfAA: Kostenübernahme in Sterbefällen Petras/Pommer. PAAA, ZR 5336/93.
Sontheimer, Michael: Tödliche Ungeduld. In: Der Spiegel, Nr. 49, 2009, S. 43–45.
Zeitzeugengespräch von J. Staadt mit Jaqueline Tiedmann am 7.7.2020.

Dietmar Pommer

geboren am 25. Februar 1966 in Ludwigslust
ertrunken, vermutlich am 18. Oktober 1989 im Grenzgewässer zwischen der DDR und Polen
Ort des Vorfalls: in der Oder nordöstlich von Eisenhüttenstadt
Leichenbergung am 30. Oktober 1989 bei Rybojedzko (Gemeinde Cybinka) in Polen

Dietmar Pommer erlernte den Beruf eines Landwirts. Er arbeitete in einer LPG bei Ludwigslust und wohnte bei seinen Eltern. Am 12. Oktober 1989 kam er von der Arbeit nach Hause und zog sich um. Er wolle noch einmal nach draußen, sagte er zu seiner Mutter. Sie sah noch, dass zwei Männer vor dem Haus auf ihn warteten. Einen davon, Gerhard Kiefer, kannte sie aus dem Ort. Der andere war ihr unbekannt. Wo Dietmar Pommer sich in den folgenden Tagen aufhielt, ist unklar. Zuletzt wurde er nach Informationen des DDR-Staatssicherheitsdienstes am 18. Oktober 1989 in Eisenhüttenstadt zusammen mit Gerd Kiefer, Uwe Petras und Eleonore P. gesehen.

Am 31. Oktober 1989 informierte ein Vertreter des polnischen Grenzbevollmächtigten aus Gubin (dt. Guben) seinen Ansprechpartner bei der DDR-Grenzbrigade Frankfurt/Oder über den Fund einer Wasserleiche. Demnach entdeckten Kräfte der polnischen Grenzschutztruppen am Grenzzeichen 451 im Raum Eisenhüttenstadt am polnischen Oderufer die männliche Leiche. Der Tote habe DDR-Personalpapiere auf den Namen Dietmar Pommer bei sich geführt. Weitere Angaben zur Person seien noch nicht bekannt. Der zum Fundort der Wasserleiche herbeigerufene Arzt stellte Tod durch Ertrinken fest. Wann genau Dietmar Pommer die Flucht durch die Oder gewagt hatte, konnte nicht festgestellt werden. Angesichts des Zustands der Leiche wurde angenommen, dass Pommers Tod etwa vier bis fünf Tage vor dem Auffinden der Leiche eingetreten sein müsse. Die Wassertemperatur der Oder lag in der letzten Oktoberwoche zwischen 8 und 12 Grad Celsius.

Am 2. November 1989 bat der Mitarbeiter der Hauptabteilung Konsularische Angelegenheiten des DDR-Außenministeriums, Sektorenleiter Heynert, den Rat des Kreises Ludwigslust um Verständigung der Angehörigen von Dietmar Pommer und um eine Entscheidung zu den Modalitäten der Leichenüberführung. Vier Tage später kündigte Heynert dem für Auslandsbeziehungen zuständigen Mitarbeiter der DDR-Generalstaatsanwaltschaft Carlos Foth die Überführung der Leichen von Dietmar Pommer und des ebenfalls in der Oder ertrunkenen DDR-Flüchtlings Uwe Petras an. Es stellte sich jedoch heraus, dass die beiden Toten bereits in Polen bestattet worden waren. Die polnischen Ermittlungsbehörden hatten am 9. November 1989 die Untersuchung zum Todesfall von Dietmar Pommer eingestellt, da kein Fremdverschulden feststellbar war, und den Leichnam zur Beisetzung freigegeben.

Gegen dieses Vorgehen der polnischen Behörden protestierte die Mutter von Dietmar Pommer am 15. November bei dem Städtischen Bestattungswesen in Berlin sowie beim Ministerium für Auswärtige Angelegenheiten der DDR, das daraufhin das polnische Außenministerium um die Exhumierung und Überführung der Leichen von Dietmar Pommer und Uwe Petras ersuchte. Der zuständige Mitarbeiter der Hauptabteilung Konsularische Beziehungen des DDR-Außenministeriums Kunert hielt Anfang April 1990 in einer Aktennotiz zur Kostenübernahme in den Sterbefällen Petras und Pommer fest: „Um dem berechtigten Wunsch der Angehörigen auf Überführung zu entsprechen, musste eine Exhumierung der beiden Verstorbenen veranlasst werden. Die Überführung nach der Exhumierung wurde im Auftrage der Hinterbliebenen durch das Städtische Bestattungswesen Berlin vorgenommen." Die Kosten dafür würden wie üblich von den Angehörigen getragen. Die von polnischer Seite übermittelten Kosten für die dortige Beisetzung und Exhumierung in Höhe von 421.380,– Złoty pro Sterbefall könnten jedoch nicht den Angehörigen in Rechnung gestellt werden. Das sei nicht zumutbar, da von ihnen keine entsprechenden Aufträge erteilt worden seien. Deswegen seien diese Kosten durch das DDR-Generalkonsulat in Wrocław zu begleichen. Diese Entscheidung bedeute eine Abkehr von der bisherigen Praxis des DDR-Außenministeriums, das in Fällen vor 1989 bei einer von Angehörigen gewünschten Exhumierung von vor Ort in sozialistischen Staaten bestatteten DDR-Bürgern den Familien die Kosten dafür aufbürdete. Die zuständigen Mitarbeiter des DDR-Außenministeriums handelten hier offenbar in der Erwartung des neuen demokratischen Amtschefs, als welcher Markus Meckel (SPD) nach den ersten freien Wahlen in der DDR am 18. März 1990 bereits im Gespräch war.

Dietmar Pommer wurde in seiner Heimatstadt Ludwigslust beigesetzt. In seiner Todesanzeige hieß es: „Es war zu früh, aber das Schicksal ist hart."

(Autor: jos.; Recherche: AH, App., CB, jos., SM)

Quellen

KGT: Fernschriftliche Meldungen über Vorkommnisse an der Staatsgrenze der Grenzbrigade zur VRP (Festnahmen, ungesetzliche Grenzübertritte, Vorkommnisse an GÜSTen) Oktober 1989 bis November 1989, BArch, DVH 32/121700, Bl. 24.

KGT: Tagesmeldung Nr. 304/89 vom 1. November 1989 für die Zeit vom 30.10.1989, 18:00 Uhr bis 31.10.1989, 18:00 Uhr und Sofortmeldungen bis 1.11.1989, 04:00 Uhr. BArch, DVH 32/121554.

BV Schwerin, KD Ludwigslust: Wochenlagefilm 44/89 (30.10.–5.11.). MfS, BV Schwerin, KD Ludwigslust, Nr. 20660.

VPKA Eisenhüttenstadt: Rapport Nr. 232/89 für die Zeit vom 19.10.89 04.00 Uhr bis 20.10.89 04.00 Uhr. BLHA, Rep. 672, VPKA Ehst 47.

DDR-Generalstaatsanwaltschaft: Dokumente zum Todesfall Dietmar Pommer. BArch, DP 3/1464.

Standesamt I zu Berlin: Amtliche Sterbeurkunde Nr. 281 (Dietmar Pommer). LAB, S-Rep 500, Nr. 328.

MfAA: Todesfallkartei DDR-Bürger im Ausland. PAAA, M 52/5345A93.

MfAA: Schriftwechsel zur Kostenübernahme in den Sterbefällen Petras/Pommer. PAAA, ZR 5336/93.

Sontheimer, Michael: Tödliche Ungeduld. In: Der Spiegel, Nr. 49, 2009, S. 43–45.

Gerhard (Gerd) Kiefer

geboren am 13. Juni 1956 in Dömitz

ertrunken, vermutlich am 18. Oktober 1989 im Grenzgewässer zwischen der DDR und Polen

Ort des Vorfalls: in der Oder nordöstlich von Eisenhüttenstadt

Gerhard Günther Heinz Kiefer wurde am 13. Juni 1956 in Dömitz geboren. Seine Eltern waren die Verkäuferin Gerda Kiefer, geborene Böttcher, und der Behördenangestellte Günther Kiefer. Beide hatten am 28. September 1951 in Dömitz geheiratet und vier Kinder bekommen.

1963 wurde Gerhard Kiefer in Dömitz eingeschult. Mit dem Abschluss der 8. Klasse begann er eine Lehre als Maurer im VEB Landbaukombinat Ludwigslust. Nach dem ersten Lehrjahr wechselte er in den VEB BAMA Baustoffmaschinen Ludwigslust, wo er zum Schlosser ausgebildet wurde. Nach seinen eigenen Angaben wurde er 1973 wegen „Rowdytums" zu einer dreijährigen Freiheitsstrafe verurteilt, die er im Jugendhaus Dessau verbüßte. Wahrscheinlich vorzeitig entlassen, heiratete er im November 1975 in Ludwigslust. Mit seiner Ehefrau bekam er einen Sohn. Während dieser Zeit beging er gemeinschaftlich mit anderen Tätern in Berlin schwerwiegende Straftaten und wurde am 6. September 1976 verhaftet. Das Stadtbezirksgericht Berlin-Mitte verurteilte ihn wegen versuchter Erpressung, mehrfachen gemeinschaftlichen Raubes im schweren Fall, mehrfachen Diebstahls, Hehlerei und gemeinschaftlichen Widerstands gegen staatliche Maßnahmen in Tateinheit mit schwerer Körperverletzung am 7. September 1977 zu einer achtjährigen Freiheitsstrafe mit anschließendem dreijährigen Aufenthaltsverbot in Berlin. Während der Haftzeit in der Strafvollzugsanstalt Brandenburg-Görden ließ sich seine Ehefrau von ihm scheiden.

Nach der Haftentlassung am 5. September 1984 wurde Gerhard Kiefer in Ludwigslust eine Wohnung und ein Arbeitsplatz als Schlosser im dortigen VEB Meliorationsbau zugewiesen. Einschätzungen des Betriebsleiters und des Arbeitskollektivs aus dem Jahr 1986 bescheinigten Kiefer zunächst gewissenhaftes und zufriedenstellendes Arbeiten, er galt als guter „Kumpel". Doch nach dem Tod seiner Eltern im August 1985 hätten Fehlschichten zugenommen. Kritisiert wurde Kiefers Beziehung zu anderen Vorbestraften und sein verstärkter Alkoholkonsum.

Im April 1985 lernte er seine spätere zweite Ehefrau kennen, gemeinsam bezogen sie ein Zimmer in Ludwigslust. Im Juni 1986 wurde ihnen ein Sohn geboren. Am 16. September 1986 bestahl der inzwischen 30-Jährige seine Nachbarn, ein Rentnerehepaar, um 400,– Mark. Da er bereits vorbestraft war, wertete das Kreisgericht Ludwigslust seine Tat als Verbrechen und verurteilte ihn am 12. November 1986 zu einer zweijährigen Freiheitsstrafe, die er in einer Berliner Strafvollzugseinrichtung verbüßte. Diese informierte den Staatsanwalt des Kreises Ludwigslust nach den ersten drei Monaten Haft über Kiefers gute Führung. Er habe im Rahmen der staatsbürgerlichen Erziehungsmaßnahmen keine politisch negative Haltung gezeigt, vielmehr andere Strafgefangene bei ihren Aufgaben unterstützt. Aufgrund eines Amnestiebeschlusses des Staatsrates der DDR wurde er am 15. Oktober 1987 aus der Haft entlassen.

Das Amt für Arbeit Ludwigslust wies Gerhard Kiefer nun eine Stelle als Schlosser beim örtlichen ZBE Meliorationen zu. Am 11. Dezember 1987 heiratete er seine Verlobte, gemeinsam bezogen sie eine Wohnung in der Letzten Straße in Ludwigslust und bekamen im Juli 1988 ein zweites Kind, eine Tochter. In den folgenden Monaten verstärkte sich Kiefers Alkoholkrankheit soweit, daß er Schnaps in einer Menge von „jeden Tag zwei bis drei großen Flaschen" konsumierte und nicht mehr in der Lage war, seiner Arbeit nachzugehen, wie er im Mai 1989 der Volkspolizei gegenüber aussagte. Wegen seiner Fehlzeiten im Betrieb erhielt er nur noch eingeschränkte Lohnzahlungen. Da seine Frau am Alkoholmissbrauch teilhatte, ordnete das Referat Jugendhilfe beim Rat des Kreises Ludwigslust im Februar 1989 die Unterbringung der Kinder in einem Heim an. Am 31. Januar und am 3. Mai 1989 wurde Gerhard Kiefer erneut straffällig, da er insgesamt 1.205,– Mark stahl, um sich Alkohol zu kaufen. Beim Diebstahl am 3. Mai war ebenfalls seine Ehefrau beteiligt. Gegen ihn ermittelten nun die Staatsanwaltschaften in Schwerin und Ludwigslust, in deren Zuständigkeitsbereichen die Straftaten begangen wurden. Am Abend des 7. Mai 1989 nahm ihn die Volkspolizei in Ludwigslust fest und inhaftierte ihn in der Untersuchungshaftanstalt Perleberg. Zwei Tage später musste Kiefer lebensgefährlich erkrankt ins örtliche Krankenhaus eingeliefert werden. Nach seiner Genesung kam er in die Strafvollzugsanstalt Bützow, wurde aber am 5. Juni 1989 in eine Tuberkuloseklinik verlegt. Da er vorläufig nicht mehr haftfähig war, hob das Kreisgericht Ludwigslust den Haftbefehl Kiefers auf. Bis zum 17. August 1989 blieb der 33-Jährige im Krankenhaus Waldeck, dann sollte seine Weiterbehandlung ambulant erfolgen. Am 19. April hatte die Staatsanwaltschaft Schwerin und am 29. Mai die Staatsanwaltschaft Ludwigslust gegen Kiefer Anklage wegen Diebstahls erhoben. Er musste damit rechnen, dass seine letzten Straftaten ähnlich streng geahndet würden, wie sein Diebstahlsdelikt aus dem Jahr 1986.

Gerd Kiefer holte am 12. Oktober 1989 zusammen mit einem unbekannten Mann den 23-jährigen Landwirt Dietmar Pommer von der elterlichen Wohnung in Ludwigslust ab, um sich auf den Weg zur bundesdeutschen

Botschaft in Warschau zu machen. Von dort waren am 1. Oktober 1989 insgesamt 809 DDR-Flüchtlinge entsprechend einer dreiseitigen Vereinbarung zwischen der DDR, der neuen polnischen Regierung und der Bundesregierung mit einem Zug nach Helmstedt gebracht worden. Deshalb verstärkten die DDR-Grenztruppen gemeinsam mit der Volkspolizei die Grenzüberwachung zu Polen. Allein im Berichtszeitraum vom 13. bis zum 14. Oktober 1989 (von vier Uhr morgens bis zur gleichen Zeit am Folgetag) nahmen DDR- und polnische Grenzschutzorgane 70 Personen wegen eines versuchten oder bereits gelungenen Grenzdurchbruchs fest.

Kiefer und Pommer wurden nach Informationen des DDR-Staatssicherheitsdienstes zuletzt am 18. Oktober 1989 in Begleitung von Uwe Petras aus Heinrichswalde und Eleonore P. aus Schwerin in Eisenhüttenstadt gesehen. Uwe Petras war am Tag zuvor in Frankfurt/Oder bei dem Versuch nach Polen zu gelangen festgenommen und zurückgewiesen worden. Offenbar schloss er sich dann im Grenzgebiet der Fluchtgruppe an. In der Nähe von Eisenhüttenstadt versuchten sie am Abend des 18. Oktober 1989 die Oder zu durchschwimmen. Gerhard Kiefer, Dietmar Pommer und Uwe Petras erreichten das polnische Ufer nicht, Eleonore P. wurde gegen 22 Uhr von polnischen Sicherheitskräften festgenommen und am nächsten Tag in die DDR zurückgeführt. In ihrer Vernehmung gab sie an, dass sie am 18. Oktober mit dem Zug aus Schwerin in Eisenhüttenstadt eingetroffen war und sich bis zum Abend in Gaststätten aufgehalten hatte. Dann sei sie mit drei weiteren Männern in die Oder gestiegen. Sie „fühlt sich in der DDR im Stich gelassen, ihr wird nicht geholfen", heißt es in der Tagesmeldung der Volkspolizei. Am 29. Oktober 1989 bargen polnische Grenzsoldaten die Leiche von Uwe Petras und am 30. Oktober die Leiche von Dietmar Pommer aus der Oder bei Rybojedzko (Gemeinde Cybinka), 4 km von Eisenhüttenstadt entfernt.

Das Kreisgericht Schwerin schickte am 20. Oktober 1989 die Vorladung für die am 2. November angesetzte Hauptverhandlung wegen Diebstahls an Gerhard Kiefer. Sie erreichte ihren Empfänger nicht mehr. Da der Angeklagte nicht erschien und laut einem Aktenvermerk des Kreisgerichts vermutet wurde, „daß er über die Botschaft der BRD in Warschau in die BRD gelangt", also unbekannten Aufenthalts war, wurde das Verfahren gegen ihn eingestellt. Die Staatsanwaltschaft Schwerin fahndete bis 1992 erfolglos nach Gerhard Kiefer, er blieb vermisst. Auch Suchanfragen beim DRK, beim Auswärtigen Amt und dem Rentenversicherungsträger sowie Befragungen einer Schwester von Gerhard Kiefer und Eleonore P.s, die zwischen 2003 und 2011 unternommen wurden, erbrachten keinen Hinweis auf einen möglichen Aufenthaltsort. Am 30. Juni 2009 beantragte die Tochter Kiefers seine Todeserklärung. Dem gab das Amtsgericht Ludwigslust am 8. Juli 2011 statt und legte als Zeitpunkt des Todes nach dem Verschollenheitsgesetz den 31. Dezember 1994 fest.

(Autor: jk; Recherche: jk, jos., TP)

Quellen

Standesamt Dömitz: Geburtsurkunde Nr. 127/1956.

MfS: Krankenunterlagen (Behandlungskarten) zu Gerhard Kiefer, geb. 13. Juni 1956. BArch, MfS, Abt. XIV, Nr. 14681.

Staatsanwaltschaft des Kreises Ludwigslust: Strafsache gegen Kiefer, Gerhard wg. verbr. Diebstahl pers. Eigentums, Anklage vom 3.11.1986, Az. 131-168-86, Strafakte. LHA Schwerin, 7-12-7 Staatsanwaltschaft des Bezirkes Schwerin, Sign. 18837.

Staatsanwaltschaft der Stadt und des Kreises Schwerin: Strafsache gegen Kiefer, Gerhard wg. Diebstahl pers. Eigentums, Anklage vom 19.4.1989, Az. 1311-155-89. LHA Schwerin, 7-12-7 Staatsanwaltschaft des Bezirkes Schwerin, Sign. 26533.

Staatsanwaltschaft des Kreises Ludwigslust: Strafsache gegen Kiefer, Gerhard u. a. wg. Diebstahl pers. Eigentums, Anklage vom 29.5.1989, Az. 131-58-89. LHA Schwerin, 7-12-7 Staatsanwaltschaft des Bezirkes Schwerin, Sign. 26533.

Volkspolizei-Kreisamt Eisenhüttenstadt: Rapport Nr. 232/89 für die Zeit vom 19.10.89 04.00 Uhr bis 20.10.89 04.00 Uhr. BLHA, Rep. 672, VPKA Ehst 47.

MfS: Wochenlagefilm 44/89 (30.10.–5.11.1989). BStU, MfS, BV Schwerin, KD Ludwigslust, Nr. 20660.

Sontheimer, Michael: Tödliche Ungeduld. In: Der Spiegel, Nr. 49, 2009, S. 43–45.

Amtsgericht Ludwigslust: Todeserklärungsverfahren 4 UR II 15/02.

Kreisarchiv Ludwigslust-Parchim, Auskunft vom 23.7.2020.

Frank Müller

geboren am 6. Februar 1968 in Berlin-Lichtenberg

ertrunken, vermutlich am 27. Oktober 1989 im Grenzgewässer zwischen der DDR und Polen

Ort des Vorfalls: in der Oder, südlich von Lebus (Landkreis Märkisch-Oderland)

Leichenbergung am 3. November 1989 bei Lebus in der DDR

Frank Herbert Müller wurde am 6. Februar 1968 in Berlin-Lichtenberg geboren. Sein Vater, bei der Geburt bereits im hohen Alter, starb, als Frank noch ein Kind war. Bis zum fünften Lebensjahr wuchs er bei der Mutter in Markgrafpieske bei Fürstenwalde auf, dann wurde er im Sondervorschulheim Hangelsberg untergebracht und ab 1975 im Kinderheim Seebad in Rüdersdorf. 1982 starb die Mutter. 1983, mit 15 Jahren, kam er in das Kinder-

Leichenfundort bei Lebus, 2021

und Jugendwohnheim „Erich Hannemann" nach Bad Freienwalde, in dem verhaltensauffällige Kinder- und Jugendliche zum Teil längere Zeit unter Betreuung wohnten. Volljährig geworden, verließ er 1986 das Heim und zog nach Zernsdorf, heute ein Teil der Stadt Königs Wusterhausen. Dort wurde er straffällig und büßte vom 9. November 1988 bis zum 5. Juli 1989 eine Haftstrafe ab. Der Vermerk „K3" auf seiner Meldekarte weist darauf hin, dass es sich hierbei um ein Vergehen der „Allgemeinen Kriminalität", etwa um ein Diebstahlsdelikt, gehandelt haben muss.

Am 12. September 1989 hatte in Polen eine neue Regierung unter dem Bürgerrechtler und Reformpolitiker Tadeusz Mazowiecki (1927–2013) die Amtsgeschäfte übernommen. Immer mehr DDR-Bürger fanden in der bundesdeutschen Botschaft in Warschau Zuflucht, in vielen Fällen versuchten sie schwimmend den Grenzfluss Oder zu überqueren, da der visafreie Reiseverkehr nach Polen schon seit dem 30. Oktober 1980 eingestellt worden war. Volkspolizei und Transportpolizei unterstützten die überforderten Grenztruppen und patrouillierten auf dem Oderdamm. Am 1. Oktober 1989 durchquerte der erste Zug mit Botschaftsflüchtlingen aus Warschau die DDR in Richtung Helmstedt. Auf diesem Wege wollte auch Frank Müller in den Westen.

Etwa am 27. Oktober 1989 – auf das Datum wurde aufgrund des Zustands seiner Leiche geschlossen – versuchte der 21-Jährige südlich von Lebus im damaligen Kreis Seelow die Oder zu durchschwimmen. Den Sozialversicherungsausweis, seinen Wehrdienstausweis und eine Geburtsurkunde trug er bei sich. Seine im Fluss treibende Leiche entdeckte ein Passant am 3. November 1989 in Höhe des heute noch bestehenden Restaurants „Anglerheim" in Lebus. Die alarmierte Volkspolizei barg sie mit Hilfe der Freiwilligen Feuerwehr. Bei der Untersuchung der Leiche konnte der Tod durch Ertrinken festgestellt werden. Frank Müllers sterbliche Überreste wurden im Krematorium Frankfurt/Oder eingeäschert. Auf dem Friedhof in Zernsdorf fand er in der Grablege seiner Mutter die letzte Ruhe. Die Grabstelle lief 2015 aus.

(Autor: jk; Recherche: CB, jk)

Quellen

Kreismeldekartei: Meldekarte Müller, Frank. Kreisarchiv Landkreis Dahme-Spreewald, Luckau.

Kommando der Grenztruppen: Fernschriftliche Meldungen über Vorkommnisse an der Staatsgrenze der Grenzbrigade zur VRP (Festnahmen, ungesetzliche Grenzübertritte, Vorkommnisse an GÜSTen) Oktober 1989 bis November 1989. BArch DVH 32/121700.

Standesamt Lebus: Sterbeurkunde Nr. 15/1989 (Frank Herbert Müller). Lebus, 8.11.1989. Und: Mahn/Sachbearbeiter an das Krematorium Frankfurt/Oder, 9.11.1989. Stadtarchiv Königs Wusterhausen.

VPKA Seelow/ODH Stab: Rapporte Nr. 138/89 vom 29.9.1989 bis 184/89 vom 28.12.1989, enth. Lagefilme für den gleichen Zeitraum. BLHA, Rep. 672, VPKA Seelow 30.

VPKA Seelow/Stab: Einschätzungen/Protokolle (Grenze Polen), Protokolle Stabsdienstberatungen, Kontrollpläne. BLHA, Rep. 672, VPKA Seelow 59.

Bräuning, Uwe: Wie war es eigentlich 1989? Teil 3. In: Deutsche Polizei. Das Magazin der Gewerkschaft der Polizei, Nr. 4, 2020, S. 26–31.

Auskunft der Stadt Königs Wusterhausen, Fachbereich IV – Tiefbau und Grünflächen, Sachgebiet öffentl. Grün und Friedhöfe am 2.10.2020.

Auskunft Uwe Bräuning am 14.10.2020.

Jörn Dziwok

geboren am 21. Januar 1967 in Halle (Saale)
gestorben zwischen September und November 1989 in der Tschechoslowakei
Ort des Vorfalls: bei Preseľany nad Ipľom (OT von Šahy) an der Grenze zu Ungarn

Jörn Dziwok kam als Sohn der Lehrerin Karin Dziwok und des Diplomlandwirts Peter Dziwok in Halle an der Saale zur Welt. Er besuchte von 1973 bis 1983 erfolgreich eine Polytechnische Oberschule. Im Januar 1985 trat er seinen dreijährigen Dienst in der Nationalen Volksarmee an und wurde nach der Grundausbildung in der Offiziershochschule der NVA-Luftstreitkräfte „Franz Mehring“ in Kamenz als Mechaniker bei der Flak-Raketentruppe eingesetzt. Er bekleidete den Dienstgrad eines Unteroffiziers. Als sogenannter „Heimschläfer“ wohnte er weiterhin bei seinen Eltern in der Straße der Jungen Pioniere. Nach Angaben der MfS-Kreisdienststelle Kamenz galt Jörn Dziwok im Wohngebiet „als ein netter junger Mensch, der einen aufgeschlossenen Charakter hat und in seinem Wesen zuvorkommend und höflich ist". Er habe die Absicht, nach seiner Dienstzeit bei der NVA Pädagogik in Dresden oder Maschinenbau in Magdeburg zu studieren.

Im Oktober 1986 versuchte Hauptmann Gottschalk von der MfS-Hauptabteilung I Jörn Dziwok als Stasi-Informant anzuwerben. Dziwok sollte über etwaige Fahnenfluchtabsichten, Westkontakte oder feindliche Verbindungen unter den Soldaten und Unteroffizieren der Flak-Raketentruppe berichten. Nach vier Kontaktgesprächen, bei denen Jörn Dziweok keine Angaben zu anderen Soldaten seiner Einheit machte und sich vielmehr darüber beschwerte, dass ihm eine beantragte Urlaubsreise nach Kuba verweigert worden war, befand Hauptmann Gottschalk den Anwerbeversuch im August 1988 als perspektivlos und bestimmte den IM-Vorlauf „Helmut" zur Archivierung.

Im September 1989 machte sich der 22-jährige Jörn Dziwok auf den Weg nach Ungarn, dessen Grenze zu Österreich in der Nacht vom 10. auf den 11. September geöffnet worden war. Da die SED-Führung die Volkspolizeikreisämter angewiesen hatte, für „gefährdete Bürger" keine Reisepapiere mehr nach Ungarn auszustellen, womit eine legale Ausreise über ČSSR-Grenzübergänge nach Ungarn für viele DDR-Bürger nicht mehr möglich war, versuchte auch Jörn Dziwok über die „grüne Grenze" von der ČSSR nach Ungarn zu gelangen.

Erst am 27. Juni 1990 wurde sein Leichnam in dem Bach Kamenica (Kamenec) bei der slowakischen Ortschaft Preseľany nad Ipľom, 200 m vor der ungarischen Grenze gefunden. Der Gerichtsmediziner des Krankenhauses in Nitra, Dr. Josef Malý, stellte bei der Obduktion keine Anzeichen äußerer Gewalt fest. Offensichtlich hatten den 22-Jährigen bei der Flucht seine Kräfte verlassen. Dr. Malý datierte den Todeszeitpunkt zwischen September und November 1989. Die Beisetzung der sterblichen Überreste Jörn Dziwoks erfolgte auf dem St.-Just-Friedhof in Kamenz.

(Autor: jos.; Recherche: AH, jos.)

Quellen

Regierung der Slowakischen Republik: Mitteilung an das MfAA der DDR vom 29.6.1990 und weitere Dokumente zum Todesfall Jörn Dziwok. PAAA, ZR 5339/93.

Generalstaatsanwaltschaft der DDR: Besondere Vorkommnisse, strafbare Handlungen und unnatürliche Todesfälle von DDR-Bürgern im Ausland (1990). BArch, DP 3/1474.

MfS HA I/LSK-LV – Unterabteilung Schule – Kamenz: IM-Vorlauf „Helmut". BStU, MfS, AIM, Nr. 8873/88.

3 Selbsttötungen von DDR-Bürgern nach fehlgeschlagener Flucht über Ostblockstaaten

In dieses Handbuch werden auch Biografien von DDR-Flüchtlingen aufgenommen, die vor einer drohenden Festnahme oder danach in der Haft durch Suizide aus dem Leben schieden. Für diese Todesfälle gilt im Sinne des von Werner Felber und Peter Winiecki entwickelten „Kausalitätsgefüges von Suizidalität", dass in der Regel bei Selbsttötungen „komplexe Ursachen auf mehreren Ebenen zusammenwirken". Monokausale Erklärungen suizidaler Handlungen treffen nur selten zu. Aus den von Felber und Winiecki aufgeführten variablen Ursachen wären für die im Rahmen dieser Untersuchung erfassten Suizide die folgenden von Belang:

Ebene 1, basale Suizidalität: Psychische Erkrankungen (inklusive Sucht);

Ebene 2, personale Suizidalität: Existentiell bedrohliche Erlebnisse; körperliche Erkrankungen; Persönlichkeit;

Ebene 3, epiphänomenale Suiziditát: Gesellschaftliche Strukturen; Religiöse Traditionen; Methodenverfügbarkeit.[39]

Als ‚existenziell bedrohliche Erlebnisse' sind gescheiterte Fluchtversuche, gewaltsame Festnahmen, Vernehmungen unter Duck, Einschüchterungen und Bedrohungen durch Sicherheitspersonal, Verurteilungen in geheimen Gerichtsverfahren, drohende oder vollstreckte Haft, Vereinsamung in der Haft durch Kontakteinschränkungen zu Angehörigen oder Freunden sowie die Zustände in den Haftanstalten zu bewerten.

‚Gesellschaftliche Strukturen' bewirkten in der DDR häufig die Ablehnung von angeblich ‚rechtswidrigen' Ausreiseanträgen in die Bundesrepublik Deutschland sowie die Diskriminierung von Ausreiseantragstellern im Berufs- und Privatleben. In Folge solcher ebenfalls als ‚existenziell bedrohliche Erlebnisse' wahrgenommenen Repressionsvorgänge sahen davon Betroffene im Wagnis einer lebensgefährlichen Flucht aus der DDR oder in einer Selbsttötung den letztmöglichen Ausweg aus einer als hoffnungslos empfundenen persönlichen Konstellation.

---

39 Vgl. Felber, Werner/Winiecki, Peter: Suizid-Statistik – aktuelle ausgewählte statistisch-epidemiologische Daten zu Deutschland und Osteuropa mit Kommentaren. 2008. Schaubild 1 zum Kausalitätsgefüge von Suizidalität. www.suizidprophylaxe.de/Suizidstatistik.pdf (6.8.2019).

Als hoffnungslos muss z. B. Sylia Plätschke ihre Situation in der DDR empfunden haben. Die 19 Jahre alte Maschinenbaustudentin kam nach einem an der ČSSR-Grenze zur Bundesrepublik gescheiterten Fluchtversuch in DDR-Haft. Sie war von der Ingenieur-Schule in Bautzen exmatrikuliert worden und ohne Beschäftigung. Auch ihr Freund Rolf Bretschneider war wegen eines Fluchtversuchs und weiterer Vergehen vorbestraft. Nach einer „Aussprache zur Erreichung eines gesellschaftsgemäßen Verhaltens" in der Abteilung Inneres des Kreisrates Zittau schied das Paar am 23. Januar 1981 gemeinsam aus dem Leben. Auf einem an der Wohnungstür hinterlassenen Zettel stand: „Man hat uns so weit getrieben, vor allem diese Scheiß-Staatsorgane".[40] Den Untersuchungsführern des DDR-Staatssicherheitsdienstes war es wichtig, auf ihrer Karteikarte festzuhalten, „eine Öffentlichkeitswirksamkeit des Zettels war nicht gegeben".[41]

Während im Fall von Sylvia Plätschke die Recherchen wegen des vorzeitigen Projektendes nicht abgeschlossen werden konnten, beruhen die nachstehenden biografischen Darstellungen von Selbsttötungsfällen auf ausgewerteten Überlieferungen unterschiedlicher Provinienz.

Gudrun Lehmann

geboren am 5. September 1938 in Gotha

Vergiftung mit Morphium am 2. August 1967 in Bulgarien

Ort des Vorfalls: Nessebar

gestorben am Abend des 4. August 1967 im Bezirkskrankenhaus Burgas

Gudrun Lehmann kam am 5. September 1938 als Tochter der Krankenschwester Gertrude Lehmann und des Arztes Herbert Lehmann in Gotha zur Welt. Sie war das dritte Kind der Familie. Ihre Geschwister, die Zwillinge Peter und Brigitte Lehmann, waren im Mai 1937 auf die Welt gekommen. Die Ehe der Eltern endete 1955 mit einer Scheidung. Die Zwillinge wurden dem Vater zugesprochen, Gudrun blieb bei der Mutter. Aus einer außerehe-

40 MfS, HA IX: 1981 – Vorkommnisse (geklärt bzw. Abgeschlossen), Kerblochkarte, Delikt, gemeinsamer Selbstmord durch CO-Vergiftung. In der Kerblochkarte wurde Scheiß durch „Sche..." ersetzt. BStU, MfS, HA IX, Nr. 4199, Bl. 209 f.

41 Vgl. hierzu Felber, Werner: Das Suizidtabu in der ehemaligen DDR – Notizen, Erscheinungsformen, Auswirkungen, Gründe. Dresden 1992, https://www.researchgate.net/publication/351263562_1992_Felber_-_Das_Suizidtabu_in_der_ehemaligen_DDR_-_Notizen_Erscheinungsformen_Auswirkungen_Grunde (23.6.2023).

lichen Beziehung ihres Vaters ging eine Halbschwester hervor. Herbert Lehmann flüchtete 1956 mit den Zwillingen nach Westdeutschland. Sein Sohn Peter war kurz zuvor aus einer einjährigen Strafhaft entlassen worden, zu der er verurteilt worden war, weil er im Stadtgebiet von Karl-Marx-Stadt Flugblätter des Ostbüros der SPD verbreitet hatte.

Gudrun Lehmann

Gertrude Lehmann verdiente als Krankenschwester im VEB Elektronische Rechenmaschinen Karl-Marx-Stadt den Lebensunterhalt für sich und ihre Tochter. Gudrun Lehmann studierte nach dem Abitur bis 1964 an der Medizinischen Akademie in Magdeburg. Dort wurde sie 1963 Mitglied der SED. Nach ihrem Studienabschluss arbeitete sie als Ärztin im thüringischen Ohrdruf und danach als Ambulanzärztin in Kieselbach, Kreis Bad Salzungen. Dort wollte sie sich zur Fachärztin für allgemeine Medizin weiterbilden. In einer späteren Beurteilung des DDR-Staatssicherheitsdienstes wurde ihre Einstellung „zu unserem Arbeiter- und Bauernstaat" als „nicht sehr positiv" bezeichnet „Sie zahlte weder in der Abteilung Gesundheitswesen noch in der WPO [Wohnparteiorganisation] ihren Parteibeitrag. Das lehnte sie einfach ab." Auch habe sie im Wohngebiet keine öffentlichen Veranstaltungen besucht. Sie pflege keine Männerbekanntschaften und habe häufig Westbesuch erhalten.

Nach Ermittlungen des Staatssicherheitsdienstes nahm Gudrun Lehmann über das Deutsche Rote Kreuz (West) 1962 Verbindung mit ihrem Bruder Peter und ihrem Vater auf, die sie in der Folgezeit häufiger in der DDR besuchten. Es kam auch zu Treffen mit ihrer Schwester Brigitte, die den Holländer Antony van den Boorn geheiratet hatte und in Maastricht lebte. Seit 1964 erörterte Gudrun Lehmann mit ihren Westverwandten Fluchtmöglichkeiten. Da der Weg über die innerdeutsche Grenze zu gefährlich schien, erkundete Antony van den Boorn andere Fluchtwege und bekam von türkischen Bekannten Hinweise auf erfolgreiche Fluchten über den Grenzübergang Kapitan Andreewo an der bulgarisch-türkischen Grenze. Um diese Möglichkeit zu erkunden, trat das Ehepaar van den Boorn im Sommer 1966 eine Reise nach Bulgarien an, die allerdings durch einen schweren Verkehrsunfall bereits in Österreich vorzeitig endete. Mit der Begründung, dass bei dem Unfall ihre Reisepässe verbrannt seien, beantragte Antony van den Boorn nach der Rückkehr in Maastricht neue Reisedokumente. Da sich seine Frau Brigitte noch im Krankenhaus befand, reichte er auch für sie den Antrag auf einen neuen Pass ein und fügte dem ein Bild seiner Schwägerin Gudrun Lehmann bei. Das fiel den Maastrichter Behörden wegen des ähnlichen Aussehens der beiden Schwestern nicht weiter auf.

Anfang 1967 traf Gudrun Lehmann ihren Vater Herbert in Ost-Berlin und erhielt von ihm die Mitteilung über eine Fluchtmöglichkeit mit den holländischen Papieren ihrer Schwester Brigitte. Gudrun Lehmann buchte daraufhin beim DDR-Reisebüro einen Ferienaufenthalt in Nessebar am Sonnenstrand. Als sie sich vor ihrer Urlaubsreise in Kieselbach von der Gemeindeschwester und einer Ambulanzmitarbeiterin verabschiedete, soll sie einen bedrückten Eindruck gemacht haben. Die Gemeindeschwester sagte später aus, die Ärztin habe sie entgegen ihrer Art umarmt und ihr alles Gute und ein Lebewohl gewünscht. Am 27. Juli 1967 traf Gudrun Lehmann mit der DDR-Reisegruppe Nr. 6552 für einen zweiwöchigen Urlaubsaufenthalt in Nessebar ein. Im dortigen Hotel „Europa“ teilte sie sich das Zimmer 1219 mit der Mitreisenden Margit Ebert, einer Lehrerin, die zur selben Reisegruppe gehörte. Ein mitreisender Arzt, der während einer Weinprobe am 31. Juli 1967 in einem traditionellen Kellerlokal neben den beiden Frauen saß, erinnerte sich an einen vergnügten Abend. Auf dem Rückweg zum Hotel sei Gudrun Lehmann sehr fröhlich gewesen und habe „auf der Straße wildfremde Männer abgeküßt“. Am nächsten Morgen meldeten sich die beiden Frauen bei der Reiseleiterin Dorothe Leven nach Burgas ab. Von dort aus unternahmen sie mit einem Taxi einen Ausflug nach Stara Sagora, da Gudrun Lehmann dort, wie sie ihrer Bekannten sagte, einen alten Freund treffen wolle. In der Stadt angekommen, trennten sie sich. Nach einer Stadtbesichtigung fuhr Frau Ebert mit dem Taxi nach Nessebar zurück. Sie traf dort im Hotel „Europa“ am frühen Abend ein und meldete sich zurück. Gudrun Lehmann kehrte erst in den frühen Morgenstunden des 2. August zurück. Dem Mitarbeiter der Ständigen Vertretung des DDR-Reisebüros in Nessebar Henke, berichtete Margit Ebert drei Tage später in einer „Aussprache“, dass ihre Mitbewohnerin mit ihr „sehr gut gelaunt die Fahrt nach Stara Sagora angetreten habe, jedoch sehr enttäuscht und gebrochen zurückgekommen ist“. Sie habe zur Begründung ihrer Niedergeschlagenheit erklärt, dass sie in Stara Sagora feststellen musste, dass ihr Freund, den sie besuchen wollte, dort verheiratet sei.

Tatsächlich aber hatte sie in der Stadt vergeblich auf ihren Schwager gewartet, der sie über die Grenze bringen sollte. Was geschehen war, teilte die „Operativgruppe VR Bulgarien“ des DDR-Staatssicherheitsdienstes am 5. August 1967 der Berliner Zentrale als ein „besonderes Vorkommnis am Kurort Sonnenstrand" mit. Demnach hatten bulgarische Passkontrolleure am 1. August 1967 drei Personen bei der Einreise am Grenzkontrollpunkt Kalotina festgenommen. Es handelte sich dabei um den holländischen Staatsbürger Antony van den Boorn, den Solinger Lehrer Peter Lehmann und dessen Kollegen Wilfried Kadur. Die beiden Deutschen trafen mit einem Opel Kapitän, der Holländer mit einem Pkw NSU kurz nacheinander am Grenzübergang ein. Bei der Einreise legte van den Boorn „den Paß einer van den Boorn, Brigitte, Holländerin[,] mit zur Abstempelung vor, obwohl sich eine solche nicht im Pkw befand". Bei der Befragung durch die bulgarischen Sicherheitsleute habe van den Boorn zugegeben, „daß dieser Paß in Holland angefertigt worden sei und daß damit eine DDR-Bürgerin namens Lehmann, Gudrun, die sich gegenwärtig am Kurort Sonnenstrand im Hotel Europa aufhalte, aus der VR Bulgarien ausgeschleust werden sollte". Nach einer Überprüfung der Einreiseunterlagen wollten die bulgarischen Sicherheitsorgane Gudrun Lehmann am frühen Abend des 2. August 1967 in ihrem Hotel festnehmen. Sie fanden die 29-Jährige jedoch dort bewusstlos im Bett liegend vor. Ihre Mitbewohnerin Margit Ebert berichtete, dass ihre Mitbewohnerin nach der Rückkehr am frühen Morgen eine schwere Gallenkolik erlitten und durch einen Anruf in der Poliklinik einen bulgarischen Arzt um eine Morphiumspritze gebeten hatte. Der Arzt habe sich jedoch nicht bereit erklärt, in das Hotel zu kommen, sondern Gudrun Lehmann aufgefordert, die Klinik aufzusuchen. Das sei ihr aber wegen der starken Schmerzen nicht möglich gewesen. Sie habe sich daraufhin selbst eine doppelte Dosis des Schlafmittels Luminal gespritzt. Am Vormittag des 2. August behandelte ein mitreisender Arzt aus der DDR ihre Schmerzen, indem er ihr Morphium und Atropin spritzte. Als Margit Ebert am Nachmittag vom Strand zurückkehrte und Gudrun Lehmann in apathischem Zustand im Bett antraf, bat sie den im selben Hotel wohnenden Kreisarzt aus Schkopau, Dr. Alfred Scheigele, hinzu. Er stellte einen nur schwachen Pulsschlag bei Gudrun Lehmann fest und erklärte, sie müsse bei einer weiteren Verschlechterung in ein Krankenhaus eingewiesen werden. Gegen 19.00 Uhr suchte ihn Frau Ebert sehr aufgeregt in seinem Zimmer auf und berichtete, dass ihre Mitbewohnerin nicht mehr ansprechbar sei. Dr. Scheigele fand Gudrun Lehmann im Zustand der Agonie vor und veranlasste gemeinsam mit einem von der Miliz herbeigerufenen bulgarischen Arzt ihre sofortige Krankenhauseinweisung. Bei der Einlieferung in das Bezirkskrankenhaus Burgas war die Patientin bereits ins Koma gefallen. Den behandelnden Ärzten gelang es trotz künstlicher Beatmung nicht, ihren Zustand zu stabilisieren. Sie starb am Abend des 4. August 1967 ohne ihr Bewusstsein wieder erlangt zu haben. Als Todesursache stellten die Obduzenten eine

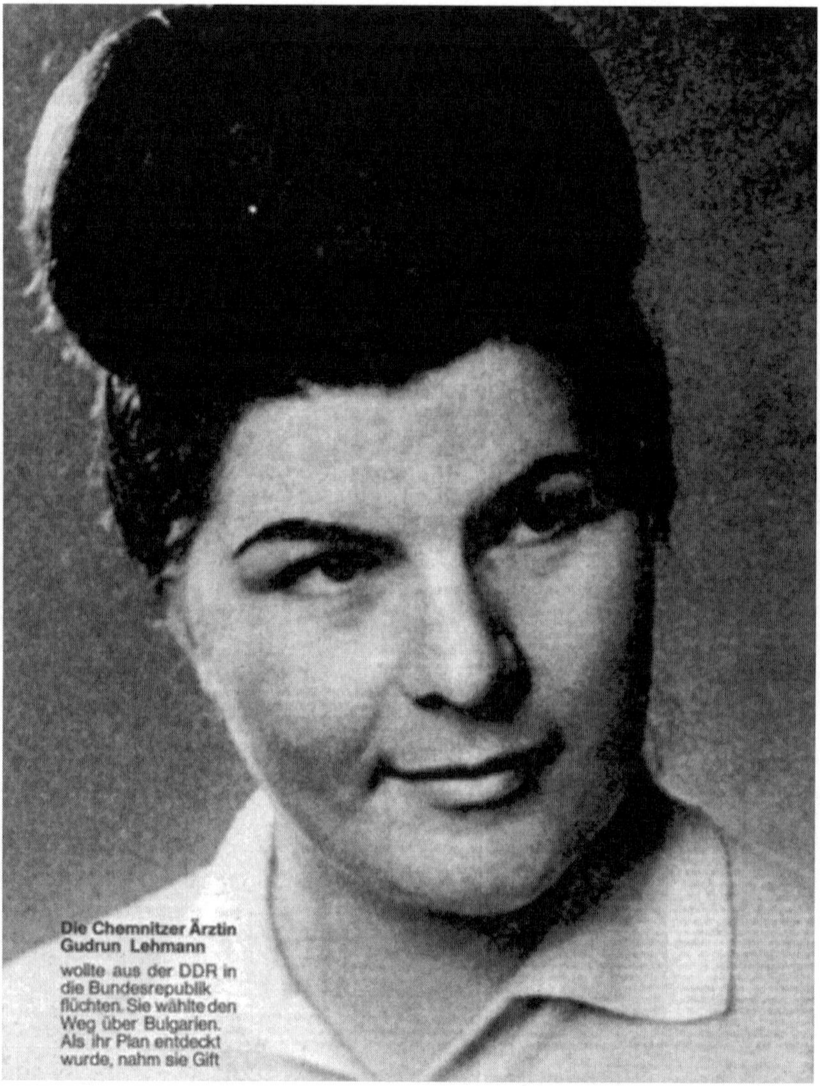

Porträt Gudrun Lehmanns in der Illustrierten *Neue Revue* vom 3. September 1967

Morphiumvergiftung fest. Im Sektionsprotokoll von Dr. Iwanow Walkow, Gerichtsmediziner am Bezirkskrankenhaus Burgas, wurde festgehalten, dass im Blut der Verstorbenen starke Spuren von Morphium enthalten waren. Injektionsstiche wurden in den Armbeugen beider Ellenbogengelenke sowie auf beiden Oberarmflächen und auf der vorderen Fläche des Oberschenkels festgestellt. Die Untersuchung des Magens ergab eine schwere toxische Hepatitis. Der Tod trat durch Herzschwäche infolge schwerer toxischer Distrophinänderungen der inneren Organe, des Gehirns, der Nieren und der Leber ein.

Am 6. August suchte ein Volkspolizist Gertrude Lehmann in ihrer Wohnung auf und teilte ihr den Tod ihrer Tochter mit. Angaben, was geschehen war, konnte er auf Nachfrage der Mutter nicht machen. Gudrun Lehmanns Leiche wurde am 9. August 1967 per Zug nach Karl-Marx-Stadt überführt und dort auf Wunsch der Mutter beigesetzt. An demselben Tag erhielt Brigitte van den Boorn, die vergeblich auf die Rückkehr ihres Mannes wartete, ein Telegramm aus der DDR: „Gudrun in Bulgarien gestorben. Todesursache unbekannt." Das Auswärtige Amt und das niederländische Außenministerium hatten unterdessen ihre Vertretungen in Sofia mit der Suche nach den drei vermissten jungen Männern beauftragt. Am 10. August 1967 schrieb Gertrude Lehmann an das DDR-Außenministerium und bat „ebenso herzlich wie dringend, mir mitzuteilen, was geschehen ist, und wie es zu dem fürchterlichen Unglück gekommen ist. Ich bitte Sie ganz von Herzen, mir als der Mutter, zu sagen, wie mein Kind ums Leben gekommen ist." Auf Nachfrage beim Ministerium für Staatssicherheit empfahl ein Hauptmann Müller aus der MfS-Hauptabteilung XX/1 dem MfAA am 18. August 1967, den Brief der Mutter Gertrude Lehmann in höflicher Form zu beantworten und darauf hinzuweisen, „daß der Selbstmord, der auf die Tätigkeit von Feindorganisationen zurückzuführen ist, die gegen die DDR und ihre Bürger einen aktiven Kampf führen, bedauert wird". Eine weitere Auskunft könne das MfAA nicht geben.

Am 15. August 1967 berichteten westdeutsche Zeitungen ausführlich über die gescheiterte Fluchthilfe und den Tod einer DDR-Ärztin in Bulgarien. Die *BILD* schrieb am folgenden Tag: „Der Versuch des Solingers Peter Lehmann (30) seine in der Sowjetzone lebende Schwester Gudrun über Bulgarien in den Westen zu holen hat ein tragisches Ende gefunden." Am 17. August bestätigte das *Neue Deutschland* ohne Namensangabe den Todesfall unter der Überschrift „Agenten unschädlich gemacht". Diese hätten versucht, „mit Hilfe eines ausländischen Passes eine in Bulgarien weilende DDR-Staatsangehörige ins westliche Ausland zu verschleppen". Die Aktion sei systematisch und von langer Hand vorbereitet worden. „Durch Vorspiegelung falscher Tatsachen und Anwendung psychischen Drucks zur Verzweiflung getrieben, beging die DDR-Bürgerin Selbstmord".

Ebenfalls an 17. August 1967 meldete dpa: „Verhaftete Fluchthelfer wieder in Freiheit. Zone bestätigt Selbstmord von Gudrun Lehmann". Während

Peter Lehmann und Wilfried Kadur nach Westdeutschland zurückkehren konnten, da ihnen nach bulgarischem Recht keine Straftat nachgewiesen werden konnte, wurde Antony van den Boorn auf Kaution freigelassen. Er musste bis Mitte Oktober 1967 in Sofia bleiben, um sich einem Gerichtsverfahren zu stellen. Das Städtische Gericht in Sofia verurteilte ihn wegen „Beihilfe die Grenzen unseres Landes ohne Erlaubnis seitens der zuständigen Behörden zu überschreiten“ zu einer achtmonatigen Freiheitsstrafe, die zur Bewährung ausgesetzt wurde.

Nachbemerkung: Das MfS stufte den Todesfall von Gudrun Lehmann als „Selbstmord“ ein, da nach seinen Ermittlungen „die L. zu mehreren Personen äußerte, daß sie im Falle einer Festnahme Selbstmord begeht“. Überliefert ist neben der DDR-Presseverlautbarung und den MfS-Einschätzungen dazu auch die Äußerung ihrer Schwester Brigitte van den Boorn in einem Interview, wonach Gudrun Lehmann ihr gegenüber erklärt habe: „Wenn sie mich schnappen, begehe ich Selbstmord.“ Die Möglichkeit, dass Gudrun Lehmanns Tod durch eine Überdosis von Medikamenten und ärztliche Behandlungsfehler verursacht wurde, ist jedoch auf Grundlage der vorliegenden Dokumente nicht gänzlich auszuschließen.

(Autor: jos.; Recherche: App., jk, jos.)

Quellen

MfS, HA XX: Unterlagen zum Todesfall Gudrun Lehmann. BArch, MfS, HA XX, Nr. 9291.

MfS, BV Karl-Marx-Stadt: Unterlagen zum Todesfall Gudrun Lehmann. BArch, MfS Karl-Marx-Stadt, AP 1423, Nr. 68.

MfS: Mitteilung an GStA betr. DDR-Bürgerin Gudrun Lehmann. BArch, MfS IA (b) AR, Ast 161/67, Bd. 1.

AP: Fluchttragödie in Bulgarien? In: Telegraf, 16.8.1967.

ADN: Bulgarische Sicherheitsorgane machten Agenten unschädlich. In: Berliner Zeitung, 17.8.1967.

AP: Zwei westdeutsche Fluchthelfer aus bulgarischer Haft zurückgekehrt. In: Tagesspiegel, 17.8.1967.

Verurteilt[,] weil sie Deutsche sind. In: Neue Illustrierte Revue, 3.9.1967, S. 18–20.

AP: Holländischer Fluchthelfer in Bulgarien verurteilt. In: Tagesspiegel, 19.10.1967.

AP: Fluchthelfertragödie. In: Telegraf, 19.10.1967.

Gesamtdeutsches Institut – Bundesanstalt für gesamtdeutsche Aufgaben: Strafverfahren gegen Deutsche in Bulgarien. BArch B 285/865.

Nehring, Christopher: Tödliche Fluchten über Bulgarien. Die Zusammenarbeit von bulgarischer und DDR-Staatssicherheit zur Verhinderung von Fluchtversuchen (= BF informiert 39). Berlin 2017, S. 65–67.

Appelius, Stefan: Fluchtweg Bulgarien. Die verlängerte Mauer an den Grenzen zur Türkei, Jugoslawien und Griechenland. Berlin u. a. 2019, S. 99–103.
Raichevsky, Stoyan/Kolarova, Fanna: Flucht aus der DDR über den „Eisernen Vorhang" Bulgariens. Wege, Methoden, Opfer. Berlin 2020, S. 257–273.

Reimar Krell

geboren am 15. Oktober 1943 in Lübtheen (Landkreis Ludwigslust-Parchim)
Suizid am 30. Juli 1970 in der DDR
Ort des Vorfalls: Strafvollzugsanstalt Bautzen II

Reimar Krell

Reimar Krell erblickte 1943 in Lübtheen als Sohn der unverheirateten Arbeiterin Irma Krell das Licht der Welt. Seinen Vater hat er nie kennengelernt. Nachdem seine Mutter wegen einer illegalen Abtreibung mit Todesfolge zu einer längeren Haftstrafe verurteilt wurde, kam der Vierjährige in das von Diakonissen geführte evangelische Kinderheim Lobetal, in dem er sechs Jahre verbrachte. Seine Mutter arbeitete nach ihrer Haftentlassung im Lübtheener VEB Fahrzeugwerk „Ernst Thälmann". Sie heiratete den dort ebenfalls beschäftigten Arbeiter Franz Jung und nahm 1953 ihren Sohn Reimar aus dem Kinderheim wieder bei sich auf. Auch seine Schwester, die durch eine schwere Kinderkrankheit geistig behindert war, kam aus dem Kinderheim Kuhstorf in die Obhut der Familie Jung. Beide Kinder erlitten bei geringsten Vergehen körperliche Züchtigungen durch die Mutter und den Stiefvater. In seinen Lebenserinnerungen, die Reimar Krell während seiner Haft in Bautzen II niederschrieb, findet sich folgende Passage über diese schwere Zeit, die mit der erneuten Heimeinweisung des Jungen endete: „Zu der ersten schweren Auseinandersetzung zwischen meiner Mutter und mir kam es, als meine Mutter meine Schwester, die in die Hilfsschule ging, bedrohte und sie dann auch sehr züchtigte, da meiner Schwester das Lernen sehr schwer fiel. Damals kam es zu einer tätlichen Auseinandersetzung zwischen meiner Mutter und mir, worauf ich forderte, in ein Heim eingeliefert zu werden. Mir erschien das Heimleben dann trotz allen bösen Erinnerungen weitaus angenehmer, als weiterhin zu Hause bleiben zu müssen." Gegen den Willen seiner Mutter und seines Stiefvaters, der ein überzeugtes SED-Mitglied war, ließ sich Reimar Krell konfirmieren. Nachdem er im Februar 1958 von zuhause fortgelaufen war, griff ihn die Volkspolizei in Berlin auf. Da er sich weigerte, zu seiner Familie zurückzukehren, wurde er unter Vormundschaft gestellt und den Sommer über erneut in ein Heim eingewiesen, diesmal in Lehsen bei Wittenburg. Nach dem Abschluss der achten Klasse bot man ihm dort den Besuch einer Oberschule an. Da das mit dem Aufenthalt in einem Internat verbunden gewesen wäre, lehnte er das Angebot vor dem Hintergrund seiner schlechten Erfahrungen in den Kinderheimen ab und trat im September 1958 eine Bäckerlehre in Wittenburg an, die mit einer eigenen Unterkunft bei der Bäckersfamilie verbunden war. Anfänglich gefiel ihm die Arbeit in der Bäckerei gut. Als er sich jedoch weigerte, ihm zugeteilte Arbeiten im privaten Garten des Bäckers zu verrichten und ihm zugemutete Überstunden ablehnte, kam es zum Konflikt.

Auf Betreiben seines Vormunds wurde Reimar Krell 1959 in den Jugendwerkhof – ihm sagte man in die „Erziehungsanstalt" – Hennickendorf bei Strausberg eingewiesen. In der Außenstelle Rüdersdorf des Jugendwerkhofs kam er in einer Ziegelei zum Einsatz. Wie er in seinen Erinnerungen schrieb, fiel es ihm schwer, sich gegenüber den anderen Heiminsassen zu behaupten: „Ich wurde verprügelt, gehänselt und sehr gequält. Da die Anderen merkten, wie ich darunter litt, trieben sie es immer weiter, so daß ich mich immer mehr abkapselte und von meiner eigenen Welt voller Freude und ohne Quälerei träumte. Ich war ganz fest davon überzeugt, daß es eine derartige Welt gäbe. Nur hatte ich nun einmal das große Pech, in eine derart unangenehme hineingeraten zu sein."

Um aus dem Jugendwerkhof wieder herauszukommen, erklärte sich Reimar Krell 1961 zu einer Rückkehr in die Obhut seiner Mutter bereit. In Lübtheen fand er eine Beschäftigung als Hilfsarbeiter und Beifahrer in einer Molkerei. Nach wiederholten häuslichen Streitereien mit dem Stiefvater zog er zu der ortsansässigen Rentnerin Else Timm. Mit ihr verbanden ihn der christliche Glaube und die bei gemeinsamen Fernsehabenden gewonnene Vorstellung, dass es in der Bundesrepublik bessere Lebensbedingungen gäbe und mehr individuelle Freiheit. Er unterstützte Else Timm, die er bald mit „Mutter" ansprach, im Haushalt und bei der Pflege ihres schwer kranken Ehemanns. Nach einer Denunziation durch seine Mutter, erschien die Volkspolizei bei Else Timm und verlangte von Reimar Krell, er solle die Empfangsantenne auf dem Dach des Hauses in Richtung Osten drehen.

Durch die Vermittlung des örtlichen Pfarrers begann Reimar Krell im Frühjahr 1962 ein Praktikum als Diakon in Rostock. Hier lernte er den

Theologiestudenten Hinrich Kuessner kennen, mit dem ihn, wie er in seinen Erinnerungen schrieb, eine langjährige „echte Freundschaft“ verband. Als seine Einberufung zur Nationalen Volksarmee bevorstand, trug sich Reimar Krell erstmals mit Fluchtgedanken nach Westdeutschland, von denen er aber angesichts der Sicherungsanlagen an der Elbe wieder Abstand nahm. Nach Einführung der Wehrpflicht im Januar 1962 verweigerten zahlreiche junge Männer in der DDR den Wehrdienst. Auch Reimar Krell gehörte zu diesen Wehrdienstverweigerern aus christlicher Überzeugung. Er begann im September 1962 eine Ausbildung zum Diakon in Berlin-Weißensee. Er nahm von dieser Ausbildung mit Zustimmung der Anstaltsleitung des Stephanus-Stiftes nach kurzer Zeit wieder Abstand, da ihm seine gleichgeschlechtliche Orientierung bewusstgeworden war. Er fand Arbeit im Berliner Werk für Fernsehelektronik (WF). Zu dieser Zeit galt nach DDR-Recht zwar noch formal der herkömmliche § 175 des BGB, dessen Anwendung jedoch seit 1957 durch ein Urteil des Ost-Berliner Kammergerichts faktisch mit der Begründung außer Kraft gesetzt worden war, dass von homosexuellen Handlungen keine Gefahr für die sozialistische Gesellschaft ausgehe. Gleichwohl bestanden im Alltagsleben die Vorurteile gegen Homosexuelle fort, die ihre Zuneigung nur im Verborgenen ausleben konnten. Aus Verzweiflung über seine Lage versuchte Reimar Krell sich mit einer Überdosis Schlaftabletten das Leben zu nehmen. Er wurde gerettet und suchte nach der Entlassung aus dem Krankenhaus Hilfe bei einem Psychiater, da er glaubte, dieser könne ihn von seiner „unglücklichen Veranlagung“ heilen, als die er seine Homosexualität selbst empfand. Da die psychiatrische Behandlung nicht seinen Erwartungen entsprach, beschloss er in seine Heimatstadt nach Mecklenburg zurückzukehren. Da er nach wie vor beabsichtigte in einem kirchlichen Umfeld tätig zu werden, vermittelte ihm der örtliche Pfarrer einen Ausbildungsplatz in Potsdam. Nach einem Praktikum als Pfleger in dem Brandenburger Theodor-Fliedner-Heim für geistig behinderte Menschen, entschied er sich jedoch gegen die Laufbahn im kirchlichen Verwaltungsdienst.

Seine Bewerbung beim Feriendienst des FDGB hatte im Frühsommer 1967 Erfolg. Reimar Krell arbeitete nun in Hiddensee als Kellner und später als Büfettier. Da ihm diese Tätigkeit gefiel, übernahm er im Dezember 1967 zunächst im sächsischen Freiberg und danach in der nahe gelegenen Stadt Frauenstein (Erzgebirge) entsprechende Stellen als Büfettier bei HO-Gaststätten. Nachdem er gehört hatte, dass sich angeblich infolge des Reformprozesses in der ČSSR auch das dortige Grenzregime verändert habe, machte er sich am 15. Mai 1968 mit dem Fahrrad und seinem Hund auf den Weg in das Nachbarland, um über die ČSSR nach Österreich zu flüchten. Er überquerte bei Rechenberg-Bienenmühle heimlich die DDR-Grenze zur ČSSR. Über seine Motivation für diesen Schritt sagte er später in einer Vernehmung des DDR-Staatssicherheitsdienstes: „Im Gegensatz zur DDR ist meiner Meinung nach das Zusammenleben in den kapitalistischen Staaten nicht so straff organisiert. In der westdeutschen Bundesrepublik zum Beispiel kümmert sich niemand um das Individuum und macht diesem Vorschriften, wie es arbeiten und seine Freizeit verbringen soll. Es ist in der DDR nicht möglich, die Arbeitsstellen nach Belieben zu wechseln und zu arbeiten, wann und wie man will. Meiner Meinung nach ist dies alles nicht möglich, weil das System der DDR den Menschen ‚ganz' haben und beanspruchen will, auch in dessen persönlicher Sphäre. […] Ich lehne den Sozialismus nicht ab. Nur gefällt mir in der DDR nicht, daß Menschen ihrer politischen Meinung wegen inhaftiert oder an der Staatsgrenze nach Westdeutschland erschossen werden. Dies empfinde ich mit einem System des Sozialismus unvereinbar."

In der ersten Zeit nach dem Grenzübertritt wohnte Reimar Krell in der Hütte eines Bekannten in Podivin. Am 4. und 5. Juni 1968 erkundete er in der Gegend von Mikulov das tschechoslowakische Grenzgebiet zu Niederösterreich. Da er dort eine starke Streifentätigkeit von Grenzsoldaten mit Hunden feststellte, zog er sich wieder aus dem Grenzgebiet zurück. Dort ließ er seinen Hund zurück, der sich an einer Pfote verletzt hatte. Er kam dann für einige Zeit bei Bekannten in Bratislava unter. Von dort aus versuchte er, sich mit Unterstützung eines westdeutschen Pastors falsche Papiere für eine Ausreise aus der ČSSR zu beschaffen. Krell hatte den Geistlichen durch dessen Cousin Hinrich Kuessner 1962 kennengelernt und mit ihm brieflichen Kontakt gehalten. Auf Krells Bitte kam der Geistliche zu einem Treffen nach Bratislava, wo ihm Reimar Krell mehrere Passfotos übergab sowie die Wiener Adresse eines Jugoslawen, den ihm ein tschechoslowakischer Bekannter als versierten Passfälscher empfohlen hatte. Doch auch dieses Fluchtvorhaben scheiterte. Der Pastor meldete sich telefonisch aus Wien und teilte mit, dass die angegebene Adresse nicht existiere.

Am 14. August 1968 begab sich Reimar Krell von Bratislava nach Prag, um dort eine andere Fluchtmöglichkeit ausfindig zu machen. In Prag erlebte er am 21. August 1968 den Einmarsch der sowjetischen Panzer und den Beginn der Niederschlagung des Prager Frühlings. Noch am gleichen Tag beteiligte er sich auf dem Wenzelsplatz an einer Unterschriftensammlung gegen den militärischen Überfall der Warschauer-Pakt-Staaten. An einem leeren Verkaufsstand brachte er die Losung „Fordert den sofortigen Abzug der Aggressoren" an sowie eine Karikatur Walter Ulbrichts. Außerdem hängte er sich ein Schild um den Hals, auf dem zu lesen war: „Mein Herz schlägt für Dubček". Die Unterschriftenlisten lieferte ein älterer Mann, der sich an der Unterschriftensammlung auf dem Wenzelsplatz beteiligte, am Abend bei dem Untergrundsender Radio „Freies Prag" ab. Bis zum 26. August 1968 sammelten die Aktivisten auf dem Wenzelsplatz täglich über 10.000 Unterschriften. Auch zwei junge Frauen aus Leipzig beteiligten sich an der Aktion. Jemand machte Krell am 22. August darauf aufmerksam, dass soeben der Langstreckenläufer und mehrfache Olympiasieger Emil Zatopek an seinem Stand unterschrieben hatte. Krell lief darauf hinter Zatopek her und tippte ihm auf die Schulter, worauf dieser sich umdrehte und ihm herzlich die Hand schüttelte. Kurz darauf traten vier junge DDR-Bürger an den Stand heran und unterschrieben die ausgelegte Protesterklärung. Das MfS ermittelte später deren Namen und lud sie am 4. Oktober 1968 zu Vernehmungen vor. Es handelte sich dabei um die Studenten der Humboldt-Universität Otto und Angelika T., Richard P. und Reinhard Schult, die auf der Rückreise von einem Rumänienurlaub am 20. August 1968 zu einem viertägigen Aufenthalt in Prag eingetroffen waren. Während das Ehepaar T. und Richard P. auf den ihnen vorgelegten Fotografien Reimar Krell identifizierten erklärte Reinhard Schult, es bestehe bei der abgebildeten Person „keine Ähnlichkeit mit dem Unterschriftensammler". Schult sagte weiter aus, er habe den Stand mit seiner Schmalfilmkamera gefilmt, worauf ihn der junge Mann dahinter bat, ihn nicht aufzunehmen, da er DDR-Bürger sei. Das habe er deswegen auch nicht getan.

Am 23. August 1968 filmte das ZDF Reimar Krell an seinem Stand auf dem Wenzelsplatz, einen Tag später interviewte ihn der ZDF-Berichterstatter Hoffmann im Hotel „Esplanada". Das ZDF sendete die Aufnahmen aus Prag am 24. und 25. August. Am 24. August begab sich Reimar Krell mit einem selbstgefertigten Plakat zur DDR-Botschaft und setzte sich vor dem Botschaftseingang auf den Boden. Auf dem Plakat, das er sich umgehängt hatte, stand in Großbuchstaben: „Ich schäme mich für die DDR. Was sucht die Armee Ulbrichts in der Tschechoslowakei." Tatsächlich hatten keine Einheiten der Nationalen Volksarmee die ČSSR-Grenze überschritten, was zu diesem Zeitpunkt in Prag jedoch nicht bekannt war. Ein Botschaftsangehöriger entriss ihm das Plakat und forderte ihn auf, das Gelände zu verlassen. Am 26. August sprach Reimar Krell im Untergrundsender „Freies Prag". Er forderte den sofortigen Abzug der Okkupationstruppen und erklärte, es dränge sich ein Vergleich mit 1938 auf, als schon einmal deutsche Truppen in das Land eingefallen seien.

Während der Unterschriftenaktion auf dem Wenzelsplatz erfuhr Reimar Krell von anderen DDR-Bürgern, dass in der französischen Botschaft Pässe

Prager Bürger am Unterschriftenstand von Reimar Krell

für Westdeutsche ausgestellt würden, die ihre Papiere verloren hatten. Da die Bundesrepublik Deutschland zu dieser Zeit keine diplomatischen Beziehungen zur ČSSR unterhielt, nahm das Bureau de Circulation pour l'Allemagne in der französischen Botschaft konsularische Verwaltungsaufgaben für die Bundesrepublik wahr. Zusammen mit zwei jungen Leipzigerinnen, die ihn bei der Unterschriftensammlung unterstützt hatten, besorgte sich Krell daraufhin am 26. August einen westdeutschen Reservepass. Eine Mitarbeiterin der Botschaft informierte die drei jungen Leute, dass sie am folgenden Tag gegen 8 Uhr mit einem Fahrzeugkonvoi von der französischen Botschaft zur Grenze gebracht werden könnten. Für den Grenzübergang sei jedoch ein tschechisches Visum vorzuweisen. Der Versuch, ein solches Visum zu erhalten scheiterte, da die zuständige Polizeidienststelle bereits geschlossen war. Die beiden Leipzigerinnen gaben deswegen ihr Fluchtvorhaben auf. Reimar Krell brach am nächsten Morgen mit dem Fahrzeugkonvoi von der französischen Botschaft aus zum Grenzübergang Rozvadov auf. Dort wurde er wegen des fehlenden Visums aufgehalten und vernommen. Da er zugab, DDR-Bürger zu sein, erfolgte seine Festnahme.

Nach mehreren Tagen in der Haftanstalt Plzeň (dt. Pilsen) versuchte Reimar Krell, aus dem Leben zu scheiden, indem er sich die Pulsadern aufschnitt. Das Gefängnispersonal konnte jedoch rechtzeitig einschreiten und die medizinische Versorgung veranlassen. Am 23. September 1968 erfolgte seine Auslieferung an die DDR und einen Tag später die Einlieferung in das MfS-Gefängnis Berlin-Hohenschönhausen. Das Stadtgericht Berlin-Mitte ordnete unter Vorsitz des Richters K. Krautter am 25. September die dortige Untersuchungshaft mit der Begründung an, Reimar Krell habe seit Mai 1968 „mit dem Ziel, die sozialistische Staats- und Gesellschaftsordnung in der DDR zu schädigen oder gegen sie aufzuwiegeln, die Tätigkeit staatlicher oder gesellschaftlicher Organe oder Repräsentanten der DDR oder anderer Staaten des sozialistischen Weltsystems diskriminiert und herabgesetzt und darüber hinaus versucht, die Deutsche Demokratische Republik ohne staatliche Genehmigung zu verlassen, um Wohnsitz im kapitalistischen Ausland oder in Westdeutschland zu nehmen".

Am 25. November 1968 wandte sich Hinrich Kuessner an den Generalstaatsanwalt der DDR und bat um eine Besuchsgenehmigung bei Reimar Krell sowie um eine Genehmigung zur Teilnahme an dem Gerichtsverfahren. Sein Schreiben wurde mit dem Vermerk abgelegt, „kann nicht beantwortet werden, da Mittäter". Am 31. Dezember 1968 distanzierte sich Krells Mutter in einem Schreiben an den Generalstaatsanwalt von ihrem Sohn. „Wir sind erschüttert, daß Reimar ein so großes Verbrechen begangen hat", schrieb sie und beklagte die Ablehnung einer beantragten Westreise. Als Begründung habe man ihr erklärt, dass „mein Sohn des Staatsverbrechens angeklagt sei". Ihr Sohn sei seit sieben Jahren nicht mehr bei ihr gewesen. Nachdem er im Alter von siebzehn Jahren zu Else Timm gezogen war, sei „er vollkommen dem kirchlichen Einfluß erlegen".

Der Vernehmer Krells, Leutnant Gunter Krenkel von der für Spionagefälle zuständigen MfS-Hauptabteilung IX/1, verfasste einen siebenseitigen Untersuchungsplan, der eine detaillierte „Vernehmungstaktik" enthielt. Diese war darauf angelegt, das Vertrauen Reimar Krells zu gewinnen, um ihn zu umfassenden Aussagen zu bewegen. Am Ende seines Vernehmungsplans schrieb Leutnant Krenkel: „Der Beschuldigte ist sehr leicht beeinflußbar und beeindruckbar, was in der Vernehmungstaktik genutzt werden kann." Zwischen dem 24. September und 10. Oktober 1968 wurde Reimar Krell in zahlreichen Verhören zermürbt. Leutnant Krenkel verlangte ihm mehrere Niederschriften seines Lebenslaufs ab, sowie schriftliche Angaben über seine Fluchtversuche in den Westen. Auch zu der „konterrevolutionären" Unterschriftensammlung in Prag wurde Reimar Krell wieder und wieder befragt.

Unter dem Vorsitz von Oberrichterin Gerda Klabuhn verurteilte das Stadtgericht von Groß-Berlin nach zweitägiger nichtöffentlicher Verhandlung Reimar Krell am 25. Juli 1969 „wegen mehrfacher staatsfeindlicher Hetze und wegen versuchten ungesetzlichen Grenzübertritts im schweren Fall" zu einer sechsjährigen Freiheitsstrafe. MfS-Hauptmann Engelhardt schrieb dazu in einem Vermerk, eine Mitwirkung „gesellschaftlicher Kräfte" bei der Verhandlung sei nicht möglich, „da der Sachverhalt im staatlichen Interesse der DDR geheimzuhalten ist". Am 4. September 1969 wurde Reimar Krell aus dem MfS-Gefängnis Berlin-Hohenschönhausen zur Haftverbüßung in die Strafvollzugsanstalt Bautzen II überstellt. Die Anstaltsleitung schrieb am 21. Oktober 1969 in einem „Erziehungsprogramm" für Reimar Krell: „Dem Strafgefangenen ist die Sieghaftigkeit des Sozialismus, und was wir unter Freiheit verstehen, klarzumachen; ferner, daß es in Deutschland zwei deutsche Staaten gibt, und die DDR der einzig rechtmäßige deutsche Staat ist." Während seiner Haftzeit schrieb Reimar Krell lange Briefe an seine Pflegemutter Else Timm sowie an seinen Freund Hinrich Kuessner und dessen Frau Gudrun. Die Arbeit, zu der er im Gefängnis eingeteilt wurde, empfand er als „äußerst stumpfsinnig" und beklagte die unbefriedigende Ausstattung der Bibliothek. Ein Besuchsantrag Hinrich Kuessners wurde im Dezember 1969 von der Haftanstalt zunächst abgelehnt, nach einer Beschwerde Kuessners beim Staatsrat der DDR aber schließlich doch genehmigt. Am 8. Juni 1970 durfte er seinen Freund in der Haftanstalt besuchen. Eine Unterredung war jedoch nur schwer möglich, da ein Gefängniswärter dabeisaß und sich ständig in das Gespräch einmischte. Einen Tag später bat Reimar Krell die Anstaltsleitung um Verlegung in eine Einzelzelle, da er sich nervlich nicht mehr zum Zusammenleben mit den anderen Zelleninsassen in der Lage sah. Sein Ersuchen wurde von der Anstaltsleitung genehmigt. Am 30. Juli 1970 führte ein „Erzieher" mit Reimar Krell „von 13.15 – 15.00 Uhr eine Aussprache". Krell wurde vorgeworfen, er habe „illegale Verbindung zu anderen Strafgefangenen" aufgenommen. Es handelte sich dabei um eine Liebesbeziehung zu einem Mitgefangenen, die durch ein Kontaktverbot unterbunden werden sollte. Nach dieser „Aussprache" wurde Reimar Krell zurück in den Arbeitsbereich gebracht. Von dort aus begab er sich auf eine zum Produktionsraum gehörende Toilette und erhängte sich mit seinen Schuhbändern. Hauptmann Pokorny, Leiter der Strafvollzugsanstalt, teilte dem Ministerium des Inneren den Suizid telegrafisch mit und gab an: „Als Motiv seiner Handlung ist anzunehmen, daß er Angst vor weiterer Bestrafung hatte."

Die Beisetzung von Reimar Krells Urne erfolgte am 31. August 1970 in Lübtheen. Hinrich Kuessner, der zu diesem Anlass angereist war, erinnert sich an eine nur kurze Trauerfeier. „Für den Pastor war es Selbstmord und Selbstmord war Sünde, auch wenn man ihn im Gefängnis begeht."

(Autor und Recherche: jos.)

Quellen

MfS, HA IX: Strafnachricht, Krell, Reimar. BStU, MfS, HA IX, VSH (KK), Speicher XII/01.

Haftakte Krell, Reimar. BStU, MfS-AS 115/80, Nr. 6106/68.

MfS-Untersuchungsvorgang über Reimar Krell. BArch, MfS, AU, Nr. 6728/70, Bd. 1–13.

Mayer, Thomas: Die Eiszeit nach dem Prager Frühling. In: Leipziger Zeitung, 21.8.2013.

Kuessner, Hinrich: Der letzte macht das Licht aus. Erlebnisse in meiner DDR. Greifswald 2020, S. 43–59.

Kuessner, Hinrich: Reimar Krell. Greifswald 2020.

Zeitzeugengespräche von Lydia Dollmann mit Hinrich Kuessner am 15.9.2020 und Beatrice Steven am 27.7.2021, https://todesopfer.eiserner-vorhang.de/article/311-reimar-krell/ (5.6.2023).

Jochen Kilian

geboren am 10. April 1940 in Berlin

Suizid am 10. August 1973 in Bulgarien

Ort des Vorfalls: Untersuchungshaftanstalt in Sofia

Jochen Kilian

Joachim Kilian, der in der Familie nur Jochen genannt wurde, kam 1940 als Sohn des Kaufmanns Erich Kilian (1900–1945) und seiner Frau, der Veterinärmedizinerin Dr. Charlotte Kilian, geb. Bindseil (1906–1988) in Berlin zur Welt. Der Vater arbeitete als Vertreter des Musikinstrumentenherstellers Hohner. Nachdem die Wohnung der Familie Kilian in Berlin durch alliierte Bombenangriffe zerstört worden war, zog Charlotte Kilian in ihren Heimatort Eisleben um. Joachim Kilian ging dort zur Schule und legte sein Abitur ab. Anschließend studierte er Chemie an der TH Merseburg. Seit dem 1. November 1963 arbeitete Kilian als Diplom-Chemiker im Großforschungszentrum (GFZ) „Petrolchemie und hochpolymere Werkstoffe“ der VEB Leuna-Werke „Walter Ulbricht“. Im Sommer 1973 stand er unmittelbar vor der Fertigstellung seiner von dem Leiter des GFZ, Prof. Dr. Manfred Rätzsch, betreuten Dissertation über das Thema „Kationische Polymerisation von substituierten Norbornen-Derivaten“. Kilian war ein Einzelgänger, seine Einstellung zum SED-Regime galt als „loyal“. In seiner Freizeit züchtete er Kakteen und sammelte Münzen.

Bereits in seiner Jugendzeit begann Kilians Freundschaft mit seiner späteren Verlobten Barbara K. Sie und ihr Zwillingsbruder Wolfgang K. hatten die DDR auf legalem Wege verlassen und lebten in der Bundesrepublik. Die Liebesbeziehung zwischen Jochen Kilian und Barbara K., die als Medizinisch-Technische Assistentin in der Universitätsklinik Düsseldorf arbeitete, entflammte 1972 bei einem gemeinsamen Sommerurlaub am Balaton (dt. Plattensee) in Ungarn neu. Die beiden verlobten sich und trafen einander in Prag, Eisleben und am 21. Juli 1973 im „Pressecafé" am Alexanderplatz in Ost-Berlin. Barbara K. und Jochen Kilian waren bereits im Vorjahr zu dem Entschluss gelangt, dass die Aufrechterhaltung der Verlobung eine „sinnlose Sache" sei, wenn er in der DDR bliebe. Daraufhin versuchten Barbara K. und ihr in Frankfurt am Main lebender Zwillingsbruder, einen falschen westdeutschen Pass für Jochen Kilian zu beschaffen, was ihnen schließlich auch gelang.

Da die Einzelheiten des Fluchtplans erst sehr kurzfristig geklärt werden konnten, reiste Kilian zunächst alleine mit seinem Motorrad nach Prag, wo er sich am 2. August 1973 mit dem Zwillingsbruder seiner Verlobten Wolfgang K. traf. Von dort aus reisten die beiden jungen Männer mit dem VW Käfer von Wolfgang K. durch Ungarn und Rumänien nach Bulgarien. Am 5. August 1973 erreichten sie den rumänischen Grenzort Calafat und von dort aus mit einer Donaufähre die gegenüberliegende bulgarische Grenzstadt Vidin. Für den Fluchtweg über Bulgarien hatten sie sich entschieden, weil Wolfgang K. Mitte Juni 1973 in der Reisebeilage der *Frankfurter Rundschau* gelesen hatte, dass DDR-Bürger für die Volksrepublik Bulgarien kein Visum benötigten.

Am 6. August 1973 trafen Jochen Kilian und Wolfgang K. in der bulgarischen Hauptstadt Sofia Barbara K. und deren Mutter. Jochen Kilian übernahm den auf „Stefan Wagner" ausgestellten gefälschten westdeutschen Reisepass, der vor Ort noch mit nachgeahmten Ein- und Ausreisestempeln versehen wurde. Anschließend übergab Kilian seiner Verlobten seine Münzsammlung und seine noch unveröffentlichte Dissertation. Barbara K. und ihre Mutter reisten am nächsten Tag über die Grenzübergangsstelle Kalotina nach Jugoslawien. Sie wollten in Italien auf Jochen Kilian und Wolfgang K. warten.

Jochen Kilian und Wolfgang K. fuhren unterdessen aus Sofia zum Grenzübergang Kapitan Andreevo. Der Grenzübergang wurde vor allem von türkischen Arbeitern aus der Bundesrepublik genutzt. Jochen Kilian und Wofgang K. erreichten die Grenzstation gegen 23 Uhr. Sie glaubten, es sei „ungefährlich und einfach" die Grenze zu passieren, solange sie nur innerhalb 48 Stunden seit ihrer Einreise in Vidin auch wieder ausreisten. Doch die bulgarischen Kontrollposten an der Grenze schöpften Verdacht. Der Volkswagen wurde durchsucht und eine Kunststoff-Probe entdeckt sowie die aus der DDR stammende Motorrad-Kleidung im Gepäck des angeblichen Westdeutschen „Stefan Wagner". Jochen Kilian hatte es nicht fertiggebracht, das geliebte Kleidungsstück nach der Abreise aus Sofia fortzuwerfen. Er sei leicht als DDR-Bürger zu erkennen gewesen, meinte Wolfgang K. im Rückblick. Nach seiner Erinnerung brachen die Grenzer sofort in lautes Geschrei aus und bezichtigten die beiden Männer der „Spionage". Möglicherweise spielte das Fehlen der bei jeder Einreise an Bundesbürger ausgegebenen weißen „statistischen Karte" eine Rolle, die Jochen Kilian nicht vorweisen konnte. Nachdem die Grenzer entdeckt hatten, dass Kilians Reisepass gefälscht war, wurden er und sein Fluchthelfer Wolfgang K. zunächst stundenlang im Abfertigungsgebäude mit Handschellen an Heizkörper gekettet und am nächsten Tag von einem Grenzer im orangefarbenen VW-Käfer des Fluchthelfers in eine Untersuchungshaftanstalt der Gebietshauptstadt Chaskovo transportiert.

Nach knapp zwei Tagen in einer Untersuchungshaftanstalt der Gebietshauptstadt Chaskovo trafen die beiden Festgenommenen am späten Abend des 9. August 1973 in einer Untersuchungshaftanstalt des bulgarischen Staatssicherheitsdienstes in Sofia ein. Man hatte sie bereits in Chaskovo voneinander getrennt. Kilian musste sich gemäß den Regelungen seiner sämtlichen privaten Kleidungsstücke entledigen und erhielt stattdessen Unterwäsche und Oberbekleidung der Haftanstalt.

Am Vormittag des 10. August 1973 wurde Kilian von 10 bis 11 Uhr von einem Ermittler der Untersuchungsabteilung des Staatssicherheitsdienstes, Oberleutnant Božkov, vernommen und anschließend wieder in seine Zelle zurückgeführt, die er sich mit mehreren bulgarischen Gefangenen teilte. Fünfundvierzig Minuten später war er nicht mehr am Leben. DDR-Konsul Nietner telegrafierte nach Berlin, Kilian sei durch die Einnahme von Zyankali gestorben. Ob er das Gift in Aluminiumfolie eingeschweißt in seinem Mund versteckt hatte, wie es in einer Information des für Auslandsfälle zuständigen MfS-Majors Peter Pfütze vom 3. September 1973 heißt, ist nicht sicher. Andere Quellen legen die Vermutung nahe, dass sich das Gift in seinen Waschutensilien befand. Die Frau seines Bruders erinnerte sich später: „Mein Schwager [...] war ein sehr sensibler Mann und [...] hat die Möglichkeit gehabt, sich in der Zelle zu vergiften. [...] Es gab in der DDR ein Brausepulver, das hieß Ascoffin. Das war in so kleinen, silbrigen Tüten verpackt und in so einer Tüte hatte er Zyankali drinne." Jochen Kilian habe das Gift gegenüber den Wärtern als Kopfschmerzmittel ausgegeben, das er dringend benötigte. In den Überlieferungen der Hauptabteilung Konsularische Angelegenheiten des DDR-Außenministeriums heißt es, Kilian sei bereits am 11. August 1973 auf dem Sofioter Zentralfriedhof (KW Orlandovci, Grabstelle 103) bestattet worden.

Erst sechs Tage später, am 17. August 1973 um 14 Uhr, erhielt seine Mutter Charlotte Kilian durch den Stellvertreter des Vorsitzenden der Abteilung Innere Angelegenheiten beim Rat des Kreises Eisleben, Lill, die Mitteilung über den Tod ihres Sohnes. Man hatte sie telefonisch zu einer Unterredung einbestellt und sie war überzeugt, dass es sich nur um eine kurze, belanglose Angelegenheit handeln könne. Stattdessen teilte ihr Ratsfunktionär Lill mit, dass ihr Sohn am 10. August 1973 „vermutlich in Sofia" an den Folgen einer Überdosis Gift verstorben und bereits beerdigt worden sei. Vier Tage nachdem sie diese erschütternde Nachricht erhalten hatte, suchte Charlotte Kilian erneut den Ratsfunktionär auf und bat um die Überführung der Leiche ihres Sohnes. Lill erwiderte, dies sei erst in „sieben Jahren" möglich.

Bereits am nächsten Tag, dem 22. August 1973, erschienen bei Charlotte Kilian zwei Mitarbeiter des Ministeriums für Staatssicherheit, Objektdienststelle Leuna und Kreisdienststelle Eisleben. Sie stellten sich als Mitarbeiter der Kaderabteilung der Leuna-Werke vor und ersuchten die Mutter um die Herausgabe der Dissertation ihres Sohnes, die Eigentum des Betriebes sei. Charlotte Kilian beklagte sich über die Auskunft des Ratsfunktionärs, es sei nicht möglich, die Leiche ihres Sohnes in seine Heimat zu überführen. Die beiden MfS-Männer notierten hernach: „Es erscheint ihr unnormal, dass ihr Sohn am 10.08.1973 an einer Überdosis Gift verstorben ist und bereits am 11.08.1973 beerdigt worden ist, sie aber erst am 17.08.1973 davon in Kenntnis gesetzt wurde und da schon mit dem Hinweis, dass eine Exhumierung erst in sieben Jahren möglich sei."

Doch Charlotte Kilian hatte die Absicht, die Exhumierung und Überführung der sterblichen Überreste ihres Sohnes zu erreichen, noch nicht aufgegeben. Sie wandte sich deshalb bereits am folgenden Tag mit Schreiben vom 23. August 1973 an die Konsularabteilung des MfAA in Ost-Berlin: „Ich habe nur die eine Bitte, den Sarg mit der Leiche meines Sohnes Joachim hierher nach L[utherstadt]-Eisleben zu überführen und ihn in unserer Familiengrabstätte beisetzen zu lassen. Ich habe meinen Mann durch den Krieg verloren und nur meine Söhne, sonst keine Verwandten. Ich bitte dringend um die Möglichkeit, ein geliebtes Kind an der Stätte beisetzen zu können an der auch ich einmal ruhen werde und wäre für Ihre Hilfe, diesen einzig verbleibenden Wunsch zu erfüllen und mir jede nur irgend mögliche Unterstützung zu gewähren, dankbar. Dass ich für alle Kosten aufkomme, ist selbstverständlich."

Rückblickend erzählte ihre Schwiegertochter, die Familie habe damals „eine[n] engen Freund von Jochen in Merseburg [...] besucht, um da noch ein bisschen was rauszubekommen". Erst Jahrzehnte später gelang es, „ein bisschen was durch den Einblick in die Stasiunterlagen" zu erfahren. Aber zu DDR-Zeiten überhaupt nichts. Da war das Thema tabu. [...] Das durfte man ja zu DDR-Zeiten gar nicht an die große Glocke hängen. Man konnte ja hier nicht erzählen, was los war. [...] Das wurde ja nur unter vorgehaltener Hand den engsten Freunden gesagt."

Zwischenzeitlich hatte Charlotte Kilian eine Todesanzeige für ihren Sohn in dem Hallenser SED-Organ *Freiheit* veröffentlicht, die weder das Todesdatum noch den Todesort oder einen Hinweis auf die Todesursache enthielt. Die Bearbeitung des Schreibens von Charlotte Kilian fiel in den Verantwortungsbereich von Ursula Gott, der Hauptreferentin in der Konsularabteilung des MfAA. Nach einer Anfrage bei dem Leiter der Konsularabteilung der DDR-Botschaft in Sofia, Günter Nietner, teilte sie Charlotte Kilian am 24. September 1973 mit, dass die Exhumierung bzw. Überführung „gemäß der innerstaatlichen Gesetzgebung der VRB" erst nach einer „Frist von sechs Jahren" möglich sei. Um welche „innerstaatlichen Gesetze" es sich handelte, teilte Frau Gott nicht mit. Charlotte Kilian erhielt ein Foto der Grabstätte in Sofia, das einen der typischen roten Pylonen mit einem fünfzackigen Stern zeigte. Laut Christiane Kilian hatte ihr Mann Peter die Grabstelle seines Bruders auf dem Friedhof in Sofia „ein Jahr später im Sommer" aufgesucht. Dort stand eine „einfache Holzpyramide auf dem Grab [...], wie man es auch von diesen sowjetischen Friedhöfen kannte". Der Bruder des Toten ersetzte das kommunistische Grabzeichen durch „ein Holzkreuz, was hier in Deutschland angefertigt wurde". Später stellte die Familie Kilian auf ihrer großen Grabstätte in Eisleben auch „ein[en] Grabstein für Jochen" auf. „Aber umgebettet wurde er nie."

Am 20. September 1973 bekam Charlotte Kilian einige Kleidungsstücke ihres Sohnes vom Stellvertreter des Vorsitzenden für Inneres beim Rat des Kreises Eisleben, Lill, ausgehändigt. Auf die von Lill in Aussicht gestellte Rückgabe des Fotoapparates und des in Prag beschlagnahmten Motorrads ihres Sohnes, sowie auf diverse Unterlagen und eine Todesurkunde wartete sie monatelang vergeblich. Am 20. Mai 1974 beschwerte sie sich darüber mit einer Eingabe beim MfAA. Dessen Hauptreferentin Ursula Gott verwies sie bezüglich der Todesurkunde an das Standesamt I zu Berlin. Das Motorrad und der Fotoapparat von Jochen Kilian blieben verschwunden. Kilians Fluchthelfer Wolfgang K. war zu diesem Zeitpunkt bereits wieder auf freiem

Fuß. Er wurde am 9. September 1973, dem bulgarischen Nationalfeiertag, aus der Haft entlassen und über Jugoslawien in die Bundesrepublik abgeschoben.

(Autor: App.; Recherche: App., jos., LD)

Quellen

MfS, BV Halle, Abt. IX: Ermittlungsakte zu Jochen Kilian. BStU, Ast. Halle, MfS, BV Halle, Abt. IX, Nr. 1710.

MfS, Abt. X: Telegramm aus Sofia vom 11.8.1973 [u. a. Dokumente]. BStU, MfS, Allg. P., Nr. 3034/78.

MfS, KD Eisleben: Aktenvermerk, 15.8.1973 [u. a. Dokumente]. BStU, Ast. Halle, MfS, BV Halle, KD Eisleben, Nr. 774.

MfS, Abt X, Oberst Damm (Leiter) an den Leiter der HA XVIII. Berlin, 24.8.1973. BStU, MfS, HA XVIII, Nr. 13833, Bl. 32.

MfS: Vorgang Kilian, Joachim. BStU, Ast. Halle, MfS, BV Halle, Abt. XII/Archiv, AKK, Nr. 308/75.

Standesamt I zu Berlin: Sterbeurkunde Nr. 75 (Joachim Kilian). LAB, S-Rep 500, Nr. 313.

MfAA, HA Konsularische Angelegenheiten: Dokumente zum Todesfall Joachim Kilian. PAAA, MfAA, ZR 495/88.

Zeitzeugengespräch von Stefan Appelius mit Peter Pfütze (ehem. MfS-Offizier) am 17.6.2015.

Zeitzeugengespräch von Lydia Dollmann mit Christiane Kilian (Joachim Kilians Schwägerin) am 6.11.2019, https://todesopfer.eiserner-vorhang.de/articlemd/307-joachim-jochen-kilian/ (5.6.2023).

Appelius, Stefan: Fluchtweg Bulgarien. Die verlängerte Mauer an den Grenzen zur Türkei, Jugoslawien und Griechenland, Berlin 2019, S. 194–197.

Zeitzeugengespräch von Stefan Appelius mit Christiane Kilian (Joachim Kilians Schwägerin) am 2.11.2020.

Peter Schulze

geboren am 6. April 1941 in Machern (Landkreis Leipzig)
Suizid am 6. Februar 1976 in der Tschechoslowakei
Ort des Vorfalls: bei Pomezí nad Ohří an der Grenze zur Bundesrepublik Deutschland

Nach dem Schulabschluss der achten Klasse erlernte Peter Schulze den Beruf eines Bauschlossers. Von 1958 bis 1962 diente er in der NVA, zuletzt als Unteroffizier und Gruppenführer. Im Dezember 1963 begann er seinen Dienst bei der Transportpolizei. Da man mit seiner Dienstausführung und politischen Entwicklung zufrieden war, erhielt er 1972 als Innendienstleiter die Verantwortung für das Transportpolizeirevier Leipzig-Engelsdorf im Reichsbahnausbesserungswerk „Einheit". Zu seinen Aufgaben gehörten auch die Finanzverwaltung und die Auszahlung von Streifengeldern.

Peter Schulze war verheiratet, das Ehepaar hatte eine Tochter. Er gehörte seit 1965 der SED an und war Leitungsmitglied der Parteiorganisation in seiner Dienststelle. Im Laufe der Jahre erhielt er etliche Auszeichnungen, darunter die Medaillen für „Treue Dienste" in Bronze, Silber und Gold sowie die Verdienstmedaille des MdI in Bronze. Mehrere Zeugen aus seinem privaten und beruflichen Umfeld beschrieben ihn als zuverlässigen und parteiverbundenen SED-Genossen, der im persönlichen Umgang zurückhaltend auftrat. Anderen Aussagen zufolge habe er sich aber trotz schlechten Empfangs häufig Sendungen des Westfernsehens angeschaut. Im persönlichen Gespräch mit einem früheren NVA-Kameraden soll er „Vergleiche zwischen Preisen und Gehältern in der DDR und BRD" angestellt und erklärt haben, „wenn ich bei der Bundeswehr wäre, hätte ich 3.500,– M". Unzufrieden sei er auch über die langen Wartezeiten auf ein Auto gewesen und habe die Meinung geäußert, im Westen „kann man sich mehr leisten". Als die Sprache auf die Quartiergäste kam, die das Ehepaar Schulze während der Leipziger Messe aufnahm, soll Schulze gesagt haben: „Wenn es nach mir gehen würde, dann würde ich nur Leute mit harter Währung nehmen."

Anfang 1976 beklagte sich Peter Schulze gegenüber seiner Ehefrau, dass ihn seine dienstlichen Aufgaben überforderten. Er habe häufig zuhause Abrechnungen erledigt und wiederholt geäußert, „ich habe es satt" oder „mir langt es langsam". Am Donnerstag, dem 5. Februar 1976, verließ Peter Schulze am frühen Morgen seine Wohnung in Zivilkleidung, die er üblicherweise zur Fortbildung in der Betriebsakademie der Deutschen Reichsbahn trug. Er verabschiedete sich von seiner Ehefrau und streichelte dabei über ihre Wange, was ansonsten nicht seine Art war. Am Abend kehrte Peter Schulze nicht nach Hause zurück. Als er am 6. Februar nicht zum Dienst erschien, leitete die Volkspolizei gegen 17 Uhr eine Eilfahndung nach ihm für alle Bezirke der DDR ein. In der Fahndungsmeldung heißt es: „Obermeister Schulze, der am 05.02.1976 zum Besuch der Volkshochschule dienstfrei hatte, erschien am 06.02.1976, 07.00 Uhr, nicht zum Dienst. Ermittlungen ergaben, daß er am 05.02.1976, 07.00 Uhr, seine Wohnung verlassen und nicht am Unterricht der Volkshochschule teilgenommen hatte. Schulze war im Besitz einer Pistole Makarow. Bei der Überprüfung des Waffenbestandes des TPR [Transportpolizeirevier] wurde das Fehlen der Pistole einschließlich 16 Patronen festgestellt. Weiterhin ergab eine Überprüfung des Kassenbestandes im TPR einen Fehlbetrag von ca. 2,6 TM [Tausend Mark]." Schulze hatte, wie sich herausstellte, 1974 zum Kauf eines Pkw Moskwitsch und eines Farbfernsehgerätes dienstliche Gelder in Höhe von 2.550,74 Mark unterschlagen. Das MfS hielt das für ein wesentliches Fluchtmotiv, da eine Teilrevision des Finanzhaushaltes der Dienststelle durch eine neue Mitarbeiterin anstand. Am Vormittag des 5. Februar 1976 tauschte Peter Schulze in der Filiale der Kreissparkasse Leipzig, Ernst-Thälmann-Straße, 149,22 DDR-Mark in 450,– Kronen um. Am Nachmittag führte er, wie das MfS herausfand, aus dem Fernsprechraum des Leipziger Hauptbahnhofs zwei Telefongespräche. Mit wem er telefonierte, konnte nachträglich nicht festgestellt werden, da bei der Post darüber keine Aufzeichnungen vorlagen. Zuletzt sah man ihn am Abend in der Gaststätte „Sachsenbräu".

Am 6. Februar 1976 löste Peter Schulze im Bahnhof Pilsen eine Fahrkarte nach Cheb. Von dort begab er sich zu Fuß in Richtung Staatsgrenze. Tschechoslowakischen Grenzsoldaten, die in der Gegend ein Hunde-Training durchführten, fiel um 17 Uhr im Raum Pomezí, noch etwa 1.700 m von der Grenze zur Bundesrepublik entfernt, eine verdächtige Person auf. Sie konnten erkennen, dass es sich um einen Mann handelte, der mit einem Wintermantel und einer braunen Lammfellmütze bekleidet war. Er bewegte sich entlang der Eisenbahnstrecke Cheb-Schirnding in Richtung Grenze. Der Grenzsoldat Štefan Karaba näherte sich ihm und forderte ihn aus einer Entfernung von etwa 30 m auf stehenzubleiben. Doch der Mann kehrte um und versuchte in ein nahe gelegenes Waldstück zu gelangen. Er versuchte dabei winkend den Grenzern zu signalisieren, dass man sich ihm nicht nähern solle. Karaba und dessen Kamerad Zoltán Sebö verfolgten ihn jedoch weiter, Karaba ließ seinen Diensthund von der Leine. Da der Hund einen Beißkorb trug, konnte er den Flüchtenden nicht aufhalten. Karaba rief ihn zurück und nahm ihm den Beißkorb ab. Der Verfolgte gab nun mit einer Pistole mehrere Schüsse ab. Daraufhin feuerte Karaba aus seiner Maschinenpistole Warnschüsse in die Luft ab. Der Flüchtende versteckte sich zunächst hinter einem kleinen Haus. Als die Grenzer dieses erreichten, hatte er die Deckung bereits verlassen und sich erneut in Richtung Grenze bewegt. Unterwegs stieß er jedoch auf weitere Grenzsoldaten, die sich ebenfalls zur Hundeausbildung dort befanden. Die beiden Grenzer Václav Karhan und Emil Kubík riefen ihm zu, sich zu ergeben, und gaben Warnschüsse ab. Unterdessen vollendete der herbeigeeilte fünfte Grenzer Zdeněk Kubín die Einkreisung. Er konnte beobachteten, dass der Mann eine Pistole gegen seine rechte Schläfe führte, und vernahm einen einzelnen gedämpften Schuss. Als sich die Grenzsoldaten der Stelle näherten, die der Mann zur Deckung aufgesucht hatte, fanden sie ihn dort sterbend vor. Peter Schulze hatte sich nach der Abgabe von sieben Schüssen mit der letzten Kugel aus seiner Makarow selbst in den Kopf geschossen. Zdeněk Kubín sagte später aus, der Sterbende habe zuvor noch einige deutsche Worte gerufen, wovon er nur das Wort „Schweine" verstand.

Bei Peter Schulze wurden neben seinem Personalausweis etwas Geld, ein Rasierapparat und ein volles Magazin mit 8 Patronen gefunden. Am 9. Februar 1976 fand die Obduktion der Leiche im Krankenhaus von Cheb statt, die den Suizid bestätigte. Zwei Tage später wurden die sterblichen Überreste Peter Schulzes über den Grenzübergang Vojtanov/Schönberg nach Leipzig überführt. Der Leichentransport erfolgte durch Mitarbeiter des DDR-Staatssicherheitsdienstes.

(Autor: jos.; Recherche: App., AN)

Quellen

HV DVP: Rapport Nr. 28 für die Zeit vom 06.2.1976, 04.00 Uhr, bis 09.2.1976, 04.00 Uhr. BArch, DO 2.3/39853.

MfS, HA VI/OLZ: Operative Information 71/76 zur Selbsttötung eines Angehörigen des Transportpolizeiamtes Leipzig/Revier Engelsdorf, 7.2.1976 [u.a. Dokumente]. BStU, MfS, Allg. P., Nr. 10659/76.

MfS: Suicid Schulze, Peter, geb. am 6.4.41 in Machern [Untersuchungsakte]. BStU, Ast. Leipzig, MfS, BV Leipzig AP 946/76, Bd. 1–3.

MfS, HA IX: Information. BStU, MfS, HA IX 4380.

Standesamt I zu Berlin: Sterbeurkunde Nr. 161 (Peter Schulze). LAB, S-Rep 500, Bd. 315.

Werner Greifendorf

geboren am 30. März 1950 in Döbern (Landkreis Spree-Neiße)
Selbstentzündung am 19. Oktober 1978 in der DDR
Ort des Vorfalls: Haftanstalt Cottbus
gestorben am 9. November 1978 im Bezirkskrankenhaus Cottbus

Werner Greifendorf

Werner Greifendorf kam als Sohn von Frieda und Emil Greifendorf am 30. März 1950 in Döbern auf die Welt. Er war ein gutmütiger und sehr anhänglicher Junge. Die Familie lebte mit ihren Kindern unter ärmlichen Verhältnissen in einer Zwei-Zimmer-Wohnung.

Emil Greifendorf soll ein aufbrausender Mensch gewesen sein. Die Ehe mit Frieda Greifendorf scheiterte. Nach der Scheidung seiner Eltern begann für den Dreijährigen eine jahrelange Odyssee, die ihn von einem Heim ins andere führte. Er selbst erklärte später, er habe „nie ein richtiges Elternhaus kennengelernt". Krankheiten fesselten den Jungen monatelang ans Bett und warfen ihn in der Schule zurück. Feste Freundschaften mit anderen Heimkindern oder Beziehungen zu Erzieherinnen kamen wegen der häufigen Heimwechsel nicht zustande.

Ende August 1967 unternahm Werner Greifendorf seinen ersten Fluchtversuch in die Bundesrepublik. Er war in der Vorweihnachtszeit in Dresden mehrerer Taschendiebstähle überführt worden, weswegen er mit einer Einweisung in einen Jugendwerkhof rechnete. Greifendorf hatte einen Onkel im hessischen Eschwege, der eine Gastwirtschaft betrieb. Dort hoffte er, wohnen und arbeiten zu können. Nach dem Scheitern seines Fluchtversuchs verurteilte ihn das Kreisgericht Dresden wegen Passvergehens in Tateinheit mit der Verletzung der Grenzschutzverordnung zu einer Freiheitsstrafe von einem Jahr und acht Monaten, die der 17-Jährige im Jugendgefängnis Luckau antrat. Nach seiner Entlassung lebte Werner Greifendorf wieder bei seiner Mutter und seinen Geschwistern in Riesa. Doch mit dem zweiten Ehemann seiner Mutter, Max Schoob, verstand er sich nicht. Werner Greifendorf erhielt eine Stelle als Hilfsarbeiter bei der Speicherei und Spedition AG Riesa, einem alten Privatbetrieb. Wegen Eigentumsdelikten und Staatsverleumdung stand er jedoch bald wieder vor Gericht, das ihn zu einer Haftstrafe im Gefängnis Waldheim verurteilte.

Seine Haftentlassung im Frühjahr 1976 erfolgte unter schwerwiegenden Auflagen. So durfte er das Riesaer Kreisgebiet nicht ohne Genehmigung der Volkspolizei verlassen. Er musste bei dem Abschnittsbevollmächtigten der Volkspolizei, einem Inoffiziellen Mitarbeiter des MfS, als „Kontrollperson gem. § 48 StGB" zu wöchentlichen Aussprachen erscheinen. Hinzu kam, dass es ihm unter Strafandrohung verboten war, die meisten Lokale im Kreis Riesa zu betreten. Auch wurde ihm behördlicherseits durch ein „Umgangsverbot" untersagt, etliche seiner alten Bekannten zu treffen. „Mir fehlte meine Freiheit", hat er dazu später in einer Vernehmung erklärt: „Ich durfte nicht in Gaststätten gehen, nicht tanzen und nicht ins Theater." Doch seine Bitte, die Kontrollmaßnahme zumindest für das bei jungen Leuten besonders angesagte Tanzlokal „Zur Traube" aufzuheben, blieb erfolglos.

Trotz der Überwachung verübte er erneut kleinere Eigentumsdelikte. Angesichts der drohenden Konsequenzen sah Greifendorf keine Perspektive mehr für sich in Riesa. Durch zahlreiche Eingaben und insgesamt sechs

Ausreiseanträge hatte er 1975 und 1976 versucht, auf legalem Weg die DDR verlassen zu dürfen. Im März 1978 wollte er erneut die Flucht wagen. Er fuhr zu seiner Schwester nach Erlbach im Vogtland und erklärte ihr und ihrem Mann – beidewaren linientreue SED-Mitglieder – er wolle sich bei ihnen für ein paar Tage erholen. Doch schon nach zwei Tagen fuhr er mit dem Bus nach Bad Elster und passierte dort zu Fuß den Grenzübergang in die ČSSR. Auf dem Weg zur bayerischen Grenze fiel er nahe der Ortschaft Krásná bei Aš einem Unterfähnrich der tschechoslowakischen Grenzwache auf, der in Zivilkleidung am Waldrand seinen Hund dressierte. Als ihn der Mann ansprach, versuchte sich Greifendorf damit herauszureden, er habe die Orientierung verloren. Der tschechoslowakische Grenzwächter glaubte ihm nicht und ließ ihn von bewaffneten Kameraden festnehmen. Bereits einen Tag später saß Werner Greifendorf in einer Zelle des Dresdner MfS-Untersuchungsgefängnises. Bei einer Vernehmung sagte er dort aus: „Ich komme in der DDR nicht mehr zurecht! Und möchte nicht mein ganzes Leben hinter Gittern verbringen! Ich werde auch in Zukunft nichts unversucht lassen, bis ich mein Recht erlangt habe. […] Hinsichtlich des versuchten ungesetzlichen Verlassens der DDR werde ich solange straffällig werden, bis ich mein Ziel, in die BRD ausgewiesen zu werden, erreicht habe". Er sei „kein Eigentum der DDR" und nie habe ihm dieser Staat geholfen.

Am 30. Juni 1978 verurteilte ihn das Kreisgericht Dresden-Ost auf Antrag von Staatsanwalt Rößler unter dem Vorsitz von Richterin Krüger wegen „ungesetzlichem Grenzübertritt u. a." zu einer Freiheitsstrafe von zwei Jahren und acht Monaten. Zur Strafverbüßung kam er in die Strafvollzugseinrichtung Cottbus. In der Haftanstalt blieb er renitent. Am 19. Oktober 1978 übergoss er sich während eines Hofgangs mit brennbarem Verdünnungsmittel und zündete seine Häftlingskleidung an. Bevor er zusammenbrach soll er nach Aussagen von Mithäftlingen laut „Freiheit" gerufen haben. Vier Häftlinge warfen sich auf ihn und erstickten die Flammen mit ihren Jacken. Nach seiner Einlieferung im Bezirkskrankenhaus Cottbus stellten die Ärzte lebensbedrohliche Verbrennungen bis zum 3. Grad fest. Vermutlich wollte der 28-Jährige mit seiner Aktion keinen Suizid begehen, sondern seine Ausreise in die Bundesrepublik erzwingen.

Sein jüngerer Bruder Andreas Schoob, seine Mutter Frieda und zwei weitere Brüder fuhren mit dem Auto von Riesa zum Cottbuser Bezirkskrankenhaus. Sie wollten Werner Greifendorf dort besuchen. Doch „vor der Glasscheibe stand ein Bewacher mit einem Maschinengewehr" erinnert sich Schoob. „Sprechen konnten wir nicht mit ihm. Wir haben ihn nicht mal erkannt, er war ja von Kopf bis Fuß bandagiert." Werner Greifendorf erlag am 9. November 1978 seinen Verletzungen. Unter dem Vorgangsnamen „Asche" überwachte das MfS seine Beisetzung in Riesa. Im Abschlussbericht dieser MfS-Aktion heißt es: „Die vorhandenen 3 Eingänge zum Friedhof wurden durch je 2 Mitarbeiter der KD Riesa und des Kommissariats I des VPKA Riesa abgesichert, die bei einem evtl. Auftauchen von Journalisten im Interesse der Pietät und der Achtung vor dem Toten journalistische Aktivitäten zu verhindern hatten."

Anfang Januar 1979 berichtete *Die Welt*, über den Zwischenfall im Cottbuser Gefängnis. Der Häftling habe die versuchte Selbstverbrennung überlebt. Er sei inzwischen außer Lebensgefahr und in das Haftkrankenhaus Leipzig verlegt worden. Diese Fehlinformation war die Folge einer gelungenen Desinformation von Markus Wolfs HV-A-Abteilung „Aktive Maßnahmen". Erst im Herbst 1979 meldete *Die Welt*, dass Greifendorf seinen Verletzungen erlegen war. Ansonsten blieb das Ereignis in der westdeutschen Öffentlichkeit weitgehend unbeachtet.

Die ehemalige Haftanstalt Cottbus ist seit 2011 eine Gedenkstätte. Anlässlich seines 35. Todestages errichtete das Menschenrechtszentrum Cottbus auf dem ehemaligen Gefängnishof ein Gedenkkreuz für Werner Greifendorf, das vom Künstler Gino Kuhn gestaltet wurde. Es steht dort, wo er sich nach Zeugenaussagen am 19. Oktober 1978 selbst angezündet hat.

(Autor und Recherche: App.)

Quellen

BStU, MfS, MF B SKS, Nr. 52719.

BStU, MfS, ESKS, Nr. 23285.

BStU, MfS, BV Dresden, AU, Nr. 1828/77, 2 Bde.

BStU, MfS, BV Dresden, AP, Nr. 140/84.

BStU, MfS, BV Dresden, AIM, Nr. 2642/85.

BStU, MfS, AS, Nr. 4/80.

BStU, MfS, BV Dresden, KD Riesa, Nr. 1454.

BStU, MfS, HA VII/8, ZMA, Nr. 615/78.

Zeitzeugengespräch von Stefan Appelius mit Andreas Schoob am 16. und 18.9.2013.

Auskunft von Stefan Pschera (Erlbach) vom 17.9.2013.

Appelius, Stefan: „Alarm! Ein Strafgefangener brennt!" Der vergessene Widerstand des Werner Greifendorf (1950–1978). In: Zeitschrift des Forschungsverbundes SED-Staat Nr. 35, 2014, S. 69–79. Stefan/Sontheimer, Michael: Tod eines Proletariers. In: taz am Wochenende, 7./8.2.2015.

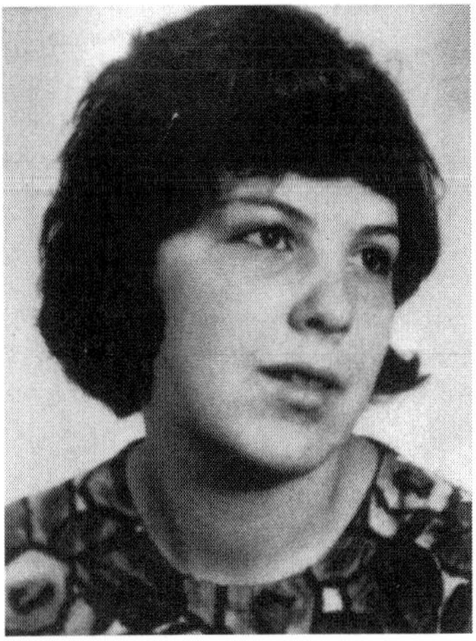

Nadine Klinkerfuß

Nadine Klinkerfuß

geboren am 22. Januar 1951 in Ticheville (Frankreich)

Suizid am 17. März 1979 in der DDR

Ort des Vorfalls: Magdeburg

Helmut Müllerke, geboren 1920 in Magdeburg, hatte in der Nachkriegszeit die Französin Yolande Tyuten kennengelernt und geheiratet. Ihre Tochter Nadine Micheli Müllerke wurde 1957 in Ticheville (Normandie) eingeschult. Nach dem Umzug der Familie nach Le Sap (Normandie) besuchte sie dort bis zur 5. Klasse eine katholische Schule. 1962 zog das Ehepaar Müllerke mit acht Kindern nach Magdeburg, Helmut Müllerkes Heimatstadt. Dort besuchte Nadine bis zur 8. Klasse die Maxim-Gorki-Oberschule.

Den in Frankreich geborenen Kindern der Familie Müllerke fiel es nicht leicht, sich in der DDR einzuleben. Zwischen 1963 und 1965 flüchteten drei von ihnen wieder aus dem Land. Auch Nadine Müllerke tat sich in der Schule und mit der deutschen Sprache schwer. Nach dem Schulabschluss arbeitete sie eine Zeitlang in einer Magdeburger Zuckerraffinerie, anschließend als Reinigungskraft bei der Post, danach als Stationsgehilfin in der Landesfrauenklinik Magdeburg und zuletzt als Druckhelferin in einem Papierverarbeitungswerk. 1969 heiratete sie den Installateur Hans-Joachim (Achim) Klinkerfuß. Im August desselben Jahres kam die erste Tochter des jungen Ehepaares, Jaqueline, zur Welt. Im Juli 1971 wurde deren Schwester Karin und im Februar 1977 der Sohn Helmut geboren.

Der Vater von Nadine Klinkerfuß durfte 1973 als Frührentner nach Frankreich reisen. Er kehrte nicht wieder in die DDR zurück. Kurze Zeit später verschlimmerte sich seine Herzerkrankung, so dass auch seine Frau Yolande ausreisen durfte, um ihn in Frankreich zu pflegen. Auch sie kehrte nicht wieder in die DDR zurück. Nadine Klinkerfuß und ihr Mann standen fortan unter der Beobachtung des DDR-Staatssicherheitsdienstes. Als eine Schwester von Nadine Klinkerfuß unter Berufung auf ihren französischen Pass einen Ausreiseantrag aus der DDR stellte, verfügte das Ministerium des Innern am 22. Januar 1974, dass „die Mitglieder der Familie Müllerke, die auf dem Territorium der DDR leben, Staatsbürger der DDR sind".

Nadine Klinkerfuß stellte 1975 einen Antrag auf eine zeitweilige Ausreise, um ihren kranken Vater in Frankreich besuchen zu können. Zu diesem Zeitpunkt stand für sie und ihren Mann der Weggang aus der DDR noch nicht zur Debatte. Zwischenzeitlich wandte sie sich an die französische Botschaft und bat um die Reaktivierung ihres französischen Passes und Unterstützung ihres Besuchswunsches bei den Eltern. Im Frühjahr 1978 erkrankte Helmut Müllerke erneut schwer, woraufhin sie unter Beifügung eines ihrem Vater ausgestellten ärztlichen Attestes einen weiteren Antrag zur besuchsweisen Ausreise stellte. Doch auch dieser wurde abgelehnt. Daraufhin entschlossen sich Achim und Nadine Klinkerfuß im Frühjahr 1978 zur Flucht über die tschechoslowakische Grenze nach Österreich. Sie nahmen an, dass diese nicht so stark wie die innerdeutsche Grenze überwacht werde. Am 7. August 1978 tauschten sie Geld um, packten die nötigsten Sachen, vor allem persönliche Unterlagen und wichtige Dokumente, ein und machten sich mit ihren drei Kindern auf den Weg nach Oberwiesenthal. Dort konnte die Familie pass- und visafrei mit dem Auto in die Tschechoslowakei reisen. Kurz darauf fiel ihr Fahrzeug aus, so dass sie ihren Weg mit öffentlichen Verkehrsmitteln über Karlovy Vary, Plzeň, České Budějovice nach Nové Hrady fortsetzten. In den Zwischenstationen kamen sie in Privatunterkünften oder Hotels unter. Unterwegs kauften sie eine Landkarte und einen Kompass, um sich im Grenzgebiet orientieren zu können. Da die Kinder müde waren und es dunkel wurde, verbrachten sie die Nacht vom 10. zum 11. August 1978 in einem Waldgebiet 200 m von der Staatsgrenze zu Österreich entfernt. Schon in den frühen Morgenstunden, bevor sie ihren Weg fortsetzen konnten, entdeckten ČSSR-Grenzer die Familie bei Nové Hrady. Während Nadine Klinkerfuß mit ihren Kindern noch am selben Tag um 19 Uhr an der GÜSt Vojtanov dem MfS übergeben wurde, blieb ihr Ehemann zwölf Tage in Untersuchungshaft. Am 23. August dem DDR-Staatssicherheitsdienst überstellt, wurde Achim Klinkerfuß in die MfS-Untersuchungshaftanstalt nach Magdeburg-Neustadt eingeliefert. Das Kreisgericht Magdeburg verurteilte ihn am 7. November 1978 zu einer Gefängnisstrafe von einem Jahr und zehn Monaten. Da Nadine Klinkerfuß zum Zeitpunkt ihrer Festnahme im sechsten Monat schwanger war, leitete die Staatsanwaltschaft das Ermittlungsverfahren gegen sie zunächst ohne Haft ein. Ihr viertes Kind kam im November 1978 zur Welt. Sie gab ihm ihren Namen Nadine. Achim Klinkerfuß konnte seine Tochter nicht in die Arme schließen, er befand sich zum Strafvollzug im „Roten Elend“ in Cottbus.

Nadine Klinkerfuß musste nun mit ihren vier Kindern allein zurechtkommen. Sie verkaufte das von ihrem Mann überwiegend in Eigenarbeit gebaute Haus und zog mit den Kindern in eine Wohnung. Das MfS lud sie mehrfach zu Vernehmungen vor und durchsuchte ihre Wohnung. Ihrem inhaftierten Mann schrieb sie lange ermutigende Briefe in die Haft und besuchte ihn, so oft es gestattet war. Zweimal schrieb sie auch an den Staatsratsvorsitzenden und Generalsekretär des ZK der SED Erich Honecker (1912–1994) und verlangte darin die Übersiedlung ihrer Familie nach Frankreich. Am 17. Januar 1979 ging per Einschreiben im SED-Zentralkomitee ein drittes Schreiben von Nadine Klinkerfuß an Erich Honecker ein. Diesen Brief muss sie in äußerster Erregung geschrieben haben. Sie beschwerte sich darin über die Zustände in der Haftanstalt Cottbus, beklagte, dass ihr Mann und andere politische Gefangene „für den Scheißstaat" arbeiten müssten und nur „Kohlsuppe und Sülze" erhielten. Sogar die Kleinigkeiten, die sie ihrem Mann bei den Besuchsterminen zum Essen mitbrachte, durfte er nicht entgegennehmen. Weiter hieß es in dem Brief, „lasst uns da leben, wo wir hingehören, festhalten könnt Ihr uns nicht". Schließlich drohte Nadine Klinkerfuß damit, das westliche Ausland um Hilfe zu bitten. Auf dem Kopf dieses Briefes befindet sich der handschriftliche Vermerk: „am 31.1.79 an MfS". Zwei Wochen später erhielt Nadine Klinkerfuß Besuch von einem MfS-Mitarbeiter, der sie aufforderte, keine weiteren Briefe an Erich Honecker zu schreiben und jegliche Verbindung in das westliche Ausland abzubrechen. Sollte sie dem nicht Folge leisten, werde sich das strafverschärfend in dem in Kürze gegen sie stattfindenden Gerichtsverfahren auswirken. Sie müsse außerdem mit einer Einweisung ihrer Kinder in ein staatliches Heim rechnen. Am 17. März 1979, eine Woche vor dem bereits terminierten Beginn ihres Strafprozesses, schrieb Nadine Klinkerfuß zwei verzweifelte Briefe. Einen adressierte sie an ihre Eltern in Frankreich, den anderen an ihren Mann im Gefängnis Cottbus. Beide Briefe beklagen die Aussichtslosigkeit ihrer Lage und enthalten Abschiedsworte. Als in den späten Abendstunden ihr ebenfalls in Magdeburg lebender Bruder noch einmal bei ihr vorbeischaute und die Wohnungstür aufschloss, nahm er Gasgeruch wahr. Er fand seine Schwester auf dem Küchenboden. Aus dem Herd strömte Gas. Die vier Kinder schliefen unversehrt im Nebenzimmer. Nach der Einlieferung der 28-Jährigen in die Medizinische Akademie Magdeburg konnte dort nur noch ihr Erstickungstod diagnostiziert werden.

Entgegen ihrem und ihres Mannes Wunsch ließen die DDR-Behörden eine Bestattung von Nadine Klinkerfuß in ihrer Heimat Frankreich nicht zu. Man trug sie am 28. März 1979 in Magdeburg auf dem Westfriedhof zu Grabe. Ihr Ehemann durfte nur 15 Minuten an der Bestattung unter der Bewachung von drei Stasi-Begleitern teilnehmen. Im Zuge einer Amnestie wurde er frühzeitig aus der Haft entlassen. Die beiden älteren Kinder lebten bis dahin bei den Geschwistern von Nadine Klinkerfuß in Magdeburg, die beiden jüngeren in einem Heim. Sie durften ihre Tanten und Onkel nur an den Wochenenden besuchen. Eine Kampagne der Internationalen Gesellschaft für Menschenrechte machte in der Bundesrepublik den Fall bekannt. Mehrere Zeitungen berichteten über die Weigerung der DDR-Behörden, Achim Klinkerfuß und seine Kinder nach Frankreich ausreisen zu lassen. Nachdem sich die französische Botschaft und der französische Außenminister Jean François-Poncet (1928–2012) bei seinem DDR-Besuch im Juli 1979 auf Spitzenebene für die Familie eingesetzt hatten, durfte er mit seinen vier Kindern im Sommer 1980 nach Frankreich übersiedeln.

(Autorin: MP; Recherche: jk, jos., MP, St.A.)

Quellen

BStU, Ast. Magdeburg, MfS, BV Magdeburg, AU 299/80.

MfS, BV Magdeburg, KD Magdeburg: OV „Mühle". BStU, MfS, BV Mgb., AOP 445/79.

Vlcek (Prag) an Damm (Berlin), Telegramm. Prag, 15.8.1978. BArch, MfS, AS, Nr. 63/80, Bd. 2.

Ausreise der Kinder von Nadine Klinkerfuß gefordert. In: F. A. Z., 24.8.1979.

DDR droht Kindern einer Französin mit Zwangsadoption. Und: Ley, Ernst: Das Verbrechen soll an den Kindern vollendet werden. In: F. A. Z., 28.9.1979.

Heinz Polifka

geboren am 8. Dezember 1953 in Halle (Saale)
Suizid am 5. September 1980 in Jugoslawien
Ort des Vorfalls: Haftanstalt Bjelovar

Heinz Polifka, 1971

Heinz Polifka wurde am 8. Dezember 1953 in Halle (Saale) geboren. Sein Vater arbeitete als Betriebsökonom im „HO Waren des täglichen Bedarfs", seine Mutter war Kassiererin im örtlichen „Centrum Warenhaus". Heinz Polifka hatte zwei Schwestern. Von 1960 bis 1967 besuchte er die allgemeinbildende polytechnische Schule, dann wurde er zur Erweiterten Oberschule delegiert, um die Hochschulreife zu erreichen. Mit einem Abschluss der 10. Klasse verließ er diese jedoch wieder und begründete seinen Schritt mit seinem „großen Interesse an der Praxis".

Da alle Lehrstellen mit Abitur bereits vergeben waren, nahm er eine Ausbildung zum Elektromonteur im VEB Waggonbau Ammendorf auf und besuchte abends die Abiturstufe der Volkshochschule. Lehrbetrieb und VHS bescheinigten ihm „teilweise überdurchschnittliche Leistungen" und einen „positiven Einfluß auf die Kollektivbildung". Kritisch wurde angemerkt, er habe sich nicht zum „Ehrendienst als Soldat auf Zeit oder Offizier in den Reihen der NVA" bereit erklärt. Ausbildung und Abiturlehrgang endeten im Sommer 1972, seine Reifeprüfung legte Heinz Polifka „mit Auszeichnung" ab. Bereits am 26. September 1971 hatte er sich für das Studienjahr 72/73 zum Studium der Technischen Kybernetik an der Technischen Universität Dresden beworben. Am 2. September 1972 wurde er dort für die Grundstudienrichtung Elektroingenieurwesen immatrikuliert. Auch während des Studiums lagen seine Leistungen über dem Durchschnitt der Studiengruppe, lediglich seine Arbeit als Kulturfunktionär bewertete die FDJ-Kreisleitung als verbesserungswürdig. Er erhielt ein Stipendium von 230 Mark und wohnte in einem Studentenwohnheim. Sein Zeugnis als Diplomingenieur erhielt Heinz Polifka am 15. September 1976, er hatte die Fachrichtung Informationstechnik belegt und mit dem Gesamtprädikat „gut" abgeschlossen. Seine erste Arbeitsstelle sollte er am 11. Oktober 1976 im VEB Starkstromanlagenbau Halle antreten.

An der Technischen Universität Dresden lernte Heinz Polifka seine spätere Ehefrau kennen, die hier ebenfalls ein Diplomingenieursstudium absolvierte. 1979 heirateten beide und bekamen einen Sohn. Die Familie wohnte zur Untermiete in einem Zimmer, das zur Wohnung einer Tante Heinz Polifkas gehörte. Er arbeitete zunächst beim Zentralinstitut für Schweißtechnik, dann wurde er Tontechniker in einem Puppentheater und kam spätestens 1979 zum VEB Ultraschalltechnik Halle.

Am 3. Juni 1980 stellten beide Ehepartner einen Reiseantrag für einen Campingurlaub vom 18. bis zum 26. August 1980 in Budapest. Doch kurz vor Reiseantritt bestand Heinz Polifka darauf, allein nach Budapest zu fahren. Am Abend des 19. August packte er sein Reisegepäck und verließ am nächsten Morgen die Wohnung. Er wollte mit dem Zug von Halle nach Berlin fahren und dort ein Flugzeug nach Ungarn nehmen. Seitdem blieb Frau Polifka ohne ein Lebenszeichen ihres Mannes.

In Budapest begegnete ein Arbeitskollege zufällig Heinz Polifka. Er unterhielt sich kurz mit ihm, wobei Polifka erklärte, dass er bei Bekannten untergekommen sei. Vier Tage später inhaftierte ihn die jugoslawische Miliz, weil er die ungarisch-jugoslawische Grenze ohne Pass überschritten hatte, sich also illegal im Land aufhielt. Er sollte eine zehntägige Haft im Gefängnis von

Bjelovar verbüßen. Den damaligen Regelungen entsprechend, hätte sich Polifka anschließend mit der konsularischen Vertretung der Bundesrepublik in Verbindung setzen können, um die nötigen Papiere für eine Weiterreise nach Westdeutschland zu erhalten. Es ist gut möglich, dass ihm dies nicht bekannt war und er vielmehr seine Rückführung in die DDR befürchtete, wo ihm Verhöre und Gefängnis drohten.

Am 29. August erhielt Frau Polifka Besuch von einem Kollegen ihres Mannes, der fragte, weshalb dieser nicht zur Arbeit erscheine. Heinz Polifka habe nur bis zum 26. August Urlaub erhalten. Als ihr Mann am 4. September noch nicht zurückgekehrt war, gab sie beim Volkspolizeikreisamt Halle eine Vermisstenanzeige auf. Sie schilderte dort, wie ihr Ehemann einen gemeinsamen Urlaub abgelehnt und allein nach Ungarn gereist sei. Der Polizist fragte, ob ihr Mann jemals Fluchtabsichten geäußert habe. Dies konnte sie verneinen.

Am 5. September 1980 wurde Heinz Polifka gegen 10 Uhr vormittags stranguliert in seiner Zelle aufgefunden, der 26-Jährige hatte vor seinem Tod einen Abschiedsbrief geschrieben. Am nächsten Tag wurde die Leiche obduziert. In seinem Gutachten stellte der Arzt Dr. Gorkić Savo keinerlei Zeichen äußerer Gewalt fest, die gegen einen Suizid sprächen. Jugoslawische Behörden informierten am 8. September das DDR-Generalkonsulat in Zagreb über den Todesfall. Dieses schickte eine Meldung an das Ministerium für Auswärtige Angelegenheiten in Berlin, das sich daraufhin an den Rat der Stadt Halle wandte. Am Morgen des 11. September ging dort ein Fernschreiben ein, in dem das MfAA über den Suizid Polifkas informierte und bat, die Witwe zu befragen, ob sie eine Einäscherung oder Überführung der Leiche wünsche und zur Kostenübernahme bereit sei. Der Rat der Stadt informierte daraufhin die Kriminalpolizei, die wiederum die Kreisdienststelle des MfS in Kenntnis setzte. Bevor Frau Polifka der Tod ihres Ehemannes mitgeteilt wurde, lud die Polizei sie zur „Klärung eines Sachverhaltes" im Rahmen ihrer Vermisstenanzeige in das Volkspolizeikreisamt vor. Hier wurde sie zu ihren familiären und ehelichen Verhältnissen, zur Persönlichkeit von Heinz Polifka, seiner Ausbildung und Arbeitssituation, seiner sozialen Einbindung und schließlich zu den Tagen vor der Ungarnreise und nochmals zu möglichen Äußerungen über Fluchtabsichten befragt. Erst am nächsten Tag überbrachte eine Standesbeamtin Frau Polifka die Nachricht vom Tod ihres Mannes. Er sei im Krankenhaus von Bjelovar gestorben, über die Todesursache könne sie keine Auskunft geben. Frau Polifka sprach sich gegen eine Einäscherung der Leiche ihres Mannes aus und gab eine Leichenüberführung in Auftrag.

Noch 1975 hatte die FDJ-Leitung der Technischen Universität Heinz Polifka als „aufrichtig, zuverlässig und mit einem ausgeprägten Selbstbewußtsein“ beschrieben. Sein Einsatz zur Betreuung eines ausländischen Kommilitonen sei „vorbildlich“ gewesen. „Er ist ein angesehenes Kollektivmitglied und ist jederzeit bereit, schwächere Kommilitonen zu unterstützen.“ Weil er versucht hatte aus der DDR zu flüchten, ging er nun als „verschlossener und egoistischer Mensch“, der vor allem seine persönlichen Interessen verfolge, in die Akten des Staatssicherheitsdienstes ein.

Am 26. September übersandte das Generalkonsulat in Zagreb dem MfAA zur Weiterleitung an die Generalstaatsanwaltschaft in Berlin den Obduktionsbericht, den Abschiedsbrief Heinz Polifkas und vier Fotos. Ursula Gott, Hauptreferentin in der Abteilung Konsularische Angelegenheiten, bot das Material zunächst dem MfS an, das aber kein Interesse zeigte. Als die Leiche von Heinz Polifka am 2. Oktober 1980 auf dem Gertraudenfriedhof in Halle beigesetzt wurde, erhielt Frau Polifka erstmals Einsicht in die jugoslawische Sterbeurkunde, doch auch hier war keine Todesursache vermerkt. Sie bat deswegen Verwandte in Westdeutschland, bei der Bundesregierung Nachforschungen zu dem Todesfall anzuregen. Ihr Onkel und ihre Tante wandten sich daraufhin am 3. und 8. Oktober 1980 an das Ministerium für innerdeutsche Beziehungen (BMB), da sie es für möglich hielten, „daß Herr Polifka von Ungarn aus einen Fluchtversuch nach Jugoslawien unternommen haben könnte“. Das BMB leitete die Anfrage an das Auswärtige Amt weiter und ersuchte „um Prüfung, ob in Jugoslawien geeignete Informationen beschafft werden können“. Frau Polifka schrieb ihrerseits am 8. Oktober an das DDR-Außenministerium und verlangte die Auskunft, „auf welche Weise mein Mann so früh sterben mußte“. Sie wolle das auch für ihr Kind wissen, zudem sei es ein Anliegen der Kirchengemeinde Heinz Polifkas. Nach Rücksprache mit dem MfS antwortete ihr am 24. Oktober der Leiter der Konsularabteilung Peter Krause, dass das Außenministerium keine Auskünfte zum Tod ihres Mannes geben könne. Sie solle sich an die Bezirksstaatsanwaltschaft Halle wenden. Diese hatte zwischenzeitlich die aus Zagreb übermittelten Unterlagen erhalten und am 20. Oktober an die Staatssicherheit weitergegeben. Am selben Tag hatte das MfS dem Bezirksstaatsanwalt Kopien der Vermisstenanzeige, des Vernehmungsprotokolls und weiterer Ermittlungsunterlagen übersandt. Man war in der Hallenser Staatsanwaltschaft also umfassend informiert, als am 11. November Frau Polifka in Begleitung eines Pfarrers in der Sprechstunde erschien. Frau Polifka legte das Schreiben des Außenministeriums mit dem Verweis auf die Bezirksstaatsanwaltschaft vor und wollte wissen, wie ihr Ehemann zu Tode kam. Staatsanwalt Schmidt erteilte die Auskunft, dass Heinz Polifka durch einen Suizid gestorben sei, er habe sich stranguliert. Anzeichen für eine Einwirkung Dritter habe es nicht gegeben. Die Aktennotiz zu dem Gespräch endet mit der Bemerkung: „Frau Polivka [sic!] wollte alle Einzelheiten wissen, wie und wo er die Handlung begangen hat. Dieses Anliegen wurde abgelehnt.“

(Autor: JK; Recherche: App., CB, ES, jk, jos., SM)

Quellen

Technische Universität Dresden: Studentenakte Heinz Polifka. Universitätsarchiv der TU Dresden, D 1) Studentenakten, Nr. 38013, Heinz Polifka.

MfAA, HA Konsularische Angelegenheiten: Sterbefälle von DDR-Bürgern im Ausland, L–P. PAAA, ZR 2843/82.

MfS: Lagefilm. BStU, MfS ZKG, Nr. 13480, Bl. 103.

MfS: Selbsttötung von Heinz Polifka in Jugoslawien. BStU, MfS, ZKG, Nr. 16114.

Standesamt I zu Berlin: Sterbeurkunde Nr. 395 (Heinz Polifka). LAB, S-Rep 500, Bd. 319.

Staatsanwaltschaft des Bezirkes Halle: Polifka, Heinz, Sonstige Sachakte, Verdacht des unnatürlichen Todes, Az. 213-465-80. LASA, M 535, Nr. 2037.

Gesamtdeutsches Institut – Bundesanstalt für gesamtdeutsche Aufgaben: Verletzte und getötete Grenzsoldaten, Flüchtlinge, Grenzgänger, Flucht über die Ostsee und über das Ausland [hier: Schreiben des Bundesministers für Innerdeutsche Beziehungen vom 16.10.1980 an das Auswärtige Amt in Bonn]. BArch, B 285/830.

Auskunft Stadt Halle (Saale), FB Umwelt, Abteilung Friedhöfe vom 14.2.2022.

Auskunft Stadtarchiv Halle (Saale) vom 16.2.2022.

Auskunft Ministerium für Justiz und Verwaltung der Republik Kroatien, Direktion für das Strafvollzugssystem, Zagreb vom 16.1.2023.

Jan Straßburg

geboren am 23. Dezember 1969 in Halle (Saale)
Suizid am 21. Juli 1989 in der DDR
Ort des Vorfalls: Offiziershochschule „Ernst Thälmann“ Löbau (Landkreis Görlitz)

Er sei ein sportlicher, freundlicher, wissbegieriger junger Mann gewesen, der wegen seiner humorvollen, offenen Art beliebt war, beschrieb eine damalige Freundin Jan Straßburg im Mai 2022. Straßburg wuchs in Halle (Saale) auf, seine Mutter war Zahnarzthelferin, sein Vater Bauingenieur. Das Elternhaus war religiös geprägt, auch Jan Straßburg sang im Gemeinde- und Jugendchor der Neuapostolischen Kirche und engagierte sich in der Seniorenarbeit. Während seiner Ausbildung zum Elektromonteur bei der Deutschen

Jan Straßburg

Reichsbahn sei er oft nachdenklich gewesen – wie viele andere Jugendliche in der Endzeit der DDR stieß er sich mit seinem Wunsch nach persönlicher Freiheit am DDR-Alltag und seinen fremdbestimmten Lebensperspektiven, zuweilen äußerte er Fluchtgedanken. Dennoch bewarb er sich für eine Laufbahn als Berufsoffizier bei der NVA und begann am 1. September 1988 seinen Wehrdienst an einer Hochschulreifeeinrichtung in Zwickau, wo er auf die Abiturprüfungen vorbereitet werden sollte. Am 24. Januar 1989 erklärte er in einer Stellungnahme, er könne aus religiösen Gründen nicht die politische Ausbildung von Soldaten und Unteroffizieren übernehmen, wie es einem Offizier abverlangt werden würde: „Da meine Hobbys auch auf militärischem Gebiet lagen (wie z.B. GST, MMK, Sportschießen, Militärbücher …), bewarb ich mich während meiner Lehrzeit, als Offizier der Nationalen Volksarmee zu dienen. Ich wollte Hobby und Beruf verbinden, übersah aber dabei die ideologische Seite. Eine Verpflichtung, nie wieder einen Gottesdienst zu besuchen, war schnell unterschrieben. Aber die praktische Erfahrung fehlte mir noch. Ich stellte mir recht einfach vor, mich loszusagen, aber in dem durchlebten ersten halben Jahr bei der NVA als Offiziersschüler habe ich gemerkt, daß es für mich ohne Gott kein Leben gibt.“ Am 30. Januar bat Jan Straßburg um seine Entpflichtung als Offiziersschüler. Der Kommandeur der Hochschulreifeeinrichtung Zwickau, Oberst Walther, befürwortete das Gesuch in einer sehr wohlwollenden Beurteilung, in der er die Disziplin und Aufgeschlossenheit des Offiziersschülers lobt. Straßburg trete „gegenüber seinen Genossen stets höflich, korrekt und hilfsbereit auf“ und erfülle seine Aufgaben „stets mit gutem persönlichen Engagement und Einsatzfreude“. Er wurde daraufhin exmatrikuliert und versah vom 5. April 1989 an seinen Grundwehrdienst als Soldat im Bataillon Materielle Sicherstellung an der Offiziershochschule „Ernst Thälmann“ in Löbau.

Schon in seiner Jugend hatte er das Gespräch mit älteren Menschen gesucht, die den Zweiten Weltkrieg miterlebt hatten, und las Kriegsliteratur. Freunde nahmen dies als Interesse für die Geschichte wahr, für das MfS wurde er hingegen einer „verfestigten Position neofaschist. Charakters“ und der

Jan Straßburg bei der NVA

„Verherrlichung des Faschismus" verdächtig. Am 6. April 1989 leitete die für die NVA und die Grenztruppen zuständige Hauptabteilung I des Staatssicherheitsdienstes eine Operative Personenkontrolle gegen Jan Straßburg ein. Die Eröffnung der OPK „Republikaner" begründete das MfS mit Sympathiebekundungen für die gleichnamige bundesdeutsche Partei und Absichten zur Fahnenflucht, die durch Inoffizielle Mitarbeiter in Straßburgs Einheit zugetragen wurden. Das MfS griff zusätzlich auf einen „Sachstandsbericht über faschistische Äußerungen von Schülern der POS ‚Goethe' in Halle" vom Dezember 1985 zurück. Hierin bestätigte der FDJ-Sekretär der Schule eine inoffizielle Mitteilung, dass Straßburg den Hitlergruß verwende, Bilder der NS-Führungsriege sammle und Andersdenkende beschimpfe, während seine Klassenlehrerin erklärte, dass sie nichts in dieser Richtung bemerkt habe und eine profaschistische Einstellung ihres Schülers auch aufgrund seiner kirchlichen Bindung für unwahrscheinlich halte. Ziel der Operativen Personenkontrolle war es nun, „offiziell auswertbare Beweise" für rechtsradikale Äußerungen Straßburgs zu schaffen und einen erzieherischen Einfluss auf ihn zu nehmen. Zudem sollte einer Flucht während oder nach Ableistung seines Wehrdienstes vorgebeugt werden. Hierfür wurden zwei Inoffizielle Mitarbeiter auf ihn angesetzt, GMS „Theo Krüger" war in seinem Dienstbereich tätig, IMS „Andreas" war mit dem Wehrdienstleistenden in einer Unterkunft einquartiert. Dieser bekam u. a. die Aufgabe, eine Fahnenflucht „bei Gefahr in Verzug mit allen Mitteln" zu verhindern, musste jedoch wieder abgezogen werden, nachdem er Suizidabsichten äußerte. Er wurde durch den GMS „Detlef Schöne" ersetzt. In die Überwachung einbezogen wurden auch zwei „offizielle Stützpunkte": Hauptmann Brennecke sollte Straßburg über den Neofaschismus aufklären und eine Exkursion zu KZ-Gedenkstätte Sachsenhausen durchführen, Bataillonskommandeur Major Müller verhindern, dass sich ihm Gelegenheiten zu einer Fahnenflucht boten. Zudem sollte sein Spind heimlich kontrolliert und die Post seiner Eltern überwacht werden.

Am 27. Juni 1989 durchschnitten die Außenminister Ungarns und Österreichs vor laufenden Kameras den Grenzzaun zwischen ihren Ländern.

An diesem Tag entwarf der für die OPK verantwortliche Mitarbeiter Hauptmann Butzke eine „operative Kombination“, die zwei Tage später realisiert wurde. Gemäß der Planung Butzkes wurde Jan Straßburg zu einer fingierten medizinischen Untersuchung in den „Med.-Punkt“, der Sanitätsstation, beordert. Im Wartezimmer, in dem Abhörtechnik installiert war, hielt sich ebenfalls der Offiziersschüler Torsten R. auf, mit dem Straßburg bereits in der Hochschulreifeeinrichtung Zwickau Fluchtpläne geschmiedet haben soll. Auch Torsten R. wurde unter einem Vorwand untersucht. Bevor er sie allein ließ, brachte der GMS „Detlef Schöne“ das Gespräch auf Aussichten, die DDR zu verlassen. Erwartungsgemäß thematisierten dann die beiden Wehrpflichtigen konkrete Möglichkeiten, die ungarische Grenze zu überschreiten. In der Auswertung des Abhörprotokolls kam MfS-Hauptmann Butzke entsprechend zu dem Schluss: „Sold. Straßburg ist als fluchtwillige Person zu bewerten, der günstige Möglichkeiten während des Wehrdienstes zum Verlassen der DDR nutzen würde.“

Am 19. Juli 1989 planten Jan Straßburg und der 20-jährige Unteroffizier Bert R. gemeinsam mit dem Gefreiten der Reserve Detlev O. ihre Flucht über die ČSSR, Ungarn und Österreich. Bert R. wollte einer Haftstrafe im Militärgefängnis Schwedt wegen einer „unerlaubten Entfernung“ entgehen. Der 28-jährige Detlev O., der seinen Reservistendienst als Kraftfahrer an der Offiziershochschule ableistete, erklärte sich bereit, die beiden Männer mit seinem „Polski Fiat“ an die nahe gelegene ČSSR-Grenze zu bringen. Er hatte bereits vor, im August während eines geplanten Ungarnurlaubs in die Bundesrepublik zu flüchten. Zwei Tage später beobachtete Hauptmann Brennecke gegen 10 Uhr, wie Jan Straßburg mit einer Reisetasche und einem Beutel aus dem Zimmer des Unteroffiziers Bert R. kommend das Kasernengelände verlassen wollte. Als er den Soldaten aufhielt und die mitgeführte Tasche kontrollierte, entdeckte er darin unter anderem Zivilkleidung und persönliche Sachen von Bert R. sowie Kartenmaterial. Auf Befragen gestand Straßburg den gemeinsamen Fluchtplan. Seine eigenen Sachen hatte er bereits in das vor dem Kasernengelände parkende Auto von Detlev O. verstaut.

Der Bataillonskommandeur Major Müller verhängte gegen Jan Straßburg und Bert R. zunächst eine zehntägige Arretierung, Detlev O. kam für sieben Tage in Arrest. Anschließend sollten sie der Untersuchungsabteilung des MfS überstellt werden. Doch es kam anders. Als ein Wachhabender gegen 15 Uhr die Tür der Arrestzelle von Jan Straßburg öffnete, lebte der 19-Jährige nicht mehr. Er hatte sich mit einem abgerissenen Streifen einer Wolldecke erhängt. Zuvor hatte er auf Verlangen seiner Vorgesetzten eine „Stellungnahme zum Sachverhalt“ verfasst. Seinen Fluchtversuch erklärt er darin mit

„jugendlichem Leichtsinn“ und „Unerfahrenheit“. Die Stellungnahme enthält Formulierungen, die als freimütiges Bekenntnis zu einer rechtsradikalen Gesinnung verstanden werden können. Es bleibt unbekannt, unter welchen Umständen Jan Straßburg diese Aussagen niederschrieb und ob er möglicherweise dazu gedrängt wurde, seine Stellungnahme so zu formulieren, dass sie mit dem Persönlichkeitsprofil aus der OPK „Republikaner“ des MfS übereinstimmte. Er betonte ausdrücklich, „daß ich keinerlei Hetze gegen Ausländer öffentlich äußerte oder nationalistische Parolen in der Öffentlichkeit aussprach“. Auf Wunsch der Eltern wurde die Leiche von Jan Straßburg in Halle beerdigt.

Suizidabsichten oder –ankündigungen scheinen unter den Soldaten und Offiziersschülern verbreitet gewesen zu sein. Der IMS „Andreas“ kam aufgrund von Äußerungen wie jener, dass er „manchmal am liebsten tot wäre“, in stationäre Behandlung. Als Jan Straßburg im abgehörten Gespräch zu Torsten R. sagte, er wolle weg von hier, antwortete dieser: „Am besten du machst auch einen Selbstmordversuch“. Bert R. trug bei seinem Fluchtversuch ein Messer bei sich, mit dem er sich das Leben nehmen wollte, falls das Vorhaben misslänge.

Detlef O. und Bert R. wurden, nachdem sie ihre Arreststrafe abgesessen hatten, in die MfS-Untersuchungshaftanstalt II nach Berlin-Lichtenberg überführt. Auf Vorschlag des Staatsanwaltes Major Möwald sollten sie wegen der Vorbereitung bzw. der Beihilfe zur Fahnenflucht Bewährungsstrafen erhalten. Am 21. September 1989 wurden beide aus der Untersuchungshaft entlassen. Am 31. Oktober 1989 erfolgte die Einstellung der Ermittlungsverfahren.

(Autor: jk.; Recherche: jk, jos., TP)

Quellen

MfS, BV Halle, Abt. XIX/2 [Unterlagen zum Versuch Jan Straßburg im Juni 1987 als IM anzuwerben]. BArch, MfS, BV Halle, AIM 363/89.

MfS, OPK „Republikaner“. BArch, MfS, AOPK 11201/89.

MfS, HA I: Operative Meldung Nr. 4., 21.7.89, und Ergänzungsmeldung Nr. 2, 28.7.1989. BArch, MfS, HA I, Nr. 4435.

MfS, HA I: Operative Meldung Nr. 4 der HA I/ UA OHS Löbau, 21.7.1989. BArch, MfS, HA I, Nr. 14.856, Teil 1 von 2.

MfS, HA I: Karteikarte Jan Straßburg. BStU, HA I/AKG-DOK.

MfS, HA XX/AKG: Tagesmeldung Nr. 176/89. BStU, MfS, HA XX/AKG, Nr. 4472.

HA I/Kdo. Landstreitkräfte Unterabteilung OHS – Löbau: Abschlußbericht. Löbau, 28.8.1989. BArch, MfS, HA I, Nr. 20176, Bl. 174–188.

Der Militärstaatsanwalt/Offiziershochschule der Landstreitkräfte „Ernst Thälmann“: Untersuchungsakte AP-32/89 (Lö) Soldat Straßburg, Jan. BArch, DVW 13/81244.
Ermittlungsverfahren gegen Bert R. und Detlef O. BArch, MfS, AU, Nr. 17677/89.
UHA II MfS Bln.: Haftakte 10052, Detlef O. BArch, MfS, Abt. XIV, Nr. 12140.
UHA II MfS Bln.: Haftakte 10053, Bert R. BArch, MfS, Abt. XIV, Nr. 12141.
Erinnerungen von Katrin B. an Jan Straßburg, E-Mail vom 14.5.2022.

4 Todesfälle von Westdeutschen am Eisernen Vorhang

Max Müller

geboren am 10. Dezember 1902 in Sigmundsgrün (heute OT von Rehau)
erschossen am 5. Juli 1948 in der Tschechoslowakei
Ort des Vorfalls bei Trojmezí (OT von Hranice u Aše) an der Grenze zur amerikanischen Besatzungszone

Max Müller lebte im Dreiländereck Bayern-Sachsen-Böhmen. Der Vater Michael Müller war Landwirt im böhmischen Friederseuth und die Mutter Anna Elisabeth, geb. Friedel, stammte aus dem benachbarten bayerischen Sigmundsgrün. Die Eltern heirateten am 30. November 1902 zwar in Friedersreuth, doch wurde Max Müller am 10. Dezember 1902 in Sigmundsgrün geboren, das heute ein Ortsteil von Rehau ist. Max Müller wuchs überwiegend in Friedersreuth auf und wurde dort Mühlenbesitzer. Nach der Zwangsaussiedlung aus der Tschechoslowakei 1946 wechselte er wieder auf die bayerische Seite und lebte in der Timpermühle, unmittelbar an der tschechoslowakischen Grenze, etwa einen Kilometer von Sigmundsgrün und drei Kilometer von Friedersreuth entfernt, das nun Pastviny hieß.

Am 5. Juli 1948 ging Max Müller mit einer weiteren Person über die Staatsgrenze auf die tschechoslowakische Seite, um dort Holz zu fällen. Als die Männer eine Kiefer gefällt hatten und nun die Äste abhackten, wurden sie um 17.05 Uhr fünf bis sechs Meter von der Grenze entfernt bei der heute nicht mehr existierenden Einöde Wolfspohl durch eine tschechoslowakische Grenzwache entdeckt, die noch etwa 50 m entfernt war. Die Wachtmeister des Korps für Nationale Sicherheit (SNB) Miloslav Baloun und Karel Sobota vom Grenzposten Rossbach versuchten, den sogenannten Holzdieben den Weg nach Bayern abzusperren. Dafür näherte sich Baloun den Männern entlang der Staatsgrenze. Sobota folgte ihm mit kurzem Abstand. Als sie sich bis auf 15 m genähert hatten, bemerkte der zweite Holzfäller Baloun. Er warnte Müller vor den Grenzern und machte sich sofort auf die Flucht über den nur wenige Meter entfernten Zinnbach (Lužní potok), der die Grenze zu Bayern bildete. Max Müller ging Baloun und Sobota aber mit der Axt in seiner Hand entgegen und soll dabei aufgeregt etwas auf Deutsch gesprochen haben, was diese nicht verstanden. Die SNB-Wachtmeister forderten ihn in Tschechisch und Deutsch auf stehenzubleiben und die Hände zu heben. Dann soll Müller seine Axt hochgehoben haben, um – wie später Baloun aussagte – diese aus einer Entfernung von ca. drei Metern auf den Wachtmeister zu werfen. Baloun gab sofort zwei Schüsse aus seiner Maschinenpistole auf Müller ab. Er konnte dann jedoch keine weiteren Schüsse abgeben, da ihm in diesem Moment das Magazin aus der Waffe gefallen war. Daraufhin warf Müller die Axt weg und flüchtete in Richtung Grenze. Von Baloun verfolgt, gelang es dem verletzten Müller über den Grenzbach zu kommen, wo er sich am bayerischen Ufer auf den Boden legte. Nach einer Weile versuchte er aufzustehen, stürzte dabei jedoch in den Grenzbach. Mit dem herbeigeeilten Sobota zog Baloun Müller aus dem Bach auf die tschechoslowakische Seite, wo sie Schussverletzungen am rechten Ellbogen und am Bauch des Geborgenen feststellten.

Inzwischen waren bis zu 15 Personen an die bayerische Seite des Baches gekommen, eine Frau reichte ein Handtuch hinüber, damit die Wachtmeister die Bauchwunde verbinden konnten. Mit dem herbeigerufenen Karel Hartman, der ca. 300 m vom Tatort angeln war, trugen die beiden Grenzsoldaten den Schwerverletzten von der Grenze weg und ließen ihn mit einem Fuhrwerk nach Trojmezí (Gottmannsgrün) bringen. Von dort wurde der Grenzposten Rossbach informiert, ein Krankenwagen brachte den Verwundeten in das Krankenhaus nach Aš (Asch), wo er um 19.35 Uhr mit hohem Blutverlust eingeliefert wurde. Von 20.30 bis 21.00 Uhr versuchten die operierenden Ärzte sein Leben zu retten, um 22.45 Uhr erlag der 45-Jährige seinen Verletzungen. Bei der Obduktion wurden ein Bauchdurchschuss und ein Schusstreffer am rechten Ellbogen festgestellt.

Obwohl der Untersuchungsführer die Schusswaffenanwendung als voreilig kritisierte, hob die SNB-Leitung sein Gutachten auf und rechtfertigte den Waffengebrauch mit der angeblichen Gefährlichkeit Müllers. Damit wurden die Ermittlungen gegen Baloun am 18. September 1948 ad acta gelegt. Miloslav Baloun avancierte zum Unteroffizier des Grenzschutzes. Weil er während des Prager Frühlings 1968 eine Resolution zur Unterstützung der regimekritischen Petition „2.000 slov“ („2.000 Wörter“) unterzeichnet hatte, wurde er 1973 aus dem Dienst entlassen.

(Autor: MZ; Recherche: jk, MZ)

Quellen

Geburtsurkunde Nr. 14, Faßmannsreuth, 13.12.1902. Stadt Rehau, Stadtarchiv.

ABS Kanice, personální spisy ev. č. 5645/22 a ev. č. 3832/22 Baloun Miloslav.

ABS Kanice, f. PS, použití zbraně – 1948, kt. 114, Bl. 190–220.

ABS Kanice, f. PS, kt. 123.

Ludwig Brandl

geboren am 10. September 1914 in Ottenzell (Gemeinde Arrach)

erschossen am 12. August 1948 in der Tschechoslowakei

Ort des Vorfalls: Hamry u Nýrska (dt. Hammern, Okres Klatovy) an der Grenze zur amerikanischen Besatzungszone

Ludwig Brandl

Der im bayerischen Ottenzell geborene Ludwig Brandl war Arbeiter. Er lebte mit seiner Frau Therese Rodewald auch nach dem Krieg in diesem Ort, der damals zum Kreis Kötzting gehörte. Die durch das Deutsche Reich 1938 erzwungene Angliederung des Sudetenlandes beseitigte auch die frühere Grenze zur Tschechoslowakei im Böhmerwald. Nach Kriegsende wurde diese Grenze wiederhergestellt und die ehemaligen Grenzübergänge seitens der ČSR geschlossen. Die Einheimischen der Region passierten jedoch weiterhin die Grenze, um sich Lebensmittel und Dinge des täglichen Bedarfs zu besorgen. Auch Schmuggel und Bandenkriminalität gehörten zum damaligen Alltag in der Grenzregion. Die tschechischen Sicherheitsbehörden registrierten im Sommer 1948 zahlreiche illegale Grenzüberquerungen von Deutschen, die in der Gegend von Hamry Blaubeeren pflückten. Es kam dort allerdings auch zu Rinder- und Pferdediebstählen. So wurden in der Umgebung von Nýrsko sechs Zugpferde und 19 Rinder gestohlen und über die Grenze nach Deutschland geschafft.

Am 12. August 1948 befand sich der 17-jährige rumänische Einwanderer Štepan Lingulár, der als Kutscher der ŠHPD (Vereinigung der tschechischen Landwirte) in Hamry u Nýrska beschäftigt war, auf dem Weg in das ehemalige deutsche Dorf Hinterhäuser, das nun Zadní Chalupy hieß, um Stroh zu holen. Das Dorf lag im Grenzgebiet und war auf behördliche Anweisung von seinen Einwohnern verlassen worden. Lingulár sollte bei der Gelegenheit die Umzugskisten der deutschen Übersiedlerin Klara Treml aus der nahe gelegenen Muckenmühle mitnehmen. Klara Treml und ihre Mutter Maria waren bereits im Juni 1948 ins Landesinnere abgeschoben worden, sie durften jedoch zur Abholung ihrer Habseligkeiten ins Grenzgebiet zurückkehren.

Beim Aufladen des Umzugsgutes kam gegen 12.45 Uhr ein Deutscher hinzu, den Klara Treml um Hilfe bat. Den tschechischen Ermittlungsunterlagen ist zu entnehmen, dass dieser Mann eine Kiste absichtlich auf das Bein des jungen Kutschers fallen ließ, ihn sodann tätlich angriff und niederschlug. Danach habe er das Pferd aus dem Geschirr abgehalftert und sei in Richtung der Grenze davongeritten. Sodann seien nach Angaben des Kutschers Lingulár sechs deutsche Männer aus einem nahe gelegenen Wald herbeigeeilt, die Körbe mit Blaubeeren bei sich hatten und zum Teil mit Maschinenpistolen bewaffnet waren. Auch diese Männer hätten auf ihn eingeschlagen, bevor sie sich in den Wald zurückzogen.

Lingulár meldete den Überfall der Kommandantur des Nationalen Sicherheitskorps (SNB) in Nýrsko, woraufhin durch den dortigen Befehlshaber Oberleutnant Karel Kadlec SNB-Einheiten in die Gegend des Tatorts beordert wurden. Auch Kadlec selbst begab sich in das Grenzgebiet. Dort nahmen SNB-Streifen im Wald bei dem Einzelgehöft „Buchar", etwa 2 km von der tschechoslowakischen Grenze entfernt, nacheinander insgesamt 13 Deutsche fest, die Blaubeeren sammelten. Darunter befanden sich auch die beiden Brüder Brandl und ihre Schwester. Unmittelbar nach deren Festnahme soll Ludwig Brandl plötzlich die Flucht in Richtung des dichten Waldes vor der Staatsgrenze ergriffen haben. Die Soldaten Jan Konarosvký und Jaroslav Cerha verfolgten ihn und riefen „Stůj!" (dt. „Bleib stehen!") und auf Deutsch „Halt!". Auch sein Bruder Josef habe ihm zugerufen „Luk, bleib doch hier!" (so in Deutsch im SNB-Protokoll). Als der Flüchtende auf die Zurufe nicht reagierte, befahl der Kommandoführer Oberleutnant Karel Kadlec den Soldaten Konarovský und Cerha die Anwendung der Schusswaffen. Konarovskýs Schuss traf um 14.05 Uhr den Davonlaufenden. Ludwig Brandl starb auf der Stelle infolge eines Herzdurchschusses.

Die festgenommenen Deutschen wurden zur Untersuchungshaft nach Klatovy (dt. Klattau) gebracht. Die bayerische Polizei ermittelte noch am selben Tag den Pferdedieb. Es handelte sich um den 1924 in Dešenice (Kreis Klatovy) geborenen Alois Geiger, der nach der Vertreibung im bayerischen Landkreis Kötzting wohnte. Durch Absprachen zwischen der bayerischen Polizei und dem SNB-Kommando in Klatovy kam es zur Rückgabe des gestohlenen Pferdes und im Gegenzug zur Freilassung der 12 deutschen Untersuchungshäftlinge. Ludwig Brandls Leichnam wurde nach der Autopsie am 13. August 1948 auf dem Pfarrfriedhof von Hamry zur letzten Ruhe gebettet. Es ist nicht überliefert, ob seine Familienangehörigen aus dem nur 16 km entfernten oberpfälzischen Ottenzell an der Beisetzung teilnehmen durften.

Die Militärstaatsanwaltschaft kam nach der Untersuchung des tödlichen Zwischenfalls zu dem Ergebnis, dass die Waffenanwendung durch die Sol-

Gedenksäulen für die auf dem aufgelösten Friedhof Hamry bestatteten Personen, 2022

daten Jan Konarosvký und Jaroslav Cerha den Dienstvorschriften entsprach. Die tschechische Polizeibehörde für die Dokumentation und Untersuchung der Verbrechen des Kommunismus (ÚDV) befasste sich im Jahr 2003 noch einmal mit dem Todesfall Ludwig Brandls. Da jedoch sowohl der damalige Kommandoführer Oberleutnant Karel Kadlec wie auch der Todesschütze Jan Konarovský bereits verstorben waren, kam es zu keiner Strafverfolgung.

(Autor: jos., Recherche: MZ, jk, AH, LB)

Quellen

Sbor národní bezpečnosti, okresní velitelství Klatovy: Zpravodajství správní, 18.8.1948. ABS Kanice, Různé bezpečnostní spisy po r. 1945 (304), sign. 175-2.

ABS Kanice, f. PS, použití zbraně – 1948, kt. 114, Bl. 1–28.

ABS Praha, Personální spisy, ev. č. 4452/24, Konarovský, Jan.

Präsidium der Bayerischen Landpolizei: Zwischenfälle und Spannungen an der Demarkationslinie zur Sowjetischen Besatzungszone und zur CSSR, 1948–1949. BayHStA, Präsidium der Landpolizei (MInn-Pol 2), Nr. 1.

Jirík, Václav: Šumavská odysea. Prag 2014, S. 99–103.

Palivodová, Eva: Ludwig Brandl (* 10.9.1914, † 12.8.1948) (Übersetzung Ruben Höppner), https://www.ustrcr.cz/uvod/dokumentace-usmrcenych-statni-hranice/usmrceni-statni-hranice-portrety/brandl-ludwig/ (18.4.2023).

Josef Vogl

geboren am 14. Oktober 1930 in Hofberg (Gemeinde Neukirchen beim Heiligen Blut)
erschossen am 14. November 1948 in der Tschechoslowakei
Ort des Vorfalls: bei Střední Fleky (Gemeinde Chudenín) an der Grenze zur amerikanischen Besatzungszone

Josef Vogl wurde am 14. Oktober 1930 im bayerischen Hofberg direkt an der tschechoslowakischen Grenze geboren. Am 14. November 1948 überschritt der Dienstknecht gemeinsam mit dem 20-jährigen landwirtschaftlichen Arbeiter Josef St. aus Großaign nachts die tschechoslowakische Grenze. Sie begaben sich in das von Hofberg zwei Kilometer entfernte Dorf Střední Fleky (dt. Mittelflecken), wo Vogl in den Stall einer Weidegenossenschaft einbrach. Zwei Wachmeister, Emilián Maršálek und Vojtěch Pytlíček, hatten den Auftrag, zwei Landwirtschaftsbetriebe in Grenznähe zu bewachen. Die verstärkte Bewachung der Stallungen erfolgte, nachdem es zuvor mehrfach zu Viehdiebstählen von bayerischer Seite aus gekommen war. Gegen 23.45 Uhr hörte Wachtmeister Maršálek an dem Gebäude Nr. 32 Geräusche von berstendem Holz und Glas. Er ging unter Absicherung durch Pytlíček an die Ecke des Gebäudes und erkannte die Sillhouette eines Mannes am Stalleingang. Maršálek näherte sich der Person bis auf fünf Meter an und forderte sie auf, die Hände zu heben. Doch Josef Vogl duckte sich und richtete seine Pistole auf den Wachtmeister. Darauf reagierte Maršálek sofort und feuerte einen Schuss aus seinem Karabiner ab. Vogl stürzte am Kopf getroffen nieder und blieb auf dem Rücken liegen.

Da Maršálek zu Recht die Anwesenheit von weiteren Personen annahm, ging er hinter einem Baum in Deckung und suchte die Umgebung mit seiner Taschenlampe ab. Als er nach einer Weile verdächtige Geräusche hörte, rief er „Hände hoch" und forderte Pytlíček auf, mit seiner Maschinenpistole eine Salve in Richtung der Geräusche abzugeben. Doch Pytlíčeks Waffe versagte und es gelang ihm nicht, sie schussbereit zu machen. Maršálek und Pytlíček blieben deshalb vorsichtshalber in Beobachtungsposition und warteten auf die Wachablösung, die um 24 Uhr erfolgen sollte. Vogls Komplizen Josef St. gelang es währenddessen zu entkommen. Erst nach dem Eintreffen der Wachtmeister Vlastimil Loukota und Ladislav Čížek ging Maršálek zu dem am Boden liegenden Mann. Doch dieser lebte nicht mehr. Etwa einen Meter von dem Toten entfernt lag ein mit sechs Patronen geladener Revolver. Maršálek und Pytlíček erstatteten daraufhin ihrem Grenzposten Meldung und forderten Unterstützung an.

Bei der Untersuchung des Tatorts durch den Leiter des Grenzpostens Svatá Kateřina (dt. St. Katharina) wurde festgestellt, dass Vogl durch ein Fenster in den Stall eingebrochen war. Danach hatte er versucht, mit einem Holzbalken einen eisernen Riegel zu öffnen, der die Eingangstür von innen sicherte. Da ihm dies nicht gelang, versuchte er die Tür auszuhebeln. Möglicherweise wartete er auf die Hilfe von Mittätern. Die Vermutung, dass Vogl nicht allein war, bestärkten auch Spuren an einer zweiten Stallung. Dort war ebenfalls eine Tür ausgehebelt worden, aber keines der dort untergebrachten 55 Rinder fehlte. Obwohl es dafür keine weiteren Beweise gab, ging die Ermittlung davon aus, dass zwei Einbrechergruppen am Werk waren, die gleichzeitig in beide Gebäude eindrungen waren. Der getötete Vogl trug ein Portmonnaie mit 25 RM, einen vom Gemeindeamt Kötzting ausgestellten Arbeitsschuhgutschein, eine Drescherlaubnis und eine englischsprachige Kennkarte aus Hofberg bei sich.

Der Waffengebrauch wurde als gerechtfertigt und das Verhalten der Soldaten als dienstlich korrekt beurteilt. Die Obduktion fand ohne Leichenöffnung statt und kam zu dem Ergebnis, dass der Tod sofort nach dem Einschuss eingetreten war. Es handelte sich um einen Kopfdurchschuss, der vom Mund bis zum 7. Halswirbel ging. Die Leiche von Josef Vogl wurde am 16. November 1948 auf dem Friedhof in Červené Dřevo (dt. Rothenbaum) heimlich beerdigt. Der Friedhof samt der Kirche wurde in den 1950er Jahren eingeebnet. Emilián Maršálek avancierte im SNB zum Kapitän und blieb bis zu seiner Pensionierung im Jahr 1976 im Dienst.

Josef St. wurde im November 1951 von dem Amtsgericht in Neukirchen wegen versuchten schweren Einbruchdiebstahls und fortgesetzter Grenzüberschreitung zu einer Gefängnisstrafe von 2 Monaten verurteilt.

(Autor: MZ; Recherche: jk, MZ)

Quellen

Geburtenbuch, Eintrag Nr. 6, Vorderbuchberg, 16.10.1930. Und: Pfarrmatrikel Neukirchen beim Heiligen Blut, Bd. 21, S. 216. Markt Neukirchen b. Hl. Blut, Standesamt/Einwohnermeldeamt.

ABS Praha, f. 304, Sign. 304-175-2, Bl. 199 f.

ABS Kanice, f. PS, použití zbraně – 1948, kt. 114, Bl. 386–414.

ABS Kanice, PS, Kt. 123.

Jiřík, Václav: Šumavská odysea. Prag 2014, S. 103–105.

Franz Fuchs

geboren am 9. Juli 1913 in Karlsbad (Karlovy Vary)
erschossen am 3. Dezember 1948 in der Tschechoslowakei
Ort des Vorfalls: Skalka (OT von Cheb) an der Grenze zur amerikanischen Besatzungszone

Franz Alfred Fuchs wurde am 9. Juli 1913 in Karlsbad (heute Karlovy Vary) geboren. Sein Vater Alfred Fuchs stammte aus Neudeck (Nejdek), seine Mutter Anna, geborene Schiller, war aus Gießhübl (Stružná), beide Orte liegen im Karlsbader Umland. Im Taufeintrag seines Sohnes wurde Alfred Fuchs als Handelsvertreter geführt, 1940 arbeitete er jedoch als Fensterputzer. In diesem Jahr heiratete sein Sohn Franz am 23. Mai 1940 in Karlsbad die Serviererin Valeria Diessl aus Deutsch-Horschowitz (Hořovičky). Franz Fuchs war zu dieser Zeit als Kellner beschäftigt. Aus der Ehe gingen die Töchter Edda Valerie (Jg. 1940) und Marianne (Jg. 1941) hervor, die in Podersam (Podbořany) geboren wurden. 1946 wurde die Familie nach Marktredwitz ausgesiedelt. Franz Fuchs arbeitete dort als Mechaniker.

Am 3. Dezember 1948 gegen 18 Uhr kehrte der Wachtmeister des Korps für Nationale Sicherheit (SNB) Josef Javůrek, der in der Zeit nicht im Dienst war, in seine Kaserne bei Cheb zurück. An der Fabrik Premier am Stadtrand von Cheb bemerkte er vor sich die Silhouette eines Mannes, dessen Rucksack und Aktentasche prall gefüllt waren. Weil Javůrek den Mann verdächtig fand, forderte er ihn auf, anzuhalten. Als dieser nicht reagierte, holte Javůrek ihn ein und fragte, wohin er denn wolle. Der Mann murmelte etwas Unverständliches in einem deutsch-tschechischen Sprachmix und schwieg auf weitere Fragen.

Es handelte sich um Franz Fuchs, der offensichtlich Waren schmuggeln und seiner Festnahme möglichst entgehen wollte. In seinem Gepäck fand man später u. a. 920 Zigaretten, zwei Packungen Zigarettenhülsen, Malzkaffee, Kleidungsstücke und Tischtücher. Wachtmeister Josef Javůrek stand seinerseits selbst unter Druck. Gegen ihn lief eine Untersuchung wegen des Verdachts, dass er als 17-Jähriger Kreisführer der NS-Jugendorganisation „Kuratorium pro výchovu mládeže v Čechách a na Moravě“ (Kuratorium für Jugenderziehung in Böhmen und Mähren) gewesen sei.

Da sich Franz Fuchs nicht ausweisen konnte, entschied Javůrek ihn zum SNB-Posten zu bringen. Nach zehn Schritten blieb Fuchs aber stehen und bat um seine Freilassung, für die er Zigaretten anbot. Javůrek reagierte auf dieses Angebot nicht und forderte ihn zum Weitergehen auf. Als sie etwa einen Kilometer zurückgelegt hatten, immer wieder unterbrochen von den Bitten Fuchs, ihn doch laufen zu lassen, warf dieser seine Aktentasche an

Javůreks Kopf und seinen Rucksack auf den Boden, sprang über einen Graben und rannte in Richtung Podhoří u Chebu. Wachtmeiser Javůrek verfolgte ihn und forderte ihn mehrmals zum Stehenbleiben auf. Da Javůrek befürchtete, Fuchs in der Dunkelheit und dem abendlichen Nebel aus den Augen zu verlieren, griff er zu seiner Dienstwaffe und gab sechs Schüsse ab, ohne den Flüchtenden zu treffen. Dieser gab daraufhin seine Flucht auf und ließ sich ca. 11 m von der Straße entfernt festnehmen.

Fuchs musste nun mit erhobenen Händen, den Rucksack auf dem Rücken, vor Javůrek hergehen, der die Aktentasche trug. Abermals bot ihm Fuchs für seine Freilassung Zigaretten an, dann, nach etwa 70 m, versuchte Fuchs erneut davonzulaufen, wobei er über einen Graben sprang und den ihm nacheilenden Wachtmeister mit seinem Rucksack bewarf. In diesem Moment feuerte Javůrek den letzten Schuss aus seiner Pistole und traf Fuchs, der sich in dem Moment umwandte, aus einer Entfernung von ca. zwei Metern von links im Bereich des Kreuzbeins. Fuchs stürzte zu Boden und blieb stöhnend vor Schmerz liegen, seine Wunde blutete. Javůrek ließ den Verletzten liegen, um Hilfe vom SNB-Posten zu holen. Unterwegs stoppte er den Wachtmeister Antonín Lácha, der mit seinem Motorrad unterwegs war. Lácha fuhr zur Kaserne und meldete dort den Vorfall. Der Verletzte wurde dann mit dem Krankenwagen um 19.40 Uhr in das etwa 1 km entfernte Krankenhaus in Cheb gebracht. Dort wurde festgestellt, dass es sich um einen Durchschuss handelte. Noch bevor es eine Operation vorgenommen werden konnte, starb Fuchs um 19.55 Uhr an innerer Verblutung.

Javůreks Waffengebrauch beurteilten die Untersuchungsführer in beiden Fällen im Sinne des § 19 des Gesetzes 149/1947 über die nationale Sicherheit als rechtmäßig. Aufgrund des Gutachtens der Kommandoeinheit 9600 des Korps für nationale Sicherheit wurde von der Militärprokuratur in Karlovy Vary ein Strafverfahren gegen Javůrek nicht eingeleitet. Wegen seiner fragwürdigen Betätigung während der NS-Zeit wurde Javůrek 1950 aus dem Dienst entlassen.

(Autor und Recherche: MZ)

Quellen

Katholisches Pfarramt Karlsbad: Geburtsmatrik 1910–1915, Eintrag 131/1913, https://www.portafontium.eu/iipimage/30072092/karlovy-vary-105_2270-n?x=319&y=68&w=598&h=238 (6.9.2022).

Standesamt Karlsbad: Familienbuch für 1940, Bd. 5, Trauungseintrag Nr. 422, https://www.portafontium.eu/iipimage/30072077/karlovy-vary-standesamt-14_0460-o?x=344&y=51&w=844&h=336 (6.9.2022).

ABS Kanice, f. Personální spisy příslušníků Zpravodajské správy Generálního štábu a Vojenské kontrarozvědky - personální spisy ev. č. 3306/23 Javůrek Josef, V.
ABS Kanice, f. PS, Použití zbraně - 1948, kt. 114, 1948, Bl. 244–261.

Franz Stauber

Franz Stauber

geboren am 22. September 1919 in Daberg (OT von Furth im Wald)
erschossen am 22. Oktober 1949 in der Tschechoslowakei
Ort des Vorfalls: Slatiny (Traxelmoos) bei Maxov (Maxberg) an der Grenze zur Bundesrepublik Deutschland

Franz Stauber wurde am 22. September 1919 in Daberg geboren. Seine Eltern waren Franz und Theresia Stauber, die eine karge Landwirtschaft auf dem Hof Daberg Nr. 373 nahe der tschechoslowakischen Grenze betrieben. Das Ehepaar, das neben Franz noch zwei weitere Kinder hatte, bewirtschaftete einen Grund von 10 Tagewerk (etwa 3,4 Hektar) mit drei Kühen, zwei Schweinen und Hühnern, wobei sich der Vater nebenbei als Tagelöhner verdingte. Der Sohn Franz arbeitete vom Dezember 1948 an in einer Glasfabrik in Furth im Wald und half zudem auf dem landwirtschaftlichen Anwesen seinen Eltern. Am 15. Oktober 1948 heiratete er Klara Robl, die aus Vollmau in Böhmen (heute Horní Folmava) stammte und nach der Vertreibung 1945 mit ihren Eltern in Furth im Wald lebte. Franz und Klara Stauber wohnten gemeinsam auf dem Hof in Daberg. Am 7. März 1949 wurde ihnen die Tochter Theresia geboren.

Im August 1949 war Franz Stauber sen. dem Landwirt Franz Brunner auf einem grenznahen Grundstück bei Gaishof beim Holzfällen behilflich. Dafür wurde ihm das Astholz zugesprochen. Doch einen Monat später starb er an einer Vergiftung, die er sich am Tag zuvor zugezogen hatte, als er bei der Getreidebeize giftige Dämpfe einatmete. Nun sollte sein Sohn, Franz Stauber jun., das Astholz abholen.

Der 22. Oktober 1949 war ein Samstag, an dem Franz Stauber nur halbtags in der Glasfabrik arbeiten musste. Nach dem Mittagessen, das er zuhause einnahm, begab er sich mit seiner Ehefrau gegen 14 Uhr vom Anwesen in Daberg aus auf den Weg zum Wald Brunners. Das Astholz sollte auf ein

Hochzeitsfoto von Klara Robl und Franz Stauber, 1948

Kuhfuhrwerk verladen werden. „Zunächst fuhren wir in Richtung Grenze", gab Klara Stauber am 24. Oktober 1949 gegenüber der Polizei zu Protokoll. „Von dort fuhren wir dann an der Stelle, wo eine Tafel mit der Aufschrift ‚Halt Grenze!' steht, in Richtung Gaishof. Als wir etwa 300 m gefahren waren, wir befanden uns bei dieser Gelegenheit mitten im Walde, ging mein Mann links auf den Grenzweg zu und ich fuhr mit dem Fuhrwerk meinen Weg weiter in Richtung zum Anwesen Breddl." Josef Breddl bewohnte damals das Grundstück seines Schwiegersohns Franz Brunner. Der Grenzweg folgte nicht genau der Grenzlinie, sondern wand sich bis zu einem Meter mal auf deutschem, dann wieder auf tschechoslowakischem Gebiet. Tschechen und Deutsche bewegten sich bis dahin unbeanstandet von den Grenzwachen auf diesem Weg. Franz Stauber wollte ihn als Abkürzung nutzen.

Etwa 15 bis 20 m vom Grenzweg entfernt fällten der Waldbesitzer Franz Stöberl und zwei Zimmerer an diesem Tag Bäume. Stöberl beobachtete, wie gegen 14.30 Uhr zwei tschechoslowakische Grenzsoldaten mit vorgehaltenen Waffen den Grenzweg abschritten, während ihnen aus entgegengesetzter Richtung ein Zivilist – das war Franz Stauber – entgegenkam. Stöberl erklärte gegenüber der Polizei, dass einer der Grenzsoldaten „Stoj!" rief und den Mann vom Grenzweg auf tschechisches Gebiet zerrte. Die Soldaten hätten den Festgenommenen dann mit Rufen wie „Hände hoch! Und marsch, marsch!" vor sich her in ein Birkenwäldchen getrieben. Er habe Zeugen auf der bayerischen Seite noch zurufen können, dass sie seiner Frau sagen sollten, „mich haben die Tschechen fort". Am Rande des Birkenwäldchens, die Soldaten seien noch zu erkennen gewesen, hörte Stöberl zunächst Einzelschüsse, dann eine Maschinengewehrsalve und nach einigen Sekunden wieder Einzelschüsse.

Nach den Aussagen der beiden Angehörigen der tschechoslowakischen Grenzwache, des Gefreiten Stanislav Vosáhlo und des SNB-Anwärters Jindřich Slavik, sei Franz Stauber in tschechoslowakisches Gebiet eingedrungen. Sie hätten ihn kurz nach 14 Uhr etwa zwei Meter von der Grenze entfernt unter dem Verdacht festgenommen, Holz stehlen zu wollen. Nachdem sie ihn vergeblich nach Waffen durchsucht hatten, stellten sie seine Identität fest und führten ihn in Richtung des nächsten Grenzpostens in Maxov ab. Auf der Wegkreuzung zwischen Slatiny (Traxelmoos) und Maxov habe er sich jedoch losgerissen und sei in Richtung Bayern gerannt. Die Grenzsoldaten forderten ihn auf, stehen zu bleiben und eröffneten, nachdem er etwa 20 bis 30 m Abstand gewonnen hatte, mit ihren Maschinengewehren das Feuer auf den Flüchtenden. Von Jindřich Slavik getroffen, stürzte er zu Boden und versuchte auf dem Rücken kriechend weiter in den Wald zu gelangen. In dieser Situation zog der herbeieilende Stanislav Vosáhlo seine Dienstpistole und schoss acht Patronen aus einer Entfernung von 1,5 bis 2 m auf den wehrlosen und verletzten Franz Stauber. Nach dem Obduktionsergebnis erlitt der 30-Jährige drei bis vier Brustschüsse, drei weitere Schüsse in der Bauchgegend sowie Schusswunden in den Beinen, er starb sofort. Während Slavik die Leiche bewachte, eilte Vosáhlo zur Wache, um Verstärkung zu holen und den Abtransport des Toten zu veranlassen. Als kurz darauf weitere Mitglieder der tschechoslowakischen Grenzwache eintrafen, kamen auch auf der bayerischen Seite der Landwirt Josef Breddl, Franz Brunner mit seinem Sohn und der Zollbeamte Donhauser zum Tatort. Donhauser, der durch die Schüsse auf das Geschehen aufmerksam geworden war, ließ sich Bericht erstatten und winkte anschließend zwei Grenzsoldaten, die aus dem Birkenwäldchen heraustraten, zu sich an die Grenze, um sie zu befragen. Josef Breddl übersetzte den Wortwechsel. Die tschechischen Soldaten sagten aus, dass der Festgenommene erschossen sei und noch im Wald liege. Nein, er komme ins Krankenhaus, widersprach ein dritter Soldat, der hinzugetreten war. Motorengeräusche, die bald darauf zu vernehmen waren, zeugten vom Abtransport.

Klara Stauber hatte die Schüsse ebenfalls gehört, war aber weitergefahren und hatte das Anwesen Breddls erreicht, wo sie auf ihren Ehemann wartete. Im Haus war nur noch die Tochter, Maria Breddl, die Klara Stauber ebenfalls von den Schüssen berichtete. Nach einigen Minuten gingen sie besorgt den Grenzweg hinunter, um zu erfahren, was geschehen sei. Sie sahen den Zollassistenten und Josef Breddl im Gespräch mit den tschechoslowakischen Soldaten, umgeben von Waldarbeitern, und kamen gerade in dem Moment hinzu, als Breddl übersetzte, dass der Festgenommene erschossen worden sei. Für Klara Stauber bestand kein Zweifel, dass ihr Ehemann gemeint war. „Ich wurde auf diese Nachricht hin ohnmächtig und weiß nicht mehr, was in der Folgezeit vor sich gegangen ist. Die Tochter des Breddl, namens Maria, schaffte mich dann mit meinem Fuhrwerk nach Daberg zurück.“ Klara

Stauber versicherte der Polizei, „daß mein Mann nicht die Absicht hatte, in die Tschechei zu gehen".

Die Bayerische Landpolizei der Außenstelle Straubing schickte am 25. Oktober 1949 ihr Ermittlungsergebnis an die Chefdienststelle der Landpolizei nach Regensburg. Zum Tatort heißt es darin: „Genau an der Festnahmestelle stand Stauber etwa 30 bis 50 Centimeter von der Grenzlinie entfernt auf tschechoslowakischem Boden." Bezüglich des Vorgehens der tschechoslowakischen Grenzsoldaten kam die Polizei zu dem Urteil: „Nach Lage der Umstände ist mit aller Sicherheit anzunehmen, daß sie ihn [Franz Stauber] erschossen haben. […] Die Bevölkerung ist ob dieser Grausamkeit sehr aufgebracht." Bereits am 24. Oktober hatte der Landpolizeipräsident Freiherr von Godin u. a. den bayerischen Ministerpräsidenten Dr. Hans Erhard, den Staatsminister des Innern Dr. Willi Ankermüller und den U.S. Land Commissioner Hugunin über den Grenzzwischenfall informiert. Sowohl das *Bayernwald-Echo* (24.10.1949) als auch *Der neue Tag* (27.10.1949) berichteten übereinstimmend, dass Stauber noch auf bayerischer Seite von tschechischen Grenzsoldaten gestellt und über die Grenze verschleppt worden sei. Amtlicherseits wurde nun vor dem Betreten grenznaher Wege gewarnt.

Die Angehörigen glaubten jedoch zunächst, dass Franz Stauber noch am Leben sei, da am 28. Oktober der tschechische Oberförster aus Maxov einem Grenzjäger des Grenzpostens Gaishof mitteilte, dass Stauber sich mit einem Oberschenkel- und Handdurchschuss im Krankenhaus von Domažlice befinde. Lebensgefahr bestehe nicht. Tatsächlich wurde die Leiche nach einer oberflächlichen Obduktion am 24. Oktober 1949, die beim Grenzposten Maxov erfolgt war, Ende des Jahres 1949 auf dem Friedhof in Kdyně bestattet. Der Friedhof in Maxov kam durch seine Nähe zur Staatsgrenze dafür nicht infrage. Vor der tschechoslowakischen Untersuchungskommission leugnete Stanislav Vosáhlo, aus unmittelbarer Nähe auf Stauber geschossen zu haben, sein Kamerad Jindřich Slavik widersprach dem jedoch und schilderte den wahren Ablauf. Die Leitung der SNB rechtfertigte im Nachhinein den Schusswaffengebrauch und bemängelte lediglich die mangelnde Absicherung des Festgenommenen. Auf die Untersuchungsführer wurde offenbar Druck ausgeübt, der SNB-Leiter Oberstleutnant Jiří Kovář wies an, dass der Fall zu verschweigen und „unnötige Schreibereien" zu vermeiden seien. Die Einstellung der Untersuchung erfolgte am 7. Februar 1950.

Bereits am 11. November 1949 meldete der Präsident der Bayerischen Landpolizei an die Landesregierung, dass Franz Stauber laut der vertraulichen Aussage eines tschechoslowakischen Grenztruppenangehörigen in Maxov beerdigt worden sei. Doch erst am 13. Januar 1950 setzte das tschechoslowakische Generalkonsulat in München die Bayerische Landesgrenzpolizeidirektion offiziell über den Tod Franz Staubers in Kenntnis. Diese Information wurde am 21. Januar 1950 zur Grenzpolizeistelle in Furth weitergeleitet, um die Witwe zu informieren. In Ermangelung einer Sterbeurkunde, die im Februar 1950 beim tschechoslowakischen Generalkonsulat in München beantragt wurde, bescheinigte die Bayerische Grenzpolizei am 14. April 1950 den Todesfall. Doch um eine Witwenunterstützung beantragen zu können, benötigte Klara Stauber die amtliche Sterbeurkunde der örtlich zuständigen Behörde aus der ČSR. Mehrmals sprach sie bei der Landesgrenzpolizei in Furth vor, um nach dem Eingang des Dokuments zu fragen. Diese bat wiederholt das Innenministerium in München beim Generalkonsulat „an die Erledigung der Angelegenheit zu erinnern", da die „Witwe jeweils unter Tränen ihre wirtschaftliche Not beteuert und ohne Vorlage der Urkunde keine behördliche Unterstützung erhalten kann". Die Sterbeurkunde, die das Standesamt in Domažlice am 20. Dezember 1950 ausstellte, versendete das tschechoslowakische Generalkonsulat erst am 2. Juli 1951 an das Staatsministerium des Innern. Die verwitwete Klara Stauber hatte zwischenzeitlich mit ihrer einjährigen Tochter den Hof der Schwiegereltern in Daberg verlassen und war zu ihren Eltern nach Furth gezogen, wo sie als Fabrikarbeiterin ihren Lebensunterhalt verdiente. Das Anwesen übernahm Franz Staubers Schwester.

Auf Initiative des Militärischen Abwehrdienstes der ČSR wurde der Fall jedoch am 17. September 1954 von der Militärstaatsanwaltschaft wiederaufgenommen, um rechtssicher in einem Strafverfahren festzustellen, ob der Vorfall als Mord zu qualifizieren sei. Stanislav Vosáhlo wurde inhaftiert, Beschuldigte und Zeugen vernommen und eine Exhumierung der Leiche Staubers angeordnet. Nach der Obduktion in Prag stand fest, dass die Einschüsse fast horizontal verliefen und dass Stauber eindeutig von vorn erschossen wurde. Dies bestätigten auch weitere Zeugenaussagen. Der ehemalige Untersuchungsführer von 1949, Oberwachtmeister Karel Sklenář, erklärte, er habe damals die Karrieren der zwei jungen Soldaten nicht in Gefahr bringen wollen. Kaderbewertungen schilderten den inzwischen zum Leutnant avancierten Vosáhlo überwiegend als unbeliebten Karrieristen. Der damalige Obduktionsarzt Jiří Dusík und der Totengräber von Kdyně Jan Váchal sprachen offen davon, dass man sie gedrängt hatte, über die Angelegenheit zu schweigen.

Am 23. Oktober 1954 wurde Stanislav Vosáhlo aus der Untersuchungshaft entlassen. Er hatte ein Gesuch zur Einstellung des Verfahrens bei dem Präsidenten der ČSR Antonín Zápotocký (1884–1957) eingereicht, das durch die Hauptverwaltung der Grenztruppen befürwortet wurde. Diese wies auf die mangelnden Erfahrungen der Grenzer und die damals angespannte Situation an der Grenze hin. Das Verfahren sei auch deswegen zu beenden, da es ansonsten „zur Verunsicherung der Grenzsoldaten über die Anwendung der Dienstwaffe kommt". Das Strafverfahren gegen Vosáhlo wurde am 14. Dezember 1954 auf Entscheidung des Staatspräsidenten eingestellt.

An den Vorfall erinnerten gelegentlich noch Zeitungsartikel, so das *Bayerwald-Echo* am 4. März 1973 im Rahmen einer Sonderseite „An der Grenze mit der Grenze leben", offenbar unter Einholung von Zeitzeugenberichten. Die *Chamer Zeitung* griff die Geschichte am 18. Dezember 1989 auf und stellte mit Verweis auf die demokratischen Umbrüche in Osteuropa bereits in der Überschrift die Frage: „Am Eisernen Vorhang – wie lange noch?" Frau Stauber und ihre Tochter Theresia Lotter begannen 1990 erneute Nachforschungen anzustellen. Anlass war eine Fahrt zum Friedhof in Kdyně, wo sie das Grab Franz Staubers besuchen wollten. Sie machten den inzwischen 70-jährigen Totengräber ausfindig, der 1954 die Exhumierung für die zweite Obduktion der Leiche auszuführen hatte. Er erklärte, dass fünf Jahre nach der Beerdigung die Kriminalpolizei aus Prag gekommen sei und er die Grabstätte wieder öffnen und die Gebeine zu einem Lastwagen bringen musste, der in die Hauptstadt fuhr. Nachdem die Anfrage der Familie beim Bayerischen Staatsministerium des Innern zunächst erfolglos blieb, die zuständigen Polizei- und Justizbehörden, aber auch die Bayerischen Staatsarchive keine Unterlagen zu dem Fall vorlegen konnten, kamen schließlich 1998 durch ein Schreiben des Amtes zur Dokumentation und Ermittlung der Verbrechen des Kommunismus bei der Polizei der Tschechischen Republik die Informationen über das 1954 geführte Strafverfahren wegen Mordes ans Licht. Der zur Tatzeit 21-jährige Stanislav Vosáhlo konnte im Zuge der geführten Ermittlungen nicht mehr juristisch zur Verantwortung gezogen werden, er war 1997 gestorben. Wo die sterblichen Überreste von Franz Stauber eine letzte Ruhestätte gefunden haben, ließ sich nicht mehr ermitteln. Wahrscheinlich hat sie das Institut für Rechtsmedizin dem Friedhof in Prag-Ďáblice übergeben.

Der Historiker Václav Jiřík schilderte 2014 die Tötung Franz Staubers in seinem Buch *Šumavská odysea*. Hierbei weist er darauf hin, dass niemals untersucht wurde, ob Franz Stauber überhaupt Holz auf tschechoslowakischem Gebiet stehlen wollte. In seiner belletristischen Narration folgt Jiřík jedoch weitgehend der Darstellung des Tatbeschuldigten Vosáhlo und erwähnt nicht, dass gegen den Gefreiten ein Strafverfahren geführt wurde.

Der Rechtsanwalt Dr. jur. Lubomír Müller erwirkte im Auftrag von Theresia Lotter am 16. Dezember 2021 die Rehabilitation Franz Staubers vor dem Bezirksgericht Domažlice. Seinen Antrag auf Schadensersatz vom 22. Februar 2022 beschied das Justizministerium der Tschechischen Republik am 11. August 2022 positiv. Es sprach der Tochter eine Entschädigung von 100.303 Kronen (etwa 4.100 Euro) zu.

(Autoren: jk, MZ; Recherche: AH, EvT, jk, LB, MZ)

Quellen

Geburtenbuch Furth i. W. Nr. 92/1919, 23.9.1919. Kulturamt, Stadt Furth im Wald.

mk: Zwischenfall an der Grenze. In: Bayernwald-Echo, 24.10.1949.

NT: Deutscher von ČSR-Grenzposten niedergeschossen und verschleppt. In: Der neue Tag, 27.10.1949.

Präsidium der Bayerischen Landpolizei: Zwischenfälle und Spannungen an der Demarkationslinie zur Sowjetischen Besatzungszone und zur CSSR, 1948–1949. BayHStA, Präs. d. Bayer. Landpolizei 1.

Präsidium der Bayerischen Grenzpolizei: Grenzzwischenfälle im Bereich des Grenzpolizeikommissariats Furth im Wald, 1948–1949. BayHStA, Präs. D. Bayer. Grenzpolizei 1186.

Vosáhlo – Stauber, 1949. ABS Kanice, f. 2357 – HS PS, rok 1954, kt. 69.

Zwischen dem „Bayerischen Häusl" und Maxberg fielen Schüsse als man vor 23 Jahren den Arbeiter Franz Stauber verschleppte. In: Bayerwald-Echo, 4.3.1973.

dr: Am Eisernen Vorhang – wie lange noch? In: Chamer Zeitung, 18.11.1989.

Bayerisches Staatsministerium des Innern: Akten des Bayerischen Staatsministeriums des Innern, betr. Grenzverletzungen vom Gebiet der CSSR 1984–1991, Bd. 1. BayHStA, MInn - IC 5, Abgabe 33/2016, Nr. 331.

Vor 50 Jahren: An der Grenze fielen Schüsse. Arbeiter von tschechischen Beamten verschleppt. In: Der Bayerwald. Zeitschrift des Bayerischen Waldvereins, Nr. 4, 2004, S. 26.

Václav Jiřík: Šumavská odysea. Praha 2014.

Unterlagen aus dem Privatbesitz von Theresia Lotter. Theresia Lotter an Jan Kostka, 25.10.2020 und 21.7.2021.

Justizministerium der Tschechischen Republik an Dr. jur. Lobomír Müller. Prag, 11.8.2022. Auskunft von Lubomír Müller an Mikuláš Zvánovec vom 6.2.2023.

Andreas Püchner

geboren am 11. Juli 1923 in Unter Reichenau (heute Dolní Rychnov)
durch Schusswaffen verletzt in der Nacht vom 24. auf den 25. Februar 1950 in der Tschechoslowakei
Ort des Vorfalls: bei Oldřichov (Ulrichsgrün, Gemeinde Lipová u Chebu)
gestorben am 1. März 1950 im Krankenhaus Cheb

Andreas Püchner wurde am 11. Juli 1923 in der Bergbaugemeinde Unter Reichenau (Dolní Rychnov) bei Falkenau (Sokolov) geboren und am selben Tag getauft. Seine Mutter war die Bergmannstochter Elisabeth Marie Püchner, geb. Brandel, sein Vater der Bergmann Franz Püchner, der ebenfalls aus einer Bergarbeiterfamilie stammte. Nach Kriegsende wurde Andreas Püchner aus der Tschechoslowakei vertrieben, sein letzter Wohnort war das Flüchtlingslager im unterfränkischen Hammelburg bei Bad Kissingen.

Am 24. Februar 1950 überschritten Andreas Püchner und Anton Mayer die Grenze zur ČSR, um von dort Radioempfänger nach Bayern zu schmuggeln. Auf ihrem Rückweg, den sie am nächsten Tag antraten, wurden sie gegen 22.30 Uhr nahe der ehemaligen Fuchsfarm (Liščí farma) bei dem nach Kriegsende zerstörten Dorf Oldřichov (Ulrichsgrün) von den Wachtmeistern der tschechoslowakischen Grenzwache Jiří Loveček und Jiří Gerhardt entdeckt. Püchner und Mayer traten in diesem Moment mit schweren Rucksäcken beladen aus dem Wald heraus und wollten einen Weg entlang des Waldes zur Staatsgrenze einschlagen. Aus der Entfernung von ca. 25 m riefen die Grenzer den Männern zu, dass sie stehenbleiben sollen. Doch diese sprangen schnell in den Wald zurück und versuchten, durch das Dickicht die noch 250 m entfernte Grenze zu erreichen. Loveček und Gerhardt feuerten mehrere Salven in Richtung der Flüchtenden, ohne sie in der Dunkelheit zu erkennen – Loveček gab 40 und Gerhardt 45 Schüsse ab. Als sie sich anschließend zum Waldrand begaben, stießen sie auf den verletzt am Boden liegenden Andreas Püchner. Sie setzten dann die Suche nach dem zweiten Mann fort, der jedoch entkommen war. Dann kehrte Loveček zu Püchner zurück, um ihm erste Hilfe zu leisten, während Gerhardt den Grenzposten Palič verständigte.

Andreas Püchner erlitt einen Durchschuss am Bauch, der den Dünndarm zerriss. Zwei weitere Kugeln trafen ihn am Gesäß und am Arm. Der Leiter des Grenzpostens fuhr den Verletzten mit seinem Dienstwagen nach Cheb, wo er um 1 Uhr zunächst durch einen Gefängnisarzt behandelt und anschließend ins örtliche Krankenhaus überführt wurde. Hier starb der 26-Jährige am 1. März 1950 an einer Bauchfellentzündung.

Eine Untersuchung des Vorfalls durch die Grenzorgane kam zu dem Ergebnis, dass der Waffengebrauch gerechtfertigt war, weshalb kein Strafverfahren von der Militärprokuratur gegen die Schützen eingeleitet wurde. Kritisiert wurde lediglich, dass die beiden Grenzwachen die Männer zunächst an sich vorbeigehen ließen und nicht früher eingriffen; auch hätte ein Wachtmeister bei Püchner bleiben sollen, für den Fall, dass seine Verletzung nur vorgetäuscht wäre.

(Autor und Recherche: MZ)

Quellen

Geburtsmatrikel Dolní Rychnov (Unterreichenau), Eintrag Nr. 57/1923. Městský úřad Sokolov.

ABS Kanice, f. PS, 1950, kt. 115, Bl. 849–871.

ABS Kanice, f. Personální spisy příslušníků Zpravodajské správy Generálního štábu a Vojenské kontrarozvědky – personální spisy Loveček Jiří, V.

Franz Linzmaier

geboren am 1. Juni 1918 in St. Katharina (heute Svatá Kateřina)
erschossen am 1. Juli 1950 am Černé jezero (Schwarzer See) in der Tschechoslowakei
Ort des Vorfalls: bei Železná Ruda (Markt Eisenstein) an der Grenze zur Bundesrepublik Deutschland

Franz Linzmaier wurde am 1. Juni 1918 in St. Katharina (Svatá Kateřina) im Böhmerwald geboren. Seine Eltern Karl und Rosalia Linzmaier lebten dort als Kleinbauern. Anfang 1946 kam er nach Bayern, wo er sich am 6. September 1946 anmeldete. Da er in den offiziellen Zwangsaussiedlungslisten aus der ČSR nicht gefunden wurde, ist anzunehmen, dass er dem staatlichen Zwangstransport durch Flucht über die Grenze entkommen ist. Zuletzt wohnte er mit seiner Familie in Lam, direkt an der Grenze zur Tschechoslowakei. Er war verheiratet und Vater von zwei Kindern.

Seit dem Sommer 1949 war eine deutsch-tschechische Schmugglergruppe an der bayerisch-tschechischen Grenze aktiv, zu der die Deutschen Ewald Ernst, Wilhelm Glasser und Franz Linzmaier gehörten. Den Ein- und Verkauf auf tschechoslowakischem Gebiet übernahmen Oldřich Jakl, der Verwalter des staatlichen Schutzhauses am Černé jezero (dt. Schwarzer See) bei Železná Ruda (Markt Eisenstein), und sein Angestellter Václav Dorník. Geschmuggelt wurden hauptsächlich Zigarettenhülsen, Kleidung und später auch Juwelierwaren. Zudem lieferte die Gruppe Korrespondenz aus Bayern an verschiedene Adressen im tschechoslowakischen Binnenland aus. Die Schmuggler arbeiteten außerdem für den 1948 aus der ČSR nach Mannheim emigrierten Unternehmer Wilhelm Hudec. Für ihn holten sie die Muster der Gablonzer Bijouterie bei seinen zurückgebliebenen Verwandten ab und brachten sie über die Grenze. Die Hütte am Schwarzen See war der Treffpunkt der Gruppe.

Ewald Ernst, der bis 1946 im nahen Hojsova Stráž (dt. Eisenstrass) lebte, soll früher für den tschechoslowakischen Geheimdienst gearbeitet haben, wechselte jedoch zur amerikanischen CIC. Die Kontakte zwischen Jakl und der Ernst-Gruppe wurden von dem V-Mann der tschechoslowakischen Sicherheitskräfte Vyskočil (Deckname Novotný) überwacht. Dieser agierte von Anfang an als ein Verbindungsmann zu den deutschen Schmugglern, doch wickelten sie ihre Geschäfte auch direkt mit Jakl ab. Vyskočil alias Novotný scheint die Schmuggelei begünstigt zu haben. Er warnte wiederholt die bayerischen Schmuggler. Seine Vorgesetzten waren mit seiner Arbeit unzufrieden. Nachdem Ewald Ernst am 9. März 1950 in der Hütte verhaftet worden war, wurde der Kontakt zu Novotný abgebrochen, Linzmaier und Glasser trafen sich weiter direkt mit Jakl. Ernst gelang es jedoch am 27. März 1950 aus dem Gefängnis in Klatovy (dt. Klattau) zu flüchten. Am 28. Juni 1950 gaben die Schmuggler die Bijouterie-Muster aus Jablonec (dt. Gablonz) an ihren Kontaktmann Dorník zurück. Dorník vermittelte gegen Bezahlung den Briefwechsel zwischen Rudolf Hudec und seinem Sohn Wilhelm. Er sollte nun weitere Muster in Prag beschaffen.

Seit April 1950 ermittelte der Staatssicherheitsdienst Státní bezpečnost (StB) gegen die Schmugglergruppe wegen Industriespionage und setzte weitere V-Leute auf sie an. Unabhängig davon ermittelte seit Mai 1950 das Korps für nationale Sicherheit (SNB) gegen Dorník, der angeblich in das Verschwinden einer höheren Geldsumme aus einem Prager Hotel verwickelt war. Außerden wurde er bei der Übergabe der Bijouterie-Muster von einem V-Mann beobachtet. Linzmaier und Glasser waren bereits am 3. Juni 1950 von einer Grenzstreife gestellt worden, doch gelang es ihnen damals zu entkommen. Schließlich wurde Ende Juni 1950 die Aktion „Schwarzer See" eingeleitet. Nachdem in der Hütte am Schwarzen See bei einer Durchsuchung Zigarettenhülsen und Schmuck gefunden worden waren, wurde Václav Dorník am 1. Juli 1950 verhaftet. An demselben Tag verließ Franz Linzmaier bereits um 5 Uhr, mit der Begründung Waldbeeren sammeln zu gehen, seine Wohnung in Lam, um den ca. 15 km langen Weg über den Grenzkamm an den „Schwarzen See" anzutreten. Er wollte gemeinsam mit Ernst und Glasser in der Schutzhütte Václav Dorník treffen. Sie warteten jedoch vergeblich auf ihn, denn Dorník war bereits am Vormittag zur StB-Station nach Klatovy (dt. Klattau) gebracht worden. Dort hatte er bei seiner Vernehmung ausgesagt, dass er an diesem Tag gegen 12 Uhr mit Linzmaier, Glasser und Ernst verabredet sei. In Zusammenarbeit mit der Grenzwache und der Staatlichen Forstverwaltung wurde der Raum an der Seewand, einer Felswand an der Westseite des Schwarzen Sees, gesperrt. Nachdem Linzmaier, Glasser und Ernst vergeblich auf Dorník gewartet hatten, entschieden sie sich zur Rückkehr über die Grenze. Auf dem Weg dorthin wurden sie kurz vor 14 Uhr von dem SNB-Wachmeister Léba, dem Forstarbeiter Zdeněk Štufka und dem Ingenieur Jaromír Pávek überrascht. Linzmaier, der vorn ging, gab sich mit dem Decknamen „Novotný“ zu erkennen, worauf ihm die so Angesprochenen mit „Staatssicherheit“ antworteten. Den Ablauf des nun folgenden Geschehens hielt ein tschechoslowakisches Untersuchungsprotokoll so fest: Forstarbeiter Štufka stellte sich Linzmaier in den Weg, worauf eine tätliche Auseinandersetzung folgte, bei der beide zu Boden gingen. SNB-Wachtmeister Léba zog daraufhin seine Dienstwaffe und schoss auf Linzmaier. Der 32-Jährige brach mit einem Kopftreffer zusammen und war sofort tot. Glasser und Ernst gelang es zu entkommen. Am 3. Juli 1950 wurde die Leiche Franz Linzmaiers auf dem Friedhof in Železná Ruda heimlich beerdigt. Der Hüttenverwalter Jakl, seine Gefährtin Helena Greinerová und der V-Mann Vyskočil (alias Novotný) wurden verhaftet.

Am 25. Juli 1950 nahm sich die US-Militärregierung der Angelegenheit an und wandte sich zur Klärung der Vermisstenanzeige in Sachen Linzmaier an die tschechoslowakische Militärmission in Berlin-Dahlem. Doch die tschechoslawakische Seite blieb jegliche Auskunft über den Tod Linzmaiers schuldig. Lediglich seine Personalien vor seiner Flucht nach Bayern wurden bestätigt.

Im November 1954 wandte sich die Witwe Maria Linzmaier aus Lam in einem in tschechischer Sprache verfassten Schreiben an die tschechoslowakischen Behörden. Sie bat darin um eine Sterbeurkunde ihres Mannes, damit sein Tod in Bayern amtlich bestätigt werden könne und sie eine Witwen- und Waisenunterstützung erhalte. Sie beklagte die Armut, in die die Familie inzwischen geraten war und war offenbar gut über das Schicksal ihres Mannes informiert. Das tschechoslowakische Innenministerium wie auch das Außenministerium verwiesen sie an die tschechoslowakische Militärmission in Berlin-Dahlem. Doch wurde ihr dort jedwede weiterführende Auskunft verweigert.

Von den tschechoslowakischen Grenzern wurde ein Weg zur Seewand als „Ernst-Schneise“ bezeichnet. Ewald Ernst soll dort eine waghalsige Flucht vor der Grenzwache auf Skiern gelungen sein.

(Autor und Recherche: MZ)

Quellen

Matriksbuch St. Katharina, Bd. V., 1900–1949. Stadtamt Nýrsko.

ABS Praha, f. 302 – Hlavní správa Vojenské kontrarozvědky, sign. 302-398-16.

ABS Praha, f. 305 – Ústředna státní bezpečnosti, sign. 305-406-5.

ABS Praha, f. 319 – Vytříděné spisy sekretariátu ministerstva vnitra, sign. 319-16-8.

ABS Kanice f. PS, Kt. 123, i. j. 258.

Region Šumava – Bavorský les: 2. Železná opona, https://www.sumava-bavorskyles.cz/gabreta/fr.asp?tab=gabstezcz&id=485&burl=&pt=STS8 (23.2.2023).

Georg Nirschl

geboren am 11. Juni 1913
erschossen am 3. Juli 1951 auf dem Territorium der Bundesrepublik Deutschland
Ort des Vorfalls: bei Hohenberg a. d. Eger (Landkreis Wunsiedel i. Fichtelgebirge) an der Grenze zur Tschechoslowakei

Am 3. Juli 1951 um Mitternacht patrouillierte eine Streife der Zoll-Grenzaufsichtsstelle Hohenberg a. d. Eger, bestehend aus dem Zollassistenten Georg Nirschl und seinem Kollegen Fritz Popp, an der deutsch-tschechischen Staatsgrenze im Raum Hohenberg. Sie gingen zuerst zur Pfeifermühle, wo sie auf ihre Kollegen Blechschmidt und Müller trafen. Nach einer kurzen Unterredung setzten sie ihren Streifengang auf der Straße nach Sommerhau fort. Als sie dort nichts Bemerkenswertes feststellten, bezogen sie eine Wachposition an der sogenannten Grünstegbrücke über die Eger. Es war ihnen bekannt, dass diese Brücke mehrfach von tschechoslowakischen Geheimagenten als Übergang genutzt worden war. Plötzlich erschallte Lärm und Gesang. Mehrere Betrunkene aus dem nahe gelegenen Sommerhau näherten sich.

Zugleich, es war gegen 1.50 Uhr, beschritten zwei tschechoslowakische Agenten, die von dem Soldaten der Grenzwache Jaroslav Kolenský begleitet wurden, die Grünstegbrücke, um illegal nach Bayern zu gelangen. Nirschl und Popp hörten vor ihrer Stellung Schritte und erkannten die Silhouette eines Mannes. Als dieser noch etwa 6 m von ihnen entfernt war, befohlen sie dem Mann stehenzubleiben. Darauf gab der Mann, der sich bereits auf bayerischem Gebiet befand, sieben Schüsse mit seiner Pistole in Richtung der Zollbeamten ab und lief über die Grenze zurück. Nirschl ließ seinen Diensthund von der Leine, der den Mann auf der Brücke erreichte und sich in seiner Kleidung verbiss. Der die Agenten begleitende Grenzsoldat Kolenský feuerte ebenfalls in Richtung der deutschen Grenzpolizisten zwei bis drei Salven aus seiner Maschinenpistole ab. Georg Nirschl, der versuchte, seinen Hund zurückzurufen, wurde getroffen und schwer verletzt. Sein Kollege Popp leistete erste Hilfe und lief anschließend in die ca. 800 m entfernte Pfeifermühle, um einen Notruf abzusetzen. Der Hund blieb bei dem Sterbenden zurück. Ein nach etwa einer halben Stunde eintreffender Arzt konnte nur noch den Tod Nirschls feststellen. Der 38-Jährige aus Sommerhau hinterließ seine Frau Johanna und seinen zweijährigen Sohn. Aus der Schilderung von Zeugen geht hervor, dass zwei Personen beim Gasthaus „Reichsgrenze" beobachtet wurden. Ein eingesetzter Suchhund verlor jedoch nach 300 m ihre Spur.

Am nächsten Morgen trafen bayerische Kriminalpolizisten und ein Gerichtsarzt vor Ort ein. Nach der Feststellung, dass Nirschl von einer 9-mm-Patrone tödlich verletzt worden war, lag auf der Hand, dass diese aus einer tschechoslowakischen Maschinenpistole stammte. Die Schussabgabe von tschechoslowakischer Seite bestätigten auch drei der jungen Männer aus Sommerhau, die sich in der Nähe befunden hatten. Sie dachten, sie selbst würden beschossen und meldeten das umgehend der Grenzpolizei. Die Schussabgabe auf Georg Nirschl hatten sie nicht mitbekommen.

Zwei Stunden nach den tödlichen Schüssen auf Georg Nirschl wurde gut 40 km südöstlich von Hohenberg in der Nähe von Griesbach (Landkreis Tirschenreuth) ein tschechisch sprechender Mann festgenommen und wegen Spionageverdachts der amerikanischen Constabulary übergeben. Er gab in der Vernehmung an, dass er wichtige Dokumente in der Nähe der Grenze versteckt habe. Man fuhr ihn zur Grenze, um diese zu holen. Unterwegs griff der Festgenommene plötzlich mit einem Totschläger einen seiner Bewacher an, sprang aus dem Jeep und ergriff die Flucht. Die Constabularies konnten ihn wieder einfangen und zurück zum Fahrzeug bringen. Als sie an die Grenze heranfuhren, gelang es ihm erneut aus dem Jeep zu springen und trotz Beschuss auf tschechoslowakisches Gebiet zu entkommen. Ob es sich bei dem Mann um einen der Agenten handelte, die über die Grünstegbrücke geschleust werden sollten, muss offenbleiben. Bei seiner Durchsuchung wurde jedoch eine Pistole gefunden, die dasselbe Kaliber wie eine auf der Grünstegbrücke gefundene Patronenhülse hatte.

Am 17. Juli 1951 übergab die Botschaft der Vereinigten Staaten in Prag dem tschechoslowakischen Außenministerium eine Note der amerikanischen Regierung, die eine sofortige Untersuchung des Vorfalls verlangte. In dem Schreiben betonte die amerikanische Seite, dass die ČSR in kurzer Zeit bereits eine dritte Verletzung der staatlichen Souveränität zu verantworten habe. Das tschechoslowakische Außenministerium wies die Vorwürfe zurück und antwortete am 28. Juli 1951, dass es im Gegenteil von bayerischer Seite aus „zu der Grenzverletzung" gekommen und dass von dort aus in Richtung der Tschechoslowakei geschossen worden sei. Ein unbekannter Täter habe die Grenze überquert und sei nach einer Schießerei zurück nach Bayern geflüchtet. Jedweder Grenzübertritt wurde von tschechoslowakischer Seite energisch bestritten. Die amerikanische Botschaft wiederholte im Schreiben vom 31. August 1951 ihre Vorwürfe und wies darauf hin, dass die aufgefundenen Patronen aus einer Maschinenpistole tschechoslowakischer Herkunft verschossen wurden.

1997 untersuchte die Staatsanwaltschaft Hof den Fall Nirschl. Für die Rekonstruktion der Tatabläufe wurde auch der inzwischen 85-jährige Fritz Popp als Zeuge befragt. Die Ergebnisse übermittelte die Staatsanwaltschaft dem Amt für Dokumentation und Untersuchung der Verbrechen des Kommunismus in Prag. Dieses konnte jedoch keinen Täter ermitteln. Der Grenzsoldat Kolenský, der dem Geheimagenten Feuerschutz gab, war bereits 1996 gestorben. Die Identität des Geheimagenten bleibt ungewiss, da er in den damals erstellten Akten nur mit dem Decknamen „ml 16" bezeichnet wird.

Gedenkstein für Georg Nirschl am Ortsausgang von Hohenberg a. d. Eger

Ein Gedenkstein an der Grünstegbrücke (neben der Straße nach Selb) erinnert an den tödlichen Vorfall von 1951.

(Autor: MZ; Recherche: AH, jk, MZ)

Quellen

HS PS: Denní hlášení. ABS Kanice, A/1, 1951.

AMZV, TO-O 1945-59 USA, Kt. 9.

U.S. Note to Czechoslowakia on Killing of German Policeman. In: The Department of State Bulletin, Vol. 25, Nr. 632, 6.8.1951, S. 207.

Tschechische Spione in Oberfranken? In: Frankenpost, 5.7.1951.

Zusammenarbeit des Zolldienstes mit der Grenzpolizei: Illegale Grenzübertritte, Grenzverletzungen und besondere Vorkommnisse, Schmugglerbekämpfung, Tätigkeitsberichte einiger Grenzpolizeikommissariate, 1946–1959. BayHStA, Präsidium der Bayer. Grenzpolizei 1034.

Hofmann, Erwin: Zwischen Bayern und Böhmen. Wanderungen zu historischen Grenzzeichen von Hof bis Passau. Regensburg 1998, S. 143 f.

Jäckel, Harald: Wer ist der tschechische Geheimagent ML 16? In: Frankenpost, 16.3.1999.

Pulec, Martin: Operace československých zpravodajských služeb na státních hranicích po roce 1948. In: Archiv bezpečnostních složek (Hg.): Sborník Archivu bezpečnostních složek, Nr. 6, Praha 2008, S. 117–178.

Max Felbinger

geboren am 6. September 1909 im Kuttenplaner Schmelzthal (heute Chodovská Huť, Okres Cheb)

getötet am 26. Juli 1953 durch Stromschlag am elektrisch geladenen Grenzzaun in der Tschechoslowakei

Ort des Vorfalls: bei Broumov (Okres Tachov) an der Grenze zur Bundesrepublik Deutschland

Im Kuttenplaner Schmelzthal (heute Chodovská Huť, Okres Cheb) an der böhmisch-bayerischen Grenze wurde die Herstellung von Holzperlen vor allem als Heimarbeit im Winter betrieben. Die Bauern verschafften sich mit dem Handwerk einen zusätzlichen Verdienst. 1884 richtete die Familie Felbinger dort eine kleine Holzperlenfabrik ein, in der zehn bis zwölf Personen Arbeit fanden. Seit Anfang der 1930er Jahre wurden die Drehbänke mit einem Elektromotor betrieben. Die Holzperlen fanden Verwendung in Rosenkränzen, Gebetsschnüren, Halsketten und Untersetzern, sie verzierten Schnürsenkel, Abendtaschen und Türvorhänge und wurden aus dem Schmelzthal bis nach Asien exportiert. Werner Felbinger, wahrscheinlich ein Neffe Max Felbingers, erinnerte sich 1995 in einem Vortrag: „Anfang der 20er Jahre war Hochkonjunktur bei der Perlenerzeugung in unserem Dorf an der Grenze. […] Mit dem Anschluß des Sudetenlandes an das Deutsche Reich und dem bald darauf beginnenden schrecklichen Krieg gingen die Aufträge immer mehr zurück. Die Auslandsaufträge versiegten fast ganz und die Inlandsaufträge wurden auch immer spärlicher. […] Wir wurden im Juli 1946 aus unserer Heimat vertrieben und mußten alles zurücklassen, da schon ein Kommissar eingesetzt worden war."

Max Felbinger wurde 1909 im Kuttenplaner Schmelzthal geboren. Er erlernte das Handwerk des Holzperlendrehens von seinem Vater und seinem Großvater. Sein Vater war der letzte Bürgermeister des Ortes, der 1946 vor der Vertreibung noch 622 Einwohner hatte. Gemeinsam mit seiner Ehefrau Lucia, seiner Mutter und weiteren Familienmitgliedern kam Max Felbinger nach der Vertreibung in das Kirchdorf Reitsch im Landkreis Kronach. Hier führte er 1948 die Holzperlendreherei fort. Von den Schwierigkeiten der Wiederaufnahme des Gewerbes berichtete Werner Felbinger: „Die Arbeiter waren in alle Winde verstreut, die meisten lebten in der damaligen Ostzone. Es gab von den Bohrmaschinen und den Trommeln keine einzige Anleitung, geschweige denn eine Zeichnung, und keine Firma war damals im Stande, diese Sachen zu fertigen." Zudem war das Hauptabsatzgebiet, das sächsische Erzgebirge, für den Handel nicht mehr erreichbar, da es nun zur sowjetischen

Einweihung der St.-Anna-Gedächtniskapelle am 26. Juli 1953

Besatzungszone gehörte. Trotz dieser Anlaufschwierigkeiten berichtete die *Neue Presse* aus Kronach am 14. April 1949 über den provisorisch untergekommenen Betrieb, dass Max Felbinger in eine eigene Baracke umzuziehen hoffte, wo er neue Maschinen aufstellen und weitere Flüchtlinge beschäftigen wollte. Weil es nur wenige Betriebe dieser Art in den Westzonen gebe, sei der Bedarf an Perlen und Kugeln groß. Es sei „eine sich langsam aufwärts entwickelnde Tendenz sichtbar, so daß mancher arbeitslose Flüchtling wieder Arbeit bekommen wird und neue Hoffnungen schöpfen kann." Das Gewerbe entwickelte sich jedoch nicht so erfreulich, wie es der optimistische Zeitungsbericht nahelegt. Zwar ließ Felbinger durch den Zimmermeister Michael Jakob am 10. Februar 1949 den Bau eines Arbeitsraumes beim Landratsamt Kronach beantragen, doch wurde dieser trotz erteilter Baugenehmigung nicht realisiert. Stattdessen richtete ihm ein benachbarter Landwirt einen Holzschuppen ein, wohin er seine Werkstatt verlegte. Zum 1. Juli 1952 gab er seinen Betrieb auf. Möglicherweise war er seitdem arbeitslos.

Es wird Max Felbinger wie anderen Vertriebenen aus den Gerichtsbezirken Plan und Weseritz ein inneres Bedürfnis gewesen sein, am 26. Juli 1953 das 1. Plan-Weseritzer Kreistreffen in Mähring (Oberpfalz) zu besuchen, bei dem auch eine St.-Anna-Gedächtniskapelle eingeweiht wurde. Die Stimmung bei dieser zweitägigen Veranstaltung, an der etwa 4.000 Vertriebene teilnahmen, muss emotional gewesen sein. Viele Teilnehmer konnten von der St. Anna-Kapelle zu ihren Heimatorten hinüberblicken. Das Kuttenplaner Schmelzthal ist von Mähring nur etwa 8 km entfernt. Der *Heimatbrief für die Bezirke Plan-Weseritz und Tepel-Petschau* vom Mai 1956 überliefert nun folgendes: „Felbinger Max soll sich u. a. zur Kriegelstein Gerda und deren Mann Roth Ernst aus Kpl. Schmelzthal, dzt. in Scheßlitz, geäußert haben, er halte es vor Sehnsucht nach der alten, schönen Schmelz nicht mehr aus und er muß einmal hinüber, um zu sehen, wie es drüben aussehe." Tatsächlich galt er von diesem Tag an als vermisst.

Gegen 19.15 Uhr am 26. Juli 1953 bemerkte der Postenleiter der tschechoslowakischen Grenzwache Leutnant Matoušek einen Kurzschluss am Grenzzaun der 6. Kompanie Broumov. Die Grenzwache setzte dort bis 1965 Starkstrom von 5.000 Volt an den Grenzzäunen ein, diese Anlagen zu berühren war tödlich. Matoušek schickte eine Patrouille zur Überprüfung der Störung. Im Drahtverhau entdeckten die Grenzsoldaten die Leiche von Max Felbinger. Er hatte versucht, von Bayern aus den Grenzzaun an einer unbeobachteten Stelle zu überwinden. Noch am selben Abend wurde die Leiche auf dem Friedhof in Broumov beerdigt.

Lucia Felbinger und ihre Schwiegermutter Elisabeth Felbinger mussten sich mehr als ein Jahr um Klarheit über das Schicksal ihres Ehemannes und Sohnes bemühen. Sie wandten sich an die Grenzpolizeistationen, an Suchdienste und an die amerikanische Besatzungsmacht. Unter den Heimatvertriebenen ging das Gerücht um, dass Felbinger in Karlovy Vary inhaftiert sei. Erst am 2. Februar 1955 erhielt Elisabeth Felbinger von der Grenzpolizei-Inspektion Bärnau/Oberpfalz die Nachricht, dass bei einer am Vortag stattgefundenen dienstlichen Besprechung mit den tschechischen Grenzorganen ein Offizier mitgeteilt habe, der bis dahin als vermisst gemeldete Max Felbinger sei „beim Versuch des illegalen Grenzübertritts in die ČSR am Stacheldrahthindernis verstorben" und liege in Broumov begraben. „Über den näheren Hergang schwieg sich der tschechische Offizier beharrlich aus."

Lucia Felbinger verließ Reitsch und zog nach Leipzig, Elisabeth Felbinger kämpfte noch in den Jahren 1956 und 1957 um die Sterbeurkunde ihres Sohnes. Am 24. Mai 1957 verwies sie das Bayerische Staatsministerium des Innern hierfür an die tschechoslowakische Militärmission in Berlin-Dahlem. Ob ihre Bemühungen Erfolg hatten, ist unbekannt.

(Autor: jk; Recherche: AH, jk, MZ)

Quellen

Wa: Sudetendeutsche Holzperlenindustrie im Frankenwald. In: *Neue Presse* (Kronach), Nr. 43, 14.4.1949.

Bauplan zum Neubau eines Arbeitsraumes für Herrn Max Felbinger in Reitsch. StABa, Bezirksamt/Landratsamt Kronach, Baugenehmigungsakten (K 12 Baupl.), Reitsch 35.

HS PS útvar Planá: Výkaz činnosti a výkonu služby k ochraně státní hranice za měsíc červenec 1953. ABS Kanice, 2357, Kt. 414.

HS PS: Denní hlášení 1953. ABS Kanice, DH 1953, červenec–prosinec, 2357, A5, Bl. 182–183.

Grenzpolizei-Inspektion Bärnau/Opf. an Elisabeth Felbinger. Bärnau/Opf., 2.2.1955. Kreisdokumentationsstelle des Landkreises Kronach.

o. A.: Sitzt Landsmann Felbinger wirklich im KZ Karlsbad? In: Heimatbrief für die Bezirke Plan-Weseritz und Tepel-Petschau, Nr. 69, Mai 1954, S. 416.

atz: Der Tod von Lm. Max Felbinger aus Kpl. Schmelzthal aufgeklärt. In: ebd., Nr. 79, März 1955, S. 416.

Felbiger, Werner: Die Holzperlenerzeugung in Kuttenplaner-Schmelzthal, Bezirk Plan. In: Egerland-Museum (Hg.): Andenken aus dem Egerland. Handwerk und Volkskunst. Katalog zur Sonderausstellung vom 21.09.1996 bis 31.03.1997 im Egerland-Museum Marktredwitz (= Schriftenreihe Egerland-Museum Bd. 11). Marktredwitz 1996, S. 57–62.

Auskunft des Stadtarchivs Kronach vom 14.10.2021.

Auskunft von Regine Löffler-Klemsche, 1. Vorsitzende Heimatkreis Plan-Weseritz e. V. vom 19.11.2021.

Auskunft der Kreisdokumentationsstelle des Landkreises Kronach vom 9.12.2021.

Alois Huber

geboren am 8. Januar 1915 in Lam (Landkreis Cham)
erschossen am 17. November 1953 auf dem Territorium der Bundesrepublik Deutschland
Ort des Vorfalls: bei Untergrafenried an der Grenze zur Tschechoslowakei

Alois Huber, 1953

Alois Huber kam am 8. Januar 1915 in Lam (heute Landkreis Cham) als Sohn des katholischen Ehepaars Alois und Rosina Huber zur Welt. Er heiratete 1939 Magdalena Paulsen. Aus der Ehe gingen vier Kinder hervor. Die Familie lebte in Untergrafenried (heute Teil der Gemeinde Waldmünchen). Dort gehörte Alois Huber als Polizeihauptwachtmeister der Bayerischen Grenzpolizei an, deren örtliche Poli-

Alois Huber mit seinen Kindern, 1952

zeistation er zuletzt leitete. Das benachbarte Grafenried im Böhmerwald gehörte früher ebenfalls zu Niederbayern, allerdings nur bis 1708, als eine neue Grenze zwischen Böhmen und Bayern gezogen wurde. Nach der Zwangsaussiedlung der Deutschen aus der Tschechoslowakei nach 1945 und der kommunistischen Machtübernahme von 1948 wurde Grafenried zu einem Grenzposten des tschechoslowakischen Grenzschutzes und erhielt den Namen Lučina.

In den 1950er Jahren versuchte der ČSR-Nachrichtendienst, Informanten und Verbindungsleute jenseits des Eisernen Vorhangs anzuwerben. Zu einer solchen Rekrutierungsaktion trafen am 13. November 1953 in Grafenried die Mitarbeiter des tschechoslowakischen Militärischen Abwehrdienstes František Korbel und Krejsa ein. Beide hatten den Auftrag, Anwerbungsoperationen mit Unterstützung der Grenzsoldaten des Grenzpostens auszuführen. Korbel und Krejsa trugen Zivilkleidung, über die sie sich Militärmäntel übergezogen hatten, und waren mit Maschinenpistolen bewaffnet. Für die beabsichtigte Anwerbung von Kontaktleuten auf der bayerischen Seite wurde dem Geheimdienstmann Krejsa der Kommandeur des Grenzpostens Pavelek als Begleiter zugeteilt, Korbel machte sich mit dem ebenfalls geländekundigen Unteroffizier Čermák gegen 11 Uhr auf den Weg zur Staatsgrenze. Sie bewegten sich entlang der Grenze, bis sie einen pflügenden Bauer aus Untergrafenried auf der bayerischen Seite ausmachten. Korbel, der erst seit relativ kurzer Zeit im Militärgeheimdienst tätig war, bückte sich und rief dem Bauer zu, dass er etwas auf dem Boden gefunden habe, was ihm wohl gehören könnte. Als der Bauer zur Grenze kam, stellte er fest, dass dies nur ein Vorwand war, um ihn zur Grenze zu locken. Korbel bat den Bauern, ihm „einen kleinen Dienst" zu erweisen, der bezahlt würde. Der Bauer namens Alois Schneider nickte und bekam von Korbel 50 DM mit der Bitte, ihm für 20 DM Zigaretten und Zeitschriften zu kaufen. Den Rest könne er für sich behalten. Ein nächstes Treffen mit Schneider wurde für den 17. November um 12 Uhr an der Grenze vereinbart. Diese Uhrzeit schlug Schneider vor, da zu dieser Zeit die bayerischen Grenzpolizisten ihre Mittagspause machten und die Grenze auf deutscher Seite unbewacht war.

Am 17. November 1953 wurden die beiden Geheimdienstleute Korbel und Krejsa auf dem Grenzposten Grafenried erwartet. Eigentlich sollten sie um 9 Uhr mit dem Fahrzeug aus Prag eintreffen. Ihre Ankunft verzögerte sich jedoch um eine Stunde. Nun war Eile geboten. Korbel und Krejsa, die beide wieder mit Maschinenpistolen bewaffnet waren, teilten dem Kommandeur des Grenzpostens, Pavelek, mit, dass wieder zwei Aktionen geplant seien. Eine am Grenzstein Nr. 19 die andere am Grenzstein Nr. 17. Pavelek machte sich mit Krejsa auf den Weg, Korbel wurde von dem ortskundigen Unteroffizier Jaroslav Straka begleitet, dem sich Korbel unter dem Decknamen „Franta" vorstellte. Straka trug seine Grenzeruniform, Korbel hatte sich wieder einen Militärmantel über die Zivilkleidung gezogen und eine Feldmütze mit Hoheitszeichen aufgesetzt. Straka brachte Korbel zum Grenzstein Nr. 19, der sich an einer Stelle im Wald befand, die von bayerischer Seite nicht einsehbar war. Straka öffnete mit einem Schlüssel einen Durchlass im Grenzzaun. Beide überquerten sodann die Staatsgrenze. Straka warnte Korbel noch vor dem Betreten des westdeutschen Gebiets. Doch dieser wollte unbedingt rechtzeitig den mit Schneider vereinbarten Treffpunkt erreichen und bestand auf der Fortsetzung des eingeschlagenen Weges durch das dicht bewachsene Waldgebiet. Nachdem sie sich etwa einen Kilometer ins bayrische Landesinnere bewegt hatten, drängte Straka mehrmals zur Rückkehr auf tschechoslowakisches Staatsgebiet. Als sie sich wieder auf dem von dichtem Wald gesäumten Grenzweg befanden, wo sie von Zeugen gesehen wurden, bemerkten sie gegen 12 Uhr in ca. 150 m Entfernung Schneider, der sich in Begleitung seiner Frau Marie auf dem Weg in Richtung des Treffpunktes befand. Sie traten daraufhin an einer Stelle aus dem Wald, die nur wenige Meter von einem mit Reisig getarnten Beobachtungsposten der bayerischen Grenzpolizei entfernt war. Der dort eingesetzte Polizeihauptwachmeister Alois Huber vernahm das Knacken von Ästen und entdeckte Korbel und Straka. Er nahm seinen Karabiner in Anschlag und rief: „Halt! Hände hoch! Was machen sie hier?" Korbel antwortete, sie hätten sich bei der Vermessung der Grenze verlaufen und die Orientierung verloren. Unteroffizier Straka, der kein Deutsch sprach, zog in diesem Moment seine Maschinenpistole. Huber forderte die beiden Männer auf, sich mit ihm zur Grenzpolizeiwache nach Untergrafenried zu begeben. Das Ehepaar Schneider bemerkte die bedrohliche Situation und kehrte um. Huber forderte die beiden Tschechen auf, ihre Waffen niederzulegen. Als Straka versuchte sich zu entfernen, richtete Huber seinen Karabiner auf ihn. In diesem Moment eröffnete Korbel das Feuer aus seiner Maschinenpistole auf den 38-Jährigen. Tödlich getroffen brach Alois Huber zusammen.

Korbel und Straka ließen Huber liegen und liefen über die etwa 27 m entfernte Grenze. Auf der Grenzwache traf der sichtlich erschütterte Korbel auf seinen Kollegen Krejsa, der bereits von seiner Grenzaktion zurückgekehrt war. Die beiden Geheimdienstler fuhren dann zum Hauptquartier der Grenzbrigade in Poběžovice (dt. Ronsperg). Die Besatzung des Grenzpostens Grafenried rückte unterdessen aus, um zu beobachten, was auf der deutschen Seite geschah.

Marie und Alois Schneider alarmierten in Untergrafenried die bayerischen Grenzpolizisten Hering und Schlagbauer. Bereits eine Viertelstunde nach dem Vorfall begann die polizeiliche Tatortuntersuchung durch die Grenzpolizeistation Untergrafenried, hinzu kamen Beamte der Grenzpolizeiinspektion Waldmünchen und des Grenzpolizeikommissariats Furth im Wald. Gegen 14.30 Uhr traf der Ermittlungsrichter des Amtsgerichts Waldmünchen ein und führte eine richterliche Inaugenscheinnahme des Tatortes durch. Der Leiter des Staatlichen Gesundheitsamtes Waldmünchen, Dr. Abb, stellte den Tod von Alois Huber fest. Die Leiche lag ausgestreckt auf dem Rücken, quer vor ihren Füßen lag der Karabiner des Beamten. Die Waffe war nicht durchgeladen, das Magazin mit fünf Patronen noch voll. Am Tatort konnten sieben Geschosshülsen einer 9 mm MPi-Munition sichergestellt werden. Ab 16.15 Uhr übernahm die Oberstaatsanwaltschaft Amberg die Ermittlungen. Hubers Leichnam wurde nach Waldmünchen gebracht, wo Dr. Abb und Landgerichtsarzt Dr. Jung am 18. November 1953 die Obduktion vornahmen. Dabei stellten sie sechs Einschüsse im Brustbereich fest, die das Herz und andere innere Organe sowie die Wirbelsäule durchschlagen hatten. Der Tod trat aufgrund Verblutens nach der Verletzung des Herzens und der großen Blutgefäße ein. Alois Huber hinterließ seine Frau Magdalena und vier Kinder im Alter von 18 Monaten bis 15 Jahren.

In Poběžovice trafen sich unterdessen die Spitzen des tschechoslowakischen Grenzschutzes und des Abwehrdienstes, um den Fall unter der Leitung des Generalmajors der Grenzwache Ludvík Hlavačka zu besprechen. Korbel schilderte den Tathergang. Dann brachten ihn seine Kollegen vom Militärgeheimdienst mit dem Fahrzeug nach Prag. Die dortige Untersuchung konstatierte „grobe Disziplinarverstöße und die Nichtbeachtung der staatlichen Disziplinarordnung“ durch Korbel. Er erhielt – unter Berücksichtigung seiner Unbescholtenheit und ansonsten gewissenhafter Dienstausführung – 15 Tage Hausarrest. Die gegen ihn erhobenen Vorwürfe bezogen sich nicht auf die Erschießung des bayerischen Grenzpolizisten, sondern vor allem auf die fahrlässige Vorbereitung der geheimen Grenzaktion, auf die Grenzverletzung und die Dekonspiration vor den Soldaten der Grenzwache.

Die Besatzung des Grenzpostens Grafenried führte in der Nacht nach der Erschießung Alois Hubers unter dem Codenamen „Täuschende Grenzüberschreitung“ ein Vertuschungsmanöver aus, in dessen Verlauf Leuchtraketen und Böller eine bewaffnete Auseinandersetzung simulierten.

Die deutsche Seite forderte umgehend ein Treffen mit Verantwortlichen des tschechoslowakischen Grenzschutzes und eine Erklärung zu dem bewaffneten Übergriff zweier tschechoslowakischer Grenzsoldaten auf deutschem Territorium. Zu dem Treffen kam es am 21. November 1953 am Grenzübergang Folmava bei Furth im Wald. Die tschechoslowakische Seite wies alle Vorwürfe zurück und forderte von der bayerischen Seite, sich doch auf jene Grenzübertritte aus ihrem Verantwortungsbereich zu konzentrieren, die mit Unterstützung der amerikanischen Besatzungsmacht regelmäßig zu Spionageaktionen und „terroristischen Aktivitäten in der Tschechoslowakei“ erfolgten.

Ebenso wies die tschechoslowakische Regierung die Protestnote des stellvertretenden Hohen Kommissars der USA für Deutschland, Walter C. Dowling, vom 28. Januar 1954 zurück, die der tschechoslowakischen Militärmission in Berlin-Dahlem übergeben wurde. In Dowlings Note sind auch Zeugenaussagen mit Täterbeschreibungen erwähnt. Die Zeugen hätten die beiden Uniformierten auch gegrüßt, seien jedoch ignoriert worden. Kurz danach hörten sie die Schüsse aus einer Maschinenpistole. Andere Zeugen, die Schneiders, hörten kurz vor dem Beschuss das Opfer „Halt! Grenze!“ rufen. Die Zeugen hätten auch die Leiche Hubers erblickt. Die Note verurteilte außerdem die Hasspropaganda der tschechoslowakischen Presse, die Grenzwachen zu solch unmenschlichem Vorgehen anstachle, und forderte eine Entschädigung für die Familie Hubers. Die tschechoslowakischen Behörden bestritten den Waffengebrauch wie auch den Grenzübertritt und kritisierten die Protestnote wegen Mangels an Beweisen. Sie forderten eine Untersuchung darüber, ob Huber von deutscher Seite ermordet wurde. Ebenso wurde jedwede „Hass-Propaganda“ als Missbrauch des Vorfalls gegen die Tschechoslowakei zurückgewiesen. Die bayerischen Ermittler gingen zunächst davon aus, dass Alois Huber von einer gewöhnlichen Zweimannstreife erschossen wurde. Durch die Aussagen eines am 3. Mai 1954 nach Bayern geflüchteten tschechoslowakischen Grenzers erfuhren sie jedoch, dass ein Offizier des Geheimdienstes, der sich mit Zivilisten auf der bayerischen Seite treffen wollte, die Schüsse abgefeuert hat.

Alois Huber wurde 1953 auf dem Friedhof in Lam mit allen Ehren beigesetzt. Am Ort des Zwischenfalls wurde zunächst ein Gedenkkreuz errichtet, das später durch einen Stein mit der Inschrift: „Zum Gedenken! Hier hat am 17.11.1953 der Grenzpolizeibeamte Alois Huber bei Ausübung des Dienstes

Einweihung des Gedenksteins für Alois Huber

sein Leben geopfert“ ersetzt wurde. Magdalena Huber erhielt nach mehreren Jahren vom Bayerischen Rechnungshof die Mitteilung, sie habe jahrelang zu hohe Rentenbezüge erhalten. Ihr Mann habe zwar die Prüfung zum Hauptwachtmeister bestanden, er sei aber erschossen worden, bevor er die dienstliche Urkunde erhalten hatte. Die Beförderung sei demzufolge nicht rechtskräftig erfolgt.

Der Todesschütze František Korbel promovierte später an der Politischen Fakultät in Prag und erhielt für seinen Ehrgeiz und seine Hingabe an das Regime gute Kaderbewertungen. Seine nachrichtendienstliche Tätigkeit setzte er teilweise im Ausland fort – in Ägypten, Deutschland und der Schweiz. Das Dienstvergehen von 1953 wurde drei Jahre später in Anbetracht seiner „initiativen Vorschläge zur Verbesserung der Arbeit an seinem Arbeitsplatz“ aus dem Strafregister gelöscht. Im Jahr 1960 wurde er jedoch wegen Devisenvergehen sowie seines arroganten Benehmens in die Reserve versetzt. Er kam dann als Handelsrat in Italien zum Einsatz und arbeitete später bis zu seiner Verrentung im Jahr 1990 im tschechischen Forschungsinstitut für internationale Wirtschaftsbeziehungen.

Das 1995 in der Tschechischen Republik eingerichtete Amt für die Dokumentation und Untersuchung der Verbrechen des Kommunismus nahm 1996 die Ermittlungen zum Todesfall von Alois Huber auf und erhob gegen František Korbel den Vorwurf des Mordes. Die Ermittlungen führten schließlich

1998 zur Verurteilung Korbels zu einer Gefängnisstrafe von drei Jahren. Korbel bestritt die Mordvorwürfe und behauptete, er hätte nur ein paar Schüsse auf die Beine Hubers abgegeben. Gewisse „Diversanten" seien für dessen Tod verantwortlich gewesen. Seine Anwesenheit an der Grenze begründete er mit Vermessungs- und Markierungsarbeiten. Als Zeugen sagten gegen ihn allerdings sein damaliger Begleiter Straka und der damalige Kommandeur des Grenzpostens Pavelek aus. Als Zeugen wurden auch die ehemaligen Grenzer Bressler und Ambrož gehört. Letzterer diente 1953 als Kommandeur der Grenzbrigade Poběžovice. Korbel legte gegen das Urteil Berufung ein, der das Prager Obergericht am 28. September 1998 nicht stattgab. Die eigentlich verjährte Straftat konnte aufgrund des § 5 des Gesetzes Nr. 198/1993 Slg. über die Rechtswidrigkeit des kommunistischen Regimes verhandelt werden. An dem Prozess nahm Alois Hubers Tochter Edda Bock als Nebenklägerin teil.

Entschädigungsgesuche der Familie an das tschechische Verteidigungsministerium blieben ohne Erfolg. Das Prager Kreisgericht wies die geforderte Summe in Höhe von 160.000 Euro im Jahr 2010 zurück. Eine ähnliche Entscheidung hatte auch das Prager Stadtgericht gefällt. Beide Gerichte beschäftigten sich mit dem Fall unter dem Gesichtspunkt der damaligen deutschen Rechtslage, die eine dreißigjährige Verjährungsfrist enthielt. Die Tschechische Republik könne auch deshalb für Korbels Verbrechen nicht in Regress genommen werden, da seine Tat nicht in staatlichem Auftrag erfolgte.

(Autor: MZ; Recherchen: AH, jk, jos., MZ)

Quellen

Ministr Vnitra Republiky Československé: Incident u 9. roty pohraniční brigády na státní hranici – zastřelení příslušníka Grenzpolizei, 11.12.1955. ABS Kanice, Sekretariát ministra vnitra I. díl (A 2/1), inv. j. 559.

ABS Kanice, f. Personální spisy příslušníků Zpravodajské správy Generálního štábu a Vojenské kontrarozvědky – personální spisy ev. č. 3287 V a ev. č. 5938 V.

AMZV, f. Teritoriální odbory – obyčejné (TO-O), kt. 10.

Bayerisches Staatsministerium der Justiz: Grenzverletzung durch tschechische Grenzbewachungsorgane. BayHStA, MJu 23708.

Bayerisches Staatsministerium für Ernährung, Landwirtschaft und Forsten: Außergewöhnliche Vorkommnisse. BayHStA, MELF 6684.

Staatsanwaltschaft Regensburg: Strafsache gegen Masek Miroslaw wegen Mordes an dem Polizeibeamten Huber, 4 Js. 1/74. Staatsarchiv Amberg, Staatsanwaltschaft Regensburg, Nr. 9939.

Hofmann, Erwin: Zwischen Bayern und Böhmen. Wanderungen zu historischen Grenzzeichen von Hof bis Passau. Regensburg 1998, S. 144 f.

Krischer, Markus: Die Zeit war grausam. Nach fast 45 Jahren wurde ein Mord an der bayerisch-tschechischen Grenze aufgeklärt. In: Der Focus, Nr. 40, 1998, https://www.focus.de/politik/deutschland/die-zeit-war-grausam-kalter-krieg_id_2524621.html (23.2.2023).

Úřad dokumentace a vyšetřování zločinů komunismu, Vyšetřovací spis ÚDV 13/1996/Vt, https://www.policie.cz/soubor/korbel-frantisek-pdf.aspx (23.2.2023).

Pulec, Martin: Operace československých zpravodajských služeb na státních hranicích po roce 1948. In: Archiv bezpečnostních složek (Hg.): Sborník Archivu bezpečnostních složek, Nr. 6, Praha 2008, S. 117–178.

Pulec, Martin: Huber, Alois (* 8.1.1915, † 17.11.1953), https://www.ustrcr.cz/uvod/dokumentace-usmrcenych-statni-hranice/usmrceni-statni-hranice-portrety/huber-alois/ (23.2.2023).

Gedenken für getötete Polizeibeamte. In: hier DONAU! Magazin für die MitarbeiterInnen des Polizeipräsidiums Oberpfalz/Polizeipräsidium Oberpfalz, Nr. 3, 2012, S. 7.

Adolf Leder

geboren am 5. Februar 1939 in Kamen

getötet am 22. März 1959 durch Stromschlag am elektrisch geladenen Grenzzaun in der Tschechoslowakei

Ort des Vorfalls: bei Železná Ruda (Ortsteil Alžbětín, Okres Klatovy) an der Grenze zur Bundesrepublik Deutschland

Adolf Leder

Adolf Richard Leder kam am 5. Februar 1939 in Kamen, im östlichen Ruhrgebiet zur Welt. Sein 1901 geborener Vater Richard Leder war Bergmann und arbeitete in Königsborn-Werne in der Kohlenförderung. Er heiratete 1927 Elfriede Maiwald, Adolf Leders Mutter. Am 24. Februar 1945 starben bei einem Bombenangriff die Mutter und ein Bruder von Adolf Leder. Mit ihm überlebten zwei Schwestern. Die Jüngere, Margret, übernahm die Erziehung des Sechsjährigen.

Die Biografie Adolf Leders ist von Entweichungen geprägt. In Konfliktsituationen, oder wenn er sich ungerecht behandelt fühlte, ließ er nicht selten alles hinter sich und legte zu Fuß oder per Anhalter größere Strecken zurück, bis ihn die Polizei wieder aufgriff und zurückbrachte. In seinem Tagebuch aus dem Jahr 1956 formulierte er rückblickend, dass ihn die „Abenteuerlust" dazu trieb, immer wieder aufzubrechen. Nach seiner Entlassung aus der Volksschule 1954 begann er eine Lehre als Stahlbauschlosser in Dortmund. Als er im Herbst 1954 sein Lehrgeld zu Hause nicht ablieferte, sein Lehrherr darüber aber eine Bescheinigung vom Vater verlangte, lief er fort, „den Rhein hinunter, bis zur Schweizerischen Grenze und dann wieder hinauf bis Keel [Kehl], wo ich aufgegriffen wurde". Der Vater brachte ihn daraufhin als Berglehrling bei der Harpener Bergbau AG unter, sein Arbeitsort wurde die Zeche Monopol in Kamen.

Der athletisch gebaute Jugendliche war Mitglied des Schwimmvereins Kamen und des Box-Clubs in der Kreisstadt Unna. Leders Tagebuch folgend kam es im Dezember 1954 zu einem folgenreichen Konflikt des damals 15-Jährigen mit seinem Vater. Richard Leder beabsichtigte wieder zu heiraten und ließ seine zukünftige Ehefrau mit ihren zwei Kindern in die gemeinsame Wohnung einziehen. „Die Zwistigkeiten mit der Frau, die ich hatte, brachte[n] mein[en] Vater so weit, das[s] er mich des Hauses verwies." Adolf Leder bezog am 26. Januar 1955 auf Veranlassung seines Vaters das werkseigene Lehrlingswohnheim der Zeche Monopol. Von dort entwich er am 12. Mai nach Hamburg, wobei er ein Zelt, das dem Heim gehörte, mitnahm. Zwei Tage später brachte ihn von dort die Polizei zurück. Mit der Begründung der „Verwahrlosung" des Jugendlichen, verfügte das Amtsgericht Kamen daraufhin am 16. Mai auf Antrag des Vaters und des städtischen Jugendamtes die vorläufige Fürsorgeerziehung. Adolf Leder wurde am 25. Mai in das Aufnahme- und Erziehungsheim Eckehardt in Eckardtsheim bei Bielefeld gebracht. In der Heimerziehung der 1950er und 1960er Jahre, die auf rigide Disziplinierung und Arbeitsleistung abzielte, erfuhren Kinder und Jugendliche vielfach Gewalt und Entrechtung. Am 8. September floh Adolf Leder aus Eckardtsheim, bereits am Abend griff ihn die Verkehrspolizei in der Nähe von Bielefeld auf. Als Reaktion darauf wurde er am 20. September in das Landeserziehungsheim Benninghausen verlegt. Das Amtsgericht Kamen erweiterte mit Beschluss vom 10. November 1955 die vorläufige zur endgültigen Fürsorgeerziehung. Nachdem Adolf Leder nachts von anderen Jugendlichen im Schlafsaal verprügelt worden war, der Heimleiter sich dem gegenüber aber gleichgültig zeigte, lief er am 21. November aus Benninghausen fort zu seiner älteren Schwester nach Unna. Er kam am nächsten Vormittag an, bereits am Abend fahndete dort die Polizei nach ihm und veranlasste seine Rückkehr. Vergeblich forderte Adolf Leder von der Anstaltsleitung die Möglichkeit zu einer Berufsausbildung, auch erklärte sich seine Schwester Margret bereit, ihren Bruder bei sich aufzunehmen und beantragte die langfristige Beurlaubung aus der Fürsorgeerziehung. Nach einem erneuten Fluchtversuch mit vier anderen Zöglingen sprach sich der Leiter des Landeserziehungsheims gegen eine Beurlaubung aus und verlangte die Verlegung Leders in das Erziehungsheim Freistatt, damit ihm „die Möglichkeit zur Entweichung genommen wird". In Freistatt kam er am 26. März 1956 an. Hier wurde er zum Torfstechen in der sogenannten Moorkolonne eingesetzt. Am 3. August wiederholte Adolf Leder vor dem Hausvater seinen Wunsch nach einer Ausbildung als Bau- oder Maschinenschlosser mit Unterbringung in einem Lehrlingsheim, da er mit seinen Eltern nicht zusammenwohnen könne – „es gäbe bald ‚Krach' mit seiner Stiefmutter". Die Anstaltsleitung in Freistatt war mit seinen Arbeitsleistungen und seiner Führung zufrieden und gab den Wunsch an die Fürsorgeerziehungsbehörde Münster weiter. Zeitgleich beantragte jedoch auch Richard Leder die Entlassung seines Sohnes. Dieser solle im Elternhaus wohnen und eine Arbeit annehmen. Dass Adolf Leder „jetzt noch mit 17 ½ Jahren" sich ausbilden lassen wollte, lehnte der Vater ab, auch die Unterbringung in einem Wohnheim. Unter diesen Umständen sei er nicht mit einer Beurlaubung einverstanden, berichtete das Jugendamt Kamen der Fürsorgeerziehungsbehörde. Adolf Leder fügte sich. Am 1. Oktober 1956 kehrte er nach Kamen zurück und begann wieder als Bergmann zu arbeiten. Er wurde zunächst vorläufig und am 2. Mai 1957 endgültig aus der Fürsorgeerziehung entlassen.

Lang blieb er nicht bei seinem Vater, ab dem 21. März 1957 diente Adolf Leder als Bundeswehrsoldat bei der 5. Panzerdivision in Grafenwöhr. Danach zog er von Kamen nach Kassel um. Am 27. und 28. Januar 1959 wurde in den Meldekarten sein Umzug dorthin vermerkt. Die neue Adresse war Die Freiheit 2 und bezeichnet das Kolpinghaus, damals wie heute eine Anlaufstelle für Bedürftige und Obdachlose. Hier wurde Leder am 21. Februar 1959 durch den Vermieter als unbekannt verzogen wieder abgemeldet. Im nun folgenden Monat legte der 20-Jährige 500 km bis zur tschechoslowakischen Grenze bei Alžbětín (Železná Ruda) zurück. Bei sich trug er einen ledernen Brustbeutel, eine Aktentasche und einen Plastikbeutel mit Kleidung, Hygieneartikeln, einem Stoffaffen, Fotografien, einer Straßenkarte, seinen Mitgliedskarten vom Boxsport- und Schwimmverein sowie seinen Zeugnissen, seinem Personalausweis und verschiedenen Bescheinigungen.

Am 22. März 1959 bemerkten zwei Patrouillen der tschechoslowakischen Grenzwache um 21.50 Uhr, dass es am mit Starkstrom geladenen Grenzzaun aufblitzte und qualmte. Adolf Leder hatte sich, durch den Schnee von Bayerisch Eisenstein kommend, in einem leerstehenden Haus versteckt, das etwa zehn Meter von den Grenzzäunen entfernt stand. Dann hatte er sich unbe-

Gedenkstein auf dem Friedhof von Hůrka für Alois Janotka, Ladislav Kolář und Adolf Leder

merkt einen Graben entlang bewegt, den äußeren Grenzzaun überwunden und war beim zweiten Grenzzaun an die elektrischen Stromleiter geraten. Die beiden Grenzpatrouillen entdeckten den leblos zwischen den Zäunen Liegenden und alarmierten die 10. Grenzkompanie der Grenzbrigade Sušice. Der angeforderte Stabsarzt konnte nur noch den Tod Leders feststellen. Die Obduktion der Leiche ergab, dass der Stromschlag einen Herzstillstand verursacht hatte. Der Körper war durch Verbrennungen dritten Grades an den Händen, am rechten Unterschenkel und am Unterbauch gezeichnet. Für den Grund des Übertritts fanden die tschechoslowakischen Sicherheitsbehörden keinen Hinweis, so dass sie zunächst annahmen, dass Leder im Auftrag eines westlichen Geheimdienstes handelte, was sich jedoch nicht belegen ließ.

Bereits am nächsten Tag, den 23. März 1959 beerdigte die Grenzwache die Leiche Adolf Leders auf dem Friedhof des Dorfes Hůrka (Gemeinde Prášily), das Anfang der 1950er Jahre vom Militär geräumt und abgerissen worden war. Die Teilnehmer der Beisetzung wurden zur strengen Verschwiegenheit verpflichtet.

Die Friedhofskapelle des Heiligen Kreuzes war das einzige Gebäude des Dorfes, das man stehen ließ. Eine 2004 an der Kapelle angebrachte Gedenktafel erinnert an Adolf Leder und 26 weitere Menschen, die zwischen 1948 und 1969 beim Versuch, die tschechoslowakische Westgrenze zu überqueren getötet wurden. Auf dem ehemaligen Friedhof ist ein Gedenkstein drei Opfern der mit Starkstrom geladenen Grenzzäune im Bereich der Grenzbrigade Sušice gewidmet. Darauf befindet sich eine Tafel mit den Namen Alois Janotka, Ladislav Kolář und Adolf Leder.

(Autor: jk; Recherche: jk, MZ)

Quellen

Standesamt Kamen: Geburtenregister, Eintrag Nr. 32 (Adolf Leder) vom 6.2.1939. Stadtverwaltung Kamen, Standesamt.

Einwohnermeldekarte von Adolf Leder. Stadtverwaltung Kamen, Fachbereich Kultur, Stadtarchiv.

Einwohnermeldekarte von Adolf Leder. Stadtarchiv Kassel, Bestand A 3.33/10.

Einzelfallakte Leder, Adolf. Hauptarchiv der v. Bodelschwinghschen Stiftungen Bethel, EinzelJugend2, 180/2525.

Usmrcení narušitele SH v EZOH dne 22.3.1959. ABS Kanice, f. 2343, 7. pohraniční brigáda PS Sušice, i. j. 887, kt. 6.

ABS Kanice, HS PS MV, Denné hlasení, Január–december 1959, A 15.

Tatenhorst, Stephanie: Verschollen: 63 Jahre später erfährt Familie, was mit dem Onkel geschah. In: Hellweger Anzeiger, 13.2.2023.

Alois Sulzer

geboren am 3. Februar 1944 in Rosenberg (heute Rožmberk nad Vltavou)
getötet am 23. Juli 1960 durch Stromschlag am elektrisch geladenen Grenzzaun in der Tschechoslowakei
Ort des Vorfalls: Mnichovice bei Vyšší Brod an der Grenze zu Österreich

Alois Sulzer wurde am 3. Februar 1944 in Rosenberg (heute Rožmberk nad Vltavou) geboren. Sein Vater Alois war dort Wagnermeister, seine Mutter Aloisia, geb. Hutter, stammte aus dem nahen Větrná (dt. Nesselbach). In Folge der Zwangsaussiedlung aus der Tschechoslowakei zog die Familie am 12. September 1946 nach Donzdorf im Kreis Göppingen (damals Württemberg-Baden). Dort wuchs Alois Sulzer zusammen mit seiner am 19. Juli 1941 in Rosenberg geborenen Schwester Herta Anna auf.

Am 7. Juli 1960 verließ der 16-Jährige sein Zuhause und machte sich auf den langen Weg über Österreich in den Böhmerwald, wo die Familie seines Onkels František Hošek verblieben war. Da Sulzers Visumsantrag zum Besuch der Verwandten im ca. 10 km von der österreichischen Grenze entfernten Loučovice (dt. Kienberg) abgewiesen wurde, entschied er sich auf eigene Faust in die ČSSR zu gelangen. Am 14. Juli schickte er aus dem österreichischen Freistadt einen Brief an die Cousine Magdalena, in dem er sie über seine Absicht informiert. Sulzer fuhr von Freistadt mit dem Fahrrad über Summerau bis zur tschechoslowakischen Grenze, die er bei Dürnau überschritt. In einem verlassenen Haus an der Grenze hinterließ er sein Fahrrad, seine Gitarre und einen Brief, in dem er schrieb, dass er in die ČSSR gehen will und darum bittet, ihm seine Sachen nicht wegzunehmen.

Im Bereich des untergegangenen Ortes Mnichovice (dt. Minichschlag) versuchte Alois Sulzer am 23. Juli 1960 den elektrisch geladenen Grenzzaun zu überwinden. Dabei wurde er etwa um 0.45 Uhr von einem Starkstromschlag getötet. Der bei der Untersuchung des Vorfalls eingetroffene Vertreter der Militärprokuratur ordnete eine Obduktion, eine Fotodokumentation und die Beerdigung an. Dabei entstanden Fotos von einer stark verunstalteten Leiche, deren Identifizierung – so die Kreisverwaltung des Innenministeriums – als „nicht geeignet und aus international-politischen Gründen untragbar" betrachtet wurde. Alois Sulzer soll kurz vor seinem Grenzübertritt von einem Beamten der österreichischen Grenzpolizei gesichtet worden sein. Die österreichischen Grenzorgane fanden auch Sulzers hinterlassene Sachen und stellten zwei entsprechende Nachfragen an die tschechoslowakische Seite, diese wurden jedoch negativ beantwortet.

Am 2. November 1960 trafen Sulzers Eltern in Loučovice ein, um sich bei der Grenzwache nach ihrem Sohn zu erkundigen. Dort erfuhren sie, dass Alois Sulzer weder in der ČSSR weilte, noch die ČSSR-Grenze überschritten habe. Die Frage der Mutter, ob sich ihr Sohn denn im Land versteckt aufhalten könnte, wurde negativ beantwortet, eine Fahndung auf dem ganzen Staatsgebiet sei ohne Ergebnis verlaufen. Der Leiter der Kreisabteilung des Innenministeriums Kapitän Podlešák versprach, dass er die Verwandten in Loučovice sofort informieren werde, sobald neue Erkenntnisse vorlägen. Am selben Tag wurden die Grenzer, die von dem Vorfall wussten, zur Verschwiegenheit verpflichtet. Die Grenzwache, die Sulzers Leiche gefunden hatte, wurde zum 31. Oktober 1960 auf einen anderen Posten außerhalb Südböhmens versetzt.

Über Sulzers Schicksal wussten offiziell nur der Leiter des Grenzpostens, drei Offiziere vom Stab, ein Angehöriger der Militärischen Abwehr und der Nachrichtendienst Bescheid, und doch sickerte die Geschichte von Mund zu Mund durch. Von dem Vorfall erfuhr dadurch trotz aller Geheimhaltung Sulzers Onkel František Hošek, der Kontakt mit Sulzers Eltern hielt. Hošeks Verdacht, dass der Tote an der Grenze sein Neffe war, wurde ihm im

Sommer 1962 von Ladislav Havel bestätigt, einem pensionierten Unteroffizier vom Grenzposten Spáleniště. Hošek wandte sich deshalb am 8. Oktober 1962 an die Kreisabteilung des Innenministeriums in Český Krumlov (dt. Krumau) mit der Forderung, den Fall zu untersuchen und Sulzers Eltern zu verständigen. Laut seiner Version wollte Sulzer vor allem seine Geliebte in Studánky (dt. Kaltenbrunn) besuchen und hätte 600,– DM bei sich gehabt. Das Innenministerium beharrte jedoch weiter auf der Geheimhaltung des Vorfalls, was mit den bereits erteilten negativen Auskünften an die österreichische Seite, mit dem zeitlichem Abstand und den von Sulzers Onkel nicht beizubringenden konkreten Beweisen begründet wurde. František Hošek musste sich mit der Versicherung zufrieden geben, dass die Angelegenheit einer Untersuchung bei den zuständigen Organen unterzogen wird. Auch Sulzers Eltern wandten sich erfolglos an die tschechoslowakischen Organe, die tschechoslowakische Militärmission in Berlin-Dahlem wie auch an das Tschechoslowakische Rote Kreuz. Der Tod ihres Sohnes wurde ihnen offiziell nicht bestätigt. Alois Sulzer war heimlich auf dem Zentralfriedhof in České Budějovice (Budweis) als Unbekannter begraben worden.

(Autor: MZ; Recherche: jk, MZ)

Quellen

Matrikel Rožmberg nad Vltavou 1826–1946, Bd. 18, https://digi.ceskearchivy.cz/6977/209/2693/750/42/0 (4.10.2022).

HS PS MV: Usmrcení neznámé osoby v DZ dne 23.7.1960. ABS Kanice, MNO VPS, kt. 273.

Usmrcení neznámé osoby v DZ. ABS Praha, sign. A 6/2 i. j. 874.

Sulzer Alois, NSR št. príslušník, usmrtenie el. prúdom pro prechode št. hraníc – prešytrenie. ABS Praha, Krajská správa ŠtB České Budějovice – B2/II, i. j. 41.

Auskunft des Stadtarchivs der Stadt Donzdorf aus der Einwohnermeldekartei Donzdorf vom 27.10.2022.

Albert Jerke

geboren am 5. Mai 1940 in Kielce (Polen)

getötet am 4. Oktober 1961 durch Stromschlag am elektrisch geladenen Grenzzaun in der Tschechoslowakei

Ort des Vorfalls: bei Pastviny (OT von Hranice, Okres Cheb) an der Grenze zur Bundesrepublik Deutschland

Albert Jerke wurde am 5. Mai 1940 in Kielce, einer Stadt im Südosten Polens geboren. Seine 1921 geborene Mutter Auguste Emilie Jerke stammte aus

Husberg in Schleswig-Holstein. Im November 1944 zog sie mit ihrem Sohn von Kielce nach Walpenreuth (Gemeinde Zell im Fichtelgebirge), wo sie 1948 den Zimmermann Peter Willy Puchta heiratete und bis zu ihrem Tod im Jahr 2001 wohnen blieb.

Am 4. Oktober 1961 versuchte Albert Jerke zwischen 17 und 17.50 Uhr die Grenze zur ČSSR im Bereich der 3. Kompanie der Grenzwache Pastviny zu überschreiten. Zunächst legte er sich 40 m vor der dreiteiligen Sperranlage ins Gras und beobachtete diese. Dann überwand er den ersten Drahtzaun. Als er versuchte, über den mittleren, Starkstrom führenden Drahtzaun zu klettern, berührte er den elektrischen Leiter und wurde von einem Stromschlag getroffen. Der 21-Jährige starb sofort. Der Grund seines Versuchs, in die ČSSR zu gelangen, ist unbekannt.

Um 17.50 Uhr entdeckten Feldwebel Urbánek und Zugführer Gurecký im Kontrollbereich Fußspuren, die von der Bundesrepublik in Richtung ČSSR führten. Die Patrouille folgte den Spuren und fand zwischen dem äußeren und dem mittleren Grenzzaun die Leiche Albert Jerkes, die starke Verbrennungen am Gesäß und der rechten Wade aufwies. Der Feldwebel Urbánek feuerte einen Signalschuss ab, um Unterstützung anzufordern, dann versuchten die Grenzwächter vergeblich, Jerke erste Hilfe zu leisten.

Am nächsten Tag untersuchte eine Kommission, bestehend aus Leitungspersonal der 5. Brigade der Grenzwache, dem Kreisprokurator und Technikern der Sicherheitspolizei, den Vorfall. Hierbei stellten sie fest, dass der Durchbruchsort vom Wachposten nicht beobachtet werden konnte, da er ca. 400 m vom nächsten Wachturm entfernt war. Deshalb nahmen sie an, dass Jerke für den Grenzübertritt gut vorbereitet und – weil Urbánek vor Ort angeblich drei Pfiffe von deutscher Seite gehört haben wollte – möglicherweise nicht allein war.

Die Leiche wurde zur Obduktion ins Krankenhaus nach Aš gebracht, als Todesursache wurde Herzstillstand festgestellt. Jerke hatte lediglich eine Bestätigung vom Gemeindeamt Walpenreuth über den Verlust seiner Personalunterlagen, zwei Fotografien und einen ungültigen 100 DM-Schein bei sich.

Rund 35 km vom Vorfallsort entfernt wurde 2006 in der Nähe des Grenzübergangs Svatý Kříž/Waldsassen ein Denkmal für die Opfer des Eisernen Vorhangs enthüllt. Es enthält die Namen von 82 Menschen, die zwischen 1948 und 1989 beim Versuch die tschechoslowakische Westgrenze zu überschreiten getötet wurden, unter ihnen auch den von Albert Jerke.

(Autor: MZ; Recherche: jk, MZ)

Quellen

Úmrtí při výkonu služby, sebevraždy pohraničníků 1952–1991. ABS Kanice, f. 2342 – 5. brigáda PS Cheb, i. j. 369, kt. 146, Bl. 166–175.

ABS Kanice, HS PS MV, Denné hlášení, Január–december 1961, A 16.

5. pohraniční brigáda MV: Usmrcení narušitele státních hranic Jenke [!] Alberta na EZOH – předložení hlášení. ABS Kanice, MNO VPS, 1961, kt. 247.

Auskunft des Stadtarchivs Markt Zell im Fichtelgebirge vom 18.3.2021.

Georg Nusser

Georg Nusser

geboren am 14. März 1924 in Geiselhöring, OT Kraburg

am 3. Oktober 1963 nach Beschuss durch Jagdflieger mit einem Sportflugzeug abgestürzt in der Tschechoslowakei

Ort des Vorfalls: bei Nové Sedliště (Plzeňský kraj) an der Grenze zur Bundesrepublik Deutschland

Georg Ludwig Nusser wurde am 14. März 1924 in Kraburg geboren, der Mühlenstandort wurde 1972 zu Geiselhöring eingemeindet. Sein Vater Georg Nusser sen. war Mühlenbesitzer. Nach dem Besuch der Real- und Handelsschule begann er im April 1941 eine Ausbildung zum Müller, die er am 14. September 1942 vorzeitig mit der Gesellenprüfung abschloss, da er den Kriegsdienst antreten musste. 1943 kam er in Frankreich und Russland zum Einsatz, er erlitt eine Schussverletzung und wurde im Dezember 1944 zum Leutnant der Reserve ernannt.

Am 20. April 1949 legte Georg Nusser seine Meisterprüfung für das Müllerhandwerk ab. Als sein Vater im Dezember 1953 starb, übernahm er den Familienbetrieb, den er durch den Neubau einer Kunstmühle modernisierte. Am 17. September 1955 schlossen er und Wilhelmine Röhrl die Ehe, gemeinsam bekamen sie vier Kinder.

Am 3. Oktober 1963 startete der 39-jährige Mühlenbesitzer mit einer zweisitzigen Cessna 150 vom Sportflugplatz Bruck in der Oberpfalz zu einem Höhenflug. Georg Nusser hatte bisher 30 Flugstunden hinter sich und wollte nun einen Übungsflug absolvieren, den er zur bevorstehenden Abschlussprüfung für seinen Motorflugschein brauchte. Laut einem Bericht der St. Vither Zeitung habe 20 Minuten nach dem Start die Bodenstation Funkverbindung zu ihm aufgenommen, „wobei der Pilot erklärte, er habe sich völlig verfranzt und wisse nicht, wo er sich befinde. Die Funkverbindung brach dann, nachdem er mitgeteilt hatte, daß ein Düsenjäger ihn unter Beschuß nehme, ab.“

Nach Angaben der tschechoslowakischen Luftabwehr hatte die Maschine um 16.36 Uhr die Staatsgrenze in einer Höhe von ca. 2.000 m von den Grenzwachen unbemerkt überflogen. Nachdem das Flugabwehrsystem den Einflug registriert hatte, startete ein Jagdflieger (MIG-19 S) von dem Flughafen Líně, um das unbekannte Flugzeug zu verfolgen. Gleichzeitig starteten auch zwei Jagdflieger aus České Budějovice (MIG 15) und Žatec (MIG 19 PM), um den Einflug in Richtung Süden bzw. Norden zu versperren. Um 16.53 Uhr entdeckte der Pilot des MIG-19 S, Jan Foks, die Cessna in einer Höhe von 800 Metern, die im Bereich Bohuslav – Labuť – Újezd pod Přimdou – Nové Sedliště kreiste. Foks feuerte vier Leuchtraketen und mehrere Warnschüsse ab, um das fremde Flugzeug zu zwingen, ihm zu folgen. Die Cessna bog jedoch in Richtung Grenze ab – Nusser war über Funk von seinem Startflugplatz Bruck angewiesen worden, einen südwestlichen Kurs einzuschlagen. Oberstleutnant Marušák von der Flugabwehr befahl daraufhin um 16.56 Uhr die Vernichtung des Flugzeugs. Von Maschinenkanonen beschossen stürzte Nussers Maschine eine Minute später etwa zwei Kilometer südwestlich der Gemeinde Nové Sedliště ab.

Um 18 Uhr desselben Tages wurde vor Ort die Untersuchung eingeleitet. Im Umfeld des Hegerhauses Boček wurden Wrackteile des zerstörten Flugzeugs entdeckt. Der vordere Teil des Flugzeugrumpfes mit dem Motor hatte sich in den Boden gebohrt, der hintere Teil war vollständig abgerissen worden. Die Oberfläche war mit kleinen Splittern bedeckt. Während der rechte Flügel zwar deformiert, aber ganz blieb, war der linke Flügel in zwei Teile zerbrochen, wobei der Endbogen des Flügels mit dem roten Positionslicht 25 m entfernt lag. In der Kabine wurde die Leiche Georg Nussers gefunden. In der linken Hand hielt der Tote noch das Mikrofon des Funksprechgerätes. Das Tachometer zeigte eine Geschwindigkeit von 240 km/h an. Bei dem Piloten wurde kein Ausweis, jedoch in der rechten Hosentasche ein Brief mit der Adresse Nussers gefunden. Des Weiteren fand man eine beschädigte Landkarte des Dreiländerecks Bayern – Sachsen – Böhmen, auf der die Flugtrassen gekennzeichnet waren. Auf dem Flugzeug selbst befand sich die Inschrift: Eigentümer G. Schöneck, Halter Aeroclub, Bruck. Die Überreste des Flugzeugs wurden zum Militärposten Vysočany bei Tachov (dt. Tachau) transportiert. Die Ermittler interessierten sich für die genaue Flugroute und dafür, ob unterwegs etwas aus dem Flugzeug geworfen worden war. Schließlich wurde die Leiche zur Obduktion ins Krankenhaus nach Pilsen gebracht. Am Abend des 5. Oktober 1963 übergaben zwei tschechoslowakische Offiziere am Grenzübergang Rozvadov/Waidhaus die Leiche Nussers, ohne Totenschein oder Leichenpass, der Bayerischen Grenzpolizei.

Da bis 1973 noch keine diplomatischen Beziehungen zwischen der Bundesrepublik Deutschland und der Tschechoslowakei bestanden, übergab am 6. Oktober 1963 die tschechoslowakische Seite der US-Botschaft in Prag eine Protestnote an die Bundesregierung. Es handelte sich bereits um die zweite Protestnote gegen die Verletzung des Luftraumes in kurzer Zeit. In der ersten Note vom 28. September 1963 wurde gegen den ca. einstündigen Flug eines Sportflugzeugs über tschechoslowakischem Gebiet protestiert. Das Flugzeug habe im Bereich Nemanice die Grenze überschritten und war anschließend nach Bayern zurückgekehrt. Dies mag auch die schnelle Eingriffsbereitschaft im Falle Nusser erklären, der sich keine halbe Stunde über der ČSSR aufhielt. In beiden Fällen wurden diese Flüge als Spionageeinsätze interpretiert. Es wurde darauf hingewiesen, dass das Flugzeug Nussers keine internationalen Kennzeichen trug und er selbst keinen Ausweis mit sich führte. Auch die Funkverbindung nach Deutschland wollten die ČSSR-Stellen als Beweis einer Spionagetätigkeit ansehen. Nach mehrmaliger Aufforderung zur Landung sei ein Warnschuss auf das Flugzeug abgegeben worden. Daraufhin habe die Maschine abgedreht und in Richtung Bundesrepublik entkommen wollen. Bei dem Versuch, sie zur Landung zu zwingen, sei die Maschine abgestürzt und der Pilot ums Leben gekommen. Die Bundesregierung wies in einer Protestnote vom 10. Januar 1964 die Behauptung, es handelte sich um Spionageflüge, „als unsinnig" zurück und protestierte ihrerseits „gegen den Einsatz tschechoslowakischer Militärmaschinen gegen ein verirrtes Sportflugzeug". Die Bundesregierung bemängelte zudem, dass die tschechoslowakische Seite den Zugang eines deutschen Vertreters zur Untersuchung nicht ermöglicht hatte. Der Protest wurde zurückgewiesen.

Ob auf das Flugzeug, in dem Georg Nusser saß, mit Leuchtspurmunition oder scharf geschossen wurde, konnte von westdeutscher Seite aus zunächst nicht ermittelt werden. Bei der Nachobduktion stellten der Landshuter Gerichtsarzt Dr. Dahse und der Oberregierungsmedizinalrat Dr. Thoma keine Schussverletzungen am Körper Nussers fest. Die Leiche wies dagegen Verletzungen auf, die für einen Absturz aus größerer Höhe sprechen. Dem Anliegen des Luftfahrtbundesamtes an den Ermittlungen zum Absturz des Schulflugzeugs beteiligt zu werden, hatte die tschechoslowakische Regierung

Die an Georg Nusser erinnernde Marienkapelle in Greißing (Geiselhöring)

am 7. Oktober 1963 eine Absage erteilt. Der Absturz sei keine zivile Angelegenheit und werde vom Staatssicherheitsdienst untersucht. Am 24. Oktober 1963 meldete dpa dann, der tschechoslowakische Major Černý habe gegenüber bayerischen Grenzpolizisten geäußert, Nusser sei von tschechoslowakischen Düsenjägern abgeschossen worden. In einem Bericht des Präsidiums der Bayerischen Grenzpolizei vom 22. November 1963 wurde das bestätigt.

Am 10. Oktober nahm die Regensburger Staatsanwaltschaft ein Ermittlungsverfahren gegen die Flugleitung des Sportflugplatzes Bruck in der Oberpfalz auf. Da der Flugplatz innerhalb der Air Defense Identification Zone lag, in der zu Schulungszwecken nur Flüge in einer Höhe von maximal 150 Metern über dem Flugplatz zulässig waren, habe der Flugleiter Dallabetta, der Nusser zum dem Höhenflug animiert hatte, seine Vorschriften verletzt. Die Flugleitung verwies hingegen darauf, dass Nusser gemäß der genehmigten Flugroute eigentlich westlich und südwestlich von Bruck fliegen sollte, woran er sich nicht gehalten habe.

Die Leiche Georg Nussers wurde am Vormittag des 10. Oktober 1963 auf dem Friedhof in Geiselhöring unter großer Anteilnahme der Bevölkerung beigesetzt. Die Familie Nusser hatte zum Dank für die Heimkehr ihres Sohnes Georg aus dem 2. Weltkrieg an einem Waldstück im Stadtteil Greißing eine Marienkapelle errichten lassen. Nach seinem Tod brachte Nussers Freund Karl Rosner zu Weihnachten 1963 an der ‚Nusserkapelle' eine Tafel mit der Inschrift an: „Zum Gedenken an meinen Freund Gorki Nusser. Er hatte sich am 3. Oktober 1963 im Grenzgebiet des Böhmerwaldes bei einem Übungsflug über die Tschechoslowakei verirrt und wurde von tschechischen Düsenjägern abgeschossen. Er war ein guter Mensch und treuer Freund."

Anlässlich des 50. Todestages von Georg Nusser wurde am 3. Oktober 2013 an der Stelle des abgestürzten Flugzeuges bei Nové Sedliště von örtlichen Teilnehmern des Suchspiels Geocaching ein Denkmal enthüllt. Es stellt das von Einschüssen durchlöcherte Frackteil eines Flugzeugs dar und trägt die Inschrift „Cessna 19 vs. MIG 19 / 3.10.1963". Die Trümmer von Nussers Flugzeug wurden zuerst in Vysočany gelagert, wo sie später hingelangten, ist bis heute unbekannt.

(Autoren: jk, MZ; Recherche: jk, MZ)

Quellen

HS PS MV: Denní hlášení č. 219, 4.10.1963. ABS Kanice, HS PS MV, Denné hlasení, Január–december 1963, A 19.

Okresní oddělní MV Tachov: Zostrelenie západoněmeckého letadla. ABS Kanice, OS – ZNB – Oddělenie ŠtB Tachov, i. j. 1.

Vyjádrení MV k nóte vlády NSR k narušení vzdušného prostoru NSR sportovním letounem. ABS Praha, A 2/2 i. j. 343.

Bayerische Staatskanzlei: Grenzübertritte und Grenzüberwachung zur CSSR, DDR und Österreich, 1963–1965. BayHStA, StK 19432.

ma.: Tschechen übergeben die Leiche des Sportfliegers. In: F. A. Z., 7.10.1963.

ma.: Die Tschechen lehnen deutsche Untersuchung ab. In: F. A. Z., 8.10.1963.

ma.: Schwerer Vorwurf für die Flugleitung Bruck. In: F. A. Z., 9.10.1963.

ma.: Die Flugleitung Bruck weist Vorwürfe zurück. In: F. A.Z, 10.10.1963.

ma.: Ermittlungsverfahren gegen Brucker Flugleitung/Bonn protestiert in Prag. In: F. A. Z., 11.10.1963.

Deutsches Flugzeug wurde über CSR abgeschossen. In: St. Vither Zeitung, 10.10.1963.

dpa: Abschuß Nussers zugegeben, 24.10.1963.

Kohout, Jiří: Nad Novým Sedlištěm bylo sestřeleno letadlo. Tragédie má nový pomník, 5.10.2013, https://tachovsky.denik.cz/zpravy_region/nad-novym-sedlistem-bylo-sestreleno-letadlo-tragedie-ma-novy-pomnik-20131005.html (14.9.2022).

Kirchen und Kapellen der Heimat – Nusserkapelle, https://www.kirchturm.net/kirchen/seit197.html (08.11.2023).

Šafařík, Jan Josef: Vysoká „rudá" zeď. Československé vojenské letectvo a protivzdušná obrana státu 1950–1989. Sestřely přiznané příslušníkům Československého vojenské-

ho letectva v období „Studené války“, https://adoc.pub/sestely-piznane-pislunikm-es-koslovenskeho-vojenskeho-letectv.html (22.9.2022).
Auskunft von Johann Nusser vom 28.2.2023.

Rolf Kühnle

geboren am 11. Februar 1940 in Nürnberg
erschossen am 23. August 1972 in Bulgarien
Ort des Vorfalls: nahe Kalotina an der Grenze zu Jugoslawien

Rolf Kühnle, Taufname Rudolf, kam am 11. Februar 1940 als Sohn von Elisabeth, geb. Fürst, und Gerhard Kühnle in Nürnberg zur Welt. Die junge Mutter, eine Nürnberger Kaufmannstochter, hatte im Jahr zuvor im Alter von 19 Jahren den 13 Jahre älteren Diplom-Ingenieur Gerhard Kühnle (1907–1964) geheiratet, der aus einer Stuttgarter Pfarrersfamilie stammte. Er gehörte seit 1930 der NSDAP an und wird wohl von seiner jungen Ehefrau ein Verhalten im Sinne des Frauenbildes der Hitlerpartei erwartet haben. Doch dem entsprach die selbstbewusste Lisa nicht. Frühe Fotografien zeigen sie in modischer Kleidung und am Steuer eines Mercedes-Cabrios. Ihre wohlhabenden Eltern betrieben in Nürnberg ein Modegeschäft.

Zwischen Lisa und Gerhard Kühnle kam es häufiger zu Unstimmigkeiten und wiederholten Trennungen. Rolf Kühnle kam dann zeitweise bei seinen Großeltern unter und als sie gestorben waren als Zwölfjähriger in das Städtische Oberschülerheim Dinkelsbühl. In den 1950er Jahren wohnte er mit seinen Eltern in Mönchen Gladbach (heute Mönchengladbach), da sein Vater dort Arbeit gefunden hatte. Fotografien aus dieser Zeit zeigen Rolf Kühnle als fröhlichen Jungen. Er absolvierte eine Optikerlehre und wurde danach als Wehrpflichtiger zur Bundeswehr eingezogen. Seinen Wehrdienst leistete er vom Oktober 1961 bis September 1963 im Gebirgsjägerbataillon 232 in Berchtesgaden als Sanitäter ab. Danach arbeitete er zeitweise als Vertreter für die American Optical Company Deutschland und besuchte in München die Höhere Fachschule für Augenoptik, die er 1971 als Augenoptikermeister abschloss. Durch eine Anstellung bei dem Nürnberger Optiker Günter Räder verfügte er dann über ein gutes Einkommen, das es ihm ermöglichte, mit seinem Škoda Reisen durch das In- und Ausland zu unternehmen. Dabei favorisierte er wegen der guten Umtauschkurse und günstigen Hotelangebote osteuropäische Länder.

Als leidenschaftlicher Hobbyfotograf besuchte Rolf Kühnle Sportveranstaltungen und Autorennen. Auf den Rückseiten seiner Aufnahmen vom

Rolf Kühnle mit seinen Eltern 1943

Nürburgring notierte er akribisch Startnummern, Automarken und die Namen der damaligen Formel-1-Heroen. Er selbst spielte Eishockey und war ein begeisterter Skifahrer. Eine damals geschlossene Ehe verlief unglücklich und stand vor der Scheidung, als er während eines Kurzurlaubs in der Tschechoslowakei am 17. Mai 1970 Wera Sandner aus Cottbus kennenlernte. Er war gerade mit seinem Freund Heinz Wyremba in Prag eingetroffen, als sich in einem Café zwei DDR-Bürgerinnen zu ihnen an den Tisch setzten. Es muss Liebe auf den ersten Blick gewesen sein. Heinz Wyremba erinnerte sich später, dass er seinen Freund danach drei Tage und drei Nächte nicht mehr gesehen hat. In der folgenden Zeit trafen sich Wera Sandner und Rolf Kühnle immer wieder in der Tschechoslowakei und in Ost-Berlin. Seinem Freund Wyremba offenbarte Kühnle, nachdem er den Jahreswechsel 1971/72 mit Wera Sandner im Prager Hotel „Ametyst" gefeiert und sich mit ihr verlobt hatte: „Ich hol sie raus".

Auf die Rückseiten von zwei Fotografien mit Wera Sandner vor der Weltzeituhr auf dem Alexanderplatz schrieb er für sie ein Gedicht und eine Liebeserklärung:

„In dieser Welt, wo jeder an sich selber denkt
und selten nur sein Herz verschenkt
und seiner Wege geht.
In dieser Welt, wo Freunde morgen Feinde sind,
wo oft vor Haß die Menschen blind
und keiner sich versteht.
In dieser Welt, wo Haß und Neid regieren,
wo ohne Sinn die Menschen Kriege führen
und wo die Angst in unseren Herzen schlägt
da sehen wir noch einen Weg!
In dieser Welt, da wollen wir Freund sein,
weil das nur ganz allein
auf dieser Erde zählt.
In dieser Welt, die uns gefangen hält,

bau'n wir aus Liebe unsre eigne Welt!
In dieser Welt, auf der wir leben,
kann ich Dir nur meine Liebe geben!
Du bist die:
1., hübscheste
2., zärtlichste
3., netteste
4., süßeste
5., ‚frechste'
Und last not least
6., allerliebste
Maus, die mir je begegnet ist."

Dem DDR-Staatssicherheitsdienst war die Liebesbeziehung zwischen Wera Sandner und Rolf Kühnle früh durch einen Inoffiziellen Mitarbeiter (IM) mit Decknamen „Bernd" zu Ohren gekommen. Der Mann wohnte mit seiner Familie in demselben Haus wie Wera Sandner und verfügte über einen Telefonanschluss. Er gestattete ihr die Entgegennahme von Anrufen ihres westdeutschen Geliebten. IM „Bernd" meinte bei Wera Sandner „ein direktes Interesse" an einer Flucht nach Westdeutschland festgestellt zu haben und berichtete das dem Staatssicherheitsdienst. MfS-Unterleutnant Hans Woithe von der für Spionageabwehr zuständigen Abteilung II/3 der MfS-Bezirksverwaltung Cottbus nahm die Berichte zum Anlass, um Wera Sandner am Donnerstag dem 5. August 1971 unter dem Namen Meißner in ihrer Arbeitsstelle anzurufen. Er verabredete sich mit ihr, um sie zu einem „Sachverhalt" zu befragen. Der MfS-Mann holte Wera Sandner am folgenden Nachmittag in ihrer Wohnung ab und fuhr mit ihr im Dienstwagen vor die Stadt. Dort konfrontierte er sie mit seinen Informationen zu ihrer Beziehung mit der „WD-Person Kühnle". Unterleutnant Woithe drängte Wera Sandner, sich als Informantin für das MfS zur Verfügung zu stellen. Er lockte sie mit dem Angebot, „daß wir an einer Reise in die CSSR und einem Treffen mit der WD-Person interessiert sind". Da Wera Sandner ihren Geliebten weiter treffen wollte, blieb ihr kaum eine andere Wahl, als auf dieses Angebot einzugehen. Sie verpflichtete sich am 13. August 1971 schriftlich zur Zusammenarbeit mit dem DDR-Staatssicherheitsdienst.

Am 14. August 1972 trafen sich Rolf Kühnle und Wera Sandner in Burgas an der bulgarischen Schwarzmeerküste. Die 26-Jährige war von Berlin-Schönefeld dorthin geflogen. Sie meldete sich im Hotel mit einem gefälschten westdeutschen Pass, den Rolf Kühnle mitgebracht hatte, unter dem Namen Eveline Monika Barbara Wyremba aus Baden an. Am 23. August 1972 ver-

Rolf Kühnle mit seinem Škoda

ließ das Paar Burgas und fuhr mit Kühnles Škoda in das bulgarisch-jugoslawische Grenzgebiet. Dort versuchten sie zu Fuß in der Dunkelheit gegen 22.30 Uhr bei der Kontrollstelle Kalotina die bulgarische Grenze nach Jugoslawien zu überqueren. Was dann geschah, wird in den Überlieferungen der bulgarischen Militärstaatsanwaltschaft folgendermaßen dargestellt: Der Grenzsoldat Petkow habe in der Dunkelheit eine Gestalt entdeckt und angerufen. Auf seine Stopp-Rufe und Warnschüsse habe die Person nicht reagiert und sei in ein Waldstück geflüchtet. Daraufhin habe er das Feuer in Richtung des Waldstücks eröffnet. Dann habe sich Petkow der Stelle genähert, an der die Gestalt im Wald verschwunden war und in Richtung des vermuteten Fluchtwegs drei Salven aus seiner Maschinenpistole abgefeuert. Ein zweiter Grenzer, der gemeinsam mit seinem Streifenführer hinzukam, schoss ebenfalls mit seiner MPi mehrere Salven in das Waldstück.

Wenige Momente später traf die Alarmgruppe ein und fand in einem Gebüsch etwa drei Meter voneinander entfernt die Leichen eines Mannes und einer Frau. Die Untersuchungsgruppe der Kreisverwaltung des Innenministeriums habe ab 6.35 Uhr am 24. August 1972 den Tatort untersucht und fotografiert. Die beiden Toten konnten durch ihre Papiere identifiziert werden. Bei der Autopsie der Leichen in der Gerichtsmedizin des Krankenhauses Isul in Sofia wurden an Rolf Kühnles Körper acht Einschüsse und bei Wera Sandner sechs Schussverletzungen festgestellt. Die bulgarische Todesurkunde Nr. 925 für Rolf Kühnle unterzeichnete der Beauftragte für das Personenstandswesen (Standesbeamter) des Volksrates des Stadtbezirks „Wassil Lewski“ in Sofia, Todor Christow Antschew. In dem Dokument wird als Todesursache angegeben: „Schußwunden im Magen. Großer Blutverlust. Beim Versuch, die Grenze illegal zu überqueren, von einer Grenzstreife getötet.“

Die westdeutsche Handelsvertretung in Sofia erhielt am Nachmittag des 25. August 1972 aus dem bulgarischen Außenministerium die telefonische Mitteilung über den Tod von Rolf Kühnle und Wera Sandner. Eine Botschaft der Bundesrepublik Deutschland in Sofia wurde erst im Dezember 1973 eröffnet, nachdem der deutsch-deutsche Grundlagenvertrag in Kraft getreten und die Aufnahme beider deutscher Staaten in die UNO erfolgt war. Nach

Überprüfung durch den Vertrauensanwalt der Handelsvertretung wurde das Auswärtige Amt in Bonn am folgenden Vormittag über den Vorfall unterrichtet. Legationsrat Dr. Hans Julius Boldt ersuchte daraufhin die Nürnberger Kriminalpolizei telegrafisch um Amtshilfe bei der Benachrichtigung von nächsten Verwandten und benannte namentlich die Mutter Elisabeth Kühnle. Die Handelsvertretung in Sofia bitte kurzfristig um Mitteilung, ob eine Leichenüberführung nach Nürnberg veranlasst werden solle. Noch am gleichen Tag teilte die Kripo Nürnberg mit, durch Nachbarn von Frau Kühnle sei bekannt geworden, dass sie sich bis zum 29. August für einen Urlaub im Ausland aufhalte. Ihre dortige Anschrift sei unbekannt. Der frühere Arbeitsgeber von Rolf Kühnle, Optiker Räder, habe sich jedoch bereit erklärt, alle erforderlichen Schritte für die Leichenüberführung von Sofia nach Nürnberg einzuleiten und ein Bestattungsunternehmen zu beauftragen.

In den westdeutschen Medien standen in diesen Tagen die am 26. August 1972 in München eröffneten Olympischen Sommerspiele im Zentrum der Berichterstattung. Über den tödlichen Zwischenfall an der bulgarisch-jugoslawischen Grenze herrschte zunächst Ungewissheit. Noch am 29. August brachte der Berliner *Tagesspiegel* unter der Überschrift „Flucht nach Jugoslawien fehlgeschlagen" eine dpa-Meldung, wonach „vor zehn Tagen" der Fluchtversuch eines DDR-Ehepaares mit drei Kindern an der bulgarischen Grenze gescheitert sei. Meldungen, dass „ein junger Deutscher und ein aus der DDR stammendes Mädchen bei einem Fluchtversuch erschossen" wurden, „haben sich bisher nicht bestätigt".

Einen Tag später gab es dann keinen Zweifel mehr. Unter der Überschrift „Deutsches Paar an der bulgarischen Grenze erschossen" berichtete *Die Welt*: Die Bundesregierung habe am Mittwochabend das Vorgehen der bulgarischen Grenzorgane verurteilt, die an der bulgarisch-jugoslawischen Grenze ein deutsches Paar bei dem Versuch, die Grenze illegal zu überschreiten, erschossen hatten. „Wie ein Sprecher des Auswärtigen Amtes zuvor bestätigt hatte, ist nach einem Bericht der Handelsmission der Bundesrepublik in Sofia in der Nacht zum 24. August der 32jährige Nürnberger Rudolf Kühnle gemeinsam mit seiner aus Cottbus in der ‚DDR' stammenden Braut Vera Sandner (26) von Grenzsoldaten erschossen worden. [...] Der Nürnberger hatte nach Angaben seiner Nachbarn und Arbeitskollegen das Mädchen aus der ‚DDR' bei einem Urlaubsaufenthalt im Ostblock kennengelernt. In der folgenden Zeit, insbesondere in den letzten Monaten, hatte Rudolf Kühnle jede Gelegenheit wahrgenommen, seine Braut zu sehen. [...] Die Mutter des jungen Nürnbergers erlitt am Mittwoch, als sie die Nachricht vom Tod ihres Sohnes erhielt, einen schweren Nervenschock. Das Verhalten der Grenzposten sei in seiner Schwere durch den Sachverhalt nicht gerechtfertigt. Die Bundesregierung erwarte, daß Vorkehrungen getroffen würden, die eine Wiederholung von derartig schweren Zwischenfällen verhinderten, die zu einer ernsthaften Beeinträchtigung der Beziehungen zwischen beiden Ländern führen müßten."

Die bulgarische Wochenzeitung *Anteni* reagierte auf die westlichen Medien am 1. September 1972 mit einem Artikel, der unter der Kopfzeile „Eine Augustnacht ohne Morgengrauen" und mit der Schlagzeile erschienen ist, „Bulgarien ist kein Platz für Abenteuer. Nichtbeachtung der Gesetze der Gastfreundschaft. Eine tragische, doch bezeichnende Geschichte an unserer westlichen Grenze – zwei Opfer der Propaganda". Als Autoren werden Georgi Raikow und Koljo Petrow genannt. Ihr Artikel enthält konkrete Angaben über den angeblichen Ablauf unmittelbar an der Grenze. Der Posten habe erst nach Warnrufen und Warnschüssen in Richtung der vermuteten „Grenzverletzer" geschossen. „Die Frau trug eine rote Bluse und dunkelblaue Hose." Der Mann sei durch seine helle Sportjacke dem Posten in der Dunkelheit aufgefallen. Die Grenzstreife habe vorschriftsmäßig gehandelt. „Unantastbar und heilig sind die Grenzen unserer Heimat." Der Zwischenfall sei „tragisch und bezeichnend. Wir berichten davon, damit es keine Illusionen für andere ‚Touristen' gibt."

Am 16. Oktober 1972 wandte sich der Rechtsanwalt und Notar Dr. Gottfried Neubert aus Klingenthal an die DDR-Botschaft in Sofia und stellte im Auftrag der Eltern von Wera Sandner die Frage, wieso eine Überführung der Leiche von Rudolf Kühnle in die Bundesrepublik möglich gemacht wurde, eine Leichenüberführung der Tochter seiner Mandanten in die DDR als „befreundetem Land" aber nicht. Rechtsanwalt Neubert bat um Mitteilung, ob es nach bulgarischem Recht zulässig sei, eine Beisetzung ohne Zustimmung der Angehörigen anzuordnen. Er bat auch um Mitteilung, „in welchem Ort und an welcher Stelle und auf welche Weise die Beisetzung erfolgt ist". Am 8. November 1972 fand im DDR-Außenministerium eine Beratung zwischen der MfAA-Hauptreferentin Ursula Gott und dem MfS-Offizier Werner Ullmann darüber statt, wie auf das Schreiben von Rechtsanwalt Neubert zu reagieren sei. Man kam aber zu keinem Ergebnis, da keine Formulierung gefunden wurde, die nicht eine „Kettenreaktionen anderer Art auslöst. Es scheint nur möglich, auf diese Frage überhaupt nicht einzugehen".

Die Überlieferungen des DDR-Außenministeriums enthalten eine aus dem Bulgarischen übersetzte „Anordnung über die Einstellung des Untersuchungsprozesses Nr. 53/1972" vom 25. September 1972, die von Militärstaatsanwalt Oberst Wladimir Georgiew Momtschilow unterzeichnet ist.

Das Dokument enthält die Untersuchungsergebnisse der bulgarischen Militärstaatsanwaltschaft. Demnach entdeckte der Grenzsoldat Petkow gegen 22.30 Uhr einen „Grenzverletzer“ 10 m vom Grenzstreifen entfernt. Er habe „Stehenbleiben“ gerufen und mit dem Maschinengewehr Warnschüsse in die Luft abgegeben. Die Person sei aber in einem Waldstück verschwunden. Daraufhin habe er erneut gerufen und in die Luft geschossen. Wegen der realen Gefahr, „daß der Grenzverletzer durch Sprünge das fremde Territorium erreicht“, habe sich der Soldat der Stelle genähert, an der die Person in den Wald geflüchtet war. Er habe dann dreimal hintereinander in die Richtung geschossen, wo er die Person vermutete. Durch die Schüsse alarmiert, seien der Rangälteste der Streife und ein weiterer Soldat herbeigeilt. Letzterer habe dann nochmals in die gleiche Richtung wie sein Kamerad geschossen. Wenige Momente später traf die Alarmgruppe ein und fand in einem Gebüsch etwa drei Meter voneinander entfernt die Leichen eines Mannes und einer Frau. Die Untersuchungsgruppe der Kreisverwaltung des Innenministeriums habe ab 6.35 Uhr am 24. August 1972 den Tatort untersucht und fotografiert. Die beiden Toten konnten durch ihre Papiere identifiziert werden. Wera Sandner trug außerdem einen gefälschten bundesdeutschen Pass auf den Namen Eveline Monika Barbara Wyremba aus Baden bei sich, den sie auch zur Anmeldung im Hotel vorgelegt hatte. Das Fahrzeug Rolf Kühnles, ein türkisfarbener Škoda, wurde bei der nahgelegenen Landstraße unweit des Grenzübergangs Kalotina entdeckt. Militärstaatsanwalt Momtschilow stellte das Untersuchungsverfahren ein, „da im Zusammenhang mit dem Tode Kühnles und Sanders [sic!] die Grenzsoldaten kein Verbrechen begangen haben“. Die persönlichen Gegenstände seien dem bulgarischen Außenministerium zu übergeben, das sie je nach Eigentum der DDR-Botschaft und der bundesrepublikanischen Handelsvertretung übergeben solle.

Obwohl das DDR-Außenministerium eine deutsche Übersetzung der Todesurkunde von Wera Sandner erhielt, veranlasste dessen Hauptreferentin Gott beim Standesamt I in Berlin für die Eltern die Ausstellung einer Sterbeurkunde, die keine Angaben über die Todesursache enthielt. Doch der Tod des deutsch-deutschen Liebespaares an der bulgarisch-jugoslawischen Grenze führte zu weiteren für die DDR unangenehmen Verwicklungen. DDR-Konsul Peter Krause schrieb am 31. Januar 1973 an August Klobes, die Konsularabteilung des bulgarischen Außenministeriums sei von dem westdeutschen Konsul Dr. Jürgen Oesterhelt um eine Exhumierung und Überführung der Leiche von Wera Sandner in das Grab ihres Verlobten Rolf Kühnle nach Nürnberg gebeten worden. Eine notariell beglaubigte Zustimmung der Eltern Wera Sandners habe der westdeutsche Konsul seinem Schreiben beigefügt.

DDR-Konsul Peter Krause erklärte gegenüber dem Mitarbeiter des bulgarischen Außenministeriums Markow mündlich, das westdeutsche Anliegen sei „eine Einmischung in die inneren Angelegenheiten der DDR“ und deswegen abzulehnen. Es müsse „im Prinzip als eine Variante der Alleinvertretungsanmaßung angesehen werden“. Ohne Bezugnahme auf die Konsultation mit der DDR-Botschaft solle durch das bulgarische Außenministerium die westdeutsche Vertretung „mit aller Deutlichkeit darauf hingewiesen werden, daß sie für DDR-Bürger nicht zuständig ist“. Außerdem solle mitgeteilt werden, dass eine Exhumierung nach bulgarischem Recht erst nach sechs bis sieben Jahren zulässig sei.

Am 8. März 1973 berichtete die westdeutsche Handelsvertretung dem Auswärtigen Amt, die Konsularabteilung des bulgarischen Außenministeriums habe auf Nachfrage erklärt, eine Zustimmung der Eltern von Wera Sandner zur Leichenüberführung nach Nürnberg sei nicht ausreichend. „Hierzu sei vielmehr eine Genehmigung der DDR-Behörden erforderlich, die seinerzeit die Beerdigung in Bulgarien verlangt hätten. (!)“ Da so gut wie sicher angenommen werden müsse, dass die DDR-Botschaft in Sofia der Überführung widersprochen habe, bestehe für die Handelsvertretung wohl keine weitere Handlungsmöglichkeit.

Am 1. Juli 1976 schickte Krauses Nachfolger Konsul Spörl aus der DDR-Botschaft in Sofia eine „Niederschrift über eine Vorsprache des DDR-Bürgers Kurt Sandner und Ehefrau“ nach Ost-Berlin. Es sei dem Ehepaar wieder um die Überführung nach Nürnberg gegangen. Spörl vertröstete die Eltern mit dem Hinweis, er müsse sich auf bulgarischer Seite über weitere Fragen sachkundig machen. Nach Ost-Berlin schrieb er: „Nach Einsichtnahme in die Unterlagen halte ich es nicht für zweckmäßig, dem gewünschten Vorhaben zu entsprechen.“

Am 14. Juni 1980 wandte sich Lisa Kühnle aus der Krankenanstalt in Elztal-Dallau an den Ministerrat der DDR und erbat erneut die Leichenüberführung Wera Sandners in die Grabstätte ihres Sohnes Rolf Kühnle nach Bad Königshofen. Sie legte ihrem Schreiben ein Bild des Grabsteins bei, auf dem bereits der Name Wera Sandner eingemeißelt ist. Sie befürchte, schrieb sie, dass die sterblichen Überreste der Verlobten ihres Sohnes in Bulgarien „in ein Massengrab kommen“. Sie werde die Kosten der Überführung tragen. „Ich bete jeden Tag darum, dass es geschieht und das ist vielleicht mein letzter Wunsch. Bitte, sehr geehrte Herren, betrachten Sie die Tat der Republik-Flucht nach 8 Jahren als gesühnt, die Beiden waren jung und verliebt und töricht. Es war ja nicht politisch. Bitte, einer armen, gottgläubigen Mutter zuliebe. Mit vorzüglicher Hochachtung! Lisa Kühnle".

Die Akte Wera Sandner des DDR-Außenministeriums endet mit einem kleinen von Hauptabteilungsleiter August Klobes paraphierten Notizzettel hinter Lisa Kühnles Bittbrief: „Genn. Gott, Bitte Vorgang! nicht antworten". (Siehe auch die Biografie von Wera Sandner in diesem Band.)

(Autor: jos.; Recherche: AH, App., CB, jk, jos.)

Quellen

MfS, BV Cottbus, Abt II/3; Hans Woithe: MfS-Unterlagen zu Wera Sandner. BArch, Ast. Frankfurt/Oder, AIM, Nr. 69/73.

MfS, BV Cottbus: Anfrage an HA X vom 2.2.72 betr. Rudolf Kühnle und Wera Sandner. BStU, AP, Nr. 4322 7 76.

M. Shoshev, Abteilungsleiter der Untersuchungsabteilung-DS: Mitteilung an die Leitung der Untersuchungsabteilung und das MdI vom 24.8.1972 über getötete fremde Bürger (Übersetzung Petar Stoilov). AKRDOPBGDSRSBNA-M, F. 1, op. 10, a. e. 1773, L. 1-4.

MfAA: Todesfälle von DDR-Bürgern im Zusammenhang mit dem ungesetzlichen Verlassen im Ausland. PAAA, M 52/495-88.

Auswärtiges Amt: Rechtshilfeverkehr. PAAA, B 83, Nr. 938, Bd. 1881.

PAAA, B 83, Nr. 768, Bd. 1404.

Flucht nach Jugoslawien fehlgeschlagen. In: Der Tagesspiegel, 29.8.1972.

Pressemitteilung Bundesregierung vom 31.8.1972. BArch B 137/6432.

Deutsches Paar an der bulgarischen Grenze erschossen. In: Die Welt, 31.8.1972.

Bulgarische Grenzposten erschießen deutsches Paar. In: F. A. Z., 31.8.1972.

Sarg in Nürnberg eingetroffen. In: Der Tagesspiegel, 3.9.1972.

Sontheimer, Michael/Supp, Barbara: Eiserner Vorhang. Der letzte Schuss. In: Der Spiegel, Nr. 27, 2008, S. 56–61. https://www.spiegel.de/spiegel/print/d-57781736.html (14.3.2022).

Appelius, Stefan: Wera und Rolf. Die deutsch-deutsche Geschichte einer tödlichen Flucht. In: Einsichten + Perspektiven, Bayerische Zeitschrift für Politik und Geschichte, Nr. 3, 2009, S. 156–178.

Appelius, Stefan: Tod im Urlaubsparadies. Bulgarien, die DDR und die Fluchtversuche über die bulgarische Grenze (= Texte zum Kommunismus in Bulgarien, hg. v. der Konrad-Adenauer-Stiftung (Bulgarien) e. V.). Sofia 2013.

Appelius, Stefan: Fluchtweg Bulgarien. Die verlängerte Mauer an den Grenzen zur Türkei, Jugoslawien und Griechenland. Berlin u. a. 2019, S. 179–188.

Raichevsky, Stoyan/Kolarova, Fanna: Flucht aus der DDR über den „Eisernen Vorhang" Bulgariens. Wege, Methoden, Opfer. Berlin 2020, S. 294 f.

Anton Kreim

geboren am 25. Juni 1935 in Mantov (dt. Mantau), Region Pilsen
erschossen am 14. Oktober 1972 auf dem Territorium der Bundesrepublik Deutschland
Ort des Vorfalls: Schafberg (Stadt Furth im Wald) an der Grenze zur Tschechoslowakei

Anton Kreim

Anton Kreim erblickte am 25. Juni 1935 das Licht der Welt. Sein Geburtsort war die Gemeinde Mantov (dt. Mantau) im Bezirk Stříbro (dt. Mies) in der Tschechoslowakischen Republik (ČSR). Er war das einzige Kind von Anna Kreim, geborene Hartl (Jg. 1906), und des Bergmanns Anton Kreim (Jg. 1905). Beide Eheleute und ihre Eltern stammten ebenfalls aus dem Bezirk Stříbro oder aus dem benachbarten Bezirk Domažlice (dt. Taus).

Anton Kreim jun. zog mit seinen Eltern im Jahr 1938 nach Folmava, ein Dorf im Bezirk Domažlice, weil der Vater in der nahen Gemeinde Furth im Wald hinter der Staatsgrenze im bayerischen Landkreis Cham arbeiten konnte. Ab November 1938 gehörte Anton Kreim sen. als Hilfskraft zu der Grenzaufsicht des ‚Dritten Reiches' in den okkupierten Bezirken Westböhmens und dann Südmährens. Seine Familie durfte eine bessere Wohnung in Vollmau (deutsche Umbenennung von Folmava) beziehen. Hier wuchs Anton Kreim jun. bei seiner Mutter während des Zweiten Weltkrieges auf. Sein Vater wurde als Hilfszollassistent in besetzten Gebieten eingesetzt, im Osten Polens, im Westen Weißrusslands und im Süden Frankreichs. Ab November 1944 nahm der deutsche Zollgrenzschutz an der Westfront mit eigenen Bataillonen an Kampfhandlungen teil. Dabei geriet Anton Kreim sen. in Kriegsgefangenschaft.

Kurz nach dem Kriegsende überfielen tschechoslowakische Partisanen und Soldaten das Dorf Vollmau und vertrieben die dort noch lebenden Deutschen über die Grenze nach Bayern. Anna Kreim und ihr zehnjähriger Sohn Anton flohen zu Verwandten nach Dieberg im Landkreis Cham und kamen später in ein Übergangslager in Furth im Wald. In dieser Stadt wohnten sie dann nahe der früheren Heimat. Ihre einstige Wohnung in Folmava (Vollmau) war nun Teil eines Zollamtsgebäudes der Tschechoslowakischen Republik. Einige Verwandte der Familie Kreim durften in Chotěšov bleiben, da sie mit tschechoslowakischen Staatsbürgern verheiratet waren.

Anton Kreim als junger Zollbeamter

Anton Kreim jun. war 13 Jahre alt, als sein Vater 1948 aus der Kriegsgefangenschaft in Frankreich zurückkam. Der ehemalige Bergmann und Zöllner blieb mit seiner Familie in Furth im Wald, war zunächst arbeitslos und später in einer Glas- und Lederfabrik tätig. Seit 1950 beschäftigte ihn eine lokale Textilfirma als Handelsvertreter. Seine Frau Anna arbeitete in diesem Betrieb als Schneiderin. Ihr Sohn absolvierte fünf Klassen einer Volksschule und drei Klassen einer Bürgerschule. Nach dem Schulabschluss erlernte er den Schreinerberuf. Der Jugendliche trat einem Stenografen-Verein bei und machte dort die Bekanntschaft seiner späteren Ehefrau, der 1936 in Furth im Wald geborenen Karolina Merdan.

Nach absolvierter Tischlerlehre war Anton Kreim jun. in einer Kofferfabrik beschäftigt. Er meldete sich dann freiwillig zum Bundesgrenzschutz (BGS). Den Dienst nahm er zunächst als Oberjäger bei der Passkontrolle auf und spielte später in einem Musikkorps an der deutschen Grenze zur Schweiz. Waldhornspielen und Lesen zählten zu seinen Hobbys. Zuletzt war Kreim wohl in der BGS-Kaserne Neuhof in Deggendorf (Bayern) stationiert. Da ihm das Kasernenleben beim BGS wenig behagte, ließ er sich 1957 zum Zoll versetzen.

Er trat seinen Zolldienst in Trogen an. Die Gemeinde lag im Landkreis Hof an der innerdeutschen Grenze zu Sachsen. Bald darauf arbeitete er an der Zollstelle in Prex, einer Gemeinde im Landkreis Hof unweit der Grenze zur Tschechoslowakei. Dabei geriet er in das Blickfeld der tschechoslowakischen Staatssicherheitsorgane, deren Leute versuchten, mit ihm an der Grenze Kontakt aufzunehmen. Anton Kreim lehnte diese Verbindungsaufnahme ab. Sein Vater riet ihm vermutlich, sich aus diesem Dienstbereich versetzen zu lassen. Dem Gesuch wurde im August 1958 entsprochen. Nachdem er die Zollfachschule in Bad Gandersheim (Niedersachsen) besucht hatte, wurde er als Zollassistent nach Kritzenthal bei Waldmünchen – wieder an die bayerische Grenze zur Tschechoslowakei versetzt. Erneute Kontaktversuche des tschechoslowakischen Geheimdienstes blieben ohne Erfolg und wurden 1966 eingestellt.

Anton Kreim und seine Verlobte Karolina Merdan heirateten am 5. August 1960. Die Eheleute Kreim bekamen am 14. November 1962 in Furth im

Wald ihren Sohn Christian. Hier war Anton Kreim in den 1960er Jahren im Zollkommissariat und überwiegend im Zollgrenzdienst eingesetzt. Bisweilen half er im Grenzzollamt Furth im Wald/Schafberg aus. Dort erwarben Anton Kreim und seine Ehefrau gemeinsam mit Kreims Eltern im Habichtweg 9 ein Grundstück für den Bau eines Familienhauses. Daher bewarb er sich um seine Dienstversetzung nach Furth im Wald.

Nachdem eine Stelle im Zollamt Furth im Wald/Schafberg frei geworden war, arbeitete Anton Kreim seit dem 1. Oktober 1969 in diesem Grenzposten. Die Dienstgebäude des Zolls und der Grenzpolizei standen links und rechts der grenzüberschreitenden Bundesstraße 20 etwa 200 m südwestlich der vom Flüsschen Pastritz markierten Grenze. Das Zollamt Furth im Wald/Schafberg lag gegenüber der tschechoslowakischen Zoll- und Passkontrollstelle Folmava. Anton Kreim arbeitete im Schichtdienst. Der Vorsteher des Grenzzollamtes Furth im Wald, Zollamtmann Franz Platzer, beurteilte den Zollobersekretär folgendermaßen: „Im Wesen ruhig, überlegt und ausgeglichen, vielseitig verwendbar und zuverlässig mit gutem Diensteifer und Dienstauffassung. Er brachte durchaus gute Leistungen. Das Verhalten zu seinen Kollegen war ehrlich und kameradschaftlich. [...] Kreim benahm sich auch den Tschechen gegenüber korrekt. [...] Mir ist bekannt, daß Kreim im jetzigen Zollamt Vollmau seine Kindheit verbracht hat. Mir ist nie aufgefallen, daß Kreim zu irgendeiner Person in der Tschechei Verbindungen unterhalten hätte."

Kreims Vater fiel auf, dass sein Sohn außerhalb des Dienstes kaum etwas unternahm, „die letzten Jahre kam er, wie man so sagt, aus der Arbeitskleidung nicht mehr raus". Karolina Kreim arbeitete halbtags als Büroangestellte. Sie und ihr Mann bauten auf dem erworbenen Grundstück mit erheblicher Eigenleistung ein Haus, in das sie im September 1971 mit Kreims Eltern einziehen konnten.

Vor derem einstigen Haus an der tschechoslowakischen Grenzstelle Folmava trat am 14. Oktober 1972 der Streifenführer Zdeno J. mit zwei Kameraden um 18 Uhr den Wachdienst an. Der 20-Jährige war bereits stark alkoholisiert und schlief deshalb nach Dienstbeginn fast eine Stunde lang in einer Baubude, welche die Grenzer als Unterstand am Schlagbaum nutzten. Er hatte zuvor größere Mengen Bier und Sliwowitz getrunken, was seine Vorgesetzten mit der Begründung ignorierten, Zdeno J. sei ein erfahrener Grenzer, der das verkraften könne. Etwa um 19 Uhr erklärte er, sich zur Kontrolle einer östlich gelegenen Mannschaftsunterkunft begeben zu wollen. Stattdessen überquerte er aber die deutsche Staatsgrenze und lief bis zur Grenzstation Furth im Wald/Schafberg. Seine Maschinenpistole und 40 Schuss Munition trug er bei sich.

In der Grenzstation Furth im Wald/Schafberg war Zollobersekretär Anton Kreim mit seinem Pkw gegen 18.40 Uhr eingetroffen, um ab 19 Uhr die Nachtschicht anzutreten. Mit seinem Kollegen, dem Zollhauptsekretär Alois Breu, begann er den Nachtdienst im Abfertigungsraum. Kreim verließ gegen 19.15 Uhr den Abfertigungsraum und ließ dabei die Tür zum Treppenabgang etwas geöffnet. Nach einer oder zwei Minuten hörte Breu die Hinterhoftür des Zollgebäudes quietschen und nahm an, dass sein Kollege zurückkehrte. In diesem Moment muss Anton Kreim am Hintereingang den stark alkoholisierten Zdeno J. entdeckt haben, worauf er versuchte, sich in das Zollhaus zurückzuziehen. Daraufhin schoss der ČSSR-Grenzsoldat auf Kreim und flüchtete zurück über die Grenze. Anton Kreim stürzte in den Rücken getroffen zu Boden. Sein Kollege, der den Schuss gehört hatte, eilte herbei und fand Anton Kreim stöhnend an der Hinterhoftür. Breu lief daraufhin zum Hauptausgang des Zollgebäudes und rief dem dort Diensthabenden zu, einen Notarzt und die Polizei anzufordern.

Der Sanitäter Georg Roßberger und dessen Ehefrau, die ebenfalls als Rettungshelferin ausgebildet war, trafen mit einem Ambulanzfahrzeug gegen 19.30 Uhr im Zollamt ein. Dort lag Anton Kreim bäuchlings auf der linken Körperseite gekrümmt auf der Steintreppe zum Keller. Die Zolldienstuniform war vom Blut durchtränkt. Der Tod war bereits eingetreten. Bei der Obduktion am 16. Oktober 1972 wurde festgestellt, dass ein Projektil in Höhe von Kreims Gürtellinie etwa 3 cm rechts der Wirbelsäule in der Nierengegend eingeschlagen war. Es hatte den Bauchraum, die Dickdarmschlinge, die Dünndarmschlingen, die Leber, die Lendenwirbelsäule, den fünften Wirbelkörper durchschlagen und war „an der rechten vorderen Bauchseite", etwa 5 cm über dem Nabel ausgetreten.

Noch am Abend des 14. Oktober 1972 begannen bayerische Grenzpolizisten und Zollbeamte mit der Spurensuche am Tatort. Ihre Suchhunde nahmen zwei Fährten auf, von denen eine bis zur Brücke über das Grenzflüsschen Pastritz verlief. Auch die zweite Fährte konnte bis zur Pastritz an die Grenze nachverfolgt werden. Es handelte sich offenbar um den Hin- und Rückweg einer Person.

Nachdem ihm das Ergebnis der Spurensuche mitgeteilt worden war, fuhr Polizeiamtmann Reif von der Grenzpolizeiinspektion Furth im Wald zu dem Leiter der ČSSR-Passkontrollstelle Folmava, Major Flok. Reif teilte ihm die Tötung des deutschen Zollbeamten mit und bat um Ermittlungen in der ČSSR, wohin der Täter offenbar geflüchtet war. Reif fiel auf, „daß Major Flok, den er schon 8 Jahre lang [kannte], sehr niedergeschlagen war. Zudem fragte Flok sehr gereizt, mit welcher Waffe der Zollbeamte denn erschossen worden sei." Major Flok versprach jedoch, seine Vorgesetzten in der Regionalhauptstadt Pilsen um die Aufnahme von Ermittlungen zu ersuchen. Die deutsche Seite würde dann über die Fahndungsergebnisse informiert.

Die bayerischen Ermittler fanden am Tatort auf der ersten Treppenstufe vor der Kellerabgangstür eine Patronenhülse. Das zugehörige Projektil des Kalibers 7,62 Millimeter, das Anton Kreim getroffen hatte, lag am Fußboden des Zollabfertigungsraums. Die Kriminalpolizei Regensburg rekonstruierte den wahrscheinlichen Tatverlauf, wonach „der Schuß aus Hüfthöhe des Schützen [...] außerhalb oder zumindest unter der geöffneten Hinterhoftüre abgefeuert" wurde.

Das Bayerische Landeskriminalamt München teilte am 16. Oktober 1972 der Kriminalpolizei Regensburg die Resultate der ballistischen Untersuchung mit. Folglich wurde die 1960 hergestellte tschechische Patrone „mit großer Sicherheit aus dem tschechischen Sturmgewehr Kalaschnikow, Modell 1958, verfeuert". Die waffentechnische Untersuchung der sichergestellten Patronenhülse und des Projektils hatten somit den „Verdacht bestärkt, daß der Täter nur aus der ČSSR gekommen und nach der Tat dorthin zurückgeflüchtet sein konnte".

Kreims Vorgesetzter, Zollamtmann Franz Platzer, vermutete bei seiner Zeugenvernehmung durch die Bayerische Landespolizei am 27. Oktober 1972: „Meiner Meinung nach wurde Kreim nur zufällig das Opfer [..., wobei] der Täter von tschechischer Seite gekommen sein mußte. Dafür gäbe es in erster Linie nur die Erklärung, daß ein [Grenzwach-] Mann einen Flüchtling verfolgt hat."

Unmittelbar nach der Tat war der betrunkene Streifenführer Zdeno J. im Abenddunkel über die Staatsgrenze in die ČSSR geflüchtet. Er erreichte mit der Maschinenpistole in der Hand gegen 20 Uhr die Wachstation am Schlagbaum und wies den dortigen Grenzsoldat Zdeněk S. an, den Grenzabschnitt zu sichern sowie auf Deutsche, die sich dem Schlagbaum näherten, ohne Vorwarnung zu schießen. Dann ging er in den Unterstand und schlief dort auf einer Liege ein.

Die Nachricht, dass ein deutscher Zollbeamter erschossen worden war, hatte sich rasch verbreitet. Während auf der bayerischen Seite Polizei- und Zollermittler eintrafen, befragten hinter der Grenze bereits ČSSR-Untersuchungsführer den Soldaten Zdeněk S. zum Hergang der Ereignisse. Nach dem Verhör befahlen sie ihm, seinen schlafenden Kameraden in der Baubude zu entwaffnen. Zdeno J. wurde dann gefesselt und zum Verhör in die Wachstation geführt. Dort gestand er die Tat in Deutschland. Er habe aus Angst auf den deutschen Zöllner geschossen, als dieser ihm plötzlich im bayerischen Zollamtsgebäude gegenüberstand. Noch in der Nacht wurde Zdeno J. in ein Gefängnis nach Prag überführt und dort ärztlich untersucht.

Am nächsten Morgen wurden Zdeněk S. und ein anderer Zeuge zur Grenzbrigade nach Domažlice gebracht und nach einer weiteren Vernehmung in das Gefängnis im Prager Stadteil Ruzyně überführt. Bei seiner nach drei Tagen erfolgten Haftentlassung musste Zdeněk S. wie auch alle anderen Grenzsoldaten, die von dem Vorfall wussten, eine Schweigeverpflichtung unterschreiben. Nach Folmava kehrten diese Grenzer nicht mehr zurück. Sie beendeten ihren Grundwehrdienst bei der Grenzwachenleitung in Prag-Smíchov.

Bereits am 15. Oktober 1972 eröffneten die Ermittler des Militärischen Abwehrdienstes der ČSSR ein Strafverfahren gegen Zdeno J. Der Grenzsoldat wurde einer schweren Pflichtverletzung an einer wichtigen Staats- und Militärgrenze beschuldigt. Der gegen ihn eingeleitete Strafprozess behandelte allerdings lediglich ein militärisches Wachvergehen. Der Tatbestand der Tötung oder der Verdacht eines Mordes blieben in dem Verfahren unberücksichtigt. Zdeno J. musste in Untersuchungshaft. Der Beschuldigte gab seine Aussage am 16. Oktober 1972 in Prag zu Protokoll. Zwei Tage später ergänzte er seine Aussagen bei der Vernehmung durch die Oberste Militär-Staatsanwaltschaft in Příbram: „Mir wurde ein Beschluß über die auferlegte Haftstrafe übergeben.“ Seine Beschwerde gegen diese Untersuchungshaft blieb vergeblich.

Das Strafverfahren gegen Zdeno J. in der ČSSR erfolgte wegen der auf deutschem Staatsgebiet erfolgten Tat unter strenger Geheimhaltung. Zollamtmann Franz Platzer sagte gegenüber der Bayerischen Landespolizei am 27. Oktober 1972 aus: „Seit der Tat habe ich schon ein paar Mal mit dem Kommandanten der Paßkontrolle in Vollmau, Major Flok, gesprochen. Er [...] versprach mir, Untersuchungsergebnisse auf tschechischer Seite mitzuteilen. Bisher habe ich nichts erfahren.“ Dementsprechend belog Major Flok am 20. November 1972 auch den Leiter der Grenzpolizeiinspektion Furth im Wald, „daß auf tschechischem Gebiet keinerlei Erkenntnisse vorliegen würden, die zur Aufklärung der Tat beitragen könnten“. Auf den Einwand, „daß Kreim mit einer tschechischen Waffe und Munition erschossen worden sei“, entgegnete Flok lediglich, „daß diese Waffen in Deutschland auch vorhanden wären“.

Die ČSSR-Militärjustiz bezog die Tötung von Anton Kreim erst am 26. Februar 1973 in ihr geheimes Strafverfahren gegen Zdeno J. ein. Ohne davon zu wissen, stellte die Kriminalpolizei Regensburg am 8. März 1973 bei der Staatsanwaltschaft Amberg eine „Anzeige gegen Unbekannt wegen Mordes“.

Die Anzeige enthielt die bisherigen Ermittlungsergebnisse der Bayerischen Landespolizei und den Hinweis: „Das Motiv ist nur in der Verdeckung einer Grenzverletzung zu sehen. [...] Wahrscheinlich war der Täter bei der [...] Suchaktion nach einem Flüchtling beteiligt".

Da auch die staatsanwaltschaftlichen Untersuchungen zur Tötung Anton Kreims nach einem Jahr ohne weiterführende Resultate blieben, beendete die Staatsanwaltschaft Regensburg die Ermittlungen am 12. Oktober 1973: „Das Verfahren wird eingestellt, da der Täter unbekannt ist. Gründe: Zollobersekretär Anton Kreim dürfte von einem Angehörigen der tschechischen Grenztruppen erschossen worden sein."

Nur wenige Tage zuvor, am 9. Oktober 1973, hatte auf der anderen Seite der Grenze die Militär-Staatsanwaltschaft Pilsen ihre geheime Haftanklage gegen Zdeno J. erhoben. Die Beschuldigung betraf aber wieder nur seine schwere Wachdienstverletzung, die „eine besondere staatliche und militärische Bedeutung hatte". Eine „weitere unabhängige Strafverfolgung der Sache" verwies die Oberste Staatsanwaltschaft der ČSSR noch im Oktober 1973 an die Oberste Militärstaatsanwaltschaft in Příbram. Das Militärgericht Pilsen verurteilte Zdeno J. am 8. November 1973 dann nicht wegen der Tötung des deutschen Zollbeamten, sondern lediglich wegen „besonders grob fahrlässiger" Wachdienstverletzung zu einer Freiheitsstrafe von zwei Jahren ohne Bewährung in einer „Erziehungs-Besserungsanstalt (I. Grades)" in Prag.

Am 8. Mai 1974 klagte die Militärstaatsanwaltschaft den Sträfling Zdeno J. dann doch noch wegen fahrlässiger Körperverletzung mit Todesfolge an. Der genaue Tatablauf wurde in dem Verfahren nicht geklärt. Eine vorsätzliche Straftat schloss die Anklage aus. Die Anklageschrift verschwieg, dass die Straftat auf fremdem Staatsgebiet gegen einen deutschen Staatsbürger erfolgt war. Das Militärgericht Pilsen hob am 30. Mai 1974 seine frühere Haftzumessung auf und setzte eine Freiheitsstrafe von dreieinhalb Jahren in einer Korrektionshaftanstalt fest. Das neue Strafurteil rechnete den bereits verbüßten Freiheitsentzug an und wurde am 31. Mai 1974 rechtskräftig. In dem Urteil hieß es, Zdeno J. habe den Tod eines Menschen durch unvorsichtigen Umgang mit seiner Waffe verursacht. Bei der Strafzumessung ging das Militärgericht Pilsen strafmildernd davon aus, dass Zdeno J. die fahrlässige Tötung eines Menschen in stark alkoholisiertem Zustand verschuldet habe.

Der vor das Militärgericht Pilsen geladene Zeuge Zdeněk S. erinnerte sich später an einen pseudojuristischen Strafprozess: „Vor der Verhandlung teilte mir ein Oberst mit, daß er mir im Gerichtssaal eine Frage stellen werde und ich mit einer genauen Satzformulierung darauf zu antworten habe [...] und auf die vorher eingeübte Frage antwortete ich, wie mir vorher aufgetragen wurde. Damit war die Sache für mich beendet. Den Urteilsspruch habe ich niemals erfahren." Nachdem der Verurteilte Zdeno J. eine Haftstrafe von zwei Jahren verbüßt hatte, kam er am 30. Oktober 1974 vorzeitig auf Bewährung frei.

Sieben Jahre nach dem Fall des Eisernen Vorhangs leisteten Ermittlungsbehörden der Tschechischen Republik Amtshilfe zur öffentlichen Aufklärung des Todesfalls von Anton Kreim. Das Prager Amt zur Dokumentation und Ermittlung der Verbrechen des Kommunismus informierte deutsche Behörden am 2. Juli 1997 über die Identität des Mannes, der 25 Jahre zuvor den deutschen Zollbeamten erschossen hatte. Zur erneuten Überprüfung des damaligen Geschehens trafen sich Ermittler beider Staaten am 23. September 1996. Nachfolgend übergab die tschechische Seite im April 1997 fallrelevante Schriftdokumente an die Staatsanwaltschaft Amberg.

Die tschechischen Justizbehörden entschieden sich im September 1997 gegen eine Wiederaufnahme des Verfahrens, weil „die slowakischen Behörden [...] eine Auslieferung sowie eine Verfolgungsübernahme abgelehnt hätten". Zdeno J. lebte zu dieser Zeit in der slowakischen Stadt Sereď. Die Staatsanwaltschaft Regensburg eröffnete dennoch im Oktober 1997 „ein Ermittlungsverfahren wegen Verdachts des Mordes zum Nachteil des Zollobersekretärs Anton Kreim", denn einzig „der Tatbestand des Mordes nach § 211" des Strafgesetzbuches war nicht verjährt und immer noch straffällig. Da jedoch eine Mordabsicht des Täters nicht nachweisbar und ein Totschlagsverbrechen bereits verjährt war, stellte die Staatsanwaltschaft Regensburg im Dezember 1998 ihr Ermittlungsverfahren ein und teilte der Familie Kreim mit, dass der Fall nicht neu aufgerollt wird.

Christian Kreim entschied sich sieben Jahre nach dem Tod seines Vaters selbst für den Dienst beim Zoll. Im Zollgebäude Furth im Wald/Schafberg, dem Todesort seines Vaters, war er später jahrelang eingesetzt. Hier fühlte er sich nach eigener Aussage vom verstorbenen Vater beschützt und immer sicher.

(Autor: AH; Recheche: AH, jk, MZ, US)

Quellen

Stadtamt der Gemeinde Chotěšov: Geburtenbuch, Registrierungseintrag 11/1935 (Anton Kreim).

Dokumente zu Anton Kreim (sen. und jun.). Privatbesitz von Christian Kreim.

9. pohraniční brigada MV: Objektový svazek – díl č. vložka č. 31: STEIN. ABS Praha, TS-693678 MV.

Bundesgrenzschutzabteilung Süd 5 Schwandorf: Monatlicher Grenzlagebericht für Sep.–Okt. 1972. StAAm, Bundesgrenzschutzabteilung Süd 5 Schwandorf, Nr. 140.
Bundesgrenzschutzabteilung III/1 Schwandorf: Monatlicher Grenzlagebericht vom 30.10.1972 für Oktober 1972. StAAm, Bundesgrenzschutzabteilung Süd 5 Schwandorf, Nr. 101.
Bayerisches Staatsministerium des Innern: Monatsbericht vom 9.11.1972 an die Bayerische Staatskanzlei zur innenpolitischen Sicherheitslage im Oktober 1972. BayHStA, Innenministerium, MInn 36 Staatsschutz, Nr. 98079.
Oberfinanzdirektion Nürnberg: Lagebericht von der tschechischen Grenze vom 13.11.1972 für den Monat Oktober 1972. NLA, Abteilung Hannover, Nds. 220, Acc. 167/82, Nr. 29.
Präsidium der Bayerischen Grenzpolizei: Mord z. N. ZOS Kreim am 14.10.1972/19.20 Uhr im Zollamt Furth i. Wald/Schafberg, Az. 3-442-1825/72. BayHStA, Präsidium der Grenzpolizei, Nr. 488.
Bayerisches Staatsministerium des Innern: Ermittlungsauskünfte vom Dezember 1972 an den Bundesminister des Innern zur Ermordung des Zollobersekretärs Anton Kreim im Zollamt Furth im Wald/Schafberg am 14.10.1972. BayHStA, MInn, Nr. 89956.
Bundesministerium für Finanzen: Die Lage an der DL zur DDR und an der Grenze zur CSSR im Jahr 1972. Bonn, 19.2.1973. BArch, B 137/6434.
Staatsanwaltschaft bei dem Landgericht Regensburg: Mord z. N. Kreim Anton, 25.6.35 d. unbek. Täter, Az. 4 Js 04981/76, Bde. I-II. StAAm, Staatsanwaltschaft Regensburg, Nr. 9623/1-2.
Pulec, Martin: Zusammenfassung aus der Akte des Úřad dokumentace a vyšetřování zločinů komunismu (Übersetzung Mikuláš Zvánovec). Archiv Policie ČR, Akte ÚDV-5/Vt-97.
Staatsanwaltschaft bei dem Landgericht Regensburg: Strafsache gegen den heranwachsenden Ausländer Zdeno J., geboren 1952, Verdacht des Mordes. StA Regensburg, Az. 121 Js 21614/97.

Johann Dick

geboren am 23. März 1927 in Pfaffenhofen an der Ilm
erschossen am 18. September 1986 auf dem Territorium der Bundesrepublik Deutschland
Ort des Vorfalls: südlich von Treppenstein (Markt Mähring) an der Grenze zur Tschechoslowakei

Johann Dick wurde am 23. März 1927 in Pfaffenhofen an der Ilm geboren. Zum Kriegsende wurde er zur Gebirgstruppe eingezogen, 1945 geriet er in amerikanische Gefangenschaft. Nach einer Ausbildung als Schreiner schlug

Johann Dick

Johann Dick eine Laufbahn bei der Bundeswehr ein. 1979 wurde er von der Gebirgs- und Winterkampfschule in Mittenwald, wo er Stellvertreter des Kommandeurs war, an die Kaiser-Wilhelm-Kaserne nach Amberg versetzt. Hier diente er als Kommandeur des Verteidigungskreiskommandos 621. Seine Familie – mit seiner Ehefrau Traute Dick hatte er zwei Söhne und eine Tochter – zog mit ihm um. Während dieser Zeit entdeckte er das Wandern als Hobby, das nicht nur einen Ausgleich zu seinen Bürotätigkeiten bot, sondern ihm auch wichtige Ortskenntnisse für seine Dienstobliegenheiten verschaffte.

Als er 1984 im Rang eines Oberstleutnants in den Ruhestand ging, verfolgte er weiter sein Vorhaben, mit Einzeltouren von 20 bis 25 km Länge den gesamten nordostbayerischen Raum zu durchwandern. Die Routen wählte er nach dem Losverfahren aus. Meist begleiteten ihn Freunde oder Familienmitglieder. Nachdem ein Freund abgesagt hatte, stieg er am Morgen des 18. September 1986 jedoch allein in seinen BMW, um ins bayerisch-tschechische Grenzgebiet bei Mähring im Landkreis Tirschenreuth zu fahren. Am nächsten Tag wollte das Ehepaar Dick in den Urlaub nach Südtirol reisen.

Etwa um 10 Uhr kam Johann Dick auf dem Parkplatz in Hermannsreuth an. Dort stellte er sein Fahrzeug ab und schulterte seinen Rucksack, in dem sich u. a. Kleidungsstücke und Ausweispapiere befanden. Außerdem trug er einen Kompass und eine Wanderkarte bei sich, in die er seine Route nach Treppenstein eingezeichnet hatte. Gegen 12.45 Uhr war er etwa 9 km gewandert, hatte Pilze gesammelt und befand sich bereits in der Nähe seines Zielortes Treppenstein, wo er Mittag essen wollte, um danach wieder zum Ausgangspunkt seiner Wanderung zurückzukehren. Doch dann geriet der 59-Jährige zufällig in die Schusslinie von tschechoslowakischen Grenzsoldaten, die die Flucht von zwei jungen Männern aus Polen in die Bundesrepublik verhindern wollten.

Johann Dick im Dienst

Die Freunde Marek Majko und Andrzej Gwizdon, beide 19 Jahre alt, hatten, als sie den ersten Grenzzaun überkletterten, um 12.13 Uhr die Signalanlage der 15. Grenzkompanie Broumov ausgelöst. Daraufhin wurden zwei Patrouillen zu den Sicherungsanlagen geschickt, um mögliche Grenzverletzer festzunehmen. Mit Hilfe eines Spürhundes wurde Andrzej Gwizdon um 12.36 Uhr gefasst und an einen Baum gefesselt. Marek Majko vernahm die „Halt"-Rufe der Grenzsoldaten und abgefeuerte Salven aus Maschinenpistolen. In Todesangst gelang es ihm, unverletzt die Grenzanlagen zu überwinden. Gegen 13.25 Uhr meldete er sich in der Grenzpolizeistation Mähring und berichtete von seiner Flucht.

Die tschechoslowakischen Grenzpatrouillen hatten inzwischen Verstärkung durch weitere Soldaten erhalten, insgesamt kamen 38 Leute zum Einsatz. Eine Gruppe von acht Wehrpflichtigen, die zur benachbarten 16. Grenzkompanie gehörte und mit dem Grenzverlauf vor Ort nicht vertraut war, sollte auf dem asphaltierten Weg hinter dem Grenzzaun die etwa 400 m entfernte Grenze abriegeln. Gleich nach ihrer Ankunft bekam der Leiter des Einsatzes Miloslav Coufal per Funk vom stellvertretenden Bataillonskommandeur Major Evžen Dokoupil den Befehl, die Gruppe direkt zur Grenze zu schicken. Daraufhin liefen die Männer von einer Anhöhe zur Staatsgrenze herunter, wobei sie an Forstarbeitern vorbeikamen, die zu Zeugen des Geschehens wurden. Die Soldaten entdeckten gegen 12.45 Uhr hinter der Grenze Johann Dick und hielten ihn für den gesuchten Flüchtling.

Zuerst erblickte der Zugführer Stanislav Jirásek eine Person, die ca. 80 m von ihm entfernt war und kurz vom Unterholz verdeckt wurde. Als die Person dann in der Nähe der Soldaten wieder auftauchte, lief ihr der Schütze

Antonín Nohýnek entgegen. Er kam dabei jedoch zu Fall und feuerte versehentlich einen Schuss aus seiner Maschinenpistole ab. Dadurch erkannte Johann Dick die Gefahr und versuchte ins bayerische Landesinnere zu flüchten. Die Grenzwachen Gefreiter Pavel Čada, Schütze Josef Číla, Gefreiter Jan Román, Schütze Milan Nagy, Schütze František Pisztoň und Gefreiter Tomáš Vošvrda verfolgten ihn und überschritten versehentlich die Staatsgrenze nach Bayern. Sie befahlen dem Davonlaufenden stehen zu bleiben und feuerten Warnschüsse in die Luft ab. Nach einer kurzen Verfolgungsjagd schossen sie gezielt. Insgesamt wurden 84 Schüsse aus den Maschinenpistolen abgegeben, davon fielen 41 Patronen auf bayerisches Gebiet. Geschossen hatten vor allem Čada, Nagy und Číla.

Etwa 200 m hinter der Staatsgrenze stürzte Johann Dick von einem Schuss in den Rücken getroffen zu Boden. Als die Soldaten den Verwundeten erreichten, hatte er bereits das Bewusstsein verloren. Čada versuchte, den Verletzten zu verbinden. Die Soldaten bemerkten dann, dass sie sich auf bayerischem Gebiet befanden und trugen den Verwundeten über die Grenze. Mit dem Pferdefuhrwerk der Waldarbeiter wurde er bis zur nächsten asphaltierten Straße gebracht. Über Funk wurde gegen 13 Uhr der Krankenwagen des Grenzbataillons Halže angefordert, der etwa 10 bis 15 Minuten später eintraf. Auf dem Weg in das Krankenhaus Tachov erlag der 59-Jährige gegen 13.30 Uhr seinen Verletzungen.

Bis dahin glaubten die beteiligten Grenzsoldaten, sie hätten den gesuchten Flüchtling aus Polen gefasst. Erst als Major Dokoupil Dicks Rucksack durchsuchte, fand er dessen bundesdeutschen Pass. Die Obduktion der Leiche im Institut für Gerichtliche Medizin in Plzeň, die Dr. Karel Pitr und seine Kollegen am 19. September 1986 durchführten, kam zu dem Ergebnis, dass das Projektil einer Kalaschnikow in der Höhe des 2. Lendenwirbels in den Körper von Johann Dick eingedrungen war, die Körperschlagader zerrissen und mehrere innere Organe verletzt bzw. zerstört hat und schließlich durch den Oberbauch wieder ausgetreten war. Todesursache waren innere Blutungen in der Bauchhöhle.

Nachdem sie erkannt hatten, dass es sich bei dem Erschossenen um einen Westdeutschen handelte, meldeten die vor Ort eingetroffenen Grenzoffiziere das dem Stabschef der Grenzbrigade Cheb Oberstleutnant Staněk. Dieser ordnete an, alle Spuren des Einsatzes jenseits der Grenze zu beseitigen, was aber nur oberflächlich erfolgte.

Nach einer sorgenvollen Nacht erstattete Traute Dick gegen 6 Uhr morgens eine Vermisstenanzeige bei der Amberger Polizei. Im Rahmen der Suche wurde um 9 Uhr zunächst der Pkw von Johann Dick gefunden. Am

Nachmittag fragte der Grenzbeauftragte aus Furth im Wald bei den tschechoslowakischen Behörden an, ob Dick möglicherweise auf dem Gebiet der ČSSR festgenommen worden sei.

Um 20.15 Uhr bekam der stellvertretende westdeutsche Botschafter in Prag Peter Metzger vom amtierenden Leiter der für die Bundesrepublik zuständigen Länderabteilung im tschechoslowakischen Außenministerium Oldřich Křepelák folgende schriftlich vorbereitete Erklärung verlesen: „In den Nachmittagsstunden des 18.09.1986 versuchte eine Gruppe ausländischer Staatsangehöriger die tschechoslowakische Staatsgrenze illegal zu überschreiten. Bei der Aktion der Grenzorgane – in der ČSSR – gegenüber den Grenzverletzern wurde in nächster Nähe der ČSSR-Grenze – auf dem Gebiet der Bundesrepublik Deutschland – eine unbekannte Person verletzt. In dem Bestreben, dem Verletzten Hilfe zu leisten, wurde er auf das Gebiet der ČSSR hinübergetragen und der sofortige Transport ins Krankenhaus gewährleistet. Beim Transport ins Krankenhaus ist er seiner Verletzung erlegen. Bei der Prüfung der später gefundenen Dokumente wurde festgestellt, daß es sich um einen Bürger der Bundesrepublik Deutschland handelte, der in der erwähnten Zeit sich im Raum der Staatsgrenze befand.“ Metzger wurde die Untersuchung und Verfolgung vorschriftswidrigen Verhaltens zugesichert. Křepelák brachte „die Entschuldigung und das Bedauern der tschechoslowakischen Organe zum Ausdruck“. Auf Nachfrage wurde weiter mitgeteilt, daß der Getötete Johann Dick heiße. Metzger sagte die unverzügliche Unterrichtung der Bundesregierung zu. Das Fernschreiben wurde um 21 Uhr mit dem höchsten Dringlichkeitsvermerk an das Auswärtige Amt abgesetzt. Anschließend wurde auch auf der Ebene der Grenzbeauftragten eine gleichlautende Erklärung an die bayerische Seite übergeben. Am nächsten Tag erhielt die Familie die traurige Nachricht.

Am 20. September 1986 meldete die tschechoslowakische Nachrichtenagentur ČTK den Vorfall. Bundesaußenminister Hans-Dietrich Genscher (1927–2016) veranlasste eine Presseerklärung zu dem Zwischenfall und die Einbestellung des tschechoslowakischen Botschafters Dušan Spáčil (1929–2003) ins Auswärtige Amt. In der Presseerklärung heißt es: „Die Bundesregierung verurteilt aufs schärfste den rücksichtslosen Schußwaffengebrauch an der Grenze und den völkerrechtswidrigen Übergriff auf deutsches Hoheitsgebiet. Sie betrachtet das Vorgehen der tschechoslowakischen Grenzorgane als eine schwerwiegende Verletzung der gutnachbarlichen Beziehungen. Sie verlangt volle und rückhaltlose Aufklärung des Sachverhalts, Bestrafung der Schuldigen und umfassende Unterrichtung über das Geschehen. Sie behält sich weitere Schritte vor.“ Der westdeutsche Botschafter Werner Schattman(1924–2014) wurde beauftragt, unverzüglich im tschechoslowakischen Außenministerium möglichst hochrangig zu demarchieren und Protest gegen den Grenzzwischenfall einzulegen. Zudem sollte er auf die Unmenschlichkeit des Schusswaffengebrauchs sowohl gegenüber Personen, die das „Recht auf Freizügigkeit wahrnehmen wollen, als auch gegenüber unbeteiligten Dritten auf unserem Hoheitsgebiet" hinweisen. Das Vorgehen der tschechoslowakischen Grenzorgane stehe in eklatantem Widerspruch zu den im Prager Vertrag von 1973 und in der Schlußakte von Helsinki verankerten Prinzipien des Verbots der Gewaltandrohung und -anwendung und der Unverletzlichkeit der Grenzen. Weitere Punkte waren die Wiedergutmachung des Schadens auch hinsichtlich der Hinterbliebenen, die Rüge wegen verspäteter Information und die Forderung nach unverzüglicher Überführung der Leiche sowie der Hinweis auf die große Erregung und die Anteilnahme der deutschen Öffentlichkeit.

Johann Dicks Leichnam wurde am 22. September 1986 um 15 Uhr am Grenzübergang Waidhaus in Gegenwart des Grenzbeauftragten der Grenzpolizeistation Furth im Wald und eines Amtsarztes überführt. Johann Dicks Sohn Gerhard identifizierte den Toten als seinen Vater. Mit dem Leichnam wurden das Obduktionsprotokoll vom 19. September und die persönlichen Gegenstände Dicks übergeben. Bei der Nachobduktion um 16 Uhr in Weiden in der Oberpfalz stellten die Gerichtsmediziner fest, dass Haut-, Knochen- und Organteile insbesondere entlang des Schusskanals fehlten.

Am 21. September 1986 setzte mit Artikeln in der *Bild*-Zeitung und im Kölner *Sonntags-Express* die bundesweite Presseberichterstattung zum Fall Dick ein: „ČSSR-Grenzer erschossen Bundeswehr-Offizier" titelte *Bild*, die *Welt* schrieb, dass Dick „ermordet wurde (ein anderer Ausdruck wäre hier fehl am Platze)" und der *Münchner Merkur*, dass „im Wild-West-Stil am Eisernen Vorhang herumgeschossen" werde. Teilweise auf ihren Titelseiten berichteten regionale (z. B. *Stiftlandbote*, *Frankenpost*) wie überregionale Zeitungen (*F. A. Z.*, *Süddeutsche Zeitung*) von den Ermittlungsergebnissen und den diplomatischen Verhandlungen zwischen der Bundesrepublik und der ČSSR. Zu heftigen Reaktionen kam es auf deutscher Seite, als bekannt wurde, dass bei der Obduktion in Plzeň Körperteile einbehalten worden waren, die Rückschlüsse auf die Verletzung Johann Dicks zuließen. Der bayerische Ministerpräsident Franz Josef Strauß (1915–1988) sprach vor der Presse von „Leichenfledderei". Auf deutschen Protest vom 23. September hin durfte der Gerichtsmediziner Burghard Schellmann vom Institut für Rechtsmedizin der Universität Erlangen/Nürnberg zwei Tage später die an der Obduktion in Plzeň beteiligten Gerichtsmediziner befragen und die fotografische Untersuchungsdokumentation einsehen. Die fehlenden Leichenteile wurden bis zum 9. Oktober übergeben. Das tschechoslowakische Obduktionsgutachten stimmte nach der Überprüfung durch die westdeutschen Gerichtsmediziner mit den Befunden der Nachobduktion überein.

Botschafter Werner Schattmann traf am Nachmittag des 24. September 1986 in Prag mit dem stellvertretenden Außenminister Jaromír Johanes (Jg. 1933) auf dessen Wunsch zusammen. Johanes erklärte: „Bei dem Grenzzwischenfall handelt es sich um ein sehr ernstes und bedauerliches Ereignis. Wir haben dafür bereits mehrfach um Entschuldigung gebeten und unser tiefes Bedauern ausgedrückt. Wir übernehmen die volle Verantwortung. Der Hergang wurde in den letzten Tagen von den verantwortlichen Stellen genau überprüft.“ Danach verlas er einen übersetzten tschechischen Bericht und händigte dem Botschafter das Papier aus. Demnach seien bei der Verfolgung des zweiten polnischen Flüchtlings Warnschüsse in die Luft abgegeben worden, anschließend hätten die Soldaten gezielt geschossen. Der Schusswaffeneinsatz wäre so lange erfolgt, bis der Flüchtende in einem dichten unübersichtlichen Baumbestand verschwunden sei. Der Gruppenführer habe darauf den Befehl zum Rückzug gegeben. Dann habe ein Soldat Hilferufe gehört. Überzeugt, dass es sich um den verfolgten Grenzverletzer handelte, ging er den Rufen nach und fand ca. 50 m von der Staatsgrenze entfernt einen auf der Erde liegenden Mann. Als er bei diesem eine Schussverletzung feststellte, ohne selbst wirksame Hilfe leisten zu können, habe er entsprechend den geltenden Vorschriften durch einen in die Luft abgegebenen Feuerstoß aus seiner Maschinenpistole seine Kameraden alarmiert. Kurz darauf seien vier Grenzsoldaten vor Ort eingetroffen und hätten dem Verletzten Erste Hilfe geleistet. Sie brachten ihn dann auf das Gebiet der ČSSR und ließen ihn ins Krankenhaus Tachov transportieren. Später sei festgestellt worden, dass der Verwundete nicht der Grenzverletzer war, sondern der Bundesbürger Johann Dick, der sich zu dieser Zeit in der Nähe der Staatsgrenze aufgehalten hatte. Die weiteren Ermittlungen würden von der Militärstaatsanwaltschaft geführt.

Am selben Tag war Außenminister Hans-Dietrich Genscher am Rande der UNO-Vollversammlung in New York mit seinem tschechoslowakischen Amtskollegen Bohuslav Chňoupek (1925–2004) zusammengetroffen. Die Begrüßung erfolgte ohne Handschlag. Das etwa halbstündige Gespräch in frostiger Atmosphäre drehte sich fast ausschließlich um den Grenzzwischenfall. Laut dem Bericht des AP-Korrespondenten Erich Esih und dem Drahtbericht der westdeutschen UNO-Vertretung vom 25. September 1986 habe Genscher unterstrichen, „daß die Erschießung eines Deutschen auf deutschem Boden eine schwere Belastung der Beziehungen darstelle. Sie werde dadurch vergrößert, daß wenige Tage nach diesem Zwischenfall erneut Schußwaffen eingesetzt worden seien.“ Am 22. September 1986 waren ebenfalls im Landkreis Tirschenreuth zwei flüchtende DDR-Bürger von tschechoslowakischen Grenzern nach Anruf beschossen worden, konnten aber unverletzt bayerisches Gebiet erreichen. Die Bundesregierung erwarte „daß ein Gebrauch von Schußwaffen an der Grenze unterbleibe. Er stehe in einem Widerspruch zu einem gut nachbarschaftlichen Verhältnis. Er [Genscher] appelliere deshalb an die Führung der ČSSR, die Schießpraxis einzustellen.“ Der tschechoslowakische Außenminister sprach sein Bedauern aus und versicherte, „daß der Vorfall weiter untersucht werde. […] Die ganze Angelegenheit sei von großer Peinlichkeit, vor allem, weil es sich bei den in den Vorfall Verwickelten um Staatsangehörige aus anderen Ländern des Warschauer Pakts gehandelt habe.“ Er wolle die Forderung nach einer Einstellung des Schusswaffengebrauchs an den Präsidenten und den Regierungschef der Tschechoslowakei weiterleiten.

Mit der polizeilichen Ermittlungsarbeit war am 20. September 1986 die Kriminalpolizeiinspektion Weiden in der Oberpflalz beauftragt worden. Hier begegnete man der Behauptung, Dick sei bei der Verfolgung des flüchtigen Polen zufällig von einer Kugel getroffen worden, mit Skepsis. Die Ermittler entdeckten am Grenzstein 24/9, 1,4 km südwestlich von Treppenstein an den Bäumen 14 Durch-, Steck bzw. Streifschüsse. Außerdem stellten sie 40 Patronenhülsen und ein Pistolenmagazin mit 8 Patronen sicher. Diese Indizien fanden sich 500 bis 600 m von der Stelle entfernt, an der Marek Majko über die Grenze geflüchtet war. Auch die Auffindungssituation der Patronenhülsen widersprach der Behauptung, dass lediglich eine Salve in die Luft abgegeben worden sei, um Hilfe anzufordern. Laut einem ballistischen Gutachten wurde am Tatort mit vier verschiedenen Schnellfeuergewehren der Marke „Kalaschnikow“ ins Landesinnere geschossen, die Schützen seien bis zu 90 m auf Bundesgebiet vorgedrungen. Die Stelle, an der der Abreisstreifen eines Verbandspäckchens aus der ČSSR gefunden wurde – 200 m im Landesinneren –, gilt seitdem als Ort, an dem Johann Dick die tödliche Kugel traf. Jenseits der Grenze untersuchten tschechoslowakische Ermittler den Tatort und fanden mithilfe von Metallsuchgeräten mehr als zwanzig Geschosshülsen. Vom Bundesgebiet aus wurde beobachtet, wie sieben jüngere Grenzsoldaten mehrmals den Tathergang demonstrieren mussten.

Am 3. Oktober 1986 trafen zwei sechsköpfige Delegationen beider Länder am Grenzstein 24/9 zusammen. Neben den Grenzbevollmächtigten Jaroslav Novák und Gerhard Köhler gehörten ihnen Beamte der bayerischen

Staatsanwaltschaft und Kriminalpolizei an, von der ČSSR-Seite kamen Bevollmächtigte der Grenzwache und des Prager Innenministeriums. Diese bilaterale Expertenkommission betrat zunächst ČSSR-Gebiet. Dort wiesen die Angehörigen der tschechischen Delegation auf den Fluchtweg der beiden Polen hin und bekräftigten ihre Version des Grenzzwischenfalls vom 18. September, die der am 24. September abgegebenen Erklärung von Jaromír Johanes entsprach. Die Schuldfrage sei geklärt und drei Soldaten, die in Richtung Landesgrenze geschossen hätten, müssten sich wahrscheinlich vor Gericht verantworten. Es habe sich um junge Leute im Grundwehrdienst ohne Grenzerfahrung gehandelt. Die tschechoslowakische Delegation betonte mehrfach ihr Bedauern über den Vorfall. Anschließend begab sich die Kommission auf bayerisches Gebiet. Dort wurde auf die Fundstellen der Patronenhülsen, des Pistolenmagazins und der Reste des Verbandspäckchens hingewiesen. Der ČSSR-Seite wurde erläutert, dass der Tatortbefund ihre Darstellung teilweise widerlege. Nach einer Pause traf die gemeinsame Kommission am Grenzübergang Waidhaus erneut zusammen. Hier erhob Köhler verschiedene Forderungen, u. a. eine Befragung des in der ČSSR inhaftierten Polen Gwizdon, die Überlassung der Tatwaffen, die Aushändigung sämtlicher Ermittlungsunterlagen und die Übermittlung der Namen der Täter. Der ČSSR-Grenzbevollmächtigte Novák hielt die Forderungen für unrealistisch, versprach aber, sie den zuständigen Stellen vorzulegen.

Am Tag zuvor, am 2. Oktober 1986, hatte sich der Deutsche Bundestag in einer von der CDU/CSU-Fraktion beantragten Aktuellen Stunde mit dem Todesfall befasst. In seiner Eröffnungsrede forderte der außenpolitische Sprecher der CDU/CSU-Fraktion Hans Klein (1931–1996), dass der Tod von Johann Dick „aufgeklärt, geahndet und – soweit dies möglich ist – wiedergutgemacht werden" müsse. Außerdem solle die Regierung der ČSSR „zu Maßnahmen veranlaßt werden, die eine Wiederholung ausschließen". Fraktionsübergreifend wurden die Schüsse auf die polnischen Flüchtlinge, die Grenzüberschreitung und die Tötung Johann Dicks verurteilt. Für Widerspruch sorgte hingegen das Eintreten für eine weitere Entspannungspolitik seitens der SPD und der Grünen und deren Verknüpfung des Falls mit einer Kritik an Regierungsplänen zur Abschiebung osteuropäischer Flüchtlinge. Für die CDU/CSU zeitigten die „barbarischen Praktiken" des tschechoslowakischen Staates einen Verlust an „Glaubwürdigkeit bezüglich seiner Fähigkeit und Bereitschaft, zu einem friedlichen Nebeneinander der Völker und Staaten in Europa beizutragen". Der vom sozialdemokratischen Abgeordneten Wernitz unterstrichene Bedarf nach einer „angemessenen Präsenz der bayerischen Grenzpolizei, des Bundesgrenzschutzes und auch des Zolls" als „zusätzliche Hilfe für unsere Mitbürger in diesem Raume" war auch Gegenstand einer Debatte des Tirschenreuther Kreistages am 22. Dezember 1986. Die Beschlussvorlage des Landrates Franz Weigl (1932–1996), „auf Bund und Land dahingehend einzuwirken, daß die Frage der besseren Grenzsicherung mit Vorrang behandelt wird", wurde vom Kreistag angenommen. Die SPD-Fraktion wandte dagegen ein, „auch eine noch so starke Präsenz von Grenzsicherungsorganen könne keine Gewähr dafür bieten, daß sich ein solcher Vorfall nicht wiederholt". Am 28. Januar 1987 nahm das Ministerbüro des Bayerischen Staatsministeriums des Innern in München zur Beschlussvorlage Stellung. Am 18. September hätten im betreffenden Grenzabschnitt bei Mähring sechs Grenzpolizisten und neun BGS-Beamte Dienst getan. Zusätzlich waren in den Grenzpolizeistationen Waldsassen, Neualbenreuth, Mähring und Bärnau 22 Beamte im Dienst gewesen, die auch allgemeinpolizeiliche Aufgaben wahrgenommen hätten. „Mangelnde Effektivität der Grenzüberwachung ist für uns nicht erkennbar." Zudem solle eine stärkere Polizeipräsenz an der Grenze vermieden werden, um nicht den Eindruck einer Grenzsicherung wie in der DDR oder ČSSR entstehen zu lassen. Beachtet werden müsse außerdem, dass die tschechoslowakische Seite bereit sei, „die völkerrechtlich gebotenen Maßnahmen zu ergreifen". So habe die Grenzwache durch zusätzliche Grenzpfähle und Sperrschranken den Grenzverlauf deutlicher markiert.

Ergänzend zu den weiß-roten Markierungspfählen, die parallel zur Grenze gesetzt wurden, wertete der Kommandeur der Hauptverwaltung der Grenzwache und des Schutzes der Staatsgrenze Anton Němec (Jg. 1929) in einem Befehl vom 1. Oktober 1986 die Tötung Johann Dicks als „schwerwiegenden Zwischenfall", der „dem Ruf und den Interessen der Tschechoslowakischen Sozialistischen Republik" sowie „dem Ansehen der Grenzwache in den Augen der Öffentlichkeit sowohl in der Tschechoslowakei als auch in den benachbarten Ländern ernsthaft geschadet" habe. Er genehmigte deshalb nur noch besonders geschulten Soldaten die Fahndung nach Grenzverletzern jenseits der Sperranlagen. Zur Verbesserung des Verhältnisses zur Bundesrepublik und zu Österreich sollten deren Bürger bei einer Überschreitung der Grenze „taktvoll" auf die Grenzverletzung hingewiesen und zurückgeschickt werden.

Der tschechoslowakische Botschafter in der Bundesrepublik Dušan Spáčil übermittelte Johann Dicks Sohn Gerhard und seiner Familie am 2. Dezember 1986 schriftlich sein Beileid zum Tod des Vaters und versicherte, „daß ich diesen Fall zutiefst bedauere und Ihren menschlichen Gram verstehe". Die ČSSR übernehme die Verantwortung und verspreche „Entschädigung der Familie und Bestrafung der Schuldigen, falls es zur Verletzung der tschechoslowakischen Gesetze gekommen ist". Mitte Januar 1987 lag vom tschechoslowakischen Staat ein Entschädigungsangebot in Höhe von 100.000 DM vor, das die Familie Dick akzeptierte. Die vom Botschafter versprochene strafrechtliche Verfolgung der Todesschützen gestaltete sich hingegen komplizierter.

Die tschechoslowakische Seite weigerte sich strikt, die Namen der möglichen Täter anzugeben und die Tatwaffen auszuliefern. Gegen die am Waffeneinsatz beteiligten Grenzer leitete die Militärstaatsanwaltschaft 1986 ein Strafverfahren ein. In der Untersuchung blieb jedoch offen, wer der eigentliche Täter war, da das Projektil, mit dem Johann Dick getötet wurde, nicht ermittelt werden konnte. Deswegen wurde das Verfahren eingestellt und dem Kommando der Grenzwache als Disziplinarangelegenheit übergegeben. Zu einer gerichtlichen Verhandlung kam es damals nicht. Die Grenzsoldaten erhielten Arreststrafen von wenigen Tagen für den unerlaubten Grenzübertritt, sieben Offiziere einschließlich des Einsatzleiters Miloslav Coufal erhielten Disziplinarstrafen.

Nach 1989 begann sich das bei der tschechischen Polizei in Prag zuständige Amt zur Dokumentation und Ermittlung der Verbrechen des Kommunismus mit dem Vorfall zu befassen. 1996 wurden drei ehemalige Mitglieder der 16. PS-Kompanie, Pavel Čada, Josef Číla und Jan Román, wegen schwerer Gesundheitsschädigung und Dienstpflichtverletzung angeklagt. Alle drei Beschuldigten waren zur Tatzeit 20 Jahre alt. Bei dem Verfahren, zu dem die Staatsanwaltschaft Weiden in der Oberpflalz ihre Ermittlungsunterlagen beisteuerte, ging es nicht in erster Linie um die Bestrafung der Täter, sondern vor allem darum, auf die gesellschaftliche Gefährlichkeit solchen Handelns hinzuweisen. Pavel Čada war der Einzige, der im Verhör den gezielten Beschuss Dicks zugab, und wurde deshalb vom Kreisgericht Plzeň am 15. März 2001 für schuldig erklärt, im Widerspruch zu damals geltenden Vorschriften Johann Dick getötet zu haben. Er erhielt die Mindeststrafe für Mord von drei Jahren Freiheitsentzug. Číla und Román wurden freigesprochen.

Gegen das Urteil des Plzeňer Kreisgerichts legten Čada sowie die örtliche Kreisstaatsanwaltschaft Berufung ein. Čada war nicht damit einverstanden, dass er allein die Verantwortung für das Geschehene tragen soll und auch die Plzeňer Anwaltschaft war der Ansicht, dass Číla und Román nicht als Unschuldige gelten können, zumal sich das Urteil offenbar lediglich auf Čadas Geständnis stützte.

Der Oberste Gerichtshof in Prag wies die Berufung der Kreisanwaltschaft zurück und sprach am 1. Oktober 2001 schließlich auch Pavel Čada frei.

Nach Ansicht des Gerichts konnte nicht nachgewiesen werden, dass er in der Absicht handelte, Johann Dick zu töten, da er davon überzeugt gewesen sein musste, einen polnischen Grenzverletzer auf tschechoslowakischem Staatsgebiet verfolgt zu haben. Gestützt wurde diese Auslegung durch die Aussage des Forstarbeiters Smolnický, der sich erinnerte, dass die damaligen Grenzmarkierungen durch Sturmschäden im Wald sehr schlecht sichtbar gewesen seien. Ehemalige Wehrdienstleistende bezeugten, ihnen sei nur einmal bei Dienstantritt der genaue Verlauf der Staatsgrenze von ihren Vorgesetzten gezeigt worden. Es wurde ebenfalls berücksichtigt, dass die beteiligten Soldaten durch eigene Aufregung und schlechte Organisation des Einsatzes völlig desorientiert waren.

Der Tod von Johann Dick gehörte auch zu den Anklagepunkten des am 25. November 2019 eingeleiteten Strafverfahrens der Bezirksstaatsanwaltschaft Prag gegen den Generalsekretär des ZK der KSČ Milouš Jakeš (1922–2020), den Innenminister der ČSSR Vratislav Vajnar (1930–2023) und Lubomír Štrougal (1924–2023), Mitglied des Vorstandes des ZK der KSČ und Vorsitzender der Regierung der ČSSR. Ihnen wurde der Missbrauch von Amtsbefugnissen im besonders schweren Fall vorgeworfen. Die Strafverfolgung wurde am 9. September 2020 eingestellt, weil Vajnar und Štrougal aufgrund ihres fortgeschrittenen Alters an psychischen Störungen litten, die es ihnen nicht ermöglichten, den Sinn des Verfahrens zu verstehen und Milouš Jakeš nach Eröffnung der Strafverfolgung am 9. Juli 2020 verstorben war. Am 16. August 2022 wurde der Einstellungsbeschluss bezüglich des Beschuldigten Vratislav Vajnar durch den stellvertretenden Staatsanwalt in Prag wieder aufgehoben. Die Anklageerhebung erfolgte am 25. April 2023 in Abwesenheit des Angeklagten in Prag. Mit dem Tod Vajnars im Juni 2023 wurde auch dieses Verfahren eingestellt. Weitere KSČ-Funktionäre der höchsten Ebene starben vor der Einleitung von Ermittlungen oder trugen keine strafrechtliche Verantwortung für den Schusswaffengebrauch an der ČSSR-Grenze.

Seine letzte Ruhestätte fand Johann Dick auf dem Amberger Katharinenfriedhof, später erfolgte eine Umbettung auf den Friedhof von Murnau. Ein Jahr nach seiner Beisetzung wurde am 26. September 1987 am Tatort ein etwa 4 m hoher Gedenkstein in Form eines Obelisken errichtet mit der Inschrift „Hans Dick / † 18.9.1986 / Erschossen von Grenzern der C. S. S. R.“. Geschaffen wurde der Gedenkstein vom Oberpfälzer Bildhauer Helmut Langhammer. Zur Einweihung kamen etwa 300 Besucher. Oberst Albert Hagemann, Kommandeur im Verteidigungsbezirk Oberpfalz, hatte die Initiative für die Errichtung des Gedenksteins ergriffen. Über den Grund seines Engagements berichtete die Zeitung *Der neue Tag*: „So seien zum einen Zwischenfälle wie der gewaltsame Tod von Hans Dick an der Bundesdeutschen Ostgrenze Bestandteil deutscher Geschichte. Dies dürfe ebenso wenig vergessen werden wie der ‚Eiserne Vorhang', der Mitteleuropa trennt. Zum anderen wolle Hagemann das Andenken an den […] Wanderer Hans Dick aufrechterhalten und dabei an den bayerischen Brauch Marterln [das sind Wegkreuze bzw. Bildstöcke] zu errichten, anknüpfen. Als dritten Grund nannte Hagemann eine Warnung an alle Spaziergänger, in unwegsamen Waldgebieten den notwendigen Abstand zur ČSSR-Grenze zu halten und wachsam zu sein."

Gedenkstein für Johann Dick

Eine weitere Erinnerung an Johann Dick findet sich im Roman seines Sohnes Gerhard (* 1949) *Die Nudistenwallfahrt* (2008). Gerhard Dick gestaltet darin die Erschießung des Kunstschreiners Gregor bei einer Wanderung an der tschechischen Grenze. Er verbindet den Tod Gregors, eines Cousins des Ich-Erzählers, mit Schilderungen der bedrückenden Atmosphäre nach der Nuklearkatastrophe von Tschernobyl am 26. April 1986 und der Furcht vor einer militärischen Eskalation des Kalten Krieges. Gemeinsam mit der Witwe Gregors, die nach dem Tod ihres Mannes in ihre englische Heimat zurückgekehrt ist, verfolgt der Erzähler gegen Ende des Romans die Fernsehberichte über den Fall der Berliner Mauer. In der Nacht darauf träumt er, dass Gregor zu ihm ins Zimmer tritt und „vier junge Leute" mitbringt, mit ihnen Weizenbier trinkt, ein Familienfoto betrachtet und Karten spielt. Wie in einer seltsamen, unausgesprochenen Übereinkunft ziehen die Besucher kurz vor Sonnenaufgang ihre Schaftstiefel an, setzen ihre Mützen auf und entsichern, hinaus ins hüfthohe Gras getreten, ihre Gewehre, während Gregor „sich geduldig auf das Spiel einließ": „Er schlenderte zum Waldrand hinüber, winkte, dass wir nachkommen sollten, und lief langsam, dann immer schneller werdend davon. Bald sprang er wie gehetzt durch die Wiese, schlug Haken, duckte sich, rannte eine lange Strecke parallel zum Waldrand, strauchelte, warf sich zur Seite, stürzte schließlich doch auf die ersten Gebüsche zu, ignorierte die nervösen Schreie der Soldaten und brach, die Arme nach oben schleudernd, unter mehreren Salven zusammen." Gerhard Dick gestaltet hier den ambivalenten Zusammenhang zwischen dem Wiedererleben von Gewalt- und Verlusterfahrungen und ihrer Bewältigung im Traum.

Am 30. Juni 2023 eröffnete die tschechische Polizeibehörde Amt zur Dokumentation und Ermittlung der Verbrechen des Kommunismus (ÚDV) ein Strafverfahren gegen den früheren Stabschef und stellvertretenden Oberbefehlshaber der Verwaltung der Grenzwache, Oberst Jan Muzikář (*1934), wegen des Verbrechens des Amtsmissbrauches. Ihm wird die Mitverantwortung u. a. an der Tötung von Hartmut Tautz und Johann Dick zur Last gelegt.

(Autoren: ES, jk, MZ; Recherche: AH, ES, HP, jk, MZ, US)

Quellen

Präsidium der Bayerischen Grenzpolizei: Jahresbericht der Bayerischen Grenzpolizei 1986. BayHStA, Präsidium Grenzpolizei, Nr. 250, S. 15.

Pressestelle der Bayerischen Grenzpolizei: Zeitungsartikelsammlung. BayHStA, Präsidium Grenzpolizei, Nr. 426.

Präsidium der Bayerischen Grenzpolizei: Grenzverletzungen durch CSSR-Grenzorgane. BayHStA, Präsidium Grenzpolizei, Nr. 1211.

Grenzbeauftragter Furth im Wald: Grenzverletzungen, Grenzzwischenfälle, besondere Vorkommnisse an der Grenze: Erschießung eines deutschen Grenzpolizisten durch CSSR-Grenzbeamte, 1986–1987. BayHStA, Präsidium Grenzpolizei, Nr. 1779.

Bayerisches Staatsministerium des Innern: Grenzverletzungen vom Gebiet der CSSR 1984–1991, Bd. 1. BayHStA, MInn - IC 5 Abgabe 33/2016, Nr. 331.

Grenzpolizeiinspektion Furth i. W.: o. T. [Fernschreiben, Ermittlungsberichte, Zeitungsartikel u. a. Dokumente zum Fall Dick]. StAAm, Grenzpolizeistation Furth i. W. Nr. 89 und 90.

Bundesministerium des Innern: Besondere Vorkommnisse an der deutsch-tschechoslowakischen Grenze 1976–1989, Bd. 1, Vorkommnisse mit PSSO. BArch, B 106/371886.

Bundesministerium des Innern: Grenzzwischenfall mit tödlichem Ausgang – Johann Dick. BArch, B 106/88807.

Auswärtiges Amt: Grenzverletzungen und -zwischenfälle, Fall Dick. PAAA, B 42-ZA/139672 und B 42-ZA/139673.

Botschaft der Bundesrepublik Deutschland in Prag: Verletzung des Hoheitsgebietes, Grenzzwischenfall bei Mähring/Tirschenreuth am 18.9.1986 (Fall Dick). PAAA, BAV 198 Prag 20641.

NSR – Případ Dick. Archiv ministerstva zahraničních věcí, Teritoriální odbory NSR, kt. 2.

Befehl Nr. 015 des CSSR-Kommandanten der Hauptverwaltung der Grenzwache und des Schutzes der Staatsgrenze vom 1. Oktober 1986. Staatsanwaltschaft Weiden i. d. OPf.

Deutscher Bundestag: Plenarprotokoll 10/235, Stenographischer Bericht, 235. Sitzung,

Bonn, 2.10.1986, S. 18129–18140, https://dserver.bundestag.de/btp/10/10235.pdf (9.11.2022).

Korrespondenz und Dokumente der Staatsanwaltschaft Weiden i. d. OPf, der Bayerischen Staatskanzlei, des Amtes zur Dokumentation und Ermittlung der Verbrechen des Kommunismus, des Botschafters der Tschechoslowakischen Sozialistischen Republik in Bonn, des Landgerichts Plzeň, der Bezirksstaatsanwaltschaft Plzeň, des Obersten Gerichtshofs Prag, der Bezirksstaatsanwaltschaft Prag. Privatbesitz Gerhard Dick.

st: Marterl zum Gedenken an Hans Dick. In: Der neue Tag, 18.2.1987.

Hofmann, Erwin: Zwischen Bayern und Böhmen. Wanderungen zu historischen Grenzzeichen von Hof bis Passau. Regensburg 1998, S. 143 f.

Navara, Luděk: Vorfälle am Eisernen Vorhang. Straubing 2006.

Dick, Gerhard: Die Nudistenwallfahrt. Wien/Mühlheim a. d. Ruhr 2008.

Ascherl, Christine: Der Fall Johann Dick. In: Der Neue Tag. Sulzbach-Rosenberger und Amberger Zeitung, 20./21.1.2018.

Pulec, Martin: Johann Dick (* 23.3.1927, † 18.9.1986), https://www.ustrcr.cz/uvod/dokumentace-usmrcenych-statni-hranice/usmrceni-statni-hranice-portrety/johann-dick/ (10.11.2022).

Zeitzeugengespräch von Uta Schulz mit dem ehemaligen Revierleiter des Forstbetriebs Waldsassen Hermann Köpf am 23.5.2019.

Zeitzeugengespräch von Uta Schulz mit Gerhard Dick vom 25.6.2019.

5 Todesfälle außerhalb des Projektrahmens

5.1 Todesfälle ohne Fluchthintergrund an den DDR-Grenzen zu Polen und der Tschechoslowakei

In der Forschungsliteratur werden etliche Todesfälle erwähnt, die sich an den Süd- und Ostgrenzen der DDR zugetragen haben. Jan Gülzau hat 2012 die Biografien von zehn Todesopfern an der sächsisch-tschechischen Grenze im Zeitraum von 1947 bis 1989 veröffentlicht.[42] Gerhard Sälter u. a. weisen in ihrer 2016 erschienenen Studie auf das Schicksal des an der DDR-Grenze zur Volksrepublik Polen erschossenen DDR-Bürgers Reinhold Pansengagen hin.[43] Martin Pulec rekonstruiert in seiner 2021 veröffentlichten tschechischen Monografie die Lebensgeschichte von Friedrich Lorenz, der im April 1955 auf der Flucht vor tschechoslowakischen Grenzwachen ums Leben kam.[44]

Die in der Sekundärliteratur genannten Fälle hat das Team des Forschungsverbundes SED-Staat anhand der zugänglichen Archivalien, besonders tschechoslowakischer Geheimdienstunterlagen, überprüft. Die nachstehenden kurzen Einzeldarstellungen enthalten die Ergebnisse dieser Recherchen. Die beschriebenen Todesfälle ereigneten sich weder an den Grenzen des Eisernen Vorhangs noch sollte mit den Tötungen eine Flucht in die Bundesrepublik verhindert werden. Sie stehen vielmehr im Zusammenhang mit der Sicherung der 454 km langen Grenze zwischen der DDR und der ČSR/ČSSR bzw. mit dem Schutz der 431 km langen Grenze zwischen der DDR und der Volksrepublik Polen.

Verglichen mit dem Grenzregime zwischen Ost- und Westdeutschland war die Grenzsicherung der DDR zu Polen sowie zur Tschechoslowakei weitaus weniger dicht und rigide. Die dortigen Grenzen wurden DDR-seitig lediglich durch Grenzsteine, -pfähle und -schilder markiert. Grenzzäune und Minensperren wie an der Westgrenze existierten an der östlichen und süd-

---

42 Gülzau, Jan: Grenzopfer an der sächsisch-bayerischen und sächsisch-tschechischen Grenze in den Jahren 1947–1989. Dresden 2012.

43 Sälter, Gerhard/Dietrich, Johanna/Kuhn, Fabian: Die vergessenen Toten. Todesopfer des DDR-Grenzregimes in Berlin von der Teilung bis zum Mauerbau 1949–1961, Berlin 2016, S. 275 f.

44 Pulec, Martin: Kontrašpionážní akce Terat, Zapomenutý hrdina třetího odboje „agent chodec“ Bedřich Lorenz, Praha 2021.

lichen DDR-Grenze nicht. Allerdings errichteten die Nachbarstaaten dort aufwendige Grenzsicherungsanlagen. Auf der tschechoslowakischen Seite wurden an der Grenze zur DDR „in den 1950er Jahren Waldgebiete auf breiter Schneise gerodet, Kontrollstreifen und mehrgliedrige Stacheldrahtbefestigungen angelegt".[45] Dennoch waren – im Vergleich zu den tschechoslowakischen Grenzen mit der Bundesrepublik Deutschland und Österreich – die dort eingesetzten Grenzeinheiten räumlich entfernter voneinander stationiert und in ihrer Mannschaftsstärke geringer.[46] Auch eine Aufrüstung der Grenzzäune mit Starkstrom und Minen erfolgte hier nicht.

Die polnische Grenze zur DDR war seit 1955 mit einer Zaunanlage, mit Stacheldraht, Wachtürmen und automatischen Signalanlagen ausgestattet. Zudem hatte der polnische Staatsrat 1956 die Schaffung eines zwei bis zehn Kilometer breiten Sperrgebietes beschlossen.[47] Die Grenzsicherung Polens und der Tschechoslowakei zur DDR zielte darauf ab, die Rückkehr von Vertriebenen und das Eindringen von westlichen Spionen zu verhindern sowie Fluchten eigener Bürger nach West-Berlin zu unterbinden. Da mit dem Bau der Berliner Mauer am 13. August 1961 auch die Fluchtroute für polnische und tschechoslowakische Bürger blockiert wurde, begannen beide Länder in den 1960er Jahren mit dem Rückbau ihrer Zaunanlagen.[48] Die ČSSR beendete 1966 den militärischen Grenzschutz an der DDR-Grenze.[49]

In der SBZ und später in der DDR hatte die am 1. Dezember 1946 geschaffene Grenzpolizei zunächst Schusswaffenbestimmungen sowohl für die

45 Gülzau, Jan, a. a. O., S. 15.

46 An der Grenze mit der Bundesrepublik Deutschland bewachte ein Grenzschutzsoldat durchschnittlich einen Kilometer der Staatsgrenze, an der Grenze mit Österreich bewachte ein Grenzschutzsoldat 1,5 km und an der Grenze zur DDR entfielen auf einen Grenzschutzsoldaten durchschnittlich 2,2 km der Staatsgrenze. Siehe hierzu Nithammer, Jasmin: Grenzen des Sozialismus zu Land und zu Wasser. Die tschechoslowakische Landgrenze und die polnische Seegrenze im Vergleich (1948–1968). Marburg 2019. Nithammer bezieht diese statistischen Angaben aus: Zpráva o činnosti a dalších úkolech Pohraniční stráže MV při zabezpečování ochrany státních hranic [Bericht über die Tätigkeit und weitere Aufgaben des Grenzschutzes des Innenministeriums bei der Sicherstellung des Schutzes der Staatsgrenzen], 1961, in: ABS Brno-Kanice, Fond A 2/2, Sign. 711, S. 7.

47 Vgl. Czerwiński, Bugusław Tomasz: Von der Potsdamer Konferenz bis zum Sieg der Friedlichen Revolution durch die Solidarność-Bewegung. Das polnische Grenzregime in den Jahren 1945–1989. In: Zeitschrift des Forschungsverbundes SED-Staat, Nr. 48, 2021, S. 86–108.

48 Vgl. Trutkowski, Dominik: Der geteilte Ostblock. Die Grenzen der SBZ/DDR zu Polen und der Tschechoslowakei. Köln 2011, S. 76–78.

49 Nithammer, Jasmin, a. a. O., S. 141.

Grenzen zu den sozialistischen Nachbarstaaten als auch für die Zonengrenze und spätere innerdeutsche Grenze erhalten. In der am 9. Oktober 1947 von der Deutschen Verwaltung des Innern erlassenen Verordnung heißt es, dass die „zum Schutze der Grenzen und der Demarkationslinie" eingesetzten Polizeiorgane „bei der Flucht der Grenzübertreter" von ihrer Waffe Gebrauch machen können, „wenn andere Methoden wie Anruf, Warnschuß in die Luft, erschöpft sind".[50] Der Schusswaffengebrauch durch die tschechoslowakische Grenzwache beruhte auf ähnlichen Dienstverordnungen. So befahl der Minister der Nationalen Sicherheit der ČSR am 14. Juli 1951 den Waffeneinsatz „gegen Personen, welche unberechtigt auf das Gebiet der Republik übergetreten sind oder auf dem Gebiet der Republik unberechtigt versuchen, die Staatsgrenze zu überschreiten und auf eine Warnung hin nicht stehenbleiben".[51] Spätestens mit der Dienstvorschrift DVIII/2 für den Dienst der Grenzposten vom 12. September 1958 verbot das Ministerium des Innern der DDR, die Schusswaffen auf Personen anzuwenden, „die die Grenze der Deutschen Demokratischen Republik in Richtung volksdemokratischer Staaten überschreiten, sich bereits unmittelbar an der Grenze befinden und keinen bewaffneten Widerstand leisten". In diesem Fall seien „die festgelegten Verständigungssignale zu der jeweiligen benachbarten Volksdemokratie in Anwendung zu bringen".[52] Die Fluchtverhinderung überließen die DDR-Sicherungsorgane ihren osteuropäischen Verbündeten. Hierfür wurden bereits im April 1956 mit Polen und im September 1956 mit der Tschechoslowakei bilaterale Abkommen geschlossen, die eine sofortige Information des zuständigen Kommandeurs der jeweils anderen Seite bei Grenzdurchbrüchen beinhalteten.[53] Entsprechend beschrieb die „Ordnung im Grenzgebiet an der Staatsgrenze zur befreundeten Tschechoslowakischen Sozialistischen Republik" vom 12. April 1966 auch keine Sperrzone mit besonderen Zugangs- und Aufenthaltsregeln, sie untersagte lediglich „das Zelten und die Übernachtung in Kraftfahrzeugen und Wohnwagen" sowie das Nacht- bzw.

---

50 Zitiert nach Marxen, Klaus/Werle, Gerhard (Hg.): Strafjustiz und DDR-Unrecht. Band 2/2. Teilband: Gewalttaten an der deutsch-deutschen Grenze. Berlin 2002, S. 975.

51 Verordnung des Ministers der Nationalen Sicherheit vom 14. Juli 1951 zum Recht der Angehörigen der Grenzwache zum Waffengebrauch. Gesetzessammlung 70/1951 (Übersetzung KOKin Czegenyi). Bayerisches Landeskriminalamt, SG 622 – Sonderermittlungen, Az. BY0286-000163-17/0.

52 Zitiert nach Marxen, Klaus/Werle, Gerhard (Hg.), a. a. O., S. 980.

53 Vgl. Trutkowski, Dominik, a. a. O., S. 59–66.

Bootsangeln in den Grenzgewässern. Tourismusbetriebe hatten ihre Gäste über den Grenzverlauf zu informieren.[54]

Die im Folgenden beschriebenen Todesfälle aus den Jahren 1948 bis 1963 belegen, dass in den ersten Nachkriegsjahren an den Ost- und Südgrenzen der DDR Menschen aus denselben Gründen erschossen wurden, wie an der Demarkationslinie oder an der Grenze zwischen der Tschechoslowakei und Westdeutschland, wenn auch im geringeren Ausmaß. Mehrere Personen wurden im Rahmen von Fahndungs- und Kontrollmaßnahmen schlicht verwechselt oder erregten durch auffälliges Verhalten den Verdacht der Grenzstreifen (siehe die Todesfälle von Werner Gerecke, Reinhold Pansengagen und Heinz Strumpf), sie überschritten die Grenze um Waren zu schmuggeln (Ernst Tippmann) oder um Heu zu beschaffen (Arno Martin). Die Grenzwachen benutzten ihre Waffen zur Festnahme von Spionen (Friedrich Lorenz), Kriegsgefangenen (Wilhelm Specht), mutmaßlichen Einbrechern (Wolfgang Michal) oder um den Widerstand Festgenommener zu brechen (Arno Martin, Heinz Erich Bauer). In drei Fällen fielen die tödlichen Schüsse durch deutsche Grenzpolizisten bzw. Angehörige der DDR-Grenztruppen, in den anderen sechs Fällen durch tschechoslowakische Grenzwachen. Diese Todesfälle belegen, dass für die bewaffneten Grenzpolizisten und -wachen die eigene Sicherheit bzw. die Undurchlässigkeit der Grenze schwerer wog, als die Beachtung der Schusswaffengebrauchsbestimmungen. (AH, jk)

Wolfgang Michal

Am Abend des 28. Januar 1948 gingen die Wachtmeister Jaroslav Rada und Václav Hábl vom Grenzposten des Korps für nationale Sicherheit in Jiříkov (dt. Georgswalde) Streife am örtlichen Bahnhof, der direkt an der Grenze zur SBZ lag. Etwa um 21.30 Uhr nahmen sie zwei junge Männer gleich nach ihrem illegalen Grenzübertritt in die ČSR südlich des Bahnhofs fest. Jaroslav Rada durchsuchte die Männer, wobei er feststellte, dass sie nicht bewaffnet waren, dann führten die Wachtmeister sie zum Grenzposten. Der Jüngere der Festgenommenen war der am 29. März 1927 in Dürrhennersdorf geborene Wolfgang Michal. Er trug einen Militär-Rucksack und erklärte Rada

54 Der Minister für Nationale Verteidigung/Der Minister des Innern und Chef der Deutschen Volkspolizei: Anordnung Nr. 2 über die Ordnung in den Grenzgebieten und Territorialgewässern der Deutschen Demokratischen Republik/Grenzordnung. Berlin, 12.4.1966. BArch, DL 203/1821.

gegenüber, dass sich sein Vater in Gefangenschaft befände und er selbst von 1946 bis 1947 bei der Firma Morák in Jiříkov gearbeitet habe. Gerade bei dieser Firma habe er sich etwas zum Essen beschaffen wollen.

Als sie etwa 500 m gegangen waren, begann Michals Begleiter in Richtung Staatsgrenze loszulaufen. Rada befahl Hábl den Flüchtenden zu verfolgen, während er selbst bei Michal blieb. Nach weiteren 28 m versuchte Michal, Rada zu entwaffnen, um dann ebenfalls zu flüchten. Rada forderte Michal zweimal zum Aufgeben auf und rief um Hilfe. Michal schrie Rada auf Deutsch an, dass er ihm seinen Karabiner an der Grenze wieder zurückgeben würde. Da dieser aber nicht darauf einging, verdrehte Michal Radas linke Hand, wonach dieser seine Hand nicht mehr bewegen konnte und Schmerzen in der Schulter verspürte. Infolgedessen feuerte Rada ohne zu zielen den Karabiner ab, den er in seiner rechten Hand hielt. Michal wurde in der Brust getroffen und sank zu Boden. Auf Radas Hilferufe kam schließlich der Eisenbahnangestellte Karel Spěvák, der gerade mit weiteren Personen auf dem Weg vom Kino nach Hause war, herbeigeeilt. Er und ein weiterer Zivilist begleiteten Rada auf dessen Bitte zum Grenzposten Jiříkov, wo er nach einer ersten Untersuchung ins Krankenhaus nach Rumburk gebracht wurde. Dem zweiten Festgenommenen gelang es, seinem Verfolger zu entkommen, weil Hábl ausrutschte und anschließend seinem Kollegen zu Hilfe eilen wollte. Hábl kam zurück, als Spěvák bereits vor Ort war. Er informierte den Grenzposten über den Vorfall und rief die Ärztin Pavla Müllerová herbei, die um 22.30 Uhr den Tod des 20-jährigen Michal feststellte. Im Rucksack des Toten fanden sich eine Zange, ein Schraubenzieher, ein Sperrhaken und eine Feile, weshalb davon ausgegangen wurde, dass er einen Einbruch in Jiříkov vorbereitet hatte.

Bei der Untersuchung durch das SNB-Grenzbataillon Liberec wurde der Waffengebrauch Radas als gerechtfertigt anerkannt, da Rada mit seiner Handverletzung dem Gegner unterlegen gewesen wäre. Deshalb habe er Michal auch keine Erste Hilfe leisten können. Trotzdem wurden einige grobe Mängel beim Verhalten der Grenzwache registriert: Sie hätten die Identität der Festgenommenen nicht festgestellt, wären unvorsichtig gewesen, und Hábl hätte bei der Verfolgung des zweiten Mannes von seiner Schusswaffe Gebrauch machen sollen. Der Militärprokurator stellte die Ermittlung gegen Jaroslav Rada am 4. Juli 1948 ein. Rada wurde 1953 aus dem Dienst entlassen.[55] *(MZ)*

55 Ministerstvo Vnitra, Hlavní velitelství SNB: Věc Použiytí zbraně hlídkou SNB-útvaru Jiříkov; ABS Kanice, kt. 114, 1948.

Wilhelm Specht

Wilhelm Friedrich Specht wurde am 25. Juni 1915 in Hagen-Haspe geboren. Sein Vater war der Schmied Alfred Friedrich Heinrich Specht, seine Mutter hieß mit Geburtsnamen Maria Franziska Zajonc. Er erlernte den Beruf eines Uhrmachers, war unverheiratet und lebte, bevor er zur Wehrmacht eingezogen wurde, auf dem Gelände einer stillgelegten Sprengstofffabrik in Rummenohl (Hagen). Im Zweiten Weltkrieg wurde Wilhelm Specht Stabsgefreiter des Grenadier-Regiments 410. Gegen Ende des Krieges geriet er in sowjetische Kriegsgefangenschaft. Er kam in das tschechoslowakische Kriegsgefangenenlager Jáchymov (dt. St. Joachimsthal) an der Grenze zu Sachsen. Dieses stand unter sowjetischer Verwaltung, die Kriegsgefangenen wurden im Uranbergbau für das Atomprojekt der Sowjetunion eingesetzt.

Die Uranbergwerke Jáchymov unterhielten ihre zentralen Werkstätten auf dem Gelände einer ehemaligen Tabakfabrik, die in der Nähe des Uranbergwerkes Bratrství (dt. Bruderschaft) lag. Dort trat Wilhelm Specht am 8. Juli 1948 um 18 Uhr mit vier weiteren deutschen Kriegsgefangenen die Nachtschicht an. Die Gefangenen reparierten Fahrzeuge innerhalb des umzäunten Areals in und vor der Autowerkstatt. Dabei wurden sie von dem Wachtmeister Zdeněk Zíka bewacht, der außerdem das offene Haupttor des Areals zu kontrollieren hatte. Zíka erlaubte Specht um ca. 18.45 Uhr auf die Toilette zu gehen. Als der Wachtmeister sich daraufhin dem Haupttor zuwandte, nutzte Specht die Gelegenheit, lief das Werkstattgebäude entlang, überwand einen Anbau mit einer Leiter und nutzte zur Flucht das ca. 200 m entfernte provisorische Tor auf der nördlichen Seite des Areals, das nachts nicht bewacht wurde.

Nachdem Specht mehr als acht Minuten fort war und ein Zivilarbeiter ihn nicht finden konnte, verständigte Zíka den Leiter der Wache Otakar Bezdíček, der mit vier weiteren Angehörigen des Korps für Nationale Sicherheit (SNB) das ganze Areal der Tabakfabrik durchsuchte. Bereits während dieser Suche wurden die Leitungen der SNB-Posten in der Nähe informiert und eine Fahndungsaktion gestartet.

Zwei Posten aus Jáchymov besetzten mit 35 Mann den Bereich nördlich der Stadt, um den Weg zur Staatsgrenze abzuriegeln. Weitere 18 SNB-Angehörige durchsuchten die Umgebung des Lagers. Fluchten aus dem Lager sollten rigoros verhindert werden, da sie das Risiko bargen, dass Uranproben oder Pläne über Rüstungsprojekte außer Landes gebracht würden. Um 19.45 Uhr bezog der SNB-Wachtmeister Jaroslav Kolář auf dem Kamm nordwestlich des Jägerhauses „Bouřňák“ seinen Posten, um den unbewaldeten Bereich nördlich von Jáchymov zu beobachten. Wenig später fiel ihm ca. 250 m entfernt ein Mann in der blaugrauen Kleidung der Kriegsgefangenen auf. Auch Specht bemerkte den Soldaten und versuchte sich im Gebüsch zu verstecken. Als sich der Wachtmeister bis auf ca. 150 m genähert hatte, sprang Specht auf und flüchtete. Kolář alarmierte die für den benachbarten Bereich zuständige Wache durch zwei Signalschüsse. Daraufhin eilten die beiden Wachtmeister Václav Krůta und Janošík Hruška herbei und übernahm die Verfolgung Spechts. Als Krůta den Flüchtenden um etwa 19.55 Uhr sichtete, forderte er ihn in tschechischer und deutscher Sprache auf stehenzubleiben. Dann schoss er aus ca. 200 m Entfernung mit seinem Gewehr viermal gezielt. Hruška feuerte auf Befehl ebenfalls zweimal. Wilhelm Specht fiel, in den Kopf und den Hals getroffen, zu Boden und war bereits tot, als die Wachtmeister ihn erreichten. Krůta schickte Hruška zum nächsten SNB-Posten in Jáchymov-Zátiší, während er selbst beim Leichnam blieb.

Um ca. 20.30 Uhr traf die Gerichtskommission des Bezirksgerichts Jáchymov zur Leichenschau ein. Specht wurde demnach von vier Schüssen, und zwar im Bauchbereich, am Hals, am Kopf und an der rechten Hand getroffen. Der Tod trat durch Verbluten nach der Verletzung der Schlagader und durch die Zerstörung von Teilen des Gehirns sofort ein. Specht hatte einen Messschieber, zwei Notizbücher, deren Inhalt als wertlos eingeschätzt wurde, und 25 tschechische Kronen bei sich. Der Tote wurde daraufhin in das Leichenhaus nach Jáchymov gebracht und vermutlich auf dem dortigen Friedhof beerdigt, was jedoch nicht urkundlich belegt ist.

Die Militärstaatsanwaltschaft Plzeň (dt. Pilsen) beurteilte den Schusswaffengebrauch der Wachtmeister Krůta und Hruška als rechtmäßig. Da Specht bereits am 4. Mai 1948 versucht habe zu fliehen, indem er sich in einer Toilette versteckte, sei seine Gefährlichkeit erwiesen. SNB-Leiter Kapitän Antonín Chleboun erstattete deshalb eine Strafanzeige wegen Pflichtverletzung im Wachtdienst gegen Zdeněk Zíka, der für die Flucht Spechts verantwortlich gemacht wurde. Der Wachtmeister wies in seiner Vernehmung die Anschuldigung zurück und gab an, die mangelhafte Umzäunung des Areals habe die Flucht ermöglicht. Die militärische Kreisprokuratur in Plzeň verurteilte Zíka am 29. September 1948 zu einer Arreststrafe von einer Woche, die zur Bewährung ausgesetzt wurde.

Im Jahr 2003 befasste sich das Tschechische Amt für die Dokumentation und Untersuchung der Verbrechen des Kommunismus mit der Tötung Wilhelm Spechts. Die Ermittlungen wurden eingestellt, da der Waffengebrauch durch die SNB-Angehörigen im Einklang mit den damals gültigen Gesetzen stand und kein Verdacht auf eine Straftat vorlag.[56] *(MZ)*

Werner Gerecke

Der am 11. Mai 1928 in Aue geborene Werner Gerecke war gelernter Dreher, arbeitete aber als Fahrer beim FDJ-Kreisvorstand in Aue. Am Dienstagmittag, den 5. Oktober 1948, brachte er den Gewerkschaftssekretär der IG Bergbau, Gerhard Wolter (Jg. 1929), mit einem Pkw vom Typ „Hanomag" des FDJ-Kreisvorstandes zu einer Versammlung nach Oberwiesenthal. Wolter trat dort im Auftrag des SED-Kreisvorstandes als Referent auf. Nach der Versammlung suchte Wolter gegen 17 Uhr im „Sporthotel" den ebenfalls bei der IG Bergbau in Aue beschäftigten Gewerkschaftsfunktionär Kurt Steinke (Jg. 1919) auf, der sich seit dem 15. September 1948 zu einem Erholungsurlaub in Oberwiesenthal befand. Wolter bot seinem Kollegen an, ihn im Dienstwagen zurück nach Aue mitzunehmen. Gegen 20.30 Uhr brachen die beiden mit Gerecke als Fahrer in Oberwiesenthal auf. Wolter saß auf dem Beifahrersitz und Steinke auf dem Rücksitz des Fahrzeugs. Unterwegs beschwerte sich Steinke darüber, dass Gerecke sehr langsam fahre und fragte ihn, wann er denn bei diesem Tempo in Aue ankommen wolle. Gerecke antwortete, er könne nicht schneller fahren, da sie gerade das Sperrgebiet durchquerten. Derweil diskutierten die beiden Gewerkschaftsfunktionäre angeregt über die Weltlage, den Generalstreik der französischen Bergarbeiter, die Machtübernahme der Kommunisten in der Tschechoslowakei und die Berliner Luftbrücke. Werner Gerecke beteiligte sich nicht an der Diskussion, hörte aber aufmerksam zu.

Währenddessen näherte sich das Fahrzeug aus Richtung des Ortes Tellerhäuser auf der Staatsstraße bei Rittersgrün der Grenze zur Tschechoslowakei. Dort sah eine am Schlagbaum postierte Streife der Grenzpolizei, bestehend

56 SNB útvaru 1960 Jáchymov: použití zbraně; ABS Kanice, fond PS, Kt. 114. Standesamt Hagen: Geburtsurkunde Nr. 308/1915 (Wilhelm Specht), Haspe. Deutsche Dienststelle für die Benachrichtigung der nächsten Angehörigen von Gefallenen der ehemaligen deutschen Wehrmacht: Zweitschrift der Kriegssterbefallanzeige vom 14.9.50, Berlin-Wittenau, 4.7.1958; Kommunalarchiv Schalksmühle, SSR Hü-3. Sterberegister des Standesamtes Hülscheid Nr. 20/1958; Kommunalarchiv Schalksmühle SR Hü-15. Palivodová, Eva: Specht, Wilhelm (* 1915, † 8. 7. 1948), https://www.ustrcr.cz/uvod/dokumentace-usmrcenych-statni-hranice/usmrceni-statni-hranice-portrety/specht-wilhelm/ (20.9.2022) (Übersetzung Ruben Höppner).

aus den Wachtmeistern Werner Appelt und Max Schuster, den Pkw näherkommen. Appelt stellte sich auf die Straßenmitte und gab mit seiner am Koppel befestigten Taschenlampe rote Haltesignale ab. Die Grenzpolizisten hatten wegen einer laufenden Großfahndung die Anweisung, alle Fahrzeuge im Grenzgebiet zu kontrollieren. Wenige Tage vorher waren zwei Kollegen durch ein Fahrzeug, dessen Fahrer ihre Stoppzeichen missachtet hatte, angefahren und tödlich verletzt worden.

Als der FDJ-Dienstwagen noch etwa 30 m entfernt war, trat Werner Appelt an den Straßenrand, um gemeinsam mit Max Schuster die angeordnete Insassenkontrolle vorzunehmen. Schuster hatte unterdessen seinen Karabiner von der Schulter genommen und hielt ihn im Hüftanschlag. Ob Gerecke, durch die Diskussion der beiden Gewerkschafter abgelenkt, das Haltesignal nicht wahrgenommen hatte oder ob er das Beiseitetreten des Wachtmeisters als Aufforderung zur Weiterfahrt fehlinterpretierte, ist unklar. Jedenfalls stoppte er das Fahrzeug nicht, sondern fuhr mit etwa 40 km/h an den beiden Grenzpolizisten vorbei. Steinke sagte später aus, er habe Gerecke in diesem Moment angesprochen, „du, das waren doch Grenzpolizisten. Gerecke gab mir daraufhin keine Antwort. Kurz danach hörte ich einen Schuß und einen Einschlag im Wagen. Gerecke zuckte zusammen und legte sich langsam auf die rechte Seite." Den Schuss hatte Wachtmeister Max Schuster aus etwa 30 m Entfernung abgegeben. Das Projektil schlug hinter dem Wagen auf der Straße auf, drang dann als Querschläger durch die Rückseite des Fahrzeugs und traf Gerecke in den Rücken. Wie Gerhard Wolter später aussagte, sackte Werner Gerecke röchelnd zu ihm auf den Beifahrersitz. Er selbst habe dann das Steuer ergriffen und mit dem linken Fuß die Bremse erreicht. Noch bevor der Wagen vollständig zum Stehen kam, sprang Steinke heraus. Er öffnete dann von außen die Fahrertür und hob Werner Gerecke gemeinsam mit Wolter und dem herbeigeeilten Wachtmeister Appelt aus dem Wagen. Als sie ihn auf die Straße legten, stellten sie fest, dass der 20-Jährige nicht mehr am Leben war. Die Obduzentin, Dr. Kubatsch aus Breitenbrunn, stellte als Todesursache eine Verletzung der Hauptschlagader fest.

In ihren ersten Stellungnahmen sagten beide Wachtmeister aus, Max Schuster habe, bevor er in Richtung des Wagens schoss, einen Warnschuss abgegeben. Diese Behauptung wurde durch die Befragung von Anwohnern sowie der Fahrzeuginsassen Steinke und Wolter widerlegt. Keiner der Befragten hatte zwei Schüsse gehört. In einer weiteren Vernehmung am 17. Dezember 1948 gab Schuster die „Abgabe eines gezielten Schusses" zu. Weiter sagte er: „Es ist mir bekannt, daß ich dadurch gegen die Instruktion verstoßen habe. Ich bitte jedoch zu berücksichtigen, daß der Dienst an der Grenze wirklich gefährlich ist und an diesem Tag eine Großfahndung ‚Spiwatschuk' ausgeschrieben war."

Die Ermittlungsunterlagen aus dem Jahr 1948 enthalten auch eine Stellungnahme der Grenzpolizei Sachsen, Grenzbereitschaft III, Chemnitz, in der Max Schuster bescheinigt wurde, „pflichtbewußt gehandelt" zu haben. In diesem vom Leiter der Grenzpolizei Sachsen, Wähnert, unterzeichneten Schreiben heißt es weiter: „Im Zusammenhang mit der letzthin ergangenen Großfahndung Spiwatschuk kann dem Wachtmeister Schuster für sein unerschrockenes Handeln nur Anerkennung zuteilwerden. Heute waren es bedauerlicherweise Angehörige der demokratischen Organe, morgen können schon Saboteure, Spitzel oder Spione in dieser Art mit Angehörigen der Grenzpolizei zusammentreffen. Wenn Schuster auf Grund irgendeines Paragraphen heute zur Verantwortung gezogen würde, weil er vielleicht erst einen Warnschuß hätte abgeben müssen, wird morgen die Sicherheit der Grenzen nicht mehr gewährleistet sein – weil die Grenzpolizisten ihre schwere Aufgabe vom politischen Standpunkt aus betrachten müssen. In solchen Fällen, in denen sofort entschlossenes Handeln notwendig erscheint, um eine Gefahr abzuwenden, kann nicht irgendein Paragraph, der die Möglichkeit des Eingreifens im positiven Sinne nimmt, Leitmotiv unserer politischen Volkspolizei sein. Um entsprechende weitere Bearbeitung wird im Interesse der fortschrittlichen Arbeit gebeten."

Dennoch wurden Walter Appelt und Max Schuster wegen ihrer zunächst falschen Angaben aus dem Polizeidienst entlassen. Schuster kam für zwei Monate in U-Haft, aus der er ohne Gerichtsverfahren entlassen wurde. Von 1953 bis 1958 wurde er wieder in den Volkspolizeidienst eingestellt, später arbeitete er bis zur Rente im Eisenwerk Pfeilhammer als Schweißer. Von 1950 bis 1962 gehörte er der SED an, aus der er auf eigene Veranlassung austrat.

Nach der Wiedervereinigung nahm die Zentrale Ermittlungsstelle Regierungs- und Vereinigungskriminalität (ZERV), Staatsanwaltschaft II Berlin, die Ermittlungen zum Tod von Werner Gerecke wieder auf und vernahm am 12. März 1996 Max Schuster in Pöhla. Schuster verneinte die Frage, ob er nach seiner Einstellung bei der Grenzpolizei am 1. Januar 1948 eine Unterweisung über die damals geltenden Schusswaffengebrauchsbestimmungen erhalten habe. Auch habe er bei der Grenzpolizei keine Ausbildung an der Waffe erhalten, „weil man davon ausging, daß ich das bei der Wehrmacht gelernt hatte". Die ZERV stellte das Ermittlungsverfahren gegen Max Schuster am 3. Juni 1996 ein, da es keinen hinreichenden Tatverdacht für einen Totschlag gebe und die von Schuster bekräftigte Aussage aus dem Ermittlungsverfahren von 1948, er habe auf den Hinterreifen des Fahrzeugs gezielt, nicht zu widerlegen sei.[57] *(jos.)*

Ernst Tippmann

Ernst Johann Tippmann wurde am 12. März 1912 im westböhmischen Weipert geboren, wo er als deutscher Staatsbürger auch 1950 wohnte. Die Stadt hieß nun Vejprty und gehörte zur Tschechoslowakei. Ernst Tippmann war verheiratet, er arbeitete als Sattler und Tapezierer. Wie auch andere Bewohner der Stadt schmuggelte er als Zuverdienst Gebrauchsgüter über die nahe gelegene Grenze. Am 28. Februar 1950 versuchte Tippmann gegen 21.30 Uhr mit vier Säcken aus dem deutschen Ort Bärenstein (Erzgebirgskreis) über den Grenzbach Polava (dt. Pöhlbach) nach Vejprty (dt. Weipert) zu gelangen. Auf der tschechischen Seite des Baches kontrollierten zur selben Zeit die Wachtmeister der Grenzwache František Zach und Vladimír Martinec auf ihrem Patrouillengang in Vejprty den Garten des Hauses Nr. 20 in der Božena-Němcová-Straße, da das Grundstück schon öfter von illegalen Grenzgängern genutzt worden war, um von hier aus unerkannt die Grenze zu überschreiten. Am Holzzaun, der den Garten vom Polava trennte, entdeckten die Wachmeister Spuren im frisch gefallenen Schnee. Als Wachtmeister Zach Geräusche aus der Richtung des Grenzbaches hörte, kletterte er auf den ca. 1,80 m hohen Zaun. Von dort aus sah er einen Mann am Ufer stehen, der gerade einen schweren Sack auf den Boden legte.

Ernst Tippmann bemerkte den Grenzwächter ebenfalls und versuchte schnell durch den Bach zurück auf DDR-Gebiet zu gelangen. Zach rief ihm zu, stehenzubleiben. Da dieser Aufforderung jedoch nicht Folge geleistet wurde, feuerte er drei kurze Salven in Richtung des Flüchtenden ab. Er sah dann, wie der Verfolgte auf der sächsischen Seite noch ein paar Schritte entlang des Ufers taumelte und dann zu Boden stürzte.

Die beiden tschechoslowakischen Grenzer benachrichtigten umgehend ihre sächsischen Kollegen in Bärenstein über den Vorfall und forderten sie auf, sich zum Ort des Geschehens zu begeben und Erste Hilfe zu leisten. Als die DDR-Grenzpolizisten dort eintrafen, war es für jede Rettung zu spät. Fünf Schüsse hatten den 37-Jährigen getötet; er war am Hals, an der Brust, an der Hüfte und am Oberschenkel getroffen worden.

57 ZERV, Staatsanwaltschaft II Berlin: Ermittlungsunterlagen zum Todesfall Gerecke, Werner. 27 Js 391/95. Gülzau, Jan, a. a. O., S. 45–47.

Bei der Spurensuche am Tatort wurden drei Säcke mit Spitzengardinen gefunden, die Tippmann bereits auf tschechisches Gebiet gebracht hatte. Am nächsten Morgen wurde noch ein vierter Sack im Bach entdeckt. Insgesamt handelte es sich um 570 m Spitzengardinen im Wert von ca. 57.000 tschechischen Kronen.

Der Tote wurde ins Leichenhaus nach Bärenstein gebracht. Ein hinzugezogener Arzt erklärte die Einschüsse an Hals und Brust zur Todesursache. Der Tod sei etwa 15 Minuten nach den Schussverletzungen gegen 22.15 Uhr eingetreten. Ein Obduktionsbericht liegt nicht vor. Am 4. März 1950 wurden Ernst Tippmanns sterbliche Überreste zur Bestattung nach Vejprty überführt. Eine Grabstelle Tippmanns lässt sich auf dem örtlichen Friedhof jedoch heute nicht mehr nachweisen.

In der Bekleidung des Toten wurde der Hinweis auf eine Kontaktperson in Bärenstein gefunden. Bei den nun einsetzenden Ermittlungen der Volkspolizei konnte ein Schmugglerring in Bärenstein aufgedeckt werden, der hauptsächlich Gardinen und Zigaretten über die Grenze brachte.

Der Vorfall ereignete sich in einer Zeit, als Wachtmeister František Zach vom tschechoslowakischen Staatssicherheitsdienst beobachtet wurde, da ihn sein Kollege, Vladimír Martinec, wegen staatsfeindlicher Tätigkeit angezeigt hatte. Zach unterhalte eine Beziehung zu einer Frau, deren Bruder in der Bundesrepublik lebte. Außerdem wurde dem Wachtmeister Alkoholmissbrauch zur Last gelegt. Er wurde noch 1950 aus dem Dienst bei der Grenzwache entlassen.[58] *(MZ)*

Arno Martin

Das Dorf Gürth (OT von Bad Brambach), in dem Arno Martin am 15. August 1923 geboren wurde und seitdem lebte, liegt im Süden des sächsischen Vogtlandes direkt an der tschechoslowakischen Grenze. Am Abend des 22. Juni 1950 mähte der 26-jährige Bauer gemeinsam mit seiner Mutter eine Wiese, die bereits auf dem Gebiet der tschechischen Gemeinde Doubrava bei Aš (dt. Asch) lag. Dabei wurden sie von Bohumil Kupka, einem Wachtmeister der ČSR-Grenzwache, und dem Gefreiten Václav Kroupar beobachtet. Als Martin und seine Mutter kurz in ein Haus auf der DDR-Seite gegangen und mit

58 Matriksbuch Weipert, SOA Litomerice. ABS Kanice, f. PS, k. 115. ABS Kanice, Personální spisy, ev. č. 3306/23 Zach František. Landesbehörde der Volkspolizei Sachsen, Abt. Grenzpolizei: Auffinden einer erschossenen männlichen Person am Grenzbach in Bärenstein/Erzgeb., 10.3.1950; BArch, DVH 27/130556. Gülzau, Jan, a. a. O., S. 47 f.

einer Schubkarre zurückgekehrt waren, um die Mahd einzubringen, wurden sie von den beiden ČSR-Grenzern gestellt. Kupka forderte sie auf, stehenzubleiben und die Hände zu heben. Da Arno Martin dem nur widerwillig folgte, bedrohte ihn der Wachtmeister mit seiner Schusswaffe. Als Kupka dann begann, ihn zu durchsuchen, drehte sich Martin plötzlich um, schlug Kupka mit einem Fausthieb gegen die Brust und rannte auf die Grenze zu.

Kupka, der zunächst gestürzt war, kniete sich hin und rief dem Flüchtenden hinterher, stehenzubleiben. Da Martin trotzdem weiter rannte, feuerte Kupka sechs Schüsse mit der Maschinenpistole in seine Richtung. Arno Martin wurde aus einer Entfernung von ungefähr acht Metern getroffen, taumelte noch einige Schritte und stürzte dann zu Boden. Seiner Mutter gelang es unterdessen über die Grenze auf DDR-Gebiet zu flüchten und die Volkspolizei zu alarmieren. Auf der zurückgelassenen Schubkarre brachten Kupka und Kroupar den durch zwei Schüsse verletzten Arno Martin in ein etwa 300 m entferntes, verlassenes Haus. Dort verbanden sie notdürftig seine Wunden. Kroupar eilte dann nach Doubrava, um telefonisch einen Krankenwagen anzufordern.

Der Rettungswagen traf etwa 15 Minuten nach dem Anruf ein und brachte Arno Martin und Kupka, der ihn bewachte, in das Krankenhaus nach Aš. Kroupar erstattete untedrdessen der Grenzkommandantur Meldung. Die Ärzte im Krankenhaus diagnostizierten bei Arno Martin einen Bauchdurchschuss sowie einen Durchschuss des rechten Oberschenkels, der den Oberschenkelknochen zertrümmert hatte. Durch den Bauchschuss wurden der Dickdarm und eine Niere verletzt. Eine sofortige Operation konnte Arno Martins Leben jedoch nicht mehr retten. Er erlag am 23. Juni 1950 um 6.30 Uhr seinen Verletzungen.

Am selben Tag um 13.30 Uhr traten die Offiziere des Korps der Nationalen Sicherheit (SNB) der ČSR mit den Untersuchungsführern der DDR-Kriminalpolizei und Deutschen Grenzpolizei zu einer etwa 25-minütigen Besprechung an der Grenze zusammen. Dabei erkannten die Polizisten der DDR den Schusswaffengebrauch als gerechtfertigt an. Diese Auffassung teilten auch die tschechoslowakischen SNB-Angehörigen, die jedoch intern Fehler bei der Festnahme beanstandeten, weil unter anderem die Flucht der Mutter nicht verhindert worden war.

In die Überlieferung der Deutschen Grenzpolizei ist ein von der tschechoslowakischen Darstellung abweichender Tatverlauf eingegangen. Nach der „Meldung besonderer Vorkommnisse Nr. 154/50 der Hauptverwaltung der Deutschen Volkspolizei/Abteilung G." vom 26. Juni 1950 wurde die Mutter Arno Martins sofort wieder freigelassen, während er selbst abgeführt wurde. Kurz darauf habe er sich gegen die Grenzposten zur Wehr gesetzt, „so dass diese von ihrer Schusswaffe Gebrauch machten". Die Mutter habe zwei Schüsse vernommen. Welche der beiden Überlieferungen zutrifft, lässt sich nicht mehr rekonstruieren.

Bohumil Kupka, der den Tod Martins zu verantworten hatte, erhielt in den folgenden Jahren gute dienstliche Beurteilungen und stieg beim Grenzschutz bis 1967 zum Major auf. Nach einem Alkohol-Exzess auf dem Bahnhof in Cheb wurde er 1978 in die Reserve versetzt.[59] *(MZ)*

Heinz Erich Bauer

Heinz Erich Bauer wurde am 3. Oktober 1926 in Johanngeorgenstadt im sächsischen Erzgebirge unmittelbar an der Grenze zur Tschechoslowakei geboren. Der Landwirtschaftsgehilfe war ab dem 1. März 1950 bei Ellwangen (Jagst) im Osten Baden-Württembergs als Flüchtling im sog. Rabenhof untergebracht. Diese Einrichtung für geistig Behinderte beherbergte auch Flüchtlinge, Vertriebene, Sozialrentner und Kriegsgeschädigte. Im August 1950 reiste Heinz Erich Bauer in die DDR, nach Sachsenberg-Georgenthal (OT von Klingenthal). Der Ort lag gut 20 km von seiner Heimatstadt entfernt.

Am Vormittag des 30. August 1950 beobachtete ein Angehöriger der tschechoslowakischen Grenzwache, wie Heinz Erich Bauer aus Sachsenberg-Georgenthal kommend auf das ČSR-Territorium wechselte und zu einigen Leuten, die eine Wiese mähten, hinüberging. Anschließend legte er sich in einen Heuhaufen. Hier nahm ihn ein Grenzer fest und brachte ihn unter Androhung des Waffengebrauchs zum ca. 150 m entfernten Grenzposten bei Bublava (dt. Schwaderbach). Dort wurde er bis 15.45 Uhr vernommen, sein Verhalten sei dabei frech und provokativ gewesen. Nach dem Verhör sollte ihn ein Wächter in die Kantine bringen. Kaum hatten die beiden Männer das Dienstgebäude verlassen, schlug Bauer seinem Bewacher mit der Faust ins Gesicht und floh über die nahe gelegene DDR-Grenze. Der niedergeschlagene Wachmann feuerte Bauer noch einen Schuss hinterher, dann fiel er in Ohnmacht.

Daraufhin eilten sechs bis acht Grenzer der Tschechoslowakei herbei, um den Geflüchteten zu verfolgen. In der irrigen Annahme, dass Bauer ihren

59 ABS Kanice, f. PS, Kt. 115/1. ABS Kanice, Personální spisy, ev. č. 4338/27 Kupka Bohumil. DDR-Grenzpolizei-Kommando, Abteilung Operativ: Tagesrapporte der Hauptabteilung Grenzpolizei besondere Vorkommnisse betr. März-Juli 1950; BArch, DVH 27/130324. Gülzau, Jan, a. a. O., Dresden 2012, S. 48 f.

ohnmächtigen Kollegen angeschossen hatte, rannten sie rund 70 m auf DDR-Gebiet und gaben zwei Maschinengewehr-Salven und einen Pistolenschuss auf den Flüchtenden ab. Von zwei Schüssen getroffen, stürzte Heinz Erich Bauer etwa 230 m hinter der Grenze nieder. Inzwischen waren mehrere DDR-Bürger herbeigelaufen, die den Versuch der tschechoslowakischen Grenzsoldaten verhinderten, den tödlich Getroffenen auf ČSR-Gebiet zu schleppen. Die Leiche des 23-Jährigen blieb auf dem Territorium der DDR zurück.

Der Waffengebrauch verletzte in diesem Fall auch die nationalen wie internationalen Vorschriften über den Grenzschutz, da sich Wohnhäuser in Schussrichtung befanden und eine unmittelbare Gefahr für die Zivilbevölkerung bestand. Vermutlich verleitete die Annahme, dass ihr Kamerad getötet worden sei, die tschechoslowakischen Grenzsoldaten zu ihrem rücksichtslosen Vorgehen.[60] *(MZ)*

Friedrich Lorenz jr.

Friedrich (Bedřich) Lorenz jr. wurde am 15. Dezember 1923 im nordböhmischen Varnsdorf (dt. Warnsdorf) in eine deutsch-tschechische Familie geboren. Seine Mutter Ottilia Lorenz, geb. Teubner (1901–1990), war Deutsche mit jüdischen Vorfahren. Der Vater Friedrich (Bedřich) Lorenz sen. (1896–1962) war Tscheche und arbeitete als selbstständiger Handelsvertreter für verschiedene Textilfabriken in der Gegend um Varnsdorf. Friedrich Lorenz jun. hatte zwei jüngere Geschwister, Walter und Karin. Anfang der 1930er Jahre besuchte er in Varnsdorf ein deutsches Gymnasium. Bei der Volkszählung von 1930 bekannte sich die Familie Lorenz zur deutschen Nationalität. Bei der Volkszählung im Jahre 1939, in den ein Jahr zuvor von Deutschland annektierten Gebieten, wählten jedoch alle Familienmitglieder bis auf Ottilia Lorenz die tschechische Nationalität. Die Familie Lorenz entging nach Kriegsende aufgrund der jüdischen Herkunft von Ottilia Lorenz der Vertreibung. Infolge der kommunistischen Machtübernahme 1948 verlor Friedrich Lorenz sen. seine Arbeit, und der Familienbesitz wurde enteignet. Die Familienangehörigen wanderten in den folgenden Jahren nach Deutschland aus. Als Letzter verließ Friedrich Lorenz sen. 1953 die Tschechoslowakei.

Nachdem Friedrich Lorenz jun. seine Vorarbeiter-Stelle in einer Textilfabrik in Krásná Lípa (dt. Schönlinde) aufgegeben hatte, zog er in die DDR um

---

60 Meldekartei von Heinz Erich Bauer, Stadtarchiv Ellwangen. ABS Kanice, fond 304, kt. 115. Kommando der Deutschen Grenzpolizei: Meldung besonderer Vorkommnisse Nr. 212/50, 1.9.1950; BArch, DVH 27/130325, Bl. 3. Gülzau, Jan, a. a. O., S. 49 f.

und heiratete die ebenfalls aus Varnsdorf stammende Christina Held. Von Großschönau (Sachsen) aus überquerte Lorenz mehrmals illegal die Grenze in sein Heimatland und betrieb dabei Schwarzhandel, Schmuggel sowie Spionage. Gemeinsam mit einem Freund schleuste er auch politische Flüchtlinge aus der Tschechoslowakei nach West-Berlin. 1951 befürchtete Lorenz jun. seine Verhaftung in der DDR und flüchtete mit seiner Frau und der gemeinsamen Tochter Ursula nach West-Berlin.

Von dort aus zog die Familie nach Trier, wo Lorenz jun. später gemeinsam mit seinem Vater ein Textilgeschäft mit Lieferservice betrieb. Er war als Geschäftsmann erfolgreich, widmete sich seinen Hobbies wie Leichtathletik und Motorradfahren und führte eine harmonische Ehe. Neben seiner beruflichen Tätigkeit diente er offenbar einem der amerikanischen Geheimdienste als Kurier oder „Agent-Fußgänger" zur Spionage in der ČSR. Da die tschechoslowakische Westgrenze mit ihren starkstromgeladenen Stacheldrahtzäunen, Minen und schweren Patrouillen kaum passierbar war, wählte er den Weg über West-Berlin und die DDR. Bis 1953 arbeitete er mit seinem Vater in der Tschechoslowakei bei den Einsätzen zusammen, später erledigte er seine Aufgaben selbstständig. Für die Geheimdienstarbeit stand ihm in der Tschechoslowakei ein Netzwerk von Mitarbeitern zur Verfügung, denen Friedrich Lorenz jun. bei seinen Besuchen Anweisungen erteilte, die er ausbildete und finanziell unterstützte. Oft war es das Versprechen, später in den Westen ausgeschleust zu werden, das seine Kontaktleute dazu bewegte, für ihn Informationen wirtschaftlicher, militärischer und politischer Art zu sammeln. Als seine Ehefrau aber die Geburt ihres zweiten Kindes erwartete, entschloss sich Lorenz seine Spionagetätigkeit zu beenden. Im April 1955 wollte er zu seinem letzten Geheimdiensteinsatz aufbrechen.

Am Nachmittag des 24. April 1955 durchschnitt er während eines Schneesturms am Fuße des Berges Luž (dt. Lausche) bei Waltersdorf (Gemeinde Großschönau) einen Drahtzaun an der tschechischen Grenze. Er stieg durch die so entstandene Lücke und befestigte den Stacheldraht wieder hinter sich. Dann schritt er weiter ins tschechische Landesinnere, wobei er im Schnee rückwärtsgehend eine andere Richtung vorzutäuschen suchte. Zu dieser Zeit patrouillierte in der Nähe eine Streife entlang des Grenzzaunes, bestehend aus Jan Teník und Kamil Hudec als Postenführer. Sie bemerkten die frischen Spuren im Schnee, die sie zum durchgeschnittenen Zaun führten. Die Grenzwachen schlussfolgerten jedoch richtig, dass die Drähte im Zaun ins Landesinnere umgebogen worden waren und folgten den Spuren in umgekehrter Richtung.

Da das Feldtelefon nicht funktionierte, zündeten Hudec und Teník, um Verstärkung herbeizurufen, eine Leuchtrakete, die einen Durchbruch ins Innere signalisierte, und schossen dabei zusätzlich in die Luft. Die Signale wurden von ihren Kameraden nicht bemerkt, wohl aber von Friedrich Lorenz jun. Nach einer 8 km langen Verfolgung holte ihn die Streife in der Nähe der Straße von Horní Světlá nach Nová Huť (dt. Oberlichtenwalde – Neuhütte) in der Nähe der Kreuzung U Jána ein.

Um sein Leben zu retten, ließ Lorenz seinen Mantel, seine Waffe und das Gepäck vor Ort, zog sich Turnschuhe an und rannte schnellstmöglich zur Grenze zurück. Dabei eröffnete die Patrouille das Feuer auf ihn. Schüsse trafen den 31-Jährigen in die Hüfte und ins Bein, er taumelte und stürzte nach wenigen Schritten zu Boden. Die Grenzer näherten sich vorsichtig und legten ihm sofort Handschellen an, ohne Erste Hilfe zu leisten. Danach verließ Kamil Hudec den Tatort und ging zum Grenzposten, um Meldung zu erstatten. Jan Teník bewachte den Verwundeten. Als Hudec mit seinen Vorgesetzten vom Grenzposten zurückkam, war Friedrich Lorenz bereits tot. Seine Leiche wurde an einem unbekannten Ort beerdigt, angeblich auf einem verlassenen deutschen Friedhof. Die Grenzsoldaten Jan Teník und Kamil Hudec erhielten für die tödliche Aktion später Auszeichnungen.

An den von Lorenz zurückgelassenen Gegenständen und Papieren erkannten die Grenzer, dass es sich bei ihm um einen Agenten eines westlichen Geheimdienstes handelte. Deshalb übernahm die Staatssicherheit den Fall. Sie nutzte die gefundenen Dokumente und einen zufällig entdeckten toten Briefkasten für umfangreiche Ermittlungen, die dazu führten, dass der Erschossene, der lediglich Tarnausweise auf die Namen Rudolf Valtera und Bruno Noller bei sich getragen hatte, identifiziert werden konnte. Mehrere seiner tschechoslowakischen Kontaktleute wurden aufgespürt und verhaftet. Mit fingierten Briefen, die Auskunft über seinen Sohn versprachen, versuchte die Staatssicherheit Lorenz sen. in die DDR zu locken. Dort wurde in Zusammenarbeit mit dem MfS bereits seine Verhaftung vorbereitet. Obwohl die ganze Familie sehr unter dem Verschwinden von Lorenz jun. litt, ließ sich sein Vater nicht auf die Versprechungen ein.

Nach harten und gnadenlosen Ermittlungen, bei denen die meisten Beschuldigten bereits unter Halluzinationen, Selbsttötungsgedanken und anderen körperlichen und psychischen Störungen litten, wurden diese Mitte 1956 wegen Spionage und Hochverrats mit Freiheitsentzug bis zu 18 Jahren und Eigentumsverlust bestraft. Im Anschluss an den Hauptprozess fand ein Teilprozess statt, der eine Reihe weiterer Personen ins Gefängnis brachte, insbesondere wegen Beihilfe zum Verlassen der Republik und Nichtanzeige einer Straftat. Mit der Übergabe der Angeklagten an die Justiz wurde am 6. Mai 1956 in der Zeitung der Kommunistischen Partei der ČSR *Rudé Právo* ein propagandistischer Artikel veröffentlicht, der den gesamten Fall beschreibt und über die Erschießung von Friedrich Lorenz informiert. Dessen Kontaktleute wurden größtenteils 1960 im Rahmen einer Amnestie aus der Haft entlassen.

Christina Lorenz heiratete nicht wieder. Auch wenn Friedrich Lorenz jun. 1959 für tot erklärt wurde, hoffte sie insgeheim für den Rest ihres Lebens auf die Rückkehr ihres Mannes. Sie musste ihren Lebensunterhalt als Textilverkäuferin verdienen und sich allein um ihre beiden Töchter kümmern. Friedrich Lorenz sen. hat sich nie mit dem Tod seines Sohnes abgefunden. Er starb 1962 unter ungeklärten Umständen in einem Münchener Hotelzimmer an einem Schlaganfall. Bis heute ist die Familie davon überzeugt, dass ihn der tschechoslowakische Geheimdienst nach München gelockt und ihm etwas angetan hat.

Im Rahmen der strafrechtlichen Aufarbeitung der kommunistischen Vergangenheit befasste sich die Behörde für die Dokumentation und Untersuchung der Verbrechen des Kommunismus bei der Polizei der Tschechischen Republik mit dem Tod von Friedrich Lorenz jun. Zum Zeitpunkt der Ermittlungen waren jedoch die beiden Tatverdächtigen Kamil Hudec und Jan Teník bereits verstorben. Es gelang weder die letzte Ruhestätte des Erschossenen festzustellen noch die Frage zu beantworten, ob Friedrich Lorenz sen. 1962 einem Racheakt der tschechoslowakischen Geheimpolizei zum Opfer gefallen war.[61] *(MaPu, Übers. MZ)*

Reinhold Pansengagen

Der am 12. Februar 1912 geborene Reinhold Pansengagen aus Battin (Amt Brüssow) fiel einer Verwechslung zum Opfer. Die Soldaten Kretschmar und Ostwald fahndeten im Auftrag der Grenzbereitschaft Löcknitz am 13. Dezember 1956 nach einem Mann, der in der Nacht gegen 2 Uhr aus Polen in die DDR eingedrungen war. Gegen 19 Uhr bemerkten sie am Ortseingang Battin, ca. 15 km von der polnischen Grenze entfernt, einen aus dem benachbarten Grünberg kommenden Mann. Als sie ihn aufforderten sich auszuweisen, sprach er einige den Soldaten unverständliche Worte und lief davon.

Reinhold Pansengagen war, wie später der Bürgermeister und der VP-Abschnittsbevollmächtigte aussagten, „nicht im Vollbesitz seiner geistigen

61 Der Text wurde verfasst auf der Grundlage des Buches von Martin Pulec: Kontrašpionážní akce Terat, Zapomenutý hrdina třetího odboje „agent chodec“ Bedřich Lorenz, Praha 2021.

Kräfte" und wird nicht in der Lage gewesen sein, die Situation zu verstehen und darauf angemessen zu reagieren. Laut Tagesrapport der Deutschen Grenzpolizei vom 14. Dezember 1956 feuerte einer der Soldaten gezielt auf den Flüchtenden, nachdem er ihn angerufen, zum Stehenbleiben aufgefordert und Warnschüsse in die Luft abgegeben hatte. Nach Angaben des Schützen zielte er auf die Beine des Flüchtenden, das Geschoss traf aber dessen Gesäß und durchschlug den Unterleib. Nach etwa 20 Minuten erlag der 44-Jährige seiner Verletzung. Der eigentlich gesuchte Grenzverletzer wurde indes um 22.50 Uhr am Ortseingang Löcknitz von der DDR-Grenzpolizei festgenommen.[62] *(jk)*

Heinz Strumpf

Heinz Hermann Strumpf fiel am 9. Oktober 1963 einem fahrlässigen Schusswaffengebrauch während eines Einsatzes der DDR-Grenztruppen bei Sonneberg (OT von Neusalza-Spremberg) unweit der Staatsgrenze zur ČSSR zum Opfer. Der Forstfacharbeiter wohnte in Neusalza-Spremberg, wo er auch am 21. August 1934 geboren wurde. Er war seit 1961 verheiratet, das Ehepaar hatte keine Kinder, versorgte jedoch Stumpfs über 70 Jahre alte Mutter in ihrem Haus. Beschäftigt war Heinz Strumpf als Brigadier im Forstamt Zittau, Revier Friedersdorf. Am 9. Oktober 1963 verließ er gegen 19 Uhr seine Wohnung, um – wie er seiner Ehefrau erklärte – den Förster in Friedersdorf aufzusuchen. Gegen 21.30 Uhr ging er beim Ortsteil Sonneberg in Grenznähe durch den Wald, etwa 800 m von seinem Motorrad entfernt, das er im Unterholz versteckt hatte. Laut der Studie von Jan Gülzau, die eine ausführliche Darstellung des Falles enthält, befand sich Strumpf auf dem Rückweg von seiner Geliebten. Um das zu verheimlichen, hatte er sein Motorrad im Wald abgestellt. Auf dem Weg zum Versteck traf er auf die Grenzposten Siegfried D. (20) und Hartmut K. (21).

Der Posten K. und sein Postenführer D. hatten den Auftrag, eine 300 m von der Grenze zur ČSSR entfernte Wegkreuzung zu bewachen, um die Flucht zweier Strafgefangener zu stoppen, die aus der Haftanstalt Bautzen entwichen waren. Dem Chef der 4. Grenzkompanie in Ebersbach, Oberleutnant Urban, hatte das VPKA Löbau um 19.10 Uhr gemeldet, dass Kinder die beiden Strafgefangenen in Neusalza-Spremberg gesehen hätten. Die Bewegungsrichtung ließ auf eine geplante Flucht über die Grenze schließen,

62 Tagesrapporte der Hauptverwaltung Innere Sicherheit, Dezember 1956, BArch, DVH 27/130368, Bl. 5 und 9. Sälter, Gerhard u. a., a. a. O., S. 275 f.

zumal einem der beiden Gefangenen zur Last gelegt worden war, dass er mit einem unberechtigt genutzten Kfz die Grenze zur Bundesrepublik durchbrechen wollte, der andere Strafgefangene hatte einen Diebstahl begangen. Um 19.25 Uhr löste Urban Grenzalarm aus. Laut Abschlussbericht des Kommandos der Grenztruppen erklärte er den Kompanieangehörigen, „daß es sich bei den Entwichenen um Gewaltverbrecher handelt und die Posten nötigenfalls von der Schußwaffe Gebrauch machen sollen". Derart vorgewarnt, bezogen Siegfried D. und Hartmut K. schließlich ab 20 Uhr an einer Wegkreuzung ihre Wachposition. Als sie eineinhalb Stunden später in der Dunkelheit aus einer Entfernung von 10 m die Silhouette eines Mannes bemerkten – über Taschenlampen verfügten sie nicht – meinten sie, es könne sich um die gesuchten Sträflinge handeln. Auf den ersten Anruf des Gefreiten K. „Halt – stehen bleiben – Grenzposten! Parole" reagierte der Mann nicht und ging weiter, so dass K. seine Aufforderung wiederholte. Daraufhin wandte sich der Angerufene um und ging wortlos auf den Postenführer zu. Heinz Strumpf hatte bislang als Forstarbeiter im Grenzgebiet immer einen guten Kontakt zu den dort eingesetzten Grenzern und mag die Gefährlichkeit der Situation unterschätzt haben. Als Siegfried D. befahl, dass er stehen bleiben und sich ausweisen sollte, folgte Strumpf dieser Aufforderung und griff in seine Brusttasche, um den Ausweis hervorzuholen. Dies erweckte bei Hartmut K. den Eindruck, dass der Mann Siegfried D. angreifen wollte. Er feuerte aus seiner Maschinenpistole zwei Schüsse auf Heinz Strumpf, die ihn in den Oberschenkel und in den Bauch trafen. Mit den Worten „Kollegen, was habt ihr mit mir gemacht" brach Strumpf zusammen.

Während der Gefreite D. unter Schock stand, verband Hartmut K. die Oberschenkelwunde Strumpfs, dann griff er erneut zur Waffe und gab zwei oder drei Feuerstöße in die Luft ab. Damit wollte er den Anschein erwecken, vor dem gezielten Feuer einige Warnschüsse abgegeben zu haben. Siegfried D. lief daraufhin in Richtung des Nachbarpostens, um Hilfe zu holen. Dabei stieß er auf den Zugführer, Feldwebel Steffens, und den Gruppenführer, Feldwebel Kaden. Dieser war Sanitäter und leistete gleich darauf die medizinische Erstversorgung an dem Schwerverletzten, wobei er auch einen Schusstreffer in der Bauchgegend des Verletzten entdeckte. Steffens forderte einen Krankenwagen an, mit dem Heinz Strumpf um 22.30 Uhr im Krankenhaus Ebersbach eintraf. Der Bauchschuss hatte den Magen, den Dünn- und den Dickdarm sowie eine Niere verletzt. Eine Notoperation konnte Stumpfs Leben nicht mehr retten. Der 29-Jährige starb um 23.20 Uhr an inneren Blutungen. Um 4.30 Uhr wurde die Abriegelung des Grenzabschnitts Neusalza-Spremberg aufgehoben. Die entwichenen Strafgefangenen hatten sich gar nicht in der Gegend aufgehalten. Am 14. Oktober 1963 wurde Heinz Strumpf in Neusalza-Spremberg beerdigt.

Nachdem der Versuch der beiden Gefreiten, ihr Vorgehen mit den Schusswaffengebrauchsbestimmungen zu rechtfertigen, sich als Schutzbehauptung erwies, hielt das Berichtswesen der Grenztruppen ihr Fehlverhalten eindeutig fest: Der Postenführer D. habe die Situation nicht erfasst und nicht seiner Funktion entsprechend gehandelt. „Der Posten Gefr. K[...] hat aus Angst und Feigheit die Schußwaffe unberechtigt angewandt." Auch der Kompaniechef Urban habe vorschriftswidrig „eine unklare Aufgabenstellung zum Gebrauch der Schußwaffe" gegeben. Unter der örtlichen Bevölkerung verbreitete sich Unmut über die ungerechtfertigten Schüsse auf den Forstarbeiter. Täglich kamen die Parteisekretäre der grenznahen Orte und Betriebe in der SED-Kreisleitung Löbau zu einer Lagebesprechung zusammen. Siegfried D. und Hartmut K. wurden disziplinarisch zur Rechenschaft gezogen und für einige Tage unter Arrest gestellt. Strafrechtliche Konsequenzen hatte die Tat für Hartmut K. jedoch nicht. Im November 1964 gelangte die Militärstaatsanwaltschaft zu dem Schluss, dass Strumpf selbst durch sein Verhalten dazu beigetragen hätte, dass der Gefreite annahm, er müsse einen Angriff auf seinen Postenführer, Vorder- und Rückseite abwehren. Das Verfahren gegen K. wurde mit dieser Begründung daraufhin eingestellt.[63] *(jk)*

5.2 Ungeklärte Verdachtsfälle

Als Verdachtsfälle wurden Todes- und Vermisstenmeldungen erfasst, die das Forschungsteam bei seinen Archivrecherchen feststellte oder durch persönliche Mitteilungen erfuhr. Sie lassen sich als Todesfälle mit eventuellem Fluchthintergrund bzw. Fluchtfälle mit möglicher Todesfolge beschreiben. Insgesamt wurden durch das Projektteam 845 Verdachtsfälle in einer Datenbank verzeichnet und auf deren Relevanz für das Forschungsthema überprüft.

Die Todesfälle mit möglichem Fluchthintergrund erfasste das Forschungsteam zumeist aus der Sterbekartei des Ministeriums für Auswärtige Angele-

63 Kommando der Grenztruppen: Grenzdurchbrüche an der Staatsgrenze DDR-CSSR; BArch, DVH 54/117300. Kommando der Grenztruppen: Fernschreiben und Meldungen über Festnahmen an der Staatsgrenze 1962-1964; BArch, DVH 32/120861. Kommando der Grenztruppen, Berichte über besondere Vorkommnisse und strafbare Handlungen in den Grenztruppen; BArch, DVH 32/126047. Gülzau, Jan, a. a. O., S. 54–59.

DDR-Bürger — Sterbefall in .....VRB.........

Name ....Heiner................ — Charakter der Reise

Geburtsname .... — - dienstlich

Vorname Dettlef .... — - Touristenreise

Geburtsdatum 29.5.1960 .... — - <u>Privatreise</u>

Wohnanschrift ..Leipzig, Lessingstr. 28

Sterbedatum ......18.3.1980...........

Art des Todes: ~~natürlich~~/unnatürlich

Benachrichtigung der AV der DDR in ......Sofia..... am ..19.3.1980....

Benachrichtigung an Rat d. Kr. / ~~delegierende Dienststelle~~

am ....19.3.1980..........

Eingang der Dokumente — Weiterleitung der Dokumente

- Paß/PA am .... am .... an ....
- Sterbeurkunde am .... am .... an ....
- Obduktionsprotokoll am .... am .... an ....
- Ermittlungsbericht am .... am .... an ....
- Nachlaß am .... am .... an ....

Bemerkungen

Sterbefallkartei des MfAA, hier die Karteikarte des am 18. März 1980 in Bulgarien erschossenen Detlef Heiner, Vorder- und Rückseite genheiten der DDR (MfAA). Diese enthält Karteikarten mit den Personalien von im Ausland verstorbenen DDR-Bürgern. In die Vordrucke war das Land einzutragen, in dem sich der jeweilige Todesfall ereignet hatte, sowie die Angabe, ob es sich um einen natürlichen oder unnatürlichen Todesfall handelte und ob er sich bei einer dienstlichen oder touristischen Reise ereignete. Konkrete Todesumstände sind den MfAA-Karteikarten ebensowenig zu entnehmen wie Angaben zum genauen Sterbeort.

Vergleichbares gilt für die Erfassung der Sterbefälle im Berliner Standesamt I, das Todesfälle von DDR-Bürgern im Ausland zu beurkunden hatte. Die Urkunden dieses Standesamtes enthalten neben Geburts- und Todesdaten auch Angaben zu dem jeweiligen Sterbeort, nicht jedoch die Todesursache. Aus der Gesamtzahl der als Verdachtsfälle erfassten Todesfälle wurden zunächst jene Sterbefälle ausgeschlossen, die Personen im Rentenalter betrafen. Ab dem November 1964 konnten Rentnerinnen und Rentner aus der DDR legal zu Besuchsreisen nach Westberlin und in die Bundesrepublik fahren. Fluchtversuche über Osteuropa waren bei dieser Personengruppe also nicht plausibel. Es folgten dann als weitere Rechercheschritte Anfragen in Stadtarchiven und Standesämtern, die Überprüfung der Einzelfallüberlieferungen des MfAA im Politischen Archiv des Auswärtigen Amtes, der Fallakten der DDR-Generalstaatsanwaltschaft im Bundesarchiv sowie der personenbezogenen Unterlagen in der damaligen Bundesbehörde für die Stasi-Unterlagen. Wenn sich herausstellte, dass der Sterbeort mehr als etwa 20 km von der Landesgrenze entfernt lag, erfolgten keine weiterführenden Recherchen, da hier eine ursächliche Einwirkung des Grenzregimes auf den Todesfall auszuschließen war. In einem erheblichen Umfang konnten die Auslandssterbefälle von DDR-Bürgern auf Fahrzeug- und Sportunfälle, auf Gewalttaten, Suizide und tödliche Verletzungen bei Arbeitsunfällen zurückgeführt werden. Informationen über Leichenfunde in Grenzgewässern, zu denen keine Namensangaben vorlagen, sowie von bayerischer Seite aus registrierte Schusswaffenanwendungen konnten in Einzelfällen durch den Abgleich mit den Tagesmeldungen der jeweiligen Grenzschutzorgane beider Seiten verifiziert oder falsifiziert werden. So berichtet z. B. die Bayerische Grenzpolizei in ihrem Grenzabschnitt 1 Südwest am 12. Oktober 1987 über potenziell tödliche Vorkommnisse. Im Fichtelgebirge an der ČSSR-Grenze bei Pastviny, einem Ortsteil der Stadt Hranice u Aše in der Region Karlovy Vary, seien gegen 20.25 Uhr „mehrere Schüsse“ gefallen. Gleich danach hörten Beamte der Bayerischen Grenzpolizei „Stimmengewirr und weitere MG-Salven“. Anschließend durchsuchten Soldaten der ČSSR-Grenzwache

„mit Handscheinwerfern […] das Gelände".[64] Genauere Erkenntnisse zu diesem Vorfall konnten die Behörden der Bundesrepublik Deutschland damals nicht gewinnen. Die Prüfung des Forschungsteams, ob es sich evtl. um Bernd W., Geburtsdatum 11. Juli 1950, letzter Wohnort Berlin, Todesdatum 12. Oktober 1987 in der ČSSR, gehandelt haben könnte, verlief negativ. Wie sich herausstellte kam Bernd W. bei einem Verkehrsunfall außerhalb des Grenzgebiets ums Leben.[65] Zu den von der Bayerischen Grenzpolizei gemeldeten Schüssen und der nachfolgenden Suchaktion konnten im tschechischen Archivgut keine Meldungen aufgefunden werden. Zahlreiche ähnlich gelagerte Meldungen der Bayerischen Grenzpolizei wurden durch das Forschungsteam und die kooperierenden Wissenschaftler in tschechischen Archiven überprüft. Die meisten dieser Vorfälle, die auf Hören-Sagen beruhten, blieben ungeklärt.

Ähnlich verhält es sich z. B. auch mit dem angeblichen Todesfall von Mario Poetsch, der in der Opferliste der AG 13. August aufgeführt ist und in einem Artikel des Nachrichtenmagazins *Der Spiegel* Erwähnung fand.[66] Demnach sei Poetsch am 23. September 1989 bei einem Fluchtversuch von der ČSSR in die Bundesrepublik ertrunken. Weder in den Tagesmeldungen der tschechoslowakischen Grenzschutzorgane noch in der Überlieferung des MfS fanden sich Hinweise, die den Vorfall oder auch nur die Existenz eines Mario Poetsch belegen.

Bei den Fluchtfällen mit mutmaßlicher Todesfolge handelt es sich um verschollene Personen, von denen Familienangehörige oder Freunde vermuteten, sie seien auf der Flucht in den Westen in einem der sozialistischen ‚Bruderstaaten' der DDR ums Leben gekommen. Hinweise auf Personen, nach denen in der DDR und im sozialistischen Ausland ergebnislos wegen des Verdachts eines illegalen Grenzübertritts gefahndet wurde, wurden auch dem Archivgut der DDR-Generalstaatsanwalts und des Ministeriums des Innern der DDR entnommen.

Für insgesamt 41 Verdachtsfälle war entweder ein Fluchthintergrund nicht auszuschließen oder es konnte nicht falsifiziert werden, dass es sich um Todesfälle handelt, die sich möglicherweise in Folge eines gescheiter-

64 Bundesminister des Innern und Bundesminister für Finanzen: Gemeinsamer Monatsbericht über die Lage an der Grenze zur DDR/CSSR für den Monat Oktober 1987, weißer Teil, S. 25. BayHStA, MInn 36, Staatsschutz, Nr. 97506.

65 Angaben zum Todesfall von Bernd W. finden sich im Bestand des MfAA unter: Sterbefälle von DDR-Bürgern im Ausland T–Z, 1987. PAAA, MfAA, M 52, Nr. 304/89.

66 Kloth, Hans-Michael: Sterben bis zum Schluss. In: Der Spiegel, Nr. 32, 5.8.2001.

ten Fluchtversuchs in einem Ostblockstaat ereigneten. Exemplarisch werden nachstehend fünf Fälle dieser Fallgruppe beschrieben.

5.2.1 Todesfälle mit möglichem Fluchthintergrund

Heinz-Uwe Mauersberger

Heinz-Uwe Mauersberger

Heinz-Uwe Mauersberger wurde am 28. Oktober 1944 in Auerbach (Erzgebirge) geboren. Seine Eltern Hanni und Werner Mauersberger hatten 1938 geheiratet. Seit 1953 arbeitete sein Vater, ein gelernter Autoschlosser, als Busfahrer bei der SDAG Wismut. Wegen DDR-ablehnender Äußerungen geriet er ins Visier des Staatssicherheitsdienstes, wurde mehrmals vernommen und entschied sich am 12. September 1955 zur Flucht in die Bundesrepublik. Am 19. Mai 1956 folgte Hanni Mauersberger mit der 17-jährigen Tochter Sonja, dem 11-jährigen Heinz-Uwe und seinem 5-jährigen Bruder Bernd.

Die Familie lebte fortan in Hagen (Westfalen), wo Werner Mauersberger eine Tätigkeit als Lkw-Fahrer aufnahm. Heinz-Uwe Mauersberger hatte in Auerbach von 1951 bis 1956 die Grundschule besucht. Nach der Flucht in die Bundesrepublik absolvierte er 1959 die Volksschule und begann anschließend eine Berufsausbildung als Kfz-Elektriker. Sein jüngerer Bruder Bernd Mauersberger erinnerte sich im Interview mit Lydia Dollmann am 23. August 2021, dass Heinz-Uwe „mehrfach von zu Hause abgehauen“ sei und dabei auch Motorräder entwendet hätte. Die Polizei habe ihn wiederholt aufgegriffen. Ein möglicher Grund für die Entweichungen sei gewesen, dass seinem Bruder, bei aller materiellen Versorgung, die elterliche Liebe gefehlt habe. Als Folge der polizeilichen Aufgriffe drohte ihm die Fürsorgeeinweisung. Nachdem der Jugendliche unerlaubt ein Moped aus der Lehrwerkstatt mitgenommen hatte, ordnete das Amtsgericht Hagen am 28. Juni 1961 die vorläufige Heimerziehung für ihn an.

Um die Einweisung seines Sohnes in eine Fürsorgeanstalt zu vermeiden, entschied sich Werner Mauersberger, ihn zu den Großeltern in die DDR zu schicken. Mit dem Auto brachte er ihn über Kassel und Bad Soden zur Grenzübergangsstelle Wartha-Herleshausen. Er gab ihm ein Schriftstück mit, in dem es hieß, dass er seinem Sohn erlaube, in der DDR Arbeit zu

Heinz-Uwe Mauersberger mit seinem Onkel Helmut

suchen und seinen Wohnsitz dort „für immer“ zu nehmen. Nach Überquerung der innerdeutschen Grenze wurde der Jugendliche am 1. Juli 1961 von DDR-Grenzpolizisten verhaftet. Er hatte einen Koffer mit Wäsche und den Betrag von 4 Mark und 10 Pfennig bei sich. Anschließend verbrachte er vierzehn Tage im Aufnahmeheim Eisenach, bevor er zu seinen Großeltern nach Auerbach reisen durfte, bei denen er fortan ein Zimmer bewohnte. Von der Kreisverwaltung Stollberg erhielt er am 14. Juli 1961 einen vorläufigen Personalausweis (PM 12). Dieser Behelfsausweis war mit der Auflage verbunden, dass er seinen Wohnort über einen festgelegten Radius hinaus nicht verlassen durfte und sich regelmäßig bei der Volkspolizei melden musste.

Heinz-Uwe Mauersberger erhielt einen Ausbildungsplatz in der MZ-Vertragswerkstatt Erich Mädler im 4,5 km entfernten Thalheim (Erzgebirge) zugeteilt. Sein Meister war mit ihm zufrieden, da Mauersberger die ihm zugewiesenen Arbeiten gut ausführte. An den Wochenenden verbrachte er seine Freizeit zumeist mit seinem in Auerbach lebenden langjährigen Schulfreund Rolf G. Die Freunde unternahmen gemeinsame Spaziergänge, schauten Fernsehen und verabredeten sich zu Kinobesuchen. Bekannte beschrieben Heinz-Uwe Mauersberger als einen schweigsamen, zurückhaltenden Einzelgänger, der keine Gaststätten besuchte und sich bei Gesprächen zurückhielt. Sein Versuch, mit einer früheren Mitschülerin in Auerbach eine Freundschaft aufzubauen, war fehlgeschlagen. Wie sie in ihrer späteren Aussage gegenüber der Volkspolizei angab, hatte sie kein Interesse an ihm.

Ob der Jugendliche sich bei seinen Großeltern in der DDR wohl gefühlt hat, ist fraglich. Sein jüngerer Bruder Bernd Mauersberger sagte im Zeitzeugengespräch, bei den Großeltern sei es mit Erziehungsmethoden aus der Kaiserzeit noch liebloser zugegangen als zuhause bei den Eltern. Es sei „nur die logische Konsequenz, dass er von dort fliehen wollte“. Am 14. Oktober 1961 kam Heinz-Uwe Mauersberger mit einem grünen Motorrad (Typ MZ ES 250 ccm) nach Auerbach zu seinen Großeltern, obwohl er keinen Führerschein besaß. Ihnen sagte er, die Maschine sei ihm von seinem Chef ausgeliehen worden. Später stellte sich allerdings heraus, dass es sich um das Reparaturfahrzeug eines Kunden handelte. Am Sonntag, den 15. Oktober 1961, verlor er bei einer Ausfahrt mit seinem Freund Rolf G. in der Nähe der Ortschaft Gelenau (Erzgebirge) die Kontrolle über das Motorrad. Bei dem leichten Unfall zog er sich Schürfwunden an der rechten Hand und am Knie zu. Da auch seine Hose zerrissen war und die Großeltern nichts von dem Unfall bemerken sollten, fuhren die beiden Freunde zunächst zu Rolf G., der Mauersberger seinen Trainingsanzug auslieh. Das Motorrad blieb zwar fahrtüchtig, aber der Tank war eingebeult, Rahmen und Lenker hatten sich verzogen. Am Montagmorgen, den 16. Oktober 1961, verließ Heinz-Uwe Mauersberger das Haus seiner Großeltern in Auerbach. Sie gingen davon aus, dass er mit dem Motorrad zu seiner Arbeitsstelle in Thalheim fahren würde. Wie immer nahm er ein Pausenbrot in einer rechteckigen Brotbüchse mit. Gegen 7.30 Uhr will ihn sein Meister Erich Mädler in Karl-Marx-Stadt gesehen haben, in der Werkstatt erschien er nicht. Am Abend bemerkte eine Anwohnerin der Dresdner Columbusstraße ein Motorrad. Sie vermutete, es könnte gestohlen sein, und verständigte die Polizei. Tatsächlich handelte es sich um die von Mauersberger benutzte Maschine. Die Volkspolizei in Stollberg suchte ab dem 17. Oktober 1961 nach dem Jugendlichen und leitete eine Aufenthaltsermittlung ein. In Mauersbergers Zimmer fanden die Ermittler einen angefangenen Brief, der das Datum des 3. August 1961 trug und an seinen „lieben Vati“ in Westdeutschland gerichtet war. Er schrieb darin, dass es ihm „sehr gut“ gefalle und dass er sein Arbeitszeug benötige.

Am 21. April 1962 entdeckte eine tschechoslowakische Grenzstreife gegen 15.45 Uhr bei Hřensko (dt. Herrnskretschen) etwa 200 m von der Grenze zur DDR entfernt eine bereits skelettierte Leiche. Der Fundort war eine enge, versumpfte Schlucht, die direkt zur Grenze führt und in der es für gewöhnlich kälter als in der Umgebung ist. Neben dem unvollständigen Skelett und Kleidungsstücken fanden die ČSSR-Grenzsoldaten in der Nähe einer ausgebrannten Feuerstelle eine leere Brotbüchse, drei leere Weinflaschen aus DDR-Produktion und eine Brieftasche mit Mauerbergers PM 12 sowie seinen Versichertenausweis, sein Arbeitsbuch und seine westdeutsche Lohnsteuerkarte.

Am nächsten Morgen verständigte die Miliz von Hřensko die Volkspolizei in Pirna über den Leichenfund. Gegen 10.30 Uhr erfolgte eine gemeinsame Ortsbegehung von tschechoslowakischen und DDR-Ermittlern. Der hinzugezogene Arzt Dr. Josef Lorenz vom Kreiskrankenhaus Děčín untersuchte die aufgefundenen Überreste des Toten, wobei er zwar Tierfraß, jedoch keine

Zeichen äußerer Gewalteinwirkung feststellen konnte. Nach Abschluss der Untersuchung, bei der der Fundort umfassend dokumentiert wurde, übergaben die tschechoslowakischen Behörden die Skelettteile und die Fundstücke der Grenzpolizei der DDR. Im Pathologischen Institut der Medizinischen Akademie Dresden begutachteten am 15. Mai 1962 Pathologen die Knochen und stellten ebenfalls außer Tierfraß weder eine Gewalteinwirkung noch Spuren einer Vergiftung fest.

Die Kriminalpolizei des Volkspolizeikreisamtes Pirna leitete nun umfassende Ermittlungen in der Familie, unter Kollegen, Bekannten und dem Freund von Heinz-Uwe Mauersberger ein. Befragt wurden sie nach seinem Charakter, den Gründen für seine Rückkehr in die DDR, möglichen Fluchtabsichten und Hinweisen auf Alkoholmissbrauch oder „Schwermut". Seine in Auerbach lebende Tante erklärte bei ihrer Befragung am 4. Mai 1962, im Familienkreis sei angenommen worden, Heinz-Uwe Mauersberger habe sich nach West-Berlin durchgeschlagen, um in der Fremdenlegion unterzutauchen. Eine Rückkehr nach Westdeutschland hielt die Familie wegen der gerichtlich angeordneten Einweisung ins Jugendheim für ausgeschlossen. Auch Rolf G., sein bester Freund, gab an, nichts von Unzufriedenheit oder einer Fluchtabsicht bemerkt zu haben. Mauersbergers Verschwinden aus Auerbach führte er darauf zurück, „daß er Angst hatte, weil er dieses Motorrad unberechtigt aus der Werkstatt seines Meisters entnommen hat". Hans Karl W., ein ebenfalls in der MZ-Vertragswerkstatt Mädler beschäftigter Lehrling, sagte bei seiner Befragung durch die Volkspolizei, Heinz-Uwe Mauersberger habe ihm gegenüber einmal geäußert, „daß er nach der ČSSR oder Sowjetunion ‚abhauen' wolle", wenn es ihm „hier nicht mehr gefällt".

In den grenznahen Gemeinden und Ortschaften Bad Schandau, Schmilka, Krippen, Kleingießhübel, Schöna und Reinhardtsdorf brachte die Polizei Aushänge mit dem Foto von Heinz-Uwe Mauersberger an. Fährleute, Gaststättenpersonal, Förster und Angehörige der Grenzpolizei wurden befragt. Schriftexperten der Kriminaltechnik überprüften die Eintragungen auf den Hotelmeldescheinen in der Gegend, um herauszufinden, ob sich Mauersberger unter Umständen mit einem falschen Namen angemeldet haben könnte. Um vermisstes Eigentum des Toten zu finden – es fehlten die Geldbörse, die Armbanduhr, ein Strumpf und ein Schuh – wurde das Gelände nochmals abgesucht. Doch all diese Maßnahmen brachten keine Aufklärung des Schicksals von Heinz-Uwe Mauersberger. Auch wie er von Dresden zur rund 50 km entfernten Grenze bei Bad Schandau gelangte, blieb ungeklärt. Zur Todesursache wurde vermutet, der 16-Jährige habe sich hochgradig erschöpft niedergelegt und sei anschließend an Unterkühlung gestorben. In den Tagen vom 16. bis zum 26. Oktober 1961 herrschten am Fundort der Leiche in Bodenhöhe Temperaturen von -3,1 bis +6,5 Grad Celsius. Die Staatsanwaltschaft Dresden stellte ihre Ermittlungen am 30. Juni 1962 ein. Die sterblichen Überreste Mauersbergers wurden eingeäschert und zum Urnenbegräbnis in den Wohnort der Familie nach Hagen überführt.

Im September 1995 leitete die Zentrale Ermittlungsstelle für Regierungs- und Vereinigungskriminalität (ZERV) Ermittlungen zum Todesfall Mauersberger ein, „wegen des Verdachts von Gewaltdelikten (Totschlag u. a.) z. N. von sog. ‚Grenzverletzern'". Da sich aber keine Anhaltspunkte für ein Fremdverschulden ergaben, stellte die Staatsanwaltschaft II beim Landgericht Berlin das Verfahren am 23. Februar 1996 wieder ein.[67] *(App., jk)*

Heiko Nostitz

Am 2. Mai 1980 fanden Bergsteiger im Gebiet des kleinen Zschirnsteins, einem 472 m hohen Tafelberg im sächsischen Elbsandsteingebirge, eine strangulierte Leiche. Es handelte sich um den am 15. Juli 1963 in Wurzen geborenen Heiko Nostitz, nach dem seit mehr als vier Monaten gefahndet wurde.

Am 30. Dezember 1979 war der 16-Jährige im Gebiet des Zschirnsteines im Elbsandsteingebirge bei Kleingießhübel (Gemeinde Reinhardtsdorf-Schöna) während einer Polizeikontrolle davongelaufen. Da er sich in unmittelbarer Nähe zur tschechischen Grenze befand und die vorgefundenen Fußspuren im Schnee in Richtung ČSSR wiesen, wurde gegen Nostitz wegen des Verdachts des ungesetzlichen Grenzübertrittes ein Ermittlungsverfahren eingeleitet. Das zuständige Kreisgericht Dresden-Stadt lehnte den Erlass eines Haftbefehls und die Einleitung einer Fahndung jedoch ab, das Ermittlungsverfahren gem. § 213 StGB am 30. Januar 1980 wurde aufgrund der Abwesenheit des Beschuldigten vorläufig eingestellt. Die von den Volkspolizeikreisämtern Dresden und Pirna eingeleitete Suche nach dem vermissten Jugendlichen verlief ergebnislos. Es ergaben sich keine Hinweise auf einen Aufenthalt von Heiko Nostitz in der Gegend um Kleingießhübel. Der Stab des VPKA Pirna wollte die Suche nun ausweiten und zusätzliche Kräfte, Bergsteiger und Suchhunde einsetzen. Dies war jedoch aufgrund der ver-

67 Familienunterlagen aus dem Privatbesitz von Bernd Mauersberger. Ermittlungsunterlagen der ZERV; LAB, D Rep 120-02 (ZERV), AZ 27 AR 179/95. Gülzau, Jan, a. a. O., S. 51 f. Oechsner, Jan: Der rätselhafte Tod des Heinz-Uwe M., in: Stollberger Zeitung, 20.5.2021. Bernd Mauersberger im Gespräch mit Lydia Dollmann, 23.8.2021, https://todesopfer.eiserner-vorhang.de/articlemd/294-heinz-uwe-mauersberger/ (10.1.2023).

eisten und teilweise hohen Schneeverwehungen Mitte April nicht möglich. Erst am 5. Mai 1980 meldete die Dresdner Volkspolizei, Heiko Nostitz sei am 2. Mai im Gebiet des kleinen Zschirnsteins tot aufgefunden worden. Als Todesursache wurde Suizid durch Strangulierung angegeben. Warum der Jugendliche seinem Leben ein Ende setzte, ist ebenso ungeklärt wie die Frage, ob Heiko Nositz möglicherweise die Absicht hatte in den Westen zu fliehen.[68] *(CB)*

Anette Rühl

Das DDR-Konsulat im bulgarischen Varna teilte dem DDR-Außenministerium am 9. August 1983 mit, die 19-jährige Leipziger Medizinstudentin Anette Rühl sei nach ihrer Festnahme bei einer Straßenkontrolle nahe Balgari am 6. August 1983 ums Leben gekommen. In ihrer Begleitung befand sich die Krankenschwester Angelika B. aus Taucha. Die beiden jungen Frauen hätten beabsichtigt, per Anhalter bis Malko Tarnowo zu gelangen. „Nach ihrer Festnahme wurden beide in Begleitung von zwei Grenzsoldaten in einem ‚TIR' Transporter bis zum Ortseingang Malko Tarnowo gebracht. Dort hielt der Lastzug an und die Festgenommenen stiegen aus. Während die B. das Gepäck entgegennahm, um es auf dem Bürgersteig abzustellen, hielt sich die Rühl am Straßenrand in Höhe des Anhängers auf, um ihre Sachen anzuziehen. In diesem Augenblick setzte sich der Lastzug in Bewegung, und die Rühl wurde vom Hänger erfaßt. Sie fiel vor die Räder und wurde überfahren. Der Tod trat sofort ein." Gegen den Kraftfahrer sei ein Ermittlungsverfahren eingeleitet worden.

Im Ministerium des Inneren, Verwaltung Grenztruppen, Einheit-Nr. 56510 MdI – Malko Tarnowo, liegt dazu ein „Protokoll der Entgegennahme von Gegenständen eines verstorbenen Verletzers des Grenz-Paßregimes" vor.[69] Der DDR-Staatssicherheitsdienst legte zu dem Vorfall eine Karteikarte an, auf der es falsch datiert heißt: „Festgenommen am 25.6.83, tödlich ver-

68 Erledigte Vermisstenvorgänge, Kr–Pf, 1979–1989; BArch, DO 1/93803. Analyse über die Ergebnisse der Grenzüberwachung 1980; BArch, DVH 54/117292, Bl. 81.

69 Das Protokoll wurde in Burgas am 7. August 1983 niedergeschrieben und in Übersetzung am 11. August 1983 dem DDR-Konsulat in Varna übergeben. Unterzeichner waren Nikolai Radev Nikolov, in Anwesenheit von Stefan Petkov Rushev von der gleichen Einheit, sowie Christo Stefanov Kasakov, Mitarbeiter der Bezirksverwaltung des MdI. Information über den Todesfall von Anett Rühl. PAAA, MfAA ZR 225/86, Sterbefälle von DDR-Bürgern im Ausland R-Z 1984. Telefonische Mitteilung an das Generalkonsulat Warna und weitere Dokumente. PAAA, MfAA, ZR 1137/93, Generalkonsulat Warna, Sterbefälle 1981–1986.

unglückt von LKW überrollt". Die Karteikarte enthält als Anmerkung einen Verweis auf den Gruppenvorgang B., Angelika, „Delikt VRB/Türkei, SM Bulgarien".[70] Zu diesem Gruppenvorgang konnte das Stasi-Unterlagen-Archiv keine weiteren Überlieferungen auffinden. Es bleibt somit ungeklärt, was das MfS veranlasst hat, den Vorfall unter Fluchtverdacht als „Delikt VRB/Türkei" einzustufen. Den bulgarischen Quellen zufolge handelte es sich bei dem Todesfall um einen Unfall nach der Festnahme in der Grenzkontrollzone. *(jos., jk, HP, ES)*

5.2.2 Fluchtfälle mit wahrscheinlicher Todesfolge

Wolf Diego Schönherr

Nach einer Vermisstenanzeige durch die Familie leitete die Hauptabteilung Kriminalpolizei des DDR-Innenministeriums Fahndungsmaßnahmen nach dem am 2. Juni 1957 in Jena geborenen Wolf Schönherr ein. Der 17-Jährige war seit dem 20. oder 21. Juni 1974 abgängig. Laut Personenbeschreibung war Wolf Schönherr 1,70 m groß, schlank, hatte blaugraue Augen und trug sein dunkelblondes Haar mittellang als Pony. Er habe einen grau-weiß-karierten Campingbeutel, einen dunkelbraunen Koffer, Kleidung, Personalausweis und Bargeld in Höhe von etwa 600 bis 700 Mark bei sich gehabt. Angaben über Schönherrs eventuellen Aufenthaltsort lagen nicht vor.

Wolf Diego Schönherr

Wolf Schönherrs Schwester teilte dem Forschungsverbund SED-Staat an der Freien Universität Berlin im Jahre 2014 mit, dass nach dem Verschwinden ihres Bruders Wolf sein damals 14-jähriger Bruder Peter und seine Eltern stundenlang verhört wurden. Sie selbst war zur damaligen Zeit erst sechs Jahre alt. Aus Erzählungen erfuhr sie, dass ihr Bruder Wolf einen Fluchtversuch geplant hatte. Bereits 1973 habe er versucht, mit einem Güterzug nach Bulgarien zu gelangen. Auch vor seinem Verschwinden im Jahr 1974 äußerte Wolf Schönherr, nach Polen, Bulgarien oder in die ČSSR zu wollen. Deshalb leitete Oberst Willi Damm, Chef der MfS-Abteilung X (Internationale

70 MfS-Karteikarte zu Rühl, Anette Christin. BStU, MfS, HA IX/10-AK 1.

Verbindungen), das Fahndungsersuchen an die Innenministerien dieser drei Länder weiter. Im Juli 1976 wurden die dort eingeleiteten Fahndungen eingestellt, da sie ohne Ergebniss geblieben waren. Als 1979 Wolf Schönherrs Bruder zum Armeedienst in die DDR-Grenztruppen einrücken sollte, ließ das Grenzausbildungsregiment 12 Rudolstadt seine Familienangehörigen überprüfen. Das MfS teilte in diesem Zusammenhang mit, dass die Fahndung nach Wolf Schönherr im Juli 1976 eingestellt wurde. Am 7. Juni 1989 ordnete MfS-Oberst Damm die Löschung des Archivmaterials an, da keine neuen Ermittlungsansätze vorlagen.

Am 7. Februar 1991 erkundigte sich Familie Schönherr bei der Zentralen Erfassungsstelle der Landesjustizverwaltungen (ZESt) in Salzgitter nach Informationen über das Schicksal von Wolf Schönherr. In einem Schreiben vom 15. Februar 1991 teilte der leitende ZESt-Staatsanwalt Hans-Jürgen Grasemann der Familie mit, Erkenntnisse zu Wolf Schönherr lägen in Salzgitter nicht vor, es sei aber nicht auszuschließen, dass er zu den namentlich nicht bekannten Opfern an der innerdeutschen Grenze gehöre. Möglicherweise sei er die Person, die am 14. Juli 1974 gegen 18.36 Uhr bei Hohegeiß im Harz bei einem Fluchtversuch zwei Selbstschussanlagen ausgelöst hatte und dadurch getötet worden ist. Diese Annahme bestätigte sich nicht.[71] Ein Vorermittlungsverfahren sei aufgrund einer Entscheidung des Bundesgerichtshofes an die Staatsanwaltschaft Bielefeld abgegeben worden. Eine Aufklärung dieses Falles wäre jedoch nur anhand der früheren MfS-Akten möglich. Diese waren 1991 jedoch noch nicht zugänglich.

Laut einer Mitteilung der Staatsanwaltschaft beim Kammergericht Berlin vom 23. Oktober 1995 wurde das Ermittlungsverfahren gegen Unbekannt wegen des Vorwurfs des Totschlags an Wolf Schönherr vom Landgericht Berlin am 31. August 1995 eingestellt. Es fehlten DDR-Ermittlungsinhalte, um das Schicksal von Wolf Schönherr aufzuklären.[72] *(CB)*

---

71 Bei dem tatsächlich am 14. Juli 1974 bei Hohegeiß durch Splitterminen schwerverletzten Flüchtling handelte es sich im Wolfgang Vogler, der einen Tag später in der Medizinischen Akademie Magdeburg seinen Verletzungen erlag. Siehe https://todesopfer.eiserner-vorhang.de/article/200-wolfgang-vogler/ bzw. Klaus Schroeder/Jochen Staadt (Hg.): Die Todesopfer des DDR-Grenzregimes an der innerdeutschen Grenze 1949–1989, Berlin 2018, S. 358–361.

72 Vermisstensache Schönherr; BStU, ZA, MfS, AP, Nr. 1310/78. Dokumente aus dem Familienbesitz von der Schwester von Wolf Schönherr dem Forschungsverbund SED-Staat in Kopie zur Verfügung gestellt sowie brieflich mitgeteilte Erinnerungen, 19.3.2014.

Claus (Klaus) Hoffmann

Claus Hoffmann

Der am 26. Juni 1943 in Dresden geborene Claus Hoffmann wurde am 30. September 1986 das letzte Mal lebend gesehen und ist seitdem verschollen. Er war verheiratet und Vater einer 11-jährigen Tochter und eines 4-jährigen Sohnes. Er lebte mit seiner Familie in Dresden und arbeitete als Produktionsingenieur im VEB Kombinat Bau in Radebeul. Für einen visafreien Urlaub in der Sozialistischen Republik Rumänien besaß Hoffmann eine seit dem 8. April 1986 gültige Reiseerlaubnis des Volkspolizeikreisamtes Dresden. Nach Angaben von Heidrun Hoffmann reiste ihr Ehemann am 30. September 1986 um 10.22 Uhr vom Hauptbahnhof Dresden mit dem Hungaria-Express ab. Freunde in der tschechischen Stadt Brno (dt. Brünn) hätten Claus Hoffmann am selben Abend am Personenzug nach Rumänien verabschiedet. Seitdem fehlte jede Spur von ihm. Als Datum seiner Rückreise aus Rumänien war in den Reisepapieren der 7. Oktober 1986 eingetragen. Gegenüber den DDR-Behörden äußerte sich Heidrun Hoffmann nicht zu der ihr bekannten Fluchtabsicht ihres Ehemanns. Sie gab vielmehr an, ihr Mann sei in die rumänische Stadt Caransebeş gefahren, um dort bulgarische Sportfreunde zu treffen und mit ihnen das Făgăraş-Gebirge in den Südkarpaten Rumäniens zu besteigen. Hoffmann war Mitglied des Dresdner „Touristenclubs für Alpinismus ‚Dachsensteiner'". In Bulgarien hatte er 1980 Mitglieder der Sektion Alpinismus „Akademik" des Sportclubs „Kl. Orchridski" kennengelernt, sich mit ihnen angefreundet und mit ihnen in den folgenden Jahren gemeinsame Klettertouren unternommen.

Heidrun Hoffmann sagte 2010 im Zeitzeugengespräch mit Stefan Appelius über die Fluchtabsicht ihres Ehemanns, er habe sich aus Ärger über „die Mangelwirtschaft der DDR" entschlossen, von Rumänien durch den Grenzfluss Donau an das serbische Ufer zu schwimmen, um sich dann zur Botschaft der Bundesrepublik Deutschland nach Belgrad durchzuschlagen. Um seinen Fluchtplan zu verwirklichen, habe der sportliche Bergsteiger und Schwimmer ein Jahr lang gründlich trainiert. Auf die Reise habe er einen Neopren-Anzug, Bleigürtel und Tauchermesser mitgenommen. Heidrun Hoffmann und ihr Sohn brachten Klaus Hoffmann am 30. September 1986 zum Dresdner Hauptbahnhof. Sie erinnert sich, dass der Zug etwa um 10.20 Uhr abfuhr. „Das Letzte, was wir von unserem Vater sahen, war sein winkender Arm aus dem Fenster. Noch heute kann ich nur schwer abfahrende Züge aushalten!“

Heidrun und Claus Hoffmann

Die Staatsanwaltschaft des Bezirks Dresden ersuchte am 25. Februar 1987 die Abteilung Internationale Verbindungen beim Generalstaatsanwalt der DDR, bei den rumänischen Justizbehörden Auskünfte über den Vermissten einzuholen. Primär sollte geklärt werden, ob Hoffmann in den Ortschaften und Herbergen der Region des Făgăraş-Gebirges gemeldet gewesen sei, ob eventuell seine Dokumente oder andere persönliche Dinge gefunden wurden oder ob es im vergangenen Oktober im Gebirge oder anderweitig einen Unfall „mit einem unbekannten, bisher nicht identifizierten Toten gegeben hat“. Die Generalstaatsanwaltschaft schickte diese Anfrage am 3. März 1987 zunächst an die MfS-Hauptabteilung IX/9 (Strafrechtliche Ermittlungen), namentlich an Peter Pfütze, den Leiter der MfS-Arbeitsgruppe Untersuchungsaufgaben im sozialistischen Ausland. Ein analoges Gesuch erging am 26. März 1987 an Konsul Grahl in der DDR-Botschaft Bukarest. Die DDR-Botschaft bat am 8. April 1987 das rumänische Innenministerium um Unterstützung bei der Suche nach Claus Hoffmann. Die dortige Direktion für Pässe, Ausländernachweise und Kontrolle der Grenzübergangsstellen antwortete am 25. Mai 1987, dass der verschollene DDR-Bürger im Zeitraum vom 30. September bis zum 30. Dezember 1986 nirgendwo in den Kreisen Caraş-Severin, Sibiu und Braşov registriert worden sei. Auch seien damals keine Bergtouren für Hoffmanns bulgarische Sportfreunde im Făgăraş-Gebirge organisiert gewesen. Für weitere Untersuchungen zum Verschwundenen forderte Rumäniens Innenministerium ein möglichst aktuelles Foto sowie Finger- und Zahnabdrücke Hoffmanns an.

Indessen zweifelte Konsul Grahl in einem Schreiben an den Generalstaatsanwalt der DDR vom 22. Mai 1987 die Aussagen von Heidrun Hoffmann an, ihr Mann sei zum Bergsteigen mit bulgarischen Freunden nach Caransebeş gefahren. Nach der Abfahrt von Claus Hoffmann am 30. September 1986 wäre eine Ankunft in Rumänien erst am 2. Oktober möglich gewesen, wobei die Stadt Caransebeş etwa 300 km vom Făgăraş-Gebirge entfernt liegt. Da Hoffmanns Reisedokumente bereits ab dem 8. Oktober 1986 ungültig waren, hätte er zuvor im legalen Rahmen höchstens drei Tage für den Gebirgsaufenthalt und dann mindestens zwei Tage für die Rückreise einplanen müssen. Deshalb sei die angebliche Bergtour zweifelhaft, weil dafür gewöhnlich 14 Tage anzusetzen seien. Konsul Grahl vermutete, Hoffmann habe, falls er überhaupt in Rumänien angekommen sei, das Land auf ungesetzliche Weise verlassen. Tatsächlich liegt Caransebeş etwa 90 km von der Donaugrenze zu Serbien entfernt.

Letztendlich waren sämtliche Nachforschungen vergeblich. Die Konsularabteilung des DDR-Außenministeriums erhielt am 17. September 1987 von dem Ministerium für Innere Angelegenheiten Bulgariens die Mitteilung, dass Hoffmann in den Jahren 1986 und 1987 nicht in das bulgarische Staatsgebiet eingereist sei und somit anderswo verschollen sein müsse. Überdies sei keine bulgarische Bergsteigergruppe in der genannten Zeitspanne in Rumänien gewesen.

Am 25. April 1988 konstatierte die Generalstaatsanwaltschaft der DDR, dass alle mit den rumänischen und bulgarischen Dienststellen ausgetauschten Informationen zu Hoffmanns Verbleib ergebnislos geblieben waren und höchstwahrscheinlich auch künftig keine weiteren Erkenntnisse zu seinem Aufenthalt zu erwarten seien. Daraufhin stellte die DDR-Generalstaatsanwaltschaft die Suche nach dem Vermissten ein. Auch das Innenministerium der DDR konnte den Verbleib von Claus Hoffmann nicht aufklären. Auf Antrag von Heidrun Hoffmann erfolgte am 24. Mai 1993 die Todeserklärung für Claus Hoffmann durch das Amtsgericht Dresden.[73] (AH)

5.3 DDR-Bürger, deren angeblicher Tod mit Fluchthintergrund falsifiziert werden konnte

Bei der Überprüfung der Opferlisten der Arbeitsgemeinschaft 13. August und des Historikers Martin Pulec, die u. a. mit Todesfolge verhinderte Fluchten von DDR-Bürgern über Ostblockstaaten aufführen, stellte sich heraus, dass einzelne Namen fälschlich verzeichnet sind. Dies wurde meist erst durch den Abgleich von Quellen unterschiedlicher Provenienz ersichtlich. Ebenso verleiteten verschiedentlich Meldungen über Leichenfunde in

73 Generalstaatsanwalt der DDR: Straftaten von und Verbrechen an DDR-Bürgern im Ausland; BArch, DP 3/4218. Appelius, Stefan: Fluchtweg Rumänien, in: Deutschland-Archiv, Nr. 43, 2010, S. 992–1002.

den Überlieferungen der verschiedenen Sicherheitsorgane zu Fehlschlüssen. Drei Recherchen, die zu Falsifikationen führten, sind nachstehend dokumentiert.

Roland Fuchs

Die im Jahr 2018 von der Arbeitsgemeinschaft 13. August herausgegebene Opferliste führt Roland Fuchs als Todesfall unter „unklaren" Todesumständen an der Westgrenze der ČSSR auf. Seine Leiche hatten Spaziergänger am 28. August 1981 in einem bewaldeten Gelände eines Außenbezirks von Brno zwischen der Libušina třída und der Ulice Šárka entdeckt. Auf Anordnung der Miliz wurde die Leiche nach Brno in die Gerichtsmedizin überführt.

Roland Fuchs wurde am 7. Juni 1956 geboren, er lebte im sächsischen Mühltroff. Nach Brno war er als Motorradfan gekommen, um dort eine Grand-Prix-Veranstaltung der Motorrad-Weltmeisterschaft zu besuchen, die vom 28. bis 30. August 1981 stattfand. Fuchs war Motorsport-Fan und bereits zum vierten Mal zu einem Motorradrennen in der südtschechischen Stadt. Für die Übernachtung hatte er ein Zelt mitgenommen.

Nach Auffassung der tschechischen Untersuchungsführer war Roland Fuchs im betrunkenen Zustand von einem Waldweg abgekommen und einen Abhang heruntergestürzt. Dabei habe er sich mit dem Hals so unglücklich in der Astgabel eines Strauches verfangen, dass er erstickte. Im Blut des Toten stellten die Obduzenten einen Alkoholgehalt von 2,35 Promille fest. Zudem habe Fuchs unter dem Einfluss eines Epilepsie-Medikaments gestanden, das mit Alkohol schwer verträglich sei. Auf einer Karteikarte des DDR-Außenministeriums ist als Todesursache jedoch „Sturz vom Baum" angegeben. Die Leiche wurde am 17. September 1981 nach Plauen überführt.

Der Todesfall führte zu einem Notenwechsel zwischen der Prager DDR-Botschaft und dem ČSSR-Außenministerium, der sich bis zum April 1982 hinzog, da die DDR-Generalstaatsanwaltschaft Anfragen des Vaters Herbert Fuchs nach den Todesumständen seines Sohnes bis dahin nicht befriedigend beantworten konnte.[74] Im April 2021 teilte die Schwester von Roland Fuchs, Roswitha S., dem Forschungsteam mit, dass die Familie die ihr mitgeteilten Todesumstände für unglaubwürdig hält. Vielmehr gingen sie von einem Gewaltverbrechen aus. Die DDR-Behörden hätten sich der Familie gegen-

74 Das tschechoslowakischen Untersuchungsergebnisse und das Obduktionsprotokoll wurden der DDR-Botschaft erst am 25. Februar 1982 übergeben, sie gelangten über das MfAA erst am 4. April 1982 zur Generalstaatsanwaltschaft der DDR.

über bedeckt gehalten und kaum Auskünfte geben, so dass die Mutter selbst nach Brno gefahren sei, um die Leiche ihres Sohnes in Augenschein zu nehmen. Familienangehörige vermuteten, Jürgen Fuchs sei bei einem Fluchtversuch im Grenzgebiet ums Leben gekommen, seine Leiche sei dann von ČSSR-Stellen nach Brno geschafft und dort in einem Park abgelegt worden. Aus den nach diesem Hinweis eingeleiteten Recherchen in deutschen und tschechischen Archiven ergaben sich keine Anhaltspunkte für einen Fluchtzusammenhang im Todesfall von Roland Fuchs.[75] *(CB)*

Uwe Angelo S.

Martin Pulec führt in seinen Listen der an der tschechoslowakischen Staatsgrenze getöteten Personen einen „Ange Scwenk" als Verdachtsfall auf, der am 26. August 1989 „wahrscheinlich beim Überqueren der Donau ertrunken" sein soll. Die als Quelle aufgeführte Tagesmeldung der Grenztruppen berichtet von der Festnahme dreier DDR-Bürger auf der ungarischen Seite der Donau. Diese hätten bei ihrer Vernehmung angegeben, den Fluss durchschwommen zu haben, weil sie von Ungarn aus über Österreich in die Bundesrepublik gelangen wollten. In der Donauströmung hätten sie den Kontakt zu dem am 11. Februar 1959 geborenen Ange Scwenk verloren, nachdem dieser mehrmals um Hilfe gerufen habe. Der Verfasser der Tagesmeldung ging davon aus, dass Scwenk ertrunken sei. Die Festgenommenen wurden dem Korps für Nationale Sicherheit in Bratislava überstellt.

Anhand der Namen der Mitflüchtlinge konnte im Archiv des Instituts für Nationales Gedächtnis in Bratislava eine Ermittlungsakte der Staatssicherheit gefunden werden. Dass frühere Anfragen des Forschungsteams an das Bundesarchiv und die Stasiunterlagenbehörde zu Ange Scwenk kein Ergebnis gebracht hatten, ist darauf zurückzuführen, dass in der ČSSR-Tagesmeldung sowohl sein Vor- und Nachname als auch sein Geburtsjahr fehlerhaft angegeben sind. Laut den Aussagen der Mitflüchtlinge hieß ihr Kamerad Uwe S. Aus ihren Vernehmungsprotokollen lässt sich der Fluchtversuch folgendermaßen rekonstruieren:

Am 24. August 1989 reisten unabhängig voneinander zwei Freundespaare aus der DDR über den Grenzübergang Cínovec in die ČSSR ein, um sich

75 Beschluss zur Einstellung der Ermittlungen zum Tod von Herbert Roland Fuchs; Sterbefälle DDR-Bürger im Ausland A-F 1983, PAAA, ZR 652/85. Unterlagen des MfAA der DDR von Roswitha S. dem Forschungsverbund SED-Staat in Kopie zur Verfügung gestellt. Mauermuseum – Museum am Checkpoint Charlie: 176. Pressekommuniqué, 13.8.2018.

zur tschechoslowakisch-ungarischen Grenze durchzuschlagen, die sie überqueren wollten. Die beiden 23-jährigen Freunde Silvio R. aus Berlin-Pankow und Ray H. aus Bernau fuhren mit einem Trabant in Richtung Bratislava, wo sie am Folgetag ca. 30 km vor der Stadt auf den 25-jährigen Holger W. aus Bleicherode und Uwe S. (32) trafen. Sie verabredeten, gemeinsam über die ČSSR-Grenze nach Ungarn zu gelangen. Uwe S. und Holger W. ließen bei Bratislava-Patrónka ihr schwarzes Motorrad stehen und stiegen zu Silvio R. und Ray H. in den Trabant. So erreichten sie die slowakische Stadt Štúrovo. Um nicht wegen des ostdeutschen Nummernschildes kontrolliert und möglicherweise zurückgewiesen zu werden, stellten sie das Fahrzeug außerhalb der Stadt ab. In der Nacht auf den 26. August 1989 gegen 2 Uhr stiegen sie in die Donau, um zum gegenüberliegenden Ufer bei Esztergom zu schwimmen. Die starke Strömung machte ihnen schwer zu schaffen. Uwe S. schwamm als Letzter. Etwa in der Mitte des Flusses hörten seine Gefährten, wie er dreimal um Hilfe rief. Auch sie riefen um Hilfe und kämpften gegen die Strömung. Etwa 30 m vor dem Ufer hielten sich Ray H. und Holger W. erschöpft an einer Boje fest, Silvio R. klammerte sich an einen Betonpfosten in der Donau. Es war inzwischen 3 Uhr geworden. Nach wenigen Minuten trafen ungarische Grenzwachen ein, die von einer Zivilperson alarmiert worden waren, und zogen sie in ihr Boot. Die so geretteten Silvio R., Holger W. und Ray H. erhielten trockene Kleidung und wurden zur weiteren Untersuchung der tschechoslowakischen Grenzwacht-Brigade Komárno überstellt. Beim Verhör in Bratislava gaben sie an, dass sie aus Unzufriedenheit mit dem Leben in der DDR in die Bundesrepublik flüchten wollten. Silvio R. hatte im Juni 1989 ohne Erfolgsaussicht eine Ausreiseerlaubnis beantragt. Holger W. wollte seiner im Mai 1989 übergesiedelten Schwester in die Bundesrepublik folgen und hatte deshalb am 20. Juni ebenfalls einen Übersiedlungsantrag gestellt.

Die Angaben zu dem vermeintlichen Todesopfer sowie zu seinen Mitflüchtlingen aus den ČSSR-Dokumenten wurden der Stasiunterlagenbehörde zu einer erneuten Recherche übermittelt. Daraus ergab sich, dass Silvio R., Holger W. und Ray H. am 30. August 1989 in die DDR überstellt und dort durch das MfS befragt wurden. Der Leiter der Berliner MfS-Bezirksverwaltung entschied, gegen Silvio R. keine strafrechtlichen Maßnahmen einzuleiten. Nach einer eingehenden Belehrung konnte er am Vormittag des 31. August 1989 wieder nach Hause gehen. Holger W. wurde nach seiner Befragung der Personalausweis entzogen und durch einen sogenannten PM 12 ersetzt, mit dem er sich nur in seinem Wohnbezirk aufhalten durfte. Am 26. September 1989 befürwortete die MfS-Kreisdienststelle Nordhausen seinen Ausreiseantrag.

Gegen Uwe S. hatte die Kriminalpolizei bereits 1983 wegen einer geplanten „Republikflucht" Ermittlungen aufgenommen. Er hatte mit zwei Freunden eine Flucht über die innerdeutsche Grenze beabsichtigt, doch angesichts der Grenzanlagen davon Abstand genommen. Die Kriminalpolizei erhielt davon Kenntnis und informierte die MfS-Bezirksverwaltung in Gotha über das abgebrochene Fluchtvorhaben. Aus diesen Unterlagen gehen weitere Informationen zur Person Uwe S. hervor, unter anderem der angebliche Geburts- und Wohnort Bleicherode. Durch eine Anfrage im örtlichen Standesamt erwies sich diese MfS-Information jedoch als unzutreffend. Uwe S. war nicht in Bleicherode auf die Welt gekommen. Im dortigen Geburtenverzeichnis war sein Name nicht vermerkt, wohl aber im Eheregister. Demnach hatte ein Uwe Angelo S. – der Zweitname ist in die ČSSR-Tagesmeldung als „Ange" eingegangen – am 31. Dezember 1987 in Bleicherode geheiratet. Diese Ehe wurde am 30. März 1993 geschieden. Laut dem Urteil des Kreisgerichts Nordhausen habe S. von seinem Wohnort in der Oberpfalz die Scheidung von seiner in Bleicherode gebliebenen Ehefrau beantragt und die Scheidungsklage in einer mündlichen Verhandlung selbst vertreten.

Der DDR-Staatssicherheitsdienst erfuhr durch die Vernehmung von Sylvio R. am 31. August 1989, dass Uwe S. die Donau durchquert hatte. Am ungarischen Ufer half ihm ein westdeutsches Ehepaar weiter. Laut Aussage von Sylvio R. sagte der Westdeutsche am Ufer zu ihm, dass sie im Hotel Hilferufe vernommen hätten und deswegen zum Ufer geilt seien. Er selbst sei vor zehn Jahren aus der DDR geflüchtet, und er „sagte weiter, daß Uwe das Ufer erreicht hätte und bei ihm im Auto sitzen würde, wo sich seine Frau um ihn kümmere. Dann hätten die Grenzwachen den Mann fortgeschickt."[76] *(jk, MZ, jos.)*

Gerhard Koslowski

Die Tagesmeldung der MfS-Hauptabteilung I vom 30. Oktober 1989 vermerkt für den Vortag den Fund von zwei Wasserleichen in der Oder. 3 km

76 Pulec, Martin: Organizace a činnost ozbrojených pohraničních složek. Seznamy osob usmrcených na státních hranicích 1945–1989, Praha 2006, S. 259 und 272. Krajská správa ZNB Správa ŠtB Bratislava; ÚPN Bratislava, BA-V, č. 20 391. HS PS: Denní hlášení 1989; ABS Kanice, kt. 35. BArch, MfS, ZKG, Nr. 12254, Bl. 37. BArch, MfS, ZKG, Nr. 7412, Bl. 33–37. Hauptabteilung Untersuchung des MfS: Bericht vom 30. August 1989 über die Festnahme von drei DDR-Bürgern durch die Sicherheitsorgane der UVR und anschließende Übergabe an die Sicherheitsorgane der CSSR. BArch, MfS, BV Berlin, AU 4202/89 Bd. 1. Kreisgericht Nordhausen: Scheidungsurteil vom 30.3.1993, Geschäftsnummer 10 F 222/92; Standesamt Bleicherode.

nordöstlich von Schwedt/Oder bargen polnische Fischer bei Ognica die Leiche von Gerhard Koslowski, 4 km nordöstlich von Eisenhüttenstadt bargen indes polnische Grenzwachen die Leiche von Uwe Petras. Während Petras versuchte die Oder zu durchschwimmen, um in der bundesdeutschen Botschaft in Warschau Zuflucht zu suchen, blieb der Hintergrund für den Tod von Gerhard Koslowski ungeklärt – ein gescheiterter Fluchtversuch wie bei Petras war aber nicht auszuschließen. Die Arbeitsgemeinschaft 13. August führte Koslowski 2018 in ihrer Opferliste auf.

Der am 7. Oktober 1943 in Strasburg (Uckermark) geborene Koslowski war 1963 nach Schwedt/Oder gezogen, wo er im VEB Petrolchemisches Kombinat Schwedt (heute PCK-Raffinerie GmbH) arbeitete. Zunächst kam er im Wohnlager Erdölkombinat unter. Am 14. September 1967 heiratete er in Strasburg Inge B., beide wohnten fortan in Schwedt in einer gemeinsamen Wohnung. Frau Koslowski meldete ihren Ehemann am 20. Oktober 1989 als vermisst.

Nach dem Leichenfund in der Oder wurden das Volkspolizeikreisamt Schwedt/Oder und der Kreisstaatsanwalt über die Identität des Toten informiert. Auf polnischer Seite war die Rayonstaatsanwaltschaft Gryfina mit der Aufklärung des Todesfalles befasst. Die Witwe wurde zur Identifikation der Leiche hinzugezogen. Am 1. Januar 1990 übersandte die HA Konsularische Angelegenheiten im MfAA die Ermittlungs- und Obduktionsprotokolle an den Bezirksstaatsanwalt in Frankfurt/Oder.

Um diesen Fall verifizieren oder falsifizieren zu können kontaktierte das Forschungsteam neben den infrage kommenden Standes- und Meldeämtern diverse Archive, wie das Stadtarchiv Schwedt, das Kreisarchiv der Uckermark, das Brandenburgische Landeshauptarchiv und den BStU. Informationen zu Gerhard Koslowski lagen dort jedoch nicht vor. Lediglich das Stadtarchiv Schwedt konnte einige Informationen mitteilen, unter anderem, dass Koslowski von Beruf Traktorist und Industrie-Isolierer war. Eine Anfrage bei der PCK-Raffinerie Schwedt führte ebenfalls nicht zum gewünschten Erfolg, da laut Auskunft der Pressestelle aus Datenschutzgründen keine Informationen zu ehemaligen Mitarbeitern erteilt werden dürften.

Auch Anfragen bei der Staatsanwaltschaft Frankfurt/Oder sowie den damals beteiligten Staatsanwaltschaften auf polnischem Gebiet erbrachten keine Aufhellung der Hintergründe des Todesfalles. Die Bezirksstaatsanwaltschaft in Szczecin konnte zumindest bestätigen, dass der Fall Koslowski bei der Staatsanwaltschaft Gryfino geführt, am 19. Dezember 1989 jedoch an die Staatsanwaltschaft der DDR übergeben wurde. Die Fallakten seien im Jahre 2000 vernichtet worden.

Im Internet stieß das Forschungsteam dann auf den Verein PCK e.V. Schwedt/Oder, der von Senioren der PCK Raffinerie GmbH Schwedt im Jahre 1991 gegründet worden ist. Eine Anfrage beim Vereinsvorstand nach Zeitzeugen, die über Gerhard Koslowski Auskunft erteilen könnten, führte unter der Überschrift „Wer kennt Gerhard Koslowski?" zu einem Aufruf in der Vereinszeitung *Info* 03/22. Hierauf meldete sich Heinz S., in dessen Meisterbereich der Isolierwerkstatt Koslowski gearbeitet hatte. Von 1973 bis 1989 sei Koslowski auf dem Bauhof des PCK tätig gewesen. Der umgängliche und hilfsbereite Kollege sei auch als Fachmann geschätzt worden. Allerdings habe er ein Alkoholproblem gehabt, er sei ein sogenannter Quartalstrinker gewesen, der zeitweilig wegen seines Alkoholkonsums nicht zur Arbeit erscheinen konnte. Dieser Umstand führte letztendlich im Frühjahr 1989 zur Entlassung des 45-Jährigen. In einer Auffangbrigade für Alkoholkranke der Stadt Schwedt sei Koslowski nicht zurechtgekommen. Irgendwann habe er keinen Ausweg mehr gesehen, sei aus Verzweiflung mit dem Fahrrad zur Oder gefahren und habe im Wasser den Tod gesucht. An diesem Hergang gäbe es, wie Heinz S. versicherte, keinen Zweifel. Demnach handelte es sich bei dem Sterbefall von Gerhard Koslowski nicht um einen Tod im Fluchtzusammenhang, sondern um eine Selbsttötung.[77] *(CB)*

---

77 In einigen Dokumenten wird die Schreibweise Kotzlowski verwendet und werden verschiedene Geburtsdaten genannt (7.10.1943, 7.9.1945). BStU, ZA, MfS, HA I, Nr. 14517, Teil 1, Bl. 22. Kommando der Grenztruppen: Tagesmeldung Nr. 302/89 vom 30. Oktober 1989; BArch DVH 32/121554. MfAA: Sterbefälle von DDR-Bürgern im Ausland 1990, A-L; PAAA, MfAA, M 52, ZR 5339/93. Mauermuseum – Museum am Checkpoint Charlie: 176. Pressekommuniqué, 13.8.2018. Auskunft Standesamt Strasburg, 24.6.2022. Info 03/22, Vereinszeitung des Seniorenvereins PCK e.V. Schwedt, 27.6.2022, S. 6. Auskunft von Joachim Kolenda, Vorstandsvorsitzender des Seniorenvereins PCK e.V. Schwedt, 1.7.2022.

Anhang

Biografien der Verantwortungsträger

Ursula Gott

Hauptreferentin in der Hauptabteilung für Konsularangelegenheiten des MfAA

Ursula Gott

Geboren am 6. Dezember 1921 als Ursula Schwabe, gestorben am 10. Dezember 1997. Ursula Gott arbeitete seit November 1949 im DDR-Außenministerium (MfAA) als Referentin, ab 1961 war sie im MfAA als Kaderreferentin und seit 1963 als Oberreferent/ Schulung beschäftigt. Sie wurde 1967 zum Kaderinstrukteur befördert und kam 1968 als Referentin in die Hauptabteilung Konsularische Angelegenheiten des MfAA. Dort war sie dann als Hauptreferentin für die Bearbeitung der Todesfälle von DDR-Bürgern im Ausland zuständig. Bei Todesfällen von DDR-Flüchtlingen im sozialistischen Ausland stimmte sie die Ausführung der bürokratischen Formalitäten und ihr Verhalten gegenüber Angehörigen der Todesopfer mit den jeweils zuständigen MfS-Offizieren ab. In mehreren Fällen verweigerte sie den Angehörigen Auskünfte über die ihr vorliegenden Informationen von DDR-Botschaften zum tödlichen Fluchtverlauf.

Sie war verheiratet mit Karl Gott (* 27.3.1912, Berlin). Der Reproduktionsfotograf Karl Gott wurde 1952 als GI „Karl-Ernst“ angeworben. Zu diesem Zeitpunkt war er Leiter der Fotoabteilung der Zentralstelle für wissenschaftliche Literatur. Die Überlieferung endet bereits 1952, weil er seit dem 10.12.1952 beim ZK der SED beschäftigt war (Nomenklatur-Kader). Karl Gott arbeitete später als MfS-Offizier in der Hauptabteilung IV. Er ging im Dezember 1977 in Rente, Ursula Gott im Januar 1982. Karl und Ursula Gott stellten seit 1980 ihre Wohnung dem MfS für konspirative Treffen zur Verfügung und verpflichteten sich als IM/KW. In der Wohnung lebte auch die Mutter von Ursula Gott. Nachdem Tod des Ehemanns und der Mutter führte Ursula Gott die IM/KW „Fiedler“ bis Ende 1989 alleine weiter. Am 23. März

1990, fünf Tage nach der ersten freien Wahl der DDR-Volkskammer, ließ sich Ursula Gott ihre Personalakte im MfAA aushändigen. Eine Kopie existiert im Politischen Archiv des Auswärtigen Amtes nicht.[78] *(App., jos.)*

August Klobes

1968 bis 1980 Leiter der Hauptabteilung für Konsularwesen im MfAA der DDR

August Klobes

August Klobes (1920–1992) wuchs als Sohn von Florentine und August Klobes in einer katholischen Arbeiterfamilie im sauerländischen Amberg auf. Nach dem Besuch einer Volks- und Handelsschule absolvierte er eine kaufmännische Lehre. Im „Dritten Reich" war er Mitglied der Hitler-Jugend und des Reichsarbeitsdienstes. 1940 wurde er zur Wehrmacht eingezogen, wo er als Infanterist in der 9. Kompagnie des 464. Infanterie-Regiments im Russlandfeldzug kämpfte und mit dem Infanterie-Sturmabzeichen und dem Eisernen Kreuz II. Klasse ausgezeichnet wurde. Im Oktober 1941 geriet er in sowjetische Gefangenschaft. Als Kriegsgefangener besuchte er die Antifa-Schulen Wjasniki und Krasnogorsk, anschließend beteiligte er sich als Propagandist des Nationalkomitees „Freies Deutschland" bei der Dritten Weißrussischen Front an Lautsprechereinsätzen vor den deutschen Linien.

Im Mai 1945 kehrte August Klobes nach Deutschland zurück und trat im Juli 1945 in die KPD ein. Von 1946 bis 1949 leitete er den Verlag der *Schweriner Volkszeitung*. Nach der DDR-Gründung kam er in den diplomatischen Dienst, zunächst von 1950 bis 1953 als II. Sekretär an der Botschaft in Sofia. In den Jahren 1955 und 1956 absolvierte er Schulungen an der Parteihochschule „Karl Marx" beim ZK der SED und von 1962 bis 1963 an der Parteihochschule beim ZK der KPdSU in Moskau. Von März 1956 bis März 1962 leitete Klobes die Kaderabteilung des MfAA. Dabei unterhielt er gute Verbindungen zum Staatssicherheitsdienst und leistete „offizielle Hilfe für das

78 Personalkartei des MfAA im PAAA. MfAA: Versorgungsakte; PAAA, P 17, 32229. BStU, MfS, AIM, Nr. 6857/91. BStU, MfS, AIM, Nr. 1222/53.

MfS bei operativen Aufgaben". Ein dort erwogener Einsatz als Offizier im Besonderen Einsatz (OiBE) kam nicht zustande. Am 2. Oktober 1968 ernannte das Sekretariat des SED-Zentralkomitees August Klobes in Nachfolge von Hans Böhm zum Hauptabteilungsleiter Konsularische Angelegenheiten im MfAA. Er erhielt für den Dienstverkehr mit ausländischen Diplomaten den Rang eines Außerordentlichen und Bevollmächtigten Botschafter der DDR. Klobes gehörte zu den Verfassern des DDR-Konsulargesetzes. Nach Inkrafttreten des deutsch-deutschen Grundlagenvertrages 1973 leitete Klobes die DDR-Delegation bei den ersten zehn Sitzungen der gemeinsamen Grenzkommission beider deutschen Staaten. August Klobes war anerkannter Verfolgter des Naziregimes (VdN) und Träger des Vaterländischen Verdienstordens in den Ausführungen Bronze, Silber und Gold. Er ging 1980 in den Ruhestand. Auch in dieser Zeit arbeitete er mit der Spionageabwehr des DDR-Staatssicherheitsdienstes zusammen und stellte seine Wohnung in der Berliner Holzmarktstraße als konspirativen Treffpunkt KW „Holz" zur Verfügung.[79] *(App., ES, jos.)*

Peter Krause

DDR-Konsul von 1971 bis 1973 in Sofia

Peter Krause

Peter Krause (* 4.6.1930, Breslau, † 9.12.2004, Berlin) war der Sohn des aus „rassischen" Gründen verfolgten und Inhaftierten Max Krause (1895–1946). Peter Krause trat 1949 der SED bei. Er besuchte eine Arbeiter-und-Bauern-Fakultät und legte 1953 sein Abitur ab. Er studierte dann an der Deutschen Akademie für Staats- und Rechtswissenschaft „Walter Ulbricht" in Potsdam-Babelsberg und erwarb 1956 dort sein Diplom als Staatswissenschaftler sowie 1960 sein Diplom als Jurist. Krause beendete 1970 sein Studium mit einer Dissertation zum Thema „Rechtliche Grundprobleme der Wahr-

79 Personalakte des MfAA; PAAA, P 16, 269 BStU, MfS, AIM, Nr. 16730/89. BStU, MfS, Abt. XIV, Nr. 276. Klobes, Peter: Mein Vater August Klobes; in: Zeitschrift des Sauerländer Heimatbundes, Nr. 4, 2013, S. 189–191. Appelius, Stefan: Das Sauerland entdeckt seinen verlorenen Sohn August Klobes; in: Zeitschrift des Forschungsverbundes SED-Staat, Nr. 38, 2015, S. 184 f. Bildquelle: BArch, DC 20/7904.

nehmung der Interessen der Staatsbürger durch die Konsuln der Deutschen Demokratischen Republik" als Dr. jur.

Krause begann seine Tätigkeit im Ministerium für Auswärtige Angelegenheit (MfAA) der DDR 1956 als politischer Mitarbeiter in verschiedenen Abteilungen. Von April 1966 bis April 1970 war er Fachgebietsleiter in der Konsularabteilung im MfAA und von Mai 1970 bis Juli 1971 Sektionsleiter der Konsularabteilung. Von 1971 bis Juli 1973 war Peter Krause DDR-Konsul in Sofia, von Juli 1973 bis September 1977 DDR-Konsul in Prag und danach vom September 1977 bis Oktober 1983 Sektorleiter in der Hauptabteilung Konsularische Beziehungen im MfAA. Anschließend, vom November 1983 bis Oktober 1988, erfolgte seine Delegation als DDR-Konsul nach Budapest sowie von Oktober 1988 bis Oktober 1990 nach Warschau. In dieser Zeit verdächtigte ihn die Spionageabwehr (HA II) des Ministeriums für Staatssicherheit der Zusammenarbeit mit einem westlichen Geheimdienst und leitete zu seiner Überwachung einen „Operativen Vorgang" (OV „Merkur") ein. Nach dem Ende der DDR erklärte er seine Bereitschaft zur Arbeit im Auswärtigen Dienst der Bundesrepublik. Er fühle sich geistig und gesundheitlich dazu in der Lage und würde auch an Weiterbildungsmaßnahmen teilnehmen. Dazu kam es nicht, aber die Verwaltungs- und Abwicklungsstelle des Auswärtigen Amtes schickte auf seinen Wunsch hin positive Referenzschreiben an Behörden und Firmen. Peter Krause versicherte Stefan Appelius in einer Zeitzeugenbefragung: „Ich kann mich nicht erinnern, dass ich jemals über Tote an der Grenze etwas erfahren habe. All diese Todesfälle sind an uns vorbeigelaufen." Zuständig dafür sei in den DDR-Botschaften ein Sicherheitsbereich gewesen, den das MfS unter seiner Kontrolle gehalten habe.[80] *(App., ES)*

Walter Langhans

Stellvertretender Abteilungsleiter in der MfS-Hauptverwaltung, Abteilung IX/10

Walter Langhans, geboren am 7. April 1934 in Osterode, erlernte in dem Kommunalen Wirtschaftsunternehmen (KWU) Bau Wittenberge den Maurerberuf. Seit 1946 war Langhans FDJ-Mitglied. Ab 1951 war er Volkspolizist, trat 1955 der SED bei, diente von 1956 bis 1957 in der Kasernierten Volkspolizei und danach als Freiwilliger bis 1962 in der Nationalen Volksarmee.

80 Personalakte des MfAA; PAAA P 16, 296. BStU, MfS, HA II/10, Nr. 433. BStU, MfS, HA II/10, Nr. 560. BStU, MfS, AS, Nr. 2/85, Bd. 149.

Bis zum Sommer 1963 studierte er an der Akademie für Staat und Recht „Walter Ulbricht“ in Potsdam-Babelsberg und danach bis 1967 an der Humboldt Universität zu Berlin. Er schloss sein Studium dort 1967 als Diplomjurist ab. Im März 1967 stellte ihn das MfS als Hilfssachbearbeiter im Rang eines Unterleutnants in der Hauptabteilung Untersuchung (HA IX/9) an. Seine Karriere dort verlief geradlinig, 1970 Hauptsachbearbeiter als Leutnant, Oberleutnant und Hauptmann, 1978 Einsatz als Stellvertreter des Leiters der Arbeitsgruppe Ausland im Rang eines Majors, ab 1981 stellvertretender Leiter der Abteilung HA IX/10 (Auslandsbeziehungen des MfS), 1982 Beförderung zum Oberstleutnant. Entlassung aus dem Staatssicherheitsdienst am 31. Dezember 1989 angeblich aus gesundheitlichen Gründen.

Walter Langhans

Mit seiner Frau Ruth, einer Agronomin, die bis 1983 ebenfalls im Staatssicherheitsdienst beschäftigt war, hatte er eine Tochter und einen Sohn. Seine Tochter Siegelinde (Jg. 1949) arbeitete im Büro der Leitung des MfS, sein Sohn Michael (Jg. 1958) in der MfS-Hauptabteilung VIII (Beobachtung). Sein Schwiegersohn Arno (Jg. 1944) war in der MfS-Hauptabteilung Untersuchung (IX/9) beschäftigt.

In dienstlichen Beurteilungen wurde Langhans für seine Zusammenarbeit mit den Untersuchungsabteilungen „der Bruderorgane“ und seine zahlreichen Einsätze in anderen sozialistischen Staaten gelobt. Er habe dort „selbstständig und mit hohem Verantwortungsbewußtsein in Zusammenarbeit mit den Bruderorganen maßgeblichen Anteil an der Verhinderung von Schleusungsaktionen“ gehabt. Langhans reiste häufig zur „Übernahme straffällig gewordener DDR-Bürger“ in verbündete Ostblockstatten und war auch als juristischer Berater an der Ausarbeitung von Arbeitsvereinbarungen mit den befreundeten Diensten der sozialistischen Staaten beteiligt.[81] *(jos.)*

81 MfS-Kaderakte, BStU, MfS, KS, Nr. 13534/90.

Peter Pfütze

Abteilungsleiter der MfS-Hauptabteilung IX/10

Peter Pfütze

Peter Pfütze, geboren am 29. Juni 1933 in Leipzig, besuchte dort die Grundschule und absolvierte anschließend an der Baugewerbeschule Leipzig eine Berufsausbildung zum Tischler. Er wurde bereits während der Lehre (am 2. Oktober 1947) Mitglied der SED. Von 1950 bis 1953 besuchte er die Arbeiter-und-Bauern-Fakultät (ABF) in Leipzig, die er 1953 mit dem Abitur abschloss. Am 1. Mai 1953 wurde er als Feldwebel zum Mitarbeiter der Bezirksverwaltung (BV) Leipzig des Ministeriums für Staatssicherheit (MfS). Als Nachwuchskader wurde er anschließend für ein Jahr als Kursant an die Fachschule des MfS nach Potsdam-Eiche delegiert. Daran anschließend kam er für ein Jahr zunächst in der Abteilung IX der BV Leipzig, dann für weitere fünf Jahre in der Abteilung IX/1 (Linie Spionage) der BV Rostock als Sachbearbeiter zum Einsatz. Laut Dienstzeugnis vom 16. September 1957 wurde Pfütze für „besonders ausgezeichnete Ergebnisse“ in der Schießausbildung belobigt. Dagegen wurde seine „etwas primitive Ausdrucksweise“ kritisiert. Seinem Wechsel in die HA IX/1 des MfS in Berlin im Juli 1960 stand sie jedoch nicht entgegen. Mittlerweile war Pfütze zum Leutnant befördert.

1961 erfolgte seine Versetzung in die HA IX/4 (Diversion, Sonderaufgaben). Er durchlief in diesem Zeitraum eine Qualifizierung zum Instrukteur. Man setzte ihn in den Bezirksverwaltungen Gera und Erfurt ein, um die dortigen Untersuchungsabteilungen beim Abschluss von Untersuchungsvorgängen gegen BND-Agenten zu unterstützen. Aufgrund seiner „Schwächen hinsichtlich des logischen und folgerichtigen Denkens“ blieben seine Ergebnisse als Instrukteur jedoch hinter den Erwartungen zurück. Aus diesem Grund wurde Oberleutnant Pfütze ab Anfang 1962 mit der Erfassung und Auswertung der Straftaten gegen die Sicherheit der Staatsgrenze beschäftigt. Schon bald galt er als ein Experte auf dem Gebiet der Grenzsicherung.

Sein erster Einsatz als Verbindungsoffizier zur Untersuchungsabteilung des Komitees für Staatssicherheit der Volksrepublik Bulgarien erfolgte von

Juni bis Oktober 1967, wo er sowohl mit den Mitgliedern der Operativgruppe des MfS in Bulgarien als auch mit dem als Diplomaten legendierten MfS-Personal in der DDR-Botschaft zusammenarbeitete. Pfütze, der seit diesem Zeitpunkt für die HA IX/9 tätig war, war für die Rückführung im sozialistischen Ausland inhaftierter DDR-Bürger zuständig, wobei es sich überwiegend um Flüchtlinge handelte. Direkt im Anschluss wurde er an die MfS-Sprachschule Dammsmühle delegiert, wo er die Prüfung als Sprachkundiger Russisch (Stufe I) absolvierte. Am 1. Oktober 1969 wurde Pfütze zum Offizier für Sonderaufgaben und ab dem 1. Oktober 1970 zum Leiter der AG Ausland (Untersuchungsaufgaben im sozialistischen Ausland) ernannt. Durch das Ansteigen der Fluchtversuche von DDR-Bürgern über sozialistische Länder vergrößerte sich allmählich die Zahl der Mitarbeiter, zumal Festnahmen und Rückführungen nicht nur aus Sofia, sondern auch aus Bukarest, Budapest und Prag erfolgten. Nach Angaben aus seiner Kaderakte hielt sich Pfütze im Zeitraum von Mai 1968 bis Dezember 1973 pro Jahr etwa zweihundert Tage im Ausland (ČSSR, UVR, VRB, VRP, UdSSR, SFRJ und SRR) auf. Aus der AG heraus entstand im April 1980 die HA IX/10, deren Leitung der mittlerweile zum Oberstleutnant ernannte Pfütze erhielt. Seit 1974 hielt sich Pfütze jährlich nur noch etwa hundert Tage in den bereits erwähnten Ostblockländern auf – ein Teil seiner Aufgaben war auf andere, ihm unterstellte MfS-Mitarbeiter übergegangen. Er hatte mittlerweile im Fernstudium an der Humboldtuniversität zu Berlin ein Diplom als Kriminalist erworben.

In seinen Erinnerungen, die 2007 in der „Edition Ost“ unter dem Titel *Besuchszeit – Westdiplomaten in besonderer Mission* erschienen, widmet Pfütze seiner eigenen MfS-Tätigkeit in der HA IX/9 bzw. IX/10 aus dem Zeitraum zwischen 1967 und 1989 nur wenige Seiten. Seine Ehefrau (Jg. 1932) war in Rostock von 1955 bis zur Geburt ihres Sohnes Frank (Jg. 1959) ebenfalls hauptamtliche Mitarbeiterin des MfS. Frank Pfütze errang als Schwimmer 1974 und 1975 Titel als Europameister und Weltmeister, er nahm als Mitglied der Nationalmannschaft der DDR an den Olympischen Spielen in Montreal (1976) und Moskau (1980) teil. 1987 wurde Peter Pfütze zum Oberst ernannt. Pfütze lebt mit seiner Frau in Berlin. Sein Sohn Frank ist 1991 im Alter von 32 Jahren an plötzlicher Herzinsuffizienz verstorben – möglicherweise handelt es sich um Folgen von Doping.[82] *(App.)*

82 Kaderakte, BStU MfS KS 13273/90.

Anton Richter

DDR-Konsul an der DDR-Botschaft in Sofia

Anton Richter

Anton Richter entstammte einer böhmischen Landarbeiterfamilie. Er kam am 15. Februar 1926 im westböhmischen Tiefenbach zur Welt. Bis 1943 erlernte er den Beruf eines Metallflugzeugbauers in Prag. Seine Lehrabschlussprüfung musste er wegen der Einberufung zur Wehrmacht vorfristig ablegen. Gegen Ende des Zweiten Weltkriegs geriet er in Frankreich in Kriegsgefangenschaft, aus der er 1946 entlassen wurde. Danach arbeitete er zunächst als Autoelektriker in Krefeld, von 1947 bis März 1948 dann als Hilfsmonteur in Goch (Kreis Kleve). Er trat 1947 der KPD bei, zog 1948 zu seinen Eltern in die Sowjetische Besatzungszone und wurde SED-Mitglied. Richter studierte an der Martin-Luther-Universität in Halle (Saale). Seit Mai 1957 war er mit Marianne Richter (Jg. 1936, Hauptsachbearbeiterin bei der HO Lebensmittel Halle) verheiratet. Er selbst arbeitete als Funktionär im Bezirksvorstand der Gesellschaft zur Verbreitung wissenschaftlicher Kenntnisse.

Richter trat am 16. August 1959 eine Tätigkeit als Oberreferent im MfAA der DDR an und arbeitete zunächst in der 3. Europäischen Abteilung, Sektion Bulgarien. Ab 1. Februar 1961 wurde er als Leiter der Kulturpolitischen Abteilung (Kulturattaché) in die DDR-Botschaft nach Sofia entsandt und blieb dort bis zum 1. Juni 1965. Er erlernte während seines Aufenthaltes in Sofia die bulgarische Sprache. Das MfAA berief ihn danach nach Berlin zurück, wo er in der Ländersektion Bulgarien beschäftigt wurde. An der Humboldt-Universität absolvierte er ein Zusatzstudium im Fach Politökonomie. 1969 legte Richter eine Sprachprüfung in Bulgarisch ab. Von Juli 1970 bis August 1974 kam er als 2. Sekretär (zuständig für Innenpolitik) wieder an die DDR-Botschaft in Sofia. Er erhielt 1973, 1976 und 1982 Auszeichnungen als Aktivist der sozialistischen Arbeit. Seit 1974 arbeitete er als stellvertretender Sektorleiter für die Volksrepublik Bulgarien im DDR-Außenministerium. Von 1977 bis Anfang 1978 wurde er zum Leiter des Generalkonsulats in Varna (VRB) ernannt. Von August 1978 bis August 1982 leitete Richter als Nachfolger von Kurt Spörl die Konsularabteilung der DDR-Botschaft in Sofia. Seine Ehefrau Marianne Richter kam ebenfalls in der DDR-Botschaft als Leiterin des Fachgebiets Finanzen zum Einsatz. Anton Richter wirkte an der Erstellung der „Chronik der Botschaft der DDR in der VRB“ mit und erhielt als Belobigung dafür eine Eintragung in das Ehrenbuch des Botschafters. Im Herbst 1982 kehrte Richter zu einem Qualifizierungslehrgang für Leitungskader im MfAA nach Berlin zurück. Von 1983 bis 1987 amtierte er als Konsul im Generalkonsulat in Bratislava und vom Sommer 1987 bis Oktober 1990 erneut als DDR-Konsul in Sofia in Nachfolge der Konsulin Gertrud Richel. Anton Richter befand sich nach der Wiedervereinigung seit dem 5. Oktober 1990 im Vorruhestand und erreichte am 15. Februar 1991 das Rentenalter. Er starb am 1. Mai 2007 in Berlin.[83] *(App., jos.)*

Klaus Richter

DDR-Konsul an der Botschaft Bukarest

Geboren am 18. November 1936, Mitarbeiter in der Hauptabteilung Konsularische Angelegenheiten des MfAA seit 1963. Seine dienstlichen Stationen sind:

1966 Vizekonsul in Gdansk,
1970 HA Kons. des MfAA,
1972 Konsul in Bukarest,
1977 HA Kons. des MfAA,
1985 Botschaft Moskau.

Nach dem Tod von Rudolf Babendererde verhinderte DDR-Konsul Klaus Richter die Rückführung der Leiche in die DDR. Er selbst schrieb darüber am 22. August 1972 in einem „Vermerk über ein Gespräch in der Paßdirektion des MdI der SRR am 18. August 1972“, dass er mit Oberst Petre, dem Direktor in der Paßdirektion des rumänischen Innenministeriums (MdI) der Sozialistischen Republik Rumänien (SRR), und Major Rebegeanu, dem stellvertretenden Leiter der Internationalen Abteilung des rumänischen MdI das weitere Vorgehen im Fall Babendererde erörtert habe. Oberst Petre habe „sein Bedauern über den Ausgang des in der Nacht vom 17. zum 18.8.72 von Babender[erde] verursachten Zwischenfalls an der Grenze zur SFRJ in der Nähe der Ortschaft Jimbolia zum Ausdruck“ gebracht. Die Generalstaatsanwaltschaft untersuche den Vorfall jetzt und werde das Ergebnis der DDR-Generalstaatsanwaltschaft übermitteln. „Unsererseits wurde darauf unter Hinweis auf das feste Grenzregime der SRR erwidert, daß die betreffenden rumänischen Genossen, die den Zwischenfall mit Waffenanwendung abge-

83 Personalakte des MfAA, PAAA.

wehrt haben, offensichtlich befehlsgemäß und im Rahmen ihrer Befugnisse gehandelt haben. Außerdem muß ein Grenzverletzer in einem Staat mit geordnetem Grenzregime stets mit allen Konsequenzen rechnen, wenn er allen Warnungen der Grenzorgane zum Trotz sein Verbrechen vollenden will."[84] *(jos.)*

Manfred Schmidt

DDR-Botschafter in Sofia von 1975 bis 1981

Manfred Schmidt

Manfred Schmidt kam am 8. Dezember 1930 in Erfurt in einer Angestelltenfamilie auf die Welt. Er begann nach dem Krieg eine kaufmännische Lehre und legte 1948 ein betriebswirtschaftliches Fachabitur an der Fachschule für Wirtschaft und Verwaltung in Erfurt ab. Nach einer Tätigkeit als Angestellter nahm er 1950 am 2. außenpolitischen Kurzlehrgang der Deutschen Verwaltungsakademie in Forst Zinna teil und wurde am 1. September 1950 im Ministerium für Auswärtige Angelegenheiten der DDR (MfAA) angestellt. Dort war er zunächst bis 1954 im Sektor Polen beschäftigt. Danach war er bis 1958 Kulturattaché an der DDR-Botschaft in Warschau. Von 1958 bis 1964 leitete er den Bereich Delegationen in der Protokollabteilung des MfAA, von 1964 bis 1969 war er dort Abteilungsleiter und Protokollchef. Von 1970 bis 1975 kam er als Botschaftsrat erneut in der DDR-Botschaft Warschau zum Einsatz. Am 15. August 1975 wurde Schmidt zum Botschafter in Sofia ernannt. In dieser Stellung war er auch mit den Todesfällen von Brigitte von Kistowski, Klaus Prautzsch, Detlef Heiner und Andreas Stützer befasst. Seine nächsten Stationen waren dann Posten als DDR-Botschafter in Schweden (1982–1988) und in Japan (1988–1990).

Nach der Wiedervereinigung arbeitete er bis zur Verrentung als Vertriebsleiter in der Aachener Gesellschaft für Industrieforschung.[85] *(App., ES, jos.)*

84 Personalakte des MfAA, PAAA. Unterlagen der Hauptabteilung Konsularangelegenheiten zum Todesfall Babendererde, PAAA, MfAA, ZR 495/88.

85 Personalakte des MfAA; PAAA P 16, 561.

Werner Ullmann

Hauptsachbearbeiter in der MfS-Hauptabteilung VI Sicherung des Reise- und Touristenverkehrs (SRT)

Werner Ullmann

Werner Ullmann kam am 7. Dezember 1924 in Chemnitz zur Welt. Er besuchte die Volksschule, seine Eltern verstarben bereits 1938 und 1939. Nach den vorliegenden, leider nur lückenhaften Unterlagen, erlernte er den Beruf des Eisenbahners und hat 1944 geheiratet. Im August 1945 wurde er Mitglied der KPD. Seine Ehefrau Elfriede (Jg. 1923) war bis zu ihrer Verrentung im Jahr 1978 ebenfalls Mitarbeiterin des MfS. Das Ehepaar hatte fünf Kinder. Werner Ullmann wurde als Hauptwachtmeister am 1. September 1952 Mitarbeiter des MfS in der Bezirksverwaltung Karl-Marx-Stadt. Er kam 1972 in die MfS-Hauptverwaltung VI, zuständig für die Sicherung des Reise- und Touristenverkehrs (SRT). Seit 1970 wohnte er mit seiner Familie in Berlin-Treptow. Mindestens zwei seiner Söhne waren ebenfalls Mitarbeiter des MfS. Seit dem 15. Juni 1969 war Werner Ullmann als Kurier im sozialistischen Ausland eingesetzt. Er hatte dabei die Sicherung des MfS-Transportgutes zu gewährleisten. Die Kurierbesatzung der MfS-Flugzeuge war ihm unterstellt. In seiner Freizeit spielte er Fußball, bis Ende 1971 in der Altherrenmannschaft der SG Dynamo Adlershof.

Am 1. Juni 1972 wurde Hauptmann Ullmann in die Abteilung 2/1/SRT der MfS-Hauptabteilung VI (Auslandstourismus) versetzt. Abteilungsleiter war dort zu dieser Zeit Oberstleutnant Manfred Thiele (Jg. 1933). Ullmann galt ausweislich der von Thiele unterzeichneten Zeugnisse als besonders arbeitsbereit und war oft über die vorgeschriebene Arbeitszeit hinaus tätig. Im Jahr 1973 erhielt er die Medaille für vorbildlichen Grenzdienst. Ab 1973 arbeitete Ullmann nach einer Neufestlegung im Bereich Koordinierung unter Leitung von Oberstleutnant Deutscher als Hauptsachbearbeiter im Referat 3, zuständig für Festnahmeüberprüfungen im sozialistischen Ausland, für die Verfolgung von Fluchthelfern sowie für die Bearbeitung von Todesfällen in Bruderländern. Ende Dezember 1976 schied er aus diesem Referat aus und wurde in den Sicherungsbereich für Touristenreisen versetzt, zuständig auch für die Überwachung von Hochsee-Schiffsreisen mit den Urlauberschiffen der DDR. Ab 1978 übernahm Ullmann die Position des Sekretärs der Wohnparteiorganisation (WPO) 40 der SED Kreisleitung Treptow. Im Jahr 1983 erfolgte seine Beförderung zum Major. Am 31. Dezember 1986 ging er in den Ruhestand. Zwei Jahre später würdigte ihn der Stadtbezirk als Nr. 20 im „Ehrenbuch Treptow", das heißt, er erhielt die Treptower Ehrenbürgerschaft. Werner Ullmann wohnte zuletzt in Lichtenberg und ist am 15. März 2000 in Berlin-Neukölln gestorben.[86] *(App., jos.)*

Hansjochen Vogl

von 1980 bis 1990 Leiter der Hauptabteilung Konsularische Angelegenheiten des MfAA

Hansjochen Vogl als persönlicher Referent von DDR-Außenminister Otto Winzer

Walter Karl Hansjochen Vogl, geboren am 9. Juli 1937, besuchte von 1943 bis 1951 eine Grundschule. Es folgte von 1951 bis 1954 eine Lehre mit einem Abschluss als Bäckergeselle. Die SED, der er beigetreten war, delegierte ihn von 1957 bis 1961 zu einem Jura-Studium an die Deutsche Akademie für Staats- und Rechtswissenschaft „Walter Ulbricht" (DASR) in Potsdam, das er als Diplomjurist beendete. Danach erhielt Vogl 1961 eine Stelle als Referent in der Rechtsabteilung des Ministeriums für Auswärtige Angelegenheiten der DDR (MfAA) zugewiesen. Von 1963 bis 1965 war er persönlicher Referent von Staatssekretär Otto Winzer. Nach Winzers Ernennung zum Außenminister der DDR blieb er bis 1966 als Referent an dessen Seite.

Von 1966 bis 1970 erfolgte sein Einsatz als Konsul im DDR-Generalkonsulat Kiew. Nach einer zweijährigen Ausbildung an der Moskauer Diplomatenakademie kam er 1972 als stellvertretender Abteilungsleiter in die Konsularabteilung der Moskauer DDR-Botschaft, als 1. Sekretär und Leiter der Konsularabteilung blieb er von 1973 bis 1975 in der sowjetischen Hauptstadt. Dort leitete er nach seiner Beförderung zum Botschaftsrat zwei Jahre lang die Politischen Abteilung der DDR-Botschaft. 1978 wurde Vogl in die DDR zurückbeordert und zum Abteilungsleiter in der Hauptabteilung Konsularische Angelegenheiten des MfAA ernannt. Nach einem Führungskaderlehrgang wurde er 1980 als Nachfolger von August Klobes im Rang eines Botschafters zum Chef der Hauptabteilung Konsularische Beziehungen im

86 Kaderakte, BStU, MfS KS II, Nr. 185/87.

MfAA der DDR befördert. Mit dem Zusammenbruch der SED-Herrschaft endete 1990 auch Vogls Karriere als DDR-Diplomat.

Bei Konsultationen im Oktober 1983 in Sofia wurde vom DDR-Delegationsleiter Hansjochen Vogl mit Bezug auf den Konsularvertrag Artikel 36 (2) bemängelt, dass die Botschaft der DDR von den bulgarischen Behörden nicht über alle Inhaftierungen informiert würde. Die Botschaft erhalte Informationen manchmal erst von den Betroffenen. Vogl wollte diese Bemerkungen aber ausdrücklich nicht als Kritik an der bulgarischen Rechtsordnung verstanden wissen und erklärte, die DDR empfinde „große Hochachtung für die bulgarischen Grenzer, die nicht nur die Grenzen schützen, sondern auch Probleme für die DDR lösen helfen. Die DDR sei dankbar für jede durch bulgarische Genossen verhinderte Republikflucht. An der seit Jahren außerordentlich bewährten Zusammenarbeit der zuständigen Organe beider Staaten soll nichts geändert werden und sie soll in keiner Weise gestört werden." Die DDR wünsche nur, dass ihre Konsuln informiert würden. So könnten sie gemeinsam mit den bulgarischen Genossen Beschwerden von DDR-Bürgern prüfen und zusammen mit den zuständigen bulgarischen Organen Antworten finden.[87] *(ES, jos.)*

Fritz Voß

von 1967 bis 1971 DDR-Konsul in Sofia

Fritz Voß

Fritz Voß wurde am 23. Februar 1907 in Driesen (heute Drezdenko) geboren. Die Arbeiterfamilie Voss zog drei Jahre später nach Berlin. Fritz Voss arbeitete nach seinem Schulabschluss als Angestellter, er gehörte der Sozialistischen Arbeiterjugend (SAJ) und seit 1925 der SPD an. Bis Ende 1929 war er als kaufmännischer Angestellter in seinem Ausbildungsbetrieb Staffelt & Sohn tätig und von Mai 1930 bis zur Verhaftung Ende 1933 als Verwaltungsangestellter beim Jugend- und Wohlfahrtsamt Friedrichshain. Das Kammergericht Berlin verurteilte ihn am 26. Mai 1934 wegen Vorbereitung eines hochverräterischen Unternehmens zu zwei Jahren Gefängnis.

87 MfAA: Personalakte von Hansjochen Vogl; PAAA, ZR 2255/13.

Nach seiner vorzeitigen Entlassung heiratete er 1935 Elfriede Gericke (Jg. 1906). Sie entstammte einem sozialdemokratischen Elternhaus und gehörte ebenfalls der SAJ und seit 1925 der SPD an. Nach dem Krieg arbeitete sie u.a. von 1952 bis 1955 als Kadersachbearbeiterin im Stab der Kasernierten Volkspolizei (letzter Dienstgrad: Leutnant). Das Ehepaar hatte eine Tochter (Jg. 1937), die den Schauspieler Reinhard Michalke (1934–2001) heiratete.

Voß arbeitete von 1937 bis zu seiner Einberufung 1941 bei der Eisen- und Röhrenhandel AG in Berlin-Tempelhof, in der Wehrmacht diente er seit 1941 als Kraftfahrer. In Italien geriet er 1945 in britische Kriegsgefangenschaft. Nach der Entlassung kehrte er nach Berlin zurück und arbeitete bei der Kriminalpolizei sowie in der Zentralen Kommission für Sequestrierung und Beschlagnahme. Anfang 1950 wurde er Hauptreferent in der Personalabteilung des Innenministeriums. Nach einem einjährigen Lehrgang für leitende Staatsfunktionäre an der Babelsberger Akademie für Staats- und Rechtswissenschaften „Walter Ulbricht" trat er am 9. August 1954 eine Stelle als Hauptreferent in der Kaderabteilung des DDR-Außenministeriums (MfAA) an, zu deren Leiter er später aufstieg.

Von September 1956 bis März 1960 leitete er die Konsularabteilung an der DDR-Botschaft in Budapest. Er arbeitete danach in der Hauptabteilung für Konsularangelegenheiten des MfAA sowie von Juli 1967 bis September 1971 als Konsul an der DDR-Botschaft in Sofia. Dort war er 1970 mit dem Todesfall von Anton Frank befasst und verwies dessen Mutter in rüdem Ton aus der Botschaft, als sie ihn um Angaben zum Tod ihres Sohnes bat.

Nach seiner Rückkehr aus Bulgarien war er für die Anleitung des Visabüros in Warnemünde und Sassnitz zuständig. Am 1. August 1973 endete seine Tätigkeit im MfAA. Das *Neue Deutschland* veröffentlichte am 23. Februar 1982 und 23. Februar 1987 Grußadressen des ZK der SED für den Rentner zum 75. bzw. 80. Geburtstag. Darin wurde seine fast zwanzigjährige Tätigkeit im Ministerium für Auswärtige Angelegenheiten gewürdigt. Zu seinem 80. Geburtstag erhielt Fritz Voß den Orden „Stern der Völkerfreundschaft in Silber".[88] *(App., ES, jos.)*

88 Personalakte des MfAA; PAAA P 16, 631.

Chronologische Auflistung der Todesfälle von DDR-Bürgern bei Fluchtversuchen an den Binnen- und Außengrenzen des Ostblocks

Jahr	Name	geboren	gestorben	Todesumstände	Grenze	S.
1963	Bruno Heinrich	22.4.1935	10.7.1963	getötet durch Stromschlag am Grenzzaun	ČSSR/BRD	33
	Dieter Sudars	11.7.1941	27.8.1963	erschossen von ČSSR-Grenzwache	ČSSR/DDR	232
1965	Werner Gambke	23.11.1936	13.6.1965	erschossen von bulgarischer Grenzwache	Bulgarien/Griechenland	39
1966	Karl-Heinz Engelmann	18.5.1947	10.4.1966	erschossen von bulgarischer Grenzwache	Bulgarien/Griechenland	47
	Siegfried Gammisch	29.9.1946	10.4.1966	erschossen von bulgarischer Grenzwache	Bulgarien/Griechenland	58
1967	Klaus-Jürgen Rogge	11.11.1941	22.5.1967	ertrunken beim Versuch den Fluss Mura zu durchschwimmen	Ungarn/Jugoslawien	59
	Richard Schlenz	20.1.1939	27.8.1967	erschossen von ČSSR-Grenzwache	ČSSR/Österreich	62
	Gunter Pschera	1.2.1944	1.9.1967	erschossen von bulgarischer Grenzwache	Bulgarien/Türkei	71

1970	Anton Frank	14.12.1941	4.–8.10.1970	ertrunken beim Versuch die Donau zu durchschwimmen	Rumänien/Jugoslawien	82
1971	Dirk Wilhelm	29.2.1968	2.7.1971	erstickt in einem Versteck während der Grenzüberfahrt	Ungarn/Österreich	86
1972	Rudolf Babendererde	1.12.1931	18.8.1972	erschossen von rumänischer Grenzwache	Rumänien/Jugoslawien	90
	Wera Sandner	1.3.1946	23.8.1972	erschossen von bulgarischer Grenzwache	Bulgarien/Jugoslawien	94
1973	Roland Kremer	28.10.1949	14.8.1973	erschossen von ČSSR-Grenzwache	ČSSR/BRD	105
	Günter Lange	22.4.1944	2.11.1973	ertrunken beim Versuch die Donau zu durchschwimmen	Rumänien/Jugoslawien	110
1974	Rudolf Buss	20.3.1946	23.5.1974	erschossen von ČSSR-Grenzwache	ČSSR/Österreich	118
	Reinhard Poser	15.6.1953	8.8.1974	erschossen von bulgarischer Grenzwache	Bulgarien/Türkei	121
	Eberhard Melichar	22.6.1953	3.9.1974	erschossen von bulgarischer Grenzwache	Bulgarien/Jugoslawien	126

1975	Peter Nötzel	20.1.1948	27.3.1975	erschossen von bulgarischer Grenzwache	Bulgarien/ Griechenland	132
	Klaus Prautzsch	2.12.1946	13.8.1975	erschossen von bulgarischer Grenzwache	Bulgarien/ Griechenland	138
	Brigitte von Kistowski	23.10.1947	13.8.1975	erschossen von bulgarischer Grenzwache	Bulgarien/ Griechenland	146
1977	Gerhard Schmidt	5.2.1939	6.8.1977	erschossen von ČSSR-Grenzwache	ČSSR/ BRD	148
	Kurt Hoffmeister	28.11.1954	21.8.1977	erschossen von ČSSR-Grenzwache	ČSSR/ BRD	157
	Bernd Schaffner	11.1.1950	27.8.1977	erschossen von bulgarischer Grenzwache	Bulgarien/ Griechenland	161
	Rudolf Nettbohl	2.3.1956	27.8.1977	erschossen von bulgarischer Grenzwache	Bulgarien/ Griechenland	166
1978	Frank Prziborowski	30.6.1959	26.10.1978	erschossen von ČSSR-Grenzwache	ČSSR/ BRD	174
	Michael Kühnel	6.7.1959	19.12.1978	tödlich mit dem Motorrad verunglückt an einer Polizeisperre bei Most	ČSSR/ DDR	236
1980	Friedhelm Hohmann	9.5.1961	6.–9.3.1980	erfroren im polnischen Grenzgebiet	Polen/ ČSSR	239

	Detlef Heiner	29.5.1960	18.3.1980	erschossen von bulgarischer Grenzwache	Bulgarien/ Griechenland	177
	Andreas Stützer	8.2.1961	18.3.1980	erschossen von bulgarischer Grenzwache	Bulgarien/ Griechenland	177
1982	Kerstin Helmholdt	20.12.1961	5.8.1982	erschossen von ungarischer Grenzwache	Ungarn/ Jugoslawien	184
1983	Steffen Anders	21.8.1977	24.8.1983	ertrunken im Donauzufluss Waag	ČSSR/ Ungarn	243
1986	Hartmut Tautz	10.2.1968	9.8.1986	tödlich verletzt von Grenzhunden	ČSSR/Österreich	188
	Carola Jordanow	12.10.1965	15.8.1986	erstickt im Versteck vor der Grenzüberquerung	Ungarn/ Österreich	192
1988	Heike Bischof	16.10.1965	nach dem 12.3.1988	erfroren im Grenzgebiet	ČSSR/ BRD	195
	Frank Labuschin	21.8.1963	nach dem 12.3.1988	erfroren im Grenzgebiet	ČSSR/ BRD	200
	Konrad Dieze	20.6.1954	24.8.1988	tödlich mit dem Pkw verunglückt bei Grenzdurchbruch	Ungarn/ Österreich	203
	Frank Schachtschneider	13.4.1962	10.9.1988	erschossen von bulgarischer Grenzwache	Bulgarien/ Türkei	206

1989	Ralph-Peter Saurien	3.8.1968	21.4.1989	tödlich mit dem Pkw verunglückt bei Grenzdurchbruch	ČSSR/Österreich	211
	Kevin Strecker	29.12.1980	15.5.1989	tödlich mit dem Pkw verunglückt bei Grenzdurchbruch	ČSSR/ BRD	214
	Michael Weber	5.12.1969	7.7.1989	erschossen von bulgarischer Grenzwache	Bulgarien/ Griechenland	221
	Kurt-Werner Schulz	25.7.1953	21.8.1989	erschossen von ungarischer Grenzwache	Ungarn/ Österreich	226
	Jürgen Schwarz	22.5.1952	25.8.1989	ertrunken in der Donau	ČSSR/ Ungarn	247
	Christian Schubert	29.6.1965	14.9.1989	ertrunken in der Donau	ČSSR/ Ungarn	251
	Jürgen Bernhardt	22.6.1963	vermutl. 16.9.1989	ertrunken in der Donau	ČSSR/ Ungarn	257
	Volker Swade	28.7.1968	18.9.1989	ertrunken in der Donau	ČSSR/ Ungarn	261
	Marion Slowik	8.4.1955	18.9.1989	ertrunken in der Donau	ČSSR/ Ungarn	265
	Birgit Wenda	26.2.1964	22.9.1989	ertrunken in der Donau	ČSSR/ Ungarn	270
	Jens Wenda	1.3.1964	22.9.1989	ertrunken in der Donau	ČSSR/ Ungarn	270
	Frank Bethmann	27.1.1961	vermutl. 9.10.1989	ertrunken in der Oder	DDR/ Polen	276

	Kerstin Kühn	1.4.1967	12.10.1989	verunglückt auf der Bahnstrecke Görlitz-Zittau	DDR/ Polen	281
	Uwe Petras	23.12.1961	vermutl. 18.10.1989	ertrunken in der Oder	DDR/ Polen	283
	Dietmar Pommer	25.2.1966	vermutl. 18.10.1989	ertrunken in der Oder	DDR/ Polen	287
	Gerhard Kiefer	13.6.1956	vermutl. 18.10.1989	vermutl. ertrunken in der Oder	DDR/ Polen	290
	Frank Müller	6.2.1968	vermutl. 27.10.1989	ertrunken in der Oder	DDR/ Polen	293
	Jörn Dzi-wok	21.1.1967	9.–11.1989	an Erschöp-fung im Grenzgebiet gestorben	ČSSR/ Ungarn	295

Selbsttötungen von DDR-Bürgern nach fehlgeschlagener Flucht über Ostblockstaaten

Jahr	Name	geboren	gestorben	Todesumstände	Grenze	S.
1967	Gudrun Lehmann	5.9.1938	4.8.1967	Suizid vor Verhaftung in Nessebar	Bulgarien/ Türkei	298
1970	Reimar Krell	15.10.1943	30.7.1970	Suizid während der Haft in Bautzen	ČSSR/ BRD	305
1973	Jochen Kilian	10.4.1940	10.8.1973	Suizid in der Untersuchungshaft in Sofia	Bulgarien/ Türkei	313
1976	Peter Schulze	6.4.1941	6.2.1976	Suizid vor Verhaftung	ČSSR/ BRD	318
1978	Werner Greifendorf	30.3.1950	19.10.1978	Selbstentzündung in der Haftanstalt Cottbus	ČSSR/ BRD	321
1979	Nadine Klinkerfuß	22.1.1951	17.3.1979	Suizid vor Beginn des Strafprozesses in Magdeburg	ČSSR/Österreich	325
1980	Heinz Polifka	8.12.1953	5.9.1980	Suizid in der Haftanstalt Bjelovar in Jugoslawien	Ungarn/ Jugoslawien	328
1989	Jan Straßburg	23.12.1969	21.7.1989	Suizid nach gescheiterter Fahnenflucht in einer Arrestzelle der Offiziershochschule Löbau	DDR/ ČSSR	332

Todesfälle von Westdeutschen am Eisernen Vorhang

Jahr	Name	geboren	gestorben	Todesumstände	Grenze	S.
1948	Max Müller	10.12.1902	5.7.1948	erschossen von ČSR-Grenzwache	US-Zone/ČSR	338
	Ludwig Brandl	10.9.1914	12.8.1948	erschossen von ČSR-Grenzwache	US-Zone/ČSR	340
	Josef Vogl	14.10.1930	14.11.1948	erschossen von ČSR-Grenzwache	US-Zone/ČSR	343
	Franz Fuchs	9.7.1913	3.12.1948	erschossen von ČSR-Grenzwache	US-Zone/ČSR	345
1949	Franz Stauber	22.9.1919	22.10.1949	erschossen von ČSR-Grenzwache	BRD/ČSR	347
1950	Andreas Püchner	11.7.1923	1.3.1950	erschossen von ČSR-Grenzwache	BRD/ČSR	353
	Franz Linzmaier	1.6.1918	1.7.1950	erschossen von ČSR-Grenzwache	BRD/ČSR	355
1951	Georg Nirschl	11.6.1913	3.7.1951	erschossen von ČSR-Grenzwache auf Bundesgebiet	ČSR/BRD	358
1953	Max Felbinger	6.9.1909	26.7.1953	getötet durch Stromschlag am Grenzzaun	BRD/ČSR	361
	Alois Huber	8.1.1915	17.11.1953	erschossen von einem ČSR-Geheimdienstagenten auf Bundesgebiet	ČSR/BRD	364
1959	Adolf Leder	5.2.1939	22.3.1959	getötet durch Stromschlag am Grenzzaun	BRD/ČSR	371
1960	Alois Sulzer	3.2.1944	23.7.1960	getötet durch Stromschlag am Grenzzaun	Österreich/ČSSR	375

1961	Albert Jerke	5.5.1940	4.10.1961	getötet durch Strom-schlag am Grenzzaun	BRD/ ČSSR	377
1963	Georg Nusser	14.3.1924	3.10.1963	Flugzeugabsturz nach Beschuss	BRD/ ČSSR	379
1972	Rolf Kühnle	11.2.1940	23.8.1972	erschossen von bulgarischer Grenz-wache	Bulga-rien/ Jugosla-wien	384
	Anton Kreim	25.6.1935	14.10.1972	erschossen von ČSSR-Grenzwache auf Bundesgebiet	ČSSR/ BRD	393
1986	Johann Dick	23.3.1927	18.9.1986	erschossen von ČSSR-Grenzwache auf Bundesgebiet	ČSSR/ BRD	401

Statistik der Todesfälle

1. Todesfälle von DDR-Flüchtlingen an den Außengrenzen des Ostblocks: 37

Todesursache	Verteilung nach Ländern
Schusswaffen: 25	Bulgarien: 16
Ertrinken: 3	ČSSR: 12
Fahrzeugunfall: 3	Ungarn: 6
Erstickung: 2	Rumänien: 3
Unterkühlung: 2	
Stromschlag: 1	
Verletzung durch Grenzhunde: 1	

2. Todesfälle auf dem Fluchtweg an den Grenzen zwischen Ostblockstaaten: 18

Todesursache	Verteilung nach Ländern
Ertrinken: 13	ČSSR: 11
Unterkühlung: 2	DDR (Grenzfluss Oder): 5
Schusswaffen: 1	Polen: 2
Fahrzeugunfall: 1	
Verletzung nach Absprung aus einem Zug: 1	

3. Selbsttötungen von DDR-Bürgern nach fehlgeschlagener Flucht über Ostblockstaaten: 8

Verteilung nach Ländern

DDR: 4

Bulgarien: 2

ČSSR: 1

Jugoslawien: 1

4. Todesfälle von Westdeutschen am Eisernen Vorhang: 17

Todesursache	Verteilung nach Ländern
Schusswaffen: 17	ČSSR: 12
	US-Zone/Bundesrepublik: 4*
	Bulgarien: 1

* Nach Überschreitung der Grenze zur Bundesrepublik durch Angehörige der ČSSR-Grenzwache bzw. des ČSSR-Geheimdienstes.

Alphabetisches Register der Todesfälle (Kap. 1 bis 4)

Alphabetisches Register der Todesfälle außerhalb des Projektrahmens (Kap. 5)

Ausgewählte Literatur

1 Übergreifende Darstellungen

Domnitz, Christian: Kooperation und Kontrolle. Die Arbeit der Stasi-Operativgruppen im sozialistischen Ausland. Unter Mitarbeit von Monika Tantzscher (= Analysen und Dokumente, Bd. 46). Göttingen 2016.

Friedreich, Sönke: Urlaub und Reisen während der DDR-Zeit. Zwischen staatlicher Begrenzung und individueller Selbstverwirklichung. Dresden 2011.

Karner, Stefan: Halt! Tragödien am Eisernen Vorhang; die Verschlussakten. Wien 2013.

Karner, Stefan/Reiter, Erich/Schöpfer, Gerald (Hg.): Kalter Krieg. Beiträge zur Ost-West-Konfrontation 1945 bis 1990. Graz 2002.

Nithammer, Jasmin: Grenzen des Sozialismus zu Land und zu Wasser. Die tschechoslowakische Landgrenze und die polnische Seegrenze im Vergleich (1948–1968). Marburg 2019.

Spode, Hasso: Urlaub macht Geschichte. Reisen und Tourismus in der DDR. Berlin 2022.

Tantzscher, Monika: Die verlängerte Mauer. Die Zusammenarbeit der Sicherheitsdienste der Warschauer-Pakt-Staaten bei der Verhinderung von „Republikflucht“ (= Reihe B: Analysen und Berichte, Nr. 1). Berlin 2001.

Tornow, Frank: Gefangenenflüge. Chronik der Häftlingsrückführung. In: Zeitschrift des Forschungsverbundes SED-Staat, Nr. 49, 2022, S. 90–100.

Trutkowski, Dominik: Der geteilte Ostblock. Die Grenzen der SBZ/DDR zu Polen und der Tschechoslowakei. Köln u. a. 2011.

Wiedmann, Roland: Die Diensteinheiten des MfS 1950–1989. Eine organisatorische Übersicht. Berlin 2012.

2 Länderspezifische Veröffentlichungen

2.1 Bulgarien

Appelius, Stefan: Bulgarien: Europas ferner Osten. Bonn 2006.

Ders.: Opfer an der verlängerten Mauer. Der Fluchtweg über Bulgarien von 1961 bis 1970. In: Zeitschrift des Forschungsverbundes SED-Staat, Nr. 29, 2011, S. 110–130.

Ders.: „Unbekannter ostdeutscher Bürger, 21 Jahre“. In: Horch und Guck, Heft 71, 2011.

Ders.: Der Eiserne Vorhang. Fluchten von DDR-Bürgern über die „verlängere Mauer“. In: Schroeder, Klaus/Staadt, Jochen: Die Grenze des Sozialismus in Deutschland. Alltag im Niemandsland. Begleitband I zum biografischen Handbuch über die Todesopfer des DDR-Grenzregimes (= Studien des Forschungsverbundes SED-Staat an der Freien Universität Berlin, Bd. 25). Berlin u. a. 2018, S. 375–411.

Ders.: Fluchtweg Bulgarien. Die verlängerte Mauer an den Grenzen zur Türkei, Jugoslawien und Griechenland (= Studien des Forschungsverbundes SED-Staat an der Freien Universität Berlin, Bd. 26). Berlin u. a. 2019.

Komisija za razkrivane na dokumentite i za objavjavane na prinadležnost na bălgarski graždani kăm Dăržavna sigurnost i razuznavatelnite službi na Bălgarskata narodna armija (KRDOPBGDSRSBNA): Dăržavna sigurnost i granični vojski. Dokumentalen sbornik. Sofia 2014.

Dies.: Dăržavna sigurnost i Štazi. Dokumentalen sbornik. Sofia 2014.

Dies.: Dăržavna sigurnost i razuznavatelnite službi na stranite ot Iztočnija blok (1944–1989). Sofia 2015.

Dies.: Dăržavna sigurnost i jurisprudencijata (1944–1975). Sofia 2015.

Marinova-Christidi, Rumyana/Stoilov, Petar: Das Grenzregime in der Volksrepublik Bulgarien. In: Zeitschrift des Forschungsverbundes SED-Staat, Nr. 45, 2020, S. 34–40.

Nehring, Christopher: Die Zusammenarbeit der DDR-Auslandsaufklärung mit der Aufklärung der Volksrepublik Bulgarien. Regionalfilialen des KGB? Heidelberg 2016.

Ders.: Tödliche Fluchten über Bulgarien. Die Zusammenarbeit von bulgarischer und DDR-Staatssicherheit zur Verhinderung von Fluchtversuchen (= BF informiert 39). Berlin 2017.

Ders.: Kleine Brüder des KGB. Die Kooperation von DDR-Auslandsaufklärung und bulgarischer Staatssicherheit (= BF informiert 42). Berlin 2019.

Raichevsky, Stoyan/Kolarova, Fanna: Flucht aus der DDR über den „Eisernen Vorhang" Bulgariens. Wege, Methoden, Opfer. Berlin ^{2}2020.

Sontheimer, Michael/Supp, Barbara: Eiserner Vorhang. Der letzte Schuss. In: Der Spiegel, Nr. 7, 2008, S. 56–61.

Tantzscher, Monika: Die verlängerte Mauer. Die Zusammenarbeit der Sicherheitsdienste der Warschauer-Pakt-Staaten bei der Verhinderung von „Republikflucht" (= Reihe B: Analysen und Berichte, Nr. 1/1998). Berlin 1998.

Vukov, Nikolai: Guarding the „Southern Border" in Communist Bulgaria: Policies, Practices, Experiences. In: East European Politics and Societies, Nr. 2, Bd. 31, 2017, S. 234–250.

2.2 Polen

Borodziej, Wlodzimierz/Kochanowski, Jerzy/Schäfer, Bernd: Grenzen der Freundschaft. Zur Kooperation der Sicherheitsorgane der DDR und der Volksrepublik Polen zwischen 1956 und 1989. Dresden 2000.

Bräuning, Uwe: Wie war es eigentlich 1989? Die Wendezeit aus Sicht eines ehemaligen Volkspolizisten. In: Deutsche Polizei. Zeitschrift der Gewerkschaft der Polizei, Nr. 2, 2020, S. 34–37 (Teil 1); Nr. 3, 2020, S. 37–39 (Teil 2); Nr. 4, 2020, S. 26–31 (Teil 3).

Czerwiński, Bogusław Tomasz: From the Potsdam Conference to the victory of the peaceful revolution of the Solidarity Trade Union. The Polish border regime in the years 1945–1989. In: Zeitschrift des Forschungsverbundes SED-Staat, Nr. 45, 2020, S. 71–88.

Ders.: Von der Potsdamer-Konferenz bis zum Sieg der Friedlichen Revolution durch die Solidarność-Bewegung. Das polnische Grenzregime in den Jahren von 1945–1989. In: Zeitschrift des Forschungsverbundes SED-Staat, Nr. 48, 2021, S. 86–108.

Dokumenty i materiały do stosunków Polski z Niemiecką Republiką Demokratyczną. Wrocław 1986.

Dominiczak, Henryk: Granice państwa i ich ochrona na przestrzeni dziejów: 966–1996. Warszawa 1997.

Jaskułowski, Tytus: Między rewolucją a zjednoczeniem: NRD w prasie polskiej 1990: wybór źródeł. Berlin 2007.

Ders.: Pokojowa rewolucja w Niemieckiej Republice Demokratycznej w latach 1989–1990, geneza, przebieg, efekty. Wrocław 2007.

Olaszek, Jan: Ucieczki obywateli NRD przez Polskę w 1989 r. Zarys tematu. In: Kerski, Basil/Kotula, Andrzej u. a. (Hg.): Przyjaźń nakazana? Stosunki między NRD i Polską w latach 1949–1990. Wrocław 2009, S. 129–144.

Osękowski, Czesław/Szczegóła, Henryk: Pogranicze polsko-niemieckie w okresie transformacji (1989–1997). Zielona Góra 1999.

Paczkowski, Andrzej: Terror und Überwachung. Die Funktion des Sicherheitsdienstes im kommunistischen System in Polen von 1944 bis 1956. Berlin 1999.

Sontheimer, Michael: Tödliche Ungeduld. In: Der Spiegel, Nr. 49, 2009, S. 43–45.

Stola, Dariusz: Das kommunistische Polen als Auswanderungsland. In: Zeithistorische Forschungen/Studies in Contemporary History, Nr. 3, 2005, S. 345–365.

2.3 Rumänien

Appelius, Stefan: Fluchtweg Rumänien. In: Deutschland-Archiv 43, 2010, S. 992–1002.

Herbstritt, Georg: Über Rumänien in die Freiheit? Fluchtversuche von DDR-Bürgern über Rumänien in den Westen. In: Halbjahresschrift für südosteuropäische Geschichte, Literatur und Politik, Nr. 2, Jg. 21, 2009, S. 5–14.

Herbstritt, Georg: Entzweite Freunde. Rumänien, die Securitate und die DDR-Staatssicherheit 1950 bis 1989 (= Analysen und Dokumente, Bd. 47). Gottingen 2016.

Marcu, Ionuţ Mircea: Flucht aus Rumänien. Institutionen, Repression und Biographien. In: Zeitschrift des Forschungsverbundes SED-Staat, Nr. 45, 2020, S. 41–55.

Olaru, Stejărel/Herbstritt, Georg: Stasi şi Securitatea. Traduceri din germană de Viorel Buta şi Mihai Alecu. Bucureşti 2005.

Steiner, Johann/Magheţi, Doina: Die Gräber schweigen. Berichte von der blutigsten Grenze Europas. 2 Bde. Troisdorf 2008/2010.

2.4 Tschechoslowakei

Bacher, Dieter/Lesiak, Philipp: Frauenschicksale am Eisernen Vorhang. Die tschechisch-österreichische Grenze zwischen 1948 und 1963. In: Jahrbuch für Historische Kommunismusforschung 2015, S. 113–122.

Balk, Reinhold: Die Grenze zwischen Bayern und Böhmen. In: Amberger, Franz (Hg.): Grenzenlos. Straubing 2000, S. 187–196.

Gula, Marian/Dubovský, Patrik (Hg.): Akcie, zločiny a obete Štátnej bezpečnosti a Pohraničnej stráže v rokoch 1945–1989. Bratislava 2019.

Gülzau, Jan: Grenzopfer an der sächsisch-bayerischen und sächsisch-tschechischen Grenze in den Jahren 1947–1989. Dresden 2012.

Hofmann, Erwin: Zwischen Bayern und Böhmen. Wanderungen zu historischen Grenzzeichen von Hof bis Passau. Regensburg 1996.

Jílek, Tomáš/Jílková, Alena u. a. (Hg.): Železná opona. Československá státní hranice od Jáchymova po Bratislavu 1948–1989. Praha 2006.

Jílek, Tomáš/Jílková, Alena: Der Eiserne Vorhang. Die tschechoslowakische Grenzsicherung an der Landesgrenze zu Bayern 1948 bis 1989. Pilsen 2009.

Karner, Stefan/Stehlík, Michal (Hg.): Österreich. Tschechien. Geteilt - getrennt - vereint. Beitragsband und Katalog zur Niederösterreichischen Landesausstellung 2009. Schallaburg 2009.

Kovařík, David: Proměny českého pohraničí v letech 1958–1960. Demoliční akce v českém pohraničí se zřetelem k vývoji od roku 1945. Brno 2006.

Lozoviuková, Katerina: Tod am „Eisernen Vorhang". Österreichische Opfer an der tschechoslowakisch-österreichischen Grenze ab 1948. In: Verein zur Dokumentation der Zeitgeschichte (Hg.): Schauplatz Eiserner Vorhang. Weitra 2012, S. 49–51.

Mašková, Tereza/Ripka, Vojtěch: Železná opona v Československu. Usmrcení na československých státních hranicích v letech 1948–1989. Praha 2015.

Meinke, Markus A.: Die Entwicklung der tschechoslowakischen Grenzsicherung an der Landesgrenze zu Bayern 1945 bis 1970. Von der Vertreibung und Stalinisierung zur „Humanisierung" (= Regensburger Hefte zur Geschichte und Kultur im östlichen Europa 6, Sonderheft). Regensburg 2007.

Meinke, Markus A./Brunnbauer, Ulf (Hg.): Die tschechisch-bayerische Grenze im Kalten Krieg in vergleichender Perspektive. Politische, ökonomische und soziokulturelle Dimensionen (= Regensburger Studien 17). Regensburg 2011.

Mikle, Peter: Entstehung und Entwicklung des „Eisernen Vorhangs" in der Slowakei in den Jahren 1951 bis 1989. In: Zeitschrift des Forschungsverbundes SED-Staat, Nr. 45, 2020, S. 68–70.

Navara, Luděk: Vorfälle am Eisernen Vorhang. Straubing 2006.

Ders.: Nové příběhy železné opony. Brno 2007.

Pejčoch, Ivo: Vojáci na železné oponě. Vojáci, padlí při pokusu o přechod státní hranice, příslušníci Pohraniční stráže, usmrceni uprchlíky a dezertéři přes železnou oponu, 1948– 1989. Cheb 2012.

Pulec, Martin: Organizace a činnost ozbrojených pohraničních složek. Seznamy osob usmrcených na státních hranicích 1945 1989 (= SEŠITY, Úřadu dokumentace a vyšetřování zločinů komunismu, Nr. 13). Praha 2006.

Ders.: Die Bewachung der tschechoslowakischen Westgrenze zwischen 1945 und 1989. In: Žáček, Pavel/Faulenbach, Bernd/Mählert, Ulrich (Hg.): Die Tschechoslowakei 1945/48 bis 1989. Studien zu kommunistischer Herrschaft und Repression. Leipzig 2008, S. 131–152.

Ders.: Smrt v pohraničním uniformě – mýty a skutečnost. Seznamy zemřelých pohraničníků v letech 1945–1991 (= Sborník UDV „Semper paratus", Nr. 5). Praha 2021.

Technisches Museum Brünn i. Zus. m. d. Museum Horn (Hg.): Der Eiserne Vorhang 1948–1989, Fachkatalog. Brno 2019.

Trützschler, Eugenie: Zusammenarbeit der DDR und Tschechoslowakischer Sicherheitsorgane vor Ort. In: Zeitschrift des Forschungsverbundes SED-Staat, Nr. 49, 2022, S. 53–59.

Vaněk, Pavel: K vývoji ženijnětechnického zabezpečení státní hranice v letech 1951–1955. In: Sborník Archivu Ministerstva vnitra, Nr. 2, 2004, S. 183–230.

Ders.: Pohraniční stráž a pokusy o přechod státní hranice v letech 1951–1955. Praha 2008.

Ders.: Vojenská kronika. 4. znojemské pohraniční brigády 1945–1955. Praha 2009.

Ders. u. a.: Ochrana státní hranice. 1948–1955. Brno 2013.

Vodička, Karel/Genscher, Hans-Dietrich u. a.: Die Prager Botschaftsflüchtlinge 1989. Geschichte und Dokumente. Mit einem Prolog von Hans-Dietrich Genscher sowie unter Mitarbeit von Jan Gülzau und Petr Pithart. Göttingen 2014.

Vodička, Karel: Ochrana státní hranice v sedmdesátých letech 20. století. Brno 2015.

Ders. (Hg.): Ochrana státní hranice a rok 1968. Bezpečnostní poměry na hranici v druhé polovině šedesátých let. Brno 2018.

Internetquellen

https://www.portafontium.eu/

https://digi.ceskearchivy.cz/

https://www.soalitomerice.cz/en/

https://mapa.zelezna-opona.cz/de/index.html

https://www.ustrcr.cz/uvod/dokumentace-usmrcenych-statni-hranice/usmrceni-statni-hranice-portrety

2.5 Ungarn

Gyarmati, György (Hg.): A Páneurópai Piknik és határáttörés húsz év távlatából. Budapest 2010.

Ders. (Hg.): Prelude to Demolishing the Iron Curtain: Pan-Eurapean Picnic, Sopron 19 August 1989. Budapest 2012.

Ders./Slachta, Krisztina (Hg.): Das Vorspiel für die Grenzöffnung. Das Paneuropäische Picknick in Sopron am 19. August 1989. Sopron, Budapest 2014.

Jobst, Ágnes: A vasfüggöny utolsó áldozatai. In: Betekintő, Nr. 4, 2015.

Katona, Klára: Konszolidálódó Határőrség: Határőrizetünk 1957 és 1963 között. In: Ólmosi, Zoltán/Szabó, Csaba (Hg.): Amikor „fellazult tételben fogalmazódott meg a világ": Magyarország a hatvanas években. Budapest 2013, S. 143–166.

Masát, Àdám: A Berlini fal és a menekültkérdés. Dissertation. Budapest 2014.

Németh, László Sándor/Tóth, Eszter Zsófia: A görög géplakatos, a Mercedes hátsó ülése és a szürke játékmackó. NDK- és NSZK állampolgárok tiltott határátlépési perei Magyarországon az 1960-as évek második felében. In: Múltunk, Nr. 4, 2011, S. 7–28.

Németh, László Sándor: A határ átlépésének oka: szerelem. NDK- és NSZK állampolgárok tiltott határátlépési perei Magyarországon az 1960-as évek második felében. In: Ólmosi, Zoltán/Szabó, Csaba (Hg.): Amikor „fellazult tételben fogalmazódott meg a világ": Magyarország a hatvanas években. Budapest 2013, S. 167–179.

Orgoványi, István: A déli határsáv története 1950–1956. In: Tóth, Ágnes (Red.): Bács-Kiskun megye múltjából, Nr. 17, 2001, S. 253–298.

Ders.: Buffer Zone at the Southern Border: The Southern Border Zone between 1948 and 1956. In: Tóth, Ágnes (Hg.): National and Ethnic Minorities in Hungary, 1920–2001. New York 2005.

Ders.: A nyugati határzár és annak felszámolása 1956-ban. In: Okváth, Imre (Hg.): ÁVH-Politika-1956: Politikai helyzet és az állambiztonsági szervek Magyarországon, 1956. Budapest 2007.

Ders.: Border defence on Southern Hungary 1948–1953. In: Gyarmati, György/Palasik, Mária (Hg.): Big Brother's Miserable Little Grocery Store: Studies on the History of the Hungarian Secret Services After World War II. Budapest 2012.

Ders.: Határvédelem Magyarország déli határán 1948 és 1953 között. In: Gyarmati, György/Palasik, Mária (Hg.): A Nagy Testvér szatócsboltja: Tanulmányok a magyar titkosszolgálatok 1945 utáni történetéből. Budapest 2012.

Ders.: Az Államvédelmi Hatóság Határőrség felderítő osztályának megszervezése és tevékenysége 1950 és 1956 között. In: Betekintő, Nr. 1, 2015 (I. rész.); Nr. 2, 2015 (II. rész.).

Ders.: Fegyverhasználat 1955-ben a nyugati határon 2016. In: Betekintő, Nr. 3, 2016.

Ders.: Menekülés a Vasfüggönyön át. Tiltott határátlépések 1945 és 1950 között. In: Betekintő, Nr. 1, 2017.

Ders.: Disszidálási kísérletek földön, vízen, levegőben, 1950–1956. In: Betekintő, Nr. 2, 2017.

Sallai, János: Egy idejét múlt korszak lenyomata, a vasfüggöny története/Abdruck einer versunkenen Epoche, Geschichte des Eisernen Vorhangs/An impression of a bygone era. Budapest 2012.

Slachta, Krisztina: A Magyar Népköztársaság és az egykori NDK állambiztonsági szervei közötti együttműködés jogi alapjai. In: Rab, Virág/Schwarczwölder, Ádám/Varga, Mónika (Hg.): 7. Országos interdiszciplináris Grastyán konferencia előadásai. Pécs 2009.

Dies.: Beobachtete Freiheit – Akte Balaton. In: Eva, Karadi/Möbius, Regine (Hg.): Die Wende begann am Balaton. Leipzig 2010, S. 236–264.

Dies.: A Stasi operatív csoportja Magyarországon 1964–1989. In: Bánkuti, Gábor/Baráth, Magdolna/Rainer, M. János (Hg.): Megértő történelem: tanulmányok a hatvanéves Gyarmati György tiszteletére. Budapest 2011.

Dies./Toth, Imre: Az 1989. szeptemberi határnyitás német külügyi és állambiztonsági dokumentumok tükrében. In: archivnet.hu, Nr. 4, 16. Jahrg., 2016.

Slachta, Krisztina: Megfigyelt szabadság. A keletnémet és a magyar állambiztonsági szervek együttműködése a Kádár-kori Magyarországon 1956–1990. Pécs, Budapest 2016.

Dies.: Zur historiographischen Aufarbeitung kommunistischer Geheimdienst-Kooperationen. Die DDR-Staatssicherheit in Ungarn, 1964–1990. In: Aschauer, Wolfgang/Göllner, Ralf Thomas u. a. (Hg.): Ungarn Deutschland Europa. Einblicke in ein schwieriges Verhältnis. Regensburg 2017, S. 57–74.

Dies.: A turizmus mint a kulturális ellenállás állambiztonsági megfigyelésének transznacionális gyakorlata. In: Apor, Péter/Bódi, Lóránt u. a. (Hg.): Kulturális ellenállás a Kádár-korszakban: Gyűjtemények története. Budapest 2018.

Dies.: Reisen durch den Eisernen Vorhang. Familientreffen, Verwandtschaftsbesuche, Urlauber und die ungarische Staatssicherheit, 1955–1960. In: Spiegelungen, Zeitschrift für deutsche Kultur und Geschichte Südosteuropas, Nr. 1, 14. (68.) Jahrg., 2019, S. 11–20.

Dies./Orgoványi, István/Tóth, Imre: Vom Ausbau bis zum Abbau. Die Geschichte des Eisernen Vorhangs in Ungarn. In: Zeitschrift des Forschungsverbundes SED-Staat, Nr. 45, 2020, S. 56–67.

Slachta, Krisztina/Tóth, Imre: DDR-Bürger als Flüchtlinge in Ungarn, 1961–1989. Eingeschränkte Reisemöglichkeiten, kontrollierter Tourismus. In: Zeitschrift des Forschungsverbundes SED-Staat, Nr. 49, 2022, S. 60–89.

Szorger, Dieter/Bayer, Pia: Das Burgenland und der Fall des Eisernen Vorhangs. Begleitband zur Ausstellung (= Wissenschaftliche Arbeiten aus dem Burgenland, Bd. 132). Eisenstadt 2009.

Tóth, Imre: Határáttörés és határnyitás: A Páneurópai Piknik hatása a diplomáciai szolgálatok munkájára az 1989-es menekültválság során. Sopron 2009.

Ders.: Menekültkérdés és határnyitás: A magyar és a német diplomáciai szolgálatok szerepe az 1989-es menekültválság megoldásában. In: Múltunk – politikatörténeti folyóirat, Nr. 4, 54. Jahrg., 2009, S. 4–38.

Ders.: Conflicts of Interests and Contradictions of Actions on the Field of Diplomacy among Bonn, East Berlin and Budapest (1988–1989). In: Fábián, Attila (Hg.): A peaceful world is possible. In honour of Judit Balázs. Sopron 2012.

Ders.: Egy államjogi fikció sorsa. Az NDK elporladása és a kelet-német menekültválság 1989-ben. In: Közép-Európai Közlemények XIII, Nr. 49, évf. 2020/2, S. 395–405.

Internetquellen

https://www.arcanum.com/hu/

https://archiv1988-2005.mti.hu/Pages/HirSearch.aspx?Pmd=1

2.6 weitere Länder

Dragišić, Petar: Das jugoslawische Grenzregime und das ostdeutsche Flüchtlingsdrama. In: Zeitschrift des Forschungsverbundes SED-Staat, Nr. 45, 2020, S. 19–34.

Kasmi, Marenglen: Das albanische Grenzregime 1945–1990. In: Zeitschrift des Forschungsverbundes SED-Staat, Nr. 45, 2020, S. 3–18.

Lapp, Peter Joachim: Grenzregime der DDR. Aachen 2013.

Abkürzungsverzeichnis

ABS .... Archiv bezpečnostích složek [Archiv der Sicherheitskräfte, Tschechien]
ÁBTL .... Állambiztonsági Szolgálatok Történeti Levéltára [Historisches Archiv der Staatssicherheitsdienste, Ungarn]
ABV .... Abschnittsbevollmächtigter [der VP]
AKG .... Auswertungs- und Kontrollgruppe [des MfS]
AKRDOPBGDSRSBNA-M .... Arhiv na komisijata za razkrivane na dokumentite i za objavjavane na prinadlezhnost na bylgarski grazhdani kym Dyrzhavna sigurnost i razuznavatelnite sluzhbi na Bylgarskata narodna armija [Archiv der Kommission für die Offenlegung von Dokumenten und zur Anzeige der Zugehörigkeit bulgarischer Staatsbürger zur Staatssicherheit und zu den Nachrichtendiensten der Bulgarischen Volksarmee, Bulgarien]
AMZV .... Archiv ministerstva zahraničních věcí Praha [Archiv des Außenministeriums in Prag]
ASGr .... Archiwum Straży Granicznej [Archiv des Grenzschutzes, Polen]
AU .... Archivierter Untersuchungsvorgang [des MfS]
BArch .... Bundesarchiv
BayHStA .... Bayerisches Hauptstaatsarchiv
BdVP .... Bezirksbehörde der Volkspolizei
BGS .... Bundesgrenzschutz
BMB .... Bundesministerium für innerdeutsche Beziehungen
BMI .... Bundesministerium des Innern
BSG .... Betriebsportgemeinschaft
BStU .... Der/die Bundesbeauftragte für die Unterlagen des Staatssicherheitsdienstes der ehemaligen DDR
BV .... Bezirksverwaltung [des MfS]
CD .... Corps diplomatique
CIC .... Counter Intelligence Corps [Spionageabwehrkorps]

ČSR .... Československá republika [Tschechoslowakische Republik]
ČSSR .... Československá socialistická republika [Tschechoslowakische Sozialistische Republik]
ČTK .... Československá tisková kancelář [Tschechoslowakische Presseagentur]
DDR .... Deutsche Demokratische Republik
DEWAG .... Deutsche Werbe- und Anzeigengesellschaft
DGP .... Deutsche Grenzpolizei [in der SBZ/DDR]
DM .... Deutsche Mark
dpa .... Deutsche Presseagentur
DS .... Dyrzhavna sigurnost [Staatssicherheitsdienst in der VRB]
DSF .... Gesellschaft für Deutsch-Sowjetische Freundschaft
DTSB .... Deutscher Turn- und Sportbund
DVIA .... Darzhaven voennoistoricheski arhiv [Staatliches Militärhistorisches Archiv, Bulgarien]
EMW .... Eisenacher Motorenwerk
EOS .... erweiterte Oberschule
FDGB .... Freier Deutscher Gewerkschaftsbund
FDJ .... Freie Deutsche Jugend
FIM .... Führungs-IM [des MfS]
Gen. .... Genosse (Parteimitglied der SED)
GFZ .... Großforschungszentrum
GI .... Geheimer Informator [des MfS]
GM .... Geheimer Mitarbeiter [des MfS]
GMS .... Gesellschaftlicher Mitarbeiter für Sicherheit [des MfS]
GST .... Gesellschaft für Sport und Technik
GStA .... Generalstaatsanwaltschaft
GT .... Grenztruppen der DDR
GÜSt .... Grenzübergangsstelle
HA .... Hauptabteilung [des MfS]
HA-U .... Hauptabteilung Untersuchung [des MfS]
HO .... Handelsorganisation
HS PS OSH .... Hlavní správa pohraniční stráže a ochrany státních hranic [Grenzwache der Tschechoslowakei]

HV A .... Hauptverwaltung Aufklärung [des MfS]
HV DVP .... Hauptverwaltung Deutsche Volkspolizei
IM .... Inoffizieller Mitarbeiter [des MfS]
IM/KW eigentl. IMK/KW ..... Inoffizieller Mitarbeiter zur Sicherung der Konspiration und des Verbindungswesens/ Konspirative Wohnung
IMS .... Inoffizieller Mitarbeiter [des MfS] zur politisch-operativen Durchdringung und Sicherung des Verantwortungsbereiches
JGG .... Jugendgerichtsgesetz
KD .... Kreisdienststelle
Kfz .... Kraftfahrzeug
KGT .... Kommando der Grenztruppen
KP .... Kontrollpunkt/Kontaktperson
KPÖ .... Kommunistische Partei Österreichs
KSČ .... Komunistická strana Československa [Kommunistische Partei der Tschechoslowakei]
KSZE .... Konferenz über Sicherheit und Zusammenarbeit in Europa
LAB .... Landesarchiv Berlin
LASA .... Landesarchiv Sachsen-Anhalt
LDPD .... Liberal-Demokratische Partei Deutschlands
LHA .... Landeshauptarchiv
Lkw .... Lastkraftwagen
LPG .... landwirtschaftliche Produktionsgenossenschaft
MdI .... Ministerium des Innern
MfAA .... Ministerium für Auswärtige Angelegenheiten
MfS .... Ministerium für Staatssicherheit
MMA .... Militärmedizinische Akademie
MM .... Militärischer Mehrkampf
MNL OL .... Magyar Nemzeti Levéltár Országos Levéltár [Staatsarchiv des Ungarischen Nationalarchivs]
MPi .... Maschinenpistole
MV .... Ministerstvo vnitra [Innenministerium, ČSSR und Tschechische Republik]
MZ .... Motorwerk Zschopau
NDPD .... National-Demokratische Partei Deutschlands
NLA .... Niedersächsisches Landesarchiv

NSDAP .... Nationalsozialistische Deutsche Arbeiterpartei
NSU .... Neckarsulmer Motorwagen
NVA .... Nationale Volksarmee
OHS .... Offiziershochschule
OP .... Operative Personenkontrolle [des MfS]
ORF .... Österreichischer Rundfunk
OS .... Offiziersschüler
Osl .... Oberstleutnant
OT .... Ortsteil
PAAA .... Politisches Archiv des Auswärtigen Amtes [Berlin]
PGH .... Produktionsgenossenschaft des Handwerks
Pkw .... Personenkraftwagen
POS .... polytechnische Oberschule
RM .... Reichsmark
SAPMO .... Stiftung Archiv der Parteien und Massenorganisationen der DDR im Bundesarchiv
SBZ .... Sowjetische Besatzungszone
SDAG .... Sowjetische-deutsche Aktiengesellschaft
SED .... Sozialistische Einheitspartei Deutschlands
SFB .... Sender Freies Berlin
SFRJ .... Sozialistische Föderative Republik Jugoslawien
SG .... Sportgemeinschaft
SKS .... Archivmaterial über Strafnachweise
SNB .... Sbor národní bezpečnosti [Korps der Nationalen Sicherheit, ČSR/ČSSR]
SRR .... Sozialistische Republik Rumänien
SRT .... Sicherung des Reise- und Touristenverkehrs [MfS-Abteilung]
SSR .... Slowakische sozialistische Republik
StA .... Staatsanwaltschaft
StA Am .... Staatsarchiv Amberg
StABa .... Staatsarchiv Bamberg
StALa .... Staatsarchiv Landshut
StB .... Státní bezpečnost [Staatssicherheit, ČSR/ČSSR]
StGB .... Strafgesetzbuch
TKO .... Technische Kontrollorganisation

TPR .... Transportpolizeirevier
UAG .... Universitätsarchiv Greifswald
UdSSR .... Union der Sozialistischen Sowjetrepubliken
ÚDV .... Úřad dokumentace a vyšetřování zločinů komunismu [Amt zur Dokumentation und Ermittlung der Verbrechen des Kommunismus, Tschechien]
UHA .... Untersuchungshaftanstalt
ÚPN .... Ústav pamäti národa [= Institut zum Gedächtnis der Nation, Slowakei]
ÜSE .... Übersiedlungsersuchende
USTR .... Ústav pro studium totalitních režimů [Institut zur Erforschung totalitärer Regime, Tschechien]
UVR .... Ungarische Volksrepublik
VEB .... volkseigener Betrieb
VHS .... Volkshochschule
V-Mann/V-Leute .... Verbindungsmann/Verbindungsleute
VP .... Volkspolizei
VPKA .... Volkspolizeikreisamt
VR .... Volksrepublik
VRB .... Volksrepublik Bulgarien
VVB .... Vereinigung volkseigener Betriebe
WD .... Westdeutschland
WPO .... Wohnparteiorganisation [der SED]
ZA .... Zentralarchiv
ZAIG .... Zentrale Auswertungs- und Informationsgruppe [des MfS]
ZBE .... Zwischenbetriebliche Einrichtung
ZERV .... Zentrale Ermittlungsstelle für Regierungs- und Vereinigungskriminalität
ZESt .... Zentrale Erfassungsstelle der Landesjustizverwaltungen in Salzgitter
ZK .... Zentralkomitee
ZKG .... Zentrale Koordinierungsgruppe [des MfS]
ZNB .... Zbor národnej bezpečnosti [Korps der nationalen Sicherheit, Slowakei]
ZSKR .... Zentralstelle für Kriminalistische Registrierung

Bildnachweis

ABS Kanice: S. 340
Archiv Bürgerbewegung Leipzig e.V. (Foto: Beatrice Steven): S. 310
BArch: S. 52 (DP 3/2564), 334
BStU: S. 96, 169, 174, 178, 188, 193, 196, 200, 212, 218, 283, 284, 302, 325, 446, 457, 458, 461, 462, 467
Forschungsverbund SED-Staat/FU-Berlin: S. 261
Foto: Reinhold Balk: S. 360
Foto: Uwe Bräuning: S. 294
Foto: Richard Stadler: S. 382
Foto: Mikuláš Zvánovec: S. 342, 374
Hauptarchiv der v. Bodelschwinghschen Stiftungen Bethel, Bielefeld: S. 371
Heimatkreis Plan-Weseritz e.V.: S. 362
Neue Revue (Bestand: Universitätsbibliothek, FU Berlin): S. 88
Politisches Archiv des Auswärtigen Amts, Berlin: S. 136, 437 (MfAA, M 52/5342B, Sterbekartei 1977–1981, Buchstaben He–K), 459, 464, 466, 468, 469
Privatarchiv Stefan Appelius: S. 39, 48, 49 o., 49 u., 58, 62, 71, 72, 82, 84, 94, 101, 121, 126, 127, 132, 134, 138, 139, 146, 147, 161, 167, 169, 172 (Foto: Heinz Otto), 179, 194, 206, 299, 313, 321, 385, 387, 448, 449
Privatarchiv Karlheinz Schröpfer: S. 369
Privatbesitz: S. 333, 364, 365
Privatbesitz Annerose Bernhardt: S. 257
Privatbesitz Daniela Bernhardt: S. 258
Privatbesitz Gerhard Dick: S. 402, 403, 413
Privatbesitz Volkmar Häußler: S. 251, 252
Privatbesitz Christian Kreim: S. 393, 394
Privatbesitz Hinrich Kuessner: S. 305
Privatbesitz Theresia Lotter: S. 347, 348
Privatbesitz Bernd Mauersberger: S. 440, 441
Privatbesitz Johann Nusser: S. 379
Privatbesitz Gerlinde Schellenberger: S. 226, 227
Privatbesitz Familie Slowik: S. 265, 266
Sbírka Správa vyšetřování StB – vyšetřovací spisy, ABS Kanice, V/PL, V-8077 PL: S. 38
Universitätsarchiv der TU Dresden: S. 328
Universitätsarchiv Greifswald: S. 111
Universitätsarchiv Rostock: S. 90

ÚPN Bratislava, f. VPS, inv. j. 589: S. 64, 65
ÚPN, KS ZNB StB Bratislava, BA-V 20524: S. 213
Ústav pro studium totalitních režimů, Praha (Institut zur Erforschung totalitärer Regime, Prag), www.ustrcr.cz/uvod/dokumentace-usmrcenych-statni-hranice/: S. 154

Verzeichnis der Autorinnen und Autoren, Recherchierenden

AH Alexander Heinert
App. Stefan Appelius
AN Andreas Neumann
BB Bertalan Bordás
BoBe Boris Behnen
CB Carina Baganz
DB Dieter Bacher
ES Enrico Seewald
EvT Eugenie Trützschler
IO István Orgoványi
IT Imre Tóth
HP Hannes Puchta
JHH Joanna Hytrek-Hryciuk
jk Jan Kostka
jos. Jochen Staadt
KS Kriszta Slachta
LB Ladislav Beneš
LD Lydia Dollmann
MaPu Martin Pulec
MePe Merete Peetz
MP Mandy Palme
MS Mathilde Schäfer
MZ Mikuláš Zvánovec
PS Petar Stoilov
SM Sooahn Meier
St.A. Steffen Alisch
TP Tilmann Peters
US Uta Schulz

Danksagung

Zahlreiche Personen und Institutionen haben die Arbeit an diesem Handbuch unterstützt. Der Forschungsverbund SED-Staat an der Freien Universität Berlin hätte ohne diese Unterstützung die Recherchen zu den einzelnen Biografien nicht ausführen können. Ein besonderer Dank gilt den Verwandten und Freunden der an den Grenzen des Eisernen Vorhangs Getöteten für die Überlassung von Dokumenten und Fotografien sowie für die Bereitschaft, sich der Zumutung des Gesprächs über ihre schmerzhaften Erinnerungen an das damalige Geschehen gestellt zu haben. Ihre Mitwirkung wird in den jeweiligen Quellenangaben gewürdigt, sofern sie nicht mit der Bitte um Anonymität erfolgt ist.

Folgende Archive und Dienststellen suchte das Forschungsteam für Recherchen auf. Besonderer Dank gebührt den Mitarbeiterinnen und Mitarbeitern dieser Einrichtungen, die durch wichtige Hinweise und die Bereitstellung des Archivguts zum Gelingen der Untersuchung beigetragen haben:

Bayerisches Hauptstaatsarchiv, München
Brandenburgisches Landeshauptarchiv, Potsdam
BStU/Stasi-Unterlagen-Archiv, Berlin
Bundesarchiv Berlin, inkl. SAPMO
Bundesarchiv Koblenz
Bundesarchiv (Militärarchiv) Freiburg i. Br.
Landesarchiv Berlin
Landesarchiv Sachsen-Anhalt, Abteilung Merseburg
Landeshauptarchiv Schwerin
Politisches Archiv des Auswärtigen Amtes, Berlin
Sächsisches Hauptstaatsarchiv Dresden
Staatsarchiv Amberg
Staatsarchiv Bamberg
Staatsarchiv Chemnitz
Staatsarchiv Landshut

Ein Dank geht ebenfalls an die in der Einleitung bereits aufgeführten Archive in Albanien, Bulgarien, Österreich, Polen, Rumänien, Serbien, der Slowakei, Tschechien und Ungarn.

Für Unterstützung der Recherche bzw. für weiterführende Hinweise gebührt ein besonderer Dank:

Victoria Abakumovskikh (Abt. Forschungsförderung der Freien Universität Berlin), Reinhard Balk (Regionalhistoriker), Uwe Bräuning (Regionalhistoriker), Yasmin Fischdick (ERG Universitätsservice GmbH), Claudia Fortmann (Deutsches Zentrum für Luft- und Raumfahrt), Dr. Rolf Geserick (Deutsches Zentrum für Luft- und Raumfahrt), Christian Härtl (Generalstaatsanwaltschaft Nürnberg), Dr. Georg Herbstritt (Stasi-Unterlagen-Archiv, Berlin), Renate Herget (Bayerisches Hauptstaatsarchiv München), Tom Hornig (Landesdirektion Sachsen), Anja Karliczek (ehem. Bundesministerin für Bildung und Forschung), Birgit Kmezik (PAAA), Christoph Koch (Stellvertreter der Beauftragten des Landes Sachsen-Anhalt zur Aufarbeitung der SED-Diktatur), Holger Kulick (Bundeszentrale für politische Bildung), Peter Lange (Ernst-Reuter-Gesellschaft), Dr. Susanne Leder (Abt. Forschungsförderung der Freien Universität Berlin), Bianca Lorenzen (Drittmittelverwaltung der Freien Universität Berlin), Anette Müller (BArch), Wolfgang Multhaupt (Abteilungsleiter Finanzen der Freien Universität Berlin), Dr. Claudia Niggebrügge (Abt. Forschungsförderung der Freien Universität Berlin), Mgr. Ph.D. Vojtěch Ripka (Ústav pro studium totalitních režimů, Praha/Institut zur Erforschung totalitärer Regime in Prag), Dr. Gerhard Sälter (Stiftung Berliner Mauer), Gerhard Schätzlein (Regionalhistoriker), Jörg Stoye (BArch), Dr. Eugenie Trützschler (Historikerin), Pavel Vaněk (Archiv bezpečnostních složek, Kanice/Archiv der Sicherheitskräfte in Kanice), Prof. Dr. Johanna Wanka (ehem. Bundesministerin für Bildung und Forschung), Alexandra Willkommen (PAAA).

Folgende lokale und regionale Institutionen und Personen haben die Recherchen zu den Biografien durch Auskünfte und weiterführende Hinweise unterstützt:

Archive

Kreisarchiv Ostalbkreis in Aalen, Stadtarchiv Altenburg, Stadtarchiv Amberg, Kreisarchiv Landkreis Anhalt-Bitterfeld, Stadtarchiv Annaberg-Buchholz, Stadtarchiv Auerbach/Vogtland, Stadtarchiv Bad Blankenburg, Stadtarchiv Bad Elster, Stadtarchiv Bad Freienwalde, Kreisarchiv Wartburgkreis in Bad Salzungen, Archiv der VG Bad Tennstedt, Archivverbund Bautzen, Archiv der Berufsakademie Sachsen in Bautzen, Kreisarchiv Potsdam-Mittelmark in Belzig, Osteuropa-Abteilung der Staatsbibliothek zu Berlin, Stadtarchiv Bernburg, Kreisarchiv Salzlandkreis in Bernburg, Hauptarchiv der v. Bodelschwinghschen Stiftungen Bethel, Stadtarchiv Blankenburg, Kreisarchiv Landkreis Börde, Stadtarchiv Borna, Stadtarchiv Bottrop, Stadtarchiv Coswig, Stadtarchiv Cottbus, Kreisarchiv Dahme-Spreewald, Hessisches Staatsarchiv Darmstadt, Kreisarchiv Demmin, Stadtarchiv Dessau-Roßlau, Stadtarchiv Dippoldiswalde, Stadtarchiv Donzdorf, Stadtarchiv Dresden, Universitätsarchiv der TU Dresden, Stadtarchiv Ebersbach-Neugersdorf, Kreisarchiv Landkreis Eichsfeld, Kreisarchiv Saale-Holzland-Kreis in Eisenberg, Stadtarchiv Ellwangen, Stadtarchiv Erfurt, Kreisarchiv Erzgebirgskreis, Stadtarchiv Falkenstein, Stadtarchiv Finsterwalde, Kreisarchiv Landkreis Spree-Neiße in Forst (Lausitz), Stadtarchiv Frankfurt (Oder), Archiv der TU Bergakademie Freiberg, Kreisarchiv Mittelsachsen in Freiberg, Stadtarchiv Freital, Diözesanarchiv Bistum Fulda, Kreisarchiv Landkreis Oder-Spree in Fürstenwalde/Spree, Stadtarchiv Furth im Wald, Kreisarchiv Geiselhöring, Stadtarchiv Gera, Stadtarchiv Goch, Kreisarchiv des Landkreises Görlitz, Stadtarchiv Görlitz, Kreisarchiv Gotha, Stadtarchiv Gotha, Landesarchiv Greifswald im Landesarchiv Mecklenburg-Vorpommern, Archiv der Universität Greifswald, Kreisarchiv Greiz, Stadtarchiv Guben, Stadtarchiv ‚Heinrich Benox' Güstrow, Stadtarchiv Hagen, Stadtarchiv Halle, Archiv der Martin-Luther-Universität Halle, Stadtarchiv Hammelburg, Landeskirchliches Archiv Hannover, Kreis- und Verwaltungsarchiv Havelland, Kreisarchiv Herzberg (Elster), Kreisarchiv Hildburghausen, Stadtarchiv Hof, Stadtarchiv Hoyerswerda, Kreisarchiv Landratsamt Ilm-Kreis, Stadtarchiv Ilmenau, Kreis- und Stadtarchiv Jerichower Land, Kulturhistorisches Archiv Jüterbog, Stadtarchiv Kamen, Stadtarchiv Kassel, Stadtarchiv Kitzscher, Stadtarchiv Königs-Wusterhausen, Kreisdokumentationsstelle des Landkreises Kronach, Archiv der Bürgerbewegung Leipzig, Hochschularchiv HTWK Leipzig, Staatsarchiv Leipzig, Stadtarchiv Leipzig, Universitätsarchiv Leipzig, Stadtarchiv Leisnig, Stadtarchiv Limbach-Oberfrohna, Kreisarchiv Ludwigslust-Parchim, Oberösterreichisches Landesarchiv Linz, Landesarchiv Sachsen-Anhalt in Magdeburg, Stadtarchiv Magdeburg, Landeskirchenarchiv Magdeburg, Hessisches Staatsarchiv Marburg, Stadtarchiv Marienberg, Stadtarchiv Markkleeberg, Stadtarchiv Marktredwitz, Kreisarchiv Schmalkalden-Meiningen in Meiningen, Staatsarchiv Meiningen, Kreisarchiv Meißen, Stadtarchiv Meißen, Historisches Stadtarchiv Merseburg, Kreisarchiv Saalekreis in Merseburg, Kreisarchiv Neckar-Odenwald-Kreis in Mosbach, Kreisarchiv Mühlhausen, Stadtarchiv Naumburg, Amt für Zentrale Dienste Landkreis Mecklenburgische Seenplatte in Neubrandenburg, Kreisarchiv Landkreis Nordhausen, Stadtarchiv Nordhausen, Archiv des Vogtlandkreises in Oelsnitz, Stadtarchiv Oranienburg, Stadtarchiv Landkreis Oschatz, Kreisarchiv Pirna, Stadtarchiv Plauen, Stadtarchiv Potsdam, Kreisarchiv Landkreis Uckermark in Prenzlau, Stadtarchiv Quedlinburg, Stadtarchiv Radebeul, Stadtarchiv Rathenow, Stadtarchiv Regen, Stadtarchiv Rehau, Stadtarchiv Reichenbach, Stadtarchiv Ribnitz-Damgarten, Stadtarchiv Riesa, Stadtarchiv Rostock, Universitätsarchiv Rostock, Landesarchiv Rudolstadt, Kreisarchiv Landkreis Saalfeld-Rudolstadt in Rudolstadt, Stadtarchiv Salzwedel, Stadtarchiv Sandersdorf-Brehna, Stadtarchiv Sangerhausen, Stadtbibliothek und Stadtarchiv Sassnitz, Stadtarchiv Schkeuditz, Stadtarchiv Schwedt/Oder, Stadtarchiv Schwerin, Kreisarchiv Märkisch-Oderland in Seelow, Kreisarchiv Oberspreewald-Lausitz in Senftenberg, Stadtarchiv Senftenberg, Kreisarchiv Sömmerda, Stadtarchiv Sömmerda, Kreisarchiv Sonneberg, Stadtarchiv Hansestadt Stendal, Gemeindearchiv Stockheim, Stadtarchiv der Hansestadt Stralsund, Kreisarchiv Vorpommern-Rügen in Stralsund, Stadtarchiv Suhl, Kreisarchiv Teltow-Fläming, Stadtarchiv Tirschenreuth, Kreisarchiv Unna, Stadtarchiv Weiden i.d. Oberpfalz, Landesarchiv Thüringen/Hauptstaatsarchiv Weimar, Stadtarchiv Weimar, Stadtarchiv Werder (Havel), Stadtarchiv Wernigerode, Hessisches Hauptstaatsarchiv Wiesbaden, Archiv der Hansestadt Wismar, Staatsarchiv Würzburg, Stadtarchiv Markt Zell im Fichtelgebirge, Hochschularchiv Zittau/Görlitz, Kreisarchiv Zwickau, Stadtarchiv Zwickau

Justiz und Polizei
Landgericht Aurich, Polizeiinspektion Bad Leonfelden (Österreich), Generalstaatsanwaltschaft des Landes Brandenburg, Staatsanwaltschaft Chemnitz, Staatsanwaltschaft Cottbus, Staatsanwaltschaft Frankfurt (Oder), Staatsanwaltschaft Gera, Justizvollzugsanstalt Halle (Saale), Amtsgericht Köln, Justizvollzugsanstalt Leipzig, Amtsgericht Ludwigslust, Staatsanwaltschaft Magdeburg, Generalstaatsanwaltschaft Nürnberg, Staatsanwaltschaft Regensburg, Amtsgericht Schwedt/Oder, Amtsgericht Senftenberg, Justizvollzugsanstalt Waldheim, Polizeistation Waldmünchen

Museen, Heimatvereine und weitere Institutionen
Geschwister-Scholl-Schule Auerbach, Sandra Paul (Schulleiterin der Grundschule Gebrüder Grimm, Auerbach), Historische Sammlungen im Gesundheitspark Bad Gottleuba e.V., Osteuropa-Abteilung der Staatsbibliothek zu Berlin, Frau Colette Hercher (Generalzolldirektion, Bonn), Menschenrechtszentrum Cottbus, Elfriede Kellnhofer (Kulturamt der Stadt Furth im Wald), Heiko Buschke (SPIEGEL-Dokumentation, Hamburg), Frankenpost (Hof), Heimatkreis Plan-Weseritz e.V., Wolfgang Brauner (Bayerisches Grenzmuseum Schirnding), Seniorenverein PCK e.V. Schwedt/Oder, Hans Michael Kloth (vorm. DER SPIEGEL), Karlheinz Schröpfer (Trenck Privatarchiv, Waldmünchen), Richard Stadler (kirchturm.net), Ruth Stifter-Trummer (ORF – Multimediales Archiv, Wien)

Pfarrämter und Friedhofsverwaltungen
Friedhofsverwaltung Städtischer Friedhof Altenburg, Friedhofsverwaltung der evangelischen Kirchengemeinde der Stadt Bad Düben, Pfarramt Bad

Leonfelden (Österreich), Hauptverwaltung des Evangelischen Friedhofsverbandes Berlin Süd-Ost, Friedhof Biesdorf, Getraudenfriedhof Halle (Saale), Friedhofsverwaltung Neuenhagen; Pfarramt Ravelsbach (Österreich), Friedhofsverwaltung Stendal, Städtischer Zentralfriedhof der Hansestadt Stralsund

Standesämter, Bürgerbüros und Einwohnermeldeämter
Altenberg, Altenburg, Apolda, Auerbach (Vogtland), Bad Gottleuba-Berggießhübel, Bad Schlema, Bernau b. Berlin, Bernburg, Bleicherode, Burg (bei Magdeburg), Bürgerstädt, Chemnitz, Demmin, Dessau-Roßlau, Dohna, Döbeln, Dömitz, Dresden, Dürrenberg, Ebersbach-Neugersdorf, Ehrenfriedersdorf, Erfurt, Falkenstein (Vogtland), Frankfurt (Oder), Freiberg, Freital, Gelsenkrichen, Gera, Glauchau, Gotha, Greiz, Groß Kreutz, Guben, Halle (Saale), Hohenstein-Ernstthal, Ilmenau, Jüterborg, Kamen, Klingenthal, Königs Wusterhausen, Königswalde, Lamer Winkel, Amt Landhagen, Langenfeld, Lauta, Leipzig, Leverkusen, Bezirksamt Lichtenberg (Berlin), Lichtentanne, Löcknitz, Lohsa, Ludwigslust, Marienberg, Markt Lam, Bezirksamt Marzahn-Hellersdorf (Berlin), Meißen, Merseburg, Meuselwitz, Monheim, Mügeln, Naumburg, Netzschkau, Neubrandenburg, Neukirchen, Nickelsdorf, Niederfrohna, Oßling, Oßmannstedt, Bezirksamt Pankow (Berlin), Pasewalk, Pirna, Plauen, Radebeul, Rathmannsdorf, Ravelsbach, Ribnitz-Damgarten, Rodewisch, Rostock, Roßwein, Sangerhausen, Schalksmühle, Scharmützelsee, Schipkau, Schöneck, Schwerin, Siegen, Gemeindeamt Sokolov (Tschechien), Steinigtwolmsdorf, Hansestadt Stralsund, Strasburg (Uckermark), Taucha, Teichwolframsdorf, Teutschenthal, Werdau, Werder (Havel), Wernigerode, Wurzen, Wünschendorf/Elster, Zwickau

Zeitzeugen
Steffen Benkert, Annerose Bernhardt, Daniela Bernhardt, Edda Bock, Gerhard Dick, Dr. Uwe Friedrich, Kirsten Häußler, Volkmar Häußler, Reiner und Grazella Holzlöhner, Hannes Käfer, Christiane Kilian, Hermann Köpf, Christian Kreim, Hinrich Kuessner, Mario Labuschin, Theresia Lotter, Ramona Matthes, Bernd Mauersberger, Kerstin Mielcarek, Dr. Günter Möstl, Dr. Johann Nusser, Frank Prautzsch, Horst Prautzsch (†), Ilse Prautzsch (†), Anke Regelmann, Mirko Röwer, Oliver Rudolf, Olaf Schachtschneider, Bärbel Schäfer, Gerlinde Schellenberger, Susanne Schubert, Roswitha Seelmann, Karsten Slowik, Beatrice Steven, Sascha Swade, Dr. Klaus Swieczkowski, Jacqueline Tiedemann. Darüber hinaus danken wir den Zeitzeuginnen und Zeitzeugen, die namentlich nicht genannt werden wollten.